入选2019年度国家出版基金资助项目
荣获中国法学会部级重点法学研究优秀课题
课题主持人：王运声 易孟林

德治融入法治导论

《德治融入法治导论》课题组 著

群众出版社
· 北京 ·

图书在版编目（CIP）数据

德治融入法治导论／《德治融入法治导论》课题组著．—北京：群众出版社，2019.4

ISBN 978－7－5014－5936－0

Ⅰ．①德…　Ⅱ．①中…　Ⅲ．①社会主义法治—研究—中国②社会公德教育—研究—中国　Ⅳ．①D920.0②D648.3

中国版本图书馆 CIP 数据核字（2019）第 061850 号

德治融入法治导论

《德治融入法治导论》课题组　著

出版发行：群众出版社
地　　址：北京市丰台区方庄芳星园三区 15 号楼
邮政编码：100078
经　　销：新华书店
印　　刷：天津盛辉印刷有限公司

版　　次：2019 年 6 月第 1 版
印　　次：2019 年 6 月第 1 次
印　　张：33.25
开　　本：787 毫米×1092 毫米　1/16
字　　数：500 千字

书　　号：ISBN 978－7－5014－5936－0
定　　价：88.00 元

网　　址：www.qzcbs.com
电子邮箱：qzcbs@sohu.com

营销中心电话：010－83903254
读者服务部电话（门市）：010－83903257
警官读者俱乐部电话（网购、邮购）：010－83903253
文艺分社电话：010－83903973

中国法学会2017年度部级法学研究课题《将德治融入法治宣传研究》【立项编号：CLS（2017）ZDWT08】，系重点研究课题（启动写作后，经中国法学会审查同意，研究课题更名为《德治融入法治导论》）。该课题经结项鉴定，荣获中国法学会颁发的优秀课题证书。

《德治融入法治导论》，现已入选2019年度国家出版基金资助项目。

《德治融入法治导论》编辑委员会

顾问： 陈冀平

主任： 张苏军

委员：（以姓氏笔画为序）

毛　磊　王运声　叶三方　叶为宝　李存捧　李雪慧　朱克辛　刘宪国

刘朝阳　吴高盛　陈鸿彝　周占华　易孟林　杨峥嵘　郭文丽　蒋惠岭

课题主持人：

王运声　最高人民法院政治部巡视员、高级记者，中国政法大学兼职教授

易孟林　中国法学会法治文化研究会副会长，中国人民公安出版社文艺分社社长、编审

课题组成员：（以姓氏笔画为序）

毛　磊　人民日报社政治文化部副主任、高级记者，中国政法大学兼职教授

王要勤　泰康保险股份有限公司法律合规部法律顾问

叶三方　广东省广州市越秀区人民法院原院长、二级高级法官

叶为宝　江西省公安厅治安总队原总队长

李雪慧　最高人民检察院检察日报社社长、高级编辑，中国政法大学兼职教授

刘宪国　司法部普法与依法治理局副巡视员

刘朝阳　江西省法学会专职副会长

刘新平　中国青年杂志社编审

吴高盛　全国人大常委会法工委立法规划室原主任、北京大学兼职教授

陈鸿彝　中国人民公安大学教授、图书馆原馆长

杨峥嵘　湖南商学院法学院原院长、教授

郭文丽　中国人民公安大学教授、公安文化研究所副所长

徐光明　最高人民法院人民法院报社总编室副主任、主任记者

黄金娜　福建省人民检察院四级高级检察官

蒋惠岭　国家法官学院副院长、教授

课题组工作人员： 李　勃　曹　凯　赵乙泽　肖　咪

在《德治融入法治导论》的写作过程中，得到协同课题组组织专题调研的单位有关领导同志和专家学者的大力支持，特在此表示衷心感谢！

协同课题组组织专题调研的单位如下：

河北省人大常委会
《关于立法中德治融入法治的专题调研》

北京市高级人民法院
《关于在司法审判中德治融入法治的专题调研》

江西省委政法委、省法学会
《关于在选拔德才兼备人才和德治融入三大教育的专题调研》

最高人民检察院检察日报社
《关于德治融入法律监督和纪检监察的专题调研》

江苏省扬州市委政法委、市法学会
《关于德治融入公安工作和司法行政工作的专题调研》

目录

序
为社会主义法治文化建设凝聚强大正能量

张苏军

作为贯彻落实中央宣传部、中央政法委《〈关于进一步把社会主义核心价值观融入法治建设的指导意见〉重点项目分工方案》的通知精神的研究课题，由中国法学会法治文化研究会组织力量调研和编写的《德治融入法治导论》于近日付梓出版，这项研究成果对于推进依法治国和以德治国相结合，将社会主义核心价值观融入法治建设的理论与实践具有积极推动意义和重要启示作用。

党的十八大以来，以习近平同志为核心的党中央围绕新时代坚持和发展什么样的中国特色社会主义、怎样坚持和发展中国特色社会主义这个重大时代课题，在经济建设、政治建设、文化建设、社会建设、生态文明建设等方面提出一系列新理念新思想新战略，形成了习近平新时代中国特色社会主义思想。党的十九大报告指出，要加大全民普法力度，建设社会主义法治文化，树立宪法法律至上、法律面前人人平等的法治理念。建设社会主义法治文化是习近平新时代中国特色社会主义思想的重要论断，为我们的工作提供了根本遵循，指明了前进方向。要推动全面依法治国，就要着力在完善法律制度、加强法律实施的同时，进一步增强“四个意识”，坚定“四个自信”，以高度的思想自觉和行动自觉，挖掘利用好文化独有的教化人心的作用，努力促使法治成为一种文化、成为一种信仰、成为社会的一种核心价值，建设更高水平的社会主义法治文化。

法安天下，德润人心。习近平总书记强调，必须坚持依法治国和以德治国相结合，使法治和德治在国家治理体系中相互补充、相互促进、相得益彰，推进国家治理体系和治理能力现代化。法律有效实施有赖于道德支持，道德践行也离不开法律约束。提高法治素养与增强道德素质如车之双轮、鸟之两翼，共同推动社会主义法治文化建设。这中间，社会主义核心价值观作为社会主义价值体系的内核，其实质是一种“德”。坚持依法治国和以德治国相结合，就要将社会主义核心价值观全面融入法治建设，使社会道德体系与法律体系之间衔接、协调、促进、融合，强化道德对法治的支撑作用，重视发挥道德的教化作用，特别要把道德要求贯彻到法治建设中，以法治承载道德理念，在道德体系中强调法治要求、突出法治内涵，推动社会主义核心价值入法入规，为依法治国营造良好的法治文化氛围和人文道德环境。

作为中国特色社会主义法治文化研究、建设、推广的国家队，长期以来，中国法学会法治文化研究会以强烈的使命感、责任感和紧迫感，团结带领广大法治文化工作者，坚定文化自信，弘扬社会主义法治精神，深入开展法治宣传教育，做了大量创造性、开拓性的工作，包括这本《德治融入法治导论》在内，形成了一大批高质量的研究成果。我仔细翻阅了这本书，对德治融入法治有了更为深刻的认识。应该看到，德治融入法治是一个宏大的命题，本课题在这方面进行了一些有益探索。课题成果中的一些观点可能存在一定的局限性，还需要在推进法治和德治的过程中不断深化；德治融入法治的方式、方法还需要在推进法治和德治的过程中不断丰富、发展；德治和法治的关系还需要从理论上更好地概括、论证等，这就是本课题冠名为“导论”的缘由。他山之石，可以攻玉，希望以本书的出版为契机，能够吸引带动出更多更好的研究成果。

一个时代有一个时代的使命，一代人有一代人的责任。如果说使命具有鲜明的时代特征，责任则更多地要求这个时代的人做好应当做好的工作、担负起应当承担的使命。新时代对中国特色社会主义法治文化建设提出了新要求新任务，也提供了难得的发展机遇，法学法律界，特别是广大法治文化工作者责任重大，使命光荣。中国法学会法治文化研究会要组织带领法治文化工作者认真学习宣传贯彻习近平新时代中国特色社会主义思想和党的十九大精神，坚持党对社会主义法治文化建设的领导，进一步提高政治站位，大力弘扬社会主义法治精神，牢牢掌握法治文化建设领域意识形态工作的领导权、管理权、话语权、主动权。要坚持以人民为中心的发展思想，尊重人民群众在社会主义法治文化建设中的主体地位和首创精神，努力拓宽人民群众参与法治文化建设的途径，用法治文化移风易俗，推动崇尚法治的社会风气的养成，使全体人民都成为社会主义法治的忠实崇尚者、自觉遵守者、坚定捍卫者。

潮起海天阔，扬帆正当时。伴随着本书的出版，我希望，中国法学会法治文化研究会能够以建设中国特色新型法学社团为抓手，乘势而上、主动作为，不断为社会主义法治文化建设凝聚强大正能量，奋力推动法治文化研究事业实现大发展、大拓展、大繁荣，为新时代坚持全面依法治国和深化依法治国实践提供法治精神支撑，贡献智慧力量。

2019 年 2 月于北京

（本文作者系中国法学会党组成员、副会长）

引　论

《德治融入法治导论》是中国法学会党组认真贯彻落实中央宣传部、中央政法委印发《〈关于进一步把社会主义核心价值观融入法治建设的指导意见〉重点项目分工方案》的通知精神，指定由中国法学会法治文化研究会承担的《社会主义核心价值观融入法治建设》系列研究课题之一。这项研究工作从选题确定、写作大纲研究、课题组织和课题写作、研究成果确定，都一直是在中国法学会党组直接领导下，由中国法学会研究部全程实行跟踪指导进行的。

2017 年 7 月，中国法学会法治文化研究会挑选了十多位长期从事立法、执法、司法的实务专家、研究人员和法学院校教授组成课题组。同年 8 月，又在新增研究内容的基础上，将课题组成员最后确定为 17 人。同年 9 月开始实施课题调研，12 月 26 日正式启动各章写作。2018 年 2 月 26 日起，陆续有作者将第一稿完成稿发给项目主持人审查，一直到 3 月 30 日，课题组项目主持人对全部十七章的第一稿，逐一提出详细修改意见，并在第一稿打印稿上对全文结构、章与章、节与节的逻辑关系以及写作方向和方法等内容，提出了针对性很强的建设性修改意见。课题组成员遵照项目主持人的意见，很快改出来第二稿。到5月25日，课题所有章节都完成第二稿。

2018年6月2日至3日，经中国法学会领导批准，在中国法学会研究部指导下，中国法学会法治文化研究会组织召开了集中审稿会。经过两天的认真讨论，专家们从课题写作质量、课题包含内容、课题章节结构、课题逻辑关系、课题语言文字等多方面，提出了许多宝贵的意见。各位专家经过思想的碰撞达成了一系列重要共识，为提升课题质量、前瞻性、科学性起到了非常重要的作用。集中审稿会对课题组如何完成各章第三次修改，做了明确要求，使所有作者都得到启示，厘清思路。6月16日所有第三稿修改完成。这次修改工作量较大，有四分之一的篇章要求打乱原有框架，按照集中审稿会上形成的最后方案重新写作；有部分篇章中的节，做了脱胎换骨的修改，不少篇章都把相关联的最新改革动态、新思路、新理念、新举措，特别是把以习近平同志为核心的党中央领导集体的新论述、新发展的理论思想及时增补进来，极大地丰富了这部课题专著的思想价值含量。6月19日，本课题专著文稿正式进入项目主持人终审阶段，为这部专著及早出版奠定了坚实的基础。

对这次课题写作，课题组提出了严肃的政治要求。为了保障课题研究能够充分反映习近平新时代中国特色社会主义思想的精神实质，中国法学会领导明确要求课题组成员必须认真学习领会党的十八大以来的重要文件精神，特别是深入学习十八届四中全会关于依法治国重大决定和党的十九大政治报告，认真领会党中央在新时代提出的重要理论观点，统一课题组成员的思想认识，增强课题组成员的责任感和使命感。同时，中国法学会领导特别强调课题组成员要认真阅读习近平总书记关于法治与德治的一系列重要讲话，深刻领会其精神实质，用习近平新时代中国特色社会主义思想武装头脑，围绕依法治国和以德治国的理论认识，联系法治与德治相结合的实践，以问题为导向，探索和研究构建法治中国的路径，并对依法治国和以德治国在治国理政中的相互作用、相互联系进行深入研究，探索二者结合的最佳途径，从而使以德治国在助推依法治国方略的全面实施中融合中国国情，汲取中华优秀传统文化营养，发挥切实有效的治国效应。

经过近一年的紧张工作，课题组于2018年6月完成了这一科研课题，形成了《德治融入法治导论》课题专著。《德治融入法治导论》共设十七章，由基础理论、实践探索和专题研究三部分组成，总计约50万字。

一、课题研究的意义

2016年12月26日中共中央办公厅、国务院办公厅印发《关于进一步把社会主义核心价值观融入法治建设的指导意见》，是《德治融入法治导论》课题的研究依据。课题组成员认真学习领会两办文件的精神实质，围绕如何构建全体民众的思想道德基础，推进社会主义核心价值观融入社会主义法治建设体系的方方面面，实现“内化于心，外化于行”的实践效果，真正将依法治国和以德治国紧密结合起来，创新法治中国建设的思想基础和理论基础。

《德治融入法治导论》研究指向是依法治国和以德治国的辩证关系的理论研究，研究这个课题有相当难度。这类研究尚处在起步阶段，没有更多的参考资料可以借鉴，课题所涉及的内容自创成分较多。习近平总书记对德治与法治有许多重要的经典论述，但是权威解读和重磅研究文稿偏少。因此，开展德治融入法治的研究，本身就是一个新的理论课题。为了保证我们的研究不发生认识偏差，课题组成员把研究重点放在两个方面：一是向广大基层干部、群众和科研人员、法治实务工作者讨教，把课题组的思考和认识与一线同志直接交流，认真听取他们的意见，丰富自己的头脑，形成课题组的共识，从中提炼出研究形成的理论观点，从党中央的文件中，从习近平总书记的系列讲话中去验证，去寻找答案。

2017年10月11日至11月25日，课题组成员先后到北京、河北、江苏、江西四省市，请人大常委会、政法委、纪检监察机关、公安、检察、法院、司法行政和大专院校、地方党校的领导和实务专家、法学教授，以及组织部门、人事部门、教育部门、中小学的领导、研究人员和一线教师，大约80多位专家学者参加了课题组的调研座谈会。这些领导和专家学者贡献了他们的智慧，表明了他们对德治融入法治的思想认知度和赞同度。课题组通过五次座谈，聆听了长期工作在立法、执法、司法一线的实务工作人员纯真朴实的发言，特别是他们把自己亲身经历的德治融入法治实践事例作为佐证，生动论证了德治融入法治的客观性和必要性，充分论证了如何融入、融入以后产生的良好法治效益与社会效益，使课题组同志们备受鼓舞，更加坚定了搞好这项科研课题的坚定信心。五次调研虽然占用了不少人力物力，占用了课题组不少科研时间，但是得到的回报是理论的升华、境界的提升、一个全新理念的形成。

本课题的公开发表，是全体课题组成员共同努力的智慧劳动结晶，是参加课题调研座谈的实务工作人员和法学专家、教育专家共同智慧的融合。我们期望这部研究专著，能对我国依法治国与以德治国相结合的治国实践提供有益的启示。

二、课题研究的范围

《德治融入法治导论》的研究范围，界定在以德治国与依法治国的如何结合、两者的辩证关系、两者的联系、两者的各自地位等方面研究。课题组根据中共中央办公厅、国务院办公厅2016年发布的《关于进一步把社会主义核心价值观融入法治建设的指导意见》精神，重点阐述了社会主义核心价值观与社会主义道德的联系与区别，指出社会公德、个人美德、公共道德是构成社会主义核心价值观的基本内核，充分论述了将社会主义道德融入法治建设的实践过程，就是践行社会主义核心价值观融入法治建设的逻辑关系。这是本课题研究的核心所在。

按照这个研究思路，我们首先从理论上切入，使课题研究紧紧围绕正确认识以德治国的内涵和外延，围绕德治为什么要融入法治建设，如何融入法治建设的立法、执法、司法和守法等法治建设四个层面深入探索，考量融入的思想理论，探索融入法治建设诸环节的路径与方法，找出德治融入法治建设实践中存在的主要问题，探索新时期德治融入法治的新路径，并且大量引证一线执法司法人员自觉融入的实践范例、数据，以及德治融入法治的工作成效，使我们比较清晰地看到道德观念对制定法律、依法行政、依法审判、依法监督、依法查办职务犯罪案件都具有十分重要的补充和完善作用，用道德手段弥补法律的滞后是具有中国特色社会主义法治建设的重要创举，是习近平新时代中国特色社会主义思想的重要实践基础。

课题研究比较注重研究内容间的逻辑联系。课题整体分为三个部分，第一部分为“基础理论篇”。这一篇分两部分，一是用五章集中研究我国德治的发展演变，以及古代近代的德治与当今德治的差异性和继承性，强调现代德治是中华优秀道德理念的传承，不是简单的拿来主义，用当代中国民众认同、符合中国现行法律制度精神的社会主义道德观念、道德品行、道德主张，把德治精神融入法治建设，实现国家治理的最优化。这一部分从德治融入法治建设的中国法治文化的本土特色，德治是社会主义核心价值观形成的基础与源泉，德治在中华五千年文明的延续和发展中展示的卓越功绩，中国共产党从建党近百年来一直强调德治对建党、建国、建军的重要引导作用，十八大以来治党治国理政的理论创新与实践探索，从远古到当今，回顾总结了中华文明发展的光辉历程，用毋庸置疑的历史史料，充分论证了依法治国和以德治国相结合的重大现实意义和深远历史意义。这一部分收集了许多治国史料，挖掘了不少治国理政的原始资料，充分论证了德治融入法治的历史必然性。二是对国际社会法治建设与道德理念相互作用、相互联系、共融共生的研究与推进的借鉴。本课题第六章介绍了众多国际政治家法学家有关道德与法律辩证关系的经典论据和研究成果，打开了一扇通向世界法学的对外窗口，让我们能够从国际法学巨匠们对道德观念在立法、执法、司法中所起特殊作用的理性认识中，冷静而深刻地思考我国当今的德治融入法治建设的必要性和客观需求。

在第一部分，课题组还重点研究了国家新颁布的《中华人民共和国监察法》，以及国家监察委的宪法地位、法治地位和在惩治职务犯罪案件中的重要作用，高度评价了国家设立监察委的重要法治意义，同时也客观地分析了监察委在执法中必须接受人大监督、法律监督、舆论监督和群众监督，使国家监察委在严格的法治轨道内健康运行。

课题的第二部分为“实践探索篇”。课题组用七章的篇幅，从立法、行政执法、司法和全民守法四个法治环节，进行分析思考，深入进行可行性、必要性的理论考量，阐明德治融入法治实践的重大政治意义、社会意义和法治意义。同时根据立法、行政执法和司法实践的特色，提出推进德治融入法治的发展路径，使德治融入法治具有可操作性和直观现实的理解。在这一部分的写作过程中，课题组经过了几次反复。一开始课题组的同志们只是围绕具体实践的主要工作内容展开论述，结果发现明显存在两个问题：其一，工作内容主次难以平衡，文字表述容易产生重复，论述难以把握轻重，难以取舍；其二，在课题形成期间，正值党和国家的体制改革，许多部委工作职能合并调整，工作任务发生重大变化，有的几个部委合成一个部门，局外人一时半会儿很难弄明白，在这样的时机来研究德治如何融合法治建设，难免会有疏漏。根据写作中碰到的现实问题，课题组及时调整实践篇的写作思路，把实践部门作为一个整体，从实践部门的主要职能切入开展研究，使研究工作能够较好地集中主要方向，查找问题，研究路径，提出对策。例如第十章司法行政工作、第十一章检察监督、第十二章司法审判、第十三章全民守法等研究，都是经过反复调整写作大纲和遴选哪些法治职能进行理论研究、如何运用案件结合分析等研究思路的调整，走出惯性思维方式，选择切实可行的写作思路，从而使课题研究既有高度又有深度，特别是具有新意，形成了不少闪光点。

课题第三部分为“专题研究篇”。在德治融入法治建设研究中，课题组发现有四个问题必须做系统研究：一是思想道德品质的形成与发展规律研究，二是道德品质教育如何融入学历教育、职业教育、干部教育三大体系研究，三是对选拔人才建立道德评价标准体系研究，四是法治宣传在德治融入法治中的特殊作用研究。对这四个方面的问题，进行有针对性的单项研究，为国家解决涉及道德品质培养、形成和评价中存在的实际问题寻找解决的方案和措施。第三部分的四章，从一定意义上讲，又是对第一篇和第二篇的重要拾遗补缺，尤其是对解决现实中存在的问题提供了一种思路。

三、课题研究中基本概念的界定

《德治融入法治导论》是一部前瞻性的研究课题，研究中碰到的理论问题较多，涉及不少名词概念需要统一界定。我们特别在本概述中对这些基本概念作出统一界定，这些概念在后续的研究中不再一一解释。

1. 法治。是依法治国的简称。依法治国就是用法治的手段治理国家。依法治国强调依照宪法和法律来治理国家，是中国共产党领导人民治理国家的基本方略，是发展社会主义市场经济的客观需要，也是社会文明进步的显著标志，是国家长治久安的必要保障。依法治国，建设社会主义法治国家，是人民当家做主的根本保证。实施依法治国，就是要按照广大人民的意愿，遵循社会发展客观规律，制定科学的法律制度，构建科学的法律体系，在党和国家的革命和建设事业中，在国家治理、社会管理、执法司法中，都要求严格依据法律规定实施和推进，实行良法善治，不受任何个人意志的干预、阻碍或破坏。

2. 德治。是以德治国的简称。党的十八大提出要坚持依法治国和以德治国相结合，以德治国成为治理国家的重要力量。以德治国，就是要倡导新型社会主义道德观，以社会主义道德和共产主义道德为其基本内容，在继承和弘扬中华优秀传统德治思想的精华基础上，加强社会公德、职业道德、家庭美德、个人品德的教育，推动公民道德建设，弘扬真善美、贬斥假恶丑，建立人们内心对法律的尊崇与敬畏，发挥道德思想和道德素质在维护社会秩序中的重要作用，引导人们自觉履行法定义务和社会责任，培育知荣辱、讲正气的良好风尚。

3. 德治教育。泛指以德治国思想的教育。它首先是指以德治国理念纳入国家治理方式的理论教育，深刻认识以德治国与依法治国相互结合的重大意义和特殊作用。它包括：以德治国与依法治国的辩证关系教育、社会主义道德教育、道德品质的教育、社会公德的教育、个人品德和公务人员官德教育等。

4. 德育。是指道德品质的教育和个人品德的教育。这类教育适用所有教育对象，尤其是对于启发幼儿、少儿对德育观念的认知与习惯形成具有特殊重要的意义。通过德育教育培养幼儿园、小学生的道德观念，使道德建设从娃娃抓起，形成全社会良好道德风尚，让娃娃们从小就种下遵纪守法、崇尚道德的德育教育种子，从而向着优秀社会主义接班人的方向发展。

5. 社会公德教育。是指一个人在社会生活和交往中应该遵循的、社会共知并认同的基本道德规则。作为社会一员，一旦违背社会公德，他将成为孤家寡人，难以被社会群体所接受和容纳。社会公德的教育是进入职场必备的基本常识。因此，社会公德教育的重点，应该放在高等教育和职业教育阶段，使高校毕业走向社会的人才，都是具备社会公德知识的有道德情操的就业者。对于进行职业教育的青壮年劳动者，在学习技能的同时，接受社会公德的及时教育，使他们成为服务社会主义建设的具有高尚品德的优秀人才，才能使我国的建设事业得以健康发展。社会公德教育包括道德情操教育、诚实守信教育、热爱祖国教育、热爱人民教育等。

6. 官德教育。是指对党政干部的德治教育。党和国家公务人员，担负着管理国家的重任，他们是人民的公仆，理应具备超出常人的道德规范要求。在依法治国和以德治国的语境下，公务人员除了要进行一般性的知识教育外，还要进行特殊的官德教育。官德教育，包含理想信念教育、廉洁自律教育、严守党规党法教育、公平正义教育、当好人民公仆的教育等。对公务人员特别是领导干部的官德教育，是强化公务员队伍道德修养的重要一环，使所有的党政干部能够真正成为人民道德的表率，成为依法治国和以德治国的先行者和领头人。

7. 德治融入法治。是指把道德理念运用于依法治国方略实施之中，使道德理念成为所有立法人员立法、执法人员执法、司法人员司法和广大民众守法的重要组成部分，用道德理念来引导法律的制定与实施，让道德理念使每一个人成为内心尊崇法治的守法人，服从法治，自觉守法用法，自觉维护法治的权威与尊严。通过德治融入法治的各个环节，使所有民众在心中保持对法治的敬畏，营造良好的社会法治环境，加快推进法治中国的进程。

德治融入法治的路径研究，就是厘清社会主义核心价值观融入法治建设的路径研究。德治融入法治建设不是一种主动的行为，必须通过人在依法治国中的所作所为来实现，因此，对立法执法司法人员的工作提出具体要求，是德治融入法治建设的重要保障。融入程度的深浅，融入效果的好坏，很大程度上取决于对大众加强德治融入法治的相关教育，使德治融入法治成为自觉行动。

四、在扩大课题研究视野上做有益的尝试

课题组在最初的研究预案中就提出设想，针对如何将德治融入法治这个主题，选择“德智的形成与发展、德治融入三大教育体系、制定道德品质考量标准、广泛深入宣传传播”四个方面，从问题导向入手开展专题研究，从而形成在大的研究课题下抓住几个涉及当前实践的重大专题进行靶向研究的重大尝试。这样做的效果是使重大课题研究向纵深挖掘，形成研究的副产品，强化理论研究服务于法治实践需求的新思路和新作为。

《德治融入法治导论》课题组从课题立项开始，就在课题申报表上

表明：课题组将通过这个课题研究形成“一本专著”外加“三个专题报告”的研究成果，即主成果加副成果同时推出。在 2018 年 6 月初的集中审稿会上，主成果《德治融入法治导论》和副成果（三个专题报告：《关于三大教育体系强化德智教育的建议》《关于制定选拔人才的道德品质考量标准的建议》《关于德治融入司法审判全过程的建议》）都同时提交审稿大会讨论。参会人员对主成果和副成果都给予了认真的研讨，充分肯定这种以主课题带出副产品的研究方式的积极科研效应，并对主课题和副成果都提出了切实深入的修改建议，使课题组的全部研究成果都在课题组成员严谨的科学学风影响下，厘清了思路，明确了方向，找准了问题，提出了措施；使课题组圆满完成了课题成果的全部写作任务，形成了有见地、有针对性、有创新意义的科研成果。

《德治融入法治导论》课题研究是一个重大的理论研究课题，又是一个没有现成著作参考学习的新课题。它与构建法治中国具有十分重要的关联性，它对于全面准确地实施依法治国方略，充分发挥中华优秀传统道德文化精髓对依法治国的引领作用，无疑具有划时代的重大意义。

第一章
将德治融入法治建设彰显中华法治文化本土特色

自从党的十五大政治报告中提出依法治国作为中国治国方略，二十年来，中国共产党带领全党、全国人民，紧密结合中国特色社会主义革命和建设实践，不断发展和完善这一治国方略的内涵与外延，极大地丰富了依法治国方略的理论基础。党的十六大、十七大、十八大、十九大都为构建法治中国做出了不懈的努力，取得了十分巨大的成就。在我国实践依法治国方略仅仅五年，党中央又提出依法治国与以德治国相结合的治国新思路，为我国建设法治国家、法治政府、法治社会增添了极其重要并具有浓厚中国特色文化底蕴的新思想、新理念。尤其值得指出的是，党的十八届四中全会是依法治国方略走向全方位大格局最重要的一次大会，开创了我党、我国研究构建中国特色社会主义法治体系的重要纪元。用一次党的全国代表大会，专题讨论研究依法治国方略的理论架构、思想内涵、科学外延，表明了中国共产党科学运用马克思主义基本原理与中国革命、建设和发展的社会实践紧密结合，创新中国特色社会主义思想理论体系，用中国特色的法治建设方式治党、治国、治政、治军、治理社会的坚强决心。党的十九大又根据习近平新时代中国特色社会主义思想体系，对依法治国和以德治国提出了新的法治思想和德治思想基础理论，这将对我国沿着法治的轨道持续向前发展提供重要的组织保障、思想保障、理论引导，将为全面实施依法治国方略开创新纪元创造条件。

第一节　依法治国与以德治国理论是当代中国治国法宝

党中央庄严地提出依法治国与以德治国相结合的治国新理念，要求二者实现相得益彰，这是对中国革命、建设和发展实践的高度理性总结，是对新时期的全局性、战略性、科学性的国家治理、经济发展、社会前进的顶层设计，充满着智慧和力量，是中国共产党运用马克思主义基本原理，结合于中国特色社会主义革命、建设和发展实践的产物，具有划时代的历史意义。我们有理由相信，在中国共产党的卓越领导下，法治中国的建设，将在以德治国融入依法治国的新实践中，不断推进，勇往直前，取得更加深远、更加巨大、更加辉煌的历史成就，造福中华，造福全人类。

一、依法治国与以德治国相结合的治国理念符合中国发展客观实际

（一）中国古代德主刑辅的思考

中国有着五千年文明的发展史，华夏文化在世界发生历次巨变中，都能够延续下来，并且不断完善和发展，这充分说明中华文明具有超强的生命力。之所以出现如此独特的现象，得益于古代的以德治国思想的运用。我国的远古历史既是一部德治史，也是一部法制史。德法兼备一直是我们祖先治国的法宝。应该指出，古代中国德法兼备主导的治国理念还是停留在“德主刑辅”的维度。值得注意的是，古代“德主刑辅”中的“刑”主要是指刑事法律手段，即“刑罚”。对大量的违法行为还是要依靠道德谴责、道德教化来解决，严重的违法就确立为犯罪，用刑罚手段治理。古代的民事纠纷和商事纠纷，一般是用道德感化、认同、引导和习俗来解决，但是对于超出道德方式可以解决的范围，也只有通过刑罚方式来解决。德法兼备也是局限在道德与刑罚范围内。

最近，有一位研究中国古代法治史的教授提出一个法治疑问：中国古代没有民法吗？他考证了一些史料得出结论，古代的刑法实质上也包含现代民法、商法的内容，换句话说，中国古代强调的“德主刑辅”，严格意义上说，应该是“德主法辅”，因为我国古代用于调整民事、商事的法律内容，也包含在刑法之中。

《中国法制通史》（第四卷隋唐）有这样一段表述：“在唐朝，格（作者注：唐朝的法律形式有四：律、令、格、式）已经成为学者所谓的‘行政法规’，地位和作用大为提高；其中，只有〈刑部格〉属于刑事法规。另外，在唐朝律、令、格、式法律体系中，格的变化甚大，而且逐步朝着刑事法律的方向发展。”① 这段文字，至少表明古代的律法中不仅只有刑法，还有行政法规和民事法规，唐朝的格之所以被学者认为是行政法规就是佐证。正因为如此，格才会“逐步朝着刑事法律的方向发展”。反过来说，格在开始时就不是纯粹的刑事法律。其实我们的法学史家，应该研究研究中国古代的民事法律史和商事法律史，正确地估量一下我国古代法律思想对世界法治的贡献，树立法治文化的“中国自信”。

很有意思的是，我们“德治融入法治导论”课题组在考察江苏扬州市邵伯镇巡检司法治文化馆时却发现一个史学现象：这个建于1836年贯穿明清两代的九品芝麻官掌管的小衙，沿着大运河主持24坊8铺的治安管理、司法职能和民事、商事纠纷调处三项职责，用现代的法治视角来看，它的职权既管刑事违法，也管商事和民事纠纷调处。小小九品衙门的执法范围原来还是这么宽泛。至少可以证明近代以德治国语境下的“德主刑辅”，很显然这里的“刑”应该包括“非刑法”的内容。

（二）我国治国理论日趋完善

从德治到法制，又到法治，再到依法治国与以德治国相结合，是我国治国理念的发展轨迹。历经数千年历史变迁，以德治国一直是中国古代的治理国家、治理社会的主流，并且一直延续到近代。我国近代虽然也有改革派提出引进西方法治的政治主张，但是客观上讲，近代历史上的法治还只是治国理政的部分构建，德治一直在对国家、社

① 张晋藩主编：《中国法制通史》第四卷（本卷主编：陈鹏生），法律出版社1999年，第721页。

会，尤其是个人的行为规范起着重要调解作用。德治对我国治国的支配作用有丰富的历史文献给予了历史实证，是不可忽视、不可改变的事实。我国的德治思想是历代政治家、思想家对中国古代以来以德治国历史活动的经验总结和理论升华，也是我国古代文化传承的重要组成部分。开拓和利用这一宝贵资源，对我国今天的法治实践和依法治国方略的实施，具有非凡的意义。“中国的德治思想是极其丰富，极其宝贵的。”“要使中国古代的德治思想资源在当代的治国实践中发挥重要的借鉴作用，首先必须对其进行系统梳理和整体开掘工作”。[①]

中国共产党作为世界最大的执政党，带领中国人民历经97年的建党理论研究与实践探索和69年新中国的建国理论研究与实践探索，从取得新民主主义革命胜利，建立人民当家做主的人民共和国以来，就一直在不断探索治国理政的方略，在饱经种种历史的磨难后，果断停止了以阶级斗争为纲，坚定地抛弃了人治，用法律制度规范了个人意志在治理国家中的话语权重，坚定不移地选择了依法治国这条符合世界发展潮流的治国之道。这是一条通向强盛、和谐、规范、安定、幸福的社会主义康庄大道。从1996年党中央正式提出依法治国方略以来，二十多年来，我们国家在依法治国方略的指引下，经过全体共产党员和全国各民族人民群众的艰辛努力，实现了社会长治久安，经济高速发展，国力迅速强盛，国威军威大增，东方雄狮一跃站在了世界发展的第一方阵，这一切都归根于党中央领导人民找到了改革开放之路，找到了正确的依法治国和以德治国之路。

二十多年来，党中央领导人民群众不断沿着依法治国道路奋勇向前，在实践中不断发展与完善依法治国方略的理论研究，为探索适应中国特色社会主义革命和建设做出了不懈的努力，形成具有中国特色的法治思想，走出了中国特色的治国之路。这条道路就是依法治国与以德治国的相互结合，相互补充，相互协调，相得益彰。将德治思想融入依法治国方略，既继承和发扬了中国优秀文化传统，又创新了适应中国国情、中华文明的治国理念，法德兼备治理中国，是中华文化的精髓所在，是中国传统文化与现代法治文化的无缝对接，是顺应中国国情的发展需要，是人民群众希望看到的具有中国特色的社会主义

---

① 季水河：《中国古代德治思想的系统开掘与现代阐释——评〈以德治国的历史光辉〉》载《求索》2004年5月号。

法治文化。这种符合国情民意的治国理念，既能够得到最广大人民群众的拥护和尊崇，也能够使依法治国方略实现最大的治国安邦法治效益。在依法治国和以德治国相结合的前提下，十九大党中央还提出要依法治国与依规治党、依法治军相结合，这就使党、国家和人民军队的建设都朝着守法治、讲规矩的法治轨道稳步向前，使中国的事业得以全面健康发展。中国法治的巨大发展带来了治国方式的历史性进步，是国家走向强盛、人民走向幸福的根本性进步。

（三）依法治国和以德治国相得益彰是马克思主义基本原理中国化的智慧结晶

党的十八大以来，依法治国和以德治国相结合成为我国治党、治国、治军、治理社会的最重要的治理方式。党的十八届四中全会把依法治国方略上升到党在新时期的全面政治主张，系统论证了依法治国的内涵，阐述了依法治国的范围和方式。十八届四中全会选择这一主题反映出执政党在全面深化改革关键时期的重大政策考量，是对十八届三中全会做出全面深化改革部署的重要续篇，为全面深化改革创建了重要保障机制。十八大以来，以习近平同志为核心的党中央领导集体，继承和发扬历届中央领导集体治国安邦的理论，针对中国特色社会主义新时期的新特点，创造性地提出依法治国和以德治国相结合，相得益彰，共同发力，构建国家治理的思想创新和理论指导，是中国共产党人将马克思主义基本原理运用于新时代中国特色社会主义实践的智慧结晶，极大地丰富了马克思主义的理论宝库。

党的十八届四中全会做出的《中共中央关于全面推进依法治国若干重大问题的决定》是依法治国的升级版，是党指引国家前进、意义非凡的航标灯。这一决定对于我们坚持走中国特色社会主义法治道路，建设中国特色社会主义法治体系具有特别重要的指导意义。全会还指出：依法治国，是坚持和发展中国特色社会主义的本质要求和重要保障，是实现国家治理体系和治理能力现代化的必然要求，事关我们党执政兴国，事关人民幸福安康，事关党和国家长治久安。全会强调，全面建成小康社会、实现中华民族伟大复兴的中国梦，全面深化改革、完善和发展中国特色社会主义制度，提高党的执政能力和执政水平，必须全面推进依法治国。

这次全会还指出，面对新形势新任务，我们党要更好统筹国内国际两个大局，更好维护和运用我国发展的重要战略机遇期，更好统筹社会力量、平衡社会利益、调节社会关系、规范社会行为，使我国社会在深刻变革中既生机勃勃又井然有序，实现经济发展、政治清明、文化昌盛、社会公正、生态良好，实现我国和平发展的战略目标，必须更好发挥法治的引领和规范作用。党的十八届四中全会在一定意义上将与党的十一届三中全会具有同样重大历史意义载入我党历史史册。十一届三中全会做出改革开放的重大决策，给国家带来了高速经济增长，使国家迅速富起来，人民的生活状况有了巨大改变；十八届四中全会全面依法治国的重大决策，将给我国带来政治稳定、国泰民安、经济持续发展、极大提升国家形象和国际地位，使我国从富起来迈向强起来。①

（四）我国法治建设实现跨越式发展

高度重视法治建设是我党回顾我国治国历史和国际治国现状做出的正确选择。党在深刻总结了我国社会主义法治建设的成功经验和深刻教训的基础上，提出为了保障人民民主，必须加强法治，必须使民主制度化、法律化，把依法治国确定为党领导人民治理国家的基本方略，把依法执政确定为党治国理政的基本方式，把公正司法作为引领社会公平公正的重要途径，把全民守法作为树立法治权威的重要基础。从十八大到十九大，五年时间里，我国法治建设取得了跨越式发展：中国特色社会主义法律体系已经形成，法治政府建设稳步推进，司法体制不断完善，全社会法治观念明显增强。

习近平总书记在十九大报告中指出："经过长期努力，中国特色社会主义进入了新时代，这是我国发展新的历史方位。""中国特色社会主义进入新时代，意味着近代以来久经磨难的中华民族迎来了从站起来、富起来到强起来的伟大飞跃，迎来了实现中华民族伟大复兴的光明前景；意味着科学社会主义在二十一世纪的中国焕发出强大生机活力，在世界上高高举起了中国特色社会主义伟大旗帜；意味着中国特色社会主义道路、理论、制度、文化不断发展，拓展了发展中国家走向现代化的途径，给世界上那些既希望加快发展又希望保持自身独立性的国家和民族提供了全新选择，为解决人类问题贡献了中国智慧和

① 参见党的十八届四中全会《中共中央关于全面推进依法治国若干重大问题的决定》。

中国方案。”“中国特色社会主义进入新时代，我国社会主要矛盾已经转化为人民日益增长的美好生活需要和不平衡不充分的发展之间的矛盾。”“我国社会主要矛盾的变化是关系全局的历史性变化，对党和国家工作提出了许多新要求。”①

习近平总书记在十九大报告中强调：“全面依法治国是中国特色社会主义的本质要求和重要保障。必须把党的领导贯彻落实到依法治国全过程和各方面，坚定不移走中国特色社会主义法治道路，完善以宪法为核心的中国特色社会主义法律体系，建设中国特色社会主义法治体系，建设社会主义法治国家，发展中国特色社会主义法治理论，坚持依法治国、依法执政、依法行政共同推进，坚持法治国家、法治政府、法治社会一体建设，坚持依法治国和以德治国相结合，依法治国和依规治党有机统一，深化司法体制改革，提高全民族法治素养和道德素质。”②

党的十八大、十八届三中全会、四中全会和十九大的政治报告和重大决定，始终围绕马克思主义基本原理与中国特色社会主义革命、建设和发展的实践相结合，对国家的指导思想、政治方向、治理方针、执法、司法的本质要求和社会主义核心价值观的形成，提出了一系列全新的思想认识和理论观点，是党运用马克思主义基本原理，紧密联系中国特色社会主义实践智慧的结晶，是马克思主义思想中国化的一系列理论成果，标志着我们党对社会主义社会形态下如何继承和发展马克思主义，如何推进社会主义政治基础，如何形成民主制度和法治治理格局，如何实现为人民谋利益的初心，厘清了思路，校正了方向，发挥了制度优势，找到发展、进步、富裕、强大的治国路线，是对马克思主义理论新发展做出的重大贡献。

二、社会主义核心价值观是构建习近平新时代中国特色社会主义思想体系重要组成部分

（一）社会主义核心价值体系的提出及其内涵

从社会主义核心价值体系的提出到社会主义核心价值观的形成，

---

① 《党的十九大报告学习辅导百问》，党建出版社、学习出版社2007年版，第2～9页。

② 《党的十九大报告学习辅导百问》，党建出版社、学习出版社2007年版，第18页。

从党的十六届六中全会到党的十八大，历经六年时间，充分体现我们党经过深思熟虑，在广泛的调查研究，缜密的理论研究之后，集中了广大群众的智慧，形成了全党全民共识的社会主义核心价值观。社会主义核心价值观的形成，为中国特色社会主义理论研究注入了全新的内容，指明了中国在社会主义初级阶段发展前进的正确方向，为实现党的十九大绘制的中国事业发展蓝图提供了强大的动力。社会主义核心价值观的形成、发展、培育和践行，是习近平新时代中国特色社会主义思想的重要组成部分。

2006 年 10 月，党的十六届六中全会通过的《中共中央关于构建社会主义和谐社会若干重大问题的决定》，第一次明确提出了“建设社会主义核心价值体系”这个重大命题和战略任务。明确社会主义核心价值体系包括四个方面的基本内容，即马克思主义指导思想、中国特色社会主义共同理想、以爱国主义为核心的民族精神和以改革创新为核心的时代精神、以“八荣八耻”为主要内容的社会主义荣辱观。这四个方面的基本内容相互联系、相互贯通，共同构成辩证统一的有机整体。其中，马克思主义指导思想是社会主义核心价值体系的灵魂，中国特色社会主义共同理想是社会主义核心价值体系的主题，以爱国主义为核心的民族精神和以改革创新为核心的时代精神是社会主义核心价值体系的精髓，社会主义荣辱观是社会主义核心价值体系的基础。

（二）社会主义核心价值观引起社会各界极大关注

2012 年 11 月 8 日，党的十八大报告指出：“社会主义核心价值体系是兴国之魂，决定着中国特色社会主义发展方向。要深入开展社会主义核心价值体系学习教育，用社会主义核心价值体系引领社会思潮、凝聚社会共识。推进马克思主义中国化时代化大众化，坚持不懈用中国特色社会主义理论体系武装全党、教育人民，深入实施马克思主义理论研究和建设工程，建设哲学社会科学创新体系，推动中国特色社会主义理论体系进教材进课堂进头脑。广泛开展理想信念教育，把广大人民团结凝聚在中国特色社会主义伟大旗帜之下。大力弘扬民族精神和时代精神，深入开展爱国主义、集体主义、社会主义教育，丰富人民精神世界，增强人民精神力量。倡导富强、民主、文明、和谐，倡导自由、平等、公正、法治，倡导爱国、敬业、诚信、友善，积极培育和践行社会主义核心价值观。牢牢掌握意识形态工作领导权和主导权，坚持正确导向，提高引导能力，壮大主流思想舆论。”①

2013年12月23日中央办公厅专门印发了《关于培育和践行社会主义核心价值观的意见》，引起了广大群众的热烈讨论，学者们也展开了社会主义核心价值观的理论研究。一时间全国上下学习贯彻落实社会主义核心价值观蔚然成风。

在宣传和弘扬社会主义核心价值观的热潮中，习近平总书记给全党全国人民树立了榜样。习总书记在2014年10月15日主持召开的文艺工作座谈会上说："这段时间，我集中强调了培育和践行社会主义核心价值观问题。今年2月，中央政治局专门就培育和弘扬社会主义核心价值观进行集体学习，我作了讲话，对全社会提出了要求。五四青年节，我到北京大学去，对大学师生讲了这个问题。5月底，我在上海考察工作时，对领导干部弘扬和践行社会主义核心价值观提出了要求。六一儿童节前夕，我在北京海淀区民族小学同师生们座谈时讲了这个问题。6月上旬，我在两院院士大会上对院士们也提了这方面要求。9月教师节前一天，我到北京师范大学同师生座谈，再次强调了这个问题。”②

“习近平在各种不同场合、面对不同人群系统地阐述了关于培育和弘扬社会主义核心价值观的问题。这些论述深刻揭示了社会主义核心价值观的意义，充分阐明了社会主义核心价值观的内容和基本特征，指明了培育和弘扬社会主义核心价值观的途径和方法，对不同行业、不同群体培育和践行社会主义核心价值观提出了明确要求，为全党全国人民培育和弘扬社会主义核心价值观提供了指导和示范。”③

（三）社会主义核心价值观的内涵

社会主义核心价值观虽然只有24个字，但是正是这24个字包含了建设中国特色社会主义非常深刻的价值浓缩和价值总汇，包含了全体人民价值追求的最大公约数，是建设中国特色社会主义最有效的思想武器；凝练概括了国家的价值目标、社会的价值取向和公民的价值准

① 摘自《中国共产党第十八届中央委员会报告》，新华社电，2012年11月17日。

② 中共中央宣传部：《习近平总书记在文艺工作座谈会上的重要讲话学习读本》，学习出版社2015年版，第24页。

③ 佘双好：《构筑国家和民族发展的精神支柱——学习习近平关于培育和践行社会主义核心价值观的论述》，载《社会主义核心价值观研究》，人民出版社2017年第1期，第5页。

则，是凝魂聚气、强基固本的基础工程和战略工程，具有重大的现实意义和深远的历史意义。

社会主义核心价值观分三个层面，面对着国家、社会和个人。首先，从国家层面来讲，是“富强、民主、文明、和谐”。“富强”是社会主义的本质特征，党领导人民进行社会主义现代化建设，就是为了实现民富国强，这是中国共产党人基本价值目标的重要着力点；消灭贫困，实现小康，建设伟大强国，领导人民进入富强，是我们党建党立业的初心。“民主”是人民当家做主的社会主义的生命力所在，发展社会主义民主政治是中国共产党始终不渝的奋斗目标。“文明”是人类社会的开发状态的衡量标志，是中国共产党建设社会主义国家的必然追求。“和谐”是构建中国特色社会主义理想社会状态，是中国共产党执政为民的价值追求。

其次，从社会层面来讲，是“自由、平等、公正、法治”。“自由”是人的本质属性和基本价值追求，在中国特色社会主义语境下，自由是在遵守法治约束和社会主义公共道德约束下的自由。“平等”是中国特色社会主义的基本价值要求，中国共产党从成立的那一天就把平等写在了自己的旗帜上，平等是社会一切存在与交往的前提。“公正”即实现社会公平正义，是中国共产党人的一贯主张，是发展中国特色社会主义不可或缺的重大元素。“法治”是人类社会高级形态，是中国特色社会主义的基本治国方略，是实现其他社会主义核心价值观的重要保障机制，依法治国是新时代中国特色社会主义思想的重要组成部分。

最后，从个人层面来讲，是“爱国、敬业、诚信、友善”。“爱国”是每一个中国人必须具备的最基本民族情结，是实现复兴中华中国梦的永恒动力，是个人实现自我价值的基础前提。“敬业”是各族人民共有的美德，是建设社会主义强国对每个中国人提出的道德底线，是社会精神和社会财富的重要源泉。“诚信”是每个人立身处世的行为准则，是中华文明的原点、基准点，是人们行为规范和道德修养的基本价值追求，是事业发达兴旺必须具备的基本素养。“友善”是中华民族文化传统精华，是中华民族具备的传统美德，是一个人融入社会的基本素质。

社会主义核心价值观内容丰富，意义深远，作用非凡，是围绕中国特色社会主义革命、建设和发展而提出的重大价值理念，是习近平新时代中国特色社会主义思想的重要组成部分。

无论国家层面、社会层面还是个人层面，社会主义核心价值观都具有紧密相连、相互依存、相互作用的关系。首先是个人层面要真正做到用社会主义核心价值观来启迪自己的智慧、贡献自己的力量、规范自己的言行，才能以我为榜样去践行和实现社会和国家的核心价值观。简言之，对于每一个人来说，不能够只看别人怎么做，只知道评价社会和国家怎么样，而应该脚踏实地率先践行核心价值观，自觉坚持从我做起，从小事做起，从眼前做起，一步一个脚印，为构建社会主义核心价值观增砖添瓦，全面推进社会主义核心价值观融入国家、社会的各行各业，融入每一位中国人的心灵深处，从而使社会主义核心价值观成为建设伟大祖国的巨大动力。

三、社会主义核心价值观是中国特色社会主义法治建设的灵魂

习近平总书记在十九大报告中强调："文化自信是一个国家、一个民族发展中更基本、更深沉、更持久的力量。必须坚持马克思主义，牢固树立共产主义远大理想和中国特色社会主义共同理想，培育和践行社会主义核心价值观，不断增强意识形态领域主导权和话语权，推动中华优秀传统文化创造性转化、创新性发展，继承革命文化，发展社会主义先进文化，不忘本来、吸收外来、面向未来，更好构筑中国精神、中国价值、中国力量，为人民提供精神指引。"①

（一）社会主义核心价值观凝聚"价值认同"

正确处理国家、集体、个人三者利益关系，是我党的一贯主张。党的十八大报告用24个字提出覆盖全国各方面意见、反映现阶段全国人民最大公约数的社会主义核心价值观的表述，就是分别从国家、社会、个人三个层面进行的，体现了同样的思想方法。在这个基础上，有利于积极培育社会主义核心价值观。

社会主义核心价值观是社会主义核心价值体系的内核，体现着核心价值体系的根本性质和基本特征，反映着核心价值体系的丰富内涵，是对核心价值体系的高度凝结和集中表达，更加突出了核心要素，更加注重了凝练表达，更加强化了实践导向。核心价值观能否与时俱进，

---

① 《党的十九大报告学习辅导百问》，党建出版社、学习出版社2007年版，第18页。

直接影响到一个国家的凝聚力和影响力，关乎党的命脉、国家前途、民族命运和人民幸福。夺取中国特色社会主义新胜利，必然需要最大可能地引领社会思潮，凝聚社会共识。获得共识的基本路径就是能够将伟大实践、创新理论内化为人们内心的“价值认同”。

（二）社会主义核心价值观融入法治建设

2016 年 12 月 26 日，中共中央办公厅和国务院办公厅印发《关于进一步把社会主义核心价值观融入法治建设的指导意见》指出：“要从巩固全体人民团结奋斗的共同思想道德基础的战略高度，充分认识把社会主义核心价值观融入法治建设的重要性紧迫性，切实发挥法治的规范和保障作用，推动社会主义核心价值观内化于心、外化于行。”“全面落实依法治国基本方略，坚持依法治国和以德治国相结合，把社会主义核心价值观融入法治国家、法治政府、法治社会建设全过程，融入科学立法、严格执法、公正司法、全民守法各环节，以法治体现道德理念，强化法律对道德建设的促进作用，推动社会主义核心价值观更加深入人心。”通知从五个方面提出社会主义核心价值观融入法治建设的总体要求：一是推动社会主义核心价值观入法入规，二是强化社会治理的价值导向，三是用司法公正引领社会公正，四是弘扬社会主义法治精神，五是加强组织领导。[①] 五项要求都明确规定了许多具体的实践内容，使社会主义核心价值观融入法治建设有较强的操作性和设定的工作目标，指导立法、执法、司法机关依据通知要求，展开具体工作，扎扎实实将社会主义核心价值观全面深刻地融入法治建设各项业务工作之中，从而在法治建设中大力培育社会主义核心价值观。社会主义核心价值观是依法治国和以德治国的灵魂，是使依法治国和以德治国相结合的法治建设工程有了明确的努力方向和前进的动力。社会主义核心价值观融入法治建设，提升了法治建设的高度与深度，升华了法治建设的重大现实意义和历史意义。

第二节　德治融入法治是实现“相得益彰”最佳途径

在本节中，我们将重点讨论依法治国与以德治国的内涵和辩证关

---

① 《关于进一步把社会主义核心价值观融入法治建设的指导意见》，载《人民日报》2016 年 12 月 26 日第 1 版。

系，研究法治与德治在建设中国特色社会主义法治国家中各自的重要作用。

一、依法治国和以德治国的提出和理论升华

自党的十五大提出依法治国基本方略以后，关于如何治理国家，成为理论界的重大研究课题。特别是五年后，党中央又提出要把依法治国和以德治国相结合的治国理念，学界更是对我国究竟实行什么样的法治体系，产生了热烈的思想碰撞。领导干部、知名学者以及高等学府、研究院所、执法司法实务界的专家、院校学子纷纷参入这场涉及治国安邦大计的讨论。尤其是以习近平为核心的十八届党中央，主持召开十八届四中全会，第一次以执政党的名义，以中央委员会全会的形式，专题研究部署依法治国方略的实施，使这场学术讨论成为全党全国人人关心、广泛参入的新时代治国安邦的法理大讨论。十九大会议对依法治国与以德治国相结合的理论，又有了新发展，就是把依法治国、以德治国的治国理念融入中国共产党和人民军队建设之中，创造性地提出“依规治党”“依法治军”的新思路，使依法治国方略实现了国家治理的全方位覆盖，是十九届党中央把马克思主义基本原理与中国革命实践具体结合的重大理论突破。

可以说十八届四中全会以来，到十九大会议的召开，依法治国已经成为中国人民谈论最多，使用频率最高，形成了全党全民共识，使依法治国方略在理论研究的引导下，迈入了快车道。党的十八届四中全会以来形成的众多治国安邦的理论研究成果，丰富了我国治国安邦的理论宝库，统一了全党和全国人民对践行依法治国方略的思想认识，为正确发挥德治在法治建设中的强大支撑作用指明了方向，使中国老祖宗留下的道德精髓为新时代中国特色社会主义建设再立新功。可以说，人民大众对治国理政的高度认同，对依法治国方略的赞同度都是共和国史上前所未有的，依法治国和以德治国已经深入人心。

二、依法治国与以德治国是治国安邦的重要国策

依法治国与以德治国，是现代法治思想和中国传统文化相结合，具有中国本土特色，符合中国政治、经济、社会发展的实际需求，最能够为中国人民所接受的治国安邦的重要国策。一个国家的文化，决

定一个国家选择的治国理念和治国方式。我们在选择自己国家的治理方式时，必须立足自己的文化底蕴。中国从古到今，无论是哪个朝代，培养和造就国民的道德理念和思想品德，从来都是不可或缺的选择。从根本上讲，中华民族是一个道德高尚、民风淳朴、谦和大度、与人为善、诚实守信的民族，这些优秀品质充分体现于居住在东西南北广袤华夏的56个民族的良好习俗上。中国东方文化传递的高尚道德思想，是国富民强的正能量，是中华民族的宝贵精神财富，而且正在更加广阔地走向世界，影响着世界人民。中国建设的法治文化，只有融入中国的道德理念，才能够对中国的治国安邦产生巨大的作用。

最近，《中国诚信文化》读物发表了一篇文章，题目是《近代以来日本社会诚信演变以及诚信教育体系建设》，讨论的是我们的邻国日本在“二战”以后为什么能够崛起，并实现经济高速发展。“二战”后，日本作为战败国，国内政治、经济、社会原有的制度体系几乎被打碎重建，在重建的过程中，日本不断地吸收和改造我国儒家的传统诚信思想，使我国儒家诚信观在日本的社会诚信教育体系构建过程中被借鉴，并渐渐与日本的民族文化融合在一起。在诚信文化的影响下，忠诚、集团主义大为盛行，人们在交往中相互信任、相互依赖，大大降低了内耗的成本，有效地将民众的能量聚集于集体乃至国家之中，促进了日本的战后腾飞。由此可见，中国道德文化的超凡力量对日本的影响。①

（一）正确认识依法治国和以德治国

什么是依法治国和以德治国？依法治国和以德治国的内涵是什么？这是我们研究德治融入法治的理论起点。

2016年12月，习近平总书记在主持中央政治局第三十七次集体学习时强调：改革开放以来，我们深刻总结我国社会主义法治建设的成功经验和深刻教训，把依法治国确定为党领导人民治理国家的基本方略，把依法执政确定为党治国理政的基本方式，走出了一条中国特色社会主义法治道路。这条道路的一个鲜明特点，就是坚持依法治国和以德治国相结合，强调法治和德治两手抓、两手都要硬。这既是历史经验的总结，也是对治国理政规律的深刻把握。习近平强调，要提高全民法治意识和道德自觉。法律要发挥作用，首先全社会要信仰法律；

① 张洪铭、岳玲文：《近代以来日本社会诚信演变以及诚信教育体系建设》，载《中国诚信文化》2018年第5期，第62页。

道德要得到遵守，必须提高全体人民道德素质。要加强法治宣传教育，引导全社会树立法治意识，使人们发自内心信仰和崇敬宪法法律；同时要加强道德建设，弘扬中华民族传统美德，提升全社会思想道德素质。要坚持把全民普法和全民守法作为依法治国的基础性工作，使全体人民成为社会主义法治的忠实崇尚者、自觉遵守者、坚定捍卫者。要深入实施公民道德建设工程，深化群众性精神文明创建活动，引导广大人民群众自觉践行社会主义核心价值观，树立良好道德风尚，争做社会主义道德的示范者、良好风尚的维护者。①

（二）依法治国的内涵展现在四个方面

依法治国简称为“法治”，与以德治国相结合。对法治内涵可以从四个方面理解：其一，严格依据宪法和法律治理国家。强调宪法是国家根本大法，一切法律都不得违背宪法原则；强调法律是规范国家、政府、社会、个人行为的依据；强调法律是保护人民民主、自由、平等的武器。在依法治国语境下，法律是不因贫富、不因身份、不因种族、不因文化的差异而有任何适用的差别，任何国家机关、企业事业单位、社会团体、公民都必须自觉遵法、守法、依法办事。其二，制定的法律是符合广大人民根本利益的良法。良法是依法治国重要前提，要实现立法能够充分保护人民群众的根本利益，必须实行公正立法、科学立法、开门立法，让人民群众有机会参入法律草案的讨论，给人民有发表自己建议和意见的机会。其三，依法治国的表现形式是科学立法、严格执法、公正司法、全民守法，依法治国的要求是有法可依、有法必依、执法必严、违法必究。其四，法治是依靠国家强制力来约束单位或个人的行为规范，一旦违反将受到法律制裁。

（三）以德治国的内涵可以从五个方面去理解

以德治国简称为“德治”，与依法治国相得益彰。我们可以从五个方面理解德治的内涵：第一，当今我党提出的以德治国，前提条件是国家已经确立了依法治国方略作为治国方式的选择，所以以德治国相对依法治国只能是治理国家的一种辅助手段，而不是与依法治国并驾齐驱的治国方略；第二，以德治国是指在国家治理中，运用道德对人心灵的主导作用，把高尚的道德理念、高尚的社会情操和高尚的思想

① 习近平在中共中央政治局第三十七次集体学习时的讲话，新华社北京2016年12月10日电。

品德，引入依法治国的实践中，使依法治国饱含中华传统道德文化的底蕴；第三，把德治思维引入法治建设的目的，是主张执法者在执法活动中要内化为自身的德行修养，从而保证执法者在执法中，注入道德理念，使优秀的道德品格外化为执法的公平公正；第四，把道德文化的合理内核融进法治过程，充分展示德治的说服力和劝导力，提高社会成员遵法守法的思想认识和道德觉悟，从而提高民众遵循法治的自觉性；第五，德治是靠人们心中已经形成的个人的道德观判断是非，从而确立自己尊崇道德的底线，这种约束没有强制力调节，而是靠自我约束行为规范，靠心灵自责，违反了道德规范不一定受到法律追究，但是会受到道德和舆论的谴责。习总书记十九大报告中提出的“良法善治”，既是对依法治国的要求，也是对以德治国的要求。

（四）领导干部法治与德治的表现至关重要

习近平总书记多次强调要发挥领导干部在依法治国和以德治国中的关键作用。他指出：领导干部既应该做全面依法治国的重要组织者、推动者，也应该做道德建设的积极倡导者、示范者。要坚持把领导干部带头学法、模范守法作为全面依法治国的关键，推动领导干部学法经常化、制度化。以德修身、以德立威、以德服众，是干部成长成才的重要因素。领导干部要努力成为全社会的道德楷模，带头践行社会主义核心价值观，讲党性、重品行、做表率，带头注重家庭、家教、家风，保持共产党人的高尚品格和廉洁操守，以实际行动带动全社会崇德向善、尊法守法。①

习总书记对领导干部的特殊要求，是对干部的关心和爱护，领导干部代表党和国家的形象，肩负着代言民众的话语权，受党和人民的信任身负执政、执法的重任，领导干部的所作所为往往成为人民群众评价党和国家对人民关心和爱护的晴雨表，领导干部的思想方法、行为做派、对人对事的外在表现，群众历历在目，心中有杆秤。领导干部遵守法治好不好，有没有道德情操，不是领导干部个人的小问题，而是有关党和政府形象的大问题。总书记语重心长地强调要抓好极少数关键人物的道德品质和思想教育，是抓住了治党治国的“牛鼻子”。党的干部只有自觉做到遵法守法，才能成为合格的领头人，无愧党和

---

① 习近平在中共中央政治局第三十七次集体学习时的讲话，新华社北京2016年12月10日电。

人民的重托。

三、依法治国与以德治国是治国安邦一元论的完美结合

（一）历史证明选择法治是顺民心合民意的英明决策

回顾改革开放四十年来，中国共产党领导人民在建设社会主义实践中，排除万难，大胆探索，进行了建设中国特色社会主义的伟大斗争。1978 年，以邓小平为代表的老一辈无产阶级革命家，在党的十一届三中全会上，实现了思想路线、政治路线、组织路线的拨乱反正，提出系统地清理重大历史是非的拨乱反正，提出健全社会主义民主和加强社会主义法制的任务。果断决定：停止以阶级斗争为纲，确立全面转入以经济建设为中心的大政方针，做出实行改革开放的历史性决定，为中国发展走出一条社会主义发展的全新道路。全会号召全党解放思想，敞开国门迎接外商投资，坚定实行改革开放，掀起轰轰烈烈建设中国社会主义的热潮，从此在共和国的大地上掀起了波澜壮阔的振兴中华经济大发展的新格局。同时，对“文化大革命”造成的巨大经济损失，国家法制建设的全面破坏，国家道德风尚的大倒退，从理论上、思想上、政治上、组织上进行彻底的清理。在 1982 年党的十二大会议上，邓小平又提出建设中国特色社会主义的新思维，使中国的建设和发展有了奋斗的宏伟目标。发展中国经济，使中国富起来、强起来，永立世界潮头，引领世界发展，历届党中央为此不懈奋斗，创造了无数个中国奇迹，让世界重新认识了中国。

2018 年 4 月 10 日，博鳌亚洲论坛年会开幕式上，习近平主席发表主旨演讲，再次掀起中国改革开放的热潮。习近平指出：“实践证明，过去四十年中国经济发展是在开放条件下取得的，未来中国经济实现高质量发展也必须在更加开放条件下进行。”随即他在大会上庄严宣布中国将在扩大开放方面采取四项重大举措：一是大幅度放宽市场准入，二是创造更有吸引力的投资环境，三是加强知识产权保护，四是主动扩大进口。这是新一届党中央向世界宣告，中国将坚定不移加大改革开放的力度，中国正张开双臂，迎接世界友好人民加入中国倡导的振兴世界经济的合作发展行列。

四十年的改革开放伟大战略实施，给中国的外交、经济、科技、军事、教育、法治建设注入了强大的活力，各行各业都出现了突飞猛

进的发展，国家的政治地位快速提升，国民经济持续高速发展，中国开始搭上了追赶世界经济发展大潮的高速列车。中国由穷变富了，由弱变强了，跨过了一道又一道坎，一跃成为震撼全球的一匹黑马，中国特色社会主义伟大建设的发展模式取得了举世瞩目的成功，为世界不发达国家和人民，创造了一套富起来、强起来的治国新思路。富裕的中国该如何前行，历史性地摆到了中国共产党的面前。依法治国方略就是在这个历史条件下提出的。

（二）依法治国与以德治国不是治国方略的二元论

确立依法治国方略，确立建设法治中国，这是中国共产党总结中国特色社会主义革命、建设和发展的历史经验和教训做出的选择，吹响了法治号角，给广大民众带来了国家政治、经济、法治、社会大发展，国家面貌、人民精神状态发生了翻天覆地的变化，国家呈现蒸蒸日上的可喜局面。这是针对中国特色社会主义建设进入关键时刻提出来的治国理政的重要选择，它标志着中国已经在朝着法治轨道坚定前行，党绘制了建构法治中国的美好蓝图。党中央在提出依法治国五年后，又提出依法治国与以德治国相结合，用法治和德治共同治理国家、政府和社会，创新具有鲜明中国特色的依法治国之路。

选择依法治国之路，既然是吸取了历史经验教训，那就要避免如同“文化大革命”期间的无法无天的法治虚无主义再度泛滥。中国人尝够了法治破坏的苦果，执政党深知没有法治将会带来什么样的国家混乱状态。选择依法治国之路也是我们党对世界各种治国方式分析论证后而做出的科学选择。中国共产党从认识市场经济就是法治经济，到认识法治就是生产力，再到认识法治才能给人民带来美满幸福，法治才能实现人民群众的理想和愿景。由此确立依法治国的治国方略，确立了法治的独特地位。法治作为治国安邦的利器，始终处于依法治国的核心地位。这一地位表现在三个方面：其一，法治是治理国家、政府、社会的治国方略，而其他的治国方式却不能提升到治国方略的高度来认同；其二，法治与其他治国方式发生冲突时，法治负有调整其他治国方式的功能；其三，法治在治国理政中可以将其他治国方式上升为法律规定，从而用法治取代部分其他方式，赋予其他方式法治意义。综上，在依法治国语境下，以德治国虽然不能够成为我国治国安邦的另一个方略，但丝毫不影响德治作为治国的重器，以其独立的道德元素成为依法治国的重要补充，德治是法治不可或缺的重要辅助手段。因此，实行依法治国和以德治国相结合，并不是治国安邦的二元论，而是以法治为核心，以德治为辅助的治国方略一元论。这一结论，课题组是在参加检察日报社举办的检察官和纪检监察人员座谈会上，听取各位专家的发言后形成的认识。检察官和纪检监察人员长期工作在法律监督和纪检监督工作岗位，他们从一线工作实践的真实体会中，提出依法治国一元论的观点，给我们的调研产生积极的导向，使课题组有关德治融入法治的调研形成重要的共识。坚持一元论，对于正确理顺依法治国和以德治国的辩证关系，便于实现政治界、法学界、道德界对法治德治的联系与区别形成共同认识，进而研究德治如何融入法治，继而研究融入的考量和路径，科学实现德治与法治相得益彰。因此说，坚持依法治国方略一元论是具有重要治国理论意义和科学价值的科学认知。

四、法治与德治的辩证关系

依法治国和以德治国既然不是治国二元论，法治为主，德治为辅，难道说德治就没有法治重要？毫无疑问，这种认识是完全不对的。主和辅都重要，都是治国安邦的重大策略，缺了谁中国特色社会主义伟大建设都有可能失之偏颇。那么，法治与德治到底有怎样的辩证关系？

（一）法律是成文的道德

法律是成文的道德，这是目前学者们普遍认同的观点。还有学者认为法律是道德的底线。这些观点一语道破法律的特征以及其与道德的关系。国际上不少著名法学家也认为符合道德规范的法律才能称之为“良法”。看来道德对法律的制定、执行、适用具有很强的引导性，世界各国法学家有高度认同度。法律是统治阶级意志的集中表现，确立人民当家做主的中华人民共和国宪法和依据宪法制定的法律体系，是执政党领导人民制定的行为规范。宪法和法律作为全体人民利益的最高表现形式，是党领导人民构建法治中国所必需的法治武器，是人民行为规范的最高准则。2018 年 2 月修订的《中华人民共和国宪法》，把宪法宣誓制度正式写进新宪法，更加体现了党中央强调的依法治国首先要依宪治国。中国法律是中国文化的重要组成部分，中华民族文化对国家法律的架构和制定法律的走向有直接影响。我国盛行数千年的优秀道德理念、道德行为规范、道德准则中被历史证明有利于治国理政的规范、规则等道德元素，必然要吸收到法律体制和法律条文中来。也就是说法律是我们国家倡导的道德底线，是成文的道德，是具有国家强制力约束的行为规范。上升为法律的那些道德观念就是赋予了国家强制力的约束。因此，法律又是道德的重要保障，是推动道德思维和道德行为朝着健康有序的方向发展，使高尚道德品质能够得以不断弘扬的国家力量。

（二）道德是内心的法律

道德在依法治国方略中处于什么样的地位？学术界有两种代表性的表述：一是道德是内心的法律。这也是目前政治学、法学、伦理学的基本认识。二是道德是法律的向导和源泉，是法律不断发展完善的本土文化资源宝库。第一种表述适合于当代中外法律学说的共识，而第二种表述，是具有中国文化特色的中国法律地位学说的本土认识。

道德理念是全世界都存在的一种精神形态，但是具有自成体系的治国理政意义上的道德理念，是中华五千年文化凝聚的治国精华。我国道德思想的架构、涉及的领域、对行为规范的约束、对治理国家朝政的影响，都是世界上独一无二的。我们国家的法律制度，尤其是民事法律、经济法律、商事法律和行政法律的制定，所有的程序法和行政法，甚至于刑法，都不同程度地考虑了我国良好道德观念的赞成度，考虑到全国各民族人民能够接受的道德认同度。我国法律制定中非常注重吸收民族文化中道德规范的合理内核融入法律条文，这样才能够保障我国法律始终保持高质量的态势，才能便于人民群众自觉尊崇有鲜明本土特色的法律，并主动接受法律约束。

习近平总书记对道德法治的辩证关系认识深刻，他指出，要强化道德对法治的支撑作用。坚持依法治国和以德治国相结合，就要重视发挥道德的教化作用，提高全社会文明程度，为全面依法治国创造良好人文环境。要在道德体系中体现法治要求，发挥道德对法治的滋养作用，努力使道德体系同社会主义法律规范相衔接、相协调、相促进。要在道德教育中突出法治内涵，注重培育人们的法律信仰、法治观念、规则意识，引导人们自觉履行法定义务、社会责任、家庭责任，营造全社会都讲法治、守法治的文化环境。要把道德要求贯彻到法治建设中。以法治承载道德理念，道德才有可靠制度支撑。法律法规要树立鲜明道德导向，弘扬美德义行，立法、执法、司法都要体现社会主义道德要求，都要把社会主义核心价值观贯穿其中，使社会主义法治成为良法善治。要把实践中广泛认同、较为成熟、操作性强的道德要求及时上升为法律规范，引导全社会崇德向善。要坚持严格执法，弘扬真善美、打击假恶丑。要坚持公正司法，发挥司法断案惩恶扬善功能。[①]

（三）法律是道德的保障，道德是法治的导向

这种导向作用，我们在上述的论述中有所涉及，就是道德可以成为法律制定的源泉，这是道德对法律导向作用的一种表现形式。道德对法律的第二种导向作用，就是在法律执行中，道德理念和道德思维可以对执法、司法、守法具有潜移默化的引领作用，道德通过执法者、司法者和受罚者内心深处对道德的理解和强制自我有意识地遵循，并把这种内心深处形成的道德理念，直接影响执政、执法、司法和守法的思想形成和处置方法的选择。道德的导向作用是一种社会认同思维和个人潜意识流结合产生的结果，对法治成效产生直接影响，不可轻视。

习近平总书记指出，要运用法治手段解决道德领域突出问题。法律是底线的道德，也是道德的保障。要加强相关立法工作，明确对失德行为的惩戒措施。要依法加强对群众反映强烈的失德行为的整治。对突出的诚信缺失问题，既要抓紧建立覆盖全社会的征信系统，又要完善守法诚信褒奖机制和违法失信惩戒机制，使人不敢失信、不能失信。对见利忘义、制假售假的违法行为，要加大执法力度，让败德违法者受到惩治、付出代价。[②]

近年来，我国对政务诚信、经济诚信、社会诚信、个人诚信下了很大决心，做了积极努力，国务院强令各级人民政府、社会团体和民众都要高度重视国家诚信建设，并且就强化国家政务诚信、社会诚信和公民诚信建设多次发文，作出强制性要求。国家有关职能部门组织召开了一系列弘扬诚信文化的工作会议、研讨座谈会议，并且开展评比诚信商家企业活动。组织了法院执行局、中央银行和网络金融部门，联手搭建起国家征信监管、监督机制平台，建立不诚信、不守信的曝

---

① 习近平在中共中央政治局第三十七次集体学习时的讲话，新华社北京2016年12月10日电。

② 习近平在中共中央政治局第三十七次集体学习时的讲话，新华社北京2016年12月10日电。

光机制，动员全社会的力量发起了对有不诚信记录的单位和个人实行制裁，停止向他们发放金融贷款，禁止他们乘飞机、高铁，限制他们出国出境高消费，使一些老赖出差在外无法返回驻地城市。人民群众对这些不诚信的处罚举措拍手称快，希望政府、银行、法院，对征信不好、不讲诚信的单位和个人予以惩罚的措施要坚决执行到底，绝不能留情面，绝不能宽容放纵。用道德手段治理不诚信，就是发挥以德治国机制的突出表现，也是用德治弥补法治治理不诚信行为的重要补充。

第三节 依法治国需要社会主义核心价值观的道德支撑

一、道德是社会主义核心价值观的重要组成部分

前面我们分析了社会主义核心价值观的三大层面 24 个字的内涵，得出一个结论：社会主义核心价值观所倡导的核心内容，集中体现了国家和人民对社会主义社会发展的美好愿景，倡导的是树立理想、坚定信念、弘扬道德、团结奋进、民富国强。全心全意为人民谋幸福，努力实现国家富强，是中国共产党领导人民建设社会主义的不懈追求。经过 97 年新民主主义革命和社会主义革命、建设和发展的努力奋斗，我国即将建成小康社会，我国的政治、经济、文化、法治、军事、外交事业，在改革开放总方针指引下，已经取得了一个又一个举世瞩目的成就。我国的政治体制改革、经济体制改革、军事体制改革和司法体制改革都获得了巨大成功。党正在指引我们为完成两个一百年发展目标奋勇前进。社会主义核心价值观，就是我们发展、前进的强大动力，是我们建设中国特色社会主义的重要保障。依法治国建设必须与培育和弘扬社会主义核心价值观紧密结合，形成合力，相互促进，实现构建中国特色社会主义的宏图大略。

（一）道德理念的内容构成社会主义核心价值观的主体内核

道德在社会主义核心价值观体系中占有突出的地位。我们来分析一下社会主义核心价值观 24 个字的总体表述，发现其中绝大部分都是道德观念的内容。个人层面的“爱国、敬业、诚信、友善”是个人道德范畴的内容，国家层面的“民主、文明、和谐”，社会层面的“自

由、平等、公正”都基本上属于道德观念的内容。其一，说明社会主义核心价值观三个倡导，既是表述社会主义核心价值观的主要内容，又是构成以德治国的基本内核。优秀的道德理念是构成社会主义核心价值观的主体内核。社会主义核心价值观与以德治国有相互包容和相互联系的紧密关联性。其二，说明社会主义核心价值观是实施依法治国方略的必要前提和重要引领。法治建设是依法治国主要载体，把社会主义核心价值观融入法治建设，是培养和弘扬社会主义核心价值观的重要途径和手段。其三，社会主义核心价值观的主题内核包含了丰富的道德理念，在实践依法治国和以德治国过程中，将德治融入法治的过程，从一定意义上讲就是践行将社会主义核心价值观融入法治建设的过程。两者的实质有包容有重合。

（二）德治融入法治是依法治国和以德治国相得益彰的重要途径

依法治国和以德治国是建设中国特色社会主义的两股重要力量，它们是相互联系、相互依存、相辅相成的治国方式，二者统一在法治国家、法治政府、法治社会三位一体的法治建设中。

依法治国和以德治国虽然都是治国安邦的重要国策，但是二者又有一定差异，简言之就是“法主德辅”，也就是说依法治国是主线，以德治国是补充。两者缺一不可，但又不可偏废。那么怎样才能做到“相得益彰”？课题组经过调研，认为最好的选择就是将“德治融入法治”，即把以德治国理念融入依法治国方略之中。课题组带着这个观点，在北京、石家庄、南昌和扬州的五次调研中，认真听取参加座谈会的专家学者们的意见，得到绝大多数专家学者的认同。他们认为把德治与法治的相互关系用“融入”二字表达，比较准确，比较形象，也表明了依法治国与以德治国在建设当代中国特色社会主义法治国家中客观存在的主次关系，不容易使人产生认识错位。

德治融入法治，是本课题的核心内容，也是本课题的核心价值之所在。由于新中国成立以后我国的法治建设一直处于反复之中，长官意志、领导个人意愿在处理政府事务和治理国家中占有较大的权重。就以比较盛行的竞争上岗为例，认知领导意志在国家事务决策中的影响根深蒂固。在给参入竞争人员打分考评时，绝大多数单位都实行领导与群众同场打分权重不同的设计，群众 1 人投票为 1 分，而领导投票却权重为 1 人 10 分，甚至 20 分。这种投票方式显然是人治在具体事务中的残留。以人的意志为转移，缺乏稳定性，缺乏规则意识。十年“文革”遗留问题太多，教训太深刻，人民对不依法办事，无法治导致的社会混乱，记忆犹新。没有法治，就没有基本人权保障，还何谈国家建设？因此，以德治国提出之后，理论界产生了一些不同看法，究其原因主要是对如何摆正法治与德治的位置有不同看法。德治对国家治理的重要性，是数千年经验得以证明的，引进依法治国，是非常必要且很有价值的，但是摆正法治与德治两者的位置，无疑是非常重要的治国导向。党中央现今提出的“以德治国”与古代近代的“依德治国”，仅仅一字之差，却是完全不同的两个概念，“依”是依靠，“以”是辅从。所以依法治国与以德治国的概念用词准确，提法科学，谁主谁从，一字区分。

2016 年 12 月 26 日，中央办公厅和国务院办公厅联合发文《关于进一步把社会主义核心价值观融入法治建设的指导意见》明确指出，社会主义核心价值观是社会主义法治建设的灵魂，把社会主义核心价值观融入法治建设，是坚持依法治国和以德治国相结合的必然要求，是加强社会主义核心价值观建设的重要途径。《意见》充分肯定十八大以来，各地在运用法治思维和法治方式推动社会主义核心价值观建设工作“呈现向上向好”的发展态势。同时也指出，“与推进国家治理体系和治理能力现代化建设的要求相比，把社会主义核心价值观融入法治建设还存在不小差距”。《意见》要求：“切实发挥法治的规范和保障作用，推动社会主义核心价值观内化于心、外化于行。”[①] 培育和弘扬社会主义核心价值观要求将其融入法治建设，实质上也就表明以德治国也应该通过将德治融入法治建设，来实现依法治国和以德治国的相互依存和相得益彰，既有理论依据，也有实践验证。

二、依法治国方略全面实施离不开社会主义核心价值观的支撑

德治融入法治建设，是用德治和法治共同治理国家的最佳路径。德治融入法治的词组结构表明，前者与后者的关系是前辅后主，德治在治国理念中要服从于服务于法治，法治要将德治的精髓自觉运用到具体实践中，融入法治的整体活动和过程，展现在法治的治理和惩戒

---

① 《关于进一步把社会主义核心价值观融入法治建设的指导意见》，载《人民日报》2016 年 12 月 26 日第 1 版。

的实质上，这样执法活动才能够既保障了依法治理，又能够充分考虑到道德理念对执法的引导性；既防止了机械执法，就事论事，也准确分析了法律事件的本质特征和其产生的社会影响，以及处理后的法治导向效益。因此，准确适用法律，对违法犯罪行为做出公正公平符合广大民众认知的法律制裁，把德治与法治融合在一起，就能实现良好的法治效果。这样的案例在政府执法和法院审判中不胜枚举。

课题组在北京市高级人民法院与法官座谈中，围绕司法审判执行工作中如何将德治融入法治进行探索，法官的认识让我们茅塞顿开。法官在发言中指出，司法审判工作中将德治融入法治就是通过案件审理来实现的。法官如何适用法律，如何依法依据认定案件事实，如何在案件中评判当事人的是非曲直，除了依据法律规定，还需结合社会公德，运用法律赋予法官的自由裁量权，法官在判决中表明支持什么反对什么，就是给社会释放法官判案的价值取向。可以说，法官的司法审判和执行活动就是司法工作中将德治融入法治的全过程。法官的每一次判决，都是对正义的一次张扬，同样也是对非正义的一次否定。这种“张扬”和“否定”运用的积累，就是法官德治融入法治的心路历程。

依法治国方略全面实施既包括法律制度的完备与良法善治，也包括用优秀道德理念引导法律制定、法律修改、立法解释、司法解释和法律适用。中办国办《关于进一步把社会主义核心价值观融入法治建设的指导意见》要求“推动社会主义核心价值观入法入规”，“加强重点领域立法”，“强化公共政策的价值目标”，“加强党内法规制度建设”；要求“强化社会治理的价值导向”，“使违背社会主义核心价值观的行为受到制约和惩处”；强调“严格规范公正文明执法”，“推进多层次多领域依法治理”，“坚持依规治党”；强调“用司法公正引领社会公正”，“提高司法公信力”，“建设完备的法律服务体系”，“完善司法政策，加强司法解释，强化案例指导”。[①]《意见》对社会主义核心价值观如何融入法治建设做了明确的规定，提出了实操的要求，对于全面依法治国方略的实施是极为重要的支撑。

我们完全有理由相信，在党中央的正确领导下，我国依法治国和

---

① 《关于进一步把社会主义核心价值观融入法治建设的指导意见》，载《人民日报》2016年12月26日第1版。

以德治国并驾齐驱的治国方式，一定会在培育、弘扬、践行社会主义核心价值观的治国理政热潮中，得到最为坚定的落实，实现最大的效益，为建设中国特色社会主义提供强大的正能量，使国家的建设和发展取得更加辉煌的胜利。

三、用道德理念引导非法律规范不断完善以充实依法治国的内涵

我国是一个多民族国家，地广物博，民族之间文化和经济发展存在较大差异，国家制定的法律对各地经济发展状况、文化习俗、民俗风情等往往难以完全吸纳入法，特别是对民族自治区域的治理，往往需要对法律的实施做区域性的立法或司法解释，一些司法程序也会因地域偏远、交通不便等因素做一些合理的调整。比如，拘留犯罪嫌疑人期限就有区域的变通。总之，光靠法律来调整社会关系，来规范各行各业的行为规范，显然是不足的，会留下不少的执法、司法空白地带。现实中，国家除了强制用法律手段调节社会关系外，还用非法律规范调节社会行为。例如条例、章程、政策、习俗、乡规民约、行业规范、仲裁、民间调解等，都在不同层面发挥着治国理政，调整社会关系，化解社会矛盾纠纷的重要作用。这些非法律的规章制度，除了受到法律法规的直接约束，还要经得起优秀道德规范、道德理念的检验、评估。通过道德理念的考证分析，确认非法律规范的合法性、合理性和民族习惯习俗可接纳性，并且使这些规范、约定、共识、行规，不断健康成长，成为抑制社会矛盾纠纷发生、平息和化解纠纷的有机协调，从而使这些非法律的规范也能够参入到国家治理行列里来，成为我国依法治国和以德治国的重要补充。这种补充丰富了依法治国方略的内涵，弥补了法律滞后的缺陷，保障依法治国方略与社会主义核心价值观建设无缝对接。

在香港、澳门回归以后，“一国两制”给国家治理提出新的治国课题。香港、澳门是用不同法律制度、不同法系实行对香港、澳门区域的治理，但其前提是必须严格遵照全国人民代表大会制定的《中华人民共和国香港特别行政区基本法》和《中华人民共和国澳门特别行政区基本法》。香港澳门是否纳入国家依法治国和以德治国总体框架，是实施依法治国方略必须研究的重大课题。

第四节　德治融入法治离不开法治宣传教育和文艺传承

德治融入法治既然是依法治国与以德治国相得益彰的最好形式，我们就有必要研究德治如何融入法治，本节要研究的重点就是德治融入法治的具体路径。

一、德治融入法治建设是一个循序渐进的过程

德治融入法治并不是一件简单的事，下面从几个方面来阐述这个重要观点。

（一）成熟的优秀道德理念可以直接上升为法律

这是德治融入法治最直接的融入方式。将德治直接上升立法的大致有三种情形：一是已经有相关规范可以直接修改加工成为新法律；二是通过修改原法律部分条文完善立法；三是提起立法立项申报，提出立法草案上报立法机关审批。对于那些还没有制定法律的行为规范，迫切需要通过立法程序制定新法律或者修改原有法律某些条款的，应及时启动国家强制力来规范某些行为。通过将原有的道德规范文件上升为法律，是对国家完善法律体系建设，促进依法治国健康发展的重要补充。事实上我们国家的不少法律规定都是源于道德理念，将社会认同度很高的道德规范上升为法律，是丰富法律制度的捷径。前提条件是必须有相应的道德规范并且已经制定出成文性规定的，可以考虑直接上升为法律。这样的提升既快又好，成功的希望也大。由主管部门申报，或由道德规范部门申报立法，一是时间长，二是难度大，三是立项和审查通过都是一个较长的过程。

需要指出的是，将成熟的道德规范上升为法律规范，其决定权在国家立法机关，并且有严格的操作程序制约。因此，道德规范上升为法律规范，不但难度较大，而且所需运作的时间也较长，是一个循序渐进的过程。我们一定要有足够的心理准备，做好时间长、难度大、程序多的心理准备。总之，为促进法治完备，实现严格执法、公正司法，我们为道德规范上升为法律规范所做的任何努力，都具有重要的法治意义。

（二）制定成文的道德规范文件提供给执法和司法机关

将社会广泛认同已经对某些社会行为实际起着调节、规范的作用，

并且是已经形成完备的成文道德规范，可以报送行政执法机关和国家司法机关备案，使这些德治规范文件成为行政执法机关和司法机关处理案件的参照依据，这也是德治融入法治的良好方式。

（三）提升执法司法人员的道德观念并运用引导执法司法实践

通过法治宣传、专业教育培训、知法守法业务交流，或者通过对案件的辩护、做证、鉴定、论证等法律活动，把道德理念、道德认识、道德感悟、道德理解等从道德层面分析判断案件的想法和思考，传递给执法人员、司法法官、检察官和纪检监察机关业务工作人员，让他们在审理案件时充分考虑道德理念在查办案件中的运用，尤其是运用德治理念约束执法、司法人员思考问题的思维方式，督促执法、司法人员牢记道德理念，弘扬高尚情操，不偏不倚公正办案，公正执法，公正审判，从而营造以司法公正引领社会公平正义良好的法治环境。

（四）德治本身就是国家认可的一种治国方式

用道德规范调整的行为，包含那些依据道德观念形成以德治国的习俗、行规、章程等道德规范，无须改变其制约行为规范的方式，可以直接运用于治国理政中。片面追求将道德规范纳入国家强制力调整，就失去了以德治国本身价值。以德治国本身就是我国一种治国理政的重要方式。用道德可以调整的关系，无须法律调整，这样可以节约法治资源，减少处理程序，缩短纠纷化解的时间。强化对社会群体的道德引导与教育、道德培训与弘扬，使全体民众能够受到道德理念的熏陶，通过道德观念的正确引导，从而很好地养成民众遵从法律、守望法律、服从法律的生活习惯、思维定式。民众是一个广义概念，相对党中央，民众的概念很大，既包括普通群众，也包括各级领导机关的国家工作人员；相对于基层权力机关和执法、司法部门，民众的概念就只包括普通民众。因此，对民众的道德修养的培训和引导，实际上也包含我国人数众多的国家公务人员，包括极少数身居重要岗位的领导干部。不断提升民众的道德品质，是执政、执法、司法公务人员学会把道德规范融入法治建设之中，提升依法治国的水准的需要，也是使广大民众自觉养成尊崇法治、维护法治、服从法律、自觉守法的法治习惯，从而广开治国之路，有利于造福社会，有利于国泰民安。

二、德治融入法治对法治宣传和法治教育寄予厚望

（一）主流媒体肩负法治与德治舆论导向责任

宣传德治融入法治，一方面需要通过执法和司法活动来实现，让每一起案件都既符合法律规定，定罪量刑正确，处罚决定于法有据。另一方面，通过宣传规范执法、司法活动，符合社会道德的导向需求，从而使每起案件的处理都能够实现最大的法治效益和社会效益，既化解了矛盾纠纷，又张扬了社会主义的道德风尚。法治宣传的弘扬、引导、鼓舞作用对德治融入法治是十分必要的。作为国家主流媒体，更加应该凸显这种社会责任。

社会上曾经广泛讨论老人倒地该不该扶一把？发现伤病该不该给予及时帮助？发生车辆撞人事件该不该把伤者送医院治疗？这就是说涉及伦理问题，出现道德行为与法律责任可能发生碰撞时，我们怎么选择自己的作为？法官怎么判决见义勇为者被被救助者讹人的案件？讨论中多种意见认为救死扶伤是人之基本道德准则，出手相助是王道，法律和道德都应该支持主动出手救助遇难者的行为、见义勇为的行为。但是也有少数人认为多一事不如少一事，出手相救惹麻烦上身划不来，主张明哲保身，视而不见，不出手相救。前者是有道德的行为，符合社会主义核心价值观，后者是不道德的行为，虽然不一定会受到法律制裁，但必然会受到道德的谴责。当法律介入救助案件的审理后，法官如何认定行为人相助他人行为是否正义行为就会产生道德导向作用。因此，要求法官充分考虑行为发生的现场证人证言，客观分析事件的前因后果，形成接近案件真实的法律判断。只有依据客观证据做出的法律判决，才能够称道张扬正气的法治导向。因此，法官判案的导向作用是检验司法公正的试金石。法官的司法导向无疑会对道德理念形成直接的冲击，如果稍有瑕疵，就很容易引发社会公众的指责和猜疑。这其中不乏不理智的评论、恶意调侃。这些对法官判案的批评发声，还可能混淆视听，颠倒事情本来面貌，带来舆论压力和其他严重后果。可见法官是万万不能缺乏道德思维的，否则一旦轻率敲响法锤做出无德行的判决，将对国家法治建设产生污染法治水源的严重后果。

因此，要使依法治国和以德治国相结合，产生共同治理国家的良好效益，党和国家的法治宣传机构和主流媒体的及时发声显得格外重

要。在当前传媒手段鱼龙混杂，传播速度十分惊人，加上网络传媒的受众面十分庞大，很容易使一个小小的法治事件，被不负责任的媒介“宣传”无限放大，导致不利于法治和德治建设的传闻蔓延发酵，错误导向产生的后果有时甚至是很可怕的。因此，大力倡导国家主流媒体及时介入突发法治事件，及时发声引导正面宣传效应，明析德理，张扬法治，频发主流声音，使突发法治事件始终在正确舆论导向下得到掌控，这应成为国家主流媒体当下不可懈怠的法治责任、道德责任。

（二）强化道德教育、法治教育是院校的历史责任

德治融入法治还需要教育相助，国家的小学、中学、高等院校和其他从事教育的成人院校、职业培训院校，在依法治国和以德治国相结合的国家治理前提下，有责任和义务开展法治教育、道德教育、纪律教育、规则教育，法律院校除了正常开展法治知识、法治理论的教学，还要围绕如何强化依法治国方略的实施，强化社会道德风尚的引导，进行有针对性的法治教育。这些年来我国教育战线总体存在重知识教育、重学历教育，而轻视法治教育、道德教育。一些涉及基本伦理、基本道德准则和基本法治常识的教学课程，在国民教学中要不就没有安排，要不就被挤占，动不动就可以把法治课调成其他专业知识课，对思想道德品质教学成果的考察也流于形式，这种现象引起社会民众的强烈关注。我们课题组在江西省政法委和省法学会的座谈中，省教育局和一所大学一所小学老师被邀参会，他们不无感慨地说，培养孩子起码的道德价值观是教育机构责无旁贷的职业责任，但是现行的教育体制是唯分数论，上上下下都是这个标准，而对道德法治教育如何考核，用什么样的标准考核，没有做出强制性的规定。老师们建议国家要切实强化学校的道德品质教育与尊法守法教育，规范道德与法治的教育课时课程，从小学一年级到六年级是儿童意识成长期，要全程开展道德与法治课。中学、大学是人的思想认识重要的固化年龄段，更是道德法治教育的重点。老师们建议要从师范院校培养师资抓起，为学校输送合格的德治与法治教学的师资人才，要从宪法教育入手，科学安排教育内容，设立科学考评体系。我国古代道德观念为何能够深入人心，源远流长，规范社会行为的力量非常强大，在很大程度上就是教育立下的汗马功劳。古代教学教如何做人优于知识教育，道德品质教育是古代中华文明能够不断升华延续和向外输送传播的根

本保障。因此，从教育入手抓好幼儿、小学生、中学生、大学生的道德与法治教育，是应该引起国家教育管理部门的足够重视了，否则我们国家法治建设和道德建设可能出现教育畸形，导致依法治国以德治国后继无人。这绝不是危言耸听！

前些年，我国高校发生一些学子违法犯罪甚至杀人劫财的恶性案件，这与法治教育的缺失，道德教育不到位有密切关联。我们培养大学生、研究生、博士生是为建设中国特色社会主义储备知识、储备人才，作为国家培养后备人才的院校，培养出来的人只会数理化，没有基本德行和法治观念，怎么能够担当得起国家复兴、民族复兴的历史重任？没有道德理智的人才，不讲法治的人才，是没有中华文化自信的庸才，难以担当中国特色社会主义建设的大任。依法治国以德治国，教育机构具有不可推卸的历史责任！

三、德治融入法治建设需要借助新传媒和文艺的力量

（一）多媒体时代的网络传播手段

随着互联网、微博、微信、短信、飞信的出现，人类信息传播进入了“即时传播”时代，哪里发生重大新闻，同时就能从哪里传出即时发生的新闻信息，不光是声音文字，更有视频、现场直播。信息这种无禁区、无死角、无阻挡的全新进化，开拓了人们的眼界，扩展了人们的视野，丰富了人们的精神需求，满足了人们的好奇心。同样，快捷便当的互联网对于依法治国和以德治国的宣传推动作用，成为德治融入法治不可小视的非凡力量。我们要用好、用对互联网媒体这支重要力量，让它为法治和德治的融合与建设发挥最大的效能作用，用形式活泼的声光影像效果，把每一次有意义的法治活动、道德教育、庭审案件、执法行为，都及时传递给亿万民众，使广大民众在接受信息、享受资讯满足中学习法律知识，增长道德理念，参入法治德治活动，经受法治道德洗礼。

（二）借助文艺的力量传播依法治国和以德治国正能量

依法治国和以德治国作为理性概念，人们接受起来有一定难度，从概念到概念，不利于治国思想和治国方式的传承。事实上，我国许多法治理念、道德理念，都需要借助电影电视、文学作品和其他艺术形式来承载法治德治的丰富内涵。当我们的艺术家们把法治德治的主

张和实现内涵，融进艺术作品的人物言语行为和思想意识中，我们就能够比较直观地接受并领会看似枯燥的依法治国和以德治国理念与思想。艺术作品中人物践行法治和德治展现的心路历程、思维方式和行为规范，都能够形象生动地注解依法治国和以德治国的真谛，使人们感同身受，容易领会和接受。因此，电影电视、文学作品、戏剧曲艺、字画篆刻等文学艺术，是宣传依法治国和以德治国的最有效、有张力、有渗透力的载体。党和国家应该加大对文化艺术单位刚性要求，把传播好和宣传好依法治国和以德治国建设的重大任务，作为文学艺术部门的重要考核指标，引导文学艺术单位创作出更多更好的弘扬法治与德治的精品力作，既抓好治国思想在国内的传播，还要把我们的治国理念传播到世界各地，让中国的法治与德治相结合的治国理政方式成为世界上一种可供选择的、优秀的国家治理模式。

第二章
德治文化是社会主义核心价值观形成发展的源泉

新时代推进全面依法治国，推进国家治理体系和治理能力现代化，必须坚持依法治国和以德治国相结合，使法治和德治在国家治理中相互补充，相互促进，相得益彰。党的十九大指出："社会主义核心价值观是当代中国精神的集中体现，凝结着全体人民共同的价值追求。"①厉行法治，推崇德治，提高全民族法治素养和道德素质，首先需要培育和践行社会主义核心价值观；而培育践行社会主义核心价值观，离不开中华传统文化特别是德治文化的滋养润泽。将德治融入法治，必须充分认识到德治文化是社会主义核心价值观的基础源泉，通过深入挖掘中华传统文化蕴含的思想观念、人文精神、道德规范，推动中华优秀传统文化创造性转化、创新性发展；通过弘扬德治文化，型塑强化社会主义核心价值观，建设具有强大凝聚力和引领力的社会意识形态；通过健全完善乡规民约、职业道德、行业规范等，落实公民道德建设工程；通过社会评价褒贬的引导，推进社会公德、职业道德、家

① 《党的十九大报告辅导读本》，人民出版社2017年版，第41页。

庭美德、个人品德建设，为以德治国奠定坚实的思想文化基础，从而更好地构筑中国精神、中国价值、中国力量，为整个国家和社会提供精神指引。

第一节　中华道德规范是社会主义核心价值观的根源

习近平总书记指出："中华优秀传统文化是中华民族的精神命脉，是涵养社会主义核心价值观的重要源泉。"[①] 中华传统文化中蕴含着深厚的道德文化德治文化，这些道德文化德治文化不仅表现为"礼"的道德要求，还体现出"治"的规范作用，在不同层面以不同形式呈现出规范化趋势。深入研究并深刻理解、把握、发挥中华道德规范的作用，对于筑牢社会主义核心价值观根基具有重要作用。

一、中华传统文化中涵养着深厚的道德规范

中华文明史也是一部道德文化史、德治进化史。起源于周礼并在此基础上形成的儒家文化及相应的治国理念，从治家到治国，自修身到处世，无一不渗透着"礼"的精髓、蕴含着大量的道德因素，通过道德观念的渗透，使得传统社会的民众自发、自愿、自觉地遵守礼制，接受其中蕴含的伦理道德要求与政治信仰，从而成为"德治"的思想与规范渊源。解读和把握中华民族传统文化中的道德规范，可以从个人、社会、国家三个层面入手。

（一）个人层面的道德规范体现为修身养性

中国传统的礼法关系强调德主刑辅，对个人道德的培养主要依赖于礼的教化作用，重视自律，强调个人内在的修身养性。比如，儒家主张"不知礼，无以立也"，[②] 只有知礼，才知道如何做人做事。儒家所提倡的信、恕、忠、孝、悌等，体现了个人层面的道德规范要求，是个人遵循礼制、修身养性的目标所在。同时，儒家思想主张在道德教育的长久熏陶下、在潜移默化中将人引向道德之途，将仁、诚、敬、善等道德观念内化于心，于不知不觉中提高人的思想境界，培养人的道德自觉。通过道德规范的引领，人们的行为就会由礼的约束进阶为

---

① 《习近平主持召开文艺工作座谈会》，载《人民日报》2014 年 10 月 16 日第 1 版。

② 出自《论语·尧曰》。参见陈晓芬译注：《论语》，中华书局 2016 年版。

道德自觉，由他律进为自律，行为则与礼无不自然相合。

（二）社会层面的道德规范外化为社会礼仪

传统道德规范从社会层面看主要体现为社会礼仪的约束。儒家强调“天下非礼不治”。以“义”为实质的礼，将其所维护的道德规范外化为社会礼仪，通过齐之以礼、节之以礼、约之以礼，达到明分、别异、序等级的效果。例如，儒家思想以君臣、父子、夫妇、兄弟、朋友为五伦，并以父子有亲、君臣有义、夫妇有别、长幼有序、朋友有信为人伦的常道，重视伦常之道，主张推己及人。主张“人人亲其亲，长其长，而天下平”，① 只有重伦常、明人伦，才可以知善恶、辨是非，从而形成相亲相爱的社会环境和良好的社会风气，进而形成良好的社会秩序。除此之外，“礼之用、和为贵”②“万物各得其和以生，各得其养以成”③ 所强调的天人合一、尊重自然、和谐共生的理念，也逐渐发展成为道德规范的组成部分，并以社会礼仪体现出来，规范和约束着人们的行为。

（三）国家层面的道德规范蕴含着德治思维

从国家层面讲，以儒家思想为代表的中国传统文化强调以礼治国，只有在礼无法发挥作用之时才引入法，即出礼入刑和失礼入刑。这一治国方略中蕴含着丰富的德治思想。首先，在内容上，作为行为规范本身的礼就是道德规范的外化，其内容与个人的德行修养、社会的传统礼仪密切相关，是社会道德规范在国家治理层面的升华。其次，在主体上，礼治主张对人的重视和人性善的理解，重视执政者的个人素质和群体素质，主张通过教化和礼的规范来达到治理的目的。这种对人的重视实际上与德治的要求具有内在的一致性。再次，在效力上，具有“治”的约束力。从礼治的发展来看，其最初表现为不成文的习俗和传统，主要依托于道德观念的作用，后来才在此基础上形成了具体的条文规定。较之由自我良心督责的道德观念，礼则表现为一系列明确而具体的规定，是一种非我的外在约束，可由良心自裁，也可责

① 分别出自《孟子·梁惠王上》《孟子·离娄上》。参见万丽华、蓝旭译注：《孟子》，中华书局2016年版。

② 出自《论语·学而第一》。参见陈晓芬译注：《论语》，中华书局2016年版。

③ 出自《荀子·天论》。参见安小兰译注：《荀子》，中华书局2016年版。

之公众，督之舆论。[1] 可见，礼治具有一定的约束力，通过规范的约束作用，来逐步培养人们的道德自觉，进而达到对外治国平天下，对内提高道德境界的“德治”目标。

二、道德要求以不同形式呈现出规范化趋势

回顾我国古代礼治的发展，可以发现，礼治经历了从习俗、传统等的道德约束向行为规范的外在约束的发展历程。在内容上，除了涵盖习俗、道德、各种人伦关系外，还包括经济政治乃至冠婚丧祭等制度，甚至包括刑罚等强制性的惩罚手段。从某种意义上说，礼是人类社会生活中各种行为规范的总和，包含着源自道德要求的自治规范、法律规定，具有从单纯的道德观念向具有约束力的道德规范转化的趋势。

（一）道德要求形成自治规范

公元前 16 世纪至公元前 3 世纪，即夏商至西周，中华文明体系逐渐形成，诸多关于人生意义与终极关怀的哲学命题渐趋清晰，并形成了一系列引导人们思想和行为的价值观念与道德要求。之后，儒家学说虽经历了道家、法家、墨家的激荡批判，但是百家争鸣的着眼点仍侧重于价值观层面的内容，而非形式。之后，以阴阳五行来建构理论体系的两汉儒学，正式成为官方意识形态，开始了制度化的历程，对传统核心价值观的形成具有起承转合的作用。[2] 在这个过程中，道德要求逐渐转变为道德规范，并形成了以“天人合一”为最高目标、以“三纲”为原则、以“五常”为基本要求的核心价值系统，用来调控人与自然、人与社会、人与人之间的关系。这种制度化、规范化的道德要求，把个人、社会、国家都纳入统辖范围，上至朝廷礼乐、国家制度，中至人际交往、社会礼俗，下及家庭和个人的行为规范，无不受到这一价值观的支配。道德要求的规范化实现了其第一层次的功能整合，即自治。

（二）道德规范转化为法律规定

不同于儒家“礼治”的思想，春秋时期出现了“法治”思想，一些社会改革者提出通过公布成文法等活动，即利用“律”来治理国家

① 白奚：《儒家礼治思想的合理因素与现代价值》，载《哲学研究》2000 年第 2 期。
② 邱吉：《中国社会核心价值观的变迁》，载《中国人民大学学报》2015 年第 6 期。

而不再依靠于“礼”。这种思潮在经历了儒家与法家的针锋相对后，最终实现了“礼法之治”的融合，自董仲舒提出“德主刑辅”后，礼法合流在法典中也逐步通过法律儒家化体现出来，司法实践中更是通过春秋决狱等方式将儒家的德治教化思想渗透到守法执法领域。这一发展历程也从侧面说明了道德规范与法律规定的密切关系，即法律规定是道德规范的升级，是对特定领域中严重违反道德规范、严重危害重要社会关系的行为的负面评价。较之道德规范的自律而言，法律通过外力的作用，以国家强制力为后盾，对人们的行为进行规范和引导，发挥警示、威慑和预防的功效。

道德规范向法律规范转化，使得道德要求不仅具有了自治规范的外化形式，更重要的是它依托于一套完整的立法、执法、司法程序，通过规范的形式、权威的机构、严厉的后果，确保了道德规范的有效落实。道德要求的规范化实现了其第二层次的功能整合，即他律。

（三）任何法律都蕴含着道德属性

从中国传统文化的发展脉络我们可以清楚地看到，法律与道德是密切相关的，无论是来源于传统道德的礼治，还是基于时代发展所产生的律法，其本身都蕴含着道德属性。

首先，传统礼治为法律奠定了道德基础。如前所述，源自伦理价值观的传统道德理念在演进中逐步形成了具有约束力的自治规范或者法律，形成了独具中国特色的伦理道德及与其配套的治国策略——礼治。这种包含着诸多道德内容的治国思想通过具体的行为规范体现出来，并经过历史的传承，逐渐成为现代社会法律体系的重要组成部分。例如，对于杀人、强奸、抢劫、盗窃等行为，刑法称之为“自然犯”，相对于“法定犯”而言，其核心差别就在于这些犯罪是违反社会基本伦理并且一直以来为社会规范所禁止的。这种“自然”来源于其对道德的违反，具有本源性。无论古代还是现代，对于这类行为处罚的依据不仅仅是法律条文本身，更有其背后深刻的道德基础。

其次，传统道德规范塑造和影响了社会评价机制，为现代法治社会中法律规范的制定与解读提供了伦理依据。从各国法律规定来看，多数法律的制定都与一国的文化传统一脉相传，具有传承性，体现了传统文化和道德规范的要求，体现了社会大众对于是非曲直的看法。而文化道德的差异性也是导致相同行为在不同国家有不同认识的原因之一。正因为此，当我们在认定违法犯罪、在判断因果关系时，往往需要引入“社会一般大众”标准，即考量社会大众基于朴素的、传统的道德观、是非观所进行的判断。当法律的制定及适用与社会评价产生严重偏差时，道德便会依托社会舆论等途径，发挥对法律的调适功能。例如，2016 年发生在山东聊城的于欢案中，社会大众对母亲遭受侮辱情形下行为人做法的理解，与基于正当防卫规定的准确适用所产生的定罪量刑结论的趋同性，充分体现了法律的人伦基础。

最后，传统伦理道德为新兴法律关系设定了伦理标准。随着社会发展，出现了许多新的行为，也相应产生了许多新的法律关系。任何法律行为，同样必然是道德行为。对新兴行为、领域的规范，也脱离不了伦理道德的评判与衡量。实践中，对新兴法律关系的规范并非凭空设置，它从内容上直接或者间接体现了道德规范的要求。例如，我国《刑法修正案（九）》新增的虚假诉讼等罪名，是“诚信”这一道德要求在刑法领域中的具体体现。又如，对于金融犯罪而言，无论是对货币、金融机构、金融票证、信用卡管理秩序的破坏，还是实施金融诈骗侵害了相关法益，其受到规制的根本原因在于其违背了公平、正义、诚信等道德规范。

可见，道德规范中包含着一些超越时代、超越国度的价值判断，它是社会秩序得以维系的基础，也是法律规范产生的来源之一。法律来源于生活，法律来源于人们的需求，尤其是人民对于民主、法治、公平、正义、安全、环境的需求，会通过道德评价、道德规范以及法律规定等途径来保障和实现。不过，在把握法律的道德属性时，一方面，要对传统道德中的等级观念、重礼轻法的倾向予以摒弃，避免错误的价值观引发对法律规定的误解。另一方面，应当明晰其与法律的关系，不能用法律条款反对道德教化，也不能用道德观念绑架法律。法律与道德虽交相而生，但也有各自的边界，应当用道德规范、精神力量滋润人心，用法律厘定合法与违法、罪与非罪的界限，充分发挥各自的功能和作用。

三、道德规范为社会主义核心价值观筑牢根基

党的十九大报告指出：“文化自信是一个国家、一个民族发展中更

基本、更深沉、更持久的力量。”① 价值观作为文化最深层的内核，价值观自信是文化自信最本质的体现。孕育于中华文化沃土又具有当代中国特色的道德规范，展现了中国独特的价值理念、文化传统、历史使命、基本国情，为社会主义核心价值观的构筑奠定了坚实的基础。

（一）道德规范成为核心价值观形成的基础

国家层面，中国传统文化强调民惟邦本、天人合一、和而不同，主张以德治国、以文化人，“大道之行也，天下为公”②“天下兴亡，匹夫有责”③。这些处理国家与个人关系、人类与自然关系的理念可以为富强、民主、文明、和谐等核心价值观的培育和内心认同提供基础。社会层面，强调“己所不欲，勿施于人”“不患寡而患不均”④，主张“出入相友，守望相助”“仁者爱人”⑤，这些调整人与人直接关系的礼仪，对自由、平等、公正、法治等核心价值观的培育有着滋润和促进作用。个人层面，强调“言必信，行必果”“君子喻于义”“君子坦荡荡”“君子义以为质”⑥，这些内含着仁爱、敬诚、忠恕、孝悌、信义、廉耻等价值观的个人道德规范，成为爱国、敬业、诚信、友善等核心价值观的宝贵养料。

可以说，中华传统道德规范在人生的安立，精神的归属，社群伦理、环境伦理的建设方面，仍然是我们重要的精神资源，在做人做事、人性修养、整饬吏治、加强廉政、降低管理成本等方面也依然发挥着效用。

（二）新时代德治的内核是社会主义核心价值观

在新时代坚持以德治国，其终极目标和内核在于培育和践行富强民主文明和谐、自由平等公正法治、爱国敬业诚信友善的社会主义核心价值观。习近平总书记在阐述法治与德治关系时就明确指出：“要把

① 《党的十九大报告辅导读本》，人民出版社2017年版，第22页。

② 出自《礼记·礼运》。参见胡平生、张萌译注：《礼记》，中华书局2017年版。

③ 出自《日知录·正始》。参见郑若萍注译：《日知录》，崇文书局2017年版。

④ 分别出自《论语·颜渊》《论语·季氏》。参见陈晓芬译注：《论语》，中华书局2016年版。

⑤ 分别出自《孟子·滕文公上》《孟子·离娄下》。参见万丽华、蓝旭译注：《孟子》，中华书局2016年版。

⑥ 分别出自《论语·子路》《论语·里仁》《论语·述而》《论语·卫灵公》。参见陈晓芬译注：《论语》，中华书局2016年版。

道德要求贯彻到法治建设中——法律法规要树立鲜明道德导向，弘扬美德义行，立法、执法、司法都要体现社会主义道德要求，都要把社会主义核心价值观贯穿其中，使社会主义法治成为良法善治。”（见《人民日报》2016 年 12 月 11 日 1 版）

社会主义核心价值观的提出和建立也经历了相当的时期。1949 年 10 月中华人民共和国的成立，确立了社会主义基本政治制度、基本经济制度和以马克思主义为指导思想的社会主义意识形态，为社会主义核心价值体系建设奠定了政治前提、物质基础和文化条件。改革开放以来，我国社会主义意识形态建设不断进行新的探索，提出了从建设社会主义核心价值体系到以“三个倡导”为内容，积极培育和践行社会主义核心价值观的重要论断和战略任务。2018 年 3 月 11 日，第十三届全国人民代表大会第一次会议通过中华人民共和国宪法修正案，将“国家提倡爱祖国、爱人民、爱劳动、爱科学、爱社会主义的公德”修改为“国家倡导社会主义核心价值观，提倡爱祖国、爱人民、爱劳动、爱科学、爱社会主义的公德”。自此，以社会主义核心价值观作为新时代德治的内核，成为至高无上、不可更易的宪法规定。

需要特别注意的是，道德文化具有时代性，它随社会变化而变化，随社会进步而进步。在新时代坚持依法治国和以德治国相结合，发挥德治的积极作用，需要我们对传统道德规范取其精华、去其糟粕，推动中华优秀传统文化创造性转化、创造性发展。习近平总书记指出：“传统文化在其形成和发展过程中，不可避免会受到当时人们的认识水平、时代条件、社会制度的局限性的制约和影响，因而也不可避免会存在陈旧过时或已成为糟粕性的东西。这就要求人们在学习、研究、应用传统文化时坚持古为今用、推陈出新，结合新的实践和时代要求进行正确取舍，而不能一股脑儿都拿到今天来照套照用。要坚持古为今用、以古鉴今，坚持有鉴别的对待、有扬弃的继承，而不能搞厚古薄今、以古非今，努力实现传统文化的创造性转化、创新性发展，使之与现实文化相融相通，共同服务以文化人的时代任务。”① 以此为遵循，在培育社会主义核心价值观的过程中，一方面，应吸收传统道德规范中的精华，强化文化自信，引导人们树立正确的历史观、民族观、

---

① 《习近平谈治国理政》第二卷，外文出版社 2017 年版，第 313 页。

国家观、文化观。深入实施公民道德建设工程，推进社会公德、职业道德、家庭美德、个人品德建设，激励人们向上向善、孝老爱亲、忠于祖国、忠于人民。另一方面，应摒弃传统道德规范中狭隘的民族倾向、三纲五常等不合时宜的糟粕，抵制腐朽落后文化侵蚀，移风易俗，更新观念。把以德治国建立在以社会主义核心价值观为内核的基础上，在中国特色社会主义法治体系、社会主义法治国家建设中充分发挥德治的作用。

第二节　国家推崇德治是提高道德水平的重要推动力

法治与德治均是国家与社会治理中必不可少的重要方式，二者相互补充、相得益彰，共同促进社会的进步与发展。因此，在国家实施依法治国方略的大背景下，道德建设必然会受到应有的重视，并发挥着对以德治国的推动作用。

一、思想道德建设对形成良好道德规范的积极作用

思想道德建设是社会主义精神文明建设的重要内容之一，思想道德建设的任务是促使公民提升道德素质，推动社会形成良好的道德评价标准，并进而形成良好的道德规范，营造积极向上的、有利于社会和谐稳定的舆论环境以及良好的社会氛围。

（一）当代思想道德建设有了新要求

不同的历史阶段，思想道德建设会表现出不同的特征。思想道德建设是由一定的社会物质条件和社会关系所决定的，是一定社会或一定历史时期的人们自觉行为的产物，在继承先前历史发展阶段中积极的、进步的道德规范的基础上，随着社会的发展而发展。在当代，思想道德建设有了新的更高的要求。

改革开放以来，我国对道德建设特别是社会主义核心价值体系和核心价值观的建设高度重视、积极推进。早在 1981 年，全国学联、全国伦理学会、全国总工会、共青团中央、全国妇联等九个单位联合倡议在全国人民特别是青少年中开展文明礼貌月活动，大兴“五讲四美”之风（“五讲”，即讲文明、讲礼貌、讲卫生、讲秩序、讲道德；“四美”，即语言美、心灵美、行为美、环境美）。中宣部、教育部、文化

部、卫生部、公安部等发出通知支持开展这一活动。此后，这项活动又和“三热爱”活动相结合，于是形成了人们所传诵的五讲四美三热爱经典口号。随着我国经济社会的发展，公民道德建设方面存在的问题日益凸显出来，社会的一些领域和一些地方道德失范，是非、善恶、美丑界限混淆，拜金主义、享乐主义、极端个人主义有所滋长，见利忘义、损公肥私行为时有发生，不讲信用、欺骗欺诈成为社会公害，以权谋私、腐化堕落现象严重存在。为此，中共中央于 2001 年颁发《公民道德建设实施纲要》提出了“爱国守法、明礼诚信、团结友善、勤俭自强、敬业奉献”二十字的公民道德基本规范。2006 年 10 月，党的十六届六中全会第一次明确提出了“建设社会主义核心价值体系”的重大命题和战略任务。2007 年 10 月，党的十七大进一步指出了“社会主义核心价值体系是社会主义意识形态的本质体现”。2011 年 10 月，党的十七届六中全会强调，社会主义核心价值体系是“兴国之魂”，建设社会主义核心价值体系是推动文化大发展大繁荣的根本任务。2012 年 11 月，中共十八大报告明确提出“三个倡导”，即“倡导富强、民主、文明、和谐，倡导自由、平等、公正、法治，倡导爱国、敬业、诚信、友善，积极培育社会主义核心价值观”，这是对社会主义核心价值观的最新概括。2013 年 12 月，中共中央办公厅印发《关于培育和践行社会主义核心价值观的意见》，明确提出，以“三个倡导”为基本内容的社会主义核心价值观，与中国特色社会主义发展要求相契合，与中华优秀传统文化和人类文明优秀成果相承接，是我们党凝聚全党全社会价值共识作出的重要论断。

党的十九大报告提出：“意识形态决定文化前进方向和发展道路。必须推进马克思主义中国化时代化大众化，建设具有强大凝聚力和引领力的社会主义意识形态，使全体人民在理想信念、价值理念、道德观念上紧紧团结在一起。”强调要“加强思想道德建设，深入实施公民道德建设工程”。① 面对新时代新要求，加强思想道德建设至少应从以下三个方面入手：

首先，及时提炼总结，将道德观念规范化、系统化。道德规范对人们的行为起着指引的作用、导向的作用。比如，违反道德规范的行

① 《党的十九大报告辅导读本》，人民出版社 2017 年版，第 41 页。

为将会遭受不同形式的“惩罚”或者“制裁”——同辈的批评或公众的谴责，从而让人们自觉地校正自己的行为，并逐渐地将道德观念内化为个人言行的标尺，自觉地规范自己的行为。但道德观念是零散的，是人们自发形成的一种社会评价。加强思想道德建设应当将道德观念上升为道德规范，使之成为人们可以一体遵行的准则。从不同层面来看，道德规范应当包括基本道德规范、社会公德规范、家庭美德规范等，它是一国公民应遵守的道德原则以及道德基本要求的总和。系统地总结、提炼出道德规范，可以有效地倡导主流价值观，使不同的社会群体受到道德的约束，从而形成积极向上的良好氛围。

其次，创新载体与方式，形成社会向心力。加强思想道德建设是培育和践行社会主义核心价值观的关键所在。而加强思想道德建设，应注意方式方法，潜移默化地滋润人心。在道德规范的形成和传播过程中，一方面，应创新传播载体、传播方式，利用多媒体采取互动、参与、亲身体验、讲故事等形式，让人们感受到道德建设人人有责、人人受益。另一方面，应当不断丰富和深化传播的内容，同时关注公众的需求，尤其是注意收集负面的反映，有针对性地释疑解惑，消除人们的抵触心理，让人们发自内心地感受到社会主义核心价值观指导下的道德规范是人们的共识和价值选择。比如中央宣传部、中央文明办组织的全国道德模范评选，最终入选的都是老百姓身边的人和事，经中央电视台等传播后，取得了良好的宣传效果。再比如，全国各地开展了多种多样的网络文明宣传工作，展现了良好的效果。例如，2017 年 11 月，湖南省长沙市开展了“同心颂好人”网络文明传播活动，通过“文明长沙”官方微博和微信公众号，向全社会发布由开福区学生志愿者录制的中国好人故事音频，在线上传播好人之美，在网络空间唱响好人旋律。活动开展一月共有 36 万人次网友参与微博活动传递，微信公众号专题点击量超过 5 万，“雷锋精神”在雷锋家乡再次燃起了网络热度。①

最后，应当从传统文化中汲取养分。社会的思想道德水平在一定程度上决定民族的文明程度，中华优秀传统文化经过数千年的发展，已经形成一套成熟的道德体系，传统文化中提出的礼、义、廉、耻等

---

① 参见《长沙“同心颂好人”活动传播好人之美》，网址：http：//www. wenming. cn/wmcb/bk/201801/t20180118_ 4564075. shtml，2018 年 4 月 2 日。

观念已深入人心，至今对规范人们的行为仍然发挥着重要作用。对传统文化蕴含的道德规范，应当深入研究、挖掘、利用、传承，汲取其精华，融入教学体系，从娃娃抓起，弘扬真、善、美，鞭挞假、丑、恶，以期形成良好的社会风尚。例如，河南省开封市于2017年重阳节前夕组织开展了“重阳佳节话孝道”网络文明传播活动，将重阳佳节所蕴含的传统文化内涵通过多媒体平台传播出去，活动参与量达36万多人次，近两万网友参与讨论，取得了很好的社会效果。[①]

思想道德建设离不开政府的大力倡导，需要政府自上而下地积极介入，即通过思想教育、媒体宣传以及相关的制度变革和制度创新来大力提倡道德规范，通过各种方式激发人们形成善良的道德意愿、道德情感，培育正确的道德判断和道德责任，提高道德实践能力尤其是自觉践行能力。同时，也需要社会自下而上地积极参与，即通过群体活动、公众舆论来形成崇尚美德义行的良好社会氛围。

（二）加强思想道德建设是以德治国的实现路径

以德治国是社会主义精神文明建设的内在要求，落实以德治国，应加强思想道德建设，继承和发扬优良道德传统，通过提高公民道德水平，提升社会文明程度，打造良好社会秩序，真正实现良法善治。

首先，加强思想道德建设为以德治国的实现奠定了主体基础。思想道德观念源于人的内心价值，是支配人的行为的内在导向，并依托人们的行为逐渐外化为社会评价的标尺。加强思想道德建设对于提升公民文明素养、推进以德治国具有关键性作用。引导公民形成良好的思想道德观念，对于公民个人而言，可以提升个体的文明素养；对于社会整体而言，有助于提升社会的文明程度；对于国家而言，则为以德治国的贯彻落实奠定了主体基础。

其次，加强思想道德建设为以德治国的实现提供了环境保障。思想道德建设不仅对于个人的行为具有塑造、督促、规范和评价作用，更具有对社会舆论、价值评判的引导作用，通过良好社会风尚的营造，可以更好地服务于以德治国的实现。特别是在国家主张弘扬德治，推进依法治国和以德治国相结合的时代背景下，吸收传统文化中的精华、凝集新时代社会精神文明建设的成果，依托信息时代高科技传播技术

---

① 参见《开封“重阳佳节话孝道”活动弘扬重阳文化》，网址：http：//www.wenming.cn/wmcb/bk/201801/t20180125_4572169.shtml，2018年4月2日。

所开展的思想道德建设将更具科学性、先进性与感染力，能够为以德治国的实现提供良好的社会舆论氛围与精神文明支撑。

最后，加强思想道德建设为以德治国的实现构筑了社会秩序根基。社会秩序是公民整体思想道德水平的体现，稳定、良好的社会秩序是社会文明程度的重要标志。随着思想道德建设的有效推进，公平正义、诚信友善、敬业奉献等道德观念逐步树立，规范意识与法治观念也深入人心。在这样的社会秩序下，社会纠纷将进一步化解，欺诈行为将进一步减少，公民之间以及公民与集体之间的关系将更加和谐，依法治国与以德治国也将逐步实现有机统一。从此意义上讲，加强思想道德建设为以德治国的实现构筑了社会秩序根基。

可见，无论是公民文明素养、社会文明程度的提升，还是良好社会秩序的形成，均是以德治国的实现形式，落实以德治国首先必须加强公民的思想道德建设。

二、德治的作用机理与以德治国的科学思想

以德治国是以马克思列宁主义、毛泽东思想、邓小平理论、“三个代表”重要思想、科学发展观、习近平新时代中国特色社会主义思想为指导，以为人民服务为宗旨，以社会主义核心价值观为核心，以集体主义为原则，以爱祖国、爱人民、爱劳动、爱科学、爱社会主义为基本要求，以社会公德、职业道德、家庭美德、个人品德建设为落脚点，与社会主义市场经济相适应、与社会主义法律体系相配套，并为全体人民普遍认同和自觉遵守的行为规范。以德治国离不开对传统道德思想的吸收、升华、弘扬，此即德治的过程。

（一）发挥传统意义上道德的感化教育作用

中华传统文化的特点是伦理文化，对伦理道德教育更为重视，道德教育在中国历史文化中历时最久，内容也尤为丰富。在《论语》中，孔子把“富之，教之”作为社会和谐的必由之路。正是这种治国理念使得我国在长达五千多年的历史文化发展中，始终崇尚和追求一种和谐稳定、安居乐业的生活与职业氛围。礼仪道德的教化可以起到“防患于未然”的效果，能达到高于“不敢欺”和“不能欺”的“不忍欺”的治理境界。习近平总书记强调：“培育和弘扬社会主义核心价值观必须立足中华优秀传统文化。牢固的核心价值观，都有其固有的根

本。抛弃传统、丢掉根本，就等于割断了自己的精神命脉。”① 道德不仅在于教授，还在于感化。感化式道德教育方法的内涵包括两个层面：一是有意识感化，是教育者有意识地通过自己的言行举止或创设教育情境影响受教育对象，使其态度、行为方式发生改变。二是无意识感化，这是更深层意义上的感化方式、自然的教育方式，也是适应当代社会背景的教育感化方式。相对于有意识感化而言，无意识感化则会使人主动向善，是人们对内心的升华。

（二）强化社会治理的价值导向作用

较之传统德治的感化教育作用，以德治国还包含着社会治理的意蕴与价值导向。在以德治国的推进过程中，能否有效落实社会治理的价值导向作用，取决于我们能否从我国国家治理现代化进程的实际出发，能否使良好的价值导向在实践中落地生根。对此，应从以下三个方面入手。

首先，以社会主义核心价值观为导向推进社会治理创新。社会治理是一种新的现代价值理念，是公共意识的重塑与再造过程。现代社会治理重新定位了社会公共利益的核心地位，强调政府在制定公共政策时必须充分保障社会共同利益，体现“公平精神、民主精神、法治精神、服务精神”，保证最大程度地增进公众利益，推进社会平等与民主法治。社会治理所强调的公共利益最大化原则与社会主义核心价值观有着高度的契合。坚持以德治国的科学思想，应强化社会治理的价值导向作用，把社会主义核心价值观融入社会基本制度安排、贯彻落实到创新社会治理之中，以保障社会的健康、稳定与繁荣。

其次，依托文化自觉提升社会治理现代化水平。把培育和践行社会主义核心价值观落实到社会治理现代化中，必须创新社会治理，完善激励机制，增强社会治理现代化的文化自觉，实现治理效能与道德提升的相互促进。比如在基层加强行为准则建设，完善市民公约、村规民约、学生守则、行业规范，强化规章制度的执行力度，在社会治理与自治中彰显社会主流价值，使正确的行为得到鼓励，错误的行为得到谴责，为社会建设和社会治理现代化凝聚强大的正能量，从而有

---

① 参见2014年2月24日习近平在主持中共中央政治局就培育和弘扬社会主义核心价值观、弘扬中华传统美德进行第十三次集体学习时发表的讲话，载《人民日报》2014年2月26日。

效推进以德治国的进程。

最后，立足社会自治提升社会治理综合化水平与成效。社会治理具有立足源头预防，定分止争，保障人民安居乐业、社会安定有序、国家长治久安的功能。社会治理通过保障和改善民生、优化公共服务体系、促进社会公平正义、健全科学民主合法决策机制，最大限度地防止、减少和弱化社会矛盾和社会冲突的产生。在社会治理综合化的推进过程中，通过保障各种利益主体的表达权为前提，建立利益表达和协调机制，不断扩大群众在公共政策制定和公共事务决策中的参与度，在畅通民意渠道、完善基层民主和充分民主协商的基础上，全面落实群众的知情权、选择权、参与权、监督权，对实现政府治理和社会调节、居民自治良性互动具有积极作用，是落实社会主义核心价值观的重要体现之一，有利于强化以德治国的实施效果。

三、社会主义道德规范化的时代价值

中国特色社会主义已经步入新时代，经济社会的持续发展和全面进步为道德的发展进步奠定了坚实基础，注入了强劲动力，社会主义核心价值观愈加深入人心，道德体系也不断完善，新时代社会主义道德规范凸显出其先进性、优越性，具有与其他历史时期不同的独特价值。

（一）符合习近平新时代中国特色社会主义思想的内在要求

2014 年 5 月 4 日，习近平总书记在北京大学师生座谈会上指出：“核心价值观，其实就是一种德，既是个人的德，也是一种大德，就是国家的德、社会的德。国无德不兴，人无德不立。如果一个民族、一个国家没有共同的核心价值观，莫衷一是，行无依归，那这个民族、这个国家就无法前进。”社会主义核心价值观的培育与践行，实际上就是社会主义道德的培育与践行，道德规范不仅在历史上对形成中华民族的民族精神、民族文化发挥过巨大作用，对于当代社会的个人道德修养、人格培养与社会主义精神文明建设也具有积极意义。思想理论建设有助于推动习近平新时代中国特色社会主义思想深入人心，而道德规范化建设是思想理论建设的重要组成，可以提升人们关于新思想的理论品格与价值认同，有助于建设具有强大凝聚力和引领力的社会主义意识形态，使全体人民在理想信念、价值理念与道德观念上紧密团结，符合习近平新时代中国特色社会主义思想的内在要求。

（二）助推国家治理体系和治理能力现代化

党的十八届三中全会提出："全面深化改革的总目标是完善和发展中国特色社会主义制度，推进国家治理体系和治理能力现代化。"① 将推进国家治理体系和治理能力现代化作为全面深化改革的总目标，对于中国的政治发展，乃至整个中国的社会主义现代化事业来说，具有重大而深远的理论意义和现实意义。一个国家选择什么样的治理体系，是由这个国家的历史传承、文化传统、经济社会发展水平决定的，是由这个国家的人民决定的。关于推进国家治理体系和治理能力现代化，2014 年 2 月 17 日，习近平总书记在省部级主要领导干部学习贯彻十八届三中全会精神全面深化改革专题研讨班上的讲话中指出："要大力培育和弘扬社会主义核心价值体系和核心价值观，加快构建充分反映中国特色、民族特性、时代特征的价值体系。"② 而在核心价值体系和核心价值观中，道德价值具有十分重要的作用。坚守我们的价值体系，坚守我们的核心价值观，必须发挥道德规范化建设的作用。在道德规范化建设过程中，应加强对中华优秀传统文化的提炼和总结，努力实现中华传统美德的创造性转化与创新性发展，以美好崇高的道德境界为追求，为推进国家治理体系和治理能力现代化提供思想信念支撑。

（三）助推依法治国方略的全面深化

全面依法治国是习近平新时代中国特色社会主义思想的重要内容，也是新时代坚持和发展中国特色社会主义的基本方略。习近平总书记指出："法律是成文的道德，道德是内心的法律。"③ 坚持依法治国和以德治国相结合，对于夯实国家治理的制度基础和思想道德基础，实现党和国家长治久安具有重要的现实意义和深远的历史意义。依法治国方略的全面深化必须重视发挥道德的教化作用，挖掘道德规范的时代价值，以强化道德对法治的支撑作用。习近平总书记在参加十三届全

---

① 习近平：《切实把思想统一到党的十八届三中全会精神上来》，载《求是》杂志 2014 年第 1 期。

② 参见央视网：http：//news. cntv. cn/2014/02/17/VIDE1392635880456971. shtml，2018 年 3 月 1 日。

③ 参见 2016 年 12 月 9 日下午，习近平总书记在主持中共中央政治局第三十七次集体学习时作出的题为《我国历史上的法治和德治》的讲话，网址：http：//www. gov. cn/xinwen/2016 – 12/10/content_ 5146257. htm，2018 年 3 月 6 日。

国人大一次会议重庆代表团审议时就法治与德治作了深刻阐述，强调“要既讲法治又讲德治”，“把法律和道德的力量、法治和德治的功能紧密结合起来”。[①] 历史经验表明，重视道德规范对法治建设的支撑作用才能实现社会治理效应的最大化，有助于增进社会的和谐稳定。

2018 年 5 月，中共中央印发《社会主义核心价值观融入法治建设立法修法规划》并发出通知，要求各地区各部门结合实际认真贯彻落实。《规划》强调，要以习近平新时代中国特色社会主义思想为指导，坚持全面依法治国，坚持社会主义核心价值体系，着力把社会主义核心价值观融入法律法规的立改废释全过程，确保各项立法导向更加鲜明、要求更加明确、措施更加有力，力争经过五到十年时间，推动社会主义核心价值观全面融入中国特色社会主义法律体系，筑牢全国各族人民团结奋斗的共同思想道德基础，为决胜全面建成小康社会、夺取新时代中国特色社会主义伟大胜利、实现中华民族伟大复兴的中国梦、实现人民对美好生活的向往，提供坚实制度保障。《规划》指出，推动社会主义核心价值观入法入规是一项艰巨繁重的任务，要采取有效措施，认真组织实施，使法律法规更好体现国家的价值目标、社会的价值取向、公民的价值准则。显然，《规划》站在民族复兴的高度，以国家的强制力推动将社会主义核心价值观融入法律法规，引导人们树立社会正气，鞭挞丑恶行为，弘扬法治精神，建设美丽中国。

第三节　社会评价褒贬是道德规范健康发展的保障

党的十九大报告强调：“人民有信仰，国家有力量，民族有希望。要提高人民思想觉悟、道德水准、文化素养，提高全社会文明程度。”[②] 实现这一点，离不开道德评价的指引。社会评价褒贬作为道德评价的重要组成部分，体现了一定社会或阶级的道德规范准则体系，是影响社会主义道德建设的重要因素，是道德规范得以全面深入健康发展的保障，对于加强社会主义道德建设、真正实现以德治国具有重要的理

---

① 何民捷：《既讲法治又讲德治（深入学习贯彻习近平新时代中国特色社会主义思想）——学习习近平同志参加重庆代表团审议时关于法治与德治的重要论述》，载《人民日报》2018 年 3 月 16 日第 7 版。

② 《党的十九大报告辅导读本》，人民出版社 2017 年版，第 42 页。

论和实践意义。

一、社会评价是道德规范的外在表现

德治的要义在于发挥道德的作用。道德作为维护和保障人类价值得以实现的理性的、实践的社会活动，其核心就在于按照一定的价值标准，对事物事件、社会状态和个人行为进行审度、评价，并进而调整、引导、塑造人们的行为，使其符合时代发展要求与社会公序良俗。社会评价作为道德规范的外在表现，体现了道德评价的本质内涵与时代演变。

（一）社会评价是道德评价的重要表现

社会评价从主观方面体现了全体公民对社会交往活动以及社会公共生活中应遵循的行为准则的认知与评估。社会评价褒扬倡导那些符合社会道德要求的行为，如文明礼貌、遵纪守法、诚实守信、助人为乐和爱护公共财物等；贬损谴责那些不符合社会道德要求的行为，如破坏公共设施、弄虚作假、违法乱纪等，对人们如何言行形成一种价值指引。由此，社会评价体现为一种道德评价，将道德规范的内在价值判断呈现出来，具有道德示范、约束作用与行为引导性。

作为道德评价的社会评价，内在彰显了一定时期、特定地域范围内对社会活动的价值判断。这种判断与道德的价值评价内在一致，在绝大部分场合下都可以转换为“好”与“坏”、“高尚”与“低俗”、“善”与“恶”等词汇来阐释对评价对象的价值判断。这种体现道德评价的社会褒贬还具有一定的规范和命令功能，具有明显的价值或道德力量，能给人以巨大的感召力和约束力，并能给人以荣誉感或耻辱感，迫使人们在行为选择中不得不考虑社会舆论对自己的评价。尤其是在信息化高度发展的现代社会，舆论的影响已达到能决定人的生活选择的程度，影响着人们对事对人的评价态度。从当前中国社会看，从醉酒驾车等不良行为犯罪化，到法律明文规定的公共场所禁烟规范，再到文明观影、礼让行人等展现时代新风的文明新规，都得到了社会的普遍认可和关注。而微信、微博等新媒体传播方式的普及，使个人自媒体对相关问题的舆论监督发挥了十分重要的作用。依托网络舆论的监督，许多“碰瓷”以及“扶老人被讹”的丑陋行为被曝光，真善美被传播与发扬。而通过相关规范、专业知识的普及、不文明事件的曝光等，也使得人们的道德意识、专业知识、监督能力有了提高，促进了相关领域社会道德评价作用的发挥。从此意义上讲，加强道德的社会评价作用，特别是加强大众传播工具的道德评价作用，通过社会褒贬引导社会舆论，改善社会风气，培养人们的优秀道德品质，抵制种种假丑恶的不道德行为，具有十分重要的作用。

（二）社会评价标准具有时代性、易变性

社会评价标准作为一种具有主观性的价值判断体系，具有不确定性、变动性，从而导致不同时代有不同的社会评价标准。一方面，社会评判标准的多元性导致其具有不确定性。社会评价标准属于上层建筑，是精神层面的东西，它受其附着的物质条件与经济基础所决定和影响。社会评价是全方位的、多层次的，不同时期、地域、民族的社会评判标准都有所不同。此外，社会评价的主体与对象具有多样性、具体性，在社会生活中，评价主体以及对象所立足的动机、立场、观点、视角不同，也会产生不同的评价结果。另一方面，道德评判标准的主观性导致其具有易变性。道德的具体内容及评判标准是会发生变化的，虽然善恶、正义等观念存在于整个人类历史和各种文化中，是人类最普遍和基本的道德准则。但是，还有一些准则会随着社会的发展而变化，在不同的历史时期展现出新的、具体的、丰富的内容，并形成了具有特定时代烙印的道德体系。例如，随着网络时代的来临，许多虚拟空间的行为具有了现实属性，这导致对此类行为的评价产生了不同认识，迫切要求相关评价体系予以回应与完善。实践中，从人肉搜索、利用网络发布虚假信息的泛滥，到网络金融诈骗、自媒体恶意营销的猖獗，都对既有社会道德和评价体系产生冲击，有待对社会信用体系和公共秩序管理规范予以调整与规制。

可见，社会评价作为一种道德评价，体现了道德发展的程度与社会认知的局限，具有可塑性与发展空间，应当根据时代特征，在总结反思传统道德评价体系的基础上，回应时代要求，不断推进社会评价标准向更加科学、完善的方向发展。

（三）新时代应树立新的社会评价标准

社会评价作为道德评价的外在尺度，主要以社会心理、文化传统、风俗习惯、政治态势等社会因素为依据。当前，随着社会的快速发展以及公共生活领域的扩大，传统道德面临着新的冲击与挑战。传统道德评价标准在新兴领域的空白、社会道德失范现象的频发、社会信用体系面临的各种挑战，充分说明社会经济快速发展时期道德建设面临巨大冲击。与此同时，社会评价也呈现出多元化和评价标准的多样性。这种文化价值取向的多样性，与中国传统农业社会和改革前的计划经济体制下以亲属关系、伦理本位、同质文化为特点的一元化的道德传统存在价值观、文化支撑点等方面的差异，一定程度上加剧了社会评价标准的混乱。因此，建立科学的道德评价体系，是重构与现代社会主义市场经济相适应的道德体系的必然选择。经过新中国七十年的不断实践探索，特别是改革开放四十年来的不断概括提炼，社会主义核心价值观已经成为党和国家提倡、社会公众认可的新时代社会评价新标准。我们今后所要做的，就是以社会主义核心价值观为社会评价标尺，鞭挞假丑恶，高扬真善美，推动社会道德水准真正与中华民族伟大复兴的新时代相适应。

二、社会评价推动着道德规范的发展与变化

社会评价作为一种价值判断活动，主要通过对事物、事件和行为在道德意义上进行估量和预测，并在此基础上作出善或恶、对或错、道德或不道德的价值判断，用以影响评价主体当下的或今后的价值定向、行为决断和道德追求。有效的社会评价褒贬具有将良性的道德规范传递给社会大众，内化为个体的道德情操和情感，并在全社会层面上形成统一道德的规范与认同的功能。

（一）社会褒扬是涵养良性道德的主要因素

相较于不道德的行为，一个秩序良好的社会中，良性道德是占据主流和主体地位的。无论是家庭生活的相互尊重、相互礼让，还是工作中的爱岗敬业、勤奋诚信，抑或是社会交往中的助人为乐、尊老爱幼，这些符合道德要求的行为构成了社会日常的主旋律。对于这些主旋律的褒扬，有利于涵养良性道德，发挥好社会评价的确认、引导、激励作用，确保社会大众的行为在符合道德规范的轨道上平稳运行。与此同时，对于那些见义勇为、舍己救人的模范人物、先进事迹，更要做好宣传与报道，以正确的舆论引导人，以高尚的情操感染人，以道德模范的力量带动人，以党和政府的重视激励人，使得良性道德的发展渗透至社会生活的方方面面，融入社会大众的心灵深处。

（二）社会贬损是遏制不良道德的重要手段

在我国社会转型期，多元的价值体系导致道德评价标准的多元化与事实上的缺失，道德失范现象、道德评价泛化等多类型问题凸显。实践中，一方面，社会公众对于传统道德规范体系中的精华与糟粕难以有效辨析，一些传统道德中的精华，如忠义、仁爱、宽恕，谦敬、诚信、礼让、自强、持节、知耻、节制、廉洁、勤俭等良性道德规范，面临新时代的价值多元化冲击，导致道德虚无主义和极端个人主义、享乐主义人生观、价值观的泛滥。与此同时，一些封建传统道德中的糟粕摇身一变，与一些新的社会思潮相结合，滋生出所谓新的道德标签。另一方面，对新兴领域，特别是新兴技术领域，由于缺乏传统的伦理和道德基础，对不良行为缺乏有效的、科学的引导和界定，导致这些领域不良行为借助技术的“中性”而脱离道德规范的约束与引导，处于失范状态。此外，随着互联网为代表的自媒体的迅速发展，一定程度上出现了社会舆论的非理性、绝对化、极端化趋势。社会舆论被所谓的民意挟持，甚至出现了道德掩盖事实、道德绑架常识、道德挟持司法、以道德审判代替法律等现象。

上述问题的解决，都有待通过统一、权威的社会评价体系的构建，通过社会贬损，来遏制不良道德行为以及其衍生问题的发生。对此，首先，要建立适应时代要求的新标尺，明确不良道德的标准，深入学习、深刻领会传统文化中相关问题的本义，深入研究其时代价值，本着取其精华、去其糟粕的原则，进行扬弃利用。其次，要从法律、职业道德行业规范等层面，对新兴领域的行为进行分析界定，形成符合社会公众认知和社会主义道德观的评价标准，做到有据可依。再次，要发挥好社会贬损的作用，对于不良道德要敢于发声、敢于批评、敢于遏制，发挥好社会大众的监督作用。既要确保在辨识准确的基础上开展驳斥，避免出现和加剧道德评价标准的分歧，也要做好道德评价的理性引导，特别要处理好德治与法治的关系、法律与道德的规制界限问题，避免以“道德审判”侵犯个人隐私等基本权利的情况发生，避免对司法的干扰。

三、把社会评价机制的构建作为道德建设的重要环节

社会评价作为一种道德评价，受制于社会道德规范的发展状态，

但是也对道德规范的发展具有反作用，通过社会褒扬与贬损，影响和引导着社会规范的发展与形成。因此，在新时期，必须高度重视社会评价机制建设在社会主义道德建设中的作用，以社会主义核心价值观为标尺，构建符合新时代中国特色社会主义发展要求的道德规范与评价体系。

（一）社会评价机制是促进良好道德发展的重要保障

社会评价机制的完善与道德规范的构建、道德秩序的稳定之间是相互制约、相互影响的。社会评价机制对良好道德发展的促进作用主要表现在构建、监督、引导三个方面。

一是构建功能。在新的时代背景下，我们面临着道德价值观上的新旧交替，执行着双重的或多元的价值标准，缺乏统一的、权威性的道德理想，必然造成社会舆论监督混乱和道德良心的淡化，使社会道德控制系统无法发挥功能。在传统道德理念与现代道德文化的批判继承、创造性转化过程中，在市场经济与法治国家的发展进程中，以社会主义核心价值观为标尺的社会评价机制对于构建权威、统一的道德规范具有重要作用。

二是监督功能。社会的道德控制机制中，社会评价褒贬是社会舆论监督和道德控制的重要手段。通过大众传播媒介的道德导向作用，赞扬有益于社会主义精神文明和物质文明建设的道德行为，批评和谴责不利于社会发展，阻碍现代化建设的非道德行为，可以有效发挥社会舆论的监督和示范效应。特别是在自媒体快速发展的今天，社会舆论监督的即时性、覆盖性日益提升，监督的效果和威慑力决定其具有重要的道德规范秩序维系功能。

三是引导功能。人与环境是相互作用的，人改造和适应着环境，环境也影响和改造着人。社会评价机制通过社会评价褒贬，促进个人自我反省、自我评价、自我监督、自我约束，调整控制个人行为以符合社会需要。从此意义上讲，社会评价机制有助于引导和营造良性的社会舆论氛围，为良好道德风尚的塑造提供了政治、经济、文化、教育环境。

（二）新时代道德社会评价机制应以社会主义核心价值观作为标尺

新时代树立新的社会评价标准，要针对当前社会评价体系建设中存在的问题，有针对性地进行完善，其中关键是要把社会主义核心价值观作为标尺。社会主义核心价值观作为新时代中国特色社会主义的国家价值目标、社会价值取向、公民价值准则的根本体现，融合了从认知到行为、从道德到法律、从情感到规范的综合性要求，对于构建新时期国家治理体系、社会评价机制、个体道德规范具有思想理念上的指引作用。以社会主义核心价值观为标尺构建社会评价机制，应当重点把握以下原则：

一是以社会主义核心价值观为统摄，形成统一、科学、完备的社会评价体系。新的时代背景下要求树立新的社会评价标准，用社会主义核心价值观引领社会评价并作为道德治理的行动指南，有利于整合多元文化价值标准和道德评价体系下的分歧，使社会成员在更高的思想维度上达成价值共识，形成基本的价值理念和良好的道德风尚，正确地对待和处理好个人与集体以及国家之间的利益关系，从而重建良性的社会伦理道德秩序，成为新时期道德建设的发展方向。①

二是以社会主义核心价值观为内容，完善社会评价标准的时代内涵。随着市场经济体制改革的深入与法治国家建设进程的推进，自由、平等、公正、法治、诚信等理念在社会评价体系中的位置愈发重要，对其的尊崇和强调构成了新时期社会评价标准的基石。这些理念性的变化颠覆了传统文化中强调等级、限制自由、忽视民主、重视人治的一些落后认识，凸显和强调民主、诚信、文明等符合市场规律与现代法治国家理念的目标与做法，为市场经济发展和社会主义法治国家建设提供思想基础。

三是以社会主义核心价值观为指引，将科学发展理念融入社会评价体系。党的十九大报告指出："人与自然是生命共同体，人类必须尊重自然、顺应自然、保护自然。""我们要牢固树立社会主义生态文明观，推动形成人与自然和谐发展现代化建设新格局……"② 我们要建设的现代化是人与自然和谐共生的现代化，其超越了传统文化中天人合一的朴素自然观，更不同于以环境换发展的粗放式发展观，是同社会主义联系在一起、同生态文明相统一的绿色发展理念。将生态指标融入社会评价体系，是美丽中国建设对社会公众提出的新要求，也是建

① 王建敏：《法治与德治相结合 推进国家治理现代化》，载《当代世界与社会主义》2017 年第 1 期。

② 《党的十九大报告辅导读本》，人民出版社 2017 年版，第 49 页、第 52 页。

设富强、民主、文明、和谐、美丽的社会主义国家的必然要求。

第四节　严守职业道德是依法治国和以德治国的基本要求

党的十九大报告强调："深入实施公民道德建设工程，推进社会公德、职业道德、家庭美德、个人品德建设，激励人们向上向善、孝老爱亲，忠于祖国、忠于人民。"[①] 其中，职业道德、行业规范是行业范围内对职业群体的道德要求和从业人员在职业活动中所应遵循的行为准则。职业道德、行业规范作为新时代思想道德建设的有机组成部分，是德治融入法治的重要推手。无论是以德治国还是依法治国，都迫切要求加强职业道德、行业规范建设。

一、职业道德、行业规范建设在新时代具有重要使命

在依法治国和以德治国相结合的推进过程中，职业道德、行业规范建设发挥着承上启下的重要作用。作为德治的有机组成部分，职业道德、行业规范具有内部规范的行为引导作用，并为法律的制定与完善提供了专业支持与规范指引，有效回应了良法善治的时代要求。

（一）职业道德、行业规范是德治的有机组成部分

从性质上来说，职业道德、行业规范作为提供行业内部道德规范与行为准则的自律性规定，属于德治的作用领域。

首先，从体系上讲，职业道德、行业规范是社会治理体系的重要组成部分，具有承上启下的衔接作用。在从个人、社会到国家，从自治到他律的社会治理体系中，职业道德、行业规范是重要一环，既对现代社会处于社会组织中的人进行着一定范围内的行业自律，促进个人道德修养与社会公序良俗的有效实现，也发挥了推动伦理、道德、礼仪向行为准则、法律规范的转化，在抽象到具体、内在到外在、自律到他律、思想到行为的治理路径升级转变中发挥着枢纽作用。

其次，从内容上讲，职业道德、行业规范中既包含道德指引，又包含行为规范，是蕴含道德内容、具有治理功能和制约力综合性的自

① 《党的十九大报告辅导读本》，人民出版社2017年版，第42页。

律性治理体系。对此，有学者指出，“治”始终是与相应的“规范”与“制度”联系在一起的，那些没有相应的“规范”与“制度”可以“附着”的，即无法转化成相应的“规范”与“制度”的社会因素，尽管可以也一定会在社会关系协调、社会秩序建立和维护中实际上“起作用”，但其自身始终无法独立地对社会进行“治”的实践。① 从此意义上讲，职业道德、行业规范作为一个领域、一个行业内部的标准、准则，具有制度和规范依托，既有“德”的本质，也更符合“治”的实践品格。

最后，从效力上讲，职业道德、行业规范是非法律层面的行为准则，其与法律在设立程序、适用对象、适用后果方面存在差别。在我国，法律的制定需要按照立法法的要求，经过法定的程序，其对象具有普适性，适用后果具有强制性。在作用方式上，法律主要通过其强制力和法定惩罚性成果，引导公民遵法守法。而职业道德、行业规范的设立通常基于行业内部的惯例、习惯、职业伦理等，在日常工作中自发形成。其强制力和惩罚性相对较弱，主要依靠自治与自律，通过内部的口碑、评价与影响，推动相关人群主动遵守，属于德治的作用范畴。关于行业自治规范与国家法律体系的关系问题，我国学术界虽有诸多不同观点，但一般认为，作为民间性的行业协会所制定的行业自治规范，其效力来自于成员的承认，因此，它是依赖于社会合法性而非法律合法性而存在的，不属于法律。当然，一些职业道德行为、规范经过法定立法程序，可能上升为法律。例如，伴随着警察、检察官、法官这些职业的发展，相应的职业道德与行业规范逐步形成并日益完善，并最终推动了警察法、检察官法、法官法的出台与不断修订，成为司法人员的重要行为准则与职业评价标准。这些上升为法律的职业道德、行业规范，不再仅仅具有道德指引、道义约束、同行评价的舆论作用，而且成为具有法律约束力和强制力的义务。

（二）加强职业道德、行业规范建设符合良法善治的时代要求

党的十九大报告强调了依法治国和以德治国相融合的治国理念，这一理念要求发挥法治与德治的各自优势，实现良法善治。其中，法治是治理国家、政府、社会最重要的利器，始终处于依法治国的核心

① 姚建宗、金星：《“法治”与“德治”在当代中国的定位与归位》，载《法治现代化研究》2017 年第 3 期。

地位；德治是中华民族长期倡导的治国安邦重要手段，实际处于依法治国的辅助地位。法治是中华民族治国安邦最终抉择的治国方略，德治是中华民族长期积累的治国安邦东方瑰宝。法律是成文的道德，道德是内心的法律。二者相辅相成，不可偏废。加强职业道德行业规范建设，正是良法善治这一时代要求的具体实践。

这一要求决定，在中国特色社会主义法治体系建设的过程中，不能仅关注法律体系的完善，还应重视社会规范体系的构建。包括职业道德行业规范在内的自律性规范，对于提升公民道德素养、规范和引导个人行为，化解社会内部产生的矛盾纠纷，最大限度地使社会稳定和谐，具有不可忽视的作用，其相对于市民公约、乡规民俗而言，更具规范意涵和制约力。因此，加强职业伦理、道德或职业评价机制建设，对于衔接道德、习俗与法律，融合德治与法治，具有重要的桥梁作用，是实现良法善治的重要切入点。

二、以德治国需要加强职业道德、行业规范建设

职业道德、行业规范是德治的有机组成部分，蕴含着社会主义核心价值观的内在要求。落实以德治国必须要加强职业道德行业规范建设，充分发挥其在行业自治、个人自律方面的规范与指引作用。

（一）职业道德、行业规范是自治的体现

职业道德、行业规范作为特定领域的内部治理规范，与德治的传统内涵内在吻合。传统上认为，德治强调的是一种侧重于私人的、精神的而非公共的、行为秩序层面的治理方略。作为区别于政治层面的民间“小传统”的伦理规范，这种由习惯法支配的德治被认为更具精英知识传统，它的符号意味更强，文化选择色彩也更浓。[①] 虽然将德治局限于民间治理的观点具有狭隘性，但是这也从一个层面说明，职业道德、行业规范所具有的内部性、自律性、局部性乃至精英性的特点，与其所属的德治体系在内涵上具有传承性，发挥了在一个共同体内预设公共精神空间的功能。在当代社会，行业发展虽已经超出了地域、空间的限制，职业道德、行业规范也覆盖了从国家机关到私营企业，从公职人员到自由职业者的社会各行各业，社会主义市场经济体系下

① 梁治平：《清代习惯法：社会与国家》，中国政法大学出版社1996年版，第140页。

的行业管理模式决定了职业道德、行业规范已经摆脱了民间性，但是其以行业自治、行为自律为特征的社会治理方式仍然发挥着重要作用。

（二）加强职业道德、行业规范建设是德治的要求

职业道德、行业规范是职业范围内对职业群体的道德要求和从业人员在职业活动中所应遵循的行为准则。职业道德、行业规范除了要求从业人员能够做到爱岗敬业、诚实守信、无私奉献外，还对特定行业有特殊的要求，而职业道德、行业规范的内容与标准，恰恰源自德治的精神实质，与社会的伦理道德标准相契合。法治社会中，职业道德、行业规范首先表现为对公职人员、领导干部的规范，这符合德治的道德垂范要求。传统上认为，“修己以安百姓”，德治首先是治官而非先治民。德治必须体现施政的社会公正性，强调治者的道德垂范，强调领导干部和公务员应当以身作则、自身发挥示范带头作用。2018年3月10日习近平总书记在参加十三届全国人大一次会议重庆代表团审议时，高屋建瓴、条分缕析地系统阐释了“政德”的核心要义，即明大德、守公德、严私德。强调要多积尺寸之功。小事小节是一面镜子，小事小节中有党性、有原则、有人格。要牢记“堤溃蚁孔，气泄针芒”的古训，坚持从小事小节上加强修养，从一点一滴中完善自己，严以修身，正心明道，防微杜渐，时刻保持人民公仆本色。[①] 这种强调对社会正义的诉求、对社会美德的追寻的职业价值观，正是德治的精神实质之所在。

（三）职业道德、行业规范建设应当与时俱进

当前，随着社会分工愈加精细化和专业化，社会对从业人员的职业理念、职业技能、职业操守以及职业作风都有越来越高的要求，迫切需要与时俱进，推动职业道德、行业规范的建设。一方面，随着时代发展，出现了许多新兴行业，其职业道德、行业规范空白有待填补。另一方面，传统行业中出现了一些错误的思潮和认识。有的人职业道德理念和信仰缺失，缺乏敬业乐业的精神动力；有的人职业道德标准失衡，对是非对错的标准和界限缺乏清醒的认识；有的人责任意识淡薄，缺乏敢于承担责任的精神，甚至为了逃避责任而不敢为、不想为。这些新的问题都需要我们不断总结、积极应对，以良好的职业道德、

---

① 《在重庆团，习近平为领导干部讲授“征德”课》，网址：http：//www. xinhuanet. com/politics/2018 -03/11/c_ 129827243. htm，2018 年 3 月 11 日。

行业规范引领社会风气向好的方向发展，强化敢于负责、敢于承担的职业道德，推动以德治国的进程，加速国家治理的现代化。

三、依法治国需要加强职业道德、行业规范建设

加强职业道德、行业规范建设是德治融入法治的重要环节，它与法律规范相辅相成、互为补充，对于法治建设具有基础性作用。

（一）职业道德、行业规范与法律规范相辅相成

职业道德、行业规范对国家法律具有补充作用。行业自治规范可以在相当程度上补充国家法律的不确定性和滞后性带来的局限性与风险，及时有效地调节各种经济关系，具有灵活性、及时性、针对性和补充性。此外，依托行业内部的专门知识、信息、经验和判断以及由此形成的职业道德、行业规范对于促进国家法律的有效推行也具有协助作用：国家法律经过行业自治规范的细化具有更强的操作性。同时，经过行业内部民主机制的内化，法律能获得行业成员最大限度地认同而减少执行中的障碍。

与此同时，法律规范具有对职业道德、行业规范的约束、确认与保障作用。一方面，国家立法对行业自治规范进行着必要的约束和限制，以确保其自治不至于偏离法治轨道，从而更具正当性与合理性。因此，职业道德、行业规范的制定必须遵循“国家立法优先”（法律优先）与“国家立法保留”（法律保留）两项基本原则。另一方面，法律规范对职业道德行业规范具有确认和保障作用。目前，国家立法时越来越注意对行业自治规范的吸收，在不违背法律的前提下，常常直接采纳行业自治规范中的规定，或者将其建立在这些规定的基础之上，这无疑对职业道德、行业规范具有确认和保障作用。

可见，行业自治规范在很大程度上影响着国家法律的制定和实施，而国家法律也在许多重要方面规范着行业自治规范的形成，二者相辅相成，相互补充。因此，必须协调行业自治规范与国家立法的关系，恰当划分行业自治规范与国家法律制度各自所调整的领域和范围，并在此基础上建立两者间的互动和合作机制，只有这样才能实现德治与法治的有机结合。[1]

---

① 黎军：《基于法治的自治——行业自治规范的实证研究》，载《法商研究》2006年第4期。

（二）法治建设依托于职业道德、行业规范

首先，职业道德、行业规范建设为法治建设奠定主体基础。对于法的实现而言，法律关系主体的自愿守法和法律信仰至关重要。一个社会的道德水平越高，内在守法意识就越强，建立法治社会的可能性、法治的实现程度就越高。无论是法律工作者，还是其他行业的工作者，其自身的职业道德、行业规范从道德和内部行为指引方面为相关主体提供了符合法治要求的规范指引，影响并塑造着拥有法律常识、具备规范意识、认同法治精神、追求公平正义的职业群体，为法治发展奠定了主体基础。

其次，职业道德、行业规范建设为法治建设营造舆论环境。道德作为人类的行为规范，先于法律产生，范围亦大于法律，对社会具有规范、教育和舆论引导的积极作用。以道德为基础的职业道德、行业规范随着社会的发展不断充实完善，并与特定领域、特定专业相结合，将道德要求融入职业规范，在特定人群内部形成了符合德治要求的行为准则和舆论氛围，推动着规范意识的形成，为法治的发展奠定了良好的外部环境与社会舆论基础。

再次，职业道德、行业规范建设为法治建设提供了规范参考。职业道德、行业规范是社会规范的重要组成部分，是新时代社会规范形成的基石，既推动着新的道德规范的形成，也为行业规范上升为法律提供专业支持与规范指引。随着社会的快速发展，出现了许多新兴行业，这些行业领域缺乏职业传统与行业惯例，也相应地缺乏道德评价标准与行为规范指引。对于这些行为的治理，有赖于其行业内部的职业道德、行业规范先行探索，在此基础上，形成相应的道德规范与行为准则，并对其中必要部分逐步上升为法律，这种源于实践的行业自治规范成为国家法律体系完善和不断发展创新的源泉。

最后，职业道德、行业规范建设为法治建设提供了职业保障。法律人职业道德教育是德治融入法治的关键一环，其道德素质对于法治现代化进程、整个社会的职业道德建设具有至关重要的影响。法律人更多面对法律与道德融合问题，是德治与法治融合的催化剂。一个具备职业道德素养和专业素质的司法人员，能创造性地弥合法治和德治偶发的摩擦，使德治和法治能够更加畅通。因此，在法治建设的过程中，应当高度重视法律人的职业道德、行业规范建设，加强法律职业培训，关注德治融入法治的技能培训，真正让法律职业者掌握德治融入法治的技能，并通过建立监督机制、惩戒机制保障职业规范的实施。

第五节 乡规民约、市民公约是推动依法治国和以德治国的桥梁纽带

党的十九大明确提出："坚持依法治国和以德治国相结合，依法治国和依规治党有机统一，深化司法体制改革，提高全民族法治素养和道德素质。"[①] 在依法治国和以德治国相结合的过程中，形成了以德治国、依规治党、依法治国有机统一，个人道德、社会规范、国家法治逐步推进的社会治理格局。其中，乡规民约、市民公约作为社会层面的治理规范，涵盖了从乡村到城市社区的社会基层治理和公民道德建设的基本要求，既体现了新时代开展移风易俗、弘扬时代新风行动的成果，也有利于推动城乡政府治理和社会调节、居民自治的良性互动，对于乡村和社区治理体系建设具有重要的促进作用。

一、乡规民约、市民公约在新时代面临新发展、新要求

乡规民约、市民公约作为城乡社会组织、个人在日常生活中逐步形成的、具有约束力的行为习惯与治理规范，具有一定的地域性、时空性，随着社会的发展，体现出一定的变动性。在全面建成小康社会，全面建设社会主义现代化国家的过程中，乡规民约、市民公约等社会规范面临新的发展要求。

（一）乡规民约建设与乡村振兴战略同频共振

党的十九大报告提出实施乡村振兴战略，"要坚持农业农村优先发展，按照产业兴旺、生态宜居、乡风文明、治理有效、生活富裕的总要求，建立健全城乡融合发展体制机制和政策体系，加快推进农业农村现代化"，"加强农村基层基础工作，健全自治、法治、德治相结合的乡村治理体系。"[②] 2017 年 12 月 28 日中央农村工作会议也进一步重申了健全自治、法治、德治相结合的乡村治理体系对于实现乡村振兴战略的重要意义。

---

① 《党的十九大报告辅导读本》，人民出版社 2017 年版，第 22 页。

② 《党的十九大报告辅导读本》，人民出版社 2017 年版，第 31、32 页。

“三治结合”作为加强乡村治理的思路创新，要求我们积极探索乡村治理新模式，发挥基层党组织领导核心作用，健全完善村民自治制度，推进村务公开，发挥社会各类人才、新乡贤等群体在乡村治理中的作用。在加强农村法治建设的同时，大力推进农村精神文明建设，弘扬优秀传统文化和文明风尚，依托乡规民约、教育惩戒等褒扬善行义举、贬损失德失范，唱响主旋律，育成新风尚。在这一过程中，以乡规民约为代表的社会规范体系，具有相对广泛的社会基础和群众接受度，通过把传统优秀道德文化、现代法治精神以及村庄历史风俗融入到村规民约的具体内容中，并在村庄治理中依照村规民约引导村民活动，有利于促进自治、法治、德治相结合。

（二）乡规民约、市民公约建设与社会治理格局的要求内在统一

党的十九大报告提出：“加强社会治理制度建设，完善党委领导、政府负责、社会协同、公众参与、法治保障的社会治理体制，提高社会治理社会化、法治化、智能化、专业化水平。”“加强社区治理体系建设，推动社会治理重心向基层下移，发挥社会组织作用，实现政府治理和社会调节、居民自治良性互动。”①

在实现政府治理和社会调节、居民自治的良性互动过程中，乡规民约、市民公约等社会规范对于加强社会心理服务体系建设，培育自尊自信、理性和平、积极向上的社会心态，具有重要的承上启下的作用，是实现德治与法治、自治与他律相融合的重要连接点，对于引导和督促人们自觉、自律、守法，形成良好社会风气，打造共建共治共享的社会治理格局，具有重要意义。

（三）乡规民约、市民公约建设与新时代思想道德建设相辅相成

党的十九大报告提出，加强思想道德建设，“要提高人民思想觉悟、道德水准、文明素养，提高全社会文明程度。广泛开展理想信念教育，深化中国特色社会主义和中国梦宣传教育，弘扬民族精神和时代精神，加强爱国主义、集体主义、社会主义教育，引导人们树立正确的历史观、民族观、国家观、文化观。”“弘扬科学精神，普及科学知识，开展移风易俗、弘扬时代新风行动，抵制腐朽落后文化侵蚀。”②

研究表明，当前乡规民约在促进团结互助、推进移风易俗、传承

① 《党的十九大报告辅导读本》，人民出版社2017年版，第48页。

② 《党的十九大报告辅导读本》，人民出版社2017年版，第42页。

良善文化等方面发挥了重要作用。例如，广西金秀瑶族自治县《大瑶山团结公约》以传统石牌习惯法的方式确认民族团结、促进民族互助；贵州省锦屏县黄门村则出台了《黄门村移风易俗关于红白喜事禁止大量燃放烟花爆竹规定》，改变了红白喜事以放烟花爆竹多少来衡量情分深浅的不良风气；浙江省庆元县黄田镇出台的《台湖村村规民约》则明确规定：严禁虐待老人，违者向老人当面赔礼道歉，通报全村，情节严重的上报司法机关依法惩办。[①] 可见，加强公民道德建设、塑造健康向上的社会形态，可以从乡规民约、市民公约入手，通过乡规民约、市民公约的有效运行，惩恶扬善，在社会上宣传美德义行善举，加大对失信失德失范行为的曝光力度，推动风清气正社会氛围的形成，而良好社会风气的形成，也为乡规民约、市民公约等社会规范的进一步完善发展提供了良好的社会氛围。

二、乡规民约、市民公约等社会规范是推动依法治国和以德治国的题中之义

在推进依法治国与以德治国相结合的过程中，乡规民约、市民公约发挥着思想保障、规范依托的重要作用，是社会治理体系中的重要一环。

（一）乡规民约、市民公约为依法治国和以德治国提供了思想保障

乡规民约、市民公约在思想引导和行为教化方面具有独特的作用，是德治与法治相结合的重要思想保障。一方面，源于传统文化和生活习俗的乡规民约、市民公约具有对特定领域人群较强的约束力，有利于自律和自治的有效实现。尽管现代乡村以及城市社会结构正在发生变迁，但是中国传统文化仍然存在，传统文化依然影响着人们的日常生活。通过大力弘扬孝道文化、仁爱文化、家国文化以及社会主义核心价值观，有利于充实乡村治理中自治、法治与德治的文化基因；[②] 通过乡贤的力量，乡规民约的权威、生活礼俗的教化，引导公众行为、规范社会秩序、平息矛盾纠纷，有助于把社会和谐稳定建立在较高的

① 陈寒非、高其才：《乡规民约在乡村治理中的积极作用实证研究》，载《清华法学》2018 年第 1 期。

② 王裕根：《乡村治理中的自治、法治与德治》，载《人民法院报》2018 年 3 月 24 日第 2 版。

道德水准之上。另一方面，乡规民约、市民公约的有效执行有利于依法治国理念的渗透和推广。社会规范对于提升个人道德修养，增强规范意识，具有重要作用。法治是现代治国理政的基本方式，在“三治结合”的社会治理模式下，依托乡规民约、市民公约的发展完善，人们的现代法治观念不断提高、社会主义核心价值观逐渐树立、道德教化和基层自治的良好思想氛围日益形成，借助乡规民约、市民公约的规范确认、传播和引导作用，民主、自由、平等、法治等现代法治国家的理念、价值更加深入人心，为德治与法治的结合奠定了社会舆论基础。

（二）乡规民约、市民公约为依法治国和以德治国提供规范依托

乡规民约、市民公约具有一定的规范内容和约束力，通过公众舆论、社会褒贬来实现对违反乡规民约、市民公约行为的否定性评价，进而引导人们的正确行为。这种规范性为以德治国和依法治国提供了规范依托。一方面，为以德治国提供思想和规范指引。一些具有行为引导作用的乡规民约、市民公约可以有效地激励人们向上向善、孝老爱亲，忠于祖国、忠于人民，推动以德治国的有效贯彻落实。另一方面，为法律的制定提供规范依据。从我国的法律体系来看，很多行为都是对严重违反乡规民约、市民公约行为的立法确认，将原本仅违反社会规范和公序良俗的行为予以法律规制。例如，对于酒后驾车的行为，其原本仅受社会公约层面的拘束，是违反社会公序良俗的行为，但是随着这一行为社会危害性的日益增大，法律甚至刑法对其予以规制，酒驾违法、醉驾入刑成为市民公约转化为法律的代表。

（三）乡规民约、市民公约是德治与法治相结合的社会治理体系中的重要一环

在以“个体思想修为—社会公序良俗—国家法律体系”的社会治理体系中，从个人、社会到国家，从思想、习俗到行为，其实是一个从隐性到显性、从潜在要求到显在要求的逐渐过渡、渐次发展的递进过程，其中，前两个层次以自治自律为主，强调教化，最后一个层次是他律的范畴，用法律进行规制，达到防止道德溃败的作用。乡规民约、市民公约作为社会公序良俗的实践载体，在社会治理体系中发挥着承上启下的重要作用。一方面，它将一定时期、一定区域范围内的思想道德修为抽象、提升为社会公认的风俗习惯，并具有了相当的约

束力，通过社会舆论等发挥自治自律的作用。另一方面，又为法治理念的传播、法律规范的制定提供了规范依托和判断依据，在司法过程中，为法律关系的实质化解读提供了社会规范的参考。

三、新时代应充分发挥乡规民约、市民公约的积极作用

在中国特色社会主义的建设过程中，应充分发挥乡规民约、市民公约的作用，以党的领导为核心，以社会主义核心价值观为依托，推动法治与德治有效结合，促进社会治理体系的创新发展，进而实现社会和谐稳定，确保国家长治久安、人民安居乐业。

（一）坚持党的领导，促进社会组织发展与党建工作深度融合

党具有总揽全局、协调各方的作用，充分发挥乡规民约、市民公约的指引与规范作用，必须坚持党的领导，把握基层自治正确的政治方向，筑牢社会和谐稳定新防线。应坚持社会组织发展与党建工作深度融合，在党的领导下，把社会成员组织起来，把乡规民约、市民公约建立和统一起来，使基层组织成为服务群众、凝聚人心、化解矛盾、促进和谐的坚强战斗堡垒，共同推动社会稳定、政治清明、经济繁荣、文化昌盛。

（二）以社会主义核心价值观为主要内容，构建乡规民约、市民公约体系标准

社会主义核心价值观集中体现了新时代中国特色社会主义在政治、经济、文化等方面的制度要求与价值追求，是新时期乡规民约、市民公约体系建设必须遵循的标准和评价指标。新时期乡规民约、市民公约体系建设，必须深入把握社会主义核心价值观的深刻内涵，将富强、民主、文明、和谐，自由、平等、公正、法治，爱国、敬业、诚信、友善的理念融入其中，完善体系架构，细化评价标准，在建设全面、科学、统一、规范的社会规范体系基础上，切实发挥行为引导和道德引领作用。

（三）以社会治理体系创新为契机实现法治与德治的有机融合

加强和创新社会治理，是完善和发展中国特色社会主义制度、推进国家治理体系和治理能力现代化的重要内容。打造共建共治共享的社会治理格局，需要在党的领导下，引领和推动社会力量参与社会治理；坚持法治保障，充分发挥法治对社会治理的引领、规范和保障作

用；加强社会心理服务体系建设，培育自尊自信、理性平和、积极向上的社会心态；加强社区治理体系建设，推动社会治理重心向基层下沉。而这些目标的实现，都与乡规民约、市民公约建设密切相连。应发挥好乡规民约、市民公约建设在治理体系上的衔接作用，积极调动村民、市民的积极性，参与乡规民约、市民公约的制定，以主体地位激发主体责任。充分结合基层发展的实际，制定符合当地历史传统以及现实发展需要的乡规民约、市民公约，推动乡规民约、市民公约与现代法律体系相衔接，加速乡规民约、市民公约等社会规范在主体、内容、配套制度等方面的完善，进而实现德治与法治的融合，自治、自律与他律的有机统一，政府治理和社会调节、居民自治良性互动。

总之，新时代树立新的道德规范体系，应坚持党的领导，以社会主义核心价值观为主要内容，推动社会治理模式创新，坚持自治、法治与德治的有机融合，健全以群众自治组织为主体、社会各方广泛参与的社会自治体系，发挥好乡规民约、市民公约、职业道德、行业规范在崇法尚德、移风易俗方面的积极作用，使其成为全社会自觉行动的准则，推动依法治国与以德治国有机结合。

第三章
德治模式在中华治国理政史上的卓越功绩

世界各国各有自身的治国理政模式，中华德治—法治的“双轮马车”，推进了大一统中华数千年持续治理的正态运转，成为大中华分而又合、仆而又起、衰而复兴的制度根基。它蕴含着具有鲜明特色的中华道德文化和道德理念，滋养了世界最庞大的民族群体，创造了世界体量最伟岸的实体经济。以德治国的中华文明史，记载了无数千古传颂的名人佳话，成为鼓舞我们排难克险勇往直前的精神向导。今天，在国家的立法、司法、执法活动中，德治，仍然起着明显的实践支撑作用。我们应该百倍珍爱自己民族的德治模式的文化遗产，自觉抵拒将德治边缘化、妖魔化进而去中国化的任何图谋，把握历史方向感，走好自己的路。

第一节　德治模式是中华文明的重要根基

五千年来，作为大一统多民族领土国家，我们的大中华总是走在文明世界的最前列，其治国理政的德治模式为真善美与情理法的高度统一提供了最大可能，故能成为历代良法善政的精神皈依，成为历代法典的伦理灵魂，成为中华民族的文明风尚，并内化为中国人的法治信仰，保障了世界上体量最庞大的民族群体的持续发展。

一、世界各国各有自身的治政模式

世界是多元的，各国之发展道路是复杂曲折的，其治国理政之模式不可能趋同一色。法学界有人将其归纳为人治、神治、法治三大类型，而德治模式则是古代中华对治国理政模式的最佳选择。

（一）世界各国的治政模式不可能趋同一色

认真严肃的考察告诉我们：人治、神治、法治这三大类型的笼统归纳，并不能回答多少实质性问题。比如：同为“神治”，在西欧中世纪是以天主教廷之高压集权为特色的，集中表现为关于“原罪”“本罪”的先天擅断，表现为公民对“神谕、神断”的无条件服从，酿成了中世纪黑暗中最本质的黑暗。同时，在南亚次大陆，从无本土的相延续的大一统政权，几个强大政权如贵霜王朝、笈多王朝、德里苏丹、蒙厄尔帝国，只知道通过“委托人”向社群征税、征兵，与民生无关痛痒，从来不关注社会安全。那里的国家机器中，无户籍、无警巡、无救灾、无对于社会生产生活的秩序管理。他们将地方治安交由宗教社团去自行管理，而宗教社团是不主张使用暴力的，把社会治安也当成公益活动来从事。这样的“神治”与天主教廷的“神治”相距何止千里？显然用“神治”二字无法概括其各自的实质。同理，古希腊的“民主制”不同于古罗马的“君主制”，也绝不同于古华夏的“禅让制”，更区别于中华历代以民本思想为基础的德治（礼治）模式。显然用同一个“人治”概念无法笼罩这一切。

（二）西欧从神治到法治的嬗变

公元5世纪，西方神学家奥古斯都宣称：古罗马帝国搞的是“人治”，罪恶万端，其特征是君权至上，君主垄断立法、司法大权。他全力鼓吹“神治”，要求在人间建立“上帝之城”。到公元10世纪，罗马天主教廷与蛮族暴力相结合，凌驾于整个世俗之上，终于实现了“神治”，结果却制造了西欧的“中世纪黑暗”，连绵不断的宗教战争，一波又一波的人种清除运动及思想清洗运动，如反犹运动、猎狐运动、反异教徒运动等，闹得西欧一片荒寒，于是招致近现代欧美民主人士的强烈抨击。

欧美民主人士倡行“法治”，维护人权，反对宗教擅断；要求政教分离，排斥法律裁决以外的其他社会治理模式。其后，欧美法学界又将其普世化，说得似乎全人类的治国理政模式不外是“人治”或“神治”，最后都得走上他们制定的“法治”之路。然而，直至“二战”之时，连在欧美列强本土也没见到这种“法治”的真正实施，更无法被纳入西方文化体系的亚非拉美广大殖民地了。“二战”之后，欧美列强本土倒是实施了这种“法治”，过上了“民主幸福生活”，迄今还不到百年，但它是以第三世界的“被落后”和自然资源的枯竭为代价的，其“一人一票”的程序民主也已沦为街头的拉票表演，其“普世性”正在接受历史的考问。

（三）西方法治矛头的转向

在东西方尖锐对立的年代，1959 年，在印度德里召开了“国际法学家会议”，会议将“法治”概括为新的三项原则；1961 年 1 月在拉各斯（尼日利亚旧首都）召开的法学家大会上又重申了这三大原则：第一，立法须保持“人类尊严”；第二，政府必须“受到制约”；第三，“司法权独立”，律师能够自由从业。这三条，在当时背景下，显然有其特定的针对性。从此，西方将法治以外的一切治国理政模式统统装入“人治”的筐子，指其为“专制、独裁、反民主”政体，重拾神学家当年反人治的种种口实而翻新之，予以无情攻讦。于是反“神治”的法治矛头便转而成为他们得心应手的冷战武器，直端端地指向了所谓“人治”，相反，“政教分离”的口号被淡忘了。神治势力倒在其“宗教信仰自由”的人权旗号下得到庇护，成为其反“人治”的同盟军、别动队。就这样，西方法治被捧上了“正义—民主”的道德高地。

二、中华德治是大一统领土国家的最佳选择

黄帝尧舜禹时代且不论，即使从夏启确立王权政治算起（公元前 21 世纪），我们也已有了四千余年的治国之史了。四千年来，我们走出了一条大一统领土国家天人合一、隆礼重法的治国之路，创造出德治模式，这在文明世界独树一帜。

（一）法以暴力为后盾与真善美不等价

“法”的本质功能是为统治阶级“维权、维利”的，是对“侵害

权利方之非法行为”实施的国家惩处。法必须依靠暴力来获得权威；离开暴力，就谈不上有任何法律惩处，故法不等于社会正义，法不能包揽社会秩序的全部。至于法律惩处的是否正义，只凭“法”本身是不能做终结论定的。典型如革命与起义，便为所有“王法”所不容；革命者与起义者从来都要被处以极刑的。故“法”本身必须用道、用德、用民心向背来衡定、来调节、来救济。

东西方所说的“合法性”根本不等价。在欧美，条约不论平等不平等，签字就算；战争无所谓正义非正义，获胜就是一切；人间无所谓剥削与压迫，强者通吃；他们向殖民地、向半殖民地索取“治外法权”，是“合法”的；他跑到别人家里杀人放火，推翻本土政权，制造难民潮，到头来还要别人“割地，赔款”——支付其屠杀费，不仅是“合法”的，还要占据“拯救落后”的道德高地。

在中国人看来，“法”只有和“道”“德”相融合，像白居易所说“刑礼道迭相为用”，那才是良法美政的“正道”，才能最大限度地弥合它与社会正义、与真善美之间的分离与矛盾而成为“良法”。中国老百姓最严厉的质询词是：“你有没有天理良心?”“你还有没有王法啦?”“你简直无法无天了!”这种深入骨髓的对法的信仰，正是建立在“国法—天理—良心”相统一基础上的。

（二）中华德治满足了国家治理的基本要求

我们国家与众不同，国土面积相当于整个欧洲，人口在绝大部分时间内占全球总人口的1/3 ~ 1/2，又是由众多民族组成的，各地经济文化发展极不平衡。与世界上众多的单一民族国家之小国寡民迥异，这样一个多民族的庞大的领土国家，必须找到多元向心的“心”，找到全民共通的情、礼、法去凝聚民心，统筹兼顾，综合为治。故讲究法律，是它的主心骨；讲究道德，是它的血肉。德与法，如同血肉与骨骼的有机结合，这才有生命力，谁也离不开谁。这便是中华德治模式的根，是多元向心之大一统领土国家的最佳配置。历史已经证明：它能促进社会凝聚和发展，能保障中华民族的分而又合、仆而又起、衰而复兴，是中华文明得以持续传承的重要根基，是华夏子孙的明智选择，得到了世世代代中国先民的真心拥护。

（三）中华德治实现了良性价值取向

中华德治实现了法与道和德的有机融合，能营造出中国民众所希望的“夜不闭户，路不拾遗；政清法明，囹圄空虚”的境界。

1. 中华德治以天地人“三才”论为指导思想，体现“人”与“天、地”相齐平的崇高价值，保障人的生命权、发展权与人格尊严。古人将法典概称为“刑律”，刑者型也，它致力于型塑合格国民，致力于提升国人的道德水准、文明水准——这是“人”之所以成为“人”的底线要求，是中华国法的基本向度。

2. 中华德治以满足社会对秩序、平等、公平、正义的需求为政治伦理——这是良法的内在素质。一切背离人伦道德的政令律条，宽严皆误，到头来只能归结为坏法恶政而被否决。从来没有坏法恶政可以长期横行的，民间自有抗恶之力，不是不报，时候未到而已。中国历史上频频改朝换代，原因在此。

3. 中华德治之现实功能是：营造安全、宽松、效率、富足的社会生态——这是王朝之政治合法性的根本要素。满足它才能获得民众的真心拥戴，离开它必将招致老百姓的一致反抗。国家的一切举措、制度、法纪、设施，都必须优先考虑“民之本利”，否则不能行远。

这三样是互联互通的一个价值链条，尽管不同的族群在不同的历史阶段有不同的具体要求；而中华之德治模式，则对此做出了历史的积极回应。它确认：提升社会道德文明是国家施政的根本宗旨。经济发展并不天然地带来社会法纪、社会正义，而高水平的道德文明才是社会安宁富足、美丽和谐的最后依托。

唯其如此，中华德治才用“五礼”（吉礼、凶礼、军礼、宾礼、嘉礼）在治政之起点上教导人，预先消弭各种社会矛盾和冲突，实现社会道德文明的不断提升；才用“五禁”（宫禁、官禁、国禁、野禁、军禁）在治政之进程中规范人，积极塑造清明政局与良风美俗，遏制社会矛盾和冲突的激化；才用“五刑”（墨、劓、刖、宫、大辟，后改为笞、杖、徒、流、死）在治政的终点上审视人，做针对性的或惩或奖，从而激发人的主体能动性，去营造安宁祥和的社会生态，而不是退回到“丛林法则”中去搞弱肉强食；不去挑动“文化冲突”，不去累积社会戾气，那会阻遏人类向文明发展的道德进阶。这一切，便是中华德治模式的政治优势。

三、中华法系保证了德治模式的法治权威

中华法系的根本目的是优化社会、改造人性、提纯民风，而不单

单是向犯法个体寻求“报仇”，让社会成员去“赎罪”；也不只是为着杀一只鸡，去震慑所有的猴，尽管可以起到这类作用。故它着眼于综合治理，要求情理法综合平衡；要求社会效益与个体权益的高度统一，而不搞什么“为治惟法”。

（一）完备的中华法系含刑法、民法、仪轨三大块

中华法系关注的核心问题，首先是人命、人权、人的尊严，故尤重刑审。同时，中华法系也重视以民法调整社会人际关系，十分关注婚姻的成立、维系或解体，十分关注私人财产的继承与分配、转移与交换。此外，特殊的是：中华法系分外重视用礼乐仪轨来培育社会的文明风尚，刑法、民法加仪轨的合力，这才营造出东方礼仪之邦。

1. 中华刑法具有型塑社会兼刑惩非违的功能。广义的“刑法”一词是古人对中华法典的统称，如《禹刑》《汤刑》《宋刑统》《大清刑律》之类。“刑”有三层含义：（1）刑者型塑也，其首义是“范型”，基本功能是型塑美政，型塑文明社会和文明国人；（2）刑者刑律也，指规范、引导、约束君臣庶民之公私行为的一切法律、法纪、法规、仪制之总和，不仅仅指刑惩条文，但以刑惩条文为主干（此为狭义的“刑”）；（3）刑者刑杀也，是施加于犯法主体的不法行为之暴力惩治手段，包括名誉刑、财产刑、身体刑、生命刑等，是对犯法者的人格权、生存权、发展权的强制限制或剥夺。古人在刑律实施中，特别强调“慎狱恤刑”的德政原则，这才是对国民负责，对人命负责。这是中国古人将“法”“律”总称为“刑”的本旨。

总之，以刑法为主干，正是为了捍卫人命、人权、人的尊严，它远远优于境外法条对财产分割、转让之类“身外事务”的关注。

2. 中华民法调整了数千年社会民事关系。从《秦律》《唐律疏议》到《宋刑统》《大清刑律》等历代法典，属于“民法”范畴的婚姻法、户籍法、契约法、商贸法等从不缺位，都有明细的规定。从《周礼》起，政府就把刑事犯罪与民事争讼做了区隔，分别称之为“刑案”与“讼案”。在朝廷，刑案归司寇（刑部）管辖，讼案由司徒府（户部）受理，凭有效证券、契约文书依法判决，配之以行政裁决、治安裁决，加上民间的公论裁决、道德裁决，这就调整了社会民事关系，化解了大量社会矛盾，大大降低了法治管理的社会成本，也提升了国家声誉，不致因过度集权而积怨。

中华民法同样是科学而发达的。以婚姻法为例：我国西周时就做出了“同姓不婚”的规范，因为近亲繁殖，“其生不繁”。它对我们民族的持续健康发展意义何等重大，不言而喻。它也预先防范了各种乱伦的性行为①，从而提升了全民族的文明档次。西周人还提出了“妻者，齐也，一与之齐，终身不改”的家庭生活准则，以夫妻的人格平等来保证家庭即社会细胞的恒久稳定。

再以《周礼·天官·小宰》为例②：小宰要按官府的八种成事品式去受理民事讼案：（1）赋役方面的争讼，须依据官府的人口财产登记册去评断；（2）征召人员兵器方面的争讼，须依据官府的人员兵器登记册去查核；（3）闾里间有关土地房产的争讼，须依据官府的户籍和地图来评断；（4）有关借贷的争讼，须依据傅别契约评断；（5）禄位的授夺之当否，须依据封赐时的任命书；（6）评断公私借取授予方面的争讼，须依据合法文书契据；（7）评断买卖方面的争讼，须依据买卖的合法质剂；（8）评断财物收支方面的争讼，须依据合法的会计账册。可见古人的“契约精神”是贯穿于民事商贸争讼的全部的。

3. 中华法系的礼乐仪轨培育了民族文明风尚。历代政权，在制定国家刑法典的同时，大多要同步颁发新的系列性《仪制令》，从定正朔，正衣冠，书同文，车同轨，统一度量衡入手，做出新规定，从而深度刷新社会生活面貌以“与民维新”。在社会生活中，从朝廷礼乐仪制到民间婚丧嫁娶，从宗教仪轨到群体聚会，从乡规民约到生徒守则，从节日喜庆到救灾救荒，都靠礼乐仪轨来维护秩序。发达的礼乐仪轨、衣冠车服和进退揖让之礼仪，是德治社会的“软法律”，它全面规范了群体的政治生活、宗教生活、社会生活以至私人生活，“汉唐衣冠”便是其特色载体之一，当民族危亡时尤显重要。它能培育出日渐文明的社会风尚与人间和谐，其社会规范作用绝不亚于刑法、民法，却做到了“臣民日用而不知”的境界。

---

① 《旧约》特别要求族内婚、兄妹婚，以防家产流失。又，古希腊神话中没有“乱伦违法”的概念。在“西方的天空”，各种人物都有，什么丑事也都干得出来。比如宙斯就占有七个老婆：两个是他的姑妈，两个堂姊妹，两个亲姊妹，而他与其妻生的女儿又被其兄“冥王”抓去当了“冥后”。

② 原文：以官府之八成经邦治：一曰听政役以比居，二曰听师田以简稽，三曰听闾里以版图，四曰听称责以傅别，五曰听禄位以礼命，六曰听取予以书契，七曰听卖买以质剂，八曰听出入以要会。

法治社会不能把眼光只盯在法律条文的强制功能上，更要看到礼乐仪轨的软性规范作用。人们在注重立法之时，千万不要忽视了“定仪”——它是德政的必备方面。我国现行仪轨，是由“共同纲领”确定的，如纪年、历法、礼服、仪制、乐律，以及度、量、衡制、交际法规等，其对于当代国民的群体认同、社会凝聚、人格互尊、情感抚慰、心理归属、次序调理的影响不可小视。但在新中国成立之初，它只是草创，且基本上是“西化”的，淡化了民族特色。

（二）中华法典的编纂体例与编撰技术

适应综合治理的客观需要，中华法典采取了诸法合体的编纂体例，使刑法、民法、禁令、仪轨等实现了内在的自洽性和贯通性，不留空隙，不相牴牾，也不至于出现搞民法者不懂刑法的尴尬。

1. 中华法典采行“诸法合体”的编纂体例。其诸法合体首列“名例”，交代立法思想、立法原则与基本刑名概念，起着“宪法”的总领功能；然后再分条分款地开列刑法、民法、诉讼法、行政法甚至涉外法等方方面面的内容，起着个别法、部门法的分叙功能，加上种种“令、格、式”的配置，保证了法律的全息性、内容的自洽性与功能的综合性，适应了历代行政和司法合一的国家体制机制的需要；这正是中国机体数千年稳定存在的法治保障。

2. 中华法典采行“律例并行”的审断准则。律例并行，即“律令”与“通例”及“成案”的综合应用，它既能用“律”来保证国家法治的统一性、原则性、稳定性、权威性，又能以“通例”及“成案”来保证司执法活动的针对性、实用性、及时性、可操作性，还能体现出相应的地区差别、民族差别、时势差别。这是中华法系的一个突出优势，它适应了全国各地经济文化风俗民情发展不平衡的客观形势的需要。这就综合了西方大陆法系与海洋法系两者的优长而避开了它们各自的先天缺陷，其作用力是《罗马法》所望尘莫及的。当年，《罗马法》只是作为天主教廷之“宗教法”的附庸而存在的，其作用面不过是地中海周边一圈，连欧陆内地都无力辐射到，更无从谈及其世界影响了。

3. 中华法典有缜密的编纂技术。如（1）轻犯已罚则重犯必罚，重犯已免则轻犯必免；（2）疑罪从无，宁失不经；（3）团伙犯之从犯从轻，二次又犯必从重。这类规定，皆出于缜密的法治思维，比起泛泛地讲“法无明文不为罪”，更符合法治社会有恶必惩、有善必奖的客观需求；尤其是在社会转型期、新的犯罪手段层出不穷之际更显重要。因为此时讲什么“法无明文不为罪”，就可能为玩法者留下空间。

第二节　中华德治模式推进了中国治理的可持续正态运转

回顾中华法治史可知：中华德治模式一直为历代所遵用，它推进了中国治理的可持续正态运转，即使遇有严重坎坷，也能排难克险而前行。今天，在我们的现实生活中，强化法学传承，提升法理境界，优化法治德治秩序，树立法治信仰，推进中华法理服务，构建双赢和谐世界，仍然离不开出发于社会正义、社会道德的民意支撑。一句话：我们必须珍视自己的民族文化遗产，担当起发掘、疏理、萃精中华法理的重任，以求无愧于自己生活于其中的这个光荣时代。

一、先秦：中华德治模式的草创

中华德治模式有一个由草创、成型到发展、僵化与寻求出路的绵长进程，它不是也不可能是直线发展的。这里只说说它的主流部分。

（一）远古之社会组合的伦理基因与德刑萌芽

远古，华夏先民通过城邑聚居与原始宗教生活，走出野蛮，进入文明世界。到尧舜禹时期，东方社会的有组织管理便起步了。先民们学会了区别是与非、正与邪，做到伦理有序，言行守礼，萌生了多元向心的华夏意识“炎黄共祖”旗帜下的血脉认同、文化认同、政治认同，和“四海之内皆兄弟”的平等理念与宽广情怀，由此结构了华夏大家庭。这是远古社会组合中的伦理基因。

尧舜禅让、舜禹禅让，是东方民主的第一版本。禅让的对象舜禹来自社会，是第一线的劳动者、创业者，在民众中享有天然权威与崇高声望。大舜是中华美德的化身，他勤劳，智慧，和睦家庭；大禹治水，公而忘私，十三年奔波在外，同样赢得了全民的拥戴。《尚书》记载：舜禹的接班，经历了多层面的集体评议、考查与反复考验，在充分证明其具有组织社会生活、组织民众生产的实际才干之后才上位的。在古代，没有比这更严肃、更合理的“接班人选拔制度”了。古人崇敬的这些圣贤，原本出自华夏社会的底层，是终身劳动者、创造者、奉献者，也是践行高尚道德的模范，是全民的表率。他们无一人是“凌驾于整个社会之上”的世外异己力量，这就决定了中华民族的民族精神、民族气派，也就形成了“贤人当政”的执政风格。

传说舜帝上位时，曾经“殛四凶”，先后法办了强横不法、玩忽职守的四大头领。继位的夏禹，明确提出了“罪、刑”概念。《禹刑》三千，最重要的律条是“昏、墨、贼，杀”！把昏庸、贪墨、戕害人的坏分子统统杀掉。这是在对执政成员用“刑”，吹响了反腐的第一声号角——可见，从远古时起，刑，首先就是针对当政团队中的异己分子、违法人员的，从无“刑不上大夫”之说。至于对付奴隶，则无所谓“用刑”，就像宰杀鸡犬豕不算“用刑”一样。

（二）上古中华德治模式的雏形

夏人率先确立了王权政治。恩格斯说：“王权是历史的进步因素。”由此拉开了文明治国的序幕。

1. 商代的初始德治。依《易经》《尚书》提供的资料，结合“殷墟甲骨卜辞”，我们可以萃取出商代德治的基本要素：君相共治，君明相贤。君权反映国家意志，相权代表朝廷集体智慧，君相共同营造开明而清平的政局。君德比君权重要，无德即无位；德不配位之君，不会长久。君德以听谏纳谏为关键。

商代还立法扫除巫风、乱风、淫风（参见《商书·伊训》）。商人信鬼（先祖在天之灵），举事必卜。我们检索现存所有商代卜辞可知：商人从不张扬怪力乱神，从不把现实社会的问题推到彼岸世界去解决。其占卜只是作为解决现实疑难矛盾时的一种决策手段，一种向前人汲取历史智慧的办法，故不属于“神治”“迷信”范畴。卜辞，是商人留下的解决当年现实社会问题的文化信息之集萃。

2. 西周的礼治续航。周代的“礼”是“法”的上位概念。周礼通过“分封制”，在全国范围内广泛布点，有效进行国土开发、民智开发；通过“井田制”，使历来“迁徙无常处”的各部各族人口都紧紧地附着在耕地上，变广大社会劳动力为现实可利用的农业生产力；通过城邦制，使城邦都邑成为国家行政权力覆盖的节点而利于对全境的行政管控；通过等级制与户籍制，使血缘关系清晰化并高度政治化，使“四海同胞”生活在富有亲情的社会管理网络之中以利于基层自治。而

“礼乐并重”的仪制形态，又让华夏人致力于营造和谐的文化氛围、生活境遇和精神境界。这就把华夏文明从一开始就置于当时世界最高的文化平台之上，彻底走出了“野蛮”。

（三）春秋战国：德治模式下的法治、法理探索

这个时期，先有郑之“铸刑鼎”、晋之公布成文法，中有齐、楚、魏等国颁布的各式制定法，如“齐律十三章”“茅门之法”“魏户令”之类，呈现出上古刑名法律的初样。

这个时期的诸子争鸣，为大一统国家治理做了多角度、多方位、多层次的法理论证，制导了中华礼仪道德的发展方向与路径。诸子刑狱理论的基本内容是：天人合一，慎狱恤刑；法疑从轻，教而后诛；三审五听，证据第一；五刑八议，误判追责；刑赏兼顾，法不阿贵。这就远远超越了西方主张的“同态复仇、等量赔赎”，那是从《旧约》到《汉谟拉比法典》到《罗马法》的共同要求。

我们还注意到：这一时期的国际盟约也体现着德治精神。其中最具代表性的要算由霸主齐桓公主持的“葵丘之盟”[①]，它是“德法互渗”的典范之作。盟曰：“我订盟各国，要严惩不孝之子；但不得任意更换第一继承人（太子）；不得将嫔妃群妾立为正妻（王后）；要尊重贤士，培育英才，表彰德行才艺人物；要敬重老人，慈养幼弱；务必礼遇外来使节与宾客。凡入仕之人，不得世袭，其职位不许自行代换。其所选拔征用的对象，必须有真才实学；不得任意杀害贵族人士。我订盟各国，不做危害他国利益的事，如垄断跨国水资源；要通关易货，不搞贸易封锁，使粮食出入口受阻。如有重要封赏举措，应通告签约各国，尤其是要报告霸主与周王室。凡我同盟之人，从签约之日起，建立友好合作关系，互相尊重，互相支援。”

人们不妨拿它来与《旧约》之“十诫”[②] 做个比照：它根本没有任何“霸王条款”。

---

① 《孟子·告子下》载：五霸，桓公为盛。葵丘之会诸侯，束牲、载书而不歃血。初命曰：“诛不孝，无易树子，无以妾为妻”。再命曰：“尊贤育才，以彰有德。”三命曰：“敬老慈幼，无忘宾旅。”四命曰：“士无世官，官事无摄。取士必得，无专杀大夫。”五命曰：“无曲防，无遏籴，无有封而不告。”曰：“凡我同盟之人，既盟之后，言归于好。”

② “十诫”中有不少是单向胁迫性的“霸王条款”：我是你的上帝，除我之外，不许拜其他的神；不许直呼我名，不许制任何偶像；在我的安息日，任何人不得营作。违者，我必惩之，追讨他的罪，自父及子，直到三四代。

另外,《左传》《国语》的记载还证明:凡胜任立法、执法与护法的名宦法吏们,无不具有更高层次的道德修持和政治敏感。郑子产便是其中最杰出的代表。

二、秦汉六朝:中华德治模式的成型

秦汉六朝有一个共同主题:为确立政教分离、中央集权、基层自治的大一统国家治理模式鸣锣开道。秦人锻造了“诸法合体”的帝国法典;汉人“以孝治天下”;《晋书·刑法志》梳理了中国刑法史;南北朝实现了儒术操作的法治化,法治语言的儒学化;《北齐律》将“十恶”引入律条,将道德伦理法律化。它们都表达出中华各族之“法统归一”的共同呼声和不容逆转的民族大融合趋势。

(一)秦人将道德要求法律化

《秦律》为司执法活动提供了全面法治规范:从告诉、受理、勘验、搜捕、法医检验、封诊,到审理、论罪、遣送,平反、追责,全都有法可依,依法而行;每个环节都要求制作严格的司法文书上报、存档,从而完整地规范了国家司执法行为。

秦皇又认为执法就是爱民,能执法就是美德,故以法吏为师;以守法为德,把对全民的法纪教育列入国务优先内容。其《为吏之道》中有这样的话:“吏有五善:一曰忠信敬上,二曰清廉毋谤,三曰举事审当,四曰喜为善行,五曰恭敬多让。”“吏有五失:一曰见民倨傲,二曰不安其朝,三曰居官善取,四曰受命不偻(不履行,即接受任务后,不立即行动),五曰安家室,忘官府。”这段文字明白如话,今天看来,注入我们时代的理解,其吏德要求,也不失其作用。

(二)两汉:奖励五世同堂,倡行经义决狱

1. 奖励“五世同堂”,团聚社会生产力。汉初,从秦的小家庭制变轨为大地主庄园制,让作为社会细胞的“家庭”有能力实施规模耕织,有资产投入农林牧副业综合经营,并能自行承担安全守护、子弟教育、社会公益方面的义务,成为一种“基层自治综合体”。这正是中国社会迭经战乱而不毁的基因密码。即使政权不在了,社会肌体仍在,这就准备了民族复兴的潜能。与大地主庄园并存的还有海洋般的自耕农以至流民,这个庞大群体又为国家准备了无限的低廉劳动力资源,可以由朝廷集中起来办大事。这是中国农业生态的一大特色。

对于“五世同堂”来说，“孝”成为它的精神纽带，故汉代提出了“以孝治天下”的口号。

2. 经义决狱。儒学经义是良法的思想理论基础，其道义精神比具体律条自有更大的适应性，可供普遍采行。同时，经义决狱也是对司法界泛滥起来的“析言破律”之歪风的一种拨正；而经典语汇在法界的广泛应用，又锻造了中华法治话语的民族表达式。其实，“经义决狱”本是全世界通行的做法，只不过人家用的是宗教经典，中国人用的是儒学经典，而儒学经典更切合现世社会的现实运用。

（三）六朝：中华道德法律化的民族推手

这一时期，许多少数民族先后入主中原，文化差距很大，政权更迭频繁，但各不同政权甚至对立政权之间，在法治领域内却保持了相互沟通、相互对接的历史融通性，各族的民俗风情与道德信守，也渐趋融通。从中可以发现：少数民族也是中华法治变革的重要推进力量。

其中，最为引人瞩目的是《北齐律》将“十恶大罪”明定为律条并被共同遵守：

十恶大罪是：（1）谋反：以各种手段反对皇权（皇帝），反对国家统治；（2）谋大逆：损毁皇家陵墓、宫阙、宗庙；（3）谋叛：背叛本国、投奔敌对政权；（4）恶逆：谋杀、殴打长辈亲属；（5）不道：残杀无辜，肢解尸身；（6）大不敬：侵犯君王的尊严如名讳之类；（7）不孝：不赡养父母、祖父母者；（8）不睦：侵害血亲利益者；（9）不义：侵犯尊长者；（10）内乱：家族内部的奸私行为。

“十恶”的明确，把道德要求法律化，又使法典规范简约化，操作性强，是“德治”中硬的一手，是德治精神的制度化，也易于为底层社会所理解和信守。此律出于北齐，证明了少数民族对中华德治的归心和推动。

三、唐宋与金元：中华德治模式的健全发展

隋政权完善了国家行政管理体制，重建了大一统秩序，搭建了六部制、监察制、府兵制、均田制，连同科举制（文官制）的行政平台，终结了门阀世家分割国家权力的局面，为中华民族新的大一统发展清扫了基地，唐人完善了这类制度。

（一）唐代在完善法典、培育法治人才方面收获最丰

大唐文明不是从天上掉下来的。唐人法典与仪制齐抓并举，刷新

了社会面貌，中华法典以空前完备的形态与效能呈现于世界。它力证了中华法治文化的巨大凝聚力、辐射力和兼容性、开放性。

1. 《唐律疏议》高度简练明晰。唐人总结了周秦以来的刑法、民法、行政法、诉讼法各方面的成果，形成中华法系的典范文献，律、令、格、式齐备，军事法、诉讼法、行政法、政府组织法、治安管理法、山林管理法等皆有系列性的专典；还有大量配套的“令、格、式”（《仪制令》及各类公案文牍之规定程式）的颁布，这都是中华法治理念成熟的硕果。世界一流文明孕育了一流法典，一流法典则捍卫了一流文明。

2. 唐代文官是由科举考选的。唐县级以上官员多为进士出身。进士考取后，先到政府见习一年，是为“员外郎”（正式编制之外的见习生）。见习期满，其首任实职往往为县丞、县尉、参军之类，在第一线摔打。他们文化水平高、政务能力强、健康状况良，比普世通行的军功获得之官、财富买得之官、恩荫世袭之官的平均素质好。如房玄龄、颜师古、颜真卿、高适、张九龄、张旭、张若虚、白居易、陆贽、韩愈、柳宗元、刘晏、刘禹锡等名臣，既是治政能手，又都身怀特殊才艺，德能双馨。

（二）宋人适应城市生活新体制而广施法治创新

1. 宋代城市的动态管理模式。宋代一开国，就拆除了周秦汉唐以来居民区、商业区周围固有的坊墙，实行街市结合，开放早市、日市、夜市，于是对居民和商铺都不能照旧采用“封闭式静态管理”而改用动态管理模式了，从而带出了一系列管理新政，许多举措带有世界性开创意义。比如社会治理上的巡检制、厢铺制、防隅巡警制，户口依街区做分业登录、分区管理制，灾民流民穷民的救助制；普设栖流所、救济坊、慈幼院、施药局、养老所、公共坟地等。这些都带有时代特色，远远走在世界前列。它缓解并控制了社会冲突，故终宋之际，没有发生全国规模的农民大起义或军阀混战。

2. 宋朝法治充满了创新精神。比如在刑狱管理上，宋人实施了：（1）刑案、讼案分理制。烧杀劫掠的刑事犯罪与婚姻田土债务的民事争讼，分时限、分部门受理、审断。（2）证据征实制。断案不得只听口供，要拿出实证来。宋以前，把“口供”视为终极证据，无口供不得结案，导致血肤刑求，冤假不绝。宋代加大了侦查破案的力度，这就催生了刑侦、法医的专业知识与技能，强化了受理、审批、洗冤、甄别、问责的审理程序。（3）狱审程序上的案牍复核制、命案的帝王裁决制、误判问责制等。宋人的办案水平，是同期的欧洲所无法比拟的。

还有，《宋刑统》对“女权”也有新规定：女性中的在室女、出嫁女、离异返还女等，都有权享有父母的一份家产（尽管占比相对很低）；女子陪嫁的田产、嫁妆，是对娘家财产的一种分割形式，不参与夫家兄弟分家时的财产分割，直至清代仍然如此。

（三）辽金元的异质法文化倒逼中华法律的变革

辽金的警巡院制，编制正规，职责分明，开世界警察史之先河。元代通达欧非的交通商贸管理、旅舍管理，世界领先；元人刑狱事务中的警迹人制、跨民族案件的会审制、刑具囚具统一规格、不同刑种刑等均按比例降低行刑烈度等举措，均带有进步性。

不难设想，倘若没有唐宋帝国之辉煌成就，辽金元政权绝不可能自动地遵用中原的礼法体制并发展它。那么，中华文明就不知要“中断”多少次了。

四、明清：中华德治模式的僵化与出路

明清时期，中华民族大家庭形成了共生共荣的民族心态，中华传统文化正在集大成；中华传统文明凝聚了数亿人口，确保了农、工、商实体产业继续领先于世界；中华道统、文统、法统依然存续着，却也一步步走向了僵化之路。

清末，华夏陷入了“半殖民地”的窘境，但仍坚持与资本原始积累阶段的血腥的殖民掠夺做艰难拼搏，大体上延续了中华文化的血脉，举世罕见。

（一）东西方文化的正态对接孕育着时代新机遇

明代经济社会的发展不仅出于大农业的基地化成片经营，其商品持续供应境内外（粮食之外，还有烟草、桐油、漆、蜡、胶、香料、草药、苎麻、染料、林木、药材的成片种植和渔、牧养殖，连同茶、糖、烟、酒、酱、油、制衣、造纸的作坊生产）；也在于传统帝国工业的发育，比如矿冶业（如采煤、铁器、五金），制造业（如造船、造纸、印刷、出版），瓷器业，制盐业，丝织业（连同棉纺、麻织、草

编、皮革），铸币业（连同金币、纸币，各色有价证券），其体量之巨大，分工之明细，成就之卓著，都居当时世界一流。清中叶延续了这个经济势头，直到第一次世界大战，中国农工实体产业的产出仍然无人能匹敌，它保障了世界1/2以上人口的生存之需，这已得到世界的公认。《天工开物》被法国人视为“帝国工业的百科全书”，便是它的明证。这些，欧洲先贤原本是高度礼赞的。

14至18世纪时，中华大地的社会人文方面新学术新思潮喷涌，以王阳明、王艮、李贽为代表的文化畸人与以李时珍、宋应星、徐光启为代表的科技畸人辈出；更出现了书院讲学、集会结社，罢学、罢工、罢市，游行、示威、请愿等新时代才会有的新的和平斗争形态；还出现了以东林党人为代表的要求个性发展、要求民主参政的新运动。这恰好与进入“文艺复兴”时期的欧洲互相感应着。期间，郑和七下西洋，树立了连通亚非欧的海上交往的和平样板，使人类能共享文明成果，而没有任何海盗掠夺痕迹。又因利玛窦、汤若望们的东来与徐光启、李之藻们对“天学”的接应，找到了中西学术正态对接的最佳“接口”，促进了中国传统文化的结构性器质性更新。人们有理由相信：这一切，正在开辟中国历史向新阶段跃迁的机遇。可惜在清朝严厉的文化钳制政策下被打断了。

明清之际（14—18世纪），为期250年的“中国潮”在欧陆兴起，给欧洲人送去了四大发明、四书五经、文官制度、造船术、航海术，以及丝、茶、瓷器、香料和园林艺术、戏剧艺术以及家居艺术，加上南亚人、阿拉伯人的天文历算理化知识，从精神文明、制度文明、产业文明各方面大大提升了欧洲人的文明水平，让刚刚冲出中世纪之荒寒的欧洲人疾速进入“文艺复兴”轨道。天缘凑巧，西欧人开启了“大航海时代”，全球无穷财富向欧洲集聚。据此，人们本来有理由相信：时势正在开辟亚欧历史和平跃迁的可能。只可惜，世事的蜕变未能如愿。

就中国内部而言，经济发展并未自动带来安宁与秩序。明清经济的大发展，为巨额财富的聚敛者提供了空前广阔的平台，统治集团的“法外卖恩、法内腐败”在迅速而巨幅地恶性膨胀，于是激化了社会矛盾，引发大规模农民武装斗争和市民的罢工罢市风潮，社会日渐沉沦。明政权热衷于宦官政治下的特务统治，无力驾驭经济文化新潮；接手的清政权又始终面对政治合法性的考问，它致力于强化对社会思想的钳制，大搞文字狱，故步自封，终于惨败。中华传统治国理政模式未能与时更化，未能蜕变出中国本土的“近、现代化社会”，致使好端端的礼仪文化大邦败于一群暴发的资本强盗手下。

就外部而言，中华实体经济的大发展，人类生存所必需的工农业产品的巨量输出，反而却引来了远在亚欧大陆之西陲的资本群狼，先是西葡荷比、英法德意，后加上美俄日本，麇集扑向神州，大肆鲸吞瓜分，至使偌大一个中国，一向只讲礼让和平的中国人，竟无法安身立命。

明清史告诉我们：经济社会的发展并不能天然地带来社会的安宁与秩序，需要的恰恰是传统法治—德治体制的根本性变革与强化；而这个艰巨的历史任务，显然无法靠明清统治集团来承担，也无法靠基督化了的洪秀全直至蒋中正们来实现。

（二）西方治理模式不是中国社会的唯一选择

从近古（宋—清）到近代（晚清—民国），中华社会正依其固有的发展轨迹自发地独立地向前行进着。如果不是遭遇清帝国对明代思想文化新潮的无情扼杀，如果不是遭遇资本帝国的炮舰加毒品、屠杀加欺诈的殖民掠夺，中国自身也会发展出新的社会经济形态来——当然不会是欧式资本主义的复写、仿制。

然而，中国失败了，失败在西方坚船利甲的武装进犯上。这致使有的人只承认西方列强的“军备强国，金融富国”的崛起之路，只听其推销“平等、自由、人权、法治”的喧嚣，而不计其满世界搞殖民掠夺、弱肉强食、文化铲除，在别人国土上杀人放火、制造难民潮的种种罪孽。总有些“学者”在反复追问：中国为什么不能产生欧式“资本主义”？责怪中国“没有长入资本主义”，似乎全世界的文明形态、经济形态、产业形态、社会管理形态都非得完全同一于欧美的“资本主义”方才算符合“历史规律”。还有的中国“精英”总想从中国机体中寻找西式“资本主义的萌芽”来聊以自慰。另有一些人则把现实中一切社会弊端、一切不如意事都归罪于“中国反封建不彻底，市场经济发育不完全”，而为康乾以来一次再次“错过”与世界接轨的“良机”而哀叹。这就好比责备牛羊长不出豺狼的凶样，大象不如猿猴机灵那般无理。

殊不知18、19世纪的“近、现代化”的现实样板，也就是英美法德日俄之类，姑且不论它们让不让、帮不帮你去“接轨”，仅从纯“理论”推导上说，谁能认可彼等当时的社会模式就是中国社会发展的唯一选择甚至是最佳选择呢？当年，列强本身也正处于探索、撕咬、争斗、动荡之中。当时的西欧资本运作，周期性爆发经济危机，列强之间火并不断，以致酿成一次再次的国际战争，人民深受其害。

指责中国“没有赶上资本主义进程”的中国“精英”们应该问问：这样的“近、现代化”道路，中国老百姓喜欢吗？西方列强绝不会愿意有一个人口比其总和还多、面积与欧洲相等、生产力总量比全欧还大的中国，在彼时也崛起为一个跟它们一样的“强国”。当年，拉美、南亚、中东、北非、东南亚、南洋群岛倒是早就被彻底地纳入西、葡、荷、英、德、法之“体系”之中，被置于“东印度公司”模式下在做着资本运作，那里倒是从不“封闭”、从不“关锁”，从16世纪起就已经国门洞开，与西方完全“接轨”了，可那里的“近、现代化”进程又如何呢？历史早已做出了明白无误的回答。

（三）端正历史方向感，走好自己的路

反观我国数千年文明史，中华德治、中华法理，既是政治推进力，又是文化辐射源，还是异质文化的兼容器，更是社会道德文明的提升机，其历史功能强大而无可替代，不容抹杀。在中华大地上，一切分裂割据势力，都被全民自动地排斥在政治合法性之外。无论哪个王朝，也无论何族何种军政集团，谁都没有也不能超越中华法统而实现自己的合法统治；也从无鼓吹分裂、鼓吹割据、鼓吹殖民的文章或立法得到过国民的法理认可。它保障了数千年的最庞大民族群体的持续存在，保障了庞大社会经济体的稳步发展；对内迁各族起了强大的融合凝聚作用，对周边世界产生了强大的辐射与吸附功能，也提升了中华制度文明的水准。这都是无可置疑的光辉成就，不容贬低。它是中国人走自己的路的历史依据。

中国四千年前的语言文字至今仍然活着；三千年前定义的“食货领先、礼乐并举、不忘兵刑”之国家职能至今传承着；两千年前大一统帝国确立的“政教分离、综合为治、中央集权、基层自治、公众自律”的政治体制和治国模式经久不衰；一千年前中国经济社会的成就惊艳世界：有百万人口的大都会，有聚集着成千上万劳工的盐场、茶场与矿山，有举世罕见的精耕农业与丝织业、印刷业、造船业等先进文明的标志性产业基地，有交子、关子、会子等有价证券与金属钱钞一起在市场上流通……中华文明表现出了超前的创造力与强大的生命力，营造了高度文明的东方家园。

即使在近现代150年历史上，我们受尽凌辱，被迫用巨额“赔款”一次次救资本列强于不间断的经济危机之中，大中华仍然完全靠自己的文明积淀，通过百年浴血奋斗，顶住了西方资本在原始积累阶段对全球殖民地的血腥扩张、人种灭绝、文化铲除的疯狂，阻遏了自由资本对全球的自由瓜分、自由掠夺、自由地“弱肉强食”的凶险，斩断了垄断资本对全球的资源垄断、市场垄断、法规垄断、金融垄断直至话语垄断的狂傲，承受了两次世界大战中耗减数千万人口的伤痛。这一切无不证明，我们的民族是有潜力、有经验、有希望的。我们能够建成一个拥有高度精神文明、制度文明、产业文明的新型社会。今天的中国社会与经济发展胜绩已经做了铿锵的回答，展现出无限光明的前景。

第三节　中华道德文化和道德理念具有鲜明民族特色

中国先民做出了文明世界最明智的选择：崇尚道德文明，形成了具有鲜明特色的道德理念和道德文化，沉积为万年不变的民族共识。中国先民以“天人合一”“阴阳对应”为法治的哲理基础，以天地人“三才”论为法治的价值取向；公认“人为万物之灵”，“天地之大德曰生”，故以刑名为主干，把关注人的生命权、生存权放在第一位，把型塑社会、型塑国民视为法律的本质任务，不讲黑白对立，不搞生死对决。这就从根本上承认并释放了人的主体能动性，也就远远超越了西方法理基础的“复仇论”，不搞同态复仇、血亲复仇、等价赔赎、弱肉强食，从而保证了法为良法、政为德政。这才是中华法理—法系—法典的文化之根。

一、中华德治模式中的道德文化

在国家观问题上，欧洲人的“暴力机器”论，抛开了国家治理、社会管理的本质功能，只剩下凌驾于整个社会之上的暴力因素；古印度人只承认自我意识的“真实”性，认为一切身外之物都是空的、虚无的、不存在的，故不承认“国家机器”的真实性，“国家”只是个“空洞的存在”而已；只有中国人扎根于道德文化的国家观才是实在的、真实的、民本的、合乎道德的。

（一）中华道德文化源于中国人的天下理念

在古代中国人心目中，“天下”是一种人格化的价值体系，一个体现着自然、社会和人类的至真至善至美之道的价值体系，具有普遍性和永恒性。当其表现为人间秩序时，乃是一套特具文明价值的法典制度与礼仪规范。这便是中国人的“天下观”。从西周开始，“天”就被认为是内在地具有德性的理想形态，天道与人道相通，天意通过民意表达，于是“天下”观就又拥有了既超越又世俗的“民本”价值，即所谓“天视自我民视，天听自我民听”。这是说：君权来自“天命”，而天命取决于民心，民心最关注的是安宁和恤刑。合民心者为王，不合民意者推翻他，是天然合理的，故为政必须从得民心入手。这又是中国人的民本观。

在国家观方面，周人首倡“普天之下，莫非王土；率土之滨，莫非王臣”。[①] 这至少有三层基本含义：（1）它是一种世界视野下的“国家观”。凡在华夏文明覆盖下的土地、臣民连同其一切资源、财富，构成了“中国”；国家是土地、人口、资源、王权、良法、德政的有机综合体，缺一都将是不完整的。（2）“王”是国家的象征。王对国家负全责，他有保证国土安宁、人民安乐的权力与责任。故他是所有臣民的“大家长”，一切土地臣民皆得听命于他。（3）没有“王权”，不成其为“国家”。而王权若不能发挥其正面作用，臣民就会诅咒它：“时日曷丧，予及汝皆亡!”进而将其推翻，这也是天然合理的。为此，那就要取缔一切苛政、暴政，刑赏并举，教而后诛，先礼后兵，不战而胜，以刑去刑，止戈为武——这才是中国人的兵刑观，绝不一味鼓吹暴力。这也是中华德治的现实要求，这还是道德秩序与礼法秩序相一致、可融通的内在根据。于是有了“律设大法，礼顺人情”的说法，作为良法美政的灵魂，从而抹平法律与天理之间的裂隙而赢得人心。这便是中国形成德治模式的法理依据，是中国道德文化之精粹。

---

① 出自《诗经·小雅·北山》。

（二）中华道德文化在境内外的功能展示

中国法学界、文化界一直本着德治精神，以阳光心态去透视一切艰难困苦，穿透一切阴霾毒雾，而以阳刚旋律振奋着人心，支撑着民族意志，掣导着社会风尚、舆论动向，从而持续地发挥其拒腐防害的功能，消毒强身的作用，驱动社会的正态发展。在中国文坛上，所谓厚黑之学、靡靡之音、黑幕文章及各色奢谈戏说，从未占据过主流地位，从未自由泛滥而不受约束。同样，在中国法学界，一切鼓吹分裂、渲染仇杀、张扬屠戮、挑动冲突、背离公理正义、倡行殖民掠夺的谬说，也从未找到过自己的市场。汉、唐、宋、明的文明与繁荣就是中华礼仪德政结出的硕果，而辽、金、元、清等异族军事集团的屠戮政策终于为汉家礼仪德政所取代，则是它的丰硕成果的另一种力证。汉的七国之乱、晋的八王之乱、唐的藩镇割据、晋后的五胡十六国、唐后的五代十国、清末的军阀混战，从未获得过全民族的认可，他们自己为谋一日之生存，也得打出“逐鹿中原，混一华夏”的旗号，甚至打出“爱我华夏”的旗帜来拒绝外侮。这就体现出德治的巨大承载力，经受得住任何颠簸——这与欧洲的分裂了再分裂、永难再合的“单一民族国家论”恰成对照。

中华德治文化是个开放体系，对境外的各色异质文化一向取兼收并蓄、寻求对接、消化吸收又尊重其独立存在的态度，成效卓著。它与印度河、两河、尼罗河流域的古文化一起，照亮了古代世界的全人类。中国龙一直和南亚的凤凰（孔雀的灵性化）、中亚的雄狮（波斯狮子）、西亚北非的麒麟（长颈鹿的神异化）一起，共同祝祷人类的和平与吉祥。它们之间从来不信弱肉强食的“盗理”，从来不借“适者生存”的逻辑去剥夺他人之生存。在中国大地上，从未发生过“十字军东征”那样为期200年的宗教战争，也从来不鼓吹什么“文化冲突”、不赞成种族灭绝。即使在最讲阳刚之气的中华法治文章中，也没有对穷兵黩武、种族屠杀的张扬，而展示着天下一家、四海兄弟的博大情怀。

二、中华道德理念的凝结与百家阐发

周公首倡礼乐和德行，以伦理秩序作为构建群体社会的法宝，把万千人口组织进一个有机的社会体系内，使各安其位，各守其职，各具名分，不相僭越，不相干扰，不得夺伦，这正是中华民族共同体成员能长期走在一起的秩序密码。

（一）儒家：忠孝是一切道德的起点与核心

先秦儒家在德治思想下阐释了他们的道德观，用来规范人际关系。《论语·为政》曰：“道之以政，齐之以刑，民免而无耻；道之以德，齐之以礼，有耻且格。”孔子认为，用行政力量去规范，用刑罚手段去整治，都是必要的，不可或缺的，但它不能从根本上解决问题。用道德教育加礼制规范，才可以使老百姓从思想灵魂上拔除犯上作乱的根苗。《孟子·尽心》章讲：“仁言不如仁声之入人深也，善政不如善教之得民也。善政，民畏之；善教，民爱之。善政得民财，善教得民心。”仁言，指政教法度；仁声，指雅颂礼乐。善政，指明法禁令，不伤民力；善教，指礼乐教化，风移俗变。孔孟的治国方略正是：以德教为前导，加之以刑法，治心为上，防范随之。在父子、兄弟、姻亲、朋友之间，要讲亲情、讲仁爱，否则以刑纠之；同时，在社交场合，凡贫富、能否、强弱、彼此之间，要讲究信义，不得造言生事，不得挑动混乱，否则以刑诛之。要知道，一部《尚书》，“仁”字、“义”字只出现了三至五次，而“刑”字、“狱”字、“法”字则出现了200次以上。显然，它才是历代法理的源头。那种以为儒家“只讲德不讲刑法”的观念是十分皮相而错误的。

《论语·学而》篇说：“其为人也孝弟，而好犯上者，鲜矣；不好犯上，而好作乱者，未之有也。君子务本”。《孟子·离娄》章明确提出：“天下国家，天下之本在国，国之本在家，家之本在身。”古人认为，家是国的构成单位，国是家的放大与组合，因此治家之道与治国同，在宗法社会尤其如此，这叫“务本”。社会治理，道德先行；敬老尊长，从家庭细胞做起。像《孟子·梁惠王》章所说：“老吾老以及人之老，幼吾幼以及人之幼。”这对我们是有启发的。

先秦儒家在德治思想上绝不仅仅会仁义说教。《礼记·王制》篇曰：“析言破律，乱名改作，执左道以乱政，杀！作淫声，异服，奇技奇器以疑众，杀！行伪而坚，言伪而辩，学非而博，顺非而泽以疑众，杀！假于鬼神，时日，卜筮以疑众，杀！此四诛者，不以听！”显然，这又是历代统治者以言论定罪、排斥异己、压抑创新、大抓“思想犯”的强硬号召，已从谆谆说教变成血淋淋的杀戮了。这对后世的消极影响十分深远。

所谓“以文化人”，本质上就是要以德育人、以礼法塑造人。中国先民深信：文化文化，就是“以文化人”；人类社会就是因为有了“文化”才进入文明社会的。育人，才是道德理念的核心内容，才是良法美政的首要任务。文明社会的人，是道德高尚的人，是脱离了低级趣味的人，是崇尚互助友爱、和平共处的人。

（二）诸子：道德理念的深化

先秦百家在国家治理、社会管理上各有主张，但“殊途而同归”，追求的都是中华大一统的持久存在与持续发展。儒墨道法、兵名医农，纵横法术，没有一家是鼓吹分裂战乱、无序竞争的。

1. 老庄：呼唤尊重生命，净化灵魂。老庄认为，世间的一切，无论是生物还是非生物，都有其存在的理由，不应该用人世间的眼前利害得失去判定其他生物、非生物的生死存亡。老庄学说中对生命的这种重视与关爱，既为唤醒社会良知打造了一种有用的理论工具，也为消极退让、明哲保身者提供了自我辩护的理由。今天，在法治活动中，护卫人权，护卫生命，扶助弱势群体（包括关心普通犯罪人员之亲属），更需要有一种关爱生命的意识作为执法行为的先导。

2. 墨子：大倡兼爱尚同与勤劳节俭。墨家有很多超前或独到的社会设计：（1）他从“农与工肆之人”出发，以兼爱—非攻为指导，设计出平等友好、互助互爱、共存共享的人际关系特别是国际关系，是纷争世界的迫切需要。其《非攻》篇之区分正义、非正义战争，独具世界文化意义。（2）他以“尚同”“尚贤”为思想基础设计的、从“农与工肆之人”中层层推选“贤可者”担任国家各级公职人员的构想，同样有普世价值，那才是中国人渴望的“贤人政治”。墨子是不赞成从“面目姣好”“出生高贵”的人群中选人才、搞世袭的。他的愿望不是梦，舜禹禅让就已经这样做了。（3）他把当时最先进的科技知识用于正义战争之防御的积极实践，也为后人垂范立教。他躬行实践，打造了大量利用力学、光学、声学原理制作的防御型武器，且都能直接转化为民用器械。（4）他建立在“非攻”“非乐”“节用”“节葬”前提下的重实体生产积累，反对过度消费，反对摧残社会生产力与无端消耗自然资源的经济主张，也已经内化为中华民族崇尚勤俭、崇尚积累、崇尚实体生产的美德，这是孔、老、商、韩都没有做到的，是墨家对中华民族的特有贡献。（5）他的严密组织，躬行实践，团结互助，侠义情怀，古道热肠，正为后世祖国知识群体所崇尚。

3. 荀子：从人的本性出发思谋治道。孔子后学荀子，力倡“隆礼重法，化性起伪”，曾亲自到秦国去考察法的施行，对礼和法都有系统阐发。在他看来，治国首需“隆礼”：礼统帅着法，礼涵盖了法；以礼行法则通，以法代礼则蹶。《劝学》：“礼者，法之大分，类之纲纪也。”礼是最根本的。国法的基本原则在“礼”，判案的最后依据也是“礼”。《修身》：“人无礼则不生，事无礼则不成。”荀子认为，化性起伪，是德治管理的基本功。荀子是肯定人的价值的。《王制》：“水火有气而无生（生命），草木有生而无知，禽兽有知而无义，人有气有生有知亦且有义，故最为天下贵也。”重视生命，因而要管好生命，护好生命，这是出发点。《强国》：“故人莫贵乎生，莫乐乎安。”重视生命，就要重视生命的基本要求：莫贵乎生，莫乐乎安，保证其温饱，保证其安全。这应该是讲德治者的出发点和归宿。荀子基于他的“化性起伪”说，要求“立君上之势以临之，明礼义以化之，起法正以治之，重刑罚以禁之，使天下皆出于治、合于善也”（《性恶》）。这是荀子思想有别于孔孟，有别于老庄，又导向商韩的内在因素。

4. 韩非：“忠君”观念走向绝对化，“术、势”理论败坏了法治声誉。在法家调节人际关系的理论中，“三纲”思想及其君权至上论尤为突出。韩非认为：君主权威是绝对的，它凌驾于整个社会之上，全国臣民都必须服从于他，不得有任何侵害与动摇。“人主虽不肖，臣不敢侵也”（《韩非子·忠孝》）。他说“尧为人君而君其臣，舜为人臣而臣其君，汤武为人臣而弑其主、刑其尸”，是天下得不到治理的原因所在，应该绝对禁止。他要求“忠臣不危其君，孝子不非其亲”。他试图通过强调君权，来确立国家政治生活的有序状态；同时以君权为样本，推及整个社会生活，掣导社会生活状态：“臣事君，子事父，妻事夫。三者顺则天下治，三者逆则天下乱。此天下之常道也。”（《韩非子·忠孝》）他甚至讥讽“孔子本未知孝悌忠顺之道也”。韩非把“三纲”提到了吓人的高度。为了确保这种绝对权威，韩非主张君主用权术、威势去驾驭人、控制人、胁迫人，直至消灭人，包括兄弟、妻妾和子女，更不必说大大小小的文臣、武将、说客、侠士，以及那些主张礼乐、诗书、孝悌、仁义、非兵、贞廉的“六虱”“五蠹”们了。他把这些措施叫做“备内”。对于一般老百姓，他则要求实行“愚民政策”，认为老百姓“朴则愚，愚则轨”。其目的在于让每一个社会成员都永久地安“分”守“常”，整个社会机体就可以“永久太平”了[①]——这当然是商韩们的一厢情愿。正是“术、势”之说败坏了中华法学的社会声誉。

法家把“为治惟法”推向极端，其成功与失败之处都已得到两千年的实践检验。它拒绝“法治裁决、军事裁决”之外的各种行政裁决、宗教裁决、民意裁决、亲族裁决、道德裁决，这早已为中华主流社会、主流意识所摒弃。

三、各级德政推手的道德修持

中国先民深知，德治事业中所讲的“德”“道德”，是有不同层次的。不同层次的社会成员，各有自身的权利与义务，各有自身的道德要求、道德修持；其原则相通，而标准不同。

（一）德政的第一责任人——天子的道德修持

天子是国家德政的第一推手，自有天子应具的品能。人们最拥戴的是那种宽宏大量、纳谏善断、拒绝独裁、拒绝黩武的君上。历史上，周公作为华夏早期杰出政治家，其平生事业无过于“制礼作乐”，为中国数千年王朝的政权建设提供了思想依据与实践模板。其《尚书·周书·无逸》篇引古为鉴，要求君王“所其无逸”，“先知稼穑之艰难”，明白“小人之依”而普施德政；文章还指出：民之怨尤与诅咒，都来自君主自身的不德与妄行。君王要谨身自好，心胸开阔，主动纳谏改过；有容人之量，不能诿过于人，不能一听到不同意见就大开杀戒，排斥异己，那样会酿成恶果。这些话语重心长，都是致诚的告诫之辞，是对“君德”的经典性论述[②]。

古代国家曾以谥号方式表明了对君王德业的价值评定和伦理取向。每一任君王死后，都有一个特定的“谥号”，“欲以生前之善恶，为死后之劝惩”。给帝王的谥号有：“经纬天地曰文，修德来远曰文。辟土斥境曰武，克定祸乱曰武。以刑服远曰威，强义执正曰威。不懈为德

---

① 参见其《人主》《八奸》《备内》《奸劫试臣》各篇。

② 但文中反复出现“××王享国××年”之语，也透出了“君位乃私有私享之物”的潜意识，让历代天子有理由“享用其资产，开销其国家”。这又冲消了“君子所其无逸”的说教。

曰恭，既过能改曰恭。畏天爱民曰敬，夙夜就事曰敬……”这类“谥号”即为对历届天子的道德修持的提示。

（二）德政的各级行政推手——官员的道德修持

当政官员特别要讲政治伦理和领导才能，要有鉴别力、决断力、执行力；其个人操守则以廉洁奉公、勤政爱民为核心。一部二十五史，正是由名吏、良吏、循吏、清吏、能吏和庸吏、浊吏、酷吏、奸吏组成的人物画廊，或名垂青史，或遗臭万年，无不取决于他一生的德业。

良法善政的落实，从来离不开人的因素第一。《易经·象辞》就对君子在吉凶、顺逆、利害中的境遇、修持、破解能力做了分析和评断，明确了君子的责任担当，指出了君子自我提升其德能的方向和路径；对君子施政能力也有特定要求：君子要能谋划全局，掌控全局；懂得观民设教，表率万邦；一切举措，都朝有利于万民之求安求利、避祸避乱方向用力。如《乾》卦象辞：“天行健，君子以自强不息。”《坤》卦：“地势坤，君子以厚德载物。”《泰》：“裁成天地之道，辅相天地之宜，以左右民。”《师》：“君子以容民畜众。”《大有》：“君子以遏恶扬善，顺天休命。”《咸》：“君子以虚受人。”还有比这更高的人格要求吗？没有了。《井》：“君子以劳民劝相。”《节》：“君子以制数度，议德行。”《观》：“先王以省方，观民设教。”《易经》看重的是官员的组织力、号召力、决断力。官员的贤能是重要的，是政清法明、奉职创业的组织人事保证；不过，最要紧的还是怎样防止人走政亡，人去楼空。

（三）基层自治有赖于士绅的文明素养

士绅言行是社会表率，是社会正义的捍卫者、声张者，社会公益的倡导者、践行者，是民望所归；也是社会消极因素的防波堤、反社会黑势力的清除者。而士绅在德业上的退守、耗减、灰色化，正是社会凶险、混乱、沉沦的重要原因。一旦贤德士绅弃守阵地甚至同流合污了，就会百倍放大社会黑势力的危害。前人相信：“君子之德风，小人之德草。草上之风必偃。”（孔子语）只要君子能做到上述各种要求，用于修身，必然能臻于圣贤之域；用于化民，必然能形成良风美俗；用于施政，必然能做到政简刑清。能修持到如此境界的君子，“其惟圣人乎”，故我们赞誉它。

（四）民众自律是社会风清气正的基础

一个社会，究竟是风清气正、积极向上，还是群魔乱舞、道德滑坡，说到底，毕竟取决于广大民众的最后选择，也取决于广大民众的自律能力、自律水平。凡追求道德高尚，自律能力强大的民众，不仅是守法者，还会是护法的主体，是维护法律尊严的坚定力量，是主动防御、抵制、消除破坏因素的依靠力量。为此，不断提升公民法治觉悟，是德治题中应有之义。

凡各级德政推手都注重德能修持，国家政治定会进入政简刑清、风清气正的宽松境界，人民才能过上安宁和谐、富足康乐的生活。这才是“德治”的出发点和归宿。凡士绅能担当基层自治之责，民众能自律，守法而护法，国家必定兴旺发达。

四、道德对法治演进有良性导向作用

为推进刑罚法规、刑罚措施向人性化方向发展，更好地体现公平正义、清廉正直之风，历朝历代都把立法修法作为优先的国务来安排，立法修法又总是要求以政简刑清、施德惠民为努力方向。

（一）道与德是衡定良法恶法的民心标准

历代法律修订过程中，总会发生各种各样的法理争议，但最后总能取得有利于社会德业进步的结论。例如：（1）人性的善与恶，（2）神权、人权、法权的关系，（3）法与礼和禁的关系，（4）刑与德和赏的关系，（5）守法与变法的关系，（6）用法与用情的关系，（7）忠与奸的关系，（8）防与治的关系，（9）复仇与循法的关系，（10）肉刑的存废问题，（11）血肤刑求的存废问题，等等。每一次变革，都伴随着激烈反复的法理争议；每一次争议，都是法理的一次提升，都是民心标准的一次深化，是德与法的进一步融合，都使法律权威获得更贴近的可行性支撑；使社会文明得到相应的提升，体现出中华伦理道德推动刑罚制度之演变的历史轨迹。

其中，复仇与循法的关系就曾引发长期的争论。武则天时期，有过这样一个案例：小民徐元庆伺机刺死了杀父仇人（县尉），然后到官府自首。对此，陈子昂提出了杀人犯法，应处死罪；而子报父仇，又去自首，合于礼义，应予表彰；主张杀其身而为其树碑。后来，柳宗元写了《驳复仇议》一文，认为陈子昂的观点是自相矛盾的，主张是不足取的。柳文指出：县尉杀人，先要看其是依法办案，还是非法施暴；官府是受理了，还是置若罔闻，甚而官官相护，纵吏行凶；从而判定小民徐元庆为父报仇的正义性。若县尉依法办案，则无仇可报，而徐元庆则是暴徒一个，应依法严惩。但全案说明：徐元庆报杀父之仇，而后到官府自首，既合于礼义，又合于法律，其精神应予充分肯定；官府追责之不暇，又何得办他杀人之罪呢？国法与礼义原是高度一致的。看来，孝道正是法律权威之可行性支撑，不能把它们对立起来。

（二）从旧五刑到新五刑：超越“复仇”动因

夏商法治中，原有墨、劓、刖、宫、大辟五刑，都是肢体刑，周公在大力推行礼乐的同时，增加了“流、赎、鞭、扑”而成九刑；后来又添设了“不伤体、不亏财”的“圜土纳之”的强制劳动措施，用以惩罚“未丽于刑”而有害社会治安的轻微过犯。这样区别对待，便大大压缩了肢体刑的实施空间。后来，汉文帝为了遏止残民害物的政风，明令废除肉刑。三国时曾发生过“复肉刑”的反复争议，而终于未能恢复。隋文帝更从国法规定上废除了斩绞以外的酷刑如枭首、车裂、肢解之类。唐代则明确了“笞杖徒流死”的“新五刑”。元人规范了刑具、囚具制法定的轻重大小，降低了各刑种、刑等的施刑烈度。到清中叶，又把数千里流放的“徒、流、徙、充军”之类改为就地看管、监内惩治，但杜绝男女同监……这是人性、人权、人的尊严的道德要求在刑罚法规、刑罚实施上的进步反映：走向人道，更合人性。

（三）法律规定周延化与应惩必惩及不枉不滥

国家法典应确保刑罚应惩必惩，可宽则宽，不苛不漏，不枉不滥。比如，《贞观律》规定：“诸断罪而无正条，其应出罪者，则举重以明轻；其应入罪者，则举轻以明重。”这是对“法无明文”的一种救济，预先防止了惩治事实伤害却又“于法无据”的尴尬，使社会正义得到普遍伸张而不留空当。“断狱而失于出入者，以其罪罪之。”这又是对误判的追责，严肃了司执法纪律，考虑不可谓不周。再看：《永徽律疏·二六一》载：“诸以物置人耳、鼻及孔窍内，有所妨者，杖八十。”我国一千年前就有此类条文，不得不佩服前人法定原则的明确，立法思维的缜密，编纂技术的完备，法律规定的周延。反而在当代司法实践中，无论中外，有关口交、肛交及同性交构成的“事实伤害”该如何审理，倒往往有“于法无据”的现象，给了某些反对所谓“道德绑架”者以辩护的口实。

（四）对慎狱恤刑原则的历史性道德审视

古人在刑律实施中，特别强调“慎狱恤刑”的德政原则，注重预审、刑侦、法医检验，注重公案文书的建构，强调误判追责，平反甄别。这才是对国民负责，对人命负责。然而，在慎狱恤刑原则下所采行的若干措施，总有争议。

先说说诛心、株连原则。周公主张“衡情量刑”：凡无心犯法，重罪可以轻判；凡故意犯罪，轻罪可以重罚；前提是“道竭厥罪”，一定要弄清案情，认定其罪，当事人要服罪能改，依此决定刑罚幅度；并非不论罪而直接量刑。这本来无可厚非，后来却演化成了“诛心（依动机）定罪”，成了司法人员上下其手的借口。

又，先秦时的公侯卿大夫之“家”，本来都是大家庭，动辄百丁千口，一人犯法，孥戮全家，意味着千百口家庭的破亡，政府无法做“量刑”的界定。商鞅变法，推行一丁一户的“小家庭制”，一户只能有一个成年男丁。在此情况下，一人犯罪，即使“株连全家”，人头也是有限度的、可控的。这比起他的前人来，在法律道德上也是进步的。后世却把“株连”的非人道之责都加到商鞅个人头上了，显失公允。

再说说死刑独裁原则。北宋以前，死刑判决并不都由皇上亲批。有时候，为显皇恩浩大，颁赏赐爵赦免都由皇上亲力亲为，叫做“恩由主出”；而责罚判死倒由权臣去“顶恶名”，以至最高当局并不真的掌握刑杀大权，而权臣滥杀妄为，也无控驭手段。宋太祖为了结束安史之乱以来数百年的军人专政、武将胡乱杀戮的历史，“杯酒释兵权”，不让武将行权，下令将死刑终决权收归中央，经由刑部、三法司审理，最终由皇帝亲自做终审裁决。这就使全境的杀人数大幅下降，降至国家可控的范围内。这当然是一种英明的刑法举措。

其实，任何法律制度都会“历久弊生”，诛心与株连原则，死刑独裁原则等，都是这样。其他法理争论，皆当作如是观。赵匡胤在命案审断上的中央集权，后来走向了君主司法独裁，这就应适时改革它。后人如若不能适时改进而僵持之，或反而改坏了，那是怪不得老祖宗的。

（五）道德文明指导了异质法文化的法统归一

历史上，周边各族各有自己的习惯法、民族法、地方法。其“汉化”无一不是从立法定仪入手的，无一不是从改变其固有的习惯法、民族法、地方法入手的。这突出表现在“五胡十六国”时期、南北朝时期、辽金西夏时期，直至元代与清代。他们原有的许多落后习俗，在各自建政或进入中原立国之后，无不以汉家法典与汉家礼仪来刷新其法治生活和社会生活。各族统治集团对汉家朝典朝仪之类尤为垂青，对汉家婚姻田产制度分外关注。应该说，在中华法治的漫长变革进程中，中华民族大家庭中的少数民族，也是重要的变法推手，他们维护了中华法系的纯正性。

（六）廉明政治的落地生根：清狱录囚，甄别平反，误判追责

为清明政治的落地生根而行清狱录囚，是牵动面最广的行政举措。同时，甄别平反，误判追责，更是消除社会戾气的有效药方。古人在这方面有丰富的经验积累，值得梳理。

在我国古代，监狱并不是惩治“已决犯”的设施。古代罪犯被判决“笞杖徒流死”之后，其执行并不是在监狱内，而是在监狱之外。在有人群处公开执行笞刑、杖刑，到数千里外的荒寒烟瘴无人迹处执行徒刑、流放、充军，在闹市执行死刑，以起恫吓警诫作用。相反，古代狱中所囚所禁之人，主要是原告、被告、邻佑、干证、牵连犯、待质犯（等待同案犯捕获齐全后进行对质的人犯）、待决犯及某些轻罪犯，他们并不是已决受惩之犯，大多数是无罪之身。只是政府为方便审理、为控制案情发展而施行的强制关押。如此一来，“狱满为患”就是必然的，适时“清狱”就在常理之中。

所谓“录囚”（即虑囚），指讯问查察被囚的“人犯”的事件经过、审讯情况，一一予以甄别。对久系而未决、难决，甚至无法判决的大案、陈案中的案犯，特别是从犯、牵连犯、待质犯、待决犯，以及已被囚多年的轻罪人犯，甚至仅仅是干证、邻佑、基层行政管理的责任人，凡被久系囹圄者，予以释放。其绝大部分是原本无罪的沉冤难白之人，或轻罪久系之人，一旦被释免，政府不觉愧疚，绝无补偿，反而要被释者向官家叩首感谢“皇恩浩荡”，文人则忙着歌颂“囹圄空虚”，这就有粉饰太平之嫌了。

中华历代的立法、司法、执法与变法的全过程，都贯穿着法与道、与德、与理、与情的内在联通关系，从而确保了法的生命力，故能持久而有效地为中华文明护航。我们的国家是战胜一切艰难竭蹶而挺立于世界的。历史上，我们曾反复遭遇过全局性的天灾人祸，长时期陷

入分裂动荡之中，出现过形形色色的反社会、反人类的牛鬼蛇神，出现过道德滑坡、人心涣散的危险倾向，出现过亡国破家、受异族统治几十年、几百年的历史曲折，但这一切都没有改变大中华的前进步伐。个中秘诀，值得总结。

第四节　中华德治史记载了无数千古传颂的名公佳话

《周礼·天官·小宰》提出了官员“六廉”的检察指标：一廉善，二廉能，三廉敬，四廉正，五廉法，六廉辨。廉，廉察，认真侦查检察也。这“六廉”，就是要求认真侦查检察各级官员的六大表现，看是否达标：（1）行善政，（2）有能力，（3）敬职务，（4）怀正气，（5）守法纪，（6）辨是非。它不只是一般的定性分析，而是全面考察，要做认真察访，经过调研审计，然后才对职官的良否做出全面结论。显然，这样的要求是很高、很严的。现实中谁能做到呢？名吏、清官们早已做到了。我们不妨去查阅历史记录。

一、名吏必有更高的道德修持

历史上，郑子产破例将法律公布于众，在一个列强环伺下的中小国度护国护民。李离献身法治，自觉用生命吹响护法的号角。董仲舒抵制析言破律、政烦法乱，力倡“经义决狱”，树立了论狱的最高准则，打造了中华法治语言。狄仁杰在险恶的逆境中守护大法，平冤无数，救难无数，中外皆知。宋慈行走在尸臭之间，为世界留下了法医界的光辉记录，首创法医学名著。周敦颐挺立于污泥之中，奔忙于荒山瑶寨，亲冒烟瘴，施救苗瑶，保持着自身的“出淤泥而不染”。海瑞、李清、祁彪佳，一个个护法有成，执法明决，个性鲜明，其难能可贵的业绩，历来脍炙人口。他们是一座座丰碑，让人景仰；他们是一座座灯塔，指引着社会航向！

这里说说李离的护法事迹。

《史记·循吏列传》与刘向《新序》等名著里，都记载着春秋时晋文公手下，有个大法官，名叫李离。一次，他误听了下级法吏的妄报，错杀了一个人。复查发现后，自认“依律当抵命”，就把自己先关了禁闭，派人去向晋文公做汇报，要求处死自己。晋文公召见他，替他开脱说："官有贵贱，罚有轻重。这事是下吏的过错，不是你的罪。我让他抵命好了。"李离回答说："臣居官为长上，并不与下吏分权力；受禄为最多，也不与属下分收入。而今错听汇报而误杀人，但其判决是我下的，却推卸罪责给下吏，那是不对的。"文公说："你这么自认有罪，则寡人也有罪啦？"李离说："国法有明文规定，判决是要追责的：'失刑则刑，失死则死。'有法而不执行，便是坏法；护法是法官的本职。君王您以臣能听微决疑，故使我为大理（大法官）。而今我错听杀人，其罪当死。再说，君王量能而授官，臣下奉职而任事。我接受任命之日，您曾叮嘱说：'法官一定要以仁义为怀，用道德辅政，宁过于轻，毋失于重；宁过于生，毋失于杀。'臣子我受命不称职，辜负了您的重托，君何过乎？今我用法刻深，不顾仁义；拘信文墨，不察是非；妄听他辞，不精事实；使遗讥于天下，生怨于百姓，后果严重。如臣之罪，诚当重死。"晋文公曰："吾闻之也，直而不枉，不可行远；方而不圆，不能长存。你就以此听听寡人之劝吧。"李离坚持说："君子不在法内行惠，不在法外卖恩；不以所私而害公法，不杀无罪小吏来顶替当死大官：二者皆非所以示范施教于全国臣民也。君虽行惠不忍加法于臣下，臣下我亦不敢污官乱治而偷生！"终于伏剑而死。

李离以自己的生命吹响了高官护法的第一声号角，有着震撼而长久的警世作用，特别是在玩法、亵法、卖法、挖空心机析言破律而导致法纪滑坡的严重情况下。

二、清官是怎样炼成的

古代办案高手而受到社会好评的，一是清官办案型。他们守身清苦，胸怀王法，一腔正义，不惧高压，致力于扶弱济贫，敢于伸张正义，搞翻案，抓平反。这种人不图名而声誉自高，比如包拯与海瑞。二是法吏办案型。他们坚守法律条文，严格办案程序，排除万难，执法第一，智慧办案，锄强济弱。这种人既有功劳，更有苦劳，也可能"以积劳为第一"，被世人看重，例如于成龙、张船山。三是能吏办案型。看准矛盾，机敏突破，果断处置，忽略一般。这种人善办疑难杂案，且下手迅猛，不避锋芒；效率特高，出奇制胜。但往往要冒很大风险。案子办成了，到头来却有可能把自己也搭了进去。晚明李清办案，便是如此。他身前幸免于官场的清算，身后却遭到"四库全书"

编者的排摈，销毁了他的遗作。四是名吏办案型。如祁彪佳，此人出身书香门第，历事明末天启、崇祯、弘光诸帝，置身于高危险恶之境，却始终正道直行，敢于谏诤，撑危扶倾；呕心沥血，勇于任事。他多次临危受命，也曾亲下江南，到一线去处置由达官名流之家的不法横行而引发的大规模民变风潮。他足迹所至，风波立靖；而矛头所指，直刺权势之家。虽屡遭弹核，他则进退两由之。用我，刀山敢上；不用我，回归园林。

明代清官中最有名的是海瑞。就海瑞本人而言，他不过是浙江淳安县的一个小小知县，权力有限，却总要奉命去参与复核他人无法措手的疑难命案。依法经复核，如果谁的审断意见被推翻了，则所有做出误判误决的有关官员都要承担法律责任。于是，面临复核，谁都想自保，官场绞肉机随即开动，百计阻挠，使承担复查任务的正直官员步步为艰，留下步步血印。因而他总要顶着平级、上级、上上级的方方面面的不同审断意见的巨大压力，去开展艰辛而繁难的调研复核平反工作，其难度之大，难以想象。加之县官的任期短促，县务繁剧，他又能参与查验几件命案呢？站在旧时代普通民众的角度看，碰上这样的一位“清官”实在是太难太难了。这也让人更能理解中国民间“清官情结”的根深蒂固之深层缘由了，更能理解中国老百姓为什么怕打官司了。

明代司法机关允许多头控告、越级申诉，也允许多头受理。其本意倒是为了防止受害人、受冤人“控告无门”，减少冤抑；然而，从海瑞参与复核的七大案例看，此法实行的效果恰恰相反，多头控告给讼师讼棍们提供了枉告、诬告、攀告、虚告的无数机会。越级申诉架空了基层执法部门，也迟滞了案件的及时侦缉、审理；多头受理则制造了权力机关之间，特别是受理人、被执行人之间的矛盾冲突，也加大了审理难度。最后，案件即使得到了正确审理，国家与当事人付出的代价也不成比例，而且加大了刑案误审的追责难度。由此可见，好的法规也会历久弊生，考虑不周的措施更会遗患无穷。政府必须有纠偏防错机制才行，而明清政权显然不具备这种能耐。

三、礼赞历代名吏与清官

深深蓄藏于民间的清官情结，正是日积月累而积淀起来的，是由清官名吏的血肉心神铸就，它是人间正气的一种凝聚形态。反清官，批名吏，是对民族阳刚之气的戕害，是对民众渴求正义之心的挫伤，历来不为民心所容。批清官即无清官，实践已经做出了冷峻的回答。当社会还存在呼唤清官的土壤时，当清官还是社会法纪生活的需要之时，“反清官”便是对人民的犯罪，因为它在时髦包装下模糊了是与非、正义与非正义的界限，耗减了民众向黑恶势力冲锋陷阵的锐气、信心与持久力。人们必须致力于消除清官得以生成的社会生态土壤，让人们生活在“毋须清官”的阳光下。然而，在可预见的历史时期内，“毋须清官”只能是一种妄念，是欺人和自欺之谈。

第四章
崇尚德治和法治是党领导革命、建设和发展的成功秘诀

“中国共产党的创建，是中国民族发展史上开天辟地的大事变，具有伟大而深远的意义。它给灾难深重的中国人民带来了光明和希望。”①“中国共产党是在一个幅员广大、人口众多、情况复杂、经济文化落后的半殖民地半封建社会的旧中国进行活动的。把马克思列宁主义的基本原理同中国革命的具体实践正确地结合起来，这是一项前人没有遇到过的缺乏现成经验的艰巨工程，需要有一个摸索的过程，一个在斗争中积累经验的过程，因此，党要搞好自身建设，要制定出一套适合中国国情的马克思主义路线和方针、政策，不能不经过艰难曲折的历程。”②

中国共产党从创建那一天起，通过制定周密的规章、严格的纪律和相关条例，实现了依法从严治党、治军的理想目标。同时，通过建立红色根据地瑞金苏维埃政府和延安边区政府，开始实践通过制定法律来治理根据地和边区的治国理政实验。中国共产党一方面依照马克思主义基本原理与中国革命实践的紧密结合，不断探索构建中国社会

① 《中国共产党的九十年》，中国党史出版社2016年版，第41页。
② 《中国共产党的九十年》，中国党史出版社2016年版，第41页。

主义革命宏图，又特别注重发扬中华优秀传统道德理念和共产主义这一全新的高尚道德观念融入建党、建军之中。这些先进的高尚的道德观念、道德情操、道德要求、道德约束在很大程度上，极大地加强和完善了中国共产党的政党建设和军队建设。

中国共产党经过艰苦卓绝的奋斗，终于推翻了国民党反动派，在千疮百孔的华夏大地建立了人民当家做主的新中国，成为中华人民共和国的执政党。新中国成立以后，重新构建符合社会主义新中国的全新法律体系迫在眉睫，党将中华优秀传统文化的精髓和广大人民群众形成的社会道德共识，融入新中国的宪法、法律制度，使中国共产党领导的新中国，从成立那一天开始，就十分注重道德理念与法律制度的密切结合，形成德治与法治并驾齐驱的治国理政模式。这些符合中国国情的治国理政举措，对维护党的肌体健康发展，不断壮大党的队伍，形成党的领导核心；对保障人民军队健康成长，实现人民军队从弱到强，成为战无不胜的威武之师；对改变一穷二白的国家面貌，走向富强文明的现代化国家，建设人民当家做主的崭新法治国家，起到了非常特殊的重要作用。

中国共产党近百年的发展史充分证明，党在建党、建军、建国的全过程中，始终高度重视德治与法治的融合。突出表现在党章的制定和修订上，表现在军队的纪律条文里；集中表现在《中国人民政治协商会议共同纲领》和《中华人民共和国宪法》中；还表现在党领导革命、建设和发展的各个时期树立的道德楷模上，以此锤炼出一大批优秀的共产主义战士、塑造出一大批新型的革命军人、培养出一大批先进的社会主义建设者。崇尚德治和法治，是党领导革命、建设和发展从胜利走向胜利的成功秘诀。

第一节　中国共产党建党伊始就崇尚德治和法治

一、将高尚道德融入党章是党在革命、建设和发展实践中的智慧结晶

毛泽东曾说过："政党就是一种社会，是一种政治的社会。"[①] 党内

① 参见《毛泽东选集》(第5卷)，人民出版社1977年版。

有大量的人与人的关系问题，有复杂的行使权利和承担义务的问题。像整个社会需要确立法律规范一样，在党的内部为了维护正常的活动秩序，正确调整党内关系，也需要确定一种适用于所有党员的普遍行为规范，以指导和约束人们的行为。党章就是这种规范的根本体现。

党内法规包含许多种类，适应不同层次、不同范围、不同对象，都有相应的规则、规章、条例、制度。但是，党章却是具有最高权威的党内法规，或者称为“党内的基本法”。所有的其他法规，都是它的延伸或补充，同时必须服从或从属于党章。党章是中国共产党的一面旗帜，规定着党的性质和宗旨、路线和纲领、指导思想和奋斗目标，是中国共产党实践创新、理论创新、制度创新成果的集大成，是管党治党的总规矩，代表了全党的最高利益和最大利益，是这些利益的集中体现，实际上也集中了全党的意志、信念和愿望。党章的性质、内容和产生程序决定了党章在党内生活中具有非常重要的地位及作用。党章所具有的这些特性决定了它必然成为党的“根本大法”。

（一）一大党纲是党开启依法治国和以德治国相结合的原始萌芽

在党的历史上，1921 年 7 月 31 日通过的一大党纲，是党初始的最高纲领，包含了党章的一些基本要素。在其简明扼要的条文里，鲜明地写着共产主义者的理想和目的。如第二条第三款提出“废除资本私有制，没收一切生产资料，如机器、土地、厂房、半成品等，归社会所有”；第三条明确提出“宣传共产主义，承认社会革命为我党的首要政策”。第四条则要求“接受我党的纲领和政策，愿意忠于党”，方可成为党员。一大党纲主张宣传共产主义，即是主张消灭生产资料私有制，并建立一个没有阶级制度、没有剥削、没有压迫，实现人类自我解放的社会，也是社会化集体大生产的社会。共产主义社会作为人们共同占有社会资源、共同劳动、共同分享劳动成果的公有制社会，其本质特征是人民当家做主。而适应于这一生产资料公有制为基础的社会经济形态的道德体系，自然就是完全服务于劳动人民的共产主义道德。共产主义道德作为一种强大的精神力量，深刻影响和改变着千百万人的思想和行为。坚持共产主义道德，就必然坚持集体主义，反对个人主义。集体主义是共产主义道德原则和规范体系的基本原则，它贯穿于共产主义道德发展的全过程，是共产主义道德区别于一切旧道德的最显著标志，也是评价人们行为是否有道德的最根本的标准。它要求每个革命者，都要以大公无私、先人后己、先公后私的精神处理好个人与社会的关系。千百年来所谓“人不为己，天诛地灭”的腐朽人生观，一切谋取个人和小集团私利的行为，都是与党主张的道德要求水火不相容的。

一大党纲明确提出废除资本私有制，宣传共产主义，在道德问题上就必然坚持集体主义，反对个人主义，提倡大公无私、先人后己、先公后私，反对一切谋取个人和小集团私利的行为。这无疑颠覆了几千年来人类社会从奴隶社会到封建社会再到资本主义社会的价值观念和人生观念。它毫不犹豫地破除旧习俗、旧道德，倡导一种全新的价值观和道德观。可以说，这是首次从党的纲领的高度，对中国共产党党员提出了全新道德要求。

一大党纲，以马克思历史唯物主义为指导，以共产国际、俄共（布）党纲为参考，集中了全国各地以及国外共产主义小组的意见，内容既有中国特色，又和近代中国其他政党纲领有本质区别。一大党纲，其实就是党的章程。党的章程，其实就是党内的“基本法”。一大党纲鲜明地将实现共产主义作为奋斗目标列入其中，就是将一种有别于以往千百年来的社会形态的全新道德观念融入党内的“基本法”之中，成为中国共产党开启依法治国和以德治国相结合的原始萌芽。

（二）党章吸收道德营养使党雄踞道德高地无往不胜

在一大党纲的基础上，党的二大制定了第一部党章《中国共产党章程》，创建了党章的框架结构和基本体例，为以后党章的制定和修改提供了基础。以七大党章、十二大党章为例，通过对比，可以发现在党章的制定与修改过程中，将高尚道德列入党章，是中国共产党将中国革命、建设和发展实践总结的智慧结晶。

1945 年 6 月 11 日，党的七大通过了《中国共产党章程》。其显著特点是分为“总纲”和“条文”两部分。在“总纲”部分，七大党章鲜明地将自己崇尚的高尚道德写入：中国共产党的最终目的，“是在中国实现共产主义制度”，“中国共产党人必须具有全心全意为中国人民服务的精神”，“中国共产党要求自己的每一个党员，积极地自我牺牲地进行工作，以实现党的纲领和党的一切决议，达到中国民族与中国人民的彻底解放。”这是在党章历史上第一次增加“总纲”部分。“总纲”的增加，标志着中国共产党在思想理论上走向成熟。在“条文”

部分，七大党章规定，凡党员均有义务“为人民群众服务，巩固党与人民群众的联系，了解并及时反映人民群众的需要，向人民群众解释党的政策”。入党介绍人“对被介绍人的思想、品质、经历，须真实地向党作负责的介绍，并须在介绍前，向被介绍人说明党章及党的纲领与政策”。七大召开时，中国共产党已经有了24年的斗争历史，先后领导国民革命、土地革命战争、抗日战争，对党的性质和宗旨、路线和纲领、指导思想和奋斗目标都有了更为深刻的认识。七大党章系统的完备，对党的建设产生了深远影响。

1982年9月6日，党的十二大通过了《中国共产党章程》。这部党章是在党的十一届三中全会实现伟大转折，形成以经济建设为中心，实行改革开放的大格局后，制定的一部适应新形势新要求的党章。十二大新党章在总纲中，对党倡导的高尚道德进一步作了明确规定：“中国共产党领导人民在建设高度物质文明的同时，建设高度的社会主义精神文明。应当大力发展教育、科学、文化事业，用共产主义思想教育党员和人民群众，抵制和克服资本主义腐朽思想、封建主义残余思想和其他非无产阶级思想，努力使我国人民成为有理想、有道德、有文化、有纪律的人民。”“必须加强党的建设，发扬党的优良传统”，“全心全意为人民服务”，“党在领导群众为实现共产主义理想而奋斗的全部过程中，始终同群众同甘共苦，保持最密切的联系，不允许任何党员脱离群众，凌驾于群众之上。党坚持用共产主义思想教育群众，并在自己的工作中实行群众路线，一切为了群众，一切依靠群众，把党的正确主张变为群众的自觉行动。”

十二大党章对党员和党的干部在政治思想品德上的要求，比过去历次党章的规定都更加严格。对党员，十二大党章规定了以下应尽的义务：“坚持党和人民的利益高于一切，个人利益服从党和人民的利益，吃苦在前，享受在后，克己奉公，绝对不得假公济私，损公利私。”“百折不挠地执行党的决定，服从组织分配，积极完成党的任务，自觉遵守党的纪律和国家的法律，严格保守党和国家的秘密，坚决保卫党和国家的利益。”“维护党的团结和统一，坚决反对派性，反对一切派别组织和小集团活动，反对阳奉阴违的两面派行为和一切阴谋诡计。”“对党忠诚老实，言行一致，不隐瞒自己的政治观点，不歪曲事实真相；切实开展批评和自我批评，勇于揭露和纠正工作中的缺点、错误，支持好人好事，反对坏人坏事。”“在生产、工作、学习和社会生活中起先锋模范作用，带头维护社会秩序，发扬社会主义新风尚，提倡共产主义道德。”“为了保卫祖国和人民的利益，在一切困难和危险的时刻挺身而出，英勇斗争，发扬一不怕苦、二不怕死的精神。”对党的各级领导干部，十二大党章规定，除了必须模范地履行党员的各项义务外，还必须具备以下的基本条件：“有一定的马克思列宁主义、毛泽东思想的理论政策水平，能够坚持社会主义道路，同破坏社会主义的敌对势力作斗争，同党内外各种错误倾向作斗争。”“具有民主作风，密切联系群众，正确地执行党的群众路线，自觉地接受党和群众的批评和监督，反对官僚主义。”“正确运用自己的职权，遵守和维护党和国家的制度，同任何滥用职权、谋求私利的行为作斗争。”“善于广泛地团结同志，包括团结同自己有不同意见的同志一道工作。”以上这些内容，基本是过去的党章所没有的。十二大党章成为了现行党章的蓝本。

从党的七大党章、十二大党章看，党章是中国共产党人将中国革命、建设和发展的具体实践与中华民族传统美德相结合的智慧结晶。作为党的“根本大法”的党章，通过充分吸收道德营养，使党永远雄踞道德高地而无往不胜。

二、“三大纪律八项注意”是党将德治融入军队民主建设的生动注释

（一）“三湾改编”是德治融入军队纪律的首次尝试

中国共产党领导的人民军队建设，是毛泽东在秋收起义之后，通过对工农革命军进行著名的“三湾改编”开始的。1927 年 9 月 29 日，秋收起义部队到达永新县三湾村时已不足八百人。官多兵少，组织纪律性差。毛泽东一路转移一路调查，发现起义部队存在以下严重问题：一是成分复杂。许多人参加革命的动机不纯，革命处于低潮，思想涣散，很难形成统一意志。二是缺乏领导核心。没有党的坚强领导和富有战斗力的基层组织。三是没有凝聚力。旧军队的制度和坏习气依然存在，内部不民主，官兵不平等，士兵缺乏基本权利，还要挨打挨骂。

通过调查研究，毛泽东终于弄清了不同连队的差异之所以那么大，关键是党员和党组织的作用能否发挥。据开国上将陈士榘回忆，毛泽

东当时说过，“凡是拥有一定数量党员的连队，士气就高，作战英勇，长官也能得到有效的民主监督。”毛泽东下定了对部队进行整编的决心。要通过整编重建一支新型革命军队，就必须政治建军，在军队里实行崭新的道德价值观念下的民主制度。

于是前敌委员会把部队由一个师缩编为一个团。整编时，针对一些人离队情绪严重，宣布了“去留自由”的政策：不愿坚持革命要回家的人，可以发路费回去，但是枪必须留下。毛泽东没有用极端的方式处理离队人员问题，而是用了最人性的方法：放行。改编后，军队出现了两个崭新的变化。一是做到了班有党员，排有党小组，连一级建立党支部，营、团、师各级成立党委，部队最高的领导机关是前敌委员会。把党的组织直接建到了基层作战单位——连队，即“把支部建在连上”①，使这支革命军队铸入了军魂，也就是铸入了政治灵魂，从而获得了新生。二是在起义部队实行政治民主、军事民主、经济民主三大民主制度。政治民主：官兵一致，废止烦琐礼节，禁止打骂士兵，士兵有话语权，有监督约束军官的权力；军事民主：相信依靠士兵群众，群策群力研究胜敌之策，不是少数军官说了算；经济民主：实行军事共产主义，官兵平等，不发饷，一样的伙食标准，士兵委员会可以监厨、查账、公布账目。各级建立士兵委员会，任务是：教育士兵、检查纪律、宣传群众、管理伙食、监督长官。士兵委员会实际上是三大民主运行的载体。由于有崭新道德价值观下的三大民主来统一队伍的意志，又有士兵委员会这一载体来运行，起义军面貌焕然一新。毛泽东在《井冈山的斗争》中写道：“军队内部的民主主义制度，将是破坏封建雇佣军队的一个重要武器。”“三湾改编”用理想信念、奋斗目标和全新的道德价值观整顿纯洁了革命队伍，建立中国共产党的绝对领导和实行民主制度，从根本上划清了新型人民军队与一切旧式军队的界限，是新型人民军队建设的伟大开端，是党在领导军队建设实践中质的飞跃，标志着党在如何“创造新的革命军队”的重大课题上找到了正确答案，毛泽东政治建军的原则开始形成。

秋收起义部队到达三湾时，出现了官兵对当地群众说话态度粗暴，随意入户拿群众东西，强买强卖物品等现象。以前在旧军队当兵，对

---

① 毛泽东：《井冈山的斗争》。

老百姓吆五喝六，随便拿老百姓东西，强买强卖，是见怪不怪、习以为常的。但现在这一现象引起了毛泽东的高度警觉。他认为要得到群众拥护，必须彻底改变以往一切旧军队的流氓习气，必须彻底改变官兵与百姓相处的道德观念，把纪律建设放在部队建设首位。于是，他对部队宣布了三条纪律：说话和气、买卖公平、不拿群众一个红薯。这就是“三大纪律八项注意”的雏形，第一次将一种尊重和爱护人民群众的新型道德观念融入具体的军队纪律条例中，开创了党的群众纪律建设先河。

可见，“三湾改编”不仅是部队编制的变革，更是将德治融入军队纪律的首次尝试。毛泽东曾说：加强纪律性，革命无不胜。中国革命之所以能够取得最终胜利，除了有党的坚强领导，将先进道德观念融入严明纪律中是不可或缺的因素。“三湾改编”是中国共产党将德治融入军队整顿治理的典型实践，奠定了党领导的革命军队从胜利走向胜利的坚实基础。

（二）融高尚道德于《三大纪律八项注意》使人民军队有着神奇力量

红军上井冈山之后，虽然战争环境恶劣，军队人员构成复杂，但中国共产党依靠对党、军队和群众做革命理想和信念教育、红军宗旨和任务教育、革命道德价值观教育等思想政治工作，巩固了井冈山革命根据地。红四军坚持抓民主建设，实行官兵同甘共苦。毛泽东从抓官兵同甘共苦入手，改变旧军队的雇佣关系，落实“三湾改编”确立的军队民主制度。那时以毛泽东和朱德为首的红军最高领导人同大家一样穿两层单衣，一样挑粮上山，一起过着物质生活十分匮乏的艰苦生活。“这些办法，士兵很满意。尤其是新来的俘虏兵，他们感觉国民党军队和我们军队是两个世界。他们虽然感觉红军的物质生活不如白军，但是精神得到了解放……红军像一个火炉，俘虏兵过来马上就熔化了。”①

从 1927 年“三湾改编”时宣布三条纪律，到 1947 年《中国人民解放军总部关于重新颁布三大纪律八项注意的训令》，“三大纪律八项注意”的形成和发展前后经历了二十年的时间。

---

① 毛泽东：《井冈山的斗争》。

人民军队的纪律，不是从哪个书本里照抄照搬来的，而是在实践中不断总结完善来的。1927 年 10 月，红军在向井冈山进发时，规定了“三大纪律”：行动听指挥，不拿群众一个红薯，打土豪要归公。1928 年 1 月，毛泽东在部队进驻遂川县城分散到县城周围农村发动群众时，提出了“六项注意”：上门板；捆铺草；说话要和气；买卖公平；不拉夫，请来夫子要给钱；不打人，不骂人。同年 4 月 3 日，毛泽东在部队到达湖南省桂东县沙田村时，站在“三十六石丘”田边的土台上向全体官兵正式宣布“三大纪律六项注意”。三大纪律是：行动听指挥，不拿工人农民一点东西，打土豪要归公。六项注意是：上门板，捆铺草，说话和气，买卖公平，借东西要还，损坏东西要赔。后来，“六项注意”又增加了两项，即“洗澡避女人”“不搜俘虏腰包”。“三大纪律八项注意”就这样产生了。它初步奠定了红军统一纪律的基础。

1929 年向赣南、闽西进军后，根据形势的发展和部队的实践经验，“三大纪律”中的“行动听指挥”改为“一切行动听指挥”，“不拿工人农民一点东西”改为“不拿群众一针一线”，“打土豪要归公”改为“筹款要归公”，后又改为“一切缴获要归公”。“六项注意”也逐步修改补充成为“八项注意”：“说话和气，买卖公平，借东西要还，损坏东西要赔，不打人骂人，不损坏庄稼，不调戏妇女，不虐待俘虏。”直至 1947 年 10 月 10 日，毛泽东起草了《中国人民解放军总部关于重新颁布三大纪律八项注意的训令》，“三大纪律八项注意”便正式以命令的形式固定下来，成为全军统一的纪律，即我军现在仍在执行的并谱成歌曲传唱的《三大纪律八项注意》。

《三大纪律八项注意》言简意赅，深刻地体现了中国共产党领导的人民军队全心全意为人民服务的共产主义思想道德。它用通俗易懂的条文，将共产主义思想道德融入人民军队的纪律中。人民军队的纪律，也就是当时人民军队中的“法律”，从而巩固了人民军队与人民的血肉联系，保障了人民军队从胜利走向胜利。加强革命纪律，并严格执行统一的纪律，这是人民军队区别于一切旧式军队和民间武装的显著标志。

“不拿群众一针一线”的严明纪律，以及“说话和气、买卖公平、借东西要还、损坏东西要赔、不打人骂人、不损坏庄稼、不调戏妇女”等具体要求，体现了中国人民解放军的性质、全心全意为人民服务的共产主义道德观和军民一致的原则，表明中国人民解放军是一支无产阶级的新型人民军队。“一切缴获要归公”的严明纪律，体现了人民军队的共产主义思想道德和在革命战争中必须充分利用缴获敌人的物资发展壮大自己的原则。“不虐待俘虏”的规定，体现了无产阶级解放全人类的政治胸怀、道德情怀，革命人道主义精神和瓦解敌军的原则。“一切行动听指挥”的严明纪律，体现了党对军队绝对领导的原则和人民军队内部下级服从上级的指挥关系，是党依法治军的集中表现。

“三大纪律八项注意”作为人民军队的优良传统和行动准则，是影响军队战斗力的重要因素，是中国共产党将德治融入军队“法治”的生动诠释，对于统一全军纪律，密切军民关系，增强官兵团结，夺取革命战争的胜利，起到了重大的作用，获得了全国人民的真诚拥护和欢迎。

1929 年 12 月 28 日至 29 日，红四军在福建上杭县古田召开第九次党代会，史称古田会议。大会认真总结了南昌起义、秋收起义以来建军的经验，重申了党对红军实行绝对领导，规定了红军的性质、宗旨和任务等事关党的事业兴衰成败的根本性问题，通过了由毛泽东起草的《古田会议决议》。决议的核心是“纠正党内错误思想”，内容涉及党的组织问题、党内教育问题、红军宣传工作问题、士兵政治训练问题、废止肉刑问题、优待伤病兵问题、红军军事系统与政治系统的关系问题，指出了红四军在党的建设、政治工作、官兵关系、军政关系等方面存在的问题，以及纠正或加强的方法，及时拨正了建军工作方向。《古田会议决议》标志着毛泽东政治建军体系正式形成并走向成熟。决议所确立的政治建军原则，在以后的革命战争中不断发展完善，主要包括：全心全意为人民服务的根本宗旨；党指挥枪，而决不允许枪指挥党；执行战斗队、工作队、生产队的三大任务；建立强有力的革命的政治工作；实行官兵一致、军民一致、瓦解敌军三大原则；实行政治、经济、军事三大民主；执行三大纪律八项注意等，从而形成了系统完整的毛泽东建军思想。

从《古田会议决议》和其在以后革命战争中的发展来看，正是由于在人民军队中坚定不移地倡导高尚道德，并将它融入“三大纪律八项注意”中，才使得这支军队始终保持着旺盛的生命力和强大的战斗力、凝聚力，始终“具有一往无前的精神，它要压倒一切敌人，而决不被敌人所屈服。不论在任何艰难困苦的场合，只要还有一个人，这个人就要继续战斗下去”。在几十年的革命战争中，一直表现出令国内外敌人为之胆寒、惊叹的勇气和力量！“军队的基础在士兵，没有进步的政治精神贯注于军队之中，没有进步的政治工作去执行这种贯注，就不能达到真正的官长和士兵的一致，就不能激发官兵最大限度的抗战热忱，一切技术和战术就不能得着最好的基础去发挥它们应有的效力。”[①] 美国人曾这样描述中国军队，“在解放军那里，‘党指挥枪’并不是一句空洞的口号……在战争中还从未发现一支健全的共产党军队陷入过解体。不管这支军队损失如何严重，只要其党组织还保持完好，他们就有抵御能力。”[②]

历史表明，在党的绝对领导下，由于有融崇高道德于“三大纪律八项注意”中的政治工作的生命线作用，使这支部队有着神奇的力量。打败了，又重整旗鼓，愈挫愈奋；打散了，又很快聚集起来，越聚越多。在人民军队历史上，从来没有发生过成建制的部队叛变投降，从来没有一个内部野心家的阴谋能够得逞。

在新的历史条件下，习近平总书记决策召开“新古田会议”，通过寻根溯源、正本清源，创造性地解决了人民军队血脉永续、根基永固的问题，树起了我军建设史上新的伟大里程碑。他说：“政治工作实质上是党领导和掌握军队的工作，革命的政治工作是革命军队的生命线，是我军的最大优势、最大特色、看家本领，是我军同一切其他性质军队的最大区别。实行革命的政治工作保证了我军始终是党绝对领导下的革命军队，为我军战胜强大敌人和艰难险阻提供了不竭力量，使我军始终保持了人民军队的本色作风。”而做好政治工作的关键，就在于理想信念、道德品质的教育，在于严格执行“三大纪律八项注意”。人民军队正是因为倡导了坚定的理想信念和高尚的道德品质，不折不扣地执行了“三大纪律八项注意”，才从胜利走向胜利。中国共产党通过制定并执行“三大纪律八项注意”，探索将德治融入军队“法治”的新型建军模式，成功地建成了一支听党指挥的人民军队。

---

① 毛泽东：《论持久战》。

② 参见［美］詹姆斯·F·施纳贝尔：《朝鲜战争中的美国陆军》，国防大学出版社1990年版。

三、为人民服务是中国共产党人道德观的集中体现

在抗日战争处于十分艰苦的时期，毛泽东同志于 1944 年 9 月 8 日发表了《为人民服务》的讲演。这是一篇系统阐述中国共产党人道德观的经典著作。孟子曾经说过：“仁者爱人”①，意思是仁者是充满慈爱之心、满怀爱意的人，是具有大智慧、人格魅力、善良的人。又说：“老吾老以及人之老，幼吾幼以及人之幼”②，意思是在赡养孝敬自己的长辈时不应忘记其他与自己没有亲缘关系的老人，在抚养教育自己的小孩时不应忘记其他与自己没有血缘关系的小孩。这是中华民族优秀传统道德理念的经典表述。《为人民服务》开篇便指出：“我们的共产党和共产党所领导的八路军、新四军，是革命的队伍。我们这个队伍完全是为着解放人民的，是彻底地为人民的利益工作的。”这无疑继承了中华民族优秀的传统道德基因，充满着勇于担当的道德使命感，具有强大的道德感召力。

孔子曰：“志士仁人，无求生以害仁，有杀身以成仁。”③ 孟子则曰：“生，亦我所欲也，义，亦我所欲也。二者不可得兼，舍生而取义者也。”④ 由此可见，中华民族历来倡导舍生取义、杀身成仁。而对中国共产党人而言，最大的义和仁就是全心全意为人民服务，直至献出自己的生命。《为人民服务》中这样写道：“为人民利益而死，就比泰山还重；替法西斯卖力，替剥削人民和压迫人民的人去死，就比鸿毛还轻。张思德同志是为人民利益而死的，他的死是比泰山还要重的。”这种为了人民的利益不惜牺牲生命的道德价值观，是全心全意为人民服务的最透彻表达，集中体现了无产阶级大公无私的道德品质。

为人民服务，是与利己主义的道德观完全不同的道德观念。利己主义者以自我为中心，把利己看作是人的本性，以个人利益作为道德评价的标准。《周礼·官记·大司徒》记载：“掌建邦之生地之图，舆其人民之数”，其“人民”指的是平民、庶民、百姓。为人民服务的关键词是“人民”。“人民”的本意是普通百姓，主要是指以劳动群众为

---

① 出自《孟子·离娄下》。
② 出自《孟子·梁惠王上》。
③ 出自《论语·卫灵公》。
④ 出自《孟子·告子上》。

主体的社会基本成员。“为人民服务”的核心道德含义，就是要为千千万万的劳动群众服务，而不是为剥削者服务；它强调的是只有为千千万万的劳动群众服务才是光荣的，才是道德的，而为一己私利、为剥削者服务则是可耻的，是不道德的。

“为人民服务”是适应中华民族救亡的时代要求而产生的一种新的道德思想，它一出现，历经数十年风雨洗礼，越来越显示出强大的生命力。在“为人民服务”的旗帜下，中国人民团结一心，打败了日本侵略者，打败了蒋家王朝，建立了新中国，赢得了抗美援朝的胜利，取得了改革开放新成就，正在为实现中华民族伟大复兴的中国梦奋勇前进。这是“为人民服务”道德观的胜利，也是中国共产党人道德观的胜利。

1944 年 10 月，毛泽东同志在接见新闻工作者时又鲜明地指出：“三心二意不行，半心半意也不行，一定要全心全意为人民服务。”在“为人民服务”的前面加上“全心全意”，不仅是量的提高，更是质的升华。在七大政治报告《论联合政府》中，毛泽东同志又强调：“人民，只有人民，才是创造世界历史的动力。”“全心全意地为人民服务，一刻也不脱离群众；一切从人民的利益出发，而不是从个人或小集团的利益出发；向人民负责和向党的领导机关负责的一致性，这些就是我们的出发点。”在党的七大上，“中国共产党人必须具有全心全意为中国人民服务的精神”被写入了党章。

2012 年 11 月 15 日，在党的十八届中央政治局常委与中外记者见面会上，习近平总书记明确提出：人民对美好生活的向往就是我们奋斗的目标。

时隔五年多后，习总书记在 2018 年 3 月 20 日第十三届全国人民代表大会第一次会议上的讲话中强调：“一切国家机关工作人员，无论身居多高的职位，都必须牢记我们的共和国是中华人民共和国，始终要把人民放在心中最高的位置，始终全心全意为人民服务，始终为人民利益和幸福而努力工作。”他说：“人民是历史的创造者，人民是真正的英雄。”他强调：“我们必须始终坚持人民立场，坚持人民主体地位，虚心向人民学习，倾听人民呼声，汲取人民智慧，把人民拥护不拥护、赞成不赞成、高兴不高兴、答应不答应作为衡量一切工作得失的根本标准，着力解决好人民最关心最直接最现实的利益问题，让全体中国人民和中华儿女在实现中华民族伟大复兴的历史进程中共享幸福和荣光!”

人民，是中国共产党历任领袖的牵挂。人民的幸福，是中国共产党人前赴后继奋斗的目标。为人民服务，在人类道德发展史上如巍巍昆仑屹立在广袤的中华大地上。

为人民服务，作为一种高尚的道德准则，是对每个共产党员和干部的最低要求，也是最高要求。所谓最低要求，因为这是每个党员入党时的基本条件，也是每个干部的基本职责；所谓最高要求，因为这是我们终身的奋斗目标，是一辈子也干不完的事情。一代又一代的成千上万的中国共产党人，正是在这种强烈的道德使命感驱使下，舍生忘死、艰苦奋斗，最终使人民群众翻身做了主人，使中华民族迎来了从站起来、富起来到强起来的伟大飞跃。

改革开放是一场新的伟大革命。我们每个共产党员，只要时刻牢记并具有这种强烈的道德使命感，就一定能团结亿万群众，汇聚起排山倒海的磅礴力量，使中华民族伟大复兴的中国梦早日实现。

为人民服务，是中国共产党人道德观的集中体现，是党的根本出发点和落脚点。全心全意为人民服务，是中国共产党立党宗旨的高度概括，是社会主义道德的根本要求，是各级党政机关及其工作人员的行为规范，是共产主义道德原则和规范体系中最核心的内容。党要求每位共产党员时刻牢记为人民服务的宗旨，做人民群众的道德先锋，这就使得党成为了中国革命、建设和发展的坚强领导核心。

第二节　新中国成立以来党就十分注重将德治融入法治

一、倡导“五爱”是《中国人民政治协商会议共同纲领》的特色

1949 年 9 月 29 日，中国人民政治协商会议第一届全体会议通过了具有临时宪法性质的《中国人民政治协商会议共同纲领》（以下简称《共同纲领》）。

《共同纲领》旗帜鲜明地规定了新中国思想道德建设的蓝图，明确提出：“提倡爱祖国、爱人民、爱劳动、爱科学、爱护公共财物，为中华人民共和国全体国民的公德。”

《共同纲领》对“五爱”（即爱祖国、爱人民、爱劳动、爱科学、爱护公共财物）公德的提出和确立，在理论上和实践上都具有十分重要的意义。从理论上看，“五爱”公德的提出，是对新民主主义社会和社会主义社会中新型社会关系的反映，是根据新中国成立后巩固新生的人民政权、恢复和发展国家经济建设的实践要求对社会主义道德内涵的提炼和概括，是结合新中国实际对社会主义公共道德规范的明确表达。在实践上，“五爱”公德为新生的共和国提出了崭新的道德要求，很快成为人们普遍接受并用以衡量和评价言行的道德标准。在以后的半个多世纪里，“五爱”作为社会主义道德认知和道德规范，得到了定型化。

《共同纲领》还把“为人民服务”这一思想，确立为国家机关工作、文化教育工作和文学艺术工作的重要指导思想，明确提出要在全国“肃清封建的、买办的、法西斯主义的思想，发展为人民服务的思想”。“为人民服务”这一蕴含着崇高的道德理念的思想，在《共同纲领》这一具有宪法性质的根本大法中得到确认，预示着“为人民服务”思想，不仅是全体党员的人生追求，也是全国人民提升思想道德水平的重要标杆。

将“五爱”公德和“为人民服务”思想融入《共同纲领》，构成了中国共产党将德治融入法治来治国理政的重要基础，使新中国成立初期我党实现了新社会改造，刷新了人的精神面貌。

二、1954 年《中华人民共和国宪法》闪烁着法治和德治并重的治国理念光芒

新中国成立初期，是中国社会主义道德建设史上取得辉煌成就的一个时期，至今仍令无数人赞颂。1954 年 9 月，第一届全国人大一次会议通过《中华人民共和国宪法》，明确要求中华人民共和国公民必须“尊重社会公德”，积极倡导爱国主义、集体主义、为人民服务等具有崇高道德理想的价值观。其中“总纲”第十八条明确写道：“一切国家机关工作人员必须效忠人民民主制度，服从宪法和法律，努力为人民服务。”这里将“为人民服务”这一道德准则与“效忠人民民主制度，服从宪法和法律”相并列，熠熠闪烁着依法治国和以德治国相结合的治国理念的光芒。从此，我国正式开始了将德治融入法治来进行治国

理政的伟大历程。

《中华人民共和国宪法》确立社会主义道德，首先是继承和发扬革命道德。在革命和战争年代，毛泽东已经提出并多次阐发了“为人民服务”和集体主义的思想；“五爱”公德中的爱祖国、爱人民等观念也来源于长期的爱国主义革命传统以及党的群众观点和群众路线的思想。道德观念的形成与发展具有相对稳定性，表现出长久的传承性。对于中国共产党来说，在革命胜利取得执政党地位之后，从传统的革命道德观念中汲取营养，结合新的历史任务予以阐发是必然选择。社会主义道德的探索和确立，伴随着党领导革命、建设和发展的全部历史过程。正是党和国家对社会主义道德观念的长期坚持和弘扬，无数党员干部和人民群众的遵守和践行，才使来自于革命传统的社会主义道德观念始终延续，贯穿于新中国的历史进程中。

社会主义道德，是从新中国的政治制度和经济体制中得出的唯一正确的道德体系，是社会主义制度的本质要求。新中国一成立，毛泽东就预言：“中国人被人认为不文明的时代已经过去了，我们将以一个具有高度文化的民族出现于世界。”所谓“高度文化”，不仅包括科学、技术、教育、卫生等方面，而且包括思想道德在内。由于在思想道德领域不断地除旧布新，扫除封建迷信、改革陈规陋习，废除封建婚姻制度，革除黄、赌、毒等旧社会的痼疾，克服帝国主义、封建买办的思想影响，开创民族的、科学的、大众的文化建设，对旧社会遗留下来的丑陋社会现象和腐朽道德观念进行了坚决的清扫，使社会风气和社会环境为之一新，使人民群众逐渐树立起明确的社会主义意识，爱国主义、集体主义、为人民服务等共同价值观在越来越多的社会成员中得到崇尚，直接推动了社会主义道德观念的传播。在全国范围内，社会主义的道德体系逐渐形成。而社会主义民主政治和经济基础的确立，以及新型的社会关系的形成，则使社会主义道德获得了在全国范围内扎根的社会土壤，社会主义道德建设呈现出生机勃勃的发展态势。国家在政治和经济上的巨大进步，社会生活领域发生的可喜变化，使得人民群众相信党、相信社会主义，对未来充满美好预期。再加上新旧社会发生翻天覆地变化的强烈对比，使人民群众产生了对社会主义道德的积极认同感，奠定了社会主义道德的社会心理基础。社会主义道德开始走进人们心中，开始在全社会的土壤中生根发芽。

新中国成立后，“为人民服务”的思想贯穿在大中小学的教材中，贯穿在对模范人物事迹的宣传中，在整个中国大地上传播开来，成为整个社会的道德要求，并逐步深入人心，处处践行。党和国家对“为人民服务”的高度重视和大力弘扬，虽然没有明确说是社会主义道德建设的核心，但事实上已经使它成为社会主义道德的核心。它在新中国的道德建设中，始终起着正确导向的作用，如一根红线贯穿在全部社会主义道德建设的各个方面和各个层次。

新中国成立初期社会主义道德建设之所以取得重要成就，关键在于党的主要领导干部带头践行。以毛泽东为核心的中共第一代中央领导集体为全党全国人民做出了表率。他们个人生活简朴节约、工作勤奋、鞠躬尽瘁，他们热爱祖国、热爱人民，视人民为亲人。更重要的是，他们把人民群众的利益放在党和国家工作的最重要的位置，考虑问题、制定政策总是从人民的利益出发，这是对社会主义道德最彻底、最有力的践行。另外，对于少数违背“为人民服务”宗旨、违背社会主义道德、腐化堕落的党员干部，中国共产党及时采取了有力措施以纯洁党的队伍。对于查出的有严重贪污行为的罪犯，判处有期徒刑或无期徒刑或死刑。无可置疑，在取得执政地位并且是一党执政的条件下，从严治党是搞好党的建设并带动整个社会树立良好道德风尚的关键。

社会主义道德，通过党的主张将它写入《中华人民共和国宪法》作为治国理政的法宝，由中国共产党阐发并在全社会弘扬后，相对于广大人民群众来说，它一开始必然更多地具有“他律”性质，即便是对于一些党员干部来说也是如此，需要不断地进行灌输和教化。然而，“道德的基础是人类精神的自律”。在社会主义道德由他律向自律转化的过程中，首先倡导这一道德体系的中国共产党党员的思想作风、道德观念和行为，对于广大人民群众有着最为直接的示范效应。新中国建设初期，“从党的基本队伍来看，绝大多数党员在革命胜利的形势下，能够遵循全心全意为人民服务的宗旨，克己奉公，艰苦奋斗，遵守纪律，联系群众，积极发挥模范带头作用”，这对于社会主义道德的传播和确立发挥了极其重要的作用。

三、共和国治国理政的历史就是一部将德治融入法治的探索史

“道德和伦理与惯例、社会习俗、法律、习惯和舆论的含义是重叠

的，一般说来人们可以说，道德是社会所接受的和生活于社会中的阶层所接受的行为准则……法律总的说来是确认并强化社会普遍接受的道德行为；在这个社会中，法律控制并否证和惩罚被认为是不道德的行为……法律和所承认的道德之间并不是完全符合一致的，所谓道德并不是一部分法律条文或原则性法规，但它毕竟是描绘良心和社会控制良好行为的力量的一种名称，有时它是与自然法同义的”①。当代社会进步与发展需要道德与法律一内一外发挥作用，仅凭内在自律性的道德以及道德自觉来维持人际关系并不可靠，在道德无法发挥作用或者不能有效发挥作用的时候，便有必要借助于外在他律性的法律解决靠近法律边沿但非法律的问题。

《中华人民共和国宪法》作为国家根本大法，具有最高的法律效力。新中国成立以来，先后制定了四部宪法，即 1954 年、1975 年、1978 年和 1982 年的《中华人民共和国宪法》。“五爱”公德自临时宪法《共同纲领》确定之后，其具体内容随着时代的发展出现了变化。1982 年的《中华人民共和国宪法》规定：“国家提倡爱祖国、爱人民、爱劳动、爱科学、爱社会主义的公德”，用“爱社会主义”取代了“爱护公共财物”。

中国宪法观念，既是法治观念、根本大法观念，也是道德观念。宪法原则，既是基本的法律原则，也是基本的道德原则；既体现了人类道德文明的精华，又体现了社会主义道德的基本要求和中华民族的传统美德。对国家机关工作人员而言，遵守宪法，捍卫宪法，是一种政治道德；对人民群众而言，是一种公民道德。

在宪法中规定道德建设的内容，是我国宪法的一大特色。道德建设的内容主要有四项：一是培养“四有”（有理想、有道德、有文化、有纪律）公民。二是提倡“五爱”（爱祖国、爱人民、爱劳动、爱科学、爱社会主义）社会公德。三是进行爱国主义、集体主义和国际主义、共产主义教育和马克思主义的辩证唯物主义和历史唯物主义教育。四是反对资本主义的、封建主义的和其他的腐朽思想。这四项道德建设的内容，是国家对全体公民进行思想政治教育的重要任务，它决定着我国精神文明的社会主义性质和方向，关系着培育中华民族的思想

① 参见《牛津法律指南》。

道德素质。

人类道德的形成和发展，是一个流动、演进而与文明形态一起拾级而上的过程。在漫长的历史行进中不断丰富的人类道德体悟和道德体系，蕴含了多重特性。在西方，古希腊古罗马时代产生了四种道德范畴，即所谓“正义、智慧、勇敢、节制”。到了中世纪，出现了基督教的“信”“望”“爱”三大美德。文艺复兴运动后，近代资产阶级提出功利主义、自由、平等、博爱等一系列道德原则和规范。而中国古代的伦理精神，则非常强调治国理政中的道德整合功能，强调它是治国之本。不管道德在各个时代各个民族如何嬗变，其反映人类良知的文化精神的主脉总是贯穿其中而源远流长。道德作为一种意识形态，促使人们形成稳定的是非观念，认知自身对于他人、家庭、社会、国家应负的责任和义务。在人与自己同类发生的各种联系中，道德通过舆论褒贬、群体监督、自讼内省、传统习惯和内心信念等力量，引导纠正个人行为，教化人们形成良好的意识、品质和行为，使人伦关系和社会关系趋于协调完善。不同历史时代，道德内容差异极大。每个时代的道德认知都具有特定时代的鲜明特征。社会主义道德要求，显然是对以前旧的一切社会本质上的超越和扬弃，明显地带有社会主义新时代的特征。然而，尽管各个时代、各群体阶层的道德内容原则有着极大差异甚至截然相反，但作为人类长期历史积淀的道德体系，毕竟有其历史性和历史继承性一面，否则人类的优秀文化精神就无以薪火相传了。正如法国资产阶级思想启蒙领袖伏尔泰说的：“在任何地方，美德与过恶，道德上的善与恶，都是对社会有利或有害的行为；在任何地点，在任何时代，为公益作出最大牺牲的人，都是被人们称为最道德的。”毛泽东提倡“四种精神”，即“毫不利己，专门利人”的全心全意为人民服务精神，“个人利益服从革命利益”的革命集体主义精神，“争取独立、维护统一”的爱国主义精神，“自力更生、艰苦奋斗”的愚公移山精神，无疑是吸纳了人类社会以往一切优秀的道德文化成果，其目的就是要广大人民关心政治，关心祖国的前途，树立崇高的理想。

新中国成立近七十年来，特别是改革开放以来，中国共产党高度重视社会主义道德建设，积累了丰富的经验，主要有：坚持马克思主义在道德建设中的指导地位；加强党员和干部队伍的道德建设；加强青少年思想道德建设；坚持依法治国与以德治国的统一；道德建设紧紧围绕经济建设这个中心来开展；公民道德建设必须坚持先进文化的前进方向，既要体现优良传统，又要反映时代要求；公民道德建设必须坚持以人为本，注重发挥公民在道德建设中的主体作用；公民道德建设的过程是教育和实践相结合的过程，引导人们在遵守基本道德规范的基础上不断追求更高层次的道德目标。

今天我们的社会主义道德建设，既要从历史演进中提升对于道德价值的深度认知，更要注重吸纳人类社会以往一切优秀的道德文化成果，从而进一步提升道德建设上的理性自觉和文化自觉。从 1954 年宪法到 1982 年宪法，再到今天我们正实施的宪法来看，中国共产党的治国理政实践无不贯穿了将德治融入法治的探索和追求。

第三节　崇尚道德楷模是党倡导德治的有效途径

一、党特别注重树立根植于人民中的道德楷模引领社会风气

从战斗英雄到普通劳动者，从战争年代到和平年代，根植于人民大众中的道德楷模，引领了时代的良好道德风尚。刘胡兰、董存瑞、黄继光、雷锋、王进喜、张秉贵等，以及党树立的各行各业的道德楷模，引领了每一个时代的风气，是时代的领跑者。

（一）革命道德精神的突出代表获得党授予的极高荣誉

新中国成立前夕，在隆隆的炮火声中，我们党给那些闪烁着道德理想光芒的战斗英雄们以极高的荣誉，鼓舞了一代又一代的革命者和建设者。刘胡兰、董存瑞是最为突出的代表，他们以生命注释了什么是崇高的革命道德精神。

1947 年 1 月 12 日拂晓，刘胡兰因叛徒告密被捕。面对国民党威逼利诱想使她供出同志的软硬兼施的审讯，她视死如归，宁死不屈，绝不出卖同志，年仅 15 岁就从容就义，以自己的英勇牺牲保护了同志的安全。1947 年 2 月 6 日，延安《解放日报》发表《只要有一口气活着，就要为人民干到底——女共产党员刘胡兰慷慨就义》。3 月 26 日，毛泽东在带领中共中央机关转战陕北途中听了刘胡兰英勇就义的事迹，深受感动，挥笔写下了“生的伟大，死的光荣”八个大字。当时，一二

〇师“战斗剧社”以她的光辉事迹为题材创作了歌剧《刘胡兰》，每场演出都给观众很大教育。全国解放后，她的事迹被写成书，改编成戏剧、电影、电视剧。2009 年 9 月 10 日，刘胡兰在中宣部、中组部等十一个部门联合组织的评选活动中被评为“100 位为新中国成立作出突出贡献的英雄模范人物”。

1948 年 5 月 25 日，董存瑞在解放隆化县的战斗中，因部队受阻于敌军的桥上暗堡，毅然抱起炸药包冲至桥下。面对桥离地面一人多高，两旁全是光滑的墙壁，没处安放炸药的情况，他毅然用左手托起炸药包贴紧桥堡，右手拉开了导火索，用 19 岁的年轻生命为部队扫清了前进障碍。1948 年 6 月 8 日，11 纵队党委追认他为战斗英雄、模范共产党员，他生前所在六班为“董存瑞班”。7 月 10 日，冀热察行署发布决定将隆化中学改名为存瑞中学。1955 年长春电影制片厂拍摄时长 100 分钟黑白电影《董存瑞》。1959 年 5 月 29 日，朱德为董存瑞烈士题词：“舍身为国，永垂不朽”。

（二）最集中体现爱国主义精神的英雄模范受到全国人民敬仰

自《共同纲领》颁布后，党和国家旗帜鲜明地对社会主义道德大力弘扬，党员干部带头践行，各行各业很快形成了争相践行社会主义道德的风气，涌现出众多的模范人物。抗美援朝战争中涌现出来的黄继光、邱少云等成为全国人民敬仰的英雄模范，他们为爱国主义精神注入了崭新的内容。

1952 年 10 月 19 日晚，黄继光随所在营奉命向上甘岭 597.9 高地反击。联合国军在山顶上的火力点压制住志愿军无法前进。他挺身而出，带领两名战士向敌军火力点爬去；左臂被打穿，血流如注，仍然一步不停地向前进。面对敌人狂喷火舌的枪口，他突然张开双臂扑了上去，为部队开辟了胜利的道路。上甘岭战役创造了世界战争史上火力密度的最高纪录。在仅四平方公里的阵地上，联合国军倾泻了 190 万发炮弹和 5000 枚航弹。阵地上草木荡然无存，岩石构成的山头被打成半米多深的粉末堆。在常人难以想象的火海弹雨中，志愿军能够打退当时拥有世界上最强大火力的联合国军，主要原因就在于有无数黄继光这样具有视死如归的大无畏革命精神的英雄。1953 年 4 月 8 日中国人民志愿军领导机关为他追记特等功，追授“中国人民志愿军特级英雄”称号。他的名字和光荣事迹被镌刻在上甘岭背后的五圣山上。他的家乡中江县石马乡改名为继光乡。朝鲜民主主义人民共和国最高人民会议常务委员会授予他“朝鲜民主主义人民共和国英雄”称号、金星奖章和一级国旗勋章。1953 年 4 月，黄继光的母亲邓芳芝出席了全国妇女大会，毛泽东主席邀请邓芳芝到中南海自己家中做客，表达对英雄的敬意。2009 年 9 月 10 日，黄继光被评为“100 位新中国成立以来感动中国人物”。

（三）社会主义建设中的先进楷模影响了一代代中国人

新中国成立初期取得的各方面成就，使社会主义道德建设有了可喜的开局。在进行全面建设社会主义的探索中，党和人民以崭新的精神面貌和高昂的热情投入建设事业，涌现出雷锋、王进喜等先进楷模，他们的事迹生动地诠释了新社会全心全意为人民服务、公而忘私、热爱劳动、人人平等的全新道德观念。

雷锋是一位赤诚的共产主义战士，他无限热爱中国共产党，是助人为乐的典范，他的无数普通又平凡的事迹构成了他的伟大，影响了一代又一代的中国人。1962 年 8 月 15 日他因公殉职，年仅 22 岁。1963 年 3 月 5 日，毛泽东主席为雷锋题词，号召“向雷锋同志学习”。此后每年 3 月 5 日都成为党和政府指定的“学雷锋日”。全中国掀起了学习雷锋精神的热潮，雷锋的名字响遍全国。雷锋精神，其核心就是公而忘私、全心全意为人民服务的奉献精神；具体而言，表现为五方面：爱憎分明的立场、言行一致的革命精神、公而忘私的共产主义风格、奋不顾身的无产阶级斗志、钉子精神。雷锋精神是中华民族传统美德与共产主义光辉思想相结合的典范。1963 年 1 月 7 日，中华人民共和国国防部命名他生前所在班为“雷锋班”。据新华网 2010 年 3 月 5 日报道，中国至少已经有 21 所小学，直接以雷锋的名字命名。

1960 年，王进喜率领 1205 钻井队艰苦创业打出了大庆第一口油井，创造了年进尺十万米的世界钻井纪录，成为中国工业战线的一面旗帜。为提高钻井速度，他和工人改革游动滑车。为打好高压易喷井，他带领工人研究改进泥浆泵。为提高钻井质量，他和科技人员一起研制成功控制井斜的“填满式钻井法”。他还摸索出一套高超的“钻井绝技”，能根据井下声音判断钻头磨损情况。1970 年国庆节刚过，他病情恶化，临终前取出一个小纸包，里面是他住院以来组织给他的补助款和一张记账单，一笔一笔记得清清楚楚，一分也没有动。他请求领导把这笔钱花到最需要的地方去，令人无不为之感动。1972 年 1 月 27 日，《人民日报》在显著位置刊发长篇通讯《中国工人阶级的先锋战士——铁人王进喜》。大庆油田做出“向铁人王进喜同志学习的决定”。他身上体现出来的“铁人精神”“大庆精神”，激励了一代代的石油工人。他既是为国家分忧、为民族争光的先进模范，也是工人阶级的道德楷模。

（四）劳动模范对社会道德风尚的引领作用不可估量

自新中国成立初期至改革开放初期，在大众传媒相对匮乏的社会传播条件下，党和国家对于劳动模范人物的表彰和宣传，实际上是一种十分有效的道德评价活动。这些劳动模范人物对于社会道德风尚的引领和示范，对于推动全国人民积极践行社会主义道德发挥了不可估量的作用。张秉贵无疑是其中的杰出代表。

张秉贵在当时全国最大的商业中心北京百货大楼，针对客流量大，顾客通常要排长队的情况，苦练售货技术和心算法，练就了令人称奇的“一抓准”“一口清”技艺。所谓“一抓准”，就是指他一把就能抓准分量，顾客要半斤，他一手便能抓出五两；“一口清”则是非常神奇的算账速度。遇到顾客分斤分两买几种甚至一二十种糖果，他也能一边称糖一边用心算计算，经常是顾客要买多少的话音刚落，他就同时报出了应付的钱数。后来他又发明了“接一问二联系三”的工作方法，即在接待一个顾客时，便问第二个顾客买什么，同时和第三个顾客打好招呼，做好准备。他在问、拿、称、包、算、收六个环节上不断摸索，接待一个顾客的时间从三四分钟减为一分钟……他通过眼神、语言、动作、表情、步伐、姿态等具体细节，把为人民服务的信念融入他工作的每一个环节，创造了平凡职业干出高尚职业道德的奇迹，激励一代又一代普通劳动者建设社会主义的热忱。他于 1957 年被评为北京市劳动模范，1979 年被国务院授予全国劳动模范称号。1988 年，北京市百货大楼在大门广场处为他竖立半身铜像至今。陈云同志亲笔为他题词：“一团火”精神光耀神州。

二、道德楷模遭抹黑敲响法治警钟加速德治融入法治进程

英雄模范引领着新中国的社会道德风尚。可是谁会想到，这些道德楷模竟然会被别有用心者歪曲和抹黑。邱少云烈士被某某网民丑化、

贬损一案，给我们敲响了警钟，警示我们必须拿起法律的武器捍卫中华民族英雄的形象。

1952年10月中旬，邱少云随中国人民志愿军某营奉命担负潜伏任务。潜伏前，他在入党申请书中写道：“宁愿自己牺牲，决不暴露目标，为了整体，为了胜利，为了中朝人民和全人类的解放事业，愿献出自己的一切。”随后他即潜伏在距敌前沿阵地六十多米的草丛中。敌人飞机盲目发射侦察燃烧弹，一颗燃烧弹正好落在他身边，烧着了他的棉衣、头发和皮肉。但为了不暴露潜伏部队，他咬紧牙关，双手深深插进泥土中，以惊人的毅力忍受着烈焰的燃烧，一动不动，直至壮烈牺牲。1952年11月6日，中国人民志愿军领导机关给他追记特等功。1953年6月1日追授他“中国人民志愿军一级英雄”称号。同年6月25日，朝鲜民主主义人民共和国最高人民会议常务委员会授予他“朝鲜民主主义人民共和国英雄”称号、金星奖章和一级国旗勋章，并将他的名字刻在朝鲜金化西的391高地石壁上：“为整体、为胜利而牺牲的伟大的战士邱少云同志永垂不朽。”2009年9月10日，邱少云被评为“100位新中国成立以来感动中国人物”。

最高人民法院于2016年10月19日召开新闻发布会，通报人民法院依法保护英雄人物名誉权等人格权益典型案例，主要涉及邱少云以及“狼牙山五壮士”等英雄人物。案例中，某某网民以及某某公司因为对邱少云烈士进行丑化、贬损，被法院判决公开赔礼道歉，并赔偿邱少云之弟邱少华精神损害抚慰金一元。2017年4月20日上午，最高人民法院、中央电视台联合发布2016年推动法治进程十大案评选结果，邱少云烈士人格权纠纷案入选。

这是以法治手段弘扬社会主义核心价值观的经典案例。国家审判机关通过法律判决，来倡导依法保护英雄人物，包括去世英雄人物的合法权益，阐发了社会主义核心价值观的精神内核，引导社会公众崇尚英雄、捍卫英雄、学习英雄、关爱英雄，有力地维护了社会主义核心价值观。这无疑是德治融入法治在司法审判中的成功实践。而人民法院依法保护英雄人物名誉权等人格权益案的公正判决，从实践角度加速了整个德治融入法治建设的进程。

三、道德楷模既要洁身自好更要敢于担当

新时代的道德楷模，除了品德高尚，还必须“敢吃螃蟹”，有敢于

担当的领导力和决策力。党的好干部焦裕禄为我们树立了榜样。

焦裕禄于1962年调到河南省兰考县担任县委书记，面对该县遭受严重的“三害”（内涝、风沙、盐碱），忍着肝癌剧痛坚持深入实地了解“三害”。他开创的水利工程，经后来引黄淤灌，最终让二十多万亩盐碱地变为良田。在农民的草庵、牛棚中，他总结出治理风沙的办法：“贴膏药”“扎针”。“贴膏药”，就是把淤泥翻上来压住沙丘。“扎针”，就是大规模栽种泡桐。他发现泡桐这种树能在沙窝生长，长得又快，五六年就能长成大树，既能挡风又能压沙；并且泡桐年年生根发新苗，可以陆续移栽，不用多投资，成林之后，旱天能散发水分，涝天又能吸收水分，可以林粮间作，以林保粮。为了使这些措施能够持之以恒，持续发挥治理作用，他建立起一套有效的制度：确定林权，订立护林公约，设立奖罚制度，设护林主任、护林员，引发兰考干部群众治理“三害”的高度热忱，终于使内涝、风沙、盐碱得到有效治理。截至2014年，兰考泡桐产业年产值高达六十多亿元，全县泡桐产业从业人员达六万多人。焦裕禄无论自己工作多忙，总是坚持参加集体生产劳动。他经常开襟解怀，卷起裤腿和群众一起翻地、封沙丘、种泡桐、挖河渠……他专门起草了一个《干部十不准》的通知，规定任何干部不准特殊化。其中每一条准则，都闪耀着共产主义的思想光辉，是对特权思想的有力批判。他把职位看作是为人民服务的岗位，把职权看作是受人民的委托，为革命掌权。这是一个共产党员无私的崇高革命精神的表现。他经常教育子女到最困难的地方去，穿衣要朴素，生活要节俭。他用过的一条被子上有42个补丁，褥子上有36个补丁。他的衣、帽、鞋、袜都是补了又补，缝了又缝。1964年5月14日，他病逝于郑州。临终前他对组织上唯一的要求，就是死后，“把我运回兰考，埋在沙堆上。活着我没有治好沙丘，死了也要看着你们把沙丘治好”。1966年2月7日，《人民日报》发表长篇通讯《县委书记的榜样——焦裕禄》，全面介绍了焦裕禄的感人事迹，同时还刊登了《向毛泽东同志的好学生——焦裕禄同志学习》的社论。同年9月15日，毛泽东主席亲切接见焦裕禄的三女儿焦守云，并合影留念。同年10月1日，毛主席又接见了焦裕禄的大儿子焦国庆。周恩来总理也接见了焦裕禄的大女儿焦守凤。1990年5月10日，《人民日报》发表《领导干部要学焦裕禄》的社论，在神州大地再次掀起学习焦裕禄的热潮。同年7月16

日，《福州晚报》发表了时任福州市委书记习近平读了《人民呼唤焦裕禄》一文填写的《念奴娇》。“百姓谁不爱好官？把泪焦桐成雨。生也沙丘，死也沙丘，父老生死系。暮雪朝霜，毋改英雄意气”，“为官一任，造福一方，遂了平生意”，这些句子，深深表达了习近平对焦裕禄爱民为民、责任担当的坚定情怀的崇敬之情。

习近平总书记对焦裕禄是这样评价的：焦裕禄同志是县委书记的榜样，也是全党的榜样。无论过去、现在还是将来，都永远是亿万人民心中一座永不磨灭的丰碑，永远是鼓舞我们艰苦奋斗、执政为民的强大思想动力，永远是激励我们求真务实、开拓进取的宝贵精神财富，永远不会过时。[①] 他强调要特别学习弘扬焦裕禄同志“心中装着全体人民、唯独没有他自己”的公仆情怀，凡事探求就里、“吃别人嚼过的馍没味道”的求实作风，“敢教日月换新天”、“革命者要在困难面前逞英雄”的奋斗精神，艰苦朴素、廉洁奉公、“任何时候都不搞特殊化”的道德情操。党员、干部要把焦裕禄精神作为一面镜子，从里到外、从上到下反复照一照自己，深入查摆自己在思想境界、素质能力、作风形象等方面存在的问题和不足，努力向焦裕禄同志看齐，从今天做起，从眼前做起，从小事做起，像焦裕禄同志那样对待群众、对待组织、对待事业、对待同志、对待亲属、对待自己，像焦裕禄同志那样生命不息、奋斗不止，努力做焦裕禄式的好党员、好干部。2015 年 8 月 26 日，习总书记所著《做焦裕禄式的县委书记》一书由中央文献出版社出版发行。

焦裕禄成为了我们今天所有为官从政者学习的楷模。他所表现出的勇于担当、迎难而上、艰苦奋斗、无私奉献的精神，是焦裕禄精神的精髓。焦裕禄精神，感召和鼓舞了一代又一代党员干部和普通群众，成为了我国为官从政者最典范的道德坚守者。

第四节　新时代不忘初心呼唤德治融入法治

一、凝聚道德力量的党规党法是治党治国的坚强利器

道德是内心的党规，党规是成文的道德。二者都是全面从严治党

① 《习近平：结合新的实际大力弘扬焦裕禄精神》，载中国共产党新闻网 2009 年 5 月 18 日。

的重要手段。党规以其权威性和强制力规范党员的行为，道德以其说服力和劝导力提高党员的思想境界觉悟，都具有独特的不可替代的作用。党规依赖道德而被认同和遵行，道德依靠党规的强制性来保障底线，二者相辅相成、相得益彰。历史经验告诉我们，对全面从严治党来说，道德和党规犹如车之两轮、鸟之两翼，一个也不可偏废。

在新形势下，解决党的建设中存在的突出矛盾和问题，单纯依靠党规党纪是不够的，还必须立足我国历史传统和现实国情，重视道德教育和引导，使道德和党规在全面从严治党中共同发力。《中国共产党廉洁自律准则》和《中国共产党纪律处分条例》（以下简称《准则》和《条例》）就是在这一理念指导下形成的优秀成果。

新修订的《准则》和《条例》全面体现了依规治党与以德治党的统一。从形式上看，《准则》坚持面向全党、正面倡导、强调自律，重在立德；《条例》坚持纪法分开、纪在法前、纪严于法，作为“负面清单”，强调他律，重在立规。从内容上看，《准则》和《条例》将实践中广泛认同、较为成熟、操作性强的道德要求及时上升为党规，不仅《准则》的“四个必须”“八条规范”体现了“德”的要求，而且《条例》“六大纪律”也都蕴含了道德元素，尤其是对违反生活纪律行为的处分，更加直接地体现了对全体党员最基本的道德要求。《准则》提出的道德高线，并非高不可攀，而是“踮踮脚”“伸伸手”就能摸到的；《条例》划出的纪律底线，也并非不近人情，而是按照党性指引即可避免“踩雷区”“闯红线”。

新时代里，依规治党与以德治党要统一于全面从严治党的实践，把“依规治党与以德治党相统一”理念落到实处，关键在于抓住三点：一是完善党内法规制度。坚持问题导向，推动党内法规制度建设，提高党内法规制度的系统性、协调性和实效性，形成内容科学、程序严密、配套完备、运行有效的党内法规制度体系。同时，在党内法规制度建设中，注重法规与道德的衔接和协调，使党内法规制度体系体现道德元素，彰显道德力量。二是严格执行党规党纪。“徒法不足以自行”，严格落实“两个责任”，大力开展党风廉政建设和反腐败工作，依纪依法严惩腐败，严肃查处违反中央“八项规定”精神的行为，充分发挥巡视工作的“利剑”和震慑作用。纪律审查实践活动，既遵从纪律标准又兼顾道德标准，实现惩恶祛腐与引导党员干部向上向善相统一。三是强化党员思想道德建设。教育引导党员干部模范践行社会主义核心价值观，培育党员干部政治品德、职业道德、家庭美德和社会公德，发挥好以德润心的作用。同时，在道德建设中突出法纪内涵，培养党员干部的法纪意识、规则意识，发挥好以规束行的作用。这样，《准则》和《条例》等党规党法通过凝聚道德的力量，就成为了治党治国的坚强利器。

与此同时，将传统美德融入《准则》和《条例》等党规党法中，也使得党和人民群众的联系更为密切。中国共产党从诞生之日起，就坚持走群众路线的方针。党的二大强调“党的一切运动都必须深入到广大的群众里面去”。党的七大第一次把党的群众路线提到党的根本政治路线和组织路线的高度，并在七大党章中明确规定了党的群众路线的基本内容和基本要求，从此群众路线便成为我们党领导人民取得革命胜利和建设成就的一个重要法宝。十八大以来，习近平同志反复强调“人民群众是我们力量的源泉”“领导干部就是人民的公仆”“一定要始终与人民心心相印、与人民同甘共苦、与人民团结奋斗”，要求全体党员尤其是党的领导干部必须努力增强为民意识，自觉做到执政为民。而面对新时代里的新挑战，能否继续完全彻底地做到立党为公、执政为民，是评价和检验我们党一切执政活动的重要标准。中国共产党通过不断吸取道德营养，来完善《准则》和《条例》等党规党法，就使党永远走在立党为公、执政为民的康庄大道上。

二、十九大党章对党员提出高标准道德品质要求使党永葆青春

党的十九大于2017年10月24日通过的《中国共产党章程》，体现了加强党的全面领导和全面从严治党要求，确立了中国特色社会主义新时代管党治党总章程，体现了十八大以来党的理论创新、实践创新、制度创新取得的成果，体现了党的十九大报告确立的重大理论观点和重大战略思想，反映了十八大以来党的建设的成功经验，对加强党的全面领导、推进全面从严治党提出了明确要求，进一步规定了党员和党的各级领导干部要加强道德修养。

十九大党章，在“总纲”部分，明确提出党的建设必须坚决实现的五项基本要求中，第三项就是“坚持全心全意为人民服务”，并阐述道：“党除了工人阶级和最广大人民群众的利益，没有自己特殊的利

益。党在任何时候都把群众利益放在第一位，同群众同甘共苦，保持最密切的联系，坚持权为民所用、情为民所系、利为民所谋，不允许任何党员脱离群众，凌驾于群众之上。我们党的最大政治优势是密切联系群众，党执政后的最大危险是脱离群众。党风问题、党同人民群众联系问题是关系党生死存亡的问题。党在自己的工作中实行群众路线，一切为了群众，一切依靠群众，从群众中来，到群众中去，把党的正确主张变为群众的自觉行动。”

在“条文”部分，对党员的义务是这样表述的：“维护党的团结和统一，对党忠诚老实，言行一致，坚决反对一切派别组织和小集团活动，反对阳奉阴违的两面派行为和一切阴谋诡计。”“切实开展批评和自我批评，勇于揭露和纠正违反党的原则的言行和工作中的缺点、错误，坚决同消极腐败现象作斗争。”“发扬社会主义新风尚，带头实践社会主义核心价值观和社会主义荣辱观，提倡共产主义道德，弘扬中华民族传统美德，为了保护国家和人民的利益，在一切困难和危险的时刻挺身而出，英勇斗争，不怕牺牲。”

党章中对共产党员的道德品质的高标准要求，是推进党的作风建设、维护党的形象的现实需要。中国共产党将共产主义道德和中华民族传统美德写入党章，就是以党内法律条文的形式，来确保高尚道德得以在党内广泛弘扬，从而永葆党的生命力，永葆党的青春。十九大党章中强调共产党员要讲道德、讲传统、守法治，是党的队伍得以不断壮大的成功秘诀，是实现中华民族伟大复兴中国梦的强大组织保障。

三、习近平新时代中国特色社会主义思想要求党的干部自觉成为群众尊敬的高尚道德领跑者

十九大党章，在“条文”部分，对党的干部是这样表述的：“党的干部是党的事业的骨干，是人民的公仆，要做到忠诚干净担当。党按照德才兼备、以德为先的原则选拔干部，坚持五湖四海、任人唯贤，坚持事业为上、公道正派，反对任人唯亲，努力实现干部队伍的革命化、年轻化、知识化、专业化。”在党章和诸多党内法规中，明确这一干部选拔原则，是抓住了将德治融入党内法治建设的“牛鼻子”。正是抓住了这个“牛鼻子”，我们党从革命战争年代到社会主义建设时期，才真正成长为整个事业的坚强领导核心。

十九大党章还对党的各级领导干部提出明确要求："必须信念坚定、为民服务、勤政务实、敢于担当、清正廉洁"。"具有共产主义远大理想和中国特色社会主义坚定信念"。"正确行使人民赋予的权力，坚持原则，依法办事，清正廉洁，勤政为民，以身作则，艰苦朴素，密切联系群众，坚持党的群众路线，自觉地接受党和群众的批评和监督，加强道德修养，讲党性、重品行、作表率，做到自重、自省、自警、自励，反对形式主义、官僚主义、享乐主义和奢靡之风，反对任何滥用职权、谋求私利的行为。""坚持和维护党的民主集中制，有民主作风，有全局观念，善于团结同志，包括团结同自己有不同意见的同志一道工作。"

党章中对党的各级领导干部强调加强道德修养，这对于全面加强领导干部作风建设，具有重要意义。坚持全心全意为人民服务的宗旨，是党员领导干部道德修养的终身课题。加强道德修养是坚持党的宗旨、保持党的先进性的内在要求，是党风廉政建设和反腐败工作的重要基础。只有筑牢廉洁从政的思想道德防线，才能做到拒腐蚀永不沾。

习近平总书记强调，作风问题本质上是党性问题。抓作风建设，就要返璞归真、固本培元，重点突出坚定理想信念、践行根本宗旨、加强道德修养。他为此提出四点要求：一是正确认识和处理人际关系，做到既有人情味又按原则办，特别是当个人感情同党性原则、私人关系同人民利益相抵触时，必须毫不犹豫站稳党性立场，坚定不移维护人民利益。二是下决心减少应酬，保持健康的工作方式和生活方式，多学习充电、消化政策，多下基层调查研究、掌握第一手情况，多系统思考和解决存在的突出问题，自觉远离那些庸俗的东西。三是实实在在做人做事，做到严以修身、严以用权、严以律己，谋事要实、创业要实、做人要实，堂堂正正、光明磊落，敢于担当责任，勇于直面矛盾，善于解决问题，不搞"假大空"。四是对一切腐蚀诱惑保持高度警惕，慎独慎初慎微，做到防微杜渐。

十九大党章明确要求党的领导干部，特别是极少数高级领导干部必须加强道德修养，必须讲党性、讲规矩、讲党法、守法治、重品行、重表率，应自觉成为人民群众尊敬的高尚道德的领跑者。这是新时代的呼声，是习近平新时代中国特色社会主义思想对党的领导干部素质的严格要求，是德治融入党规党法的必然选择。

四、习近平的英雄观为新时代德治点燃最闪亮的航标灯

英雄造时势，时势造英雄。新时代的德治离不开英雄的引领。英雄，在习近平总书记的心中分量很重。一个个深深的鞠躬，一次次深情的仰望，既是他对历史的缅怀，也是他对英烈的追思。他曾在多个场合表达对英雄的崇敬之情，号召全社会铭记英雄，崇尚英雄，捍卫英雄，学习英雄，关爱英雄。他说：“一个有希望的民族不能没有英雄，一个有前途的国家不能没有先锋。”①

英雄，是那些无私忘我，不辞艰险，为人民利益而英勇奋斗，令人发自内心敬佩的人。英雄，因对理想的执着追求、对信仰的忠贞不渝而伟大。英雄精神，是“砍头不要紧，只要主义真”的信仰精神，是“精忠报国”的爱国精神，是“死在戈壁滩、埋在青山头”的奉献精神，是“卧薪尝胆”的奋斗精神。传承英雄精神，就是传承中华民族精神，是激励我们实现中华民族伟大复兴的磅礴力量。2018 年 3 月 20 日，习总书记在第十三届全国人民代表大会第一次会议上的讲话中旗帜鲜明地指出：“人民是历史的创造者，人民是真正的英雄。波澜壮阔的中华民族发展史是中国人民书写的！博大精深的中华文明是中国人民创造的！历久弥新的中华民族精神是中国人民培育的！中华民族迎来了从站起来、富起来到强起来的伟大飞跃是中国人民奋斗出来的！”历史是人民书写的，英雄是人民的优秀代表，英雄用他们英勇无畏的浩然正气，凝聚起引领人民奋进、推动社会进步的强大精神力量。英雄的身上，充满了血性和果敢，忠诚和担当。为了国家和民族，为了党和人民，他们随时准备牺牲一切，他们用一身英雄胆，铸就了中华民族魂。英雄精神，就是中华民族精神。如何评价英雄，反映的是核心价值观，体现的是时代的精气神。对英雄的怀念和崇敬，是我们砥砺前行中强有力的鼓舞、鞭策和激励，也是我们义不容辞的责任和使命。在中华民族伟大复兴的征途中，将英雄精神牢牢刻写在圣洁的民族精神殿堂，让英雄人物成为催人奋进的精神坐标，让英雄传递的火把照亮脚下的道路，至关重要。

---

① 2015 年 9 月 2 日，习近平在颁发“中国人民抗日战争胜利 70 周年”纪念章仪式上的讲话。

（一）英雄观是核心价值观的集中反映

一个人的英雄观不是天上掉下来的，年少时英雄情怀的培育十分关键。习近平的英雄观，就是从小在英雄故事的熏陶中形成的。他曾经深情地说道：“记得我很小的时候，估计也就是五六岁，母亲带我去买书……当时有两个版本，一个是《岳飞传》，一套有很多本，里面有一本是《岳母刺字》；还有一个版本是专门讲精忠报国这个故事的，母亲都给我买了。买回来之后，她就给我讲精忠报国、岳母刺字的故事。我说，把字刺上去，多疼啊！我母亲说，是疼，但心里铭记住了。‘精忠报国’四个字，我从那个时候一直记到现在，它也是我一生追求的目标。”① 到了1966年上初中一年级的时候，习近平听政治课老师在念《人民日报》刊登的长篇通讯《县委书记的榜样——焦裕禄》的过程中几度哽咽，多次泣不成声，同学们也流下眼泪，他的心灵受到极大震撼。1990年他出任福州市委书记时，填了一首《追思焦裕禄》的词，其中“暮雪朝霜，毋改英雄意气”一句既是对焦裕禄为民情怀与英雄本色的致敬，更是对自己的鞭策。2014年12月13日，习总书记在南京大屠杀死难者国家公祭仪式上说：“中国人民和中华民族历来具有不畏强暴、敢于压倒一切敌人而不被敌人所压倒的英雄气概。”当年中国通过立法增设了三个国家级纪念日：9月3日中国人民抗日战争胜利纪念日，9月30日中国烈士纪念日，12月13日南京大屠杀死难者国家公祭日。这三个纪念日，都与中华民族近现代史上艰苦卓绝的奋斗有关，在设立当年都有隆重的高规格纪念活动。2015年9月2日抗战胜利70周年纪念日，中国邀请世界政要举行了举世瞩目的阅兵仪式，习近平检阅部队，在颁发纪念章仪式上，他说道：“在14年反抗日本军国主义侵略特别是8年全面抗战的艰苦岁月中，全体中华儿女万众一心、众志成城，凝聚起抵御外侮、救亡图存的共同意志，谱写了感天动地、气壮山河的壮丽史诗，涌现出杨靖宇、赵尚志、左权、彭雪枫、佟麟阁、赵登禹、张自忠、戴安澜等一批抗日英烈和八路军‘狼牙山五壮士’、新四军‘刘老庄连’、东北抗联八位女战士及国民党军‘八百壮士’等众多英雄群体。无论是正面战场还是敌后战场，无论是直接参战还是后方支援，所有投身中国人民抗日战争中的人们，都是抗战英

① 《习近平总书记的文学情缘》，载《人民日报》2016年10月14日。

雄，都是民族英雄。”一切为中华民族和中国人民作出贡献的英雄们我们都务必铭记。2016 年 11 月 30 日中国文联十大、中国作协九大开幕式上，习总书记又语重心长地指出：“对中华民族的英雄，要心怀崇敬，浓墨重彩记录英雄、塑造英雄，让英雄在文艺作品中得到传扬，引导人民树立正确的历史观、民族观、国家观、文化观，绝不做亵渎祖先、亵渎经典、亵渎英雄的事情。”这一系列重要讲话，鲜明地反映了习总书记的英雄观，是社会主义核心价值观的坚定表达，引领着新时代德治的方向。

（二）和平年代同样需要英雄情怀

习近平同志在担任党和国家领导人后，足迹遍布大江南北。在井冈山革命烈士陵园、红军长征会师纪念碑、华东革命烈士陵园、金寨县革命烈士纪念塔……到处都留下了他向英雄致敬的脚步。在他看来，包括抗战英雄在内的一切民族英雄，都是中华民族的脊梁，他们的事迹和精神都是激励我们前行的强大力量。面对一些时不时出现的歪曲历史、贬低英雄等现象，他态度坚定地予以回击：“我们不是历史虚无主义者，也不是文化虚无主义者，不能数典忘祖、妄自菲薄。”2014 年 10 月 31 日他在全军政治工作会议上讲话时更是明确指出：“有些人刻意抹黑我们的英雄人物，歪曲我们的光辉历史，要引起我们高度警觉。”

2016 年 2 月 2 日他赴江西看望慰问广大干部群众时强调：“中华民族是崇尚英雄、成就英雄、英雄辈出的民族，和平年代同样需要英雄情怀。”同年 5 月，他对党和国家功勋荣誉表彰工作提出要求：“要充分发挥党和国家功勋荣誉表彰的精神引领、典型示范作用，推动全社会形成见贤思齐、崇尚英雄、争做先锋的良好氛围。”

2017 年 5 月 19 日在会见全国公安系统英雄模范立功集体表彰大会代表时，习总书记说：“和平年代，公安队伍是一支牺牲最多、奉献最大的队伍，大家没有节假日、休息日，几乎是时时在流血、天天有牺牲。这些年来，每当看到公安民警舍生忘死、感人肺腑的事迹，我都深受感动；每当听到公安民警在血与火、生与死的考验面前赴汤蹈火、流血牺牲的消息，我都深感心痛。”12 月 13 日，他到第 71 集团军视察时指出：“一不怕苦、二不怕死是血性胆魄的生动写照，要成为革命军人的座右铭。王杰精神过去是、现在是、将来永远是我们的宝贵精神财富，要学习践行王杰精神，让王杰精神绽放新的时代光芒。”

2018 年 3 月 12 日，习总书记出席十三届全国人大一次会议解放军和武警部队代表团全体会时说：“谁是最可爱的人，不要让英雄既流血又流泪，让军人受到尊崇，这是最基本的，这个要保障。”4 月 16 日，退役军人事务部随之成立。自 5 月 1 日起，《中华人民共和国英雄烈士保护法》正式施行。

习近平的英雄观，无疑为新时代的德治点燃了最闪亮的航标灯，为德治融入法治指明了前进的方向。

第五章
十八大以来治党治国的理论创新与实践探索

2012 年 11 月 17 日，刚刚当选十八届党中央总书记的习近平同志主持召开了十八届中央政治局第一次集体学习。习近平总书记做了重要讲话，他在谈到“深刻领会确保党始终成为中国特色社会主义事业的坚强领导核心”时，意味深长地指出：“形势的发展、事业的开拓、人民的期待，都要求我们以改革创新精神全面推进党的建设新的伟大工程，全面提高党的建设科学化水平。治国必先治党，治党务必从严。”

习总书记强调：“特别是新形势下加强和改进党的建设面临‘四大考验’‘四种危险’，落实党要管党、从严治党的任务比以往任何时候都更为繁重更为紧迫。”“全党要增强紧迫感和责任感，牢牢把握党的建设总要求，不断提高党的领导水平和执政水平、提高拒腐防变和抵御风险能力，使我们党在世界形势深刻变化的历史进程中始终走在时代前列，在应对国内外各种风险和考验的历史进程中始终成为全国人民的主心骨，在坚持和发展中国特色社会主义的历史进程中始终成为坚强领导核心。”

习总书记接着说：“坚定理想信念，坚守共产党人精神追求，始终是共产党人安身立命的根本。密切党群、干群关系，保持同人民群众的血肉联系，始终是我们党立于不败之地的根基。反对腐败、建设廉洁政治，保持党的肌体健康，始终是我们党一贯坚持的鲜明政治立场。党风廉政建设，是广大干部群众始终关注的重大政治问题。”

习总书记特别指出：“近年来我们党内发生的严重违纪违法案件，性质非常恶劣，政治影响极坏，令人触目惊心。各级党委要旗帜鲜明地反对腐败，更加科学有效地防治腐败，做到干部清正、政府清廉、政治清明，永葆共产党人清正廉洁的政治本色。各级领导干部特别是高级干部要自觉遵守廉政准则，既严于律己，又加强对亲属和身边工作人员的教育和约束，决不允许以权谋私，决不允许搞特权。对一切违反党纪国法的行为，都必须严惩不贷，决不能手软。”①

习近平总书记这些讲话精神，站得高，看得远，一针见血，切中时弊，振聋发聩，为十八大以来治党治国的大动作、新举措、理论创新、实践创新和制度创新奠定了坚实的思想基础。十八大以来，以习近平同志为核心的党中央认真梳理治党治国的历史经验和教训，有针对性地提出一系列治党治国的新思路新举措，极大地丰富了新时代中国特色社会主义的理论宝库。

习近平总书记在十九大政治报告中，认真回顾党的十八大以来的工作成就。他指出，党的十八大以来的五年，是党和国家发展进程中极不平凡的五年，改革开放和社会主义现代化建设取得了历史性成就。面对国际局势风云变幻、国内改革发展稳定任务十分繁重的形势，党中央坚定不移高举中国特色社会主义伟大旗帜，全面加强和改善党的领导，团结带领全党全国各族人民迎难而上、开拓进取，进行具有许多新的历史特点的伟大斗争，统筹推进“五位一体”总体布局、协调推进“四个全面”战略布局，出台一系列重大方针政策，推出一系列重大举措，推进一系列重大工作，战胜一系列重大挑战，解决了许多长期想解决而没有解决的难题，办成了许多过去想办而没有办成的大事，推动党和国家事业发生历史性变革，国家经济实力、科技实力、国防实力、综合国力、国际影响力和人民获得感显著提升，为党和国家事业进步发展奠定了更加坚实的基础。

---

① 习近平2012年11月17日在十八届中央政治局第一次集体学习时的讲话。

党的十八大以来，以习近平同志为核心的党中央尤其注重治党治国理论创新、实践创新和制度创新，推出了一系列重大举措，为新时代党的建设和国家的治理开创了新思路，打开了新局面。这些理论创新、实践创新和制度创新，主要表现在：一是系统研究并郑重提出依法治国和以德治国“两驾马车”在法治中国建设中的重要性和必要性，发展并完善了依法治国和以德治国的理论体系，推进法治中国的建设步伐。十八大在依法治国方面完成了对宪法的修改，制定并颁布了《中华人民共和国监察法》。二是完成了国家反腐败的制度设计，依据宪法成立了专司贪腐案件立案、调查、惩治的国家监察委员会。三是在党的文件上正式提出社会主义核心价值观，集广大人民群众的最大价值公约数，用“三个倡导，24 个字”简洁明了予以完整准确表述，并且要求全党和全国各行各业要积极践行社会主义核心价值观，并将其全面融入法治建设。四是开创巡视监督，认真检查各级党委政府执行党的政治纪律、党的方针政策的自觉性和执行力，保持党的政治纪律和方针政策真正落到实处；通过巡视监督发现国家公务人员违法违纪现象一查到底，整顿作风、扶持正气、纯洁队伍、树好形象。五是提出对腐败行为零容忍、反腐败永远在路上的新理论，以高压态势整肃奢靡之风、贪婪之风、私欲之风，把纪律挺在前面，严格执行党纪国法，严查严处贪腐行为绝不手软。六是对党和国家机关工作人员开展史上最严厉的作风整顿，创新八项规定，丰富了我党与违法违纪作斗争的坚强武器。依照八项规定，严格禁止违规私用公款；执行八项规定就是要求每一位工作人员管好自己的嘴、管住自己的手、管住自己的腿。一旦违规，轻者通报批评曝光，重者依规依纪严处，给党和国家公务人员设置了一道不可逾越的高压线，把权力有效地关进制度的笼子里。本章重点围绕治党治国的理论创新和实践创新做一专题研究（对依法治国和以德治国的理论创新和社会主义核心价值观的理论创新研究，安排在本课题其他章专题研究，本章不再赘述）。

第一节　用党规党法管党治党重塑党的优良作风

一、治国必先治党，治党务必从严

党的十八大以来，以习近平同志为核心的党中央站在党和国家生死存亡的高度，作出打铁还需自身硬的庄严承诺，以猛药去疴、重典治乱、刮骨疗伤的非凡勇气，推动全面从严治党向纵深发展，打虎拍蝇雷霆万钧，正风肃纪驰而不息，形成了管党治党从小事抓起一丝不苟，高举反腐败大旗直捣高官贪腐大案窝案，对不正之风实行零容忍的坚强决心和高压态势，党心民心为之一振，党风、政风、社风、民风迅速好转。党中央在管党治党从严，惩治贪腐无禁区的坚强斗争中，健全了党的肌体，重树了党的形象，使党成为当今中国当之无愧的领导核心。十八大以来中国共产党的作为，闯出了一条具有鲜明中国特色社会主义发展道路，创新了中国治国理政的模式，引起世界政党的高度关注。

回望党的十八大到党的十九大五年间治党治国的理论创新和实践创新历程，取得的成绩是巨大的，带来的启示十分深刻：坚持从政治上高度认识和实践中严抓严管作风问题，不断强化“四个意识”，坚决维护以习近平同志为核心的党中央权威和集中统一领导。坚持以上率下层层带动，抓住“关键少数”，压实管党治党主体责任，形成全党上下齐抓作风建设的强大声势。坚持以人民为中心的工作导向，凡是人民群众不满意的就改，凡是人民群众期盼的就做，以实实在在的工作成效兑现承诺、取信于民。坚持以钉钉子精神抓牢抓实抓成，锲而不舍、持之以恒，在坚持中深化、在深化中坚持，不断把作风建设推向细微深处。坚持破立并举标本兼治，用改革的思路和办法破解作风顽症，扎牢织密制度之笼，铲除不良作风滋生蔓延的温床和土壤。

展望未来，问题令人清醒，犹须敬终如始：“不敢”的问题已初步解决，“不想”“不愿”的内在自觉尚未普遍形成；不良作风树倒根在，隐形变异问题时有发生，反弹回潮的隐患和压力犹存；责任落实压力传导不到位，有的领导机关、领导干部存在“灯下黑”“手电筒只照别人不照自己”等问题；制度体系尚不完备，制度落地生根还有差距。逆水行舟，一篙不可放缓；滴水穿石，一滴不可弃滞。

习近平总书记明确强调：“作风建设是攻坚战，也是持久战”，“作风建设永远在路上，永远没有休止符”。

二、以作风建设切入为全面从严治党破题

（一）选准整顿作风的切入口

习近平总书记指出：“工作作风上的问题绝对不是小事，如果不坚

决纠正不良风气，任其发展下去，就会像一座无形的墙把我们党和人民群众隔开。”① “党的作风就是党的形象，关系人心向背，关系党的生死存亡。执政党如果不注重作风建设，听任不正之风侵蚀党的肌体，就有失去民心、丧失政权的危险。”② “我们一定要始终与人民心心相印、与人民同甘共苦、与人民团结奋斗。”③ “一定要一块过、一块干，保持和发扬党的光荣传统和优良作风，保持同人民群众的血肉联系，切实把工作做好。”④ “只有坚持问题导向，从细处入手，向实处着力，一环紧着一环拧，一锤接着一锤敲，才能积小胜为大胜。”⑤ “在改进作风问题上，我们不能退，也退不得，必须保持常抓的韧劲、长抓的耐心，在坚持中见常态，向制度建设要长效。”⑥

十八大以来，党中央以强烈的历史担当和顽强的意志品质，直面党内存在的种种问题和弊端，从制定和执行中央八项规定破题，严字当头、刀刃向内，坚定不移推进全面从严治党，解决了许多过去认为不可能解决的问题，党风政风和社会风气发生了全面深刻、影响深远、鼓舞人心的变化。中央八项规定试出了人心向背，厚植了党的执政根基。

2012 年 12 月 4 日，中央政治局审议通过关于改进工作作风、密切联系群众的八项规定，即“中央八项规定”。中央八项规定，短短六百多字，却内涵丰富，从调查研究、会议活动、文件简报、出访活动、警卫工作、新闻报道、文稿发表、勤俭节约八个方面对加强作风建设立下规矩，不搞四平八稳，不喊空洞口号，直面现实问题，提出具体要求。这是以习近平同志为核心的党中央深刻洞察党内存在的问题，

---

① 习近平 2013 年 1 月 22 日在中国共产党第十八届中央纪律检查委员会第二次全体会议上的讲话，载《人民日报》2013 年 1 月 23 日。

② 习近平 2014 年 6 月 30 日在中共中央政治局就加强改进作风制度建设进行第十六次集体学习的讲话，载《人民日报》2014 年 7 月 1 日。

③ 习近平 2012 年 11 月 15 日在十八届中央政治局常委与中外记者见面时的讲话，载《人民日报》2012 年 11 月 16 日。

④ 习近平 2012 年 12 月 4 日在中央政治局会议上关于改进工作作风、密切联系群众的讲话，载《人民日报》2012 年 12 月 5 日。

⑤ 习近平 2014 年 10 月 8 日在党的群众路线教育实践活动总结大会上的讲话，载《人民日报》2014 年 10 月 9 日。

⑥ 习近平 2015 年 1 月 13 日在第十八届中央纪律检查委员会第五次全体会议上的讲话，载《人民日报》2015 年 1 月 14 日。

全面从严治党的“第一刀”。

中央八项规定的出台，解决了管党治党“老虎吃天不知从哪儿下口”的问题。“八项规定”这个改变中国的政治语汇，开启了中国共产党激浊扬清的作风巨变。

2013年9月28日，中央纪委公开通报了一起违反中央八项规定精神的典型问题：海南省卫生学校违规购买384份月饼券，发放给教职工共计12万余元，所需费用在学费收入财政返还资金中列支。这是全国第一起因违规购买月饼而被处理并通报的案例。小小月饼背后，折射出抓作风的清晰思路。

从公款购买赠送月饼、贺年卡、烟花爆竹等群众反映强烈的具体问题抓起，一连下发三道禁令；之后又拓展到抓违规公款吃喝送礼、公款旅游、公车私用、违规建设楼堂馆所、大办婚丧喜庆、滥发钱物、出入私人会所等12个方面具体问题。

（二）正风肃纪驰而不息

过去，中央办公厅、国务院办公厅每年元旦春节前都要专门印发通知，屡屡强调防止节前节中突击用公款请客送礼，往往文件归文件，公款吃喝禁而不止。中央八项规定精神传达之后，把吃吃喝喝、请客送礼纳入纪检监察部门违规违纪检查的范围，对执行八项规定提出具体要求，坚决杜绝“节日腐败”。纪检监察机关从端午抓公款购买粽子等节礼、中秋抓公款购买月饼等节礼、春节抓公款购买爆竹等年货节礼入手，抓实抓小，串点成线，以一个个具体问题的禁令，带动面上问题的解决。五年来，全国共查处违反中央八项规定事件17.61万起，处理党员干部23.9万人，平均每天约有140人受处理。正风肃纪驰而不息，刹住了公款送礼，管住了公款吃喝，整治了会所歪风，改善了政治生态，校正了价值导向，解决了许多过去认为不可能解决的问题。

（三）编织密集的监督网络

强化党内监督，充分发挥社会监督、舆论监督作用，注重运用新媒体，设立曝光平台、手机随手拍和微信一键通，形成了无处不在的监督网。不少违反八项规定的案件，都是来自群众监督、网络曝光，使自以为不要紧，保密做得十分严密的违规当事人被曝光受到党纪政纪处罚。八项规定的制定与执行，深受人民群众的赞扬，不少新闻记者和普通群众，看见公务人员明目张胆违规违纪，都敢于检举揭发，使违反八项规定的行为人无藏身之地。

（四）作风建设要靠制度来保障

习近平总书记强调："坚持破立并举，注重建章立制"，"在坚持中见常态，向制度建设要长效"。抓作风建设，既需治标更需治本。2013年10月，《党政机关厉行节约反对浪费条例》印发施行。随后包括《党政机关国内公务接待管理规定》《关于严禁党政机关到风景名胜区开会的通知》《关于调整中央和国家机关差旅住宿费标准等有关问题的通知》等二十多个配套制度，为贯彻落实中央八项规定精神、从源头上刹住奢侈浪费之风提供了一个可执行、可操作的顶层规范。

近年来，党中央制定出台党内政治生活准则、廉洁自律准则、党内监督条例、纪律处分条例、问责条例等一批党内法规。中央八项规定精神纳入其中之后，为作风建设提供了可参考的硬性指标。各地区各部门普遍结合实际制定了贯彻落实中央八项规定精神的实施办法、细则及配套制度，使八项规定执行起来更具针对性。

（五）作风问题本质上是党性问题

习近平总书记深刻指出："作风问题本质上是党性问题。抓作风建设，就要返璞归真、固本培元，重点突出坚定理想信念、践行根本宗旨、加强道德修养。"各级党组织、各级政府遵照习总书记的指示精神，不断深化思想政治建设和连续开展党内教育活动，为中央八项规定精神落地生根打下了坚实的思想基础，筑牢了坚持不懈的根基。广大党员干部把贯彻落实中央八项规定精神作为一项重大政治任务来抓，从而牢固树立政治意识、大局意识、核心意识、看齐意识，驰而不息纠"四风"、改作风。时至今日，"八项规定"已成为党中央抓全面从严治党的亮丽名片，成为改变中国党风、政风、社会风气的标志性话语。

第二节　巡视是加强党内监督的战略性制度安排

党的十八大以来，党中央把开展全面深入的巡视工作，作为教育引导全党同志不忘初心，牢固树立为人民服务的最高宗旨，不折不扣贯彻执行党的路线、方针、政策，始终坚持立党为公、执政为民，不断发扬实事求是、克己奉公、吃苦在前、艰苦朴素的工作作风的重要举措。通过巡视，使各级党组织和党的领导干部成为遵守党纲党章，遵守宪法法律，不断创造社会价值和经济价值的时代带头人。党中央把巡视作为加强党内监督的战略性制度安排，纳入全面从严治党总体部署，深入推进巡视工作理论创新、实践创新、制度创新，不断赋予巡视制度新的活力，探索了一条实现党自我净化的有效路径，彰显了中国特色社会主义民主监督制度优势，丰富了治国理政新理念、新思想、新战略，为坚持党的领导、加强党的建设、全面从严治党提供了有力支撑，为统筹推进“五位一体”总体布局和协调推进“四个全面”战略布局提供了坚强保障。

一、遵循党章要求明确巡视工作定位

党章是党内根本大法，是立党、治党、管党的总章程。党中央带头尊崇党章，自觉维护党章，切实贯彻党章，坚决把党章各项要求落实到全面从严治党全过程各环节。中央政治局常委会会议研究中央巡视工作规划时，习近平总书记深刻指出，巡视是党章赋予的重要职责，是加强党的建设的重要举措，是从严治党、维护党纪的重要手段，是加强党内监督的重要形式；强调中央巡视组是党中央直接派的，要当好“钦差大臣”，切实加强对党组织领导班子及其成员特别是主要负责人的监督，无论是谁，包括中央政治局委员兼任省区市党委书记的，都在巡视监督范围之内。习近平总书记站在党要管党、从严治党的战略高度，深刻阐述了巡视监督主体、监督职责、监督对象，科学界定了巡视工作定位，明确了巡视权威根本上是党章赋予的，巡视组的派出主体是党中央和省区市党委，体现的是党的集中统一领导。从理论上初步形成了习近平巡视思想体系，为巡视工作深入开展定准了坐标，指明了方向。

二、准确把握形势任务确立巡视工作方针

以习近平同志为核心的党中央深入分析和准确判断当前世情国情党情，深刻指出党风廉政建设和反腐败斗争形势依然严峻复杂。习近平总书记在听取巡视汇报时多次强调，腐败和反腐败呈胶着对垒状态，区域性腐败和领域性腐败交织，用人腐败和用权腐败交织，经济腐败和政治腐败交织，党要管党、从严治党任务尤为紧迫。

习近平总书记明确指出，巡视工作要围绕党风廉政建设和反腐败斗争这个中心，把发现问题、形成震慑作为主要任务，着力发现执行党的政治纪律、开展党风廉政建设和反腐败斗争、贯彻落实中央八项规定精神、选拔任用干部等方面的突出问题，当好中央的“千里眼”，找出“老虎”和“苍蝇”；强调巡视组要落实监督责任，敢于碰硬，做到早发现、早报告，促进问题解决，拔“烂树”、治“病树”、护“森林”，坚决遏制腐败现象蔓延势头。

习总书记以强烈的历史责任感、深沉的使命忧患感，从依然严峻复杂的形势出发，对巡视工作转职能、转方式、转作风作出一系列重要论述，明确了“发现问题、形成震慑，推动改革、促进发展”的巡视工作方针，有效解决了过去巡视“任务宽泛、职能发散”的问题；创造性提出“巡查式”“点穴式”“回访式”“机动式”等方式方法，擦亮了巡视利剑，增强了巡视威慑力和实效性。

三、聚焦从严治党深化政治巡视

党的十八届六中全会对全面从严治党进行再动员，强调巡视工作要坚定政治方向、坚持问题导向、坚守价值取向，把坚持党的领导作为根本目的，把加强党的建设作为根本途径，把全面从严治党作为根本保障。强调政治巡视要以“四个意识”为政治标杆，以党章党规党纪为政治尺子，把维护党中央权威和集中统一领导作为根本政治任务，把统筹推进“五位一体”总体布局和协调推进“四个全面”战略布局作为基本政治要求，坚定“四个自信”，盯住“关键少数”，查找政治偏差，着力发现党的领导弱化、党的建设缺失、全面从严治党不力，党的观念淡漠、组织涣散、纪律松弛，管党治党宽松软等突出问题，严肃党内政治生活，净化党内政治生态，发挥政治“显微镜”和政治“探照灯”作用。

四、一次震撼灵魂的全面政治体检

党的十八届三中全会对巡视全覆盖作出明确部署，要求改进中央和省区市巡视制度，做到对地方、部门、企事业单位党组织全覆盖。党的十八届六中全会进一步强调，党委要在一届任期内实现巡视全覆盖。中央巡视工作领导小组坚决贯彻落实党中央要求，创新组织制度和方式方法，实行“三个不固定”，巡视组长“一次一授权”，不搞“铁帽子王”，坚持常规巡视与专项巡视相结合，积极探索“巡查式”“点穴式”“回访式”“机动式”巡视，通过“板块轮动、分类安排”扎实推进巡视全覆盖。中央巡视组共开展12轮巡视，巡视了277个党组织，对16个省区市开展“回头看”，对四个中央单位开展了“机动式”巡视。各省区市党委共组织巡视了8362个党组织；中央军委组织开展13批次巡视，完成了对军委管理的党组织的常规巡视全覆盖和回访巡视全覆盖，并开展三批次专项“机动式”巡视。在党中央坚强有力领导下，巡视工作在党的历史上首次实现一届任期全覆盖，体现了党内监督无禁区的鲜明立场和全面从严治党的坚定决心，对推进党的建设新的伟大工程具有重要里程碑意义。通过巡视全覆盖，深入揭示了省区市存在的腐败问题及其严重危害性，“一把手”腐败破坏从政环境、吏治腐败破坏用人导向、寻租腐败破坏经济秩序、基层腐败破坏社会风气；揭示了中央和国家机关党的领导弱化、党的观念淡化、“两个责任”虚化、部门利益固化，“灯下黑”现象突出等问题；揭示了国有企业党的领导弱化危及执政政治基础，利益输送危害执政经济基础，选人用人问题损害执政组织基础，“四风”问题禁而不绝削弱执政群众基础等问题；揭示了金融机构监管体制弊端积聚经济安全风险，违规违纪经营引发社会稳定风险，寻租腐败严重凸显行业廉洁风险，利益冲突衍生监管道德风险等问题；揭示了中管高校贯彻党的教育方针政策存在偏差、党组织发挥政治功能存在偏差、从严管党治校存在偏差、管理体制机制存在偏差等问题。实践证明，巡视全覆盖既是一次全面政治体检，也是一次深刻的党性教育和思想洗礼，唤醒了各级党组织和党员干部党的观念、党员意识，强化了管党治党政治担当，增强了党的凝聚力、战斗力、领导力和号召力，为构建法治中国筑牢了政治基础。

五、为反腐败零容忍提供有力支撑

巡视工作突出问题导向，坚持对腐败问题零容忍，深入发现了一批领导干部违纪违规问题线索，有力印证反腐败斗争形势依然严峻复杂。在中央纪委立案审查的中管干部案件中，超过60%的问题线索来自巡视。根据巡视发现的问题线索，严肃查处孙政才、苏荣、周本顺、王珉、白恩培、王三运、黄兴国、卢恩光等严重违纪案件，以及山西系统性、塌方式腐败案，湖南衡阳破坏选举案、四川南充拉票贿选案、辽宁拉票贿选案等重大案件，形成极大震慑和警示，展示了党中央猛药去疴、除恶务尽的立场决心，提振了全党全社会的反腐信心，凝聚了全面从严治党的强大共识。巡视成为发现问题的“尖兵”、纪律审查的“前哨”，为零容忍提供有力支撑，促进了减存量、遏增量，推动形成反腐败斗争压倒性态势。

六、持续纠正“四风”有力促进从严治吏

巡视全覆盖最为显著的成效是净化党内政治生态。党中央把严肃党内政治生活作为全面从严治党的根本性基础工作，严明政治纪律和政治规矩，坚决清除党内政治隐患，全面净化党内政治生态。巡视工作坚持把政治纪律和政治规矩摆在首位，着力查找被巡视党组织和党员领导干部在政治忠诚、政治担当、政治生态等方面存在的深层次问题。巡视深入揭示了一些地方和领域政治生态恶化，圈子文化、码头文化、好人主义盛行等突出问题，促进肃清周永康、薄熙来、郭伯雄、徐才厚、令计划、孙政才等在全党造成的流毒影响，推动查处了一批党员领导干部把“四个意识”当口号、做“两面人”，对党中央大政方针口是心非、阳奉阴违，在重大原则上旗帜不鲜明、立场不坚定等违反政治纪律的典型案件。加强对意识形态工作责任制落实情况的监督检查，深入发现和推动解决意识形态领域存在的阵地管理风险和政治安全隐患。巡视监督从思想、政治、组织、作风上全面透视党内政治生态，严肃了党内政治生活，提高了党员领导干部的政治警觉性和政治鉴别力，增强了“四个意识”，强化了维护党中央权威和集中统一领导的思想自觉、政治自觉、行动自觉，促进了党内政治生态明显好转，巩固了党执政的政治基础和思想基础。

第三节　党中央对腐败问题零容忍

依法治国和以德治国相结合，建设中国特色社会主义法治国家，要求执政党要认真抓好惩治贪腐违法犯罪活动，要把惩治腐败提升到维护党的领导力，保障党和国家永葆青春，保障人民当家做主的共和

国不变颜色，让中国共产党的党旗和中华人民共和国的国旗永远高高飘扬。这是中国共产党的历史重任。而要完成这个重任，就要从抓好从严治党、依法治国、以德治国的基础工作做起。

党的十九大报告指出：全面从严治党成效卓著。全面加强党的领导和党的建设，坚决改变管党治党宽松软状况。坚持反腐败无禁区、全覆盖、零容忍，坚定不移“打虎”“拍蝇”“猎狐”，不敢腐的目标初步实现，不能腐的笼子越扎越牢，不想腐的堤坝正在构筑，反腐败斗争压倒性态势已经形成并巩固发展。党中央高压态势整治腐败行为，纯洁了党的肌体，提升了干部队伍道德素养，凝聚了党心民心，彰显了党的力量。

这样的判断掷地有声，这样的成就来之不易。十八大以来，习近平总书记从党和国家事业发展的战略高度出发，着眼于全面从严治党，以力挽狂澜的气魄，以猛药去疴的胆识，以重典治乱的决心，以壮士断腕的勇气，率领全党正风肃纪惩贪，力度之大前所未有，成果之巨有目共睹，书写了一个百年大党“自我革命”的崭新篇章。全面从严治党，深化反腐败斗争，就是我们不断自我净化、回归初心的历程。

如今，反腐败斗争压倒性态势已经形成，正在不断巩固发展，这一重大判断鼓舞人心，催人奋进。坚定不移推进全面从严治党，坚定不移推进反腐败斗争，让中国共产党赢得了党心民心。

一、共产党人反腐败的初心从未改变

江西瑞金，中央革命根据地历史博物馆，拾阶而上，大型花岗岩浮雕上方，“人民共和国从这里走来”的红色大字遒劲有力。中央机关反贪污浪费斗争的总结、最高特别法庭审判熊仙壁的判决书……“苏区干部好作风”陈列室里，一张张泛黄的老照片，无声地述说着那段峥嵘岁月。

（一）毛泽东向全党发出警示

1932 年 5 月 9 日，瑞金响起了中国共产党惩治腐败分子的第一声枪响，时任叶坪村苏维埃政府主席的谢步升，因贪腐等原因被处决。惩贪腐不手软，视廉洁为生命。近百年来，共产党人反腐败的初心从未改变，决心始终笃定。

在中华人民共和国正式宣布成立的前夕，中国共产党七届二中全会上，毛泽东同志及时向全党发出警示："可能有这样一些共产党人，他们是不曾被拿枪的敌人征服过的，他们在这些敌人面前不愧英雄的称号；但是经不起人们用糖衣裹着的炮弹的攻击，他们在糖弹面前要打败仗。我们必须预防这种情况。"新中国成立不久，依照惩治贪污腐败条例，毛泽东主席痛心处决了张子善、刘青山两名沦落为贪污犯的高级领导干部，昭示了中国共产党、中华人民共和国严惩贪腐，绝不容忍腐败的坚强决心，向世人昭示新中国要成为清正廉洁、一心为民的人民共和国。新中国成立初期对腐败行为零忍容成为常态，保障了国家政治制度、经济制度、文化事业、法治建设、社会道德建设的快速健康发展。

（二）经济发展不是贪腐的理由

当国家果断放弃以阶级斗争为纲，选择以经济建设为中心的发展思路以来，随着经济快速发展，对外交往日益加强，外来思想、外来文化带来一系列负面效应，人们的思想发生了潜移默化的变化，违法犯罪和贪污腐化现象随之增多，腐败问题一度成为严重影响国家政治建设、经济建设和法治建设的毒瘤，惩治贪腐成为法治的重要工作目标。政府官员腐败和经济行业腐败案件频发严重败坏了党风、社风和民风，直接影响了中国在世界的清廉形象。

二、十八大以来惩治腐败震撼人心

（一）反腐任务艰巨形势不容乐观

党的十八大以来，反腐这项艰巨任务，成为党中央的特别重大的紧迫任务。2012 年，习近平总书记向全党发出警告，对腐败危害和反腐败形势作出科学判断——反腐败斗争形势依然严峻复杂，党内决不允许有腐败分子藏身之地，坚决反对腐败，防止党在长期执政条件下腐化变质，是我们必须抓好的重大政治任务。

习总书记指出："'物必先腐，而后虫生。'近年来，一些国家因长期积累的矛盾导致民怨载道、社会动荡、政权垮台，其中贪污腐败就是一个很重要的原因。大量事实告诉我们，腐败问题越演越烈，最终必然会亡党亡国！我们要警醒啊！"

这是一个穿越历史、饱经沧桑的大党永葆的初心，这是一个铸就辉煌、满载荣光的执政党一贯的清醒。反对腐败，建设廉洁政治，保持党的肌体健康，始终是我们这个党坚持的鲜明政治立场，始终是国家法治建设和德治建设最本质要求。以习近平同志为核心的党中央，充分认识到党和国家必须迅速强化惩治腐败的重要性、必要性、紧迫性，党中央要求中央纪委和最高人民法院、最高人民检察院，依法依规对严重的贪腐犯罪宣战，使一批位高权重的腐败分子受到党纪国法的严惩。周永康、郭伯雄、徐才厚、令计划、孙政才……近年来，一个又一个高级干部的落马，不断传递出一个强烈信号：党内没有不受党纪国法约束的“特殊党员”，不论什么人，不论其职务多高，只要触犯了党纪国法，都要受到严肃追究和严厉惩处。

（二）不论位高还是权重只要贪腐必将被擒

党的十八大以来，中央纪委和司法机关惩治贪腐的力度日益高涨，不时听到高官被查被依法审判的消息。在十八大以前部级干部违法犯罪案件很少能够被揭发出来，十八大以后，习近平总书记和中央纪委书记王岐山同志，向全党和纪检监察机关发出对腐败零容忍的强音，指出反腐败永远在路上。党中央坚定不移地与腐败行为作坚决的斗争，受到了广大人民群众高度赞扬。由于党中央的坚强决心，我们看到了一个个大贪官、大老虎被党规党法和国家法律拉下马，送进了监狱接受思想改造。

2012 年 12 月 6 日，四川省委原副书记李春城涉嫌严重违纪接受调查。这是党的十八大以后落马的第一位省部级干部，当时就引起舆论高度关注。然而，这仅仅是一个开端。

2014 年 6 月 14 日，苏荣涉嫌严重违纪违法接受组织调查；同年 6 月 30 日，中央政治局会议给予徐才厚开除党籍处分；同年 7 月 29 日，中央决定对周永康严重违纪问题立案审查；同年 12 月 22 日，令计划涉嫌严重违纪接受组织调查；2015 年 7 月 30 日，中央政治局会议给予郭伯雄开除党籍处分……

（三）十八大以来反腐败成绩斐然

从党的十八大以来到党的十九大开幕，五年时间，立案审查省军级以上党员干部及其他中管干部 440 人，严肃查处周永康、薄熙来、郭伯雄、徐才厚、孙政才、令计划等进入党中央核心层的“大老虎”的严重违纪违法案件，全国纪检监察机关共立案 154. 5 万件，处分 153. 7 万人，对省部级及以上的原领导干部移送司法机关的也占到相当的比例。反贪风暴掀起了一波又一波巨浪，全国上下很快形成并巩固发展了反腐败斗争压倒性态势。

人民军队这支保障国泰民安，保障国家抵御外敌侵犯的共和国武装力量，在这场旷日持久的反腐败斗争中，以党纪国法为依据，以宪法法律为武器，严厉惩治贪污腐败犯罪行为，使军队改革顺利完成，使人民军队在这场反腐法治风暴中得到了很好的历练。军队的纪检监察部门和军事法院、军事检察院，依规依法查处了严重影响军队法治建设的一批腐败案件。上至将军，下至普通士官只要敢于贪腐，一律依法惩办。通过中央巡视组12轮的异地监督，加强政治巡视，实施火力侦查；改革监察体制，实现全覆盖；不设禁区不封顶，划定界限，突出反腐“三聚焦”，即时间聚焦、空间聚焦、性质聚焦，取得了军队建设的重大胜利，激发了人民军队强大战斗力。

回顾十八届党中央依法严惩腐败的过程，呈现出“宏观战略定胜负，微观细节决成败”的态势。反腐败是一场看不见硝烟的战斗。正邪较量，没有“中间地带”。盘点党中央的“反腐作战图”，人们可以清晰地感受到，形势在悄然变化中让全党和全国人民不断增强反腐必胜的信心。

（四）反腐败还有暗流险滩

2015年的中央纪委五次全会上，习近平总书记清醒地指出，我们在实现不敢腐、不能腐、不想腐上还没有取得压倒性胜利，腐败活动减少了但并没有绝迹，反腐败体制机制建立了但还不够完善，思想教育加强了但思想防线还没有筑牢，减少腐败存量、遏制腐败增量、重构政治生态的工作艰巨繁重。这时期是“腐败和反腐败呈胶着状态”的时期。

2016年的中央纪委六次全会上，习总书记作出判断，“反腐败斗争压倒性态势正在形成”，不敢腐的震慑作用充分发挥，不能腐、不想腐的效应初步显现，但是腐败问题依然存在，有的腐败分子心存侥幸，有的欺瞒组织、对抗组织，“四风”问题在面上有所收敛，但并没有绝迹……现实表明，全面从严治党任务依然艰巨，必须持续保持高压态势。

2017年的中央纪委七次全会上，习总书记发出时代强音：“腐败蔓延势头得到有效遏制，反腐败斗争压倒性态势已经形成，不敢腐的目标初步实现，不能腐的制度日益完善，不想腐的堤坝正在构筑，党内政治生活呈现新的气象。”

这一时代强音，是在新的历史起点上，中国共产党再次力挽狂澜、拯救国家的时代壮举；这一时代强音，是彰显中国共产党人高度自信、从胜利走向新的胜利的政治宣誓。

三、坚定不移反腐是构建法治中国的必然要求

坚定不移反对腐败，是法治中国的首要任务，是党的纪检部门和国家司法机关义不容辞的天职，是巩固党的执政基础和执政地位的需要，是维护全体民众最大利益的必然选择。

习近平总书记指出：“腐败是社会毒瘤。如果任凭腐败问题愈演愈烈，最终必然亡党亡国。”腐败对我们党的伤害最大，是人民群众深恶痛绝、反映最强烈的问题。只有严肃查处腐败，才能保持党同人民群众的血肉联系，才能巩固党的执政基础和执政地位。针对“反腐要亡党”等错误言论，他强调，真反腐败不仅不会亡党，而且能增强党自我净化、自我完善、自我革新、自我提高能力，保持党同人民群众的血肉联系，使我们党更加坚强，更有力量。

习总书记郑重告诫：“一个政党，一个政权，其前途命运取决于人心向背。人民群众反对什么、痛恨什么，我们就要坚决防范和打击。人民群众最痛恨腐败现象，我们就必须坚定不移反对腐败。”

习总书记认为：“加强党风廉政建设，加强对干部的监督，是对干部的爱护。”党员、干部面临着社会上各种各样的诱惑，稍不注意就可能出问题，一旦跌入腐败泥坑，就会付出沉重代价。可见，坚决反对腐败，促使党员、干部时刻保持清正廉洁的政治本色，是对党员、干部最大的关心和保护。

坚定不移反对腐败，是当代共产党人的历史责任。习总书记强调：“既然党和国家前途命运交给了我们，就要担当起这个责任。”“人民把权力交给我们，我们就必须以身许党许国、报党报国，该做的事要做，该得罪的人就得得罪。不得罪腐败分子，就必然会辜负党、得罪人民。”因此，必须从关系党和国家生死存亡的高度，以强烈的历史责任感、深沉的使命忧患感、顽强的意志品质推进党风廉政建设和反腐败斗争。

从腐败与反腐败处于“胶着状态”，到“反腐败斗争压倒性态势正在形成”，再到“反腐败斗争压倒性态势已经形成”。短短五年时间，习总书记对反腐败形势的分析与时俱进、科学精准，是对反腐败形势在动态发展过程中的一个重大判断。这一重大判断，充分体现了党中央对反腐败斗争取得成绩的高度自信，对反腐败斗争带来正能量的高度自信，对反腐败斗争光明前景的高度自信。

党的十八大以来，随着反腐败的深入持久，党内法规制度建设迎来了春天，为实现用党规党法管党治党，建设优良的公职人员队伍，创造了制度便利。党中央坚持问题导向，透过现象看本质，深入查找问题背后的制度原因，推动深化改革和组织制度创新，先后制定修订80余部中央党内法规，基本形成了以党章为根本，以民主集中制为核心，以《准则》《条例》等中央党内法规为主干的党内法规制度体系。制度的笼子越扎越紧、越扎越密，使铁规发力、让禁令生威，让胆敢腐败者在严格监督中无机可乘，“不能腐”的制度日益完善，对遏制腐败滋生蔓延发挥了治本作用。

党的十八大以来，在依法治理腐败的过程中，党中央带领全党同志深刻认识依法治国和依规治党的关系，更加坚定走法治中国之路的信心和决心。党的主张与法律规定是辩证统一的。党规调整的是党内生活、党内关系以及党的领导和执政行为，国法调整的是社会关系和社会秩序；党规规范的是党组织的工作、活动和党员行为，国法规范的是国家机关以及公民、法人和其他组织行为；党规以党的纪律作为强制手段，国法由国家强制力保证实施。习总书记明确要求，“全面推进依法治国，必须努力形成国家法律法规和党内法规制度相辅相成、相互促进、相互保障的格局”。全面推进依法治国，必须首先全面从严治党，把权力关进制度的笼子里，坚持纪在法前、纪严于法，一有苗头性问题就及时咬耳扯袖，让党员、干部红脸出汗成为常态。

推进全面从严治党，要坚持标本兼治，既要靠治标，猛药去疴，重典治乱；也要靠治本，正心修身，涵养文化，守住为政之本。党中央“出重拳”“下猛药”强力反腐，治标为治本赢得了宝贵时间。同时，近年来中央制定修订的党内法规，其中相当一部分着眼于全面从严治党，通过立行立改推进党的纪律检查体制改革，“不能腐”的制度日益完善。放眼未来，要取得反腐败斗争压倒性胜利，既要治标，更要治本。两者不可偏废，治标依然需要保持高压反腐力度，强化“不敢腐”的氛围，筑牢“不敢腐”的防线；治本要从完善制度，调整、改革、理顺规定与制度间关系，实现“不能腐”的目标。通过标本兼治，最终达到“不想腐”的状态。

第四节　设立国家监察委创新反腐败新机制

2018 年 3 月 23 日，中华人民共和国国家监察委员会在北京揭牌，举行新任国家监察委员会副主任、委员宪法宣誓仪式。在以习近平同志为核心的党中央坚强领导下，在党的十九大精神指引下，深化国家监察体制改革取得重大成果。十三届全国人大一次会议通过宪法修正案和监察法，产生国家监察委员会及其领导人员，标志着中国特色国家监察体制已经建立。

2018 年 2 月 25 日，广西崇左市大新县监察委员会挂牌成立。至此，全国 31 个省、自治区、直辖市和新疆生产建设兵团各级监察委员会全部组建完成。这是国家监察体制改革进程中值得铭记的时刻。随着全国省、市、县三级监察委的全部成立，这一事关全局的重大政治体制改革迈过关键性节点，一个党统一指挥、全面覆盖、权威高效的监督体系正在形成。

一、国家监督制度的顶层设计

2018 年 3 月，十三届全国人大一次会议审议并表决通过的宪法修正案，在国家机构一章中，专门增写监察委员会一节，确立监察委员会作为国家机构的法律地位。这是对我国政治体制、政治权力、政治关系的重大调整，是对国家监督制度的顶层设计，它为加强党对反腐败工作的统一领导，建立集中统一、权威高效的国家监察体系，实现对所有行使公权力的公职人员监察全覆盖，奠定坚实宪法基础，产生重大深远影响。

党的十九大报告对深化监察体制改革作出战略部署，强调“构建党统一指挥、全面覆盖、权威高效的监督体系”，这句话包括三个方面：“党统一指挥”就是要求坚持和加强党的统一领导；“全面覆盖”要求监察职能覆盖到所有行使公权力的公职人员；“权威高效”要求把制度优势转化为治理效能。

推进国家监察体制改革对于丰富和完善人民代表大会这一根本政治制度具有重大意义。由人民代表大会组建一个专司国家监察的国家机构，专责对履行公权力的公职人员进行监督，同纪委合署办公，通过日常的监督执纪、派驻监督和巡视监督等，实现党内监督和国家监察的统一，必将推动监督监察常规化、常态化，把人大监督做实做细，强化人大作为国家权力机关的监督职能。

十三届全国人大一次会议表决通过的《中华人民共和国监察法》，是贯彻落实党中央关于深化国家监察体制改革决策部署的重大举措，是坚持和加强党对反腐败工作的领导，构建集中统一、权威高效的国家监察体系的必然要求，是坚持走中国特色监察道路的创制之举，是推进国家治理体系和治理能力现代化的战略举措。

习近平总书记指出，自我监督是世界性难题，是国家治理的“哥德巴赫猜想”。我们党全面领导、长期执政，面临的最大挑战是权力能不能得到有效监督、领导干部能不能抵御各种腐蚀。当前反腐败斗争形势依然严峻复杂，与党风廉政建设和反腐败斗争的新要求相比，我国原有的监察体制机制存在监察范围过窄、反腐败力量分散、体现专责和集中统一不够等种种不适应问题。通过国家立法把党对反腐败工作集中统一领导的体制机制固定下来，体现了全面从严治党、全面深化改革、全面依法治国的有机统一，有利于创新和完善国家监察制度，以法治思维和法治方式深入开展反腐败工作。

改革的深化要求法治保障，法治的实现离不开改革推动。党的十八大以来，深化国家监察体制改革工作积极推进。从有序开展试点、形成可复制可推广的经验，到试点工作依法在全国推开，再到制定监察法，法律出台的过程，充分体现了重大改革于法有据、改革和法治同步推进的要求。良法是善治的前提，实践是立法的基础。通过制定监察法，把五年来在推进党风廉政建设和反腐败斗争中形成的新理念新举措新经验以法律形式固定下来，有利于巩固国家监察体制改革成果，保障反腐败工作在法治轨道上行稳致远。

监察法是反腐败国家立法，是一部对国家监察工作起统领性和基础性作用的法律。我国80%的公务员和超过95%的领导干部是共产党员，党内监督和国家监察具有高度的内在一致性。成立监察委员会，并与党的纪律检查机关合署办公，实现对所有行使公权力的公职人员监察全覆盖，体现了党内监督和国家机关监督、党的纪律检查和国家监察有机统一。这次监察体制改革确立的监察制度，也是对中国历史上监察制度的一种借鉴，是对当今权力制约形式的一个新探索。监察法将党内监督同国家机关监督、民主监督、司法监督、群众监督、舆论监督贯通起来，有利于提高党和国家的监督效能，为实现党和国家长治久安走出一条中国特色监察道路。

中国共产党全面领导、长期执政，面临的最大挑战是对权力的有效监督。如何跳出历史周期率，是我们党始终不懈探索的重大理论和实践课题。在党长期执政条件下，不断增强党自我净化能力，保证干部清正、政府清廉、政治清明，我们党既要完善自我监督，又要加强对国家机关的监督，这体现了我们党在进行社会革命的同时一以贯之推进自我革命的勇气和使命担当。

我们创设的国家监察体制源自于中华民族优秀传统文化，源自于中国特色社会主义监督制度的丰富发展，源自于党的十八大以来以习近平同志为核心的党中央管党治党、治国理政的重大创新，是全面从严治党历史经验的深刻总结。

二、确立中国特色监察体系的创制之举

国家监察体制改革，从历史深处走来。两千多年前，我国自秦朝始就建立了御史制度，历经汉、唐、宋、元、明、清，形成了一套自上而下的独立于行政权的监察体系。新时期国家监察体制改革，汲取历史文化之智慧，开辟与时俱进之新路，走出了一条适合历史传统和现实国情的道路。

（一）扼制腐败的理论创新和制度创新成果

国家监察委员会的横空出世，是十八届党中央面对腐败滋生的严重情况，为有效扼制住腐败滋生，不让腐败成为侵袭我们党的健康肌体的毒瘤，下定决心抓好扼制腐败制度创新的新成果。而制度创新成果必须借助于理论成果的创新。

2016 年 1 月，习近平总书记在十八届中央纪委六次全会上提出，“要做好监督体系顶层设计，既加强党的自我监督，又加强对国家机器的监督。”“监察对象要涵盖所有公务员。要坚持党对党风廉政建设和

反腐败工作的统一领导，扩大监察范围，整合监察力量，健全国家监察组织架构，形成全面覆盖国家机关及其公务员的国家监察体系。”

2016年6至10月，习总书记先后六次主持召开中央全面深化改革领导小组会议、中央政治局常委会会议和中央政治局会议，对推进国家监察体制改革作出部署和指示。习总书记这些重要指示，为深化国家监察体制改革指明了方向。

2017年10月，习总书记在党的十九大报告中指出：“深化国家监察体制改革，将试点工作在全国推开，组建国家、省、市、县监察委员会，同党的纪律检查机关合署办公，实现对所有行使公权力的公职人员监察全覆盖。”

习总书记还先后在党的十八届六中、七中全会，十九届一中、二中、三中全会，十八届中央纪委六次、七次全会，十九届中央纪委二次全会等发表了一系列重要讲话，对深化国家监察体制改革作出重要指示，为组建国家、省、市、县监察委员会提供了重要的理论基础。

确立中国特色监察体系的创制之举，是从创新国家顶层制度设计着力点下功夫，解决行政监察覆盖范围过窄、反腐败力量分散、纪律与法律衔接不畅等现实问题，实现国家监察理念、体制机制、方式方法的与时俱进，彰显了道路自信、理论自信、制度自信、文化自信。这是对权力制约体制的新探索。党内监督与国家监察一体两面，相互促进、相得益彰，必将巩固发展已经形成的反腐败压倒性态势，有力推动反腐败斗争向纵深发展。

（二）实现党和国家自我监督的专责机关

修改后的《宪法》第一百二十三条规定：“中华人民共和国各级监察委员会是国家的监察机关”，明确了监察委员会的性质和地位。在国家权力结构中设置监察机关，专责对履行公权力的公职人员进行监督，实现党性和人民性的高度统一。监察委员会是实现党和国家自我监督的政治机关，不是行政机关、司法机关。其依法行使的监察权，不是行政监察、反贪反渎、预防腐败职能的简单叠加，而是在党直接领导下，代表党和国家对所有行使公权力的公职人员进行监督，既调查职务违法行为，又调查职务犯罪行为，其职能权限与司法机关、执法部门明显不同。同时，监察委员会在履行职责过程中，既要加强日常监督、查清职务违法犯罪事实，进行相应处置，还要开展严肃的思想政治工作，进行理想信念宗旨教育，做到惩前毖后、治病救人，努力取得良好的政治效果、法纪效果和社会效果。

（三）拓宽“让人民监督权力”的渠道

修改后的《宪法》第一百二十四条规定：“中华人民共和国设立国家监察委员会和地方各级监察委员会。监察委员会由下列人员组成：主任，副主任若干人，委员若干人。监察委员会主任每届任期同本级人民代表大会每届任期相同。国家监察委员会主任连续任职不得超过两届。监察委员会的组织和职权由法律规定。”这明确了监察委员会的基本构成要素。监察机关的主要职能是调查职务违法和职务犯罪，开展廉政建设和反腐败工作，维护宪法和法律的尊严；主要职责是监督、调查、处置。各级纪委监委通过日常监督、派驻监督和巡视监督，实现党内监督和国家监察的统一，推动监督监察常规化、常态化，强化了人大作为国家权力机关的监督职能，拓宽了“让人民监督权力”的渠道，使党和国家监督体系更加完备、科学、有效，这是对人民代表大会制度的丰富和完善。

（四）接受党的领导、接受人大监督

修改后的《宪法》第一百二十五条规定：“中华人民共和国国家监察委员会是最高监察机关。国家监察委员会领导地方各级监察委员会的工作”。第一百二十六条规定：“国家监察委员会对全国人民代表大会和全国人民代表大会常务委员会负责。地方各级监察委员会对产生它的国家权力机关和上一级监察委员会负责。”监委同纪委合署办公，履行纪检、监察两项职责，在领导体制上与纪委的双重领导体制高度一致，首先必须始终接受党的领导和监督。中央纪委、国家监委要始终坚持在党中央坚强领导下开展工作，自觉接受党中央监督，这是最重要的。地方党委切实担负起主体责任，党委书记定期主持分析反腐败形势，对日常监督、采取留置措施、作出处置决定等审核把关，确保党对纪检监察关键环节、重大问题的监督。监察委员会由人大产生，依法要对人大及其常委会负责，并接受其监督。监察法草案也规定了人大常委会听取和审议专项工作报告、组织执法检查以及提出询问和质询等监督方式。

（五）与其他机关和部门相互配合、相互制约

修改后的《宪法》第一百二十七条规定：“监察委员会依照法律规

定独立行使监察权，不受行政机关、社会团体和个人的干涉。监察机关办理职务违法和职务犯罪案件，应当与审判机关、检察机关、执法部门互相配合，互相制约。”监察机关履行监督、调查、处置职责，行使调查权限，是依据法律授权，行政机关、社会团体和个人无权干涉。同时，有关单位和个人应当积极协助配合监察委员会行使监察权。监察委员会成立后，对涉嫌职务犯罪的行为，监察委员会调查终结后移送检察机关依法审查、提起公诉，由人民法院负责审判；对监察机关移送的案件，检察机关经审查后认为需要补充核实的，应退回监察机关进行补充调查，必要时还可自行补充侦查。目前在实际工作中，纪检监察机关不仅同审判机关、检察机关形成了相互配合、相互制约关系，同审计、公安以及安监、质检、食药监等执法部门也形成相互配合、相互制约的工作联系。在宪法中对这种关系作出明确规定，是将客观存在的工作关系制度化、法律化，可确保监察权依法正确行使，并受到严格监督。

三、确立监察委员会作为国家机构的宪法地位

国家监察体制改革是建立中国特色监察体系的创制之举，党中央从全面从严治党出发，将国家监察体制改革纳入全面深化改革总体部署，积极推进改革及试点工作并取得重要阶段性成效，在此基础上使改革实践成果成为宪法规定，具有坚实的政治基础、理论基础、实践基础和充分的法理支撑。

（一）严格遵循宪法规定设立的国家机构

十三届全国人大一次会议通过宪法修正案和监察法，标志着组建国家监察委员会的全过程符合宪法原则；随机产生了国家监察委员会领导人员，标志着国家监察体制改革取得圆满成功。此次通过的宪法修正案，在宪法第三章“国家机构”中增加一节，作为第七节“监察委员会”，就国家监察委员会和地方各级监察委员会的性质、地位、名称、人员组成、任期任届、领导体制、工作机制等作出规定。与此相适应，在宪法第一章总纲等处也作了相应修改。确立监察委员会作为国家机构的宪法地位，具有重要法治意义。

（二）深入贯彻落实十九大精神的重大举措

党的十九大作出战略部署，要求“构建党统一指挥、全面覆盖、

权威高效的监督体系”。党的十九届二中全会审议通过《中共中央关于修改宪法部分内容的建议》，总结改革实践经验，提炼为制度成果。十三届全国人大一次会议审议通过宪法修正案，对现行宪法作出21条修改，其中11条同设立监察委员会有关，特别是在宪法第三章“国家机构”中专门增加“监察委员会”一节，充分彰显了监察委员会在国家治理体系中的重要作用，是对我国政治体制、政治权力、政治关系作出的重大调整，为推进国家治理体系和治理能力现代化提供重要保证。

（三）健全党和国家监督体系的重要内容

我们党全面领导、长期执政，迫切要求加强对权力运行的制约和监督，探索出一条党长期执政条件下实现自我净化的有效路径，这关乎党和国家事业成败，关乎我们能否跳出历史周期率。党内监督和国家监察既具有高度内在一致性，又具有高度互补性。党的十八大以来，党内监督得到有效加强，监督对象覆盖了所有党组织和党员。这就要求适应形势发展构建国家监察体系，对党内监督覆盖不到或者不适用于执行党的纪律的行使公权力的公职人员依法实施监察，补齐行政监察范围过窄的“空白”，解决反腐败力量分散问题，确保党和人民赋予的权力用来为人民谋利益。

（四）为深化国家监察体制改革提供了法治保障

坚持依法治国首先要坚持依宪治国，坚持依法执政首先要坚持依宪执政。国家监察体制改革是建立中国特色监察体系的创制之举，党中央从全面从严治党出发，将国家监察体制改革纳入全面深化改革总体部署，积极推进改革及试点工作并取得重要阶段性成效，在此基础上使改革实践成果提炼成为宪法规定，具有坚实的政治基础、理论基础、实践基础和充分的法理支撑。在宪法中增写监察委员会，使监察体制改革于宪有据、监察法于宪有源，体现了全面深化改革和全面依法治国、全面从严治党的有机统一。全面依法治国需要全面深化改革，全面深化改革也需要法治保障。正确把握改革和法治的关系，要求在法治下推进改革、在改革中完善法治，实现改革决策和立法决策相统一、相衔接，做到重大改革于法有据。国家监察体制改革是党的十八大以来最重要的政治体制改革，是带有全局性、根本性的深刻变革，涉及政治权力、政治体制、政治关系的重大调整，既是一项社会革命，又是一场自我革命。确立监察委员会的宪法地位体现了重大改革于法有据的要求，为深化国家监察体制改革提供了根本法治保障。

（五）保障监察委履职尽责符合法治原则

监察委员会是国家的监察机关，依据宪法和监察法组建和运行，履行宪法、监察法等赋予的职责，与纪委合署办公，作为党内监督专责机关和行使国家监察职能的专责机关行使监督权和监察权。由“一府两院”变为“一府一委两院”，这是从顶层设计上对国家权力进行的重大调整，必须于宪法有据。宪法修正案确定了监察委员会作为反腐败工作机构的性质和监督执法机关的职能定位，这为监察法的制定提供了依据，为监察委员会建立组织体系、履行职能职责、运用相关权限、构建配合制约机制、强化自我监督等提供了根本依据，为保证监察委员会履职尽责提供了根本遵循。

（六）为反腐败向纵深发展提供了制度支撑

党的十九大报告对反腐败斗争形势作出判断并明确目标：“人民群众最痛恨腐败现象，腐败是我们党面临的最大威胁……当前，反腐败斗争形势依然严峻复杂，巩固压倒性态势、夺取压倒性胜利的决心必须坚如磐石。”监察委员会就是反腐败工作机构，监察法就是反腐败国家立法。国家监察委员会组建和揭牌，标志着党和国家反腐败机构更加完备，监察对象扩大到“所有行使公权力的公职人员”，形成巡视、派驻、监察三个全覆盖的权力监督格局，形成发现问题、纠正偏差、惩治腐败的有效机制。

总之，确立监察委员会宪法地位，在宪法中明确监察委员会的性质定位和职能职责，将党的主张变成了国家意志，为加强党对反腐败工作集中统一领导，形成反腐败工作合力，夺取反腐败斗争压倒性胜利提供了国家根本法保障。根据宪法制定监察法，对所有行使公权力的公职人员实行有效监督，将促进国家公职人员依法履职、秉公用权，有利于推进国家治理体系和治理能力现代化，确保党和国家长治久安。

四、监督者也要接受监督

（一）“打铁还需自身硬”

各级纪检监察机关在行使权力上要慎之又慎，在自身约束上要严之又严。打铁还需自身硬。这就提出一个问题，谁来监督监督者？只有被监督的权力才能够真正实现“自身硬”，可以说“监督”是实现监督者自身硬的重要外力。依据宪法和监察法规定，作为国家监督机关的监察委员会要接受党委监督、人大监督、法律监督、社会监督和群众监督。要强化内部监督制约，发挥干部监督机构作用，探索执纪监督和审查调查机构分设，严格审批程序和内控制度，坚决防止“灯下黑”，确保党和人民赋予的权力不被滥用、惩恶扬善的利剑永不蒙尘。

反腐败斗争压倒性态势的形成，得益于纪检监察机关持续深化转职能转方式转作风，聚焦主责主业，强化监督执纪问责。把“办案”改称“纪律审查”，把“案件室”改称“纪检监察室”，把“案件线索”规范为“反映领导干部问题线索”，等等。这些看似是文字的微调绝不只是简单称谓的改变，更带来内涵的深刻变化，折射出职能的调整，是对党章规定纪检监察工作的实质回归。

各级纪检监察机关深化转职能、转方式、转作风，聚焦主责主业，强化监督执纪问责，确保党的纪律刚性约束。魏健、曹立新、明玉清等少数纪检监察干部队伍中的“害群之马”被严肃查处，充分彰显中央纪委刀刃向内、强化自我监督的勇气。成立“查自己人”的纪检监察干部监督室，出台监督执纪工作规则，提炼有效管用实招，上升为制度规范。纪检监察机关把自我监督同接受党内监督、社会监督等有机结合，用行动诠释广大纪检监察干部对党和人民的忠诚。

为政清廉才能取信于民，秉公用权才能赢得人心。党风廉政建设和反腐败斗争取得的这些重大成效，让政治生态得到有效净化，廉洁从政的良好环境进一步营造，赢得了人民群众高度肯定和衷心拥护。“现在的反腐力度，读遍二十四史都找不到！”对历史反腐题材颇有研究的作家二月河曾对“反腐风暴”发出这样的感慨。

近年来，从已经查处的腐败案件和贪腐官员来看，纪检监察等监督部门自身也不是净土。从权力性质来说，监督者腐败的危害性比一般官员腐败更严重，特别是在监督与制约失衡的权力模式下，腐败的监督者可以利用自身执掌的监督权力来规避、压制甚至迫害反腐败者。由此，带来一个重要的理论和现实问题，即“谁来监督监督者”。除了上面提到的外部监督，还必不可少的要有内部专门负责监督自身人员的工作部门。2014 年 4 月，中央纪委监察部增设了纪检监察干部监督室，主要承担内部人员有关的信访举报处理、线索调查和训诫惩处，以强化纪委的监督责任。

建立一个对人民负责任的政府是现代国家治理的根本目标，而现实中最大的问题是运用什么样的机制才能实现这个目标。对于这个问题，学者们的普遍共识是建立有效的权力制约监督机制。在现代社会，尽管权力制约监督仍然是政治理论家们思考的核心问题，但在学术界，这一关切以更加具体的形式被重新表述为“问责”问题。实质上，问责的核心问题也是对权力进行监督和约束以防止出现权力滥用和以权谋私等行为。

（二）通过监督权问责实现问责链条的闭合循环

建立健全决策权、执行权、监督权既相互制约又相互协调的权力结构和运行机制是规范权力运行、防止权力滥用的基本保证。在这样的权力结构模式之中，由于监督权具有非生产性质、是一种纠错的权力、有着难以管理的性质、需要广泛的社会条件的支持等原因，而被认为是一种具有内在贫困性的权力。监督权的内在贫困性，不仅带来监督权在权力结构中的失衡，导致监督存在弱监、虚监、漏监等问题，而且也带来监督者滥用权力的风险，导致管理和监督监督权的困难。为此，需要按照决策权、执行权、监督权既相互制约又相互协调的要求，通过建构对监督权的问责机制实现问责链条的闭合循环。

1. 通过落实纪委的监督责任强化内部问责。针对当前制约与监督两种不同权力逻辑下监督权的局限性，以及监督系统内部“党政权力监督体系强而社会权力监督体系弱、执政党对国家政权监督强而党内监督弱”的现状，对于监督者的内部监督和问责，当前可行的方式是落实纪检监察干部监督室的再监督职责。具体来讲，各级纪委在监督权问责方面：一是协助党委健全责任分解、检查监督、倒查追责机制，开展对监督主体的责任制考核、强化责任追究；二是督促和监察各监督部门落实惩治和预防腐败工作、明确相应的监督责任，加强督促指导、促使监督权的行使依规合法；三是开展对纪律执行情况的监督检查，强化党员干部的组织意识和纪律观念，对监督者自身的腐败进行执纪问责。同时，还要建立监察、检察、审计等监督部门之间的相互制约与协调机制，通过互相监督减少监督权主体自身的权力滥用和以权谋私等行为。

2. 通过完善人民监督员制度强化外部问责。虽然落实纪委的监督责任对于监督者的内部监督有其存在的必要性和价值，但从世界各国的经验来看，从根本上解决“谁来监督监督者”的难题，还得依靠社会公众的外部监督。在这方面，最高人民检察院从2003年开始就探索出了人民监督员制度并自2010年开始得到全面推行。然而，从这些年的实际运行来看，人民监督员制度还存在权力属性的错位、民意代表性的先天不足、检察机关的过当主导、监督效力的刚性缺失等缺陷，其监督效果并不明显。为此，应该改革和完善现有的人民监督员制度：一是扩大监督范围，将监督扩展到检察机关之外的其他监督机构，并将监督内容扩展到检察机关自侦案件之外的普通案件；二是提升监督效力，赋予人民监督员制度相应的司法强制力，让人民监督员直接介入司法监督过程。切实将人民监督员制度由内部监督转变为外部监督，是落实监督权问责的努力方向。

第五节　从严治党治国需要廉政文化的引导

十八大以来党中央在理论创新、实践创新和制度创新方面所取得的成就，需要我们不断学习领会精神实质，融会贯穿到治党治国理政的实践中来，从而使十八届党中央给全党全国带来的造福社会的理论创新、实践创新、制度创新贯彻落实到实际工作中，落实到治党治国的实践中。

从严治党治国，是我们实现中国梦的重要政治保障，我们必须用优秀文化的引领来营造良好的政治环境、社会环境、法治环境，使从严治党治国的工作不断向前推进。因此，加强法治文化建设，加强廉政文化建设，是营造从严治党治国良好生态的文化保障。

一、法治与德治并举是治国安邦的最佳结合

法律和道德是调整社会关系、实现社会治理的重要规范。法律是准绳，任何时候都必须遵循；道德是基石，任何时候都不可忽视。法律和道德犹如鸟之两翼、车之双轮，对于任何社会形态的社会治理都不可或缺。

习近平总书记指出，要强化道德对法治的支撑作用，注重发挥道德的教化作用，提高全社会文明程度，为全面依法治国创造良好人文环境。可以说，从党的十八届四中全会《中共中央关于全面推进依法

治国若干重大问题的决定》明确提出“坚持依法治国和以德治国相结合”，到中央政治局成员集体学习时提出“法治和德治两手抓，两手都要硬”，党中央对依法治国与以德治国相结合的治理国家的思路越发坚定，国家治理体系越来越接近国家治理理论科学化。

依法治国作为维护社会秩序的刚性手段，是国家强制力控制之治；以德治国作为维护社会秩序的柔性手段，是社会民众和公民个人内在约束之治，二者是相互促进，相辅相成的。法治从来都不是独立于德治而独自前行的，德治是法治必不可少的思想条件和文化基础，全面依法治国不能只有制度条件而缺少人文环境。坚持依法治国与以德治国相结合，是建设中国特色社会主义法治文化的根本出发点和着力点。改革开放以来，中国社会发生了翻天覆地的变化，人民群众的价值观、法治观、道德观、伦理观发生了重大变化，这在推进国家治理现代化进程中，对我们处理法治与德治的关系提出了新的更高的要求，要求我们把法律制裁的强制力与道德教育的感化力紧密地结合起来，注重德法互补。

无论是法治还是德治，都需要人去实施。我们在实际工作中，要注意方式方法，坚持法治体系建设与社会主义核心价值体系建设并重，用社会主义核心价值观引领人们的生活，使人民群众自觉遵守社会规范，走出一条有中国特色的法治现代化道路。要以道德滋养法治精神，将德治融入法治建设，从而实现法治与德治相辅相成，相得益彰，共同成为治国理政的重要手段。随着我国社会主义法律体系的全面建成，刚性法律法规的约束效果已经显现，但是道德层面的行为自觉尚未很好形成。因此，当前应该强调把道德要求贯彻到法治建设中，为法治国家建设创造良好人文环境。社会管理应更加注重社会效果，统筹法律、伦理和人情，关注法律问题和复杂事实背后的道德症结，努力使道德体系同社会主义法律规范相衔接、相协调、相促进；要深化群众性精神文明创建活动，引导广大群众树立良好道德风尚。

要用法治手段解决道德领域的突出问题。深入分析社会主义核心价值观的立法需求，坚持立改废并举，把实践中广泛认同、较为成熟、操作性强的道德要求及时上升为法律规范，从而使法律规范更好地彰显国家的道德体系、社会的道德取向、公民的道德追求，保障人民群众的合法权益，让法治与德治的阳光共同照亮社会生活的每个角落。

在研究德治融入法治建设的过程中，我们务必充分认识到习近平总书记提出的要抓住党员干部这个“关键少数”的重大意义。中国老百姓有强烈的学习模仿党员干部思想行为方式的惯性，他们对党员干部的一举一动看在眼里记在心上，自觉不自觉地模仿和认同。如果我们的党员干部不严格要求自身，甚至做出违背党纪国法的行为，对于广大群众的导向作用非常可怕，负面效应就会成倍复制和扩散。因此，党中央要求党员干部既要做全面依法治国的重要组织者、推动者，也要做道德建设的积极倡导者、示范者，是很有针对性的，完全符合中国国情的客观实际状况。广大党员和党员干部要善于通过多方式、多途径、多渠道强化法律学习，提高法治理论水平；要时刻遵从法治精神、运用法治思维、采取法治方法，切实做到办事守法、执政依法、为官遵法。同时，党员干部还要自觉加强品德修养，发扬吃苦耐劳、求真务实、纪律严明的工作作风，树立崇德向善、为民服务的为官理念，保持共产党员的高尚品德和廉洁操守，争做社会主义的道德表率，不断提高思想境界，严防堕落腐败。

社会主义的德治，对党政干部提出了更高的道德要求。今天的德治，是以人民的最大利益为最高道德准则，首先是针对各级领导干部而提出的思想道德约束。党政领导干部的道德水平、道德修养和道德境界，不但是能否达到廉政建设目的的一个重要前提，而且也是社会风气能否改善的关键所在。我们的党政干部，要把以德治国当作对自己更严格的要求，不断激励自己，努力提高自己的道德素质。在评估党政干部的业绩和政绩时，要把能否在道德上以身作则并起到榜样作用，作为考核的重点之一，把加强党政干部的思想道德建设作为加强廉政建设的一个重要方面。

二、加快构建中国特色社会主义廉政文化体系

吏不廉平，则治道衰。倡导和树立廉政文化，事关党和人民群众血肉联系，事关国家长治久安，事关中华民族伟大复兴中国梦的实现。

（一）廉政文化是中国共产党人理想信念的重要支撑

坚定理想信念，坚守共产党人精神家园，就必须不断夯实党员干部廉洁从政的思想道德基础，筑牢拒腐防变的思想道德防线，让广大党员干部常修为政之德、常思贪欲之害、常怀律己之心。习近平总书

记深刻指出，一个人能否廉洁自律，最大的诱惑是自己，最难战胜的敌人也是自己。一个人战胜不了自己，制度设计得再缜密，也会“法令滋彰，盗贼多有”。他说，中国传统文化历来把自律看作做人、做事、做官的基础和根本，古人所推崇的修身、齐家、治国、平天下，修身是第一位的。我们共产党人更应该强化自我修炼、自我约束、自我塑造，在廉洁自律上作出表率。

让廉政文化在全社会蔚然成风，是社会主义核心价值观的重要思想内涵、重要价值标准。社会主义核心价值观承载着一个民族、一个国家的精神追求，体现着一个社会评判是非曲直的价值标准。社会主义核心价值观倡导民主文明、风清气正的社会环境，要求健全权力运行制约和监督体系，让人民监督权力，让权力在阳光下运行，国家机关、社会团体、国有企业等公共组织处事公道正派，公正透明，诚实守信，廉洁高效；要求各职业阶层的从业人员恪尽职守，爱岗敬业，克己奉公，遵纪守法，从而营造知廉耻、懂荣辱、辨善恶、明是非的社会生态，形成崇廉、尚廉的社会文化。

五千多年文明发展中孕育的中华优秀传统和廉政文化，积淀着中华民族最深层的精神追求，建构了中华民族“孝悌忠信、礼义廉耻”的价值观。清正廉洁向来是中国传统从政美德，不仅是官员从政之要、为官之本，也是百姓评判官员德行的重要标准。“铁面无私、廉明断案”的狄仁杰、“黑脸青天”包拯、“两袖清风”的于谦、“直言天下第一疏”的海瑞、“清官第一”于成龙等被广为传颂，英名流芳千古，成为世人的廉政高洁、执法如山的榜样。廉政文化蕴含着“先天下之忧而忧，后天下之乐而乐”的爱民思想，“见素抱朴，少私寡欲”的节俭思想，“志于道，据于德，依于仁，游于艺”的尚贤思想，“当公法则不阿亲戚”的法治思想，是中华传统政治文化的瑰宝，凝聚着中华民族对善治国家、昌明政治的美好憧憬和价值追求。

（二）廉政文化是文化自信的重要组成部分

罗马非一日建成，文化更非一时之功。要充分认识到党风廉政建设和反腐败斗争的长期性、艰巨性。中央八项规定是切入口和动员令，既不是最高标准，更不是最终目的，只是我们改进作风的第一步。对于党员干部来说，党性修养、思想觉悟、道德水平不会随着党龄的增加而自然提高，也不会随着职务的升迁而自然提高，需要终生努力。

要始终坚定中国特色社会主义的道路自信、理论自信、制度自信、文化自信，理解政治文化、政治生活和政治生态的丰富内涵，把握三者相辅相成的关系，将三者统一于全面从严治党这个伟大工程中，把党的十八届六中全会通过的《关于新形势下党内政治生活的若干准则》落到实处。

必须在理论创新与实践探索基础上，形成科学权威的廉政文化评价体系。早在《周礼》中，对于官吏的廉政品德就有“一曰廉善，二曰廉能，三曰廉敬，四曰廉正，五曰廉法，六曰廉辨”的表述。今天，“廉政”的内涵更加丰富，其中所蕴含的理想信念、价值追求、政治品格等更加深刻。构建中国特色社会主义廉政文化体系，更好发挥其自我净化、自我完善、自我革新、自我提高作用，需要系统完备、科学权威的廉政文化评价体系，对廉政文化建设成效、存在问题展开全面测评，以此为廉政文化体系的加快建构提供智力支持和关键推动。必须讲好“中国廉政故事”，形成具有强大内外传播力的廉政话语体系。

（三）强化廉政立法是时代发展的现实需求

廉政文化包括廉政法治和廉政德治两大块。全国人大会议审议通过的监察法是我国惩治贪腐的重要组织法，它标志着我国的反腐已经朝着全面步入法治轨道前行。我国已经酝酿多年的反贪污贿赂法，不少专家学者也发出呼唤：应该及早提到立法的议事日程，让惩治腐败稳步走在法治的轨道上。同时还要制定惩治贪污腐败的程序法，使这项工作程序有法可依、有法必依。在强调廉政立法的同时，还要大力加强廉政德治建设，对党员干部的道德品质要提出更高的要求；对党员干部要强调纪律挺在前面，严守法律，更要成为民众的道德表率，使每一个共产党员和党的领导干部都成为人民大众的道德楷模。

三、从严治党需要增加精神“钙”质

（一）全面从严治党的现实逻辑

习近平总书记治国理政的根本主题，是坚持和发展中国特色社会主义；治国理政的根本主线，是实现中华民族伟大复兴的中国梦。全面从严治党、实现中国梦可以在“四个伟大”和“四个全面”战略布局的框架当中来思考。

“四个伟大”指的是伟大事业、伟大梦想、伟大斗争、伟大工程。

中国特色社会主义是伟大事业；这一伟大事业的奋斗目标——实现中华民族伟大复兴的中国梦，是伟大梦想；要实现这一伟大梦想，必须进行具有许多新的历史特点的伟大斗争；要指导和领导好这个伟大斗争，必须推进全面从严治党这个伟大工程。

全面从严治党和实现中华民族伟大复兴的中国梦还要放在“四个全面”战略布局框架之中进行思考。全面建成小康社会，是实现社会主义现代化和民族复兴的战略基础；全面深化改革，是实现现代化、民族复兴的强大动力；全面依法治国，是实现现代化和民族复兴的法治保障；全面从严治党，是为实现现代化和民族复兴提供强有力的领导主体。

“打铁还需自身硬”，这是一个连接“全面从严治党”“实现中华民族伟大复兴的中国梦”的重要话题。习近平总书记提出：“打铁还需自身硬。我们的责任，就是同全党同志一道，坚持党要管党、从严治党，切实解决自身存在的突出问题，切实改进工作作风，密切联系群众，使我们党始终成为中国特色社会主义事业的坚强领导核心。”今天中国共产党人打的最坚硬的“铁”，就是实现中华民族伟大复兴的中国梦。中国共产党是实现中华民族伟大复兴的领导力量，是“打铁”的主体，要把民族复兴这个“铁”打好，党自身必须要硬，只有自身硬了，才能顺利推进和实现中华民族伟大复兴的中国梦。这就是全面从严治党的现实逻辑。

（二）党需要不断补充精神营养

习近平总书记指出，“我们党要搞好自身建设，真正成为世界上最强大的一个政党”。从这个角度说，我们已经取得巨大成就，应充分肯定。

习总书记从问题导向出发思考全面从严治党，强调党要“勇于自我革命”。新形势下党面临着精神懈怠、能力不足、脱离群众、消极腐败这“四种危险”。以习近平同志为核心的党中央治国理政思路的突破口和切入点，就是围绕破解这“四种危险”，使我们党自身硬起来，解决管党治党“宽松软”的问题。

全面从严治党的核心内容，主要就是围绕着破解“四种危险”，让党自身硬起来这一核心线索展开的。它表现在以下几个方面：一是针对精神懈怠，强调坚定理想信念，补足共产党人精神上的“钙”；二是针对能力不足，着力提高改革发展的能力；三是针对脱离群众，采取一系列教育活动和措施消除这一不良作风；四是针对消极腐败，强调“把权力关进制度的笼子里”，中央派巡视组到各地巡视，助推廉政文化建设。

全面从严治党的历史使命，就是要把中国特色社会主义建设好，要把国家治理好。治国必先治党，治党务必从严，全面从严治党说到底是要把国家治理好。我们进行的社会主义建设，大致可分为前半程和后半程。前半程的主要历史任务是建立社会主义基本制度，并在这个基础上进行改革；后半程的主要历史任务是完善和发展中国特色社会主义制度，推进国家治理体系和治理能力现代化。问题倒逼改革，改革的目的是解决问题。影响中国发展命运的根本性问题主要有三个：一是经济社会发展的动力机制，二是经济社会发展的平衡机制，三是经济社会发展的治理机制。治国理政最终要把这三个根本机制解决好，这就是我们今天推进全面从严治党的历史使命。

四、借鉴与传承我国历史优秀廉政文化

廉政文化，是一种倡导、坚持廉洁从政的思想理论、价值观念、道德规范、制度体系和行为准则。任何从政行为，都受着一定文化的支配和制约。这种文化就像物理学上“场”的概念，看不见摸不着，但却时时刻刻存在于从政行为的过程并且发挥着超凡神奇的作用。所以，我们在开展反腐败斗争中，必须高度重视廉政文化的建设，把廉政文化建设作为反腐败斗争的一项基础性、战略性、长远性的工程来抓，使廉政文化成为“打虎”“拍蝇”的思想基础和舆论氛围，成为廉洁从政的文化阳光和社会土壤，成为世代传承的文明要素和健康基因，成为实现中华民族伟大复兴中国梦的重要一环。

（一）认识廉政文化

廉政文化包括以下内容：一是敬业文化。每个人无论在什么岗位工作，都应该敬业。敬业，不是敬钱或敬财，不能以获取钱财的多少来决定自己的工作态度，更不应该利用这个职业去谋取分外之物。二是财道文化。“君子爱财，取之有道。”马克思主义承认物质利益对于社会生活和个人行为的基础性作用。领导干部与其他人一样，也有自己的物质利益，但关键在于“取之有道”，即必须通过合法合规合理的

途径来获取个人利益，不能在正道之外谋取非法的收益。三是权责文化。权力是党和政府根据人民的委托授予的，只能用来履职尽责、为人民办事，并受人民的监督。这种权力是公权而不是私权，决不能用来谋取个人私利。权力与职责相平衡，超越授权做非分之事，就要追究责任，职责范围内的事情没有干好，也要问责、追责。四是底线文化。任何社会都有底线，这种底线，有法律的，有道德的，有党纪的，有政纪的，还有其他不同类型的纪律和规则。所有人都要牢固树立底线意识，对底线保持敬畏，不可以身试法、以身违纪。凡有突破底线者，都要予以惩处。五是奉献文化。社会生活不是所有的一切都可以用利益、金钱、财富来衡量和交换的。因此，每个社会都要在普通文化的基础上倡导更高层次的先进文化。其中最重要之一，是奉献文化。共产党员和领导干部是社会的中坚和先进分子，更要有奉献精神。要为人民和国家甘于奉献自己的力量和智慧，必要时甘于奉献自己的利益。

（二）识别腐败文化

腐败文化与廉政文化相对立。千百年来，腐败文化虽然不能登大雅之堂，但却始终存在于官场和社会中，在阴暗的角落里起到引人走向歧途的危害作用。治国理政实际上都是在廉政文化与腐败文化的博弈中不断推进的。所以，我们研究廉政文化的同时，也要研究腐败文化。在建设廉政文化的同时，必须坚决反对腐败文化。腐败文化，有的是公开的、露骨的。例如某些朝代明文规定的“捐官”、进贡。但在多数情况下，都是潜藏在其他一些不同类型的文化中。所以，我们在建设廉政文化时，必须对各种文化类型进行科学鉴别，弘扬精华，剔除糟粕。

腐败文化大致体现在以下六个方面：一是家庭私情文化。家庭是社会的细胞，一个健康的家庭，能给人带来无数的帮助和温暖，能潜移默化地熏陶人的品质和素养。但遗憾的是，很多人走上贪腐之路，都与家庭有关。原因是这些人把家庭私情摆在了法律之上，为了家庭私利而违背了法律、党纪、政纪和道德。习近平总书记强调，领导干部要重视家教、家风，管好自己的配偶和孩子。要弘扬健康的家庭文化，防止腐败文化对家庭的侵袭。二是友情变味文化。友情是温暖的、宝贵的。所有人都应该珍惜同志之情、同学之情、同乡之情、同事之情、战友之情、同胞之情。但是，所有的友情都不能逾越法律和道德的底线，越过底线，友情就会变味。正所谓：友情诚可贵，安全价更高，一旦变了味，祸害躲不了。三是关系互帮文化。人是社会关系的总和，每个人的社会关系都是一种客观存在。但是任何关系都要在法治、道德的轨道上运行和处理。但遗憾的是，有些人却把这种关系当成了办事的“润滑剂”“敲门砖”。当关系异化到法律和道德之上，腐败现象就必然发生。四是钻空子文化。即喜欢钻空子。不少人面对制度、法律和道德的约束，不是自觉遵守，而是用“显微镜”和“放大镜”搜寻其中的空子，千方百计钻空子，规避法律和道德的约束。这种钻空子文化确实帮助一些人办成了某些事情，但也把一些人送去了失去自由的地方。五是钱权交易文化。市场经济是通过市场进行交易的经济，但这种交易不能扩展到公权力的使用上。腐败的本质正是权钱交易。用作交易的权力不是个人私有的，而是党、国家和人民赋予的。权钱交易滥用了国家权力，侵害了公共利益。六是官场哥们文化。中国的官场文化源远流长。官场文化带有封建色彩，领导和部下混成了哥们或混成了老板与马仔，一人违法犯罪，多人跟风作案，容易产生违法违纪窝案、串案，是滋生腐败的土壤。

（三）提升拒腐防变和抵御风险的能力

借鉴历史优秀廉政文化，提升拒腐防变和抵御风险的能力，需要从四个方面着力：

一要加强反腐倡廉的制度建设。要将廉政文化贯穿于制度建设的所有方面和全部过程。着重在改善制度和体制上下功夫，进一步完善市场经济体制，减少领导干部对经济活动的直接干预；严格遵守党内政治生活准则，提高决策的民主化、科学化水平；严格执行《中国共产党党内监督条例》，加大对公权力的监督力度，等等。

二要加强领导干部的人品建设。在现实生活中，老百姓看待和评价一个人，最常用、最基本的标准，往往是“人品”两个字。人品好，腐败的概率就比较小；人品不好，就很容易误入歧途，而且会严重损害党和政府的声誉。所以，无论是全面从严治党，还是建设廉政文化，都有必要把人品建设当作一项重要内容，加强对党员干部的人品教育，在人品上提出严格的要求。考察选拔干部，要更加注重人品的状况，严格把好人品关。

三要完善干部选拔任用制度。为什么用人，用什么样的人，怎样选人用人，这是干部选拔任用要回答的根本问题。要按照治国理政的需要来选人用人，不能为权钱交易而用人；不能为照顾亲戚、朋友、同学、战友而用人；不能把领导职位当成“肥缺”，用来“照顾”“奖赏”“安慰”特定对象人。选人用人对于廉政文化建设起着巨大的引导性作用。选错用错一个人，多好的设想、计划都必然搞砸。

四要抓住“关键少数”的示范作用。廉政文化建设是一项系统工程，要从思想理论、价值观念、道德规范、制度体系和行为准则几个方面着手。还要强调抓住“关键少数”的示范作用。“关键少数”是指党的高级干部，他们位高权重，有号召力，有影响力，有示范作用，“关键少数”的政治思想、工作作风、生活方式、交往方式往往有较大示范效应，强调这一小部分人的人生观和价值观的塑造，对廉政文化建设至关重要。

第六章
国际上关于道德与法律关系的理论与实践

法律与道德的关系问题，向来是法学理论中的永恒的话题，也是法哲学的永恒主题与难解。德国学者耶林指出："法律与道德的关系问题是法理学的'好望角'；那些法律航海者只要能够征服其中的危险，就再无遭受灭顶之灾的风险了。"① 法与道德关系问题一直是西方法学所关注的重要问题。那些勇于探索真理的学者们，一直致力于这方面的研究和探索。

在西方，"法"和"道德"这两个概念都有广、狭二义。狭义上的法和道德都仅指规范、规则或制度形态上的法和道德，即一般所说的法律规范和道德规范。广义上的法和道德可以分为三个方面或层次，即观念层次、规范或制度层次和秩序层次。道德观念指人内心对是非、善恶、美丑、正义与非正义、人生的意义和价值等的认识和自己如何实现这些的设想。道德规范（制度）指在个人道德观念的抽象、提炼的基础上形成的带有普遍性的道德观念，并外化为如道德格言、风俗

① ［美］庞德：《法律与道德》，陈林林译，商务印书馆2015年版，第67页。

礼节、乡规民约之类的为公众遵从的道德性规范。道德秩序指主要由道德调整而成的社会秩序，它主要表现为人的道德行为。法的观念存在于人们的内心里，是一个社会里人们普遍的对法的精神的理解和对法的原则的概括。法的规范或制度指变为规则并由公共权力机关公开颁布和实施的各种形式的实在法。法的秩序指落实在人们的行为中的被遵守的法，也即经法调整过的因而已有序化的各种社会关系（法律关系）的系统。①

西方学者谈法律是否道德时与中国传统社会讲的不同，尽管都用了“道德”这个语词。朱苏力教授认为，西方学者谈论的道德，不是法官个体的个人品性，而是作为规则的法律本身是否道德或能否更为道德。从法理学上看，不是中国法学家说的那个道德问题，与法官个人的品性道德无关；而是一个法律认识论的问题：我们是否有能力发现最好的或更好的作为规则的法律，间接的可能还涉及法律的本体论问题：世界上是否有那样一个道德的法律在那里等着法官去发现。由于涉及认识论和本体论问题，这种关于法律的道德性问题在西方的智识传统中，特别是在近代西方科学技术发展的社会条件下，就有可能且比较容易（相对于中国）转化为一个科学技术问题。②

在论及法律与道德的关系以及与其相随的法学与伦理学的关系问题时，美国法学家庞德通过比较 18 世纪末和 19 世纪末的法学著作和司法判决发现，理论界与实务界随着时代的变迁，态度发生了通盘的转变。但是，19 世纪关于法律与道德之关系的学说，与 17、18 世纪同类主题的学说有着紧密的联系。在某种程度上前者是后者在不同阶段的发展，也是对后者所作的不同形式的回应。③ 可以说，历史上有关法律与道德关系的学说和实践是在不断反复和否定过程中前进的。

---

① 严存生：《法与道德关系模式的历史反思》，载《法律科学》2001 年第 5 期，第 41～42 页。

② 朱苏力：《中、西法学语境中的“法律道德性”》，载《国家检察官学院学报》2005 年第 13 卷第 5 期，第 76 页。

③ ［美］庞德：《法律与道德》，陈林林译，商务印书馆 2015 年版，第 4 页、第 6 页。

第一节　古代关于道德与法律关系的理论与实践

所有关于法律与道德的关系、法学与伦理学之关系的讨论，都可以追溯到公元前5世纪的古希腊思想家那里。从古希腊的苏格拉底、柏拉图和亚里士多德开始就一直在讨论。在漫长的西方法学发展史上，形成了自然法学派、分析法学派以及社会法学派，其各自对法律以及法律与道德的关系都有各自不同的见解。

一、古希腊法学家

古希腊并没有出现像罗马帝国那样发达的法律制度和专业的法学家集团。但在古希腊的哲学、伦理、政治思想以至文学中，包含了许多有关法律基本问题的探讨。例如，法是神授还是人定的，法代表正义、自然还是代表强权，法与国家、民主、自由、平等的关系，法的作用，法治还是贤人政治，自然法代表什么及其与实在法的关系，这些在西方中世纪以至近代、现代法学界中争论过的问题，在古希腊时都曾涉及，并对后世西方法律思想的发展产生了重大影响。

1. 苏格拉底，古希腊著名的思想家、哲学家、教育家、公民陪审员。苏格拉底和他的学生柏拉图，以及柏拉图的学生亚里士多德并称为“古希腊三贤”，被后人广泛地认为是西方哲学的奠基者。据记载，苏格拉底最后被雅典法庭以侮辱雅典神、引进新神论和腐蚀雅典青年思想之罪名判处死刑。尽管苏格拉底曾获得逃亡的机会，但他仍选择饮下毒汁而死，因为他认为逃亡只会进一步破坏雅典法律的权威。苏格拉底之死常被人们与耶稣之死相提并论，以凸显这个死亡事件在整个人类文明史中的重要地位。它的意义已远远超过了事件本身，而更多地在于由此引发的后人的相关思考。

现代西方分析实证主义法学认为法律是自足自洽的，并不以道德作为其必然的基础，不能以法律以外的宗教、道德等标准对法律的好坏、善恶做出判断，而应当保持价值中立。从苏格拉底的法律思想中，同样可以看到这种倾向。苏格拉底明明认识到法律对自己的判决是不公正的，却甘愿受罚，这与他对法律的独特属性的认识不无关系。一方面，个人没有能力对法律的好坏做出判断。苏格拉底是一位推崇知识至上的“知识贵族”主义者，他认为一般的民众是没有智慧的，他们的意见不值得考虑，他们的行为完全是随意的，所以，对于法律的好坏一般的民众也是无法做出正确判断的。既然如此，民众就不应当判断法律的好坏，正确的做法是完全服从法律的规定。另一方面，个人也不应当对法律的善恶做出判断。如果允许个人根据自己的好恶判断法律的善恶，那么人们就会挑选对自己有利的法律进行遵守，而逃避不利的法律，如此一来，法律的权威就会丧失殆尽。基于这种观念，苏格拉底以自己的死亡为世人做了一个坚决守法的榜样，而不论这法是好是坏，是善是恶。自然法学认为在人定法之外还存在一个在时间上具有永恒性、在空间上具有普遍适用性的自然法，自然法高于人定法，是人类制定法律的依据。苏格拉底认为有些“不成文法”是神明为人类制定，例如，孝敬父母、父母不可与子女结婚、以德报怨。违反神明制定的法律的人是无法逃避刑罚的，不像有些人违背了人所制定的法律，却能通过躲藏或暴力，逃避刑罚。守法即是正义。神也是喜欢把正义和守法看为是同一回事。作为一个虔诚的信徒，苏格拉底也可以被认为是为了获得神明的喜爱而勇敢赴死。[1]

2. 柏拉图，古希腊伟大的哲学家，也是全部西方哲学乃至整个西方文化最伟大的哲学家和思想家之一。自然法思想渊源于希腊哲学，几乎在西方政治、法律思想史上贯穿始终。古希腊的思想家们认为，自然法就是一种自然正义，它存在于一切民族、一切地方，人通过理性理解它，它是人定法的来源和基础。柏拉图对自然法的思想有所贡献。他同样认为：“有一些能够为人的理性所领悟的客观的道德准则，这些道德准则与统治低能动物和无生命物质运动的自然法则之间存在一个基本的和谐，而任何真正的法则，其目的都是使人类趋于完美的普遍的善。”“柏拉图表面上相信一切人皆有理性，但与此相联系的一种说法是：只有某种特殊资格的人才能够领悟最真实、最好的法则。”柏拉图把自由民分为三个等级，而奴隶根本不算是人。作为大奴隶主思想家，柏拉图常常在著作中表现出阶级偏见。柏拉图把美德与安宁视为立法的两大目的。他生活在希腊奴隶制走向衰败的时期，社会动荡不安，因此，他强调用法律重新建立社会的安宁与和谐。而美德是

---

① 任丽丽：《苏格拉底之死的法理学意蕴探析》，载《法制博览》2015 年第 9 期，第 266 页。

柏拉图最为关心的东西，他一切理论的目的都是促进公民的至善、国家的至善。他说："法律应该寻求改善公民的道德品性"，使他们掌握道德的知识，从而明白"个人唯有获得道德的灵魂，才有可能幸福"。他还说："立法的目的是为了促进全体人民的至善，而不是去满足统治集团的贪得。"

柏拉图把法律与道德紧密相连，希望人们通过守法实现道德理想，希望公民从事正义的活动是出于道德义务，而不是出于对惩罚的恐惧。在柏拉图看来，一个人品性中，都具有"较善"和"较恶"两部分。如果较善的那部分占优势，就控制住"较恶"的那部分，他就成为"自己的主人"；如果他接受不良的教育，或者受坏人的熏染，他便成为"自己的奴隶"。当恶性膨胀时，就只好服从外在的权威，这个外在权威就是法律。对于柏拉图来说，法律就是一种社会行为准则，它是公道与正义的标志。但是，法律正义与道德正义不完全相同。法律正义是"诉讼正义"，是指通过法律机器的正常运转而获得的后果或判决。因此，法律正义是为道德正义服务的。

3. 亚里士多德，世界古代史上伟大的哲学家、科学家和教育家之一，堪称希腊哲学的集大成者。他是柏拉图的学生，亚历山大的老师。作为一位百科全书式的科学家，他几乎对每个学科都做出了贡献。在亚里士多德那里，法与道德的关系是以正义—百德之总—与法的关系的形式提出来的。他的基本观点是，法是正义的衍生物，也是实现正义的制度，是衡量人的行为正义与否的具体标准。他说："城邦以正义为原则。由正义衍生礼法，可凭以判断人间的是非曲直，正义恰恰是树立社会秩序的基础。"又说："要使事物合乎正义（公正），须有毫无偏私的权衡；法律恰恰正是这样一个中道的权衡。""法律的实际意义却应该是促成全邦人民都进于正义和善德的（永久）制度。"基于此，他还认为，法与正义是特殊与普遍、具体与抽象、部分与整体的关系。[①] 亚里士多德为法治下了定义，认为其应包含两重含义，即良法和普遍服从，存有良法是法治的前提，"普遍服从"是法治所要达到的状态。已经成立的法律获得普遍的服从，而大家所服从的法律又应该是制定的良好法律。他用简洁的语句将良法与普遍服从相联系，却为我

---

① 严存生：《法与道德关系模式的历史反思》，载《法律科学》2001年第5期，第37页。

们指出了法治的基本标识。到现在，良法和法律的权威，仍然是法治的重要标识。所谓法治，即良法与守法的结合。而何为良法，就是前面提到的实现正义的法律，正义和道德成为良法、恶法的标准。

公元前3世纪开始出现的斯多葛派（意译为“画廊派”，因该派讲学场所有彩色画廊而得名），进一步提出了自然法思想，并认为自然法代表理性，是普遍适用的，高于一切城邦法律之上。这种思想后来传入罗马，对罗马法的蓬勃发展起过重大作用。

古希腊虽然有着相当灿烂的文化，但是它的成文法并不发达，也没有职业的法学家集团。希腊人在法理学方面的主要贡献，不在于他们在法理学领域得出了哪些具体的结论，而是在于他们为后人提供了可以据以进一步讨论深化的范畴和主题。

二、古罗马

罗马法，一般泛指罗马奴隶制国家的全部法律，存在于罗马奴隶制国家的整个历史时期。它既包括自罗马国家产生至西罗马帝国灭亡这个时期的法律，也包括公元7世纪以前罗马帝国的法律。从公元前451年至前450年间罗马的第一部成文法《十二表法》问世，到公元530年至533年完成的《国法大全》中的《优士丁尼法典》《学说汇纂》和《法学阶梯》为止，罗马法历经了一千余年的发展。它从最初一种狭小和简陋的农村共同体的法，发展成一种强大的城邦国家的法，进而发展成一种帝国的法。古罗马法律实际上是一个学习、传播、应用希腊自然法思想的过程。罗马人不仅仅把法律作为经时务世的技术工具，罗马最早的一些法学家，把解释法律当作对社会公共生活的贡献，努力追求法律智慧与道德正义感相统一的高尚的伦理形象。在古罗马，指称“法”的有两个词：Ius和Lex。Ius指自然形成的法与习俗，它本身即含有潜在的完善性，是所有人定法Lex的正当性源泉。而Lex则专指由世俗权力机构制定、认可的人定法或曰制定法。Lex的含义比Ius要狭窄，Lex的中心意义是命令。西塞罗把Lex称为“有关命令和禁止的正确理性”。五大法学家之一的莫德斯丁则说，法律（Lex）的效力在于命令、禁止、允许和惩罚。制定法（Lex）要尽可能地遵循、符合自然的固有的法与习俗（Ius）。这一观念我们简言之曰“自然法观念”。

罗马法学家还从道德的角度提出了许多不同关于法的定义。根据自然法学说，法律与道德、法律与正义是密不可分的。公元1世纪初的法学家塞尔苏斯说："法律是善良公正的艺术。"在《查士丁尼学说汇纂》的序言中，就是这样来定义法律的，而且指出，善良就是指道德，公平则是指正义。在这里，法律与道德混在一起，与正义是等同起来的。"正直生活，不害他人，各得其所"，这一为希腊法学家所倡导的自然法基本观念，受到罗马法学家的尊崇。尽管罗马法学家关于法律的定义有其时代的局限性，但是，从正义的原则出发确定权利与义务的一般原则，把希腊人的公平正义观念具体化为法律概念、术语、原则和技术，不能不说是罗马法学家的卓越贡献。①

西塞罗是古罗马杰出的政治家和法律思想家。西塞罗有关自然法的理论以及自然法与实定法关系的学说揭示了法律与道德的关系。

西塞罗认为，自然法是理性的体现，是正确的理性。理性既存在于人也存在于神。他说，所谓理性，是进行推测、论证、批驳、阐述、综合、作结论的智慧。自然法源于自然，自然是神创造的，神也创造了人，自然和人都被神赋予了理性。自然法是普遍适用的，自然法为人神共有，人类既然是自然创造的，人类被赋予了正确的理性，也赋予了正确的法律。这种正确的法律就是适用于全人类的。西塞罗认为，由于全人类都受到同一种自然法的统治，所以，整个世界都应该被称为神明和人类的一个共同社会。这种思想为罗马帝国的扩张提供了理论上的支持。自然具有永恒性，是永远有效的。"一切正确的，合理的都是永恒的，并且不随成文的法规一起产生或消灭"。自然法产生于任何成文法之前，产生于任何国家之前，并且是与神同时产生的。这种正确的法律，是永远不能被撤销的，也不能被废除的。自然法与神法一样都是最高的。自然法具有最高性，它统率全人类，也高于一切人定法。

西塞罗认为，法律是自然法的具体体现，法的根源是自然法。所谓根源体现为两个方面；从内容上讲，法律作为区分"正义与非正义"的标准，只不过是自然法以人的语言的表述；从效力上讲，法律的效力来自于其道德性，即它符合自然法的要求。法不是以人们的意见和

① 徐爱国、李桂林：《西方法律思想史》，北京大学出版社2014年版，第40页。

意志为基础，而是以自然为基础的。虽然立法机构的立法行为需要有一定的法律规则，需要有立法资格，但是，并非立法机关制定的一切法令都是法律。立法机关按自己的意志，但是违背人民的利益和国家利益的立法并不具有法律效力。因此，法律之所以成为法律，具有法律效力，是因为它具有道德性，是因为它与自然法相符合。在论述自然法与人定法的关系时，西塞罗主张“恶法非法”。虽然“恶法非法”的思想是在近代自然法理论中提出的，但在西塞罗的著作中得到了充分体现。他认为，凡是不符合自然法，立法者在立法时违背对人民的承诺，不是出于国家和人民的利益考虑而制定的法令，并不能称为法律，或者说不具备法律的效力。违反自然法、违反人民利益的法规，不能算是法律，不具有法律的效力。如果一个国家的立法者制定的法规有害，不公正，就没有法律，国家就是没有意义的。法律的制定是为了保障公民的福祉、国家的繁荣昌盛和人们幸福安宁的生活。那些首先通过这类法规的人曾经向人民宣布，他们将提议和制定这样的法规，只要被人民赞成和接受，人民便可生活在荣耀和幸福之中。显然，他们便把这样制定和通过的条规称做法律。当那些违背自己的诺言和声明，给人民制定有害的、不公正的法规的人立法时，他们什么都可以制定，只不过不是法律。一个国家如果没有法律，是不是因而便变得毫无意义？在这种意义上讲，自然法是判断人民的决议、统治者的命令是否能够成为法律的标准。

三、中世纪

中世纪是指从476年西罗马帝国结束到以文艺复兴、地理大发现和宗教改革为标志的现代欧洲的兴起，直至1640年英国资产阶级革命爆发这样的一个时间间隔，大约1200多年。在漫长的1200多年时间里，意识形态领域神学世界观统治一切，基督教的神学处于垄断地位，法的本质最终归结为上帝的意志和理性。恩格斯指出，中世纪的世界观本质上是神学的世界观，教会信条自然成为任何思想的出发点和基础，法学、自然科学、哲学，这一切都是由其内容是否符合教义的内容确定的。

从中世纪中期开始，西欧出现了一种以恢复和研究罗马法为中心的新的法学。到中世纪后期，亚里士多德和查士丁尼是唯一允许予以解释的权威。自然法学说借由这些权威的论述得到了认可，而无须求助于创造性的方法或者依据自身所蕴含的道德标准对法律规范来一番批评检测。自然法因为受到权威文献的称颂而得到认可，不过被塞入了一个神学哲学基座：自然法直接来源于理性，但最终来源于上帝。自然法是“统治整个世界的神圣智慧的理性”。由此，自然法在短期内被用来维护权威，而不是去撼动权威。[①] 托马斯·阿奎那是欧洲中世纪最有权威的神学家和法学家，他的法律思想的最大特点是按照他的神学体系对法律进行分类：永恒法、自然法、人法、神法。永恒法是最高类型的法律，神法次之，自然法和人法更次之。在论述人法与自然法关系时，阿奎那认为：一是人法来源于自然法。通过对自然法的推理外加特殊规定产生人法。二是人法必须符合自然法，法律是否有效，取决于它的正义性，不公道的法律不能称之为法律。三是人们有抵抗暴政的权利，人们抵抗暴政的权利来源于比人法更高的法律，是道德权利或宗教权利。但“除非对公共幸福产生的利益足以补偿所造成的损害，否则人法就永远不应加以改变”。四是法律分为正义和非正义的，自然法与正义是同一的。“如果法律是非正义的，它就不能存在。所以法律是否有效，取决于它的正义性。但在人类事务中，当一件事情能够符合理性法则时，它才可以说是符合正义的，并且像我们已经知道的那样，理性的第一个法则就是自然法。”[②]

第二节　近代关于法律与道德关系的理论与实践

一般认为，文艺复兴和宗教改革是现代西方的开始，公元14世纪至16世纪，西方社会处于文艺复兴和宗教改革时期，在文艺复兴后期，同时发生了另一运动，即宗教改革运动，其目的是要求按照资产阶级的利益来改造教会和改变宗教教义。经过文艺复兴运动，西方社会进入自由资本主义时期。

---

① ［美］庞德：《法律与道德》，陈林林译，商务印书馆2015年版，第9页。

② 托马斯·阿奎那：《阿奎那政治著作选》，马清槐译，商务印书馆1963年版，第116页。

一、古典自然法学派

在宗教改革时代反抗权威的过程中，新教的神学法学家们剔除了中世纪自然法学的神学之维，并试图再一次将自然法直接建于理性之上。格劳秀斯是近代首先论述自然法理论的人。他继承了亚里士多德和西塞罗的学说，认定人是政治或社会的动物，由于人类理性需要和平和合理的生活而组成社会，这种理性就是自然法的渊源，自然法是绝对不变的，就是上帝也不能改变它。不过，格劳秀斯在法学和神学相分离的前提下，又返回神学，将作为国家法的全部力量和有效性渊源的自然法建立在两个基础上：一是永恒理性，二是那位只欣赏理性的上帝的意志。在英国法学家布莱斯通的著述中，也可以见到这一双重基础。但对所有这些著述者来说，自然法真正依据显然就是理性。[①]经过文艺复兴运动和宗教改革，古典自然法学在17世纪至18世纪风靡于欧洲大陆和北美，主张自然法代表人类的理性或本性，是最高的法律。之所以称为“自然法学”，是因为他们都认为自然法是一种高于并指导政治社会的国家和法律的人类理性。称之为“古典”，是因为他们的理论非常完善，可视之为一种经典之说。[②]正如美国法学家庞德所言，当经院神学家们开始运用纯理性的力量说服无信仰者和异教徒皈依时，身处怀疑主义时代的自然法学家们急切地希望依据无懈可击的理性说服所有的人，并借此实现对法律秩序之规范的普遍服从。[③]

二、哲理学派

19世纪，西方的思想是相当活跃的。伯克的保守主义、康德和黑格尔的唯心主义、边沁及密尔父子的功利主义和孔德的实证主义，都各显风采。

西方自古希腊以来都是把道德建立在法的基础之上。当然，一旦人间的法律得以建立并被视为神圣，人间的道德也就有了基础，守法被视为道德的，违法则是不道德。但这种人间道德不能用来衡量和评价法律的制定者宙斯，所以这种法律也不是建立在道德上的，而是建

---

① ［美］庞德：《法律与道德》，陈林林译，商务印书馆2015年版，第10页。

② 徐爱国、李桂林：《西方法律思想史》，北京大学出版社2014年版，第84页。

③ ［美］庞德：《法律与道德》，陈林林译，商务印书馆2015年版，第11页。

立在神的最高权威和公正之上的（如宙斯把自己的父亲打入地狱也是以正义的名义）。从古希腊的城邦法开始，西方法律的最高原则就是“正义”或“公正”（right），而公正连同它所带来的幸福一起则被称为“善”（good）。公正的来源被归于宙斯。近代以格劳秀斯和霍布斯为代表的“自然法”概念虽然有与上帝脱钩的倾向，但从人的理性本性中推出的自然法及其正义原则却与古代一脉相承。但这一传统在康德这里遭到了一场颠覆。①

1. 康德是启蒙运动时期最后一位主要哲学家，是德国思想界的代表人物。在康德的法学和伦理学的关系中，伦理学是更本质的。康德把自然法则和自然法权区别开来，就是为了在自然法权中看出更深一层的道德含义来，并把自然法权建立在这种道德含义之上。在他看来，以往的自然法派的法学家最大的毛病就在于使自然法则变成了外在的自然规律，把人降低为和动物一样服从自然规律的存在物，而丧失了其内在的道德尊严。即使他们把自然法则归于上帝的权威，也无助于使人从动物中提升起来。所以，他要把自然法权的唯一基点建立在人的自由之上，以便从中引申出道德的内涵。而这种道德内涵就在于道德命令本质上立足于自由意志的自我立法，即道德自律。这就完成了一个根本性的倒转：法或法则（gesetze）不是天赋的，也不是上帝颁布的，而是人的自由意志的无条件的命令。道德立足于法之上的传统结构被颠倒为法立足于道德之上的崭新结构了。康德阶段的自然法思想则是将理性灌输到主体，也是主体执掌理性，自然法也从自然的理性、神的理性进入到个体理性的新阶段。正如庞德所言，康德与哲理法学派的前辈们所拥有的全部共同点，是相信自己能够发现某种永恒的、不可变更的事物，而后者是法律赖以立身的基础。但是，康德的发现完全不同于自然法学派的古典法学家们的发现，它是通过另一条途径获得的。康德将具有自由意志的自觉个体（人）作为终极的形而上学的基点，并由此展开自己的理论。他从自由意志间理性的和谐共处中推导出一条关于权力的终极原则。②

康德认为法在本质上是道德律，是以外在强制限制个人滥用自由的一种特殊形态的道德律，他指出从实践理性产生出来的道德法则可

---

① 邓晓芒：《康德论道德与法的关系》，载《江苏社会科学》2009 年第 4 期。

② ［美］庞德：《法律与道德》，陈林林译，商务印书馆 2015 年版，第 12 页。

以分为伦理的规则和法律的规则，法律规则与伦理规则的区别表现在三个方面：第一，法的管辖范围只及人的外部行为，道德则深入人心内部，能阻止人的恶念；第二，道德律的遵守完全依赖人的自觉，法的遵守则离不开权威机关的强制；第三，道德是肯定的、推动人们的行动，法则是否定的、限制人们的行为。①

2. 黑格尔是德国古典哲学的主要代表和近代西方最有影响的哲学家之一。黑格尔在法学方面批判地继承了关于法的本质是自由思想的说法，不过他不再把法理解为道德律的一种特殊形态，而是把道德说成是法的发展的一个阶段——个人内心的法。他认为更高意义上的法只有在国家这种最高的伦理组织中才能表现出来。因为国家的意志是一种普遍的意志，只有它才能把人的行为中的规律性的东西揭示出来。而法就是人类的规律和社会的规律。②

三、历史法学派

历史法学派是 19 世纪起源于德国以强调法的历史基础为基本特征的一种法学思潮和流派。其代表人物是德国的萨维尼和英国的梅因。早在 18 世纪末，自然法思维就分裂为两种门径，一种门径促成了哲理法学，这种哲理法学为既定实在法提供了各种似是而非的事后理由，并被看作是对理想自然法所做的权威展示，理论上所有实在法仅仅是这种自然法的宣示。通过将实在法看作是宣示性的以及将这种宣示视为人类理性的一种成果，来强调确认和发现法律之理性的权威性。实质上自然法纯粹成了用于辩护和解释的工具。另一种促成了历史法学，该学派也遵循实在法是宣示性的主张，但是其认为，法律规范不是对道德规范的宣示，而是对习俗的宣示，这种习俗蕴含在文明社会的生活经验之中。这种法律并不是凭借自身内在道德权威而取得约束力的理想道德准则，而是扎根于真正民族精神的大众习俗。③ 历史法学派与自然法学派和哲理法学派相对，属于实证主义的进路，后者强调真理的普遍性，认为人们可以从给定的前提中演绎出成套的法律规则。前者更多强调法与文化相联系的个性，更加重视从经验和传统生发出习

---

① 严存生：《西方法律思想史》，法律出版社 2015 年版，第 161 页。

② 严存生：《西方法律思想史》，法律出版社 2015 年版，第 161 页。

③ ［美］庞德：《法律与道德》，陈林林译，商务印书馆 2015 年版，第 14～15 页。

惯的地位。历史法学派也明白，仅仅依靠正式的法律法规不能实现正义，其间还存在一些别的事物，后者决定性地参与了所有审判工作，但其并不存在于法典或法规的字里行间。自然法学派也看到了这一点，其认为这一未表述出来的事物就是一个永恒的、理想的道德体系以及由此而来的法律原理，而实在法只能对其做不完美的反映。历史法学派则认为，这一未曾表述的决定性因素就是习俗和习惯。针对这一表述，美国法学家庞德评价道，历史法学派以文明社会大众行为和人类交往的习惯来理解这一因素，忽略了司法和法学在塑造法律规范过程中的首要因素，亦即思维倾向——考虑什么样的事物是与理想的法律目的以及所期待的理想法律规范体系是相一致的。而自然法理论则更为直接地描绘了这一因素。① 可以说，正统的历史法学派对立法者、法官及法学家在法的制定与实施过程中法的创造性活动一概予以排斥。法律规范之所以具有约束力，是因为作为人类经验所发现的行为原则之表达，它有着与生俱来的强制力，它蕴含着理念实现的过程。历史学派同样找出了一些普遍的理想原则，而实在法必须遵守，但这些原则不是道德原则而是惯常行为的原则，它们不是由理性展示的，而是通过历史考察发现的。随着历史法学派的声势大振，习惯就取代了道德在 17、18 世纪的法学思想中所把持的地位，道德完全被置于法官和法学家的考虑之外了。

四、分析法学派

分析法学派是指将眼光转向现实的法律现象，以功利主义哲学为理论基础，以实证研究为基本研究方法，以边沁、奥斯丁为主要代表，在实在法材料的基础上进行概念分析、逻辑分析等种种分析的西方法学流派。分析法学把法分为应然法和实在法，认为法学所研究的是实在法，而应然法在他们眼里就是自然法或道德律，根据休谟的实然与应然之间不可通约的理论，奥斯丁以来的分析法学家把法律和道德分开，提出了法律与道德无涉。② 分析法学彻底划清了自身与哲学及伦理学的界限，他们认为法律科学是完全自足的。

奥斯丁是英国著名的实证主义法学家，早期分析学派的创始人。

---

① ［美］庞德：《法律与道德》，陈林林译，商务印书馆 2015 年版，第 16 ~ 17 页。

② 严存生：《西方法律思想史》，法律出版社 2015 年版，第 202 页。

奥斯丁认为，“法”，是一种“命令”，其中包含了“义务”和“制裁”这两项基本的要素。从另外的角度来看，“命令”“义务”和“制裁”，是一个问题的三个方面。其一是就法律而言，知道了“命令”，也就知道了“义务”，也就知道了“制裁”，反之亦然。当然，“命令”的出现，其前提是存在着一个制定者，而且存在着一个“接受者”。制定者基本上是政治意义上的优势者（superior），“接受者”是政治意义上的劣势者（inferior）。因为实际力量的对比差异，“接受者”将不得不接受制定者的“制定”。因此，可以说实在法是政治优势者对政治劣势者制定的规则。[①] 法律命令说是奥斯丁最主要的学说观点之一。其二是法律和道德的分离，法理学的任务是研究法律，而不管它道德上的善与恶、好与坏，这也是后人所说的“恶法亦法”论。其三是将法律区分为应然的法和实然的法，法理学研究范围界定为实然的法，注重对法律形式的研究，排除对法律价值的任何思考。分析法学使法学从传统的神学、伦理学、政治学、哲学等其他学科中分离出来，使之成为一种独立的学科。

分析法学派尝试以实事求是的态度看待法律规范（面对纯粹的法律事实），分析实际存在的法律制度，并以那种方式为一门普遍的法律科学提供素材。正如庞德所言，但在实践中，他们从没成功地将自己约束在纯粹的法律事实之中。分析法学派和历史法学派都建立了自己的自然法体系，他们各自都建立了所有法律都必须遵从的理想模型，并以这一模型评判所有的法律规范。但它并不是自然法风行时期的那种伦理模型，而是一个在逻辑上一致并且相互支持的法律规范体系。自然法学派通过哲学，发现了必然性法律原理——作为所有法律之必然依据的普遍原则，而分析法学派努力通过分析英国法、罗马法和近代罗马法的规则、学说和制度来发现这些普遍的原则。[②]

第三节 现代关于法律与道德关系的理论与实践

随着自由资本主义与垄断资本主义的发展，西方社会从 19 世纪末到 20 世纪，出现了许多法学流派，比如社会法学、现代分析法学、新

① 刘星：《重读奥斯丁的〈法理学的范围〉》，载《环球法律评论》2002 年春季号。

② ［美］庞德：《法律与道德》，陈林林译，商务印书馆 2015 年版，第 35 页。

自然法学、经济分析法学，这些法学流派从不同的角度论述了法与道德的关系。

一、社会法学派：法与道德的关系不是一成不变的

社会法学派指的是19世纪末叶以来资产阶级法学中的一个派别，后来更是20世纪三大法学派之一。西方法学家一般认为该派具有下列的一个或两个特征：以社会学观点和方法研究法，认为法是一种社会现象，强调法在社会生活中的作用或效果以及各种社会因素对法的影响；认为法或法学不应像19世纪那样仅强调个人权利和自由，而应强调社会利益和“法的社会化”。早期代表人物是孔德、斯宾塞等，到了20世纪，其代表人物主要是庞德、韦伯等。

庞德是美国社会法学的主要代表，20世纪上半叶西方最有影响的法学家之一。他认为，法与道德的关系是随着社会的发展而发展的，不是一成不变的。他把法分为前期或者萌芽期、严格法时期、衡平法或自然法时期、成熟法时期。在萌芽期，法律和道德浑然一体，古希腊法律一词包括伦理风俗、宗教仪式、人类观念中的律例、法律规则以及社会制裁的全体。在严格法时期如古罗马和英国的中世纪，法律从其他社会规范中明确的分化，法律与道德截然对立，法律条规是自足的，道德被漠视。在衡平法或自然法时期，不少道德观念从外面注入法律，甚至成为比法律规定更权威的东西。其显著特点是法律必须在任何方面与道德保持一致。法律在任何方面必须与道德相吻合。公元前后的古罗马法、17世纪至18世纪的英国和欧亚大陆法就是代表。在法律的成熟期，法律与道德又一次分离，不过这一次是相对的，是有分有合。两者的联系表现在立法和司法方面，在立法方面，法律必须以道德为基础，在司法方面表现在四个连接点，即司法造法；法律解释；适用法律，特别是关于法律标准的适用；以及司法的自由裁量权。[①] 庞德从广义的法律概念出发，认为法律包括律令要素、技术要素和理想因素，法律理想即法律目的是法律中重要的且随着社会发展而不断嬗变的组成部分。法律的理想因素也就是道德价值问题，也就是

① 严存生：《西方法律思想史》，法律出版社2015年版，第265～266页；［美］庞德：《法律与道德》，陈林林译，商务印书馆2015年版。

我们试图通过社会秩序化而获得正义的问题。①

总体说来，社会法学派强调的是法律与道德的独立与区分，诚如韦伯所说的现代社会进入了价值祛魅的状态。“我们这个时代，因为它所独有的理性化和理智化，最主要的是因为世界已经被祛魅，它的命运便是，那些终极的、最高的价值，已从公共生活中销声匿迹，它们或遁入神秘生活的超验领域，或者走进了个人之间直接的私人交往友爱之中。”②

二、现代分析学派：道德与法律的联系与区别

现代分析学派又称新分析学派，在吸收边沁、奥斯丁理论基本立场的基础上又进行了理论上的创新，使分析法学得到了很大的发展。新分析学派逐渐松动了旧的分析学派道德与法律“势不两立”的态度，在一定条件下承认法律与道德之间的耦合关系。③

哈特是英国的法理学家，新分析法学派的创始人，主要著作有《法律的概念》。哈特反对自然法学派提出的不合乎道德的法律就不是法律的观点，认为法律的好坏并不影响其本身仍然是法律的属性。但在这个前提下，道德与法律的关系向自然法学派靠拢，或者说对自然法学派做了让步。就法律与道德的区别，哈特认为具有以下四个方面的特征：一是重要性。与道德相比，法律的重要性处于相对的低位。二是非有意改变。法律规则的立改废可以有意识地进行，道德规则却不能有意地引入、改变或撤销，立法者可以通过法律禁止某种行为从而使得某种道德观念发生变化，但道德往往是根深蒂固的，试图改变道德观念在法律上的努力往往会失败。三是道德罪过的故意性。在法律上主观上的非故意性往往不能成为免责的理由，而且在某些领域还会强调严格责任。四是道德的强制形式不同于法律。④ 就法律与道德的联系，哈特认为表现在以下几个方面：

---

① 蔡宝刚：《迈向务实：西方法律与道德关系理论的流变路向》，载《南京农业大学学报（社会科学版）》，第9卷第92页。

② 参见马克斯·韦伯：《学术与政治》，冯克利译，上海三联书店1998年版。

③ 蔡宝刚：《迈向务实：西方法律与道德关系理论的流变路向》，载《南京农业大学学报（社会科学版）》，第9卷第91页。

④ 严存生：《西方法律思想史》，法律出版社2015年版，第283页。

一是表现为法律规则与道德规则之间存在着共通性因素。“责任和义务的道德规则和法律规则具有某种显著的相似之处，这些相似之处足以表明道德与法律使用共同词汇并非偶然”，如二者都有得到服从的严肃的社会压力的保障，履行道德义务和法律义务是被看做当然之事的社会生活的最低限度的贡献，法律和道德都是支配人的不断再现的行为对象，等等。

二是表现为承认并总结最低限度自然法的内容。“这些以有关人类、他们的自然环境和目的的基本事实为基础的、普遍认可的行为原则，可被认为是自然法的最低限度的内容”，而且它们是由社会学或心理学通过概括和理论的方法，基于观察在可能的条件下的教育实验区确立的，这些最低限度的自然法构成了法律与道德的共同基础和要求。最低限度的自然法的内容包括：人的脆弱性，要求限制使用暴力杀人或施加肉体伤害；大体上的平等，必须有一种相互克制和妥协的制度；有限的利他主义，人既不是恶魔也不是天使而是二者的中间者，这一事实使得相互克制的制度既有必要又有可能；有限的资源，资源的有限性使得某种最低限度的财产权制度以及要求尊重这种制度的特种规则必不可少；有限的理解力和意志力，为此就需要一种强制制度下的自愿合作。这些简单的真理不只是揭示了自然法学说的价值观念的核心，它们对于理解法律与道德也是至关重要的。

三是承认法律往往受到道德因素的影响。法律在任何时候和任何地方事实上都受到社会集体的传统道德和个人开明道德的影响，“一个法律制度必须展示出与道德或正义的某些具体的一致性，或必须依靠我们有服从法律制度的道德义务这种广泛流传的信念”。道德对法律的影响表现为在立法方面公开地进入法律和在司法方面悄悄地进入司法。

每个现代国家的法律工作者处处表明公认的社会道德和广泛的道德理想二者的相互影响，如在美国的有些制度中，法律效力的最后准则中明确地包含了正义原则或重要的道德价值；在其他国家的制度中如英国，对最高立法机关的权限没有形式上的限制，可是它的立法还是毫不含糊地符合正义或道德。法律反映道德的其他方式是数不胜数的，但对它们仍未充分研究：法规可能仅是一个法律外壳，因其明确的术语而要求由道德原则加以补充；可强制执行的合同范围可以引证道德和公平的观念予以限制；民事过错和刑事罪过的责任可由流行的道德责任观念来调整。任何实证主义者都无法否认这些是事实，也不能否认法律之稳定性部分有赖于与道德的一致性。

三、新自然学派：愿望的道德和义务的道德

自然法理论是西方法理学的主导理论之一，在19世纪初遭到了冷遇，19世纪末到20世纪初，西方一些法学家又开始研究其自然法观念，并且得到了突飞猛进的发展，形成了现代自然学派，又称新自然学派。该学派逐渐疏离传统自然法的那种抽象空洞的言论，通过对自然法内涵的明确细化和自然法的实际运用的重视，不断增强自然法理论的现实性、操作性和实用性。正如庞德所言，“这种自然法不是以往那种挥之不去的、向我们推行理想的法律模式的自然法，而是一种富有创造力的自然法，它使我们有能力将公认的，通过上世纪法律科学得以系统化的法律素材，改造成为今日和明日社会之富有活力的审判工具。”①

富勒是20世纪美国新自然法学的主要代表之一，其代表作是《法律的道德性》。富勒将道德分为愿望的道德和义务的道德，前者是指一个成功者所应追求的道德，其最高的目标就是正义，后者是一个社会人所应遵循的最低限度的道德。义务的道德与法律最为类似，愿望的道德与法律没有直接的联系，但与法律目的的实现有联系。法律的内容基本和义务道德相同，区别只在于法律的规定更具体。法律规则就是义务道德的派生物，是义务道德的法律化。因此，富勒认为法律离不开道德和具有道德性，并认为不具有道德性的法律就不具有法律的威力和效力。其主要表现在两个方面，一是法律必须以最高的道德——正义，作为追求的实体目标；二是表现在法律自身的制定和实施，以及其内容和形式必须符合道德的要求。前者称之为是法律的外在道德，后者称之为法律的内在道德。前者追求的是实质正义，后者追求的是形式正义。富勒提出了程序自然法，为了实现法律的内在道德，需要遵循程序自然法的八项要求：法律的一般性，法律的公布，非溯及既往的法律，法律的明确性，避免法律中的矛盾，法律不应要求不可能实现的事情，法律的稳定性，官方行动与法律的一致性等。不符合

---

① 参见［美］庞德：《法律与道德》，陈林林译，商务印书馆2015年版。

这些要求的任何一项就会产生坏的法律制度，甚至不能称为法律。[①]

德沃金是20世纪70年代以来美国最为重要最有影响的哲学家及宪法学家，也是新自然学派的代表人物之一，其代表作是《认真对待权利》。德沃金毕生致力于从事法律与道德融合的研究，他致力于发展一套具有原创性与高度影响力，将法律建立在基于道德之上的理论。德沃金认为：构成法律的不仅有规则，而且还有原则和政策。他把原则解释为普遍公认的道德准则。德沃金所言的法律原则指的是在制定某些规则时所依据的一种抽象标准或理由，原则就蕴含在过去的一切成文法和先例中，存在于整个法制传统中，法官可以在其中找到足以解决一切案件的法律依据。法官不仅要遵循规则，还要遵循原则。法官适用法律，不应该机械地服从法律规则，法律原则能够把法律思想和道德思想联系起来，使法律发展与道德发展携手发展。[②]

第四节　20世纪三大论战与纽伦堡审判及东京审判

自古希腊以来，西方法学流派纷呈，各个学派都从不同的角度揭示了法律的本质，不断地从广度和深度上增进了人们对法律的认识。法律作为控制社会的一种有效方式是以其强制力和约束力作为根本保障的，面对法律规范的强制力和约束力，对其正当性的追问就会成为永恒的话题。正因如此，法律与道德的关系问题亘古弥新。对这一问题的研究，不但具有重大的理论意义，而且具有重大的实践意义。

一、三大论战

20世纪以来有关这一问题的三大论战：哈特与富勒关于法与道德有无必然联系的论战，哈特与德富林关于国家有无权力强制实施道德的论战，哈特与德沃金关于规则模式中是否包括蕴含道德价值原则的论战。

（一）沃尔芬登报告与道德被强制执行

1954年，英国国会组成了沃尔芬登委员会，调查及研究现行的有

---

① 严存生：《西方法律思想史》，法律出版社2015年版，第325页。

② 蔡宝刚：《迈向务实：西方法律与道德关系理论的流变路向》，载《南京农业大学学报（社会科学版）》，第9卷第90页。

关性犯罪的法律，以对国会提出有关这方面立法的建议。1957 年，委员会提出了“沃尔芬登报告”（Wolfenden report），建议法律不应该禁止成年人之间在私下自愿进行的同性恋行为，也就是说，应该将这种行为非刑事化。该报告认为刑法的功能是：保持公共秩序和社会良俗（decency），保护公民免受侵犯或损害，并且为公民提供免受他人剥削和败坏的足够的保障，尤其是为那些特别脆弱的公民，因为他们年轻、身心脆弱、没有经验，或者在生理上、身份处境上以及经济上处于一种特别的状态需要依赖他人。按照我们的观点，法律的功能不是去介入公民的私人生活，或试图去强制推行任何特定的行为模式，法律的功能不超过为推行上述概括的任务所需要的限度。……社会和法律应该给予个人在与私人道德有关的领域以选择行动的自由……这样说并不等于宽恕或鼓励私人的不道德。

1959 年，英国上议院的司法议员德富林对这份报告作了猛烈批判，同年，哈特教授对德富林的观点作了反批判。德富林认为，在很多罪行中，刑法的功能就是为实施道德原则而不是为了别的什么。社会不仅是一个物质的共同体，也是一个观念的共同体。社会的共同道德是维系社会存在的看不见的纽带，如果这个纽带过于松弛，社会成员就会游离出社会。当共同道德不被遵守时，社会就会分裂、崩溃。因为不道德的行为扩散开去，后果就不堪设想，如个人酗酒是隐私，但假设有四分之一或二分之一的人口每天晚上酗酒，社会将会变成什么样？“对于政府立法镇压叛乱和煽动叛乱的权力没有理论上的限制，那么我认为，立法镇压不道德行为的权力同样也不能有理论上的限制”。因此道德不仅仅是一个私人问题，存在于社会的公共道德，界定公共道德的标准就是任何一个明理的人（reasonable man）的正常判断，如果某种行为让一个明理的人，进而让公众感到难以容忍、愤怒，甚至厌恶，就足以构成对其进行惩罚的根据。同性恋行为就是这样一种公共道德无法容忍的行为，“平静地和不带感情地注视它，我们认为它是这样一种令人憎恶的邪恶，以至单单它的出现就是一种对我们的侵犯”。

针对德富林的观点，哈特指出，没有任何经验的证据可以表明集体意识或共同道德对任何社会的存在是必不可少的。而认为道德的转变就等于社会的解体，这种说法更为荒谬，照这种逻辑，我们就没有办法说一个特定社会的道德发生了转变，而必须说一个社会消失了而另一个社会代替了它。

德富林是法律道德主义的典型代表。法律道德主义主要表现为两个方面：一是通过法律禁止不道德的行为，认为法律可用于强制戒除私人的不道德；二是通过法律强制推行私人的美德。如果我们可以因为某人私下的同性恋令我们难以容忍而对其进行法律制裁，我们也就可以以同样理由去制裁那些政治观点、宗教信仰和处世态度与我们不同的人。法律不是万能的，没有任何证据表明，道德最好由对法律惩罚的恐惧来使人们接受它，法律干预不道德行为所产生的负效应往往比不道德行为本身带来的负效应还多。同样，用法律强制人们去履行道德的行为，危害也极大，法律只能用奖励、提倡的手段去促使更多的人有更多的爱与同情，以帮助更多的人活得更有尊严，而不能诉诸强制。

（二）富勒与哈特的论战与法律的道德性

哈特为实证主义的分离主张辩护，并将“分离说”的内涵作了更为具体的表述，而富勒则从法律秩序的道德基础和法律自身的道德性出发强调法律与道德的不可分。

实证主义的分离主张，即“实际上是这样的法与应该是这样的法的分离”。从这个分离命题的语言表述来看，哈特所代言的实证主义所主张的法律与道德的分离，其实是指实在法与应然法之间的分离。哈特把“分离说”的内涵更进一步明确表述为以下两方面的具体主张：（1）“在没有宪法与法律明确规定的情况下，我们不能仅仅因为一个法律规则违背了道德性标准而断定它不是一个法律规则”；（2）“也不能因为一个规则在道德上是可欲的就认为它是一个法律规则”。第一方面的主张主要强调法律的效力不能因非法律原因而被取消，其实质是强调法律效力的内在标准；第二方面的主张强调非法律标准（即广义上的道德标准）不具有法律的地位，其实质是强调司法过程应排除非法律标准的适用。这两个方面的主张都与法律实践密切相关，希望通过排除非法律因素对司法实践的影响来达到“忠于法律”的目的。[①] 富勒“结合说”通过重新将“法律应该是什么”的内涵注入法律的概念，使法律的运行具有某种内在的规范约束，从而使“恶法”的产生得到了

---

① 孙笑侠、麻鸣：《法律与道德：分离后的结合——重温哈特与富勒的论战对我国法治的启示》，载《浙江大学学报（人文社会科学版）》2007 年 1 月第 1 期，第 147 页。

有效的遏制。只有将“法律应该是什么”的道德内涵包括在法律这一概念中，法律才具有值得人们尊重的品质，“忠于法律”的义务才有意义；只有将“使法律成为其应该是什么”的职责包括在“忠于法律”的义务中，“忠于法律”的目标才有可能得到真正的实现。

哈特与富勒的观点都没错，哈特主张法律与道德的概念性分离，为了避免非法律因素对法律侵蚀。富勒坚持自然法的传统，捍卫法律当中无可否认的道德共识。强调法律与道德的分离本身没错，但在强调法律相对于道德、正义的独立性时要避免放弃对法律自身道德目标的追求，从而忽视法律自身内在道德的培育，并使法律无力抵抗以法律名义实施的种种邪恶。为了避免此种情况的发生，哈特在其名著《法律的概念》中提出了“最低限度自然法”的概念：假定生存是一个目的，法律和道德应当包括一个具体的内容。没有这样一个内容，法律和道德就无法促进人们在相互结合中所抱有的最低限度的生存目的。任何一个法律制度都应具备这样一些最低限度的道德内容：不得杀人的规则，相互克制和妥协、不得以暴力解决冲突的规则，财产权规则，对在合同中不尽义务者予以强制的规则。富勒在法律中捍卫自然法的传统没错，但要避免强调法治的道德和正义目标时简单地用社会的道德观和正义观代替法律的内在目标，从而在法律实践中简单地将道德的逻辑代替法律的逻辑，用道德的标准代替法律的标准，最终致使法治秩序根本无法建立或使已建立的法治秩序遭到破坏。富勒在其名著《法律的道德性》一书中，并没有否定实在法与实质意义上的道德的分离，而只是通过进一步挖掘出“法律应该是什么”这一概念的形式内涵，把法律与道德的关系进一步分解为“实在法和实质意义上的道德”以及“实在法与形式意义上的道德”两个不同层面的关系，从而形成了“实在法与实质意义上的道德之间的分离”以及“实在法与形式意义上的道德之间的结合”这两个主张。

哈特和富勒的观点从忠于法律这一点来讲是相同的，从法的效力角度看，法律与道德没有必然联系，但法律的实际内容仍是与道德有联系的，这就是法律的道德性问题。

（三）哈特与德沃金的论战

哈特在《法律的概念》一书中把法解释为一种规则体系，分为第一性规则和第二性规则，前者称之为义务性规则，后者包括承认规则、改变规则和审判规则。一个规范能够成为法律规则，是因为它符合承认规则所设定的条件，而不是因为它本身具有道德价值或别的什么价值。德沃金对此提出了不同意见。他认为，原则也是法律必不可少的一个组成部分，而原则之所以也是有效的法律，不是因为它的渊源，不是它符合哪一个承认规则，而是它本身所具有的道德价值。

二、纽伦堡审判、东京审判与恶法的定位

纽伦堡审判指的是1945年11月21日至1946年10月1日间，由第二次世界大战战胜国对欧洲轴心国的军事、政治和经济领袖进行数十次军事审判。由于审判主要在德国纽伦堡进行，故总称为纽伦堡审判。在这场审判中的被告共计22名，均为纳粹德国的军政首领。另外包括德国内阁在内的六个组织也被调查和判决，其中三个判决为犯罪组织，另外三个则无罪。东京审判是指1946年5月3日至1948年11月12日，远东国际军事法庭在日本东京对第二次世界大战中日本首要甲级战犯的国际大审判。这些人中包括东条英机、松井石根、土肥原贤二等对中国和亚洲乃至全世界犯下累累罪行的战犯。远东国际军事法庭由美国、中国、英国、法国、苏联、加拿大、澳大利亚、新西兰、荷兰、印度、菲律宾11国指派的11名法官组成。

纽伦堡审判、东京审判面临的一个共同的法律问题是如何看待纳粹期间法律的效力问题。这个问题的实质是怎么界定恶法以及恶法的效力问题。数世纪以来，人们关于道德与法律关系问题的争论，其根本目的也是为了回答上述问题。19世纪以来，法律与道德的关系，分析法学派的观点占上风，认为法与道德无涉，强调法律的独立性。随着“二战”的发生及纽伦堡审判与东京审判的进行，自然法学派又在新的起点上得到了长足的发展，人们从纳粹血腥法律中认识到，法律未尝不能成为推行集权和暴行的工具，法学家们又开始探讨法律所应包含的价值成分，重新正视人性和人的尊严。哈特和富勒的理论论战，重要内容之一是反思纳粹法律。但最为典型的例子是德国著名法学家拉德布鲁赫，经过论战，他从一个实证主义者演变成一个自然法学者。

我国著名学者舒国滢曾经指出，对于国内实在法进行实质认定注定是一个悖论：“一方面，我们应当承认实在法的有效性，或者肯定其存在的法律效力。另一方面，当实在法在内容上存在明显的不公正时，

又有必要对法律进行道德的评价，即对实在法之‘法性’的认定。反之，就要就其效力做出否定的判断，否定其具有有效性。做到这一点在理论上异常困难，即使能够证明其违反道德和正义，但是对于具体的个案，肯定还要牵涉‘法不溯及既往’的原则问题。”

体现拉德布鲁赫从一个实证主义学者转变为自然法学者的标志性文章是《法律的不法与超越法律的法》，在该文中，他提出了自然法观念，特别是人权观念对于构思和衡量实在法内容的重要性，并形成了拉德布鲁赫公式：

第一，所有的实在法都应当体现法的安定性，不能够随意否定其效力。

第二，除了法的安定性之外，实在法还应当体现合目的性和正义。

第三，从正义角度看，若实在法违反正义达到不能容忍的程度，它就失去了其之所以为法的“法性”，甚至可以看作是非法的法律。

根据拉氏的概念，安定性、正义与合目的性是法的必然价值追求，纳粹法不仅违背了法的正义价值追求，也背弃了同前法的历史延续性，缺失了法的安定性价值。而法的合目的性价值是由安定性和正义来共同保障的，相应地，纳粹法也就缺失了对合目的性的价值追求，三种价值的丧失就丧失了法的效力和法的资格。① “拉德布鲁赫公式”可分解为两个子公式：第一公式是不可容忍公式，在该公式中，拉氏并没有直接作出恶法非法的结论，而只是主张在不可容忍的极端形式下实在法会失去自己的效力；第二公式是丧失法资格公式，在该公式中，拉氏提出了恶法非法的结论。

“拉德布鲁赫公式”对学界广泛的讨论起了催化作用，也激起了“二战”之后自然法学思想的复兴，直到20世纪90年代德国法院在处理两德分离期间频频发生的“柏林墙射手案件”的审判过程中，“拉德布鲁赫公式”总是被反复地提起。

---

① 柯岚：《拉德布鲁赫公式的意义及其在二战后德国司法中的运用》，载《华东政法大学学报》2009年第4期，第67页。

第七章
德治融入立法的考量与路径

自古至今，德治与法治的关系一直是一个讨论不休的经典话题。党的十九大报告提出，坚持依法治国和以德治国相结合，依法治国和依规治党有机统一，深化司法体制改革，提高全民族法治素养和道德素质。2016 年 12 月 9 日，习近平总书记在主持中央政治局第三十七次集体学习时强调，必须坚持依法治国和以德治国相结合，使法治和德治在国家治理中相互补充、相互促进、相得益彰，推进国家治理体系和治理能力现代化。这是对依法治国和以德治国关系的全面阐发，深刻揭示了中国特色社会主义法治建设和道德建设的重要准则。在立法工作中，道德的法律化趋向是一条重要的立法途径，一些基本的道德原则转化成了法律原则，一些基本的道德规范转化成为法律规范。政治角力、社会发展和历史纵深所具有的建构功能，展示了公民道德被立法吸收的发展脉络和认知范式，公民道德场域的立法是为践行美德和崇尚法治架构的国家认同的理性认知。与此相对应，立法也在引领社会风气、推动社会道德的形成发展固化，用法律规范的强制力促使社会和公共道德的不断发展进步。本章拟从德治融入立法过程，立法吸收道德的路径这一角度具体分析德治与法治的关系，从而为在立法中进一步强化德治的作用，同时也进一步发挥立法对道德的引领和推动作用提出一些意见建议。

第一节 立法吸收德治的内容是基于中华法治文化的考量

一、社会因素——以礼入法的实践透视

中国古代是乡土社会，以熟人社会为基本构成单元的中国基层社会更倾向于用传统的人情、礼俗来处理生活中的冲突，他们对于以权力体系为根基的法律制度并没有很高的认同度。乡土社会的公民对于人情与礼俗的重视远远超过律令。因此，中国古代产生了独特的礼法文化，“以礼入法”“礼法糅合”成为了乡土中国社会治理的典型特征。

我国奴隶社会的西周、春秋战国奉行刑辅德、德法合治的思想，到了西汉，董仲舒主张的“罢黜百家，独尊儒术”主张被统治者接受，礼德与法律得到正式融合。在这之后，以“三纲”为核心的封建礼教成为指引立法、司法活动的基本原则，儒家思想开始作为法律的渊源，“引经决狱”成为司法审判的主导，“德主刑辅”与“明德慎罚”等思想开始成为统治阶级治理社会的根本方法。

中国法制史上的“法律儒家化”过程本质是儒家道德原则被转化为法律原则、儒家道德规范被转化为法律规则的过程。法律儒家化所追求的目标是“礼法合一”，使封建立法符合礼的原则、体现道德的精神。在封建社会中，道德对于立法的支持主要体现在统治者以儒家道德体系服务国家立法，将儒家伦理思想作为封建法律的精神支柱。另一方面，可以看到，在封建社会，儒家思想是封建立法的重要渊源。这一立法效果在公民的守法实践中得到了呼应，儒家道德通过教化作用来强化公民对于封建法律的内心认同。

以唐朝律法为例，《唐律》被认为是道德转化为立法的典范。“以礼入法”直接在法律中反映为一准乎礼，儒家的道德规范直接转换为法律规范。法律的儒家化过程自汉代开始，大体终结于唐代，在这段历史时期内，封建立法逐步加大对儒家道德理念的吸收程度，如“八议”“十恶”“准五服以制罪”“干名犯义”“存留养亲”“亲属相隐”

及“七出三不去”等入律就是例证。《唐律》“纳礼入律”的结果是为法律赋予了更广泛的道德精神，这种道德精神又被转化为惩罚与教育相结合的法律原则。该原则主要表现在以下规定上：第一，对老、幼、妇女、残疾人的宽宥规定。《名例律》：“诸年七十以上、十五以下及废疾，犯流罪以下，收赎。八十以上、十岁以下及笃疾，犯反、逆、杀人者，上请；盗及伤人者，亦收赎，余皆勿论。九十以上、七岁以下，虽有死罪，不加刑。”《断狱律》：“诸妇人犯死罪、怀孕当决者，听产后一百日乃行刑。”“诸妇人怀孕，犯罪应拷及决杖、笞，若未产而拷决者，杖一百。”第二，对犯人进行生活照管和医疗救护的规定。《断狱律》：“诸囚应请给衣食医药而不请给，及应听家人入视而不听，应脱去枷、锁、而不脱去者，杖六十，以故致死者，徒一年。”第三，“权留养亲”的规定。该规定是说犯罪者因家中无成年男子而暂留家中奉养尊亲，对其所判刑罚暂不执行。《名例律》：“诸凡死罪非十恶，而祖父母、父母老疾应侍，家无期亲成丁者，上请。犯流罪者，权留养亲，不在赦例，课调依旧。若家有进丁及亲终期年者，则从流。”第四，谨慎断刑、疑案从赎的规定。《断狱律》：“诸疑罪，各依所犯，依赎论。即疑狱，法官执见不同者，得为异议，议不得过三。”

经过“纳礼入律”之后的《唐律》，已经变成了一部礼刑一体的法典，违礼行为将会受到法律的制裁。这突出表现在有关“十恶”“八议”的规定上。这种规定最突出的问题是，过高的道德义务转化成了法律义务，使得法律的性质趋向严苛，超出了社会成员道德观念所能接受的程度。

可见，道德与法律自古就有融合之说。古代经典思想之中的闪光之处也一直被历代统治者奉为国家治理的圭臬。“那些被视为是社会交往的基本而必要的道德正义原则，在一切社会中都被赋予了具有强大力量的强制性质，这些道德原则约束力的增强，是通过将它们转化为法律规则而实现的，禁止杀人、强奸、抢劫及人体伤害，调整两性关系，制止在合意契约的缔结与履行过程中欺诈与失信等，都是将道德观念转化为法律规定的事例。”[①] 道德被法律吸收的现象已经被社会广泛接受。道德作为立法的合理补充与重要源泉在国家治理范围内充分

① ［美］E. 博登海默：《法理学——法律哲学与法律方法》，邓正来译，中国政法大学出版社 1999 年版，第 374 页。

发挥自身的灵活性。在今天，“构建社会主义和谐社会，需要有鲜明的社会价值导向，以此引领和保证全体人民有共同的道德遵循，整个社会有稳定的内在秩序。”①

二、经济因素——基于交换价值的理性思考

道德和法律作为上层建筑的组成部分，都是由同一社会经济基础决定的，都是国家意志的表现，两者以不同的作用方式维护着社会秩序并调整着社会关系。

经济的本质在于交换。在市场经济的浪潮中，经济活动的规则奉行的是公平的法律，主体精神是具备法治方式的行为精神。而法治则蕴含着经济行为主体之间尊崇的以诚信为最高原则的兼具自由、公正和秩序的道德精神。

对于中国社会而言，四十年的改革开放进程中，物质文明不断进步，个体在市场经济浪潮中不断自由竞争并追求利益的最大化，客观上形成了利益主体和社会利益结构的多元化现状。多元化现状直接导致利益呈现多层次特征。多层次的利益关系让道德共识受到不同价值选择的行为冲击。因此，在经济快速发展的大背景下，如何加强道德建设这一现实问题将会投射到激发公民到道德动力的形而上的反映。这一问题在形而上的现实路径便是促进公民道德建设的合法性。

在市场经济发展过程中，形成了不同的利益主体，由此也形成了不同的道德标准。主体的道德标准是根据自身利益来确定，并以维护自身利益为目的，因此当不同的利益主体发生冲突时，他们都会站在自己的立场上加以道德的论证，产生社会冲突。

市场经济为达到市场资源配置的最优化，主要以市场需求作为对资源进行配置的主要手段。这就不可避免地需要行为主体之间扩大交往范围，趋向交往普遍化。非市场经济条件下的熟人社会因此被打破，市场经济开始建构一个陌生的社会。在陌生社会中，传统的交往结构被重新型塑，以往的道德运作方式开始被解构，道德规则的外部条件开始被改变。在这样的情况下，社会如果需要维持一定道德水平继续推进正常社会秩序，就需要让传统道德以新的运行方式来弥补因经济

---

① 参见习近平：《干在实处 走在前列——推进浙江新发展的思考与实践》，中央党校出版社2013年版。

发展造成的被破坏的情况。面对这种情况，立法过程对于道德的吸收适应了时代发展要求。

三、政治因素——人性论的分析进路

政治不能回避道德。创立利维坦理论的17世纪个人主义思想代表人物托马斯·霍布斯认为人的本性是自私的。他指出，国家理论和道德理论是完全分离的，但这不意味着国家就可以放弃对人思想施加影响的可能性。在这种制度规范下，利维坦将成为合法性的来源，它将定义道德与正义的内涵。现代政治文明国家其实是对这一理论的理性发展，现代国家实质上仍旧无法对很多道德问题达成共识，国家也并不刻意倾向某种特定的价值观念，而是从国家利益出发，以普适的社会价值作为导向，制定一套更加价值中立的规则，并赋予这些规则强制性，以维系社会秩序。

霍布斯认为人作为个体是非常贪婪的，如果不受限制，他们会寻找各种方式满足自己的欲望。个体会为了三件事选择互相残杀：利益、安全和名誉。在这种状态下，个体为了自身的利益而斗争，无序的状态根本无法建立社会。但是，每个个体又基于理智的存在，他们不会毁灭自我，又想保全自我的安全，将会催生出自然定律，并以此制定契约、成立国家，由一人掌权，这个人便是利维坦。霍布斯以自然权利作为秩序的起点，说明失去秩序的社会的恐怖性。他认为利维坦本身是由个体之间的契约而组成的，利维坦的利益和人民之间的利益是一致的，每一个人都是平等的个体，利维坦则是这些平等个体的集合，利维坦的决策就相当于这些个体自己的决策。从霍布斯开始，政治与道德完全分离，柏拉图、亚里士多德至善的概念，在霍布斯这里只有相对的意义。霍布斯的相对论述展示了人性不受约束的本来面目。

因此，趋向文明的政治制度发展的政治体制必须建立在法治的基础上，让人性受到限制与规范。世界各国政治制度所追求的民主化的价值取向的最终归宿是实现民主的法治化。在政治制度中，制度建设与价值追求的法治化意味着控制作为自由个体的“政治人”的道德恶性，以法律化的价值建设形成防范人性恶的制度屏障。

在政治学视野中，道德不仅是一个具有规范性维度的概念，还具有客观性和有效性。我们评价政治制度时，必须要从道德的观点去衡量制度能否公正地对待所有受影响的人。单纯依靠道德批判并不能完成政治改造的使命，马克思主义认为道德只是“在阶级社会中如何发挥作用，道德观念在阶级社会中又如何广泛、普遍地影响人们的生活”① 的一种经验现象。马克思主义对道德进行元层次的说明是通过历史唯物主义的建构而体现的。

第二节　立法对道德的吸收

一、道德转化为法律的必要条件

立法与道德分离，将会导致法治不张，也将大大削弱法治建设的基础。立法不能无视道德，法治建设更不能离开道德之维。无论在西方还是中国，立法对道德吸收都表现出积极的认可。立法与道德具有融合的可能性，道德与法律都是统治阶级进行统治的社会手段。而统治阶级总是采用对自己有利的手段，当统治阶级认为在某种社会关系上采用法律比道德更为有利，便会进行立法加以调整。这就决定了道德法律化有着必然性因素。当然立法者也会顾及整个社会对这种道德行为的认可程度与接受程度。

但是，并不是所有的道德都可以转化为法律。例如，谦虚、谨慎、勤劳、勇敢、仁爱等都是道德，却不是法。但是，法同时都是道德，“不得滥用暴力”“不得杀人”等既是法律规则也是道德规则。因此，道德是法的上位概念，法是道德的一部分，即最低程度的、具体的道德要求。

人作为社会的分子，其本身的动物性就是以趋利作为主要目标。中国古代韩非说过，“舆人成舆，则欲人之富贵；匠人成棺，则欲人之夭死也。非舆人仁而匠人贼也，人不贵则舆不售，人不死则棺不买。情非憎人也，利在人之死也”（《韩非子·备内第十七》）。如果以重塑价值观作为缘由，将一些原属于私德所规范的行为以立法的形式进行规范，在价值观念多元化以及个体诉求多样化的今天并不是恰当的策略。道德具有义务性，道德的衰落并不能依靠法律化来挽回，否则被

① Kai Nielsen. *Marxism and the Moral Point of View*：Morality，Ideology and Historical Materialism Boulder，Cobo：Westview Press，p257，1989.

设定为法律义务的道德将因严重的不对等性而损失立法的权威性。

被法律吸收的道德是以国家认同作为前提，以规范、协调和发展社会关系和社会秩序的一系列约束性规则。升华为法律的道德揭示了三个关键性特质：一是道德以国家认同为公民行为标准；二是公民道德反映的是个体追求的国家反映，国家法律反映的是国家认可的制度追求；三是公民行为是公民道德和国家法律产生的场域。

因此，被法律所吸收的道德应该是最基本的道德。尽管道德有高低层次之分，低层次的道德是能为一般公众所实现，而高层次的道德则蕴含了一种理想化的期待，只有少数人能实现它。显然，理想化的道德不宜被法律吸收，否则一般人难以做到，立法就会失去权威性。例如，先富帮后富，这是道德要求，但是通过税收立法来实现，收入高的人多交税，就是法定义务。再如，见义勇为立法也是一个需要区分不同层次道德要求的立法实例。长期以来，许多学者、媒体、社会公众等建议在国家层面制定见义勇为法，鼓励和保护见义勇为者，惩治见义不为者。一些地方立法已经在这个方面进行了有益的尝试和探索。见义勇为立法实质上是一个道德被立法吸收的过程，因此，在这个过程中需要避免两个极端的倾向：第一，认为见义勇为纯粹是一个道德问题，法律管不了，不应该对见义勇为立法。第二，认为可以通过强制性规范的立法方式解决见义勇为的所有问题，可以通过法律强制性手段要求在面对某些情形下，必须见义勇为，否则将受到法律的惩罚。见义勇为立法能够吸收的，应当是低层次的道德要求，即一般公众能够做到的要求，如对见义勇为者的褒奖，对因见义勇为行为伤亡者的抚恤救济等。见义勇为立法不能吸收的是高层次的道德，即见义勇为本身。因为见义勇为本身恰恰是一种高层次的道德要求，要求当国家利益、社会利益和他人的人身财产利益受到不法侵害、自然灾害或意外事故的威胁或者伤害时，冒着较大的人身危险，挺身而出，积极实施救助，这已经是一种很高层次的道德要求，不是普通民众能够做到的行为。因此法律不应采取强制手段要求公民必须见义勇为，而只能通过立法鼓励公民积极见义勇为，并在见义勇为者受到伤害或者损失时，给予必要的救助。这才应当是立法吸收道德的正常途径。

二、立法吸收道德的限制条件

现代自然法学派的代表人物富勒（Fuller）在《法律的道德性》

（*The Morality of Law*）中对法律与道德的关系进行了探讨。富勒将道德区分为“愿望的道德”和“义务的道德”，指出人们对至善的追求体现了“愿望的道德”；而义务的道德是对人类过有秩序的社会生活的基本要求。愿望的道德是用“应该如此”这样的句式来表达的，而义务的道德则是用“不应该如此”这样的句式来表达的。愿望的道德代表的是一种理想，所以它不是一种现实的行为规范，而义务的道德则要求人人必须遵循践行。按照富勒的说法，义务的道德可以直接转化为法律，而愿望的道德则不能，但能对法律产生间接的影响。

博登海默认为，法律和道德的规范性命令虽然不同，但他们的某些规范领域却是有重合的，道德与法律密切相关。但他们并不是一体的，他们有其独立的价值和地位，道德中的某些领域是法律管辖范围之外的，法律中的某些规范也不一定符合道德的判断，实质性的法律规范制度仍然是存在的，不合乎道德的法律虽然是“恶法”，但仍有法律效力，道德与法律应该保持互相流动。因此，道德不能被完全法典化，法律不能取代道德，道德也不能取代法律。道德被立法吸收应该保持一定的限度，并非所有的道德都能被上升为法律，只有社会公德才能被立法吸收。过于苛刻的私德要求一旦被立法吸收，既强人所难，难以执行，也大大损害了立法的权威性。我们必须坚持以德为主、为法所用，认真鉴别、合理吸收，既不能搞“全部转化”，也不能搞“全面移植”。如果公共决策或者立法破坏了正义原则或者触及了原有的社会道德底线，是不明智和危险的，它最终可能成为对不义和违法犯罪的纵容。任何一部立法和公共政策的制定、执行，都必须充分考虑它在道德（包括社会治安）方面的机会成本。①

第三节　立法吸收道德的路径

一、立法是道德与法律交互演进的过程

法律规范的基本构成来源于道德。法律的起源表明，法律本身自诞生之日起，就具有鲜明的道德属性。法律和道德在发展过程中，他

① 赵宝成：《再论立法的道德代价——关于立法与公共政策的犯罪学分析》，载《中国刑事法杂志》2011年第11期，第81页。

们之间的关系并不是偶然的、外在的，而是必然的、内在的。法律的产生离不开道德，法律在发展过程中，与道德相辅相成，互为促进与补充。

中国现代立法实践中也贯彻了道德的法律化取向，把一些基本的道德原则转化成了法律原则，把一些基本的道德规范转化成为法律规范。

道德法律化的强力保障。法律与道德的重要区别是法律具有国家强制性，而道德没有。因此，道德法律化需要在法律运行中使意图转化为法律的道德产生实际的效力。为了保障这种实际效力，就需要为其赋予国家强制力。由此，我们可以认定道德法律化一旦进入实践须具备外在的保障，这种保障就是对国家暴力机器的设置和运用。

二、道德被立法吸收的形式

无论是西方还是中国，在立法过程中，一些传统道德领域的重要范畴一直是立法关注的重要领域，各国都注重将一些基本的道德原则或者道德精神吸收进法律当中，为法律赋予浓厚的道德色彩。法律的产生过程，实质上是一个道德法律化和法律道德化的交互演进过程。在立法过程中，道德被立法吸收的形式主要有三种。

（一）将道德规范直接上升为法律规范

在立法过程中，可以将道德规范直接上升为法律规范，即通过禁止性、义务性的法律规范直接反映特定的道德规范，这是道德法律化的直接模式。

以婚姻法律为例，很多国家的法律直接将婚姻家庭道德规范上升为法律规范。《法国民法典》第212条规定：“夫妻负有相互忠实、帮助、救援的义务”。中国立法不仅规定夫妻间负有相互忠实、相互尊重的义务，而且禁止重婚等不文明、不道德行为的发生。我国《婚姻法》第四条规定：“夫妻应当互相忠实，互相尊重。”该法第三条第二款规定：“禁止重婚。禁止有配偶者与他人同居。”第四条规定：“家庭成员间应当敬老爱幼，互相帮助，维护平等、和睦、文明的婚姻家庭关系”。该法第四十六条规定：“有下列情形之一，导致离婚的，无过错方有权请求损害赔偿：（一）重婚的；（二）有配偶者与他人同居的；（三）实施家庭暴力的；（四）虐待、遗弃家庭成员的。”《刑法》第二百五十七条规定：“以暴力干涉他人婚姻自由的，处二年以下有期徒刑或者拘役。”该法第二百五十八条第一款规定：“有配偶而重婚的，或者明知他人有配偶而与之结婚的，处二年以下有期徒刑或者拘役。”

以见义勇为为例，从现代刑法典看，见危不救之类的不道德行为也有被视为犯罪予以制裁的。我国各地相继制定或正在制定有关见义勇为的法规。从已经颁布的法规来看，这些关于见义勇为的立法大多是省级地方人大制定的地方性法规，也有少数地方政府制定的地方性规章。如《云南省奖励和保护见义勇为公民条例》第十五条规定：“因见义勇为牺牲的公民，符合《革命烈士褒扬条例》规定条件的，批准为革命烈士，其家属享受烈属待遇；不符合革命烈士条件的以及负伤致残的公民，属于国家机关、社会团体和企业、事业单位职工的，其抚恤、工资、福利待遇按照因公（工）伤亡人员的规定办理；无固定收入的农民、城镇居民和学生等公民，由民政部门参照国家对因战伤亡的民兵民工抚恤的规定办理。”地方法规性质的保障和奖励见义勇为条例的出台，可以说是我国立法完善的重要表现，使得对见义勇为者的保障与奖励终于有法可依，而不至于再出现以前那种无法可依、让英雄流血又流泪的尴尬局面。这对于我国加强基本人权保护也有着不言而喻的重要意义。西方一些国家对于见义勇为也有立法的规定。如，1968 年的《意大利刑法典》规定：“对气息仅存或受伤或危急之人，疏于必要的救助或未及时通知官署者，处 3 个月以下徒刑或科 12 万里拉以下罚金。”1971 年的《西班牙刑法典》规定：“对于无依无靠且情况至为危险严重者，如果施予救助，对自己或第三者并无危险，但不施予救助，应处以长期监禁，并科以西币 5000 元至 10000 元罚金。”1976 年的《德国刑法典》规定：“意外事故或公共危险或急难时，有救助之必要，依当时情况又有可能，尤其对自己并无显著危险且违反其他重要义务而不能救助者，处 1 年以下自由刑或并科罚金。”对于见到犯罪不予制止的行为，西方各国刑法典也视为犯罪行为。《西班牙刑法典》规定：如果由于其介入可以阻止某件侵犯他人生命的犯罪或对他人尊严、贞操、安全的重大伤害，且对其本人或第三人并不造成危险，而不愿介入者，应处以长期监禁并科以西币 5000 元至 10000 元罚金。以上说明，西方国家的刑法典已把见义勇为、扶危济困之类的道德规范有条件地法律化了，说明其注意运用法律的强制力来推行其提倡的道德规范。

以从政道德为例，美国在1978年颁布了《政府道德法》，1993年制定并颁布了《美国行政部门雇员道德行为准则》，美国许多州也相继制定了从政道德法，1989年菲律宾制定《公共官员与雇员品行和道德标准法》，1990年新西兰制定《公务员行为准则》，1992年澳大利亚制定《国防部与工业界双方商业道德规范》，1993年加拿大制定《公职人员利益冲突和离职后再雇佣法》，墨西哥制定《公务员职责法》，英国制定《地方政府雇员行为规则》，1993年韩国修订了1981年制定的《韩国公职人员道德法》，等等。这些关于从政的法律规定了国家公职人员从事公务活动的一整套道德行为标准，提出正确处理个人利益和国家利益关系的基本原则，有的国家还对离职公务员在一定期限内的某些活动作出限制性规定。

（二）为道德规范赋予法律属性

立法规定行为主体必须遵守一般的道德规范（主要是社会公德）的原则。在这一条件下，一般的道德规范具有某种法律属性或法律效力的法律原则。如现代民商法中关于进行民事活动应遵守诚实信用、尊重社会公德、遵守职业道德的原则规定。

道德原则具有抽象性和模糊性。如果仅仅依靠这样的原则，而没有细化的操作规范，个体在具体情境中，仍然无法依照指令作出明确的行为抉择。立法过程中，抽象的道德原则被细化为法律规范，为公民个体的行为提供了具体可操作的行为模式。从道德原则到法律规范之间的转化，不仅细化了抽象甚至模糊的原则性规范，而且在效力层面赋予了道德原则一定的实际效力，使得对行为的规范约束开始具有强制力。

英国《自由大宪章》规定了公民享有充分的自由权及其他人身权利："首先，余等及余等之后嗣坚决应许上帝，根据本宪章，英国教会当享有自由，其权利将不受干扰，其自由将不受侵犯。关于英格兰教会所视为最重要与最必需之自由选举，在余等与诸男爵发生不睦之前曾自动地或按照己意用特许状所颁赐者——同时经余等请得教王英诺森三世所同意者——余等及余等之世代子孙当永以善意遵守。此外，余等及余等之子孙后代，同时亦以下面附列之各项自由给予余等王国内一切自由人民，并允许严行遵守，永矢勿渝……任何自由人，如未经其同级贵族之依法裁判，或经国法判，皆不得被逮捕、监禁、没收财产、剥夺法律保护权、流放，或加以任何其他损害”。而法国《人和公民的权利宣言》则规定：“任何政治结合的目的都在于保存人的自然的和不可动摇的权利。这些权利就是自由、财产、安全和反抗压迫”；“自由就是指有权从事一切无害于他人的行为。因此，各人的自然权利的行使，只以保证社会上其他成员能享有同样权利为限制。此等限制仅得由法律规定之”；“自由传达思想和意见是人类最宝贵的权利之一；因此，各个公民都有言论、著述和出版的自由，但在法律所规定的情况下，应对滥用此项自由负担责任”。《法国刑法典》第 432－4 条规定：“行使公安司法权力的人或负责公共事业服务任务的人，在履行职务或任务中，或者在履行职务或任务时，专横命令或强制完成有损于个人自由之行动，处 7 年监禁并科 70 万法郎罚金。如此种妨害行为是对他人进行拘禁和扣留，时间超过 7 天的，所受刑罚加重至 30 年徒刑，并科 300 万法郎罚金。”美国《宪法》修正案第 1 条规定：“国会不得制定关于下列事项的法律：确立国教或禁止信教自由；剥夺言论自由或出版自由；或剥夺人民和平集会和向政府请愿申冤的权利”。《德意志联邦共和国基本法》则分别规定了公民的“保护人的尊严”“自由的权利”“信仰和信念自由”“言论自由”等。中国《宪法》第三十五条规定：“中华人民共和国公民有言论、出版、集会、结社、游行、示威的自由”，这也是林来梵先生所谓的表达自由。因此，马克思说：“没有言论自由，其他一切自由都会成为泡影。”该法第三十六条规定了宗教信仰自由、第三十七条规定了人身自由、第三十八条规定了人格尊严不受侵犯、第三十九条规定了住宅安全权、第四十条规定了通信自由权。《民法总则》有关公民的生命健康权、公民的姓名权、公民的肖像权、公民法人的名誉权、公民的荣誉权等。民事活动、经济交易自愿原则的规定，也是公民的一种自由权。

1990 年施行的《中华人民共和国行政诉讼法》第一条规定：“为保证人民法院正确、及时审理行政案件，保护公民、法人和其他组织的合法权益，维护和监督行政机关依法行使行政职权，根据宪法制定本法。”这一条关注的是公民合法权益，说明行政诉讼立法的目的是为了促进监督行政权力的行使，体现了对正义价值的追求。第五十四条规定：“人民法院对行政机关违反法定程序、超越职权或滥用职权所作出的决定可以判决撤销。”这一条体现了对正义价值的肯定。第六十八条规定：“行政机关或者该行政机关工作人员作出的具体行政行为侵犯公民、法人或者其他组织的合法权益造成损害的，由该行政机关或者行政机关工作人员所在的行政机关负责赔偿。行政机关赔偿损失后，应当责令有故意或者重大过失的行政机关工作人员承担部分或者全部赔偿费用。”这是一条为恢复正义、实现公正而制定的条款，它对有损公正的行为进行惩治，彰显了惩恶扬善的道德力量。

（三）将道德规范作为国家立法的有效补充

立法吸收准用性道德规范，将其作为国家立法的有效补充。如我国民事司法实践中不乏依习惯或道德规范认定特定行为合法与否的做法。有关诚实信用原则的法律化就很能说明问题。

诚实信用原则作为为人处世的基本道德原则，不仅受到伦理学家的重视，而且受到法律和法学家的密切关注，在西方的民商法中规定了权利人行使权利、义务人履行义务，契约的订立、履行都应本着诚实信用而为之。1863 年的《撒克逊民法典》第 858 条规定：契约之履行，除依特约、法规外，应遵守诚实信用，依诚实人之所为者为之。19 世纪后期制定的《德国民法典》中的第 242 条规定：债务人须依诚实与信用，并照顾交易惯例，履行其给付。《瑞士民法典》第 2 条规定：无论何人行使权利义务，均应依诚实信用为之。《美国统一商法典》第 203 条规定：“凡本法范围之任何合同或义务均要求（当事人）必须以诚信履行或执行之。”该法典的《正式评论》解释说：“本条确立了一个贯穿全法典的基本原则，即在商业交易中，要求所有的协议或义务以诚信履行或执行之。”《德国民法典》第 193 条则规定：“无合法原因而受领他人的给付，或以其他方式由他人负担费用而受到利益的人，负有返还义务。”这是对不当得利行为的义务性规定。第 824 条规定：“违背真相，声称或者传播某一事实，危害他人信用或者对他人的生计或者前途引起其他不利的人……也应赔偿他人因此而产生的损害。”这是对诬告、陷害等损坏他人名誉的不道德行为的义务性规定。中国作为古老的礼仪之邦，讲究诚信为安身立业之本，诚实信用原则在中国现行法律体系中有直接规定。《民法总则》第七条规定：“民事主体从事民事活动，应当遵循诚信原则，秉持诚实，恪守承诺。”《合同法》第五十二、五十四条对无效合同和可撤销合同的规定，反映了合同法对公平合理、诚实信用原则的肯定与维护。《专利法》第六十三条规定："将非专利产品冒充专利产品或者将非专利方法冒充专利方法的，由专利管理机关责令停止冒充行为，公开更正，并处以罚款。"《消费者权益保护法》第四条规定："经营者与消费者进行交易，应当遵循自愿、平等、公平、诚实信用的原则。"《刑法》关于"破坏社会主义市场经济秩序罪"这一大类罪名中，包括了"生产、销售伪劣商品罪"等类罪名，该类罪名中又包括"生产、销售伪劣产品罪"等四个具体罪名。而"扰乱市场秩序罪"包括"损害商业信誉、商品声誉罪""虚假广告罪"等六个具体罪名。上述罪名是用来惩治欺诈失信、强买强卖等违背诚实信用原则的行为的，反映了刑法的道德价值取向。

第四节 良法的标准与使命

一、良法和恶法的学派之争

国外研究立法对于道德的吸收，主要有两大学派：一是自然法学派，这一学派认为，道德与法律不可分，它们之间没有严格界限。只有符合人类共同认可的道德的法律才是法律，背离道德的法律不是法律，即恶法非法。自然法学派提出的"自然法"概念，是指人类普遍的道德原则，包括正义、公平、平等、自由等，他们认为自然法具有普遍约束力。自然法学说对近现代西方各国的立法实践产生了深刻的影响。各国制定的宪法几乎都把正义、公平、平等、自由等的道德价值转化成了法律原则。二是分析法学派，他们认为立法与道德无涉。实然的法和应然的法之间没有必然的联系；不遵守道德的法也是法律，即恶法亦法。奥斯丁指出："法律的存在是一回事，它的优缺点，是另一回事。"到了现代，新分析法学派顺势而生，为法律与道德的关系论证带来了新的视角。这一学派虽然没有绝对反对法律与道德之间的联系，但并不以是否符合道德作为判断法律效力的依据。新分析法学派代表人物哈特认为，虽然法律在一定程度上会受到道德的影响，但不能因此说法律必须完全合乎道德，不合乎道德的法律不是法律，就可以取消它作为法的资格，法律之所以为法律并不取决于法律是否与道德一致，即使不合乎道德的法律也有自身存在的价值。哈特在这里所说的“法律”是一个广义的概念，既包括“良法”，也包括“恶法”。

二、良法的应然之义

良法应该具备形式合理与内容合道德性。良法需要符合法律的道德价值。在形式层面，富勒认为立法活动必须遵循以下八个原则：（1）法律的普遍性；（2）法律的明确性；（3）法律的稳定性；（4）法律应予公布；（5）法律应适用于将来而不是溯及既往；（6）应消除法律的自相矛盾；（7）法律不应规定人们做不到的事情；（8）官方行为应与法律的规定一致。[①] 这是被普遍接受的关于良法的内涵的界定。在这一达成共识的标准下，良法在内容上必须反映人民的意志和根本利益，反映公平、正义等价值追求，充分尊重人的尊严和价值。

三、良法的时代使命

立法的使命本身是为保护社会共同善的价值实践。在立法过程中，我们所选择的道德价值将决定立法的质量，将深刻影响着法治形式和实践的社会评价，也会构建出不同的法治图景。

道德之所以能够在立法的过程中被吸收，一方面是因为国家在公民的道德实践中担负着引导的责任；另一方面是因为国家的治理选择中，良法至上主义比其他制度设计具有更强的实践吸引力。良法推动个人对于立法的认可，推进了个人与共同体之间的联系，主张个体价值来源于兼具道德普适性与立法强制性的共同实践。我们从形而上的哲学思维取向，将良法的本质可以定位到两个层面：良法的基础和发展根据，良法的基本理念和评价尺度。

无论是以道德作为逻辑起点还是以法治作为基础条件，良法作为研究对象的普遍化和意义化的生成是规范、引导和限制公民行为的制度依归。良法概念在本质上是实践性意义的聚集，也是对于法治生成的分析工具。

四、良法为善治奠定了基础

党的十八届四中全会绘制了依法治国的新图景。大会提出的依法

---

① 沈宗灵：《现代西方法理学》，北京大学出版社1992年版，第58~61页。

治国总目标，必将推进全面建成小康社会、全面深化改革、实现依法治国历史跨越的伟大进程。十八届四中全会通过的《中共中央关于全面推进依法治国若干重大问题的决定》指出：“法律是治国之重器，良法是善治之前提。”没有法律，特别是没有良法，善治就等于空谈。“建设中国特色社会主义法治体系，必须坚持立法先行，发挥立法的引领和推动作用，抓住提高立法质量这个关键。要恪守以民为本、立法为民理念，贯彻社会主义核心价值观，使每一项立法都符合宪法精神、反映人民意志、得到人民拥护。要把公正、公平、公开原则贯穿立法全过程，完善立法体制机制，坚持立改废释并举，增强法律法规的及时性、系统性、针对性、有效性。”

2018 年 5 月，中共中央印发的《社会主义核心价值观融入法治建设立法修法规划》强调，要以习近平新时代中国特色社会主义思想为指导，坚持全面依法治国，坚持社会主义核心价值体系，着力把社会主义核心价值观融入法律法规的立改废释全过程，确保各项立法导向更加鲜明、要求更加明确、措施更加有力，力争经过五到十年时间，推动社会主义核心价值观全面融入中国特色社会主义法律体系，筑牢全国各族人民团结奋斗的共同思想道德基础，为决胜全面建成小康社会、夺取新时代中国特色社会主义伟大胜利、实现中华民族伟大复兴的中国梦、实现人民对美好生活的向往，提供坚实制度保障。

只有以良法推动善治，才能为长治久安奠定基础。法律制度在数量上、结构上已经基本完备。“人民群众对立法的期盼，已经不是有没有，而是好不好、管用不管用、能不能解决实际问题；不是什么法都能治国，不是什么法都能治好国；越是强调法治，越是要提高立法质量。这些话是有道理的。我们要完善立法规划，突出立法重点，坚持立改废并举，提高立法科学化、民主化水平，提高法律的针对性、及时性、系统性。要完善立法工作机制和程序，扩大公众有序参与，充分听取各方面意见，使法律准确反映经济社会发展要求，更好协调利益关系，发挥立法的引领和推动作用。”①

“观时而制法，因事而制礼。”从协调推进“四个全面”战略布局到践行五大发展理念，再到中央印发《社会主义核心价值观融入法治

---

① 2013 年 2 月 23 日，习近平在十八届中央政治局第四次集体学习时的讲话。

建设立法修法规划》都对立法工作提出了新要求。“要坚持立法先行，坚持立改废释并举，加快完善法律、行政法规、地方性法规体系，完善包括市民公约、乡规民约、行业规章、团体章程在内的社会规范体系，为全面推进依法治国提供基本遵循。”① 要致力于使每一项立法都符合宪法精神，反映人民意志，得到人民拥护。

第五节 全面推进依法治国要处理好的两对范畴

习近平新时代中国特色社会主义思想开辟了马克思主义中国化、时代化的新境界，实现了马克思主义同中国实际相结合的又一次飞跃，深刻揭示了中国特色社会主义的本质特征、发展规律和建设道路。党的十九大报告指出，经过长期努力，中国特色社会主义进入了新时代，这是我国发展新的历史方位。全面依法治国，是习近平新时代中国特色社会主义思想的重要内容。其中，重申推进全面依法治国总目标是建设中国特色社会主义法治体系、建设社会主义法治国家。建设中国特色社会主义法治体系首要目标是建立完善的法律体系，而法律体系的建设离不开立法对于道德的吸收。

一、把握好立法与道德的关系

“法律是成文的道德，道德是内心的法律。法律和道德都具有规范社会行为、调节社会关系、维护社会秩序的作用，在国家治理中都有其地位和功能。法安天下，德润人心。法律有效实施有赖于道德支持，道德践行也离不开法律约束。”② 可见，道德的发展与法律的进步，二者相辅相成，互相影响，“一方面，道德是法律的基础，只有那些合乎道德、具有深厚道德基础的法律才能为更多人所自觉遵行。另一方面，法律是道德的保障，可以通过强制性规范人们行为、惩罚违法行为来引领道德风尚。要注意把一些基本道德规范转化为法律规范，使法律法规更多体现道德理念和人文关怀，通过法律的强制力来强化道德作

① 习近平：《加快建设社会主义法治国家》，载《求是》2015 年第 1 期。

② 2016 年 12 月，习近平在中共中央政治局第三十七次集体学习时强调，坚持依法治国和以德治国相结合。

用、确保道德底线，推动全社会道德素质提升。”①

（一）道德是立法的源泉

道德是立法重要的精神要素。作为伦理关系的价值集结和规则体系，道德普遍地存在于立法过程当中，立法质量的一个重要指标就是所选择的被社会认可的道德，被立法有效吸收的道德将实现行动价值。

道德可以为法治的发展营造必要的社会条件，减少法治建设的社会成本。道德作为法律构成的精神要素，在法治建设中发挥着特有的作用。在立法过程中，道德作为规范的尺度参与了个体行为方式的组成规定。同时，道德又作为非制度约束，减少了立法与社会认知的磨合。当然，被法律吸收的道德必须是基于社会大众共同认可的共识道德。

（二）法律是道德的保障

道德是社会个体之间应然关系的反映，是伦理关系在社会发展中所秉持的价值观念的集结。道德以“应当”的逻辑行为要求，引导社会个体通过认知和实践达成理性的行为模式选择。立法只有遵循合理的道德规范，才能顺应社会理性的发展趋势。道德只有被立法合理地吸收，才能够创造使用价值。

道德具有规范性和目的性双重社会价值。从行为规范的角度而言，道德具有工具理性，对行为个体发挥着规范和约束的作用，以与社会发展保持一致的价值关联为目标。但是，道德的纯粹理性并不是绝对的，道德的形成必须经过强制性的认可，才能达到在理论意义上被完全实现的可能。

可见，以法治承载道德理念，道德才会有可靠的制度支撑。法律法规要树立鲜明道德导向，弘扬美德义行，立法、执法、司法都要体现社会主义道德要求，都要把社会主义核心价值观贯穿其中，使社会主义法治成为良法善治。要把实践中广泛认同、较为成熟、操作性强的道德要求及时上升为法律规范，引导全社会崇德向善。要坚持严格执法，弘扬真善美、打击假恶丑。要坚持公正司法，发挥司法断案惩恶扬善功能。

---

① 习近平：《加快建设社会主义法治国家》，载《求是》2015 年第 1 期。

二、立法与道德与时俱进

党的十九大报告指出，经过长期努力，中国特色社会主义进入了新时代，这是我国发展新的历史方位。十九大报告提出习近平新时代中国特色社会主义思想的命题，其中，重申推进全面依法治国总目标是建设中国特色社会主义法治体系、建设社会主义法治国家。建设中国特色社会主义法治体系首要目标是建立完善的法律体系，而法律体系的建设离不开立法对于道德的吸收。

在依法治国的大背景下，我们更需要关注的是，要以合理的道德理性去引导和矫正与主流价值相悖的个体行为，从而得以在根本上保证立法与道德与时俱进、相互协调，让作为刚性制度的立法充分认可和吸收被社会主流价值体系认可的道德规范，从而探索更为理性的法治之路。

立法对道德的吸收，道德对立法的影响，这两组命题建立在对于二者性质讨论的本体论上。从运行论的角度而言，透过对于立法和道德的关系思考，我们更需要关注在法治国家建设进程中，如何把握依法治国与以德治国的关系。德治与法治并不是矛盾的，厘好依法治国与以德治国体现的是治国理政的新思路。

十九大报告指出：“全面依法治国是中国特色社会主义的本质要求和重要保障。必须把党的领导贯彻落实到依法治国全过程和各方面，坚定不移走中国特色社会主义法治道路，完善以宪法为核心的中国特色社会主义法律体系，建设中国特色社会主义法治体系，建设社会主义法治国家，……坚持依法治国和以德治国相结合，……提高全民族法治素养和道德素质。”可见，在接下来的一定时期，依法治国与以德治国将依然是法治建设的重中之重。

无论立法过程吸收了哪些道德，吸收到哪种程度，都要坚定不移、头脑清楚地处理好依法治国和以德治国的关系。“依法治国和以德治国的关系，实质上是法律与道德、法治与德治的关系。法治与德治作为治国理政的方式方法，是有明显区别的：从治理的主体来看，法治是多数人的民主之治，德治是少数人的精英之治；从治理的过程来看，法治是程序之治，德治是人情之治；从治理的角度来看，法治是外在控制之治，德治是内在约束之治；从治理的标准来看，法治是低度行为规范之治，德治是高度行为要求之治；从治理的手段来看，法治是国家强制之治，德治是社会教化之治；从治理的重点来看，法治重在治官，德治重在治民。正因为法律与道德、法治与德治存在诸多区别，同时又有若干内在一致的地方，依法治国与以德治国才是相互补充、相互作用、有机统一的。”①

坚持依法治国和以德治国相结合，要清楚地认识到，“发挥好道德的教化作用，必须以道德滋养法治精神、强化道德对法治文化的支撑作用。再多再好的法律，必须转化为人们内心自觉才能真正为人们所遵行。‘不知耻者，无所不为。’没有道德滋养，法治文化就缺乏源头活水，法律实施就缺乏坚实社会基础。在推进依法治国过程中，必须大力弘扬社会主义核心价值观，弘扬中华传统美德，培育社会公德、职业道德、家庭美德、个人品德，提高全民族思想道德水平，为依法治国创造良好人文环境。”② 因此，要在道德体系中体现法治要求，发挥道德对法治的滋养作用，努力使道德体系同社会主义法律规范相衔接、相协调、相促进。要在道德教育中突出法治内涵，注重培育人们的法律信仰、法治观念、规则意识，引导人们自觉履行法定义务、社会责任、家庭责任，营造全社会都讲法治、守法治的文化环境。

在现代国家治理进程中，“法治和德治不可分离、不可偏废，国家治理需要法律和道德协同发力。”③ 同时，也要清晰地认识到，“法治是社会主义道德的底线和后盾，凡是法治禁止的，通常也是社会主义道德反对的；凡是法治鼓励的，通常也是社会主义道德支持的。社会主义道德是法治的高线和基础，是法治具有合理性、正当性与合法性的内在依据，法治的价值、精神、原则、法理等大多建立在社会主义道德的基础上，法治的诸多制度和规范本身是社会主义道德的制度化和法律化。同时，法治不应当规范和调整人们的思想意志，对于思想范畴的问题往往表现得无能为力；而对于道德沦丧、良心泯灭之徒的行为，思想道德的约束也常常无济于事。正所谓‘寸有所长，尺有所短’，我们既要反对以法治完全取代德治的做法，也要反对重视德治而

---

① 李林：《习近平法治观八大要义》，载《人民论坛》2014 年 11 月。

② 习近平：《加快建设社会主义法治国家》，载《求是》2015 年第 1 期。

③ 2016 年 12 月，习近平在中共中央政治局第三十七次集体学习时的讲话。

忽视法治的倾向。”①

为国也，观俗立法则治，察国事本则宜。不观时俗，不察国本，则其法立而民乱，事剧而功寡。② 治理国家要考虑国情，制定法律更要从本国实际出发，因地制宜。我们所关注的立法与道德的关联，旨在破解立法如何吸收道德的表面化缺陷，力图为二者之间的互动关系从内在规律的视角做一个理性分析，从而消除立法与道德关系问题的分离解释。经过行为主体内化于心的道德只有经过立法确认才能对行为个体产生规范性的正向推动作用。反之，日常生活中的道德并不能直接产生理性的行为规范价值。但是，我们并不否认道德的规范作用，也并不认为，所有的道德观念一定要被立法所吸收。只有当基本立法的制度安排获得道德资源的支撑和持续供应，道德才会实现价值增值，并创造更大的使用价值。

在依法治国的大背景下，我们更需要关注的是，要以合理的道德理性去引导和矫正与主流价值相悖的个体行为，从而得以在根本上保证立法与道德与时俱进、相互协调，让作为刚性制度的立法充分认可和吸收被社会主流价值体系认可的道德规范，从而探索更为理性的法治之路。

---

① 李林：《习近平法治观八大要义》，载《人民论坛》2014 年 11 月。

② 出自《商君书·算地》。

第八章
德治融入政府依法行政的考量与路径

习近平同志指出，改革开放以来，我们走出了一条中国特色社会主义法治道路。这条道路的鲜明特点，就是坚持依法治国和以德治国相结合。坚持依法治国和以德治国相结合，要使社会主义核心价值观融入依法行政，体现在法治国家、法治政府、法治社会一体建设的进程中，体现在政府依法行政之中。

本章研究德治融入政府依法行政的考量与路径，并非专题研究政府依法行政问题。因而，不系统关注政府依法行政的全领域，也不关注非政府机构的依法行政；而以开阔的视域广义关注德治，关注中国共产党对依法行政的领导，关注社会主义核心价值观以及相适应的信仰、理念、价值观在依法行政中的呈现，由此，展示德治内化于心并外化于行的依法行政实践，勾画德治融入依法行政的面相。同全面依法治国、推进国家治理体系和治理能力现代化的需要相比，把社会主义核心价值观融入法治建设还存在不小差距：一些领域存在立法空白，一些立法相对滞后，等等。研究和解决这些问题，十分必要而紧迫。[①]尤其是，“滥用法治正成为全面深化法治建设的毒瘤”。“社会道德建设、价值观建设和公序良俗建设不足，正逐渐成为深化法治建设的掣肘”。[②] 需要研究妥善解决。

所谓的“德”，并不局限一个人的道德，更偏重的是行政主体的政治品德，包括行政主体把握政治方向的能力，用理想信念动员群众的能力，还包括对事物性质属性的判断，对风险的管控，对是非曲直的判断能力。本文将从依法行政裁量权的限制揭示德治“融入”的必要性，从依法行政中行政权自律、行政伦理构建以及对古代和谐文化借鉴等侧面，论述德治“融入”依法行政的可能性，同时论述对失德行为的追究兼论对“融入”的倒逼与考量。依法行政融于德治、践行社会主义核心价值观，这是新时代依法行政的新思路，是新时代建设法治政府的新要求，也是梳理德治与法治互相作用面临的全新课题，需要从理论和实践的结合上进行深入探讨。

第一节　德治融入依法行政是裁量度的要求

1999 年 3 月 15 日，“中华人民共和国实行依法治国，建设社会主义法治国家”正式写入宪法修正案。为了落实宪法的规定，国务院随后颁布了《关于全面推进依法行政的决定》（1999 年 11 月）、《全面推进依法行政实施纲要》（2004 年 3 月）和《关于加强市县政府依法行政的决定》（2008 年 5 月），依法行政的法律依据逐步完善。政府依法行政有其自身的规律，行政裁量度的把握对行政主体的价值观念、执法伦理有其特殊要求。

一、依法行政裁量度的把握

依法行政的法治实践离不开行政裁量权的行使，行政裁量度的把

---

① 新华社北京 2018 年 5 月 7 日电：为进一步彰显法律法规的社会主义核心价值观导向——中央有关部门负责人就《社会主义核心价值观融入法治建设立法修法规划》答记者问，载《广州日报》2018 年 5 月 8 日要闻版。

② 中国行为法学会、中南大学编，江必新主编：《中国法治实施报告（2016）》，法律出版社 2017 年版，第 15 页。

握是依法行政裁量权行使的显著特征，也是一个永恒的主题。坚持“法无授权不可为，法有规定必须为”，坚持合法行政、合理行政、程序正当等原则，既为依法行政确立了规矩，也使依法行政经常不得不左顾右盼，因为这些原则过于抽象。依法行政运用静态且抽象的法律，面对纷繁复杂的行政事务，因而依法行政的裁量权必须存在。自由裁量是依法行政实践中所必需的，它不仅是法律赋予行政执法主体的一种权力，更是行政执法主体应承担的一种责任。

（一）依法行政自由裁量权客观存在

依法行政包括：依法决策、依法执行、依法监督，依法行政的各个环节无不依赖行政自由裁量权的行使。自由裁量，是在行政执法过程中，执法者根据法律（包括司法解释）和已经查明的法律事实，在个人法律意识支配下做出法律裁判的过程。[①] 自由裁量在依法行政过程中经常地存在。法律规定的只是案件的一般情形，不能对特别情形一一规定；当特殊情形出现时，执法者可以根据法律的字面含义，考虑立法者可能对该案做出的分析判断做出裁量。就立法动机而言，在法律规范中留给依法行政的自由空间，以便于行政执法者能够应对各类行政事项，为社会创造安定、和谐、繁荣的生活环境，法律上赋予执法者行政裁量权，执法者便于根据社会情势进行积极、主动行政。就依法行政实践而言，依法行政面对的客观情况千差万别，且瞬息万变；适用的法律依据经常存在原则规范，需要识别、选择并作出解释。解释具有多样性、不确定性。执法主体要适用具有不确定性概念，首先要面对不确定性概念具体化问题。正如王利明教授的解释：“不确定概念的具体化，是指通过法律解释的过程，使不确定概念的内涵和外延得以明晰，从而能够作为裁判的依据，适应于具体个案。”[②] 因而，执法主体面对各种各样的主客观原因，需要行使自由裁量权，保证行政行为妥当而有效实施。

根据依法行政的原理，这种裁量权的行使并不是绝对自由、恣意妄为的，而是要受到法的一般原理、原则的拘束，不可否认应该在合法且合理的范围内，这个范围是与行政主体的判断相适应的合理性，这是德治界定的尺度，也是德治融于依法行政必然性、必要性所在。

---

① 张军：《法官的自由裁量权与司法正义》，载《法律科学》2015 年 2 月。

② 王利明：《法学方法论》，中国人民大学出版社 2012 年版，第 469 页。

因而，德治融入依法行政，可以理解为是依法行政裁量权行使把握度的要求。

（二）行政裁量是依法行政本身的特点，是行政法的精髓

随着社会不断地发展变化，静态的法律规范不能包容生动的社会现实，法律规范的约束导致行政效能不能适应非常复杂的发展变化现实。而且现实中的依法行政包括公安、司法、城管、工商、质检、教育、卫生、食品安全等方方面面，情况非常复杂，尤其一些涉及专门技术性的领域，与其通过法律规范事无巨细地规范依法行政，倒不如给依法行政执法者留下些许空间，以灵活应对庞大且复杂的社会现实，及时处置具体行政问题。王名扬教授指出，“行政法一方面给予政府有效的执行手段，另一方面控制政府的权力，政府只能依法行政，维护公民的合法权益。从行政法学的观点来看，行政好比一部机器，这部机器需要强大的动力，才能充分发挥为人民服务的作用，但是机器必须得到有效的控制，否则机器的动力愈大，可能产生的损害也愈大。动力和控制是行政活动中的对立统一，二者不可分离。”① 由此可见，为了有效地全面地实现依法行政，满足人民群众的利益需求，给依法行政留下自由裁量权的空间是必须的。由此，行政裁量权成为依法行政的显著特点。

（三）行政自由裁量都具有一定的幅度

由于自由裁量权客观存在，不受法律拘束是不可能的，裁量行为超过一定界限时，便构成违法；无论是怎样的自由裁量行为，都不能认为行政权具有绝对的自由，而必须将其解释为具有一定界限的自由。我国《行政诉讼法》第五十四条规定，超越了法律规范所容许的裁量范围时，构成裁量权的逾越；虽然在法律规范所容许的范围之内，但是恣意地采取行为的，属于裁量权的滥用，通常被解释为“裁量权的逾越和滥用”或者“超越和滥用职权”。

（四）裁量度的把握取决于执法主体

自由裁量不仅要依照法律和事实，还受到行政执法者法律意识、执法水平的支配。依法行政在很多情况下往往因执法主体的经办人不同，裁量度的把握不同，而出现不同的效果。因人而异，既有故意，

---

① 王名扬：《美国行政法》，中国法制出版社2016年版，第67页。

也有过失，还有既非故意、也非过失的模糊状况，这与经办人的阅历、经验、品行、价值观等无不相关；从实践情况看，经办人的德行操守对依法行政效果的影响经常地存在。执法主体要寻找、识别、判断、适用法律规范，经常地受其能力、经验制约，也受其信仰、价值观制约，也可以说，执法者是否妥当地寻找、识别、判断、适用法律规范，则受其良心、良知的左右。行政执法中之所以出现不同的见解，应该承认法律规范、司法解释客观存在不确定性（包括语词内涵外延的不确定性）的同时，执法者适用法律规范、司法解释、行使自由裁量权也必然会存在不确定性。可见，依法行政离不开行政主体——人的主观能动性，而能动性的发挥会因人而异，因而法的制约作用经常地受到侵蚀，这时就需要执法者的德行作为保障。

（五）依法行政裁量不是“投币式自动售货机”

自由裁量是在执法者法律意识支配下进行的。“法律意识就是人们对法，特别是现行法和有关法律现象、观点和态度的总称”。[①] 行政执法者对法律条文、事实证据的选择，都是由裁量者自身所具有的法律意识所决定的，法律意识在裁判过程中的影响至关重要。依法行政是复杂并且极富创造力的活动。需要基于不同的客观事实，寻找、选择适用的法律原则、法律制度、法律规则和具体法律条文，作出判断，形成结论，没有创造力不可能实现执法适当。这个过程不是简单、机械的活动，执法主体的性格、性别、年龄、民族、籍贯、文化程度、文化偏好，对案件结果均会有影响，这是不可回避的事实。

依法行使裁量权是前提也是底线。自由裁量的度在法律规定的范围之内，这就要求执法主体必须首先重视案件中的证据，严格依照证据规则审查和评价证据，力争全面准确地认定法律事实；必须正确地理解和适用法律，严格依法裁量；执法主体应该自觉地规范自由裁量权，自觉地遵循自由裁量权的引导和指导。

（六）守住底线需要公示裁量心证过程

在依法行政过程中，执法主体自由裁量的过程，就是行政主体自由心证的过程。执法主体基于人性的善和法律的道德性，基于常人共同的价值认同以及对法律公正性的信任，按照正义的要求予以心证裁

---

① 《中国大百科全书·法学》，中国大百科全书出版社1984年版，第513页。

量，实现道德伦理对裁量度的把控。行政主体在自由心证时，需要挣脱个人私欲的牢笼，培养执法主体的法治信仰，加强对行政执法人员的道德控制。控制的有效性在于对自由心证的公开，也即行政主体在行使行政自由裁量权的时候，公示裁量动机、裁量理由、裁量依据、裁量目的，包括法律法规以及自由心证的思维过程。充分而明确的说理过程其实质是自由心证的思维过程，公示公开既能接受公民监督，也能引导公民思维和行为方式的转变。在证据的采信问题上，执法者不能仅考虑事实因素，还要将社会效果考虑进去，从而形成适当的自由裁量结果。

行使裁量权必须要有度的把控。对依法行政中的自由裁量权，执法人员要在法律规定的范围内，根据具体情形作出适当的裁量。虽然法不容情，但法外有情往往经常存在，要实现法律的公平和正义，面对纷繁复杂的现实情况，可能出于社会因素，也可能出于形势要求，既要严格遵循法律，也要考虑个案的具体情况，力求裁量既合法又合理，实现法律和社会效果统一。

二、道德素质影响行政裁量

道德素质是执法主体固有的个性特征，支配行政裁量的结果。因为道德素质对其行为有着支配性的影响，道德素质的高低会影响其行为的优劣。执法主体的道德素质，会影响其在行政执法中的裁量，会对依法行政的结果产生作用。

例如，在一个时期，就有打着依法的名义，因十元钱的纷争，不是“以和为贵”及时了结，而是有理不饶人地诉至法院；许多一般矛盾，不是针对问题及时化解，而是“导入”法院一推了之；“钓鱼执法”更是以执法之名败坏法治，等等。这样的依法行政没能实现社会和谐，而是破坏了社会和谐的基础，各种矛盾凸显。面对群体性事件频发，行政官员腐败现象丛生，行政执法屡受争议，社会不稳定因素增加，社会失范的风险提高。在我国古代，人们执念于“以和为贵”，执念于“一场官司三代仇”的教训，因而厌讼是民间的传统，依靠民间习俗、依靠传统文化、依靠互相谦让，保持了社会安定，是以“三尺巷”的故事成为经典在民间广为流传。“三尺巷”能够成为经典得以流传，在于张英身为清代朝廷高官，不因有权有理而“伸张正义”，尽管有理，还是“让他三尺又何妨?”以和为贵，以德服人，张英家主动退让三尺，对方诚服于张英的“雅量”，不但不再侵占宅基地，而且退让宅基地三尺，形成“三尺巷”的经典，美名远扬！与这个经典形成鲜明对比的，有浙江省义乌市市委常委杨延虎不讲官德，在法律的名义下玩弄法律，获得巨额不义之财，最终被法律追究。被告人杨延虎作为国家工作人员，利用担任义乌市市委常委、义乌市人大常委会副主任和兼任国际商贸城指挥部总指挥的职务便利，伙同被告人郑新潮、王月芳以虚构事实的手段，违背职业操守，骗取国有土地使用权，非法占有公共财物，三被告人的行为均已构成贪污罪。[①] 再如，较为典型的有“广州留置第一案”[②]。该案系广州市白云区监察委成立后留置调查办结的首案，也是广州“留置第一案”。该案被告人杨贵蓝为了收受贿赂，对违章建筑本应依法查处，他违背依法行政的职责，违背职业操守，不但不予查处，反而为他人加高楼层、加宽面积、违章建设提供帮助，其行为构成受贿罪，被广州市白云区人民法院依法判处有期徒刑二年六个月，并处罚金十万元；没收赃款，上缴国库。杨贵蓝为自己违背道德伦理付出了代价。古今正反典型，用事实说明了依法行政要讲德治，德治融入法治才是达成依法行政，实现人民美好生活向往的必由之路。

行政执法主体裁决轻率，导致畸轻畸重、重责轻罚、轻责重罚的情况时有发生。根据《中华人民共和国行政处罚法》第四条第二款规定：“设定和实施行政处罚必须以事实为依据，与违法行为的事实、性质、情节以及社会危害程度相当”，该规定包含了实施行政处罚时在裁量方面也应遵守“过罚相当”原则，要求行政机关行政处罚的种类和幅度要与违法行为人的违法过错程度相适应。但南方某市公安局属下因区分局处罚刘永刚案[③]的过程中，为了平息矛盾，把争议简单化处理，对涉案双方均处以相同的处罚，导致一方不服成讼。法院经审理认为，区公安分局未正确区分双方的违法情节、过错大小、损伤程度等评价因素，对刘、何均处以相同的行政处罚，显失公正。而且，刘

---

① 最高人民法院指导案例 11 号：杨延虎等贪污案，最高人民法院审判委员会讨论通过，2012 年 9 月 18 日发布。

② 广州市白云区人民法院（2018）粤 0111 刑初 667 号刑事判决书。

③ 广州市中级人民法院（2015）穗中法行终字第 14 号行政判决书。

对何造成的伤害尚未构成轻微伤，区公安分局对刘处以拘留十日最高幅度的处罚，处罚畸重，违反过罚相当原则，判决变更处罚为拘留五日，并判决公安分局支付刘永刚超期拘留五日的人身自由损害赔偿金。如果该案执法人员吃透案情，分清责任，区分主次，慎重裁决，该案的失误不难避免。

三、行政裁量中的道德素质

行政裁量以行政权力为后盾，天然地获得了裁量的权威，因而天然地带有强制性。为此，人们探索出严格的行政程序，对行政裁量进行必要的规制，以防止行政主体在行政裁量过程中凭借行政权力肆意妄为。即使如此，实践证明执法主体的道德素质在行政裁量中经常地凸显其不可缺失。执法主体的道德素质对内是其理想道德，思维方式、行为模式和信念品格，对外则是职业形象，判断能力、法律素养和执法经验。但无论内外，具体到依法行政活动，道德素质都会对其裁量的结果产生影响。依法行政对执法者道德素质的要求表现在多方面，主要有：（1）信仰法律，崇尚法律权威，捍卫公平正义。执法者是法律的守护者，必须从内心信仰法律，恪守宪法至上的原则，在依法行政中坚持法律至上，坚持以事实为依据，以法律为准绳，不惧权势，不受外界干扰，为公正执法不懈努力。“法律应当是铁面无私的，每一个具体案件中的执法者也应当是铁面无私的。”[①] 执法主体具备法律至上的精神和信念，就更加能够保持其独立性，不被舆论媒体和其他外部因素干扰，没有信仰就容易被各种力量左右。（2）高尚的道德情操。作为执法者这一特殊角色，本就要求有着高于社会其他职业的道德水准，要以法服人，首先要以德服人，决不能出现执法腐败。要善于在执法实践中自省，拒绝人情案、关系案、金钱案，以坚守法律的形象向全社会传递正直正义的正能量。（3）不断提升人文素养。“苏格拉底将德性等同于知识。”[②] 人文素质作为道德的基本素质，对其社会能力和社会行为有着深刻的影响。一个行政执法主体如果脱离常情常理，就容易陷入证据和法律的旋涡中，难以得到符合事理的客观认识，而一个行政执法主体如果缺乏案件审理的相关知识，就难以理解案件中

---

① ［意］贝卡里亚：《论犯罪与刑罚》，黄风译，北京大学出版社2008年版，第110页。

② ［美］富勒：《法律的道德性》，郑戈译，商务印书馆2005年版，第40页。

的各种相互关系。在一些新领域，存在着对于现行法律的冲击，面对这样的局面，遇到类似的案件，就需要行政执法主体广泛的社会知识作为支撑。在快速变化的时代潮流中，要做到客观公正，就要求执法主体具有较高的人文素质。

总之，法本身是作为社会规则，人们对它的理解离不开案件承办人的经历和这个社会历史文化传统和道德的影响。因此，每个人对于案件得出结论时，都不可避免地融入了自己的生活经历、法律观点、思维态度，并非单纯地依法、依证据进行裁量。执法者是有意识的能动主体，因此，在其进行裁量的过程中无可避免地会受到主观意识的影响。由于行政裁量具有存在的必要性和被滥用的可能性，在依法行政实践中既要避免过度干预而束缚行政执法者的手脚，又要避免对违法行政的放任而侵害行政相对人的合法权利。为此，德治必须融入依法行政，依法行政要重视行政权自律。

第二节 依法行政的行政权自律

依法行政裁量权的度，从另一个角度可以理解为依法行政权的自律。行政权的自律是要求行政主体做出行政行为时，要受其前面所作出的决定或者所采取措施的自律。这可以被视为行政裁量度的控制。行政权的自律是控制裁量权行使，具有其自身的法律构成要件；它作为自律措施，规范行政主体合理、正当裁量案件，以保障依法行政适当。

一、依法行政的德行自律

行政权自律，主要体现为受行政先例或者行政惯例自律，这是落实宪法中平等原则的要求。平等原则要求，对同类行政行为做出类似的处理，对不同的行政行为做出与之相适应的不同处理。当然，这种平等受到特定的实践空间的局限，或者可以说，这种平等是在特定时间空间范围内的平等。实践中通常表现为：一视同仁，反对歧视；坚持前后一致，拒绝朝令夕改。如无正当理由，行政行为得受其行政先例的约束，约束具有强制性，对相同的案件不得因人而异。这是将依法行政和依法行政权纳入法律范围，实现依法行政的基本要求。德治融入依法行政最终将落实到行政执法者的实践中。依法行政要以人民为中心，展示服务政府的形象，需要执法者自律于德行，体现执法者依法行政的温情和人文关怀。因此，行政权受执法者德行制约将不言而喻，这是行政裁量对执法者道德素质的要求。

二、依法行政自律于先例

执法者自律行政权不能成为其懈于怠政的借口。度的把握既有赖于执法主体的德行，更需要执法者在内心建立德行自律模型，明确相应的自律条件。否则，逾越德行自律的行政权自律反而有害于依法行政，不利于对行政相对人合法权利的保护，也有可能成为行政执法主体或者放弃职责，或者滥用职权、谋取不法利益的挡箭牌。德内化于心，外化于行，遵循行政先例，规制依法行政。爱岗敬业心存行政先例；忠诚法律敬畏行政先例的合法性；遵循行政先例，信仰法律，做依法行政的守门人。

爱岗敬业心存行政先例。顾名思义，先例是从前的实例，行政先例是执法行为裁量某个行政行为既有的案例。这就成为以后的“先例”。心存行政先例，就要做人民公仆的有心人，对行政先例出现的时间、地点、环境、相关情况，对行政先例出现的原因、过程、结果，对适用法律的选择依据、对行政先例的社会影响等，都要条分缕析，心中有数，烂熟于心。心存行政先例档案，分门别类，信手拈来，得心应手。行政先例具有启示作用，执法主体要按照行政先例的启示自律行政执法；行政先例也有警示作用，执法主体要按照行政先例的警示规范行政执法；行政先例还有指导作用，执法主体要按照行政先例的指导升华行政执法。

（一）忠诚法律敬畏行政先例的合法性

行政先例具有既定的合法性。它是行政机关针对行政相对人所作出的已经发生法律效率的行政裁决，还有大量的因行政机关不作为、滥作为而被人民法院依法确认为违法的判决。不作为案件与行政强制类案件在行政处理程序阶段的共同特点，就是对处理程序和处理期限都有非常严格的要求。不作为案件纠纷源于行政机关对相对人的申请超过法定期限没有作出处理或回复。而行政强制类案件的败诉，违反法定程序要求是败诉的主要原因之一。如最高人民法院审判委员会讨论通过2014年1月26日发布的第26号指导案例：《李健雄诉广东省交通运输厅政府信息公开案》，该案确认："广州市越秀区人民法院于2011年8月24日作出（2011）越法行初字第252号行政判决：确认被告广东省交通运输厅未依照《政府信息公开条例》第二十四条规定的期限对原告李健雄2011年6月1日申请其公开广州广园客运站至佛冈客运里程数的政府信息作出答复违法"。[①] 该案被告广东省交通运输厅未在期限内对申请其公开的政府信息作出答复违法，已经被越秀区法院判决且被最高人民法院确认，成为行政先例。行政机关在作出行政行为时，不仅要保证程序正当、合理，还应当遵循一定的时效制度。时效制度的主要价值在于：保障行政行为及时作出，避免拖延耽搁造成相对人权益的损害；提高行政效率，督促行政机关及时作为，防止因为拖延导致证据灭失，或因环境条件变化，影响行政行为的准确性。本案被诉信息公开行为的法定作出时限为15日，被告超过15日作出信息公开答复属程序违法，鉴于该违法情节较轻，对相对人的实体权利未产生实际影响，人民法院遂依法判决确认该信息公开答复违法。依据最高人民法院《关于案例指导工作的规定》，最高人民法院发布指导性案例，"是指裁判已经发生法律效力"（第二条）的裁判，"各级人民法院审判类似案例时应当参照"（第七条）；"最高人民法院案例指导工作办公室每年度对指导性案例进行编纂"（第八条）。[②]

（二）信仰法律维护行政先例的权威

依据最高人民法院《关于案例指导工作的规定》，指导性案例是最高人民法院审判委员会讨论决定的，具有解释法律、指导裁判的性质和作用。最高人民法院就《关于案例指导工作的规定》专门举行了答记者问，明确提出：人民法院的指导性案例，是正确适用法律和司法政策，切实体现司法公正和司法高效，得到当事人和社会公众一致认可，实现法律效果和社会效果有机统一的案例。人民法院的指导性案例，从其性质上看是解释法律的一种形式，是解释宪法性法律以外的国家法律的一种形式，指导性案例所具有的明确、具体和弥补法律条文原则、模糊乃至疏漏方面的作用，是法官释法，是总结法律经验法。这里的类似案件，是相似或者相同案件，包括行为类似案件、性质类

---

① 最高人民法院指导案例第26号。

② 最高人民法院：《最高人民法院关于案例指导工作的规定》，2010年11月26日发布。

似案件和争议类似案件，这里的类似不仅指结果类似、数额类似或者某一个其他情节类似。参照就是要参考、遵照，即法官在审判案件时，处理相类似的案件时，可以参考指导性案例所运用的裁判方法、裁判规则、法律思维、司法理念和法治精神。处理与指导性案例相类似案件时，要遵照、遵循指导性案例的裁判尺度和裁判标准。应当参照就是必须参照。当法官在审理类似案件时，应当参照指导性案例而未参照的，当事人有权利提出上诉申诉。

（三）遵循行政先例主动塑造社会

依法行政是法治政府实现行政权的途径，每个依法行政行为都毫无例外地对行政对象产生作用，既包括积极作用，也包括消极作用。消极作用并不是负面作用，这里强调的是对行政对象的抑制作用。不论积极作用，还是消极作用，都必须保证行政行为的统一性和连贯性，并且要不断地适应形势的变化，适应新情况，针对新问题，解决新问题，以合法有效的行政代替过时的行政行为。与时俱进应该成为依法行政的生命，行政自律不是倡导接受呆板的约束，呆板约束有违自由裁量的初衷。有效的依法行政，必须关注个案的具体情况，为自由裁量留出余地。

行政主体享有依法行政的决定权，包括行政裁量权、对不确定法律概念的解释权。上文强调为行政主体的自由裁量权留下余地，原因在于，立法者经常地运用一系列相应的法律概念，形成具有涵盖力的法律规范，以尽可能包容较全面的行政事务。因此，案件事实是否符合法律上的规范，是否具备特定的构成要件，当由行政执法主体酌情裁量决定。依法行政享有大量的裁量权，对事实的认定、要件的认定、程序的选择、行为的选择、时间的选择等过程均有裁量余地。留下余地的实质是便于酌情区分行政行为的边界。只要行政机关有自由裁量权，或者有指导裁量的行政规则存在，自我自律必须同时不缺席。

三、行政权自律的德行训练

依法行政包括依法决策、依法执行、依法监督。依法决策的行政事项中有重大决策事项，也有对行政相对人实施的关涉其权利义务的决策措施。通常，行政决策是行政执行、行政裁量的前提。关涉行政相对人的权利义务，既要严格依法，又必须严格行政伦理，恪守行政执法的伦理道德，如坚持合法性、合理性、公开性、诚实守信、高效便民、程序正当，这些既是依法行政的原则，也是执法主体应该恪守的执法道德和良知，体现了法律与道德的高度统一。坚持合法性，行政执法主体必须在法定权限内，遵循法定程序，依据法律实施行政行为，依据合法便付诸实施，依据不合法则修改后再实施，没有依据就提供依据后再实施，无法提供依据的就不实施。严格遵循《中共中央关于全面推进依法治国若干重大问题的决定》："实践证明行之有效的，要及时上升为法律。实践条件还不成熟、需要先行先试的，要按照法定程序作出授权。对不适应改革要求的法律法规，要及时修改和废止。"逾越法律、有法不依、执法不严，是执法者职业伦理道德所不允。坚持公开执法，行政决策的规范依据、决策过程和内容应当公开，依法不予公开的，应当按照法定程序说明理由；坚持诚实守法，没有法定事由并经法定程序的，行政主体不得变更、废止和撤销已经生效的重大行政决策，依法变更、废止乃至撤销的，对遭受损失的公民、法人或者其他组织应给予合理补偿；坚持合理性，可以采用多种方式处理行政事务的，应当选择采用最有利的方式。应当注重建立、完善和活用利益均衡机制，追求国家和社会公共利益的同时，确保对公民、法人或者其他组织造成的损害少于要达成之目的的利益，尽量避免二者之间显失均衡。①

行政权自律具有自决性。行政权自律，可以为行政机关选择性执法（钓鱼执法）、怠惰执法提供解决路径。选择性执法的问题虽然形式上构成行政不作为、违法失职等，但法院判断不作为成立的要件比较复杂，而且相对人举证上也会有很大的困难。行政机关只处理一部分违法者，而对某些违法者放任甚至保护，这也属于行政裁量权的滥用的范围。行政机关自律，可以避免出现裁量权滥用、恶性执法的难题，从行政机关的执法心理上看，遵循"自我束缚"的行政惯例比来自立法机关、法院强加的规则更为积极。另外，也促使行政执法人员积极行政，纠正行政执法过程中存在的大量违法行为。

行政权自律具有预防性。行政权自律，可以在司法审查之前就预防行政机关裁量的违法性。行政裁量广泛存在，司法审查的范围是有

---

① 杨建顺：《重大行政决策应当坚持八个原则》，载《检察日报》2017 年 9 月 20 日。

限的，相当于只是“抽样调查”。这种“抽样调查”，面对大量存在行政自由裁量，除了还需要其他各种监督机制发挥作用，形成对行政权运作的规范和制约作用之外，行政执法主体的自律则是确保行政执法主体依法行政、合理行政的重要措施。行政执法主体自律，意味着严格按照事前的裁量规则来进行个案裁量，优点在于可避免不必要的裁量，缩小行政机关选择余地，允许行政机关以此规则为指导处理同类的案件，保证行政机关执法的相对一致性和裁量结果的统一性；也可以使行政机关执法人员面对压力和情面，以“我想帮你，但我要受此规则限制”做挡箭牌，避免依法行政出现道德风险。由此可见，行政权自律的意义在于：增强依法行政的稳定性，避免选择性执法（钓鱼执法），预防行政机关裁量的违法。行政先例是用于未来个案的效力，自然可以提高行政执法效率，并且使行政裁量尽可能地合乎平等原则的要求。行政权自律防范执法者恣意任性，稳定了执法平等，降低了依法行政的道德风险。

行政行为违法，必须接受道德谴责并承担法律责任。2017 年 1 月 30 日上午，最高人民法院召开典型案例（第一批）新闻通气会。通气会公布的第一批案例中，许某某诉婺城区人民政府行政强制及行政赔偿案，事关拆迁中的违法强拆与赔偿，引起社会高度关注，其典型意义在于保护被征收人产权，促进政府依法行政，促进行政执法人员严守职业道德。[①]

第三节　依法行政的行政伦理

雨果在他不朽的名著《悲惨世界》中宣称，良心是首要的司法[②]。其实，良心不仅是首要的司法，也是首要的执法。行政权自律依赖于

① 2014 年 10 月 26 日，金华市婺城区政府发布房屋征收决定，涉案房屋被纳入征收决定的范围内。但该房屋于婺城区政府作出征收决定前的 2014 年 9 月 26 日即被拆除。最高法再审认为：涉案房屋虽未取得房屋所有权证，但其为建于《城乡规划法》实施之前的老房，应认定为合法建筑；行政机关违法强制拆除被征收人的房屋，应当承担赔偿责任，不能使房屋产权人被强拆所得的赔偿金额低于被依法征收所得的补偿；房屋补偿应当以判决生效后作出赔偿决定时的周边房屋的市场价格为基准来补偿。

② 雨果《悲惨世界》：释放无限光明的是人心，制造无限黑暗的也是人心，光明和黑暗交织着、厮杀着，这就是我们为之眷恋又万般无奈的人世间。

执法主体的良心、道德品行。鉴于依法行政是众多执法主体的共同事业，因而，依法行政的行政伦理自然非常重要。于兴中教授在《法治东西》中说，依法治国也好，以德治国也好，只能在一个诚实的社会里得以实现。不诚实的社会是一个失去了理想、没有信仰、没有荣誉感、没有羞耻感的社会。无论一个社会的法律有多好，如果社会本身是不诚实的，有法会变成无法，良法也会变成恶法。只有在诚实的社会中，谈论法治才具有其意义，良法才会显示出它的可贵来。因此，提倡法治，首先应该提倡诚实。一个不撒谎、以真实面目见人的社会就是一个诚实的社会。①

德治融入依法行政，需要加强依法行政的行政伦理建设。加强行政伦理建设是推动德治融入依法行政的重要举措。加强行政伦理建设，应注重行政伦理教育，完善行政伦理立法，不断强化行政监督和公民社会的舆论监督作用，进一步促进服务型政府、法治政府的建设，要在清楚行政伦理失范的现状及成因的基础上，有的放矢，采取系列举措，规范依法行政。

一、行政伦理失范的面向

据报道：广州获评法治政府建设典范城市，连续五年稳居全国前五名。在中国政法大学法治政府研究院发布的法治政府蓝皮书《中国法治政府评估报告 2017》中，全国参评的 100 个城市，广州市总体排名第三，法治环境走在全国前列。② 尽管如此，广州市依法行政的发展并非平衡，依然存在个别的“短板”。本课题组通过具体案例分析广州市政府的一份报告，发现目前行政复议被纠错与诉讼败诉主要存在几个方面的问题，一是适用法律法规不当，二是未严格履行执行程序，三是行政不作为类案件仍比较突出，四是行政执法人员证据意识薄弱，五是行政机关与法院信息不对称，一错再错的案件时有发生。具体看，行政伦理失范存在如下情形：

1. 政府信息公开中违法。2007 年颁发的《中华人民共和国政府信息公开条例》至今实施已有十年。2014 年广州市全市涉及政府信息公开的复议案件 165 件，到 2016 年已达到 399 件，占全市同类案件的

① 於兴中：《法治东西》，法律出版社 2015 年版，第 36 页。

② 参见《广州日报》2018 年 1 月 31 日。

28%；而此类案件的直接纠错率达到了 31.6%，远远高于全市复议案件的平均纠错率。如李俊昆申请复议广州市番禺区发展和改革局信息公开案中[①]，申请人称番禺区发改局超期未回复其信息公开申请，番禺区发改局辩称，在收到申请人的信息公开申请后，因申请人申请公开的价格欺诈案件信息尚在查处中，告知申请人该信息不存在。复议机关认为，被申请人作出答复的时间超过了法定期限，确认为违法。

2. 执行机关做出利己的不当解释。根据《中华人民共和国行政强制法》第二十五条的规定，查封、扣押的期限不得超过三十日，情况复杂经行政机关负责人批准的，可以延长最长三十日。也就是说，实施上述单一种行政强制措施的期限经批准后最长在六十日，一般为三十日内。在张惠君诉广州市越秀区工商行政管理局强制措施一案中[②]，工商分局对相对人销售涉嫌侵犯注册商品专用权的物品实施了查封的强制措施，在到期解除查封后，又立即作出扣押的决定，再扣押涉案物品三十天，从而将控制相对人涉嫌违法的物品的时间在没有审批延期的情况下达到六十日。相对人不服提起行政诉讼，被告认为法无明文规定不能这么做就是合法的。法院经审理认为，对工商行政管理机关能否对同一批涉案物品先后采取查封、扣押的行政强制措施，《中华人民共和国行政强制法》并无任何规定。但是按照对行政机关行使行政职责的“法无明文规定则不可为”的行政法基本原则，对《中华人民共和国行政强制法》第二十五条规定的查封、扣押的期限，应当合理解释为控制涉案物品的强制措施的总期限为妥，以免行政机关变相延长采取强制措施的期限。遂判决撤销后面的扣押强制措施决定。

3. 无视法律程序急于实施强拆。行政机关强制拆除违法建筑物（违法建设已建成的），要在行政决定的期限到期后进行催告，再作出强制执行决定，还要进行公告。当事人不申请行政复议或者提起行政诉讼的又不自行拆除的，行政机关才可以依法强制拆除。在阮锡志诉被告广州市增城区仙村镇人民政府行政赔偿一案中[③]，被告在实施拆除违法建设过程中，以广州市增城区城市管理综合执法局作出《责令限

---

① 广州市番禺区人民政府番禺府行复（2016）108 号。

② 广州市越秀区人民法院（2014）穗越法行初字第 286 号，广州市中级人民法院（2014）穗中法行终字第 1318 号。

③ 广州市中级人民法院（2015）穗中法行终字第 1296 号。

期拆除违法建设决定书》后相对人口头承诺不会提起复议或诉讼为由，在三个月起诉期限（申请复议期限为六十天）未届满前就强制拆除了涉案的养猪场。对此，原告否认曾经承诺不提起复议或诉讼。法院经审查认为广州市增城区仙村镇人民政府的行为违反关于强制拆除违法建筑的法定程序，判决确认该行为违法并对相对人的损失予以赔偿。申请复议与提起行政诉讼的权利是当事人的法定权利，在法定期限内不存在放弃一说。该镇政府以相对人口头承诺不提起复议或诉讼实施强制拆除，一是不熟悉法律规定，二是即使能够提供这样的证据，也是不合法的。

4. 依法履行回复的程序事实举证不能。被告对作出的具体行政行为负有举证责任，应当在收到起诉状副本之日起十五日内，提供据以作出被诉具体行政行为的全部证据和所依据的规范性文件。被告不提供或者无正当理由逾期提供证据的，视为被诉具体行政行为没有相应的证据。即使法律作出如此明确的规定，仍有行政机关按照“性本善”而不是法律规定的要求来保存行政处理程序的证据。在罗耀樟诉广州市城市管理综合执法局黄埔分局举报查处违法建设回复一案中①，原告起诉称黄埔区城管局在收到其关于违法建设的投诉举报后，没有按照《广州市违法建设查处条例》规定的期限将处理结果回复投诉举报人。黄埔区城管局则辩称在举报当天已由单位领导口头对投诉举报人进行回复，但无法提供相应的证据；并在收到法院起诉状副本后立即向原告做出了书面答复。后因原告坚持不肯撤回起诉，法院经审理认为，根据《最高人民法院关于行政诉讼证据若干问题的规定》，被告方自己的陈述不能单独作为定案的证据，法院最后没有接纳该项答辩意见，判决确认该局逾期处理的行为违法。

5. 工作疏忽与监管缺失。法律法规虽然对行政机关答复信息公开申请的公文格式等没有提出专门的要求，但是行政机关办理公民、法人或者其他组织的信息公开申请也应与办理其他公文的要求一样适用同样的标准。但仍有部分行政机关的工作人员在处理信息公开申请时粗心大意，工作不够细致，办文以后的复核与发文前的监管也不到位，导致多重内部程序都不能及时发现问题并纠正被认定为违法。如梁令

---

① 广州市黄埔区人民法院（2014）穗黄法行初字第86号。

德申请复议广州市规划局信息公开一案中[①]，申请人向市规划局书面邮寄一份政府信息公开申请书，请求公开某案件的经办及审批人员名单。市规划局收到申请书后，认为申请人申请公开的信息属内部政府信息，不属于依法申请公开的信息，并作出告知书邮寄送达。申请人不服提起复议认为市规划局发出的答复没有加盖公章，无法在诉讼程序中作为证据使用。市规划局则辩称存档公文与发出公文一致。复议机关审查后认为市规划局作出的告知书未加盖公章，明显不当，鉴于该规划局将加盖业务专用章的告知书重新邮寄送达申请人，故确认市规划局作出的未加盖公章告知书违法。

6. 信息公开答复中违法处理他人权利。根据《中华人民共和国政府信息公开条例》的规定，行政机关只是根据信息公开申请人的申请查核申请的信息是否存在，存在且符合公开条件的则公开，不需要对信息本身包含的信息的合法性作出价值判断。但是在广州市大河房地产发展有限公司诉广州市国土资源和房屋管理局、第三人动感华庭业主委员会信息公开答复书一案中[②]，法院经审理认为，被告在给予第三人信息公开答复书中限制了原告的财产处分权，属于没有事实依据和法律依据，法院遂判决撤销被告的答复[③]。

依法行政，政府职能部门应当以人民为中心，遵循便民原则，提高办事效率，提供优质服务。在现实生活中，我们经常遇到这样的场景：场景一：身份证到期要换证，在拍照片的地方被要求出示原身份证、户口本、出生证明、社保卡、父母的身份证、结婚证等多种证件，缺一不可。场景二：要申办某个审批事项，政府 A 部门要求开具计划生育证明，B 部门要求开具无犯罪记录证明，C 部门要求开具纳税证明，填一大堆表格后，分别在 D 部门盖章，E 部门盖章，F 部门盖章，然后又拿着这一堆证明，分别跑到 A 部门、B 部门、C 部门。场景三：

---

① 广州市人民政府穗府行复（2014）813 号。

② 广州市海珠区人民法院（2014）穗海法行初字第 9 号，广州市中级人民法院（2014）穗中法行终字第 806 号。

③ 2013 年 10 月 15 日，第三人动感华庭业主委员会向广州市国土资源和房屋管理局申请政府信息公开，要求公开动感华庭自行车库是否开发商有销售、出租权，业主是否拥有使用权。2013 年 10 月 22 日，被告向第三人作出穗国房公开〔2013〕782 号《依申请公开政府信息答复书》。被告在给予第三人信息公开答复书中限制了原告的财产处分权，属于没有事实依据和法律依据，法院遂判决撤销被告的答复。

政府部门推出网上办理政务，但从网上打印了个人所得税清单后，虽然有二维码，但很多部门不认，非要老百姓到税务部门盖章，老百姓反而多了一道网上程序。场景四：在H市购房者在交购置税时，税务部门说是第二套房要增加缴税额度，当事者陈述，上一套房已在网上交易出售成交。税务人员以网上未修改信息为由，让购房者来回跑路几十公里自行办理网上消除出售房屋的信息。

老百姓各种吐槽，办事的政府部门却往往不以为意，反而振振有词：法律就是这么规定的，我这是依法办事。这样理解并适用法律，不仅僵化教条，有违法理，而且还是懒政怠政的表现①。

二、行政伦理规范依法行政

党的十八届四中全会通过的《中共中央关于全面推进依法治国若干重大问题的决定》明确提出，要“深入推进依法行政，加快建设法治政府”。习近平总书记强调，“各级政府必须坚持在党的领导下、在法治轨道上开展工作，加快建设职能科学、权责法定、执法严明、公开公正、廉洁高效、守法诚信的法治政府。”② 行政伦理是以责、权、利的相互关联为基础，以调节个人、组织、社会之间的关系为核心的行政行为准则和规范的总和。行政伦理是公务员个体道德规范和行政机关群体价值规范的综合体，不论是行政人员个体还是国家行政机关群体都应遵循行政伦理要求，它在建设服务型政府和责任政府中具有十分重要的地位和作用。

（一）行政伦理推动德治融入依法行政

加强行政伦理建设有利于在依法行政的基础上，践行以德行政，使二者在建设法治国家、法治社会的背景下有机统一。依法行政和以德行政从两个不同侧面和维度共同推进我国公共行政法治化，以德行政是以法行政的补充，是依法行政的内在要求；依法行政是依法治国的关键因素，也是国家治理能力走向现代化的必然要求。通过加强行政人员的道德意识教育，推进行政伦理建设，方能使其更好地依法行政，从而更有效地保障公共行政活动的法治化和道德化的互联互动，

---

① 罗培新：《“互联网+政务”让百姓少跑腿》，载《解放日报》2018年3月6日。

② 习近平：《关于〈中共中央关于全面推进依法治国若干重大问题的决定〉的说明》。

并相得益彰。

（二）行政伦理推动建设服务型政府

建设服务型政府，就是要建立勤政和廉政的政府，而政府要做到既勤又廉，就必须加强行政伦理建设，加强行政人员的思想道德品质建设。因为行政伦理的价值基础是廉政，行政伦理的核心价值是勤政。行政伦理最终代表的是政府行政的一种价值导向，彰显着政府行政的效率意识和服务意识，目的是为最广大人民群众服务，实现公共利益最大化。

（三）行政伦理提升行政人员行政人格

在行政机关对行政人员及公务员进行伦理教育，目的在于使行政人员无时无刻不在完善自我、提高自我，这是行政价值观与行政伦理观在行政人员个体及职业群体上的具体体现及其境界升华的过程，是对行政人员的积极性、创造性发挥起着激励和导向作用的过程。随着这个过程的不断推进，绝大多数行政人员的行政素养会显著提高，行政人格逐渐完美。唯此，行政人员方能正确处理好手中掌握的权力和应当承担的责任关系、个体利益和公共利益的关系，才能在行政管理中对道德判断和道德选择能力有一个正确把握，也才能在依法行政过程中运用好自由裁量权，从而大大降低行政人员的道德风险。

三、依法行政深化行政伦理

上述种种行政失范行为，常常会导致依法行政陷入窘境。行政主体在执法过程中面临压力，迫于舆论的压力和追责的威慑，干脆不作任何回应，陷入行政不作为，致使社会对政府的信任度下滑。在道德滑坡迷雾的笼罩之下，社会对个体行为的评价就出现了泛道德化。公众对社会行为的评价以道德为制高点，要求按照法律规定施以最严厉的惩罚，试图以追责实现对道德的维护。《国务院关于加强政务诚信建设的指导意见》，探索德治融入依法行政的道路，进行顶层设计的同时，赋予行政伦理灵魂，化为依法行政自觉的思维方式和行为方式。

（一）德治融入依法行政有赖于理想信念

理想信念是人生的精神支柱，习近平总书记指出，理想信念是共产党员精神上的钙，缺少了钙就会得软骨病，物必先腐，而后虫生。行政伦理是促使行政行为向善的驱动力，促成行政执法主体把维护公共利益作为自己的价值取向。因此，行政伦理在依法行政过程中的重要价值不言而喻。应就执法主体在行政过程中引入道德赏罚机制，对模范遵守道德规范者予以提拔和重用，对道德败坏者强力惩戒，真正形成道德赏罚导向，不断提高行政人员的道德素养。

（二）德治融入依法行政最终关注的还是行政执法者本体

人本观念在现代化进程中直接体现为公民的主体意识。公民主体意识的觉醒，将激发公民参与政府治理以及监督行政行为的热情，而公民所共有的那部分精神和准则将是行政行为的限度。执法者发掘自我的法律意识并对自身行政执法价值的肯定，无疑是对人本观念的重视和升华，也正是已存文化传统中所包含的因素。行政主体经受公民主体意识觉醒的洗礼，在行政执法时自然能够秉公去私。通过个人主体性的发挥，唤醒对公共事务的关注，培育出制度伦理的灵魂，便是行政法治与行政德治走向协调的渐进调适的道路。德治融入依法行政，借助文化积淀达到融情于理、融情于法。法律法规在制定的时候考察人情因素，通过设置一定的执行幅度，依据现实情境不同而适当调整。这个过程实质是德治融入法治的内化。对人本价值的尊崇本质上就是构建符合人性的制度体系，从而彰显人性的光辉。

（三）德治融入依法行政体现在政府依法行政的过程中

依法行政本身的人文精神来源于人民主权的宪法精神，最终形成法治信仰，体现了正义与善的完美结合。这种源于文化传统的信念，将德治融入依法行政，良法善治，生动揭示了当代依法行政的丰富内涵。良法是情与理完美结合的法律法规，行政主体执法是践行内心信念和准则，从而建立现代公共行政精神。公共行政精神不仅仅是行政主体的角色精神，更是一种全民参与和监督行政行为的力量，构建官民共治的现代法治模式。公共行政的精神建立于对所有公民善意的道德基础上，通过对公共事务的积极关切，逐渐发掘自我价值，从而承认公民的主体地位。行政行为指向公共利益，行政权力随着社会需求的增加，涉及的领域也增多，为行政权的滥用提供可乘之机。规范社会行为，培养公民的规则意识，重塑现代法治精神基础之上的公共行政精神，将使德治融入依法治国发挥规范社会行为的效用。[①]

① 史军、魏丹：《行政法治与行政德治的平衡机制探析——以制度伦理的重塑为视角》，载《钦州学院学报》第31卷第5期，2016年5月。

四、行政伦理弘扬中华和谐文化[①]

任何法律都具有天然的道德属性，“道德使法律成为可能”。[②] 叶必丰教授在其专著《行政法的人文精神》中指出：“行政主体对行政相对人的合作是通过为行政相对人提供服务实现的，相对人对行政主体的合作则主要表现为配合和参与。因此，法的现代精神即合作在行政法中就具体表现为行政主体与相对人之间的服务与合作的信赖关系。”叶必丰教授以公共利益本位论为理论基础，论证了行政主体与行政相对人之间的服务与合作关系，弘扬了我国古代和谐文化。[③] 我国古代官员致力于社会和谐，营造和谐的法治环境，平息争端，解决纠纷，实现和谐社会，创造了丰富的和谐经验，形成了特色的和谐文化。和谐经验蕴含的和谐文化乃人间之大德。这种大德孕育了中国独有的调解模式，被西方誉为“东方经验”，被广泛予以仿效。中国古代的和谐经验及其和谐文化，在当代中国具有强大的生命力，符合中国特色和谐社会的需求。借鉴中华古代的和谐经验，弘扬古代和谐文化，以和谐文化滋润当代依法行政，促进社会和谐，实现人民对美好生活的向往。

中华和谐文化与现代法治理念契合。借鉴古代和谐经验，弘扬古代和谐文化，继承中华民族文化传统，滋润依法行政，有助于解决当代司法面临的迫切问题，是构建和谐社会的迫切要求。

（一）有利于行政执法主体和谐意识的养成

构建和谐社会需要行政执法主体具有和谐意识，古代行政执法主体将是否有利于社会和谐作为裁断考虑的首要因素。学习借鉴古代和谐经验、和谐文化，深切体会其思想内涵，可以培养当代行政执法主体的大局观念，和谐意识，更为关注行政裁量的社会效果，从社会整体利益妥当性思考纠纷的产生和解决办法。要强化行政执法主体的和谐意识，以执法的社会效果强化法律效果，促进和谐社会建设。

（二）有利于和谐人际关系

人际关系是古代行政执法主体必须考虑的重要方面，特别在涉及

---

① 叶三方：《古代息讼经验的现代借鉴》，载《武汉大学学报（哲学社会科学版）》2008 年第 2 期。

② ［美］富勒：《法律的道德性》，郑戈译，商务印书馆 2005 年版，第 40 页。

③ 叶必丰：《行政法的人文精神》，北京大学出版社 2005 年版，第 134 页。

家庭、亲族的讼争中，往往重视人际关系的维持。如果仅仅依据法条生硬裁量，在很多情况下使人际关系紧张了，社会矛盾变得更加复杂。正如苏力教授所说：“似乎法律得到了执行，似乎公民权利得到了保障，似乎正义战胜了谬误，但它损害了社区中原来存在的尽管有纠纷但仍能互助的社会关系，损害了社区中曾长期有效、且在可预见的未来村民们仍将依赖的、看不见的社会关系网络”。[①] 在中国这个人情社会，通过合适的方式，使双方易仇为恩，返薄为淳，保持良好的人际关系，无疑更符合中国国情。

（三）有利于定分止争

古代行政执法主体不只着眼于单个案件的是非判断，而是考虑长远，探求如何将纠纷在社会层面真正化解。当代行政执法主体的职责是忠实执行宪法和法律，全心全意为人民服务；化解矛盾，维护社会稳定，维护国家利益，维护社会正义和公德。学习古代和谐经验，弘扬和谐文化，将有利于改进行政执法主体的审判理念，更加关注社会效果；也有利于当事人更多地考虑人情、面子，不想因讼结仇，将纠纷和解平息作为首选。正如梁漱溟先生的描述：“在中国说，本来是一家里的事，不愿到法庭去；在中国人，如果两面一打官司，则彼此便同仇敌一样，有的好几辈人都和解不开。”[②] 和谐化解才是上策。

本课题组认为，以和谐文化为目的的调解是当事人追求相对利益最大化的理智选择，具有合理性。“迟来的正义为非正义”，没有效率，不计时间成本，破坏人际关系，妨碍预期效益的公正，不只是无意义，而是失去了公正；即使实体上似乎不公正，但与迟来的正义相较，还是有意义的。

行政执法主体应以社会主义法治理念为指导，积极践行和谐经验，弘扬和谐文化，努力追求社会和谐。服务大局，树立和谐意识。庞德曾说：法律首先是协调社会利益的工具，行政执法主体则是衡量这些利益的“社会工程师”，他们只有了解其判决所影响的实际社会条件，才能适当地完成其使命。格梅林认为：“司法的全部功能，都已经转移了。司法决定在任何情况下都应当与商业交往所追求的诚信以及实际生活的需要相和谐。”党的十六届四中全会提出了建设社会主义“和谐

---

① 苏力：《法治及其本土资源》，中国政法大学出版社1996年版，第28～30页。

② 梁漱溟：《梁漱溟全集》（第一卷），山东人民出版社1989年版，第656页。

社会”的战略目标。当今社会，法律适用不再是田园诗般的静态的逻辑推演，而必须加入多样化的社会价值的考量。树立行政执法主体的和谐意识，将法律效果与社会效果有机结合起来，强调法律适用中的社会价值考量，已成为我国当代司法的应有之义和显著标志。

行政执法主体要有为民情怀。依法行政的过程不应是死板的教条的纯理性判断，应具有更多的人文关怀。能够真正从人民的利益出发，设身处地为当事人考虑，使当事人心中产生触动，收到单纯依法裁判之外的效果，做到法律效果和社会效果的有机统一。

第四节　依法行政道德责任倒逼考量

党的十六届四中全会通过的《中共中央关于加强党的执政能力建设的决定》（2004 年），明确提出要“建立决策失误责任追究制度”，十八届四中全会正式提出建立重大决策终身责任追究制度。十八届四中全会作出了《中共中央关于全面推进依法治国若干重大问题的决定》，提出“建立重大决策终身责任追究制度及责任倒查机制，对决策严重失误或者依法应该及时作出决策但久拖不决造成重大损失、恶劣影响的，严格追究行政首长、负有责任的其他领导人员和相关责任人员的法律责任”。该《决定》提出的重大行政决策责任追究制度，各地政府已经纷纷出台地方行政规章。2007 年，全国“两会”期间，连建伟等全国政协委员联名提交提案，建议在全国实行官员重大决策终身负责制。依法决策是依法行政的三个重要环节（依法决策、依法执行、依法监督）的首要环节，也是最重要的行政执法权。如果行政执法主体重大决策失误，没有依法做好分内应该做好的事务，造成严重后果的，应当承担责任。对执法主体追究道德责任，是促进依法行政的倒逼路径之一，也是对依法行政的督促考量。

一、依法行政道德责任主体

在理论上，依法行政的三个环节中，行政决策主体、行政执行主体、行政监督主体都可以成为依法行政道德责任的主体，尤其前二者的可能性相对较高。按照十八届四中全会《决定》的要求，承担责任的主体是“行政首长、负有责任的其他领导人员和相关责任人员”。可以简单划分为行政首长和非行政首长。

行政首长，是行政决策的决定者，是第一责任人。依据宪法规定，各级政府实行行政首长负责制，行政首长对重大事务及日常行政事务享有决策权。有权必有责。因而，行政首长有权决策的同时，承担决策失误的责任。据不完全统计，目前，广西、黑龙江、湖南、江西、宁夏、青海、天津、浙江、重庆、宁波和兰州等十八个地方政府制定的行政规章，明确规定由行政首长代表本级政府行使决策权；上海、合肥、徐州、广州、苏州、银川、昆明七个地方政府，则规定集体决定重大行政决策。从依法行政的过程看，立法授权行政首长决策并不意味着由行政首长个人独断专行，行政首长的决策通常还是集体讨论确定的结果。“行政首长的最后决定，既是其作为行政机关法定代表人的职责所在，更是为了强调其作为重大行政决策第一责任人的主体地位。”十八届四中全会《决定》提出的重大行政决策终身责任追究制度，目前尚未得到法律的确认，其制度依据仅为执政党的纲领性文件和少数地方政府规章。[①]

非行政首长，是行政首长以外的行政执法主体。这类行政执法主体明知执行的决策具有违法性，仍然执行的，构成滥用职权。[②] 行政执法中，这类情形并非鲜见。通常是以行政执法为名，“换手抓背”，官官相护，对群众利益视而不见，任意地损害。2017 年 7 月 19 日，河南省沈丘县法院认定夏明旭、刘予永身为国家机关工作人员，滥用职权，致使国家利益遭受重大损失，情节特别严重，构成滥用职权罪。一审判决后，夏明旭不服提出上诉。他认为，自己是在执行职务，主观上没有滥用职权的意图，请求改判无罪。周口市中院认为，夏明旭作为规划单位的主要领导，应知悉办理建筑工程规划许可证的条件、程序等相关规定，特别是住建部《建设用地容积率管理办法》第五条明确规定的“任何单位和个人都应当遵守经依法批准的控制性详细规划确定的容积率指标，不得随意调整。确需调整的，应当按本办法的规定执行，不得以政府‘会议纪要’等形式代替规定程序调整容积率”。在

① 夏金莱：《重大行政决策终身责任追究制度研究——基于行政法学的视角》，载《法学评论》2015 年第 4 期。

② 河南省周口市中级人民法院（2017）豫 16 刑终 482 号刑事判决书（2017 年 9 月 21 日）。

此情况下，夏明旭仍按照“会议纪要”对江南世家 A2、A3 号楼的违法建筑重新办理建筑工程规划许可证，其行为应属于滥用职权。2017 年 9 月 21 日，周口市中院终审维持原判。

通过这起案件可见，一些行政执法人员，在行政执法中不依法行使职权，唯领导马首是瞻，极尽阿谀奉承之能。上级领导的决策对或不对，是否符合法律规定，不管不问，明知决策错误，仍然遵照办理，被民间鄙为“马屁文化”，是严重的违法失职。《中华人民共和国公务员法》第五十四条明确规定：“公务员执行公务时，认为上级的决定或者命令有错误的，可以向上级提出改正或者撤销该决定或者命令的意见；上级不改变该决定或者命令，或者要求立即执行的，公务员应当执行该决定或者命令，执行的后果由上级负责，公务员不承担责任；但是，公务员执行明显违法的决定或者命令的，应当依法承担相应的责任。”夏明旭、刘予永被追责判罪，完全是咎由自取。人民法院是通过判决宣示：其一严格执法，其二彰显职业道德。

依法行政的道德责任主体，不仅仅是行政首长，还包括执行行政首长决策的部属，他们在行政执法过程中，违背其职业操守，违背法律规范恣意妄为，造成恶劣影响，造成严重后果，自然构成依法行政道德责任的主体。行政决策和行政执行虽然密不可分，性质却不相同。行政决策是决策执行的依据和指令。决策执行者往往是政府职能部门或者决策机关的下级机关。对决策执行机关及其工作人员而言，执行决策是其义务。[①] 按照《公务员法》的规定，公务员不得拒绝执行上级依法作出的决定和命令。如果公务员执行公务时，认为上级的决定或者命令有错误，只能向上级提出改正或者撤销该决定或者命令的意见；如果上级不改变该决定或者命令，或者要求立即执行，公务员只能执行该决定或者命令，执行的后果由上级负责，公务员不承担责任。由此可见，执行行政决策属于依法履职行为，不得因行政决策失误而迁责于决策执行机关及其工作人员。

二、依法行政道德要素窥见

依法行政是一个庞大的系统工程，涉及政府各部门的方方面面，

---

① 夏金莱：《重大行政决策终身责任追究制度研究——基于行政法学的视角》，载《法学评论》2015 年第 4 期。

这些行政执法活动的效果，经常地需要接受行政复议和行政诉讼的检验。依法行政要依法全面履行职能，严格行政程序。程序是实体的保障，程序越规范，实体行为就越有保障。依法行政实践中，行政执法主体重视行政复议和行政诉讼，主动接受行政监督和司法监督，形成依法行政道德责任追究倒逼机制。

行政复议是行政机关内部的层级监督。依照《中华人民共和国行政复议法》的规定，行政复议机关通过纠正违法或者不当的行政行为，保护公民、法人和其他组织的合法权益，监督下级行政机关依法行政。作为行政复议被申请人的行政机关作出的行政行为被行政复议机关的行政复议决定撤销、变更、确认违法或者责令其限期履行职责的（以下统称“被纠错”），必须严格履行生效的行政复议决定并根据情况将纠正错误行为以及善后的情况向行政复议机关报告。

行政诉讼是对行政机关的外部司法监督。依照《中华人民共和国行政诉讼法》的规定，公民、法人或者其他组织不服行政机关作出的行政行为（或不作为），向法院提起行政诉讼，法院经审理认为行政机关作出行为违法的，可以判决撤销、变更、确认违法或者责令限期履行职责（以下统称行政机关“败诉”），判决行政机关“败诉”的生效行政判决书，行政机关必须严格按照判决书履行或者采取相应的补救措施。

按照中共中央国务院印发《法治政府建设实施纲要（2015－2020年）》的要求，行政机关通过行政复议与行政诉讼，及时发现与纠正自身行政执法过程中的各种错误，化解行政争议，在维护公民、法人和其他组织合法权益的同时，建立健全科学有效的行政权力运行制约和监督体系，提高行政效率与执法人员执业素养与业务水平，加快推进全面依法行政，实现建设法治政府的目标。然而，“行政机构负责人出庭应诉率仍然很低，内部监督仍是短板”。①

据国务院原法制办公室公布的《2016 年全国行政复议、行政应诉案件统计数据》，2016 年全国省市自治区受理行政复议案件 157660 件，广东省以 22037 件位居榜首；行政应诉案件 161210 件，广东省以 15273 位居全国首位。广州市 2016 年行政复议与行政诉讼案件中被纠错率为

① 中国政法大学法治政府研究院发布：法治政府蓝皮书《中国法制政府评估报告 2017》，社会科学文献出版社 2017 年版，第 166 页。

14.3%，败诉率为15%。这表明广州的行政机关依法行政的能力有待提高，表明广州的公民具有较高的法律意识、司法意识、维权意识。如何更好地解决这二者的矛盾，让公民时刻感受政府的公信力，做到依法行政取信于民，对于建设法治政府、全面实现小康社会显得尤为迫切和重要。

行政复议申请纠错率不低。根据2014年至2016年广州市法制办公布的复议统计情况，2014年广州市区两级行政复议机关共受理行政复议申请3810件，审结3487件，直接纠错312件，直接纠错率8.9%。2015年共受理行政复议申请3643件，审结3723件，直接纠错372件，直接纠错率为10%。2016年共受理行政复议申请4363件，审结4007件，直接纠错395件，直接纠错率为14.3%。[①] 三年合计直接纠错案件1079件。从案件统计的情况来看，广州市行政复议被纠错案件主要集中在与民生有关的行政管理职能领域，比如食品药品监督管理、工商行政管理、劳动和社会保障、不动产登记、城乡规划、交通运输管理、土地管理等方面。上述被纠错案件占被纠错案件总数的69.7%。根据数据统计的情况显示，行政复议被纠错案件主要集中在投诉举报处理、政府信息公开、行政处罚、履行职责、行政强制、行政确认、行政许可等行为类型。上述被纠错案件占被纠错案件总数的77.4%。

行政案件败诉率较高。2014年广州市各行政机关共发生一审行政应诉案件3072件，审结2889件，行政机关败诉案件共533件，败诉率为18.4%。2015年全市各行政机关共发生一审行政应诉案件共2915件，审结2551件，行政机关败诉案件共394件，败诉率为13.9%。2016年全市各行政机关共发生一审行政应诉案件共3661件，广州市应诉案件占广东省的24%；审结2982件，败诉案件共446件，行政机关败诉率为15%。[②] 合计广州市行政机关三年败诉案件总计1373件。广州市行政诉讼败诉案件也是主要集中在重点民生领域，如劳动和社会保障、城乡规划管理、土地管理、工商管理、不动产登记等。上述败诉案件占败诉案件总数的66.2%。行政诉讼中行政机关败诉案件主要集中在行政不作为、投诉举报处理、政府信息公开、行政处罚、行政强制、行政确认、行政许可类型。上述败诉案件占行政机关败诉案件

① 数据引自2016年广州市行政复议统计分析报告。

② 数据引自2016年广州市行政应诉统计分析报告。

总数的36.3%。

对败诉案件数量的根源控制，往往更多取决于行政机关执法规范的完善以及执法人员的素质与经验等情况。行政机关一方面要通过加强执法人员培训，提高执法效率保障执法公正，才能树立执法权威，让人民群众信服；另一方面，要建立完善依法行政责任追究倒逼机制，行政机关违法或者不当行使职权，应当依法承担法律责任。这一原则的基本要求是行政权力和法律责任的统一，即执法有保障、有权必有责、用权受监督、违法受追究、侵权须赔偿，权责必统一。

三、道德责任及其相关责任[①]

德治融入依法行政的目的，在于法安天下，德润民心，升华依法行政质量，提高政府依法行政效能，满足人民群众对美好生活的向往。为此，对依法行政中有关不当行为追究责任，这种追责既是倒逼，也是实践考量。比如，行政机关负责人和行政机关相应的工作人员均不出庭，仅委托律师出庭的或者人民法院书面建议行政机关负责人出庭应诉，行政机关负责人不出庭应诉的，人民法院应当记录在案和在裁判文书中载明，以便有关机关据此依法作出处理。[②] 出庭应诉，既是行政执法主体当庭了解案情全貌，及时总结依法行政经验教训的场所，也表明执法主体对法治的尊重，对法律的崇敬。对依法行政出现的问题、过失、危害及时处理，予以责任追究，予以预防警示，视情追究道德责任、政治责任或法律责任。当依法行政中出现重大失误时，对相关责任人追究相应的责任。于此倒逼，相信德治融入依法行政将逐步深化。于此，也能适时地对依法行政的状况进行考量，形成德治融入依法行政的负面清单，警示执法主体，防止重蹈覆辙，进而从警示中明确依法行政的努力方向。德治融入法治的倒逼机制，也是对德治融入依法行政的实践考量的有效措施。

（一）道德责任倒逼

所谓道德责任，是指行为人对自己行为的过失在道德意义上应承

---

① 夏金莱：《重大行政决策终身责任追究制度研究——基于行政法学的视角》，载《法学评论》2015年第4期。

② 李永鹏：《行政诉讼法司法解释发布“民告官不见官”将被记录在案》，载“中国青年网”2018年2月7日。

担的责任。行政决策责任主体所承担的道德责任应为行政道德责任，“也就是指虽然政府及其公务员不违法也不违宪，但如果行为明显与社会善良风俗有悖，就应承担的道德责任”[①]。道德责任与政治责任和法律责任最大的区别在于责任实现的非强制性。道德责任在形式上表现为行为人愧疚的心理感受以及社会或者他人对行为人的负面评价或者谴责。责任依据是人们心中的道德规范，责任认定也只需要人们主观判断，无须经过任何程序，亦没有任何强制力保证责任实现。尽管负面评价可能导致行为人丧失领导的信任和民众的支持，进而导致个人进步空间的缩减甚至仕途的封顶。

（二）政治责任倒逼

“所谓政治上的责任就是行政机关所作所为必须合理”[②]。政治责任是指“国家机关及其工作人员所作所为，必须合理、合目的性（合乎政府为人民服务的宗旨），其决策（体现为政策与法规、规章、行政命令等）必须符合人民的意志与利益。如果政府决策失误或行政行为有损于国家与人民利益，虽则不一定违法（甚至有时是依其自订之不合理的法规、规章办事的），不受法律追究，却要承担政治责任。”[③] 政治责任有其自身的特点，表现为：从责任追究的原因看，前提条件是依法行政出现重大失误或者因不作为导致公共利益遭受巨大损失。从责任追究主体看，依法行政主体承担政治责任是基于行政权力对人民负责的要求。因此，“政治责任是由人民或议会来判断的”[④]。人民代表大会作为人民行使国家权力的机关是依法行政政治责任的追究主体。另外，中国共产党是我国的执政党，“代表中国最广大人民的根本利益”，“党除了工人阶级和最广大人民群众的利益，没有自己特殊的利益”。党的纪律对党员的约束正是人民利益对执政者权力要求。因此，党纪责任属于政治责任的范畴，当依法行政失误的领导人或者相关责任人员具备党员身份时，党的纪检部门和组织部门可以对责任人进行党纪处分。从责任形式看，政治责任缘于行政权力运行的不当或者不合理，

---

① 郑振宇：《行政道德责任：建立责任政府的关键》，载《理论与改革》2002 年第 6 期。

② 萨孟武：《政治学》，三民书局 1986 年版，第 160 页。

③ 郭道晖：《法的时代精神》，湖南出版社 1997 年版，第 468 页。

④ 萨孟武：《政治学》，三民书局 1986 年版，第 160 页。

是人民因为对依法行政客观效果的不满意而产生的对权力行使者能力或者态度的不信任。政治责任形式表现为对责任主体行政权力的剥夺，主要包括引咎辞职、罢免、弹劾、免职以及党内警告、严重警告、撤销党内职务、留党察看、开除党籍等。依法行政法律责任形式则包括警告、记过、记大过、降级、撤职、开除等行政处分和管制、拘役、有期徒刑、无期徒刑、死刑、罚金、剥夺政治权利、没收财产等刑罚处罚。从责任承担方式看，政治责任可以不经特定国家机关认定而主动承担，例如引咎辞职。从责任追究程序看，除了引咎辞职以外，政治责任的追究通常应当按照《全国人民代表大会组织法》和《地方各级人民代表大会和地方各级人民政府组织法》规定的质询、审议、决定程序以及《中国共产党纪律处分条例》规定的党纪处分程序进行。

（三）法律责任倒逼

法律责任是依法行政责任中最重要的类型。十八届四中全会提出构建依法行政终身责任追究制度，即强调追究责任人的法律责任，包括行政法律责任和刑事法律责任。

道德责任、政治责任、法律责任倒逼，促进依法行政，加强服务型政府建设，监督贯穿于依法行政全过程。对行政执法主体的监督，要将行政伦理失范行为纳入行政问责制的范围，对行政人员中的道德败坏者、违法乱纪者必须严格追究责任。要发挥党内监督、社会监督、舆论监督作用，适时曝光伦理失范行为，对失范行为形成强大的社会舆论压力，促使行政执法人员自觉自愿地遵循行政道德规范，促使德治深度融入依法行政。

第九章
德治融入公安法治建设的考量与路径

公安机关是国家具有行政管理和刑事司法职能的重要机关，担负着巩固共产党执政地位、维护国家长治久安和保障人民安居乐业的重大使命与责任。公安机关作为国家重要的执法机关，在落实全面依法治国基本方略，建设中国特色社会主义法治体系、法治国家中担负着重大的职责使命。公安法治建设水平的高低，在很大程度上反映着公安机关执法司法形象，体现着国家的法治文明程度。在加快公安法治建设步伐的进程中，不但要不断强化法治观念、法治规范的落实，而且要积极发挥德治的特殊作用，将德治融入公安法治建设。德治融入公安法治建设，以其同质的价值灵魂，为公安法治提高道德支撑，主导队伍建设，辅翼公安执法规范化提升新高度，助推社会治安综合治理实现新局面。将德治融入公安法治建设，是中国特色公安法治建设的重要路径。

第一节 德治与公安法治的关系

一、德治与公安法治具有同质的价值灵魂

德治是强调发挥道德的功能和作用来调整规范人际关系和社会生活的国家治理方式。德治通过强化道德价值的实现方式，发挥道德的教化作用，使具有认知、激励、评价等功能的道德获得维持社会秩序、实现社会稳定的政治功能。

公安法治是社会主义法治的重要组成部分，是法治原则在公安机关工作中的具体化。公安机关在既定法律体系之下严格依法行使公安权力，依法实施刑事权力和行政管理权力，保证公安工作的各个方面都达到法治原则的要求，从而达到控制社会治安，维护社会稳定，构建和谐公安社会的目的。

德治与法治作为两种不同的社会治理方式及规范体系，既有差异性，但也有同质性。它们具有一定的价值相通和价值重叠。

首先，德治与法治具有共同的核心价值要素，具有共享的价值系统。两者共同的价值要素就是现代精神，体现为以人为本、公平正义、民主平等、和谐有序的治国理念，共同归于社会主义核心价值观的追求。

德治和法治在精神与价值取向上具有相通性。在法治框架下的德治，体现了德治的现代性内涵，将德治融入法治赋予了现代法治深刻的精神与价值内涵。这种法治精神与价值取向与倡导人的尊严、社会的和谐、社会正义和社会公正等德治精神与价值取向是一致的，这构成了德治与法治相结合的共同基础。

其次，德治与法治具有共同的社会价值目标。德治与法治在社会追求上的共同社会价值目标是良序与和谐。良序虽然着重于社会的秩序，更偏重于法律的规范，但一个“良”字则融进了道德色彩；和谐无疑是道德概念，而和谐的基础是秩序与法治。关于良序社会，美国伦理学家罗尔斯认为，一个社会的秩序良好不仅指该社会秩序井然，而主要在于这种秩序是否符合公正的理念，以及这些公正理念是否深

入人心。[①] 建设良序与和谐社会是包括法治要求在内的社会价值要求。良序与和谐之间，良序是和谐的基础，和谐则是良序的更高表现。无论是良序还是和谐，都需要在德治与法治协同治理下才可能实现。法治为维护和实现个体的权利和社会秩序提供公正的制度通道，德治为实现人的尊严与人与人之间关系的和谐营造社会氛围；德治与法治都促进了社会的秩序与和谐，因而良序与和谐体现着德治和法治共同的价值目标。

最后，德治与法治具有共同的人性价值目标。法治与德治在人性理论出发点上虽各有不同，但却都是着眼于人、为了人。人权与尊严是德治与法治追求的人性价值目标。在现代社会，人的权利和尊严是体现社会的公正和谐并实现社会良序的最重要的价值条件。德治与法治的内在价值中的良序、公正、和谐、权利与尊严，呈现着层次递进的提升。其中人的权利和尊严是法治与德治最具时代特征、也是最具根本性的价值，因为“人权的实现程度是人类文明进步的综合标尺”[②]，法性、正义性，德治为人的精神提供情感皈依以及为法治提供文化环境。两者都以人的自由全面发展为最终价值指向。

二、德治为公安法治建设提供道德支撑

德治为公安法治提供道德支撑主要体现在两个层面：

首先，德治中的道德判断为法治所遵循的法律提供道德依据。古希腊著名思想家亚里士多德在定义“法治”时说：“法治应包含两重含义：已成立的法律获得普遍的服从，而大家所服从的法律又应该本身是制定得良好的法律。”[③] 法治自身的合法性、合理性需要道德评价标准体系来证明。西方自然法学派认为法律来源于道德，道德是法律存在的依据和道德的外在化、强制化，法律的有效性在于其本身具有德性的要素，是“义务的道德”。道德是法律背后的价值根源。内隐于法律中的合理道德精神，是法的灵魂，或者说，制定合乎道德精神的良法是法治实施的前提和基础。法治内在的道德指向和形式正当性使法治成为一种根本性的道德，即制度的道德。

---

① 罗尔斯：《政治自由主义》，译林出版社2000年版，第36页。

② 李步云：《现代法的精神论纲》，载《法学》1997年第6期。

③ ［古希腊］亚里士多德：《政治学》，吴寿彭译，商务印书馆1995年版，第199页。

其次，德治中的道德要素能够助益公安法治的实施。在当前的公安执法中，依然存在有法不依、执法不严、违法不究的现象。出现这种现象不是因为我国法制不健全，而是因为公安执行者的道德素质不高。公安执法者，作为被授予权力的人，面临着滥用权力的巨大诱惑，有可能逾越正义和道德界限而徇私枉法、贪污受贿，丧失道德公平，其后果就会严重影响法律的公正执行，以及公安机关和公安民警的形象，影响公安机关的公信力。因此，只有公安执法者具有良好的职业道德和道德行为，才能在执法的过程中忠于职守、公正廉洁、秉公执法，才能获得社会公众对执法行为的信任和尊重，才能有助于整个社会法律信仰的形成。公安执法者自觉的道德理想规制强化其发自内心的法治信念并形成强烈的正义感与责任感，从而保证其严格公正执法。

三、德治为公安法治建设塑造中国特色

德治和法治是中外历史上早已有之的治国理念与方法，但对德治和法治的认识与社会治理功能在西方与中国却有所区别。

西方在古希腊时期就产生了自然法思想。传统自然法学派将法律原则建立在道德原则基础上，认为法律以原则的形式彰显了道德情感，从而使法治获得了道德性支持。现代西方实证法学反对自然法学派的这一观点，认为法学只与事实有关，而与道德（价值）没有必然的联系，强调法律的客观性、自主性，反对道德评价等价值因素对司法过程的干扰。由此，促使了西方法治与道德评价分离分立，导致了法的实体和精神的分离。由于长期过分地强调了法律在社会中的重要作用，法律的实用工具性越来越强化，而价值理性越来越弱化和淡化，导致人的工具化与碎片化。忽视排斥道德对法律的支持，现实中法治主义带来了社会实利化、社会道德淡化缺失等问题，法治失去了合理化的价值支撑，道德也失去了强有力的保障。

中国有悠久的德法并用传统。中国传统的德治以儒家思想为旨归，强调在国家治理中重视道德并发挥道德的作用，实现为政者的德化治理及民众有耻且格的道德教化。汉代董仲舒提出“以法入礼，以法固礼”，伦理与法律一体化通过政治实践得到了强化，“德主刑辅”成为延续两千年的国家治理模式。当前，在我国建设现代社会主义法治社会进程中，坚持德治与法治相结合，是在继承中国传统治国理念精髓

基础上的现代转化。中办、国办印发《关于进一步把社会主义核心价值观融入法治建设的指导意见》，提出把依法治国和以德治国结合起来，推动社会主义核心价值观入法入规，强化社会治理的价值导向，指出国家治理需要法律和道德协同发力。十九大报告强调“坚持依法治国和以德治国相结合”，“提高全民族法治素养和道德素质”。德治与法治相结合成为我国法治建设的中国模式与中国方案，凸显了现代法治的中国特色，法安天下、德润人心，法治和德治在国家治理中相互补充、相互促进、相得益彰。

公安法治建设作为社会主义法治的重要组成部分，同样需要积极发挥德治的功能作用，将德治有机融入公安法治之中，建设具有中国特色的公安法治。

第二节　德治与公安队伍建设

公安机关作为具有武装性质的国家治安行政力量，是国家最大的执法队伍，具有行政和刑事执法两种权力，执法后果严重，可以限制公民人身自由和使用警械武器；警务活动深入社区，同社会公众关系非常密切。公安民警的执法行为与执法能力，直接关系到国家法律能否公正执行，公安队伍的整体素质与状况，直接关系到国家的法治化程度和社会治理水平。因此，在公安法治建设进程中，必须以公安队伍建设为首要。要建设一支综合素质高、执法能力强的公安队伍，就要重视发挥德治的积极作用，以塑造人民警察核心价值观为核心，以培育人民警察职业道德为抓手，以道德修养、文化熏陶等柔性方式，打造对党忠诚、服务人民、执法公正、纪律严明的高素质公安队伍。

一、核心价值观塑造是公安队伍建设的灵魂

公安队伍建设要以核心价值观塑造为灵魂。公安队伍的核心价值观塑造存在两个不同层面。第一层面是社会主义核心价值观塑造，第二层面是人民警察核心价值观塑造。

核心价值观也称为“关键信念”，是居统治地位、起支配作用的核心理念的集中表达，是必须普遍遵循的基本价值准则，具有高度的理论概括性和相对稳定。社会主义核心价值观代表着我国当代社会价值

观体系的核心理念、基本特征和根本取向，对其他各类价值观起着主导作用。党的十八大明确提出了社会主义核心价值观，国家层面为富强、民主、文明、和谐，社会层面为自由、平等、公正、法治，公民层面为爱国、敬业、诚信、友善。国家层面的社会主义核心价值观为全体国民凝聚国家利益的价值共识，增进全体国民为追求中华民族伟大复兴“中国梦”而勠力同心、不懈奋斗的精神力量。社会层面的社会主义核心价值观为每个社会成员提供自由的生存环境、平等的发展机会、公正的竞争舞台和法治的社会保障。公民层面的社会主义核心价值观为每一位社会个体成为具有良好素质和行为规范的公民制定了核心价值准则。公安队伍建设中核心价值观塑造，首先要培育人民警察认同并遵循社会主义核心价值观的理念与准则，并在行政与执法中，把培育和践行社会主义核心价值观融入到社会治理创新之中。重塑社会治理理念，将社会主义核心价值观融入到社会治理创新的全过程。变以往的“社会管理”为“社会治理”，扩大更多的社会治理参与主体，将党和政府、社会组织以及社会公众作为共同的社会治理主体，在平等、民主、依法治理的基础上，一起参与治理，进一步激发社会活力，增强社会凝聚力，使整个社会充满生机。增添更大的社会治理参与空间，给社会组织和社会公众参与社会治理提供更多的平台和途径，为社会组织创造一个参与社会治理的良好环境，让它们在社会治理中发挥更大的价值。实现更高的社会治理参与程度，采取民主治理、依法治理的方式，共同治理，让每一个参与主体都能共同参与治理决策，不断增强社会治理效果。

公安队伍建设中核心价值观塑造，还要聚焦于人民警察核心价值观培育。人民警察核心价值观是公安机关对公安工作价值内核的总的看法，是从终极目标追求上概括出来的公安工作的本质特征。“忠诚、为民、公正、廉洁”是对人民警察核心价值观的权威表述，以高度提纯的概念词语规定了人民警察必须遵循的基本原则，代表着全体人民警察的精神信仰。

“忠诚”，是人民警察核心价值观的核心与灵魂。忠诚既是人民警察最基本、最重要的职业素质和道德标准，也是首要的政治要求和政治责任。人民警察入警时必须通过誓词庄严保证：“忠于中国共产党，忠于祖国，忠于人民，忠于法律。”忠诚意识是确保人民公安政治本质的核心所在，是人民警察科学世界观、进步人生观和正确价值观的具体体现。人民警察“把忠诚作为警魂”，在大是大非面前做到立场坚定、旗帜鲜明，在关键时刻和重大原则问题上听从党对公安工作的绝对领导，牢记责任使命，忠于法律，捍卫社会正义感。

“为民”，是人民警察核心价值观的根本。公安机关的宗旨是“全心全意为人民服务”，这是我国人民警察区别于其他国家警察的本质特征，是人民警察始终不渝的价值追求。《人民警察法》第三条规定：“人民警察必须依靠人民的支持，保持同人民的密切联系，倾听人民的意见和建议，接受人民的监督，维护人民的利益，全心全意为人民服务。”人民警察视人民利益高于一切，与人民群众同呼吸、共命运、心连心，公安机关和人民警察以人民拥护不拥护，人民赞成不赞成，人民高兴不高兴，人民满意不满意作为想问题、作决策、干事情的出发点和落脚点，坚持立警为公、执法为民，一切为了人民、一切依靠人民。各项公安工作都要做到便民利民惠民，多为人民办好事、办实事，让人民群众满意。

“公正”，是人民警察核心价值观的重心。公平正义，是现代法治的核心价值之一，“正义是社会制度的首要价值，正像真理是思想体系的首要价值一样”。严格公正执法，维护社会的公平正义，这是公安机关和公安工作的重要职责。人民警察是正义的象征，公正的代表，严格、公正、文明执法，把打击犯罪与保护人权、追求效率与实现公正、执法形式与执法目的统一有机结合起来，保证行使职权的合法性和合理性，把维护和促进社会公平正义作为公安机关执法工作的生命线，进一步提高公安机关执法公信力。

“廉洁”，是人民警察核心价值观的根基。清白做人，廉洁从警，是人民警察的执法根基。正确认识和使用权力，规范执法行为，廉洁自律，牢固树立反腐倡廉思想，克己奉公，防腐拒贿，自觉珍惜和维护公安机关的荣誉，树立清正廉明的良好形象，赢得人民群众的信任与拥护。

人民警察核心价值观集中体现了我国公安机关的本质特征，是公安队伍的精神灵魂。公安队伍建设的根本目的在于固本铸魂，德治的核心内容是塑造核心价值观。积极发挥德治的育人功能，通过理想信念教育、文化浸润熏陶等多种途径，培育和固化人民警察对人民警察核心价值观的体认与信仰，促进人民警察对人民警察核心价值观的遵循与践行，让人民警察核心价值观真正成为身体力行的信条箴言，将核心价值观培育作为公安队伍建设的永恒主题。

二、职业道德培育是公安队伍建设的中心

人民警察职业道德是人民警察在职业活动中应当遵循的具有自身职业特征的道德情操、道德品质与行为准则。人民警察在国家政治和社会生活中负担特殊的使命，是维护国家安全与社会秩序的武装性质的行政力量，其职责的特殊性，决定了对其职业道德的更高要求，要求人民警察具备比一般社会成员更高的道德情操和道德修养，在各方面以身作则。警察职业道德建设在社会道德体系中居于重要地位，对社会风气有巨大影响，具有示范表率作用和辐射引导作用。

《人民警察职业道德规范》将人民警察职业道德规范概括为八个方面，即对党忠诚、服务人民、秉公执法、清正廉洁、团结协作、勇于献身、严守纪律和文明执勤。这八个方面涵盖警察职业理想、职业宗旨、职业原则、职业操守、职业态度、职业精神、职业作风、职业能力等方面，全面规范了人民警察从事职业活动所必须具备的道德情操、道德品质与应遵循的行为准则。公安队伍建设要以警察职业道德培育为中心，为公安工作提供重要的思想保证、精神动力和智力支持。人民警察职业道德教育遵循《人民警察法》与《人民警察职业道德规范》的规定要求，“要把强化公正廉洁的职业道德作为必修课，教育引导广大干警自觉用职业道德约束自己，认识到不公不廉是最大耻辱，做到对群众深恶痛绝的事零容忍、对群众急需急盼的事零懈怠，树立惩恶扬善、执法如山的浩然正气”①，着力从八个方面入手：

第一，加强忠诚的职业理想教育。公安机关的性质要求人民警察必须具有忠诚的崇高政治信仰，人民警察职业道德建设必须把绝对忠诚摆在首位。加强警察职业理想教育，保证坚持党对公安工作的绝对领导，坚定不移地贯彻党的路线、方针、政策，忠于党、忠于祖国、忠于人民、忠于法律，把忠诚作为人民警察政治底线，牢记使命，铸就忠诚警魂。

---

① 习近平：《严格执法，公正司法》，载《十八大以来重要文献选编（上）》，中央文献出版社2014年版，第718～719页。

第二，加强服务人民的警察职业宗旨教育。公安工作的根本宗旨是全心全意为人民服务，“服务人民”是公安工作根本宗旨在人民警察职业道德中的落实与体现。通过警察职业宗旨教育，使人民警察把人民群众的利益作为工作的出发点和落脚点，以人民群众满意为根本依据和标准，增强服务意识，提高服务质量，想群众之所想，急群众之所急，真正把亲民、爱民、为民化为自觉行动，做热情服务的人民公仆。

第三，加强公正的警察职业原则教育。立警为公，执法为民是警察职业的基本道德原则。加强警察职业原则教育，强化警察法治意识，牢固树立对法律负责的观念，做到有法必依，执法必严，文明执法、秉公执法、严格执法，提高执法水平，以严谨、规范、高效的执法行为树立人民警察严格执法的公正形象。

第四，加强廉洁的职业操守教育。清正廉洁是人民警察必须具备的职业操守。加强警察职业操守教育，促发人民警察崇廉尚洁的文化自觉，提升廉洁从警意识，倡导克己奉公、清正廉明，坚守职业操守，增强反腐拒贿能力，永葆清正廉明本色。

第五，加强团结协作的职业态度教育。公安工作的复杂性、整体性要求人民警察具有积极的团结协作态度。加强警察职业态度教育，促进各地区、各单位、各部门公安机关树立全国公安一盘棋观念，局部利益服从全局利益，服从统一领导和指挥，通力合作，紧密配合；同事之间相互支持，主动配合，讲求风格，维护团结。

第六，加强勇于献身的职业精神教育。公安工作任务繁重，经常面临危险与生死考验，需要人民警察具备勇于献身的职业精神境界。加强这种职业精神教育，激励人民警察不怕困难，不怕牺牲，无私奉献，勇于担当，在任何困难和考验面前，不退缩、不畏惧，以大无畏的气概，勇往直前，勇于献身。

第七，加强严守纪律的职业作风教育。公安机关是武装性质的国家治安行政力量，拥有国家法律赋予的特殊权力和强制手段，必须具有铁的纪律。严守纪律是公安队伍战斗力的重要源泉，是克敌制胜的重要保证。加强纪律作风教育，确保人民警察牢固树立纪律观念，服从命令，听从指挥，遵守制度，按章办事，保守机密，令行禁止，增强公安队伍战斗力。

第八，加强文明执勤的职业能力教育。文明执勤是文明法治社会对警察执法行为的必然要求。加强文明执勤的约束教育，规范人民警察执勤行为，对人民群众和气周到，对执法相对人礼貌耐心，警容严整，举止文明，打造人民警察文明之师。

三、德育是警营文化建设的根基

公安队伍建设的一个重要途径是大力开展警营文化建设，运用公安文化的动机激励、群体凝聚、行为约束、意识教化、目标导向、融合辐射等功能，达到文化育警、文化惠警、文化娱警、文化励警、文化强警的目的，而德育贯穿于公安文化建设之中，是警营文化建设的根基。

警营文化建设中的德育，聚焦于坚定理想信念、固化核心价值观、熔铸忠诚警魂、培育高尚道德情操、砥砺优良职业品格、涵养文化底蕴，运用文化所特有的潜移默化、润物无声的方式，以公安机关的价值取向和规范标准化育全体人民警察，使公安队伍中的所有成员认同这些价值观及规范标准，并以它们去正确界定正邪、是非、美丑、善恶；伟大、渺小；崇高、低下，使公安文化所包含的共同理想、价值观念和行为准则成为公安群体的心理定式及舆论氛围，使公安民警按照公安队伍的共同价值观念及行为准则去从事工作、学习、生活，达成人民警察价值观的内化和职业道德的“灵魂立法”，从而使公安队伍始终保持着健康的肌体，同心同德，砥砺奋斗，向着一个为全体民警认同的崇高的发展目标而努力拼搏。

在警营文化建设中开展德育，依托于丰富的德育教育资源。首先，公安传承的英雄文化具有着无比强大的激励力量。几十年来，公安机关涌现出难以计数的先进人物和英雄模范。他们的事业和事迹是无声的导师，引导着人民警察的前进步伐，激励着一代代人民警察坚持公理和正义，忠诚公安事业，全心全意为人民服务。他们的事业和事迹是永远的榜样，激励一代代人民警察忠诚敬业，不畏艰苦，不怕牺牲，争做先进，争创一流，推动公安工作的加速发展。公安英雄文化能够点燃激情、激发活力、激励士气、激扬斗志，激发人民警察的职业自豪感和积极向上的进取精神，是最具正能量的德育资源。其次，中华优秀传统文化为公安德育提供永不枯竭的文化精神血脉。中华优秀传统文化中重道从道的价值理性激励人民警察自觉坚守和实践理想和信念，遵奉和践行法律准则，追求和捍卫公平和正义，坚决维护公安工作“公正执法”“严格执法”这一根本之道；中华民族刚健有为、奋发进取、自强不息的奋斗精神激励人民警察自强奋斗，勇于承担艰巨繁重的各项公安工作，积极进取，艰苦奋斗，不断探索，经受住血与火、生与死的考验，努力建立新的功勋；前圣先贤天下为先的责任意识和献身精神强化了人民警察的社会责任感，以天下为己任，自觉把实现个人抱负理想与服务国家、服务人民有机结合起来，主动积极地投入到公安工作当中，为实现公安工作目标而无私奉献；中国传统崇德重义的道德情怀引导人民警察注重加强个人修养，培养高尚的道德情操，正确处理义利关系，在市场经济的社会条件下，坚持守义，把国家、社会、集体的利益放在首位，不取非义之利，淡泊名利，廉洁自爱，为社会公众做好道德表率；传统文化尚和贵中的和谐理念促使人民警察妥善处理好人际关系，在工作中求大同存小异，保持和谐的人际关系，尽力维护集体的利益，维持个人与集体的和谐关系，在处理问题和事情时不走极端，掌握恰如其分的尺度，遵守客观规律，求得最佳的成效，等等。总之，中华优秀传统文化中许多重要的文化基因、价值观念、行为准则，已经凝练为民族文化的灵魂和精髓，升华为民族精神的重要内涵，是公安机关开展德育教育的宝贵文化和精神资源。

第三节　德治与公安执法规范化

在我国社会进入加速转型发展新时代，人民群众对公安机关和公安工作提出新要求、新期待的背景下，公安机关全面深化公安改革，大力推进基础信息化、警务实战化、执法规范化、队伍正规化四项建设。其中，执法规范化不但涉及公安机关内生性建设，即公安队伍建设，也涉及执法相对人。人民群众对公安执法活动是否体现公平正义的体认，对公安机关公信力、威信感的评判，都通过执法规范化得以建立。因此，执法规范化在公安法治建设中占据着异乎寻常的重要地位。

一、公安执法特殊性需要将德治融入公安执法规范化建设

公安机关是国家重要的执法机关，公安民警的基本行为是执法行

为。公安执法是公安执法主体为实现公安行政管理和刑事司法目的，依据我国法律规定的职责权限和程序行使职权、贯彻实施法律的行为。公安执法有行政执法与刑事司法，与国家其他行政机关相比，公安执法具有特殊属性。

其一，公安执法范围具有广泛性。公安行政执法活动的范围相当广泛，涉及社会生活的各个方面，全面、深刻影响百姓生活，可以影响到每个公民、每个家庭或每个组织，覆盖整个社会。公安机关的执法活动既有刑事司法内容，对刑事案件开展侦查、预审、刑罚执行等活动；也有行政执法内容，包括身份证、户籍、交通、公共场所、消防等治安行政活动。执法范围既涉及社会公众的日常生活，也关乎国家政权安全及社会秩序稳定，执法活动涉及对象最为广泛。

其二，公安执法手段具有多样性。公安机关经法律授权，拥有多种执法手段，包括治安行政处罚权、行政强制措施权、刑事强制措施权、紧急状态处置权，还有扣押、查封、没收财产，传唤、留置、拘留、执行逮捕等各项执法权力。公安机关依法具有其他行政机关所不能采取的多种执法手段，而且这些执法手段都关系到公民的人身权利与财产权利。

其三，公安执法行为意志具有单一性。公安执法行为是公安执法主体运用国家权力的活动。这决定了公安执法行为单方面就能决定执法行为相对人的权利义务，并且这种单方决定具有强制性。公安执法行为无论是治安行政处罚或是刑事强制措施，都无须事先征得相对人的同意，不同于其他行政机关的行政合同行为或平等主体之间的民事法律行为。

其四，公安执法效力具有先定性。公安执法行为一经实施，就产生法律上的约束力。即使它不符合法定条件，在没有经过一定的法律程序确认违法并予撤销或解除之前，它仍然有效，仍然对执法行为的所有当事人包括公安执法人员本身，具有法律约束力。这种约束力是绝对的，是国家权力权威性在公安执法领域的表现。

其五，公安执法程序具有法定性。公安执法程序由法律加以规定，公安执法主体必须严格遵循法定程序从事执法工作。公安执法行为必须严格按照法律规定的方式、步骤、顺序进行，违反法定程序的执法行为应当撤销，违反程序的执法主体应当承担法律责任。

其六，公安执法具有较大的自由裁量权。公安执法中的自由裁量是公安执法主体在法律、法规规定的原则和范围内有选择余地的处置权力。公安行政执法和刑事司法中都有自由裁量空间，如在行政处罚幅度、行为方式的选择、作出具体行政行为的时限、对事实性质的认定、对情节轻重的认定、决定是否执行等方面有较大的自由裁量权，对刑事司法中的刑事强制措施的采取、对涉案财物的处理、取保候审保证金的处理等方面也有较大的自由裁量权。如不正确行使公安执法自由裁量权，会对执法相对人的权益造成侵害，从而对公安法治构成威胁。

从公安执法的诸多特性可以看出，公安机关拥有强大的执法权力。公安执法量大面宽，涉及方方面面，关乎人民群众切身利益，关乎社会稳定大局，关乎社会公平正义。公安执法水平直接关系公安机关职责任务的依法履行和国家法律的有效实施，事关宪法、法律权威和社会公平正义，事关政府法治形象和执法公信力，直观地体现国家的法治化程度。而当前公安机关在公安执法方面还存在一些与法治社会建设要求和人民群众期待不相适应的问题与瑕疵。要解决公安执法存在的问题，不断提升公安执法规范化水平，重要的一点是建设专业化的执法队伍，提高执法主体的专业化、法治化水平。

加强执法主体建设，需要借助德治发挥独特作用。将德治融入公安执法建设，运用思想教育、道德约束、文化教化等多种手段，将理想信念、人民警察核心价值观融入到执法规范化建设当中，使执法主体牢固树立以人民为中心的执法理念，把维护公平正义作为公安执法的首要价值追求。强化执法主体的人权意识、权利意识，实现执法理念从权力至上向权利本位的转变，尊重和保护人权，切实维护公民合法权利。将人民警察职业道德融入到执法规范化建设当中，强化执法主体的证据意识、程序意识、权限意识，严格依法履行职责、行使权力，切实把严格规范公正文明执法的要求落实到公安执法活动的全过程，努力让社会公众在每一项执法活动、每一起案件办理中感受到社会公平正义。

二、德治融入公安执法规范化建设是公安深化改革发展的重要路径

随着国家民主法治建设的深入推进，公安改革持续深化，有力推

进了公安工作实现突破性发展。在中央全面深化改革领导小组的领导下，在中央司法体制改革领导小组的指导下，2015 年公安部出台《关于全面深化公安改革若干重大问题的框架意见》，提出全面深化公安改革七个方面的主要任务，其中第四方面的主要任务是完善执法权力运行机制。《意见》指出全面深化公安改革坚持以问题为导向，将改革的指向聚焦在三个方面，其中第三个方面是着力建设法治公安，确保严格规范公正文明执法，提高公安机关执法水平和执法公信力，努力让人民群众在每一项执法活动、每一起案件办理中都能感受到社会公平正义。《意见》关于完善执法权力运行机制方面，具体列举了深化改革需要建立、完善、健全、规范、落实、探索的各项制度与机制，涉及执法办案制度、执法司法衔接机制、执法责任制、人权保障制度等方面，提出了规范执法权力运行、促进社会公平正义的一系列改革举措。这充分体现出公安改革是推进执法规范化建设的巨大动力，公安执法规范化建设是全面深化公安改革的重要任务和主要目标。

将德治融入执法规范化建设能够助力推进公安深化改革的发展。全面深化公安改革的目标是形成系统完备、科学规范、运行有效的公安工作和公安队伍管理制度体系，实现基础信息化、警务实战化、执法规范化、队伍正规化，进一步提升人民群众的安全感、满意度和公安机关的执法公信力。这些改革任务的最终完成要依赖于公安机关全体人民警察戮力同心，锐意进取。而打造一支政治坚定、专业精通、作风优良的现代公安队伍，离不开德治的滋养化育。如前所述，德治融入执法规范化建设，主要体现在对执法主体的培育与提升作用上。公安执法规范化对执法主体的要求是执法思想端正、执法行为规范。执法思想端正要求执法主体信奉现代法治的公安执法理念。公安执法理念是执法主体对法律的意图、权威、作用、适用与实施以及公安执法问题所持有的内心信念、心理状态和价值取向，是一种更高层面的执法思维和意识。在人的意识、思维、信念、价值观等方面，德治都能产生巨大和持久的影响。积极发挥德治的影响力，使公安执法主体确立坚持党的领导、执法为民、公平正义、理性、平和、文明、规范、人性化执法等法治化执法理念，解决观念与信念的根本性问题，筑牢公安执法规范化建设的根基。执法行为规范要求执法主体具备专业化、职业化的警察职业道德，在公安执法中具有专业的执法能力，职业的执法作风，规范的执法行为，理性面对不同的执法情况，文明应对各类执法相对人。在警察职业道德的专业化、职业化培养过程中，德治也能够贡献巨大效能。通过德治的职业道德培育与弘扬，使执法主体在公安执法中严格按照法律、法规所赋予的职权和义务执法，遵循法律预设的程序、规则、轨迹实施执法行为，既捍卫法律的权威性，又洞悉法律法理的人文精神，将秉公执法与文明执勤相结合，从而达到严格、公正、文明、理性、高效的执法目标。

三、德治与公安刑事司法的法治建设

刑事司法是公安机关依据《刑法》《刑事诉讼法》等实体和程序法律的规定对涉嫌犯罪的行为进行打击的过程，主要为立案、侦查、预审、移送起诉等措施与活动。公安刑事司法的法治状态与水平体现着我国法治社会建设的基本法治标准。在推进刑事法治建设的过程中，同样要积极发挥德治的力量与作用，以德治促进与保障公安刑事法治的实现。

将德治引入公安刑事司法的法治建设，具有十分积极的意义，主要体现在：

一是培育和强化法治司法理念与刑事司法伦理观。司法理念是司法制度确立及其运行的基础，也是公安刑事司法者参与执法司法活动的行动指南。刑事司法职业伦理观是刑事司法职业的伦理价值判断，包括理论、理想、信念等。这些都可纳入德治教化的范畴。通过司法理念与伦理的培育，促使公安刑事司法者树立法治司法理念，恪守刑事司法职业的伦理责任，遵循恪守无罪推定、疑罪从无、法治权威等法治理念与伦理原则，并实现法治理念与刑事司法职业伦理观的高度一致，通过刑事司法活动，既实现惩罚犯罪的价值，也实现保障人权的价值；既体现实体真实的价值观，也体现程序正当的价值观。

二是防范和遏制冤假错案和刑讯逼供。近年来，震惊全国的刑事冤案错案屡有发生，刑讯逼供均是直接原因之一。刑事司法中的刑讯逼供行为，损害人的尊严和价值，侵犯人权，也毁坏整个社会的人权理念和道德原则。其存在的深层次原因是“重打击犯罪、轻人权保障”的传统落后司法思想。因此，杜绝刑讯逼供，防范冤假错案，必须以现代人权理念制衡刑事司法实践中的刑讯逼供。通过德治建设，使公安刑事司法者具备现代法治社会的人权观念，尊重和保障人权，在侦办、审理刑事案件中，追求刑事诉讼“控制犯罪”和“保障人权”两大价值的平衡，真正实现从有罪推定向无罪推定的转变；自觉克服刑讯行为目的正当的错误思想，实现从实体正义优先向程序正义优先的转变。只有制度约束与观念道德约束同时发挥作用，才能真正实现杜绝刑讯逼供、防范冤假错案的目标。

三是促使和引导犯罪嫌疑人自愿供述。犯罪嫌疑人供述是犯罪嫌疑人在侦查阶段及审查起诉阶段所作的供述，是《刑事诉讼法》规定的八种证据之一，对公安机关证明犯罪要件（尤其是主观要件），查清案情、准确定罪定性不可或缺。而犯罪嫌疑人在接受讯问时，由于趋利避害的本能作用，普遍存在拒供心理。公安机关侦查审讯人员在讯问犯罪嫌疑人时，一方面依靠法治手段，严格按照法律规定实施讯问；另一方面体现善意道德原则，排除私利、不歧视对待，给予人道主义关心和实际帮助，不运用可能遭到公众谴责、性质恶劣、违反社会共识道德底线的诱骗等讯问策略实施讯问，而是针对犯罪嫌疑人的特定身份、特定心理，运用情感唤醒、道德启发、心理疏导等手段，有效地减轻、消除犯罪嫌疑人的对抗心理，引导和培植犯罪嫌疑人的供述动机。如有意识地激起激发犯罪嫌疑人的歉疚感，通过唤醒、激发犯罪嫌疑人内心残存的良知，使犯罪嫌疑人内心世界受到猛烈的冲击，产生深深的歉疚感和悔恨心理，进而其将悔恨歉疚转化成为交代的动力，从而选择自愿供述，配合公安机关的案件审理程序，客观上有利于刑事司法的正确施行。

四是提高案件补充侦查质量。在司法实践中，补充侦查是公安机关对人民检察院退回补充侦查案件，在原有侦查工作基础上，就案件的全部或部分事实、情节继续进行侦查，重新或补充收集证据，以达到法律所要求的犯罪事实清楚，证据确实充分标准。目前，公安机关在补充侦查中存在为了追求所谓事实真实、客观真实，不惜以牺牲程序价值及犯罪嫌疑人人身权利为代价，破坏法律正常程序，利用补充侦查制度借用时间超期羁押等问题与瑕疵，反映出过度以实体为本位、忽视程序公正，以及偏重打击惩罚犯罪、轻视人权保障的传统司法价值观念。在刑事司法实践中重视加强德治建设，有助于公安机关办案人员树立与贯彻以人为本的刑事诉讼价值观，兼顾实体正义与程序正义，克服抵触、懈怠、轻视的心理与态度，查清事实，形成完整证据链，保证案件的补充侦查质量，维护社会正义。

四、以严格文明执法引领全民尊法守法

公安机关是国家行政执法与刑事司法的重要力量。公安机关的执法行为与其他一般行政机关的执法不同，以国家强制力为后盾。公安机关的很多执法活动，无论是保护公民合法权益，还是惩罚违法犯罪行为，都与公民的人身和财产权利有密切联系，能够产生重大影响。因此，公安机关必须依法行使职责，严格执法，文明执法，以规范化执法维护社会公平正义，树立公安机关执法公信力。

公安机关是社会主义法治国家的建设者、践行者和保障者。公安执法能力如何，执法是否规范化，在很大程度上反映着法治公安建设水平，代表着政府形象，关乎着法治中国建设进程，也直接影响着社会公众对于法律和法治的信仰。因此，公安机关必须有效承担法治建设责任，以严格执法、文明执法确保法律得以有效实施，树立法律的权威，引领全民尊重、信赖、服从法律，共同缔造现代法治社会。

一方面，公安机关严格、公正、文明、规范执法。近年来，为不断提升公安执法规范化水平，公安机关倾力加强执法规范化建设，相继出台了《关于大力加强公安机关执法规范化建设的指导意见》《全国公安机关执法规范化建设总体安排》《公安机关执法细则》《公安机关深化执法规范化建设工作任务和阶段目标》《公安机关管理服务和执法工作改革方案》等一系列公安执法规范化建设文件，从执法场所到执法装备，从执法程序到执法语言，持续开展执法规范化建设。2016 年，再次推出《关于深化公安执法规范化建设的意见》，继续不断提升公安机关依法履职能力和执法公信力，在更高层面上建设法治公安。经过一张蓝图抓到底的持续推动，全国公安机关执法规范化建设逐渐形成浓厚氛围，公安队伍的法治观念明显提升，执法制度体系基本形成，执法办案场所规范化改造普遍完成，执法管理体系初步形成，执法质量和执法公信力有了较大提升，执法规范化建设取得了明显成效。严格执法、文明执法已成为公安执法者的普遍遵循。公安机关切实依法行政，规范执法，为社会做出尊重法律、遵守法律的表率。

另一方面，公安机关以严格执法、文明执法引领全民尊法、守法。

根据国家“谁执法、谁普法”的原则，公安机关不仅是执法机关，也是宣扬法律精神、普及法律知识的责任主体。公安执法就是和执法相对人打交道的过程，能够接触各类社会公众。公安机关要在执法过程中，结合执法情况，主动宣传法律，帮助公众理解法治精神，知晓法律规定，从根本上提高人民群众遵纪守法、依法办事的素质，努力在全社会形成人人懂得法律、尊重法律、遵守法律的良好风气，营造一个有利于执法的良性社会人文大环境，从而带动和引领法治社会建设。

公安机关在执法实践中探索了许多宣传法律、引导公众尊法、守法的做法和经验。课题组重点考察了扬州市公安机关在办理行政案件中创新开展“说理式执法”。说理式执法就是将说理贯穿于执法的全过程，是执法人员在执法过程中向当事人讲法理、事理和情理，强调执法人性化的一种执法方式。说理式执法追求执法效果与社会效果相统一，执法效果与公安机关的服务宗旨相统一，执法效果与构建和谐社会的目标相统一。说理执法重在说理，说理执法的方法因人而异，根据具体执法环境灵活应用，针对不同形式不同人员违法开展说理执法。对于涉嫌违法当事人说理执法重在向其讲清违法的事实，告知违反什么法律法规处罚规定，违法行为的后果；对于不理解公安机关办案做法的案件当事人，说理执法告知其公安机关执法办案的程序、步骤、案件调查取证所得的证据；对于不愿做证或不如实做证的证人，说理执法告知其隐瞒事实做伪证要承担的法律责任；对于不服公安机关处罚、提起行政复议的案件当事人，公安机关在审查确认处罚事实清楚、证据充分、程序合法、处罚适当的基础上，耐心向其说明公安机关行政执法行为的合法性、公平性、合理性，促使其主动撤销行政复议请求。通过说理式执法解开当事人对公安机关执行法律存在抵触心理的症结，使案件当事人对公安机关执法产生信任，自觉和乐于接受处罚，避免发生执法投诉和复议，保证执法工作的顺利开展。说理式执法既是公安机关执法的过程，也是宣传法律，引导当事人尊重法律、遵守法律的过程。通过说理式执法，让案件当事人了解、理解、最终支持公安机关的执法行为，使执法效果最大化，真正做到案结事了，定分止争，也有效促进了广大社会公众认知法律、尊重法律与遵守法律。

杭州市公安交管部门积极回应人民群众对公安工作的新期待，开展人性化执法，受到良好效果，促进了广大交通参与者遵守交通法规、服从交警管理与处罚，城市交通秩序明显改善。人性化执法，就是公安交警贯彻社会主义法治理念，在严格实施道路交通法律法规的过程中，对广大交通参与者，包括交通守法者和交通安全违法行为人、重大交通事故犯罪嫌疑人，最大限度地予以人文关怀，使其合法权益切实得到尊重与保护，以更好地实现道路交通安全、有序、畅通的一种执法管理方式。人性化执法包括严格执法、公正执法、文明执法、怀情执法四个方面。

首先是严格执法，这是依法行政的基本要求，也是人性化执法的前提。交警部门严格执法，对交通违法犯罪人员给予惩戒、教育，促使其矫正违法行为，保证其现实的和长远的利益，同时又警示交通守法者自觉守法，从而彰显道路交通安全法律法规的权威性，起到规范人们行为、规范社会秩序的作用，达到维护和保障人民群众的合法通行权益的目的。

其次是公正执法，确保道路交通管理领域的公平正义，这是人性化执法的出发点和落脚点。公正执法，以事实为依据，以法律为准绳，综合考虑违法犯罪嫌疑人的行为及其性质、情节和所造成的后果，合理合法地行使自由裁量权，罚当其过、诉当其罪。程序公正与实体公正并重，限制执法随意性，保证违法犯罪嫌疑人的法律救济权，维护法律尊严和当事人权益，以公开促公正，保证交通参与者的知情权、监督权，防止执法偏差、侵害群众利益。

再次是文明执法。公安交管部门积极主动地按照以人为本的要求开展执法管理活动，亲民爱民，尊重和保障人权，切实维护最广大交通守法者的合法通行权利，维护行政管理相对人、交通违法犯罪嫌疑人的合法权益，这是人性化执法的应有之义。执法态度和蔼，用语规范、举止文明，尊重行政管理相对人、违法犯罪嫌疑人的人格、人身权利，不侮辱、不威胁，对所有当事人都耐心听取其陈述和申辩，不以个人好恶来决定对当事人的态度。

最后是怀情执法。公安交管部门在执法管理活动中，统筹考虑具体公平正义与社会公平正义，统筹考虑社会评价和导向作用，实现执法手段与执法目的的统一、法律效果与社会效果的统一，从而形成广大交通参与者自觉遵守道路交通安全法律法规、理解支持公安交管部门工作的良好氛围，这是人性化执法的重要特征。[①] 通过人性化执法，杭州市交通违法及人员财产损失指标全面下降，“行路难、停车难”问题得到有效缓解，社会公众遵守交通法规的意识和自觉性普遍提高，人性化执法受到社会公众的欢迎和好评。

广东省东莞市公安机关结合公安执法组织开展“以案说防”，综合网络、社会媒体、广告媒介、校园和社区文化生活等各种平台路径渠道，组织“以案说防社区行”“以案说防入万家”“以案说防进工厂”“防灭罪”等互动体验活动，从治安和刑事警情出发，深入剖析市民身边多发、频发案件（如矛盾纠纷引发的命案，盗窃车内财物、公司保险柜，电信诈骗等），宣讲法律法规，宣传治安与刑事案件防控路径，引导培育社会公众的守法观念、安全意识和技能，实现各类可自防案件不发案、少发案，形成“不敢犯、不能犯、不忍犯、不愿犯”和人人尊法守法、维护平安的浓厚氛围，也为公安执法规范化提供了更加有利的社会基础。

第四节　德治与社会治安综合治理

一、坚持法治和德治相结合是社会治安综合治理的重要原则

经过三十多年的改革开放，我国市场经济日益发达，工业化和城市化进程加速，传统的社会结构和体制发生重大变化，越来越多的“单位人”变成“社会人”，各类社会组织大量涌现，流动人口迅速增加，社会活力大大增强。所有这些都导致我国社会加速转型，新的社会事务大量产生，新的社会主体日趋活跃，新的社会问题不断出现，社会阶层利益不断分化，社会矛盾冲突多发高发，社会不稳定因素增多，社会风险持续加大，社会治安形势日益严峻，亟须创新和改进社会治安综合治理的理念、体制机制、方式手段，实现社会治安治理体系现代化和治理能力现代化。

十九大报告提出打造共建共治共享的社会治理格局，要求加快社会治安防控体系建设，依法打击和惩治黄赌毒黑拐骗等违法犯罪活动，

---

① 林垂宝：《公安交管部门人性化执法刍议》，载《公安学刊》2008 年第 4 期。

保护人民人身权、财产权、人格权。加强社会心理服务体系建设，培育自尊自信、理性平和、积极向上的社会心态。加强社区治理体系建设，推动社会治理重心向基层下移，发挥社会组织作用，实现政府治理和社会调节、居民自治良性互动。这为实现社会治安治理体系现代化和治理能力现代化提供了目标方向和基本遵循。

要实现社会治安治理体系现代化和治理能力现代化，就要完善社会治安治理制度体系。社会治安治理制度既包括明文规定的法律和各种规章制度；也包括符合社会利益的制度安排，如伦理道德规范、风俗习惯、村规民约、社区公约等。要依法依制进行社会治安综合治理，一方面要加强法治建设，推进科学立法、民主立法、依法立法，以良法促进发展、保障善治。另一方面要加强德治建设，强化道德约束，规范社会行为，调节利益关系，协调社会关系，解决社会问题。社会治安的综合治理，需要制度的建立，更需要内心秩序的一种理顺和认同。如加强行业规范、社会组织章程、村规民约、社区公约等社会规范建设，充分发挥社会规范在协调社会关系、约束社会行为等方面的积极作用。同时，引导公众用社会公德、职业道德、家庭美德、个人品德等道德规范修身律己，自觉履行法定义务、社会责任和家庭责任，自觉遵守和维护社会秩序。也就是坚持法治与德治的结合，在坚持全面依法治国中提高全民的法治素养和道德素养。

二、充分发挥德治在社会治安综合治理中的积极作用

在改革开放进程中，经济体制的变革带动了社会结构、生活方式、行为方式和价值观念等各方面的变化，社会出现各种失范现象，特别是在思想文化生活领域里存在价值失范与社会病态心理，包括“信仰缺失”“看客心态”“社会焦虑症”“习惯性怀疑”“炫富心态”“审丑心理”“娱乐至死”“暴戾狂躁症”“网络依赖症”“自虐心态”，等等[①]。拜金主义、享乐主义、极端个人主义日益蔓延，见利忘义、不讲诚信、欺骗欺诈成为社会公害。这些社会病态心理与症候反映出社会整体上处于“亚健康”状态，精神“荒漠化”趋势越发显现。如果任由这些社会病态蔓延而不进行有效的治理必然会影响到社会秩序的良

① 徐艳红、袁静、谭峰：《当前中国十大社会病态》，载《人民论坛》2014年9月第1期。

性运转，甚至会危及整个社会的治安与公共安全。因此，在社会治安综合治理中，必须从治理社会病态入手，充分发挥德治的作用，教育人、优化人，以道德伦理教化，引导人向善守法。

德治主要依靠伦理道德培养教育，把外在的社会道德原则和道德规范，转化为人们内心的道德观念和道德情感，使人们树立正确的善与恶、良知与正义等道德情感，以及荣誉与耻辱、幸福与不幸等价值判断，并用这些道德的观念和情感来评判个人和他人的行为，自觉调节个人与他人、个人与集体、个人与社会的关系，认同接受社会主义道德原则和道德规范，形成社会主义道德意识、道德情感、道德意志和道德信念，并转化为道德行为，逐渐形成道德习惯和道德风尚，形成自觉的内在自我约束，焕发积极的精神力量。中共中央发布的《公民道德建设实施纲要》为开展德治中的道德教育做出了整体部署和推进路径。《公民道德建设实施纲要》提出在加强社会主义法治建设、依法治国的同时，切实加强社会主义道德建设、以德治国，把法治建设与道德建设、依法治国与以德治国紧密结合起来，通过公民道德建设的不断深化和拓展，逐步形成与发展社会主义市场经济相适应的社会主义道德体系。《实施纲要》具体明确了“爱国守法、明礼诚信、团结友善、勤俭自强、敬业奉献”的社会主义基本道德规范。爱祖国、爱人民、爱劳动、爱科学、爱社会主义作为公民道德建设的基本要求，是每个公民都应当承担的法律义务和道德责任。必须把这些基本要求与具体道德规范融为一体，贯穿公民道德建设的全过程。引导人们发扬爱国主义精神，提高民族自尊心、自信心和自豪感，以热爱祖国、报效人民为最大光荣，以损害祖国利益、民族尊严为最大耻辱，在全民族牢固树立建设有中国特色社会主义的共同理想和正确的世界观、人生观、价值观，在全社会大力倡导努力提高公民道德素质，培养有理想、有道德、有文化、有纪律的社会主义公民，以明德促进守法，以德治促进社会治安综合治理的有效落实。

三、以和谐警民关系助推社会治安综合治理

社会治安综合治理是动员和组织全社会的力量，运用政治的、法律的、行政的、经济的、文化的、教育的等多种手段进行综合治理，从根本上预防和减少违法犯罪，维护社会秩序，保障社会稳定。社会

治安综合治理是具有中国特色的犯罪防控模式，是解决我国治安问题，预防和减少违法犯罪的根本途径，在维护社会治安、保持社会稳定方面发挥着重要的作用。社会治安综合治理是国家治理现代化的重要组成部分。在新时代的社会条件下，社会治安综合治理现代化体现为一套完整的体系。一是治理主体多元化，多元治理主体依法有序参与社会事务，特别是调动和鼓励社会公众参与社会治安治理。从警民关系角度来说，要鼓励和推动公众关注社会治安治理，支持并协助公安工作，提高公众的治安参与意识与参与度，也就是提高公众的公共精神。公众公共精神本质上是理性化的道德态度与道德情怀，因而它的培养更依赖于教育，通过高度重视并实施全方位的系统化的公民道德教育与公民法治教育，使全体公民逐步具有现代公共精神，有意愿和能力参与社会治安治理，形成社会公众与公安机关、政府对公共生活的合作管理，实现国家与社会的善治。二是治理方式科学化，真正做到事前预防、事中吸纳疏导、事后协调和依法处理相结合，充分依托现代新兴网络技术、视频监控系统、地理和人口信息系统等数字化手段，构建以城市管理、执法、服务为一体的城乡统筹、全域覆盖、联通共享的综合管理联动平台，努力做好社会化服务，寓社会管理于公共服务之中，做到为民、利民、便民相统一。三是治理过程法治化，各治理主体尤其是管理和执法部门依法治理、授权治理，强化法治保障，运用法治思维和法治方式化解社会矛盾、解决社会问题，实现法治国家、法治政府、法治社会的一体化建设。四是治理机制规范化，建立和完善意见表达机制、利益协调机制、社会保障机制、公共安全机制、应急管理机制、基层治理机制等一系列的制度建设和机制创新，及时反映和协调处理人民群众的利益诉求。而这一切目标任务的达成都需要党委领导、政府负责、社会协同、公众参与相结合统一，需要既充分发挥法治在社会治安综合治理中的权威作用，也积极发挥德治在社会治安综合治理中的助推作用。

德治在社会治安综合治理中的助推作用的一个重要落点体现在构建和谐警民关系，从而助力社会治安秩序稳定。和谐警民关系是公安机关和人民警察与社会组织和社会公众之间的一种相互沟通、理解、尊重、信任、协调、促进的良性互动关系。在和谐警民关系中，公安机关和人民警察担负主导责任，要具备法治精神，确立和践行“立警为公，执法为民”这一公安核心价值观，树立平等观念和人权意识，平等对待社会不同阶层公众，平等保护社会不同阶层公众的政治权利和财产权益，提高执法水平，通过理性、平和、文明执法，提高公众对公安执法的信任度，重塑公安机关公信力，把“严格执法”与“热情服务”结合起来，强化服务意识，在执法中体现服务，在管理中体现服务，通过热情平等服务来赢得群众对警察的尊重和信任。同时，社会组织和社会公众要增强主体意识，张扬公共精神，积极支持、协助社会治安综合治理，尊崇国家法度，遵守法律规定，自觉关怀与维护公共安全，提高社会治安综合治理参与度。在社会治安综合治理中建立起的和谐警民关系，是一种基于良好社会秩序和公共安全等共同利益之上的伙伴关系。在综合治理视角下，公安机关和人民警察作为公共安全的提供者之一，与社会其他公共安全的提供者形成良好互动，共同维护社会秩序和公共安全。社会组织和社会公众不再只是被管理方，而成为公安机关和人民警察的伙伴，不再只是公共安全的消费者，而成为构建公共安全和良好社会秩序的参与者。由此，警民关系变为平等关系下的双向良性互动，警民在对社会利益高度认同的前提下，以法治和自治的方式实现善治。和谐警民关系复合着理念的、精神的、机制的、方式的多重要素，这些要素都可以通过德治的途径加以培育、强化，德治在构建和谐警民关系中同样发挥着独特的促进作用。

和谐警民关系是社会治安综合治理的重要力量和根本保障。近年来，各地公安机关积极探索社会治安综合治理的新途径、新模式，取得了成功的经验和丰硕的成果。广东省中山市公安机关发动全民参与社会治理、参与平安建设，破解平安建设系列难题，探索出一条以减少发案、群众满意为出发点和落脚点的社会治安综合治理与平安建设新路子。中山市“全民治安”平安建设工程实行党政领导、部门联动、社会协同、全民参与，充分尊重社会公众主体地位，调动社会公众的积极性，搭建不同群体共同利益的实现平台，鼓励更多的社会组织和公众参与到社会公共事务管理中来，积极建设和谐警民关系，充分运用“全民治安”工作平台，发挥社会公众无所不在、无处不有的全社会监管优势，坚持源头治理、系统治理、综合治理和依法治理，打造全民“齐”参与、“愿”参与、“能”参与、“真”参与、“常”参与的社会治理新模式，形成“平安建设人人参与、平安成果人人共享”的良好局面。在社会治安综合治理中，中山市公安机关主导提出“全民创无”理念，创建“无医闹”“无三害”“无三非”“无传销”“无假药”城市，创建“无邪教”“无黑恶”“无命案”镇区，创建“无毒害”社区和“无刑案”村居，不断深化“平安校园”“平安医院”“平安村居”“平安小区”“平安出租屋”“平安电力”“平安公交”“平安商圈”“平安厂企”“平安工地”“平安景（园）区”等“平安细胞”创建，积“小安”为“大安”，整合各方资源投入平安建设，将立体化治安防控体系各项工作落实到基层，成为全民参与平安建设的重要平台，实现了社会公众真正需要的平安。

广州市公安局紧紧围绕公安中心工作，创新开展“广州公安基层行”活动，通过文化宣传的形式，积极构建和谐警民关系，助推社会治安综合治理。在基层行活动中，结合各时期公安中心工作和区域治安形势，配合禁毒、打击食药假、防诈骗、防盗等工作重点，精心创作文艺节目，通过文化艺术的途径，开展禁毒宣传，警示广大居民珍爱生命、远离毒品；开展防诈骗宣传，促进广大居民学习防诈骗知识，提高防诈骗意识；开展防火、防盗、防酒驾宣传，提示广大居民重视安全防范，自觉遵守法律。

江苏省扬州市邗江区公安分局邗上派出所女民警社区中队，积极发挥女民警做社区工作细腻、灵活，容易与居民亲近，执法服务刚柔并济，更能得到居民认同的优势，在社区管理、居民服务、治安防范、矛盾化解等工作中，充分依靠社区居民、发动社区居民，在热心居民、退休老党员、保安、水电工、楼道长及小摊主中发展治安信息员和志愿者，组织义务治安巡逻队；开通辖区治安 QQ 群、微博、微信，通过这些平台与网友和居民互动，掌握辖区治安动态，发现隐患和矛盾，收集各自情报，定期发布警务动态，发布防范技巧和信息，网上回答咨询，网下帮助解难，利用女警的亲和力、凝聚力、感召力，带动辖区内的居民共同构建和谐警民关系和安全有序的社区环境。

上述公安机关的工作思路和创新，都是德治融入法治的生动实践，具有鲜明的示范意义。

第十章
德治融入司法行政法治的考量与路径

根据2018年3月21日中共中央印发《深化党和国家机构改革方案》，国家机构朝着大部制的改革方向继续推进，形成了适应时代发展需要的党和政府机构精简高效，各负其责、各司其职的新格局。在国家机构建制的现行架构下，新组建的国家监察委员会办理职务违法和职务犯罪案件，应当与审判机关、检察机关、执法部门互相配合，互相制约。[①] 本章研究德治融入司法行政工作，主要是涉及司法部新组建前担负的国家司法行政权所涉及的职责范围。

根据十三届全国人大一次会议通过的党和国家机构改革的方案，新组建的中华人民共和国司法部，除继续承担原有司法行政管理职能外，还承担国务院法制办公室负责的司法行政组织领导、制定行政法规等工作职能。根据这一改革精神，本课题在研究德治融入司法行政工作的范围时，也随着党和国家重大机构改革的新方案实施而有所扩展。

---

① 《中华人民共和国宪法修正案》（2018年3月11日十三届全国人大一次会议表决通过）第三章第一百二十七条。

中共中央印发《深化党和国家机构改革方案》第二项规定："组建中央全面依法治国委员会，负责全面依法治国的顶层设计、总体布局、统筹协调、整体推进、督促落实，作为党中央决策议事协调机构。""中央全面依法治国委员会办公室设在司法部。""主要职责是，统筹协调全面依法治国工作，坚持依法治国、依法执政、依法行政共同推进，坚持法治国家、法治政府、法治社会一体建设，研究全面依法治国重大事项、重大问题，统筹推进科学立法、严格执法、公正司法、全民守法，协调推进中国特色社会主义法治体系和社会主义法治国家建设等。"这是新组建的司法部增加的最重要的工作内容。

中共中央印发《深化党和国家机构改革方案》第三十二项规定："重新组建司法部"。"全面依法治国是国家治理的一场深刻革命，必须在党的领导下，遵循法治规律，创新体制机制，全面深化依法治国实践。为贯彻落实全面依法治国基本方略，加强党对法治政府建设的集中统一领导，统筹行政立法、行政执法、法律事务管理和普法宣传，推动政府工作纳入法治轨道，将司法部和国务院法制办公室的职责整合，重新组建司法部，作为国务院组成部门。""主要职责是，负责有关法律和行政法规草案起草，负责立法协调和备案审查、解释，综合协调行政执法，指导行政复议应诉，负责普法宣传，负责监狱、戒毒、社区矫正管理，负责律师公证和司法鉴定仲裁管理，承担国家司法协助等。"

按照中共中央发布的《深化党和国家机构改革方案》的文件精神，司法部的司法行政工作既包含了传统的普法宣传、监狱管理、戒毒管理、律师公证、司法鉴定、人民调解、社区矫正、司法仲裁管理、承担国家司法协助等法律事务性的司法行政工作，也包括新增加的行政立法起草，综合协调行政执法，指导行政复议应诉，立法协调和备案审查、解释等国家行政司法管理职能。

本章研究德治融入司法行政工作的范围，主要限于新组建前国家司法部承担的司法行政工作范畴，其中重点放在监狱管理、律师公证、司法鉴定、人民调解、社区矫正等司法行政业务范畴。对普法宣传专设第十七章《将德治融入法治宣传》做专题研究；对行政执法、行政立法、行政复议等司法行政工作内容分别列入第七章《德治融入立法的考量与路径》、第八章《德治融入政府依法行政的考量与路径》两章，结合国家立法机关和国家政府机关的依法治国与以德治国研究之中，本章不再对相关内容做重复研究。

第一节　德治融入司法行政工作是历史的必然

一、我国司法行政工作具有司法执行性和法治服务性

本章研究的司法行政工作，主要是指由中华人民共和国司法部承担的国家司法行政工作，即国家授权与国家司法部及其所属省、市、县司法局，依法行使的庞杂而艰巨的国家司法行政权。司法行政权是国家司法权的重要组成部分，是国家司法行政机关最重要的职能主体。2018 年 3 月，第十三届全国人民代表大会通过了党和国家机构体制改革的重大战略决定，新组建的司法部成为唯一承担国家司法行政权的国家机关。随着改革方案经全国人民代表大会表决通过后，原来由国务院法制办和国家司法部分别担负的国家司法行政权，因国务院法制办机构的撤销，使国家司法部成为国家诸多司法行政权的唯一履职机关。改革后的司法部面临司法行政工作重大的新调整，国务院法制办原管辖的司法行政权也将归属到新组建的司法部管辖。这个工作职责的转移和推进还有待机构改革方案全面落实而落地。毫无疑问，同一类工作由两个部门改革为一个部门统一管理，既有利于职责明晰，又有利于工作效率提速，人民群众将在这场新一轮的党和国家机构改革中获得更好的司法服务。

司法行政工作是国家法治建设的重要组成部分，司法行政工作中律师辩护工作、监狱管控教育挽救工作、在押犯劳动改造工作，都是国家司法权的重要组成部分。我们在研究德治融入法治建设的路径中，绝对不可以小视律师出庭辩护和监狱改造罪犯的特殊法治意义。律师作为法律人与公安侦查预审、检察批捕起诉和法院开庭审判，构成刑事诉讼完备的工作程序。司法行政工作担负的法律公证、人民调解、强制戒毒、社区矫正，是国家司法行政执法机关预防犯罪、化解纠纷、营造良好社会法治环境的重要抓手。因此，研究德治融入司法行政工作的考量与路径具有极为重大的法治意义。

根据各国政治制度、历史传统、法律文化和法治体制机制的差异，

各国的国家司法行政工作内容和制度有较大的区别。德国的司法行政权由司法行政机关（司法部）行使，美国则强调以法官、检察官为主体与以司法权为中心的“自治型管理”，其司法行政事务如人员、经费、装备、设施设备等由司法机关独立管理。我国司法行政管理权，表现出鲜明的政治性、服务的广泛性、严肃的执法性、法律强制性等共性特点和准司法工作性质的兼容性、法律管理工作内容的广泛性、为政府提供法治服务工作对象的特殊性，以及追求司法效率和司法公平的工作价值优先性等重要特征。

二、德治融入司法行政工作具有必要性和现实性

（一）德治融入司法行政工作是坚持依法治国和以德治国相结合的必然要求

司法行政工作作为一项国家治理中重要的行政执法活动，它在化解社会矛盾、定分止争、调和社会关系等司法行政工作中发挥巨大的作用。国家司法行政工作开展的好坏，是一个国家法治建设的重要风向标，是国家治理能力的具体体现。如何更好地发挥司法行政工作在国家治理中的作用，是司法行政管理机构首要解决的理论思考。习近平总书记在党的十八届四中全会中指出，“国家和社会治理需要法律和道德共同发挥作用。”作为一项重要的国家治理活动，司法行政工作也需发挥法律和道德的合力。从发挥法律的作用来看，司法行政工作必须坚持严格遵循司法行政工作规律，严格执法，以事实为依据，以法律为准绳，健全事实认定符合客观真相，办案结果符合实体公正，办案过程符合程序公正的法律制度。从发挥道德对司法行政工作的引领作用来分析，德治的理念融入司法行政工作，是依法治国与以德治国紧密结合的现实需要。司法行政工作的全过程中要始终体现公正这一司法行政的价值取向，要让广大人民群众在司法行政中感受到社会的公平正义。通过德治融入司法行政工作，形成法治与德治二者的有机结合，一方面强化法律对道德建设的促进和扶助作用；另一方面，通过德治融入法治，以道德滋养法治精神，强化道德对法治精神的支撑和引领作用，实现法律与道德相辅相成、法治与德治相得益彰。

（二）德治融入司法行政工作是推进司法行政工作法治化的应有之义

内容丰富的司法行政工作特别需要突出法律的规范作用。针对我

国的司法行政工作，国家制定了系列法律规范，如《中华人民共和国律师法》《中华人民共和国公证法》《中华人民共和国监狱法》《中华人民共和国人民调解法》等。这些法律规范既为各种司法行政工作提供了法律遵循，同时也对司法行政工作的道德建设起到了很好的促进作用。《中华人民共和国律师法》第三条规定："律师执业必须遵守宪法和法律，恪守律师职业道德和执业纪律。"《中华人民共和国公证法》第二十二条规定："公证员应当遵纪守法，恪守职业道德，依法履行公证职责，保守执业秘密。"《中华人民共和国人民调解法》第十四条规定："人民调解员应当由公道正派、热心人民调解工作，并具有一定文化水平、政策水平和法律知识的成年公民担任。"这些法律规定都是对司法行政人员的职业道德要求和个人品德要求。

（三）德治融入司法行政工作有利于提高司法行政工作法治效率

我国的司法行政工作具有很强的执法性，对律师、律师事务所、律师援助的行政性管理，对司法鉴定、仲裁机构的审批许可，对强制戒毒工作具体实施等，都有法律法规具体规范，都必须严格依法办理。我国司法行政工作又具有很强的执行性，监狱的设置、社区矫正机构的设立等，都是为了对特定人员实行强制劳动改造和强制戒除恶习，使其成为社会新人。无论是执法性司法行政工作还是执行性司法行政工作都强调必须严格依法办事，并在此过程中维护国家法律的尊严、彰显我国社会主义法治精神。由于司法行政工作直接做人的思想工作，比如针对特殊的管制对象服刑人员、社区矫正人员等，在运用法律刚性规范措施的同时，将德治融入其中，进行德治教育，以情感人，内心深处感化他们，往往更容易打动他们的心灵，增加他们的荣辱感，启迪他们行善向善的道德良心，从而导致他们幡然悔悟，认罪认错，主动接受改造，极大地提高司法行政的法治效率。

（四）将德治融入司法行政工作服务有利于提高司法行政工作机关的法治服务水平和服务质量

司法行政工作的服务有社会服务和法律服务之分，其社会服务方面主要体现在普法教育活动中，德治融入普法教育活动中，就是要在全面提高人民群众的法律水平的基础上，以法治手段维护道德理念向上向善，强化法律对社会道德建设的保障和促进作用，从而引领社会风尚。司法行政工作的法律服务主要体现在律师的刑事辩护、民事代理、法律援助及公证员的公证、人民调解、基层法律服务、司法鉴定等工作中，将德治融入司法行政工作的服务中，弘扬社会主义核心价值观，弘扬中华传统美德，培育社会公德、职业道德、个人品德，可以增强司法工作者法律服务的自觉性，依法办事的公正性。

第二节　德治融入律师公证和司法鉴定基层法律服务的抉择

一、律师队伍的德治能力培养

我国《律师法》第二条规定，本法所称律师，是指依法取得律师执业证书，接受委托或者指定，为当事人提供法律服务的执业人员。根据现行的规定，律师必须具有高等院校本科以上学历[①]，同时具有与法律工作相关的实习或工作经验。由此可见，律师是社会中的一个法律精英阶层，其以全面保障当事人的利益为目标参与到诉讼活动中，是法律最直接的践行者和维护者，也是中国法治不可或缺的重要组成部分。所以，对于律师这一精英群体，其整体法律素质和法律业务能力无疑是非常出众的。在德治方面必然会对律师提出更高层次的要求。

但在现实生活中，有些律师存在道德不良的现象令人担忧。比如律师蔡某为代理的离婚诉讼案中，为被代理人多分财产串通被代理人提起虚假诉讼，结果触犯刑律，受到法律追诉[②]；律师两王故意冒用他人名义伪造相关诉讼证据材料提起诉讼的违法行为；律师邱某构成辩护人伪造证据罪；律师吴某发表危害国家安全言论；律师梁某向他人实施行贿行为等，都是律师道德良知偏离法治轨道令人痛心疾首的事例。据权威机构数据显示，2017 年全国各律师协会共收到投诉律师失德案件 6805 件，由各省级律师协会和设区的市级律师协会作出行业处分的 409 件，其中训诫处分 137 件，占处分总数的 33.50%；通报批评

① 取得执业律师资格的条件有两种情况：一种是必须通过法律职业资格考试；另一种是具有高等院校本科以上学历，在法律服务人员紧缺领域从事专业工作满十五年，具有高级职称或者同等专业水平并具有相应的专业法律知识的人员。参见《律师法》第五、第八条。

② 详见射阳县人民法院（2012）射刑初字第 0049 号刑事判决书。

处分121件，占处分总数的29.58%；公开谴责处分50件，占处分总数的12.22%；警告处分43件，占处分总数的10.51%；中止会员权利处分42件，占处分总数的10.27%；取消会员资格处分16件，占处分总数的3.91%。[①] 所以，在当今法治中国的建设中，律师队伍的道德品格和职业道德培养不容忽视、刻不容缓。

如何强化对律师队伍道德品质的考量和把关，课题组认为可以从如下几个方面加以完善：

（一）在律师进入门槛之初应强化对于个人道德要素的审查

我国现行法律对律师进入门槛的限制主要有：受过刑事处罚（过失犯罪除外）、被开除公职等限制条件[②]，而没有加入道德因素的考量，这就导致了一些道德素养不佳的所谓法律精英堂而皇之混入律师大军。在我国的信用系统正逐步建立和完善的背景下，对律师的进入门槛、律师跳槽入所都应该增设道德考量体系和评价标准，当发现申请者存在诸如较严重的信用瑕疵、酒驾、考试作弊、嫖娼、婚外情、遗弃等违法或悖德的行为时，司法行政机关及行业协会应当出台相关法规或行业规范，严格对申请者把关，全面审查申请者的品德情况，对于品德上有瑕疵的申请者，应该阻止其进入律师门槛，从律师队伍源头上把好道德价值观。

（二）加强执业律师的道德要求对失德律师实行一票否决制

现有《律师法》规定，如果律师因故意作为受到刑事处罚的，应当吊销其律师执业证书。但是对于部分违法或失德的行为却并没有相应的否决机制，比如多次行贿、介绍贿赂、吸毒、嫖娼、婚外情、遗弃或不赡养家庭成员的行为等。存在上述行为的律师从主观上来说，其自制力有限，也没有相应的道德底线，更没有律师队伍应有的诚实守信、勤勉尽责的自身素养。所以司法行政部门或行业协会对于存在上述违法或失德行为的律师一旦查实，便可以实行禁业、暂停资格、限期改正，直至一票否决制，及时使有失德行为的律师受到严厉的行业处罚。

---

① 《全国律协发布2017年度十大典型惩戒案例!》，http：//news. sina. com. cn/sf/news/fzrd/2018－04－02/doc－ifysvkva9425571. shtml。

② 《律师法》第七条规定：申请人有下列情形之一的，不予颁发律师执业证书：(一）无民事行为能力或者限制民事行为能力的；（二）受过刑事处罚的，但过失犯罪的除外；（三）被开除公职或者被吊销律师、公证员执业证书的。

（三）加强对律师的道德教育和培训

重视“道德教化”的做法，中国古代历朝都极力主张，以求达到“以德化人”的社会效果。而所谓教化，必须有“教”才能“化”。律师队伍的德治培养离不开道德教育。我国的司法行政机关以及律师协会应该定期展开对律师的道德教育和培训，并将道德教育和培训纳入律师年审制度中来。培训方式可以多种多样，可以采取讲座、网络课堂、慈善公益活动、观看弘扬道德的影视作品等形式，可以设计不同形式的培训教育活动，有不同权重的积分方式来组织考察计量，将每年律师需参与一定数量的道德培训或社会公益活动，攒够最低年度考察的积分标准，列为年检达标主要项目之一，不达标者不能通过律师年审。

（四）把道德要素加入律师行业考核体系

一直以来，我国的律所和律师都缺乏系统、客观的行业考核体系，这不仅让需要法律服务的当事人在做出选择时没有客观的参考标准，而且让行业协会在价值取向上的影响力难以得到标准化体现。课题组认为，可以由律师行业协会牵头或由律师行业协会委托其他社会评估机构，制定律师职业道德的客观考核指标，严格按照既定标准给律所和律师进行评分，并对外公布排名。该考核评分体系一旦成形，既可以加强行业协会对整个律师行业的影响力，加强行业自律，形成积极向上的行业文化，又可以给社会和相关国家机关一个客观的参考标准，还可以让律所之间、律师之间意识到自身的不足与优势，扬长避短，在整个律师行业形成一种你追我赶的氛围，有利于整个律师行业的发展与进步。

在这种考核体系建立的背景下，行业协会就可以将各律所和律师的道德因素纳入这种考核体系中，一旦律所或者律师有违法或悖德的行为，立即就可以在考核结果和排名表上体现出来，为律所和律师形成自我约束机制创造条件，也可实现信息传播的最大化、迅速化和透明化，有利于律师行业的德治能力养成。

二、公证队伍德治能力培养与路径

我国公证的起源，可追溯至古代。当人们碰到双方产生纠纷时，往往有请“中人”“中间人”现场为证的传统。一般能够成为“中人”

的人，都是当地德高望重，或者品德优良而为当地民众所普遍认可并受到尊敬的人，这是我国现行公证制度在古代的雏形。现代公证制度起源于西方，在《拿破仑法典》颁布（1804）以前，法国先于1803年颁布了《公证人法》，一举奠定了现代公证制度的基础。[①] 因此说，公证制度是司法行政制度的重要组成部分，是国际通行具有法律意义证明力的重要手段。

公证具有两大功能：其一是调节与预防纠纷，减少诉讼的功能。该功能作用一方面可以降低交易成本，促进交易便捷；另一方面可以节约大量宝贵的司法资源，增进社会信用与和谐。其二是实现国家适度干预的功能。公证能够在国家干预和当事人意思自治两个价值取向间取得一个微妙的平衡。国家为了达到既对重大经济活动与公民的重要法律行为进行必要干预的目的，同时又尽可能地避免直接干预带来的负面影响[②]。

（一）在公证工作和制度中强调德治的重要性

公证自身的价值取向与德治是一种完美的契合。实现社会的公正是公证制度的核心价值，公正者，公平正义是也。我国《公证法》第三条规定，公证机构办理公证，应当"坚持客观、公正的原则"。罗尔斯指出："正义是社会制度的首要价值。"[③] 坚持以公平正义为首要原则的公证制度，当然要追求德治的效果，古语云："公生廉，廉生威。"如果道德上出了问题，何来的公正，何来的权威？所以，从根本的价值取向上，公证与德治是完美契合的。

坚持美德是公证员从业资格的重要标准。在我国，作为公证制度的具体执行者，公证员的德行被提到了更高的要求。《公证法》第十八条明确规定"担任公证员，应当公道正派，遵纪守法，品行良好"。公证的内在价值天然地包含了诚信价值，公正的外在价值体现为社会公信。所以公证员一旦出现悖德的行为，将会对公证的内在价值和公信力形成致命的打击，从而失去公证的权威。良好的品行是公证员从业的重要标准，德治培养在公证队伍建设中具有不可替代的作用。2009年10月21日，成都一名81岁的残疾老人自知来日无多，欲把自己的

---

① 蒋笃恒：中国政法大学博士学位论文《公证制度研究》，第3页。

② 宫晓冰：《中国公证制度的完善》，载《法学研究》2003年第5期，第52页。

③ ［美］罗尔斯：《正义论》，何怀宏等译，中国科学出版社1988年版，第1~2页。

住房赠与对其照顾颇多的侄女，来到公证处办理遗嘱公证。但老人家双手手肘以下被截去，不能在公证书上签字盖章，无法完成公证过程。对此，公证处全体公证人员经过商讨作出了让老人在公证书上按下脚趾印的决定。随后，在公证员的全程录音摄像下，老人用右脚大拇指在遗嘱上按下脚趾印，使得这份遗嘱正式生效，这是全国属于首例“最美脚印”的公证德治案①。

（二）公证队伍中德治能力培养与路径

一是充分发挥公证行业协会在德治推进中的作用。公证行业协会在德治推进方面具有司法行政主管部门不具备的优势，司法行政主管部门是他律的、代表国家进行管理的机构，而行业协会是以行业自律为主，偏重服务的机构，天然与各公证机关存在着紧密的联系。所以在德治融入公证工作过程中，行业协会应该充分发挥其组织、协调、服务的职能，对广大公证从业人员进行相应的职业道德和个人品德培训和教育，采取多种形式，在公证行业开展形式活泼的德育工作，积极营造人人向德、以美德为荣的氛围，打造尚德的公证行业文化。同时，公证行业协会应充分利用其统筹公证行业各种数据的机会，以大数据时代为契机，以先进的科技手段统计各公证处的业务情况和绩效情况。在获得全面的数据之后，公证行业协会应主导建立行业的考核标准和体系，对各公证处进行排行，并将明细情况以年度为单位向社会公开，同时在考核体系中直接反映出公证行业中违法及悖德的行为状况。在舆论和社会公众的监督和选择中，公证行业的德治能力必将会有长足的进步，从而有利于公证行业的健康发展。

二是在公证员进入门槛中设置道德考察程序。司法行政主管部门和行业协会应该以部门规章或行业规范的形式，将公证员的道德因素加入新员入行的重要条件之一，在公证员的就职审查、提拔任用中加入道德考察的前置程序。一旦发现有违背“诚实信用、公平正义”行为的，一律禁止其进入公证员序列。在提高对公证员资格条件的要求，探索对公证员和公证处实行总量控制、合理布局的有效机制大框架下，把紧公证员进入门槛关，实现优中选优。

三是严格公证员的退出机制。对于已经取得执业资格的公证员，

① 《81岁老人手肘以下截肢蜀都公证处为其办理公证书上按脚印》，http：//www. njnotary. cn/staticfiles/wwwnews/20150819/512. html。

要从立法上严格其退出机制，保证公证员队伍的质量与活力。除了《公证法》中规定的几种法定情形外[①]，应该加入道德因素考量，如执业的公证员存在行贿受贿、介绍贿赂、酒驾、考试作弊、嫖娼、婚外情、严重信用瑕疵、遗弃等违法或悖德的行为时可以将其清除出公证队伍。

三、司法鉴定法律业务的德治作用新思考

（一）司法鉴定业务的德治内涵

司法鉴定业务的德治系一个广义的概念，其内涵应该包括以下几个方面：

一是体现为司法鉴定业务领域的职业道德规范。职业道德规范作为一种非明示的社会规范，对内它构成引导、制约、调节司法鉴定行为的道德准则，对外它代表着整个司法鉴定职业界对社会所承担的道德责任和义务。从本质上而言，“守德”比“守法”对人的要求更高，前者是后者的底线，后者是前者的升华。时至今日，国家司法部仍然没制定和颁布一部司法鉴定人员职业道德规范，司法鉴定人员到底应该遵守哪些职业道德没有明确说明，形成无具体职业道德规范可依的窘境。

二是体现为司法鉴定业务的伦理价值。司法鉴定的法律业务，相对于其他诉讼活动而言，具有高度专业性、科学性、中立性、独立性等特点，其伦理操守具有其特殊性，相对应地要求司法鉴定业务必须要有其特定的伦理价值，如高度专业性、鉴定立场中立性、鉴定意见可论证性、道德操守纯洁性、执业独立性等特点。

三是司法鉴定人的内心操守。司法鉴定人的内心操守，系将外在的职业道德约束内化为从业人员的内心信仰，从而又将这种内心信仰外化为司法鉴定人的行为。

四是社会对司法鉴定业务的道德评价与舆论约束。一个良好的外部执业环境是司法鉴定德治作用发挥效用的关键。以大众传播为主体的社会舆论，要鼓励关心支持司法鉴定人员独立开展工作，不受外来干扰而独立发表鉴定意见。

---

① 详见《公证法》第二十三、二十四、四十二条。

（二）司法鉴定法律业务中的德治作用的体现

一是司法鉴定的德治作用是法治发挥效用的催化剂，没有德治的约束和参与，法治成为无源之水，不能发挥真正的效用。司法鉴定法律业务中有技术规范和道德规范两种规范区别，二者的目标是相同的，但两者的表现形式、作用范围、保障方式等均不同。技术规范是最低的要求，只能用以维持正常的工作秩序，而道德规范要比技术规范内容广泛。在实践中，违反技术规范的行为肯定也违反道德规范的要求，但是有许多违反道德规范的不良行为并不违反技术规范。道德规范是技术规范的基础和前提保证，技术规范是在道德规范的约束和引导下对司法鉴定人员在执业技术方面提出的要求。如果一名鉴定员没有崇高的职业道德和较强的执业能力，即使有再好的职业技术规范也不能完全保证其圆满地完成鉴定任务。因此，道德规范或者说德治作用，在司法鉴定业务中发挥了至关重要的作用。

二是司法鉴定的德治作用是法治的重要补充，可以保证司法鉴定法律业务有更高的质量。司法鉴定是一项技术性、专业性非常强的诉讼活动，其鉴定的独立性、专业性决定了其他诉讼活动参与人很难对其进行有效的监督。那么判断司法鉴定活动是否达到了科学性、公正性的要求，在很大程度上有赖于司法鉴定人员自我的道德要求和行业的自律，若无德治的约束，则刚性的法律制度无法真正在该领域发挥效用。

（三）将德治融入司法鉴定夯实司法鉴定公正的基石

一是提高司法鉴定的职业准入门槛。真正选拔一批德才兼备的人员从事司法鉴定法律业务。探索建立从业禁止制度，并对鉴定机构开展认证认可工作，认证合格的继续执业，认证不合格的，不得从事鉴定业务。

二是加强对司法鉴定人的职业道德教育。要对司法鉴定工作人员大力开展社会主义道德教育，树立与社会主义市场经济相适应的道德观念和道德行为，正确处理国家、集体、个人三者的利益关系，引导司法鉴定人自觉按照司法鉴定人职业道德规范指导和约束自身的行为，提高职业道德自律能力、最终形成良好的、稳定的司法鉴定人的优良道德品行。

三是在诉讼制度设计上，建立对司法鉴定活动的制约和监督机制。

如发挥专家证人制度，探索鉴定意见复议制度等。

四是以刚性制度的建立倒逼司法鉴定人道德水平的提升，加大司法鉴定人的责任，强化司法鉴定人责任主体意识，在内容上增强民事责任、行政责任、刑法责任的惩罚力度，通过强化责任，保障司法鉴定人独立进行鉴定。在实际工作中，既强调结果责任，实行错鉴责任追究；更强调行为责任，实行违法责任追究，将责任在鉴定活动中前移。

四、乡镇基层法律服务的德治内容与法律服务工作的结合

（一）德治内容在乡镇基层法律服务工作中的重要地位

乡镇基层法律服务是20世纪80年代逐步发展起来的一种具有公益性质的法律服务工作，当时在乡镇基层的律师极其稀少，无法满足群众维权用法的需求，因此司法行政工作部门，在基层设立法律服务所、法律服务站点的形式，向基层老百姓提供法律服务，具有贴近群众、收费低廉、服务便捷等特点。德治内容是乡镇基层法律服务工作重要内容，也是乡镇基层法律服务工作效果的重要保障。

（二）德治内容是乡镇基层法律服务工作内容的重要来源和主要部分

在乡镇基层法律服务工作中德治内容与法治内容相互渗透，并且德治内容占据着重要地位。具体体现在德治内容是乡镇制定法治内容的重要来源，是制定和落实相关措施、政策时的重要参考；是进行法治宣传、道德养成教育的重要工作内容之一，以其感召力和劝导力提高社会成员的思想认识和道德觉悟；是进行法律服务的司法调解过程中使用的重要手段，大量的基层民事调解实践证实，适当融入德治内容是调解的成功密码。

（三）强化乡镇基层法律服务工作的德治内容与法律服务的结合运用

选择与乡镇基层法律服务工作特点相适应的道德思想教育内容是提升法律服务成效的前提条件。

当前乡镇基层法律服务工作的德治内容与法律服务的结合运用得到了较好的实现，也取得了较好的效果。但是在当前市场经济高速发展，多种社会意识形态冲击下，公民和基层乡镇部门在德治内容与法律服务结合运用方面存在着一些问题，具体表现在道德精神缺失、信仰缺失、法治缺失、思想信念不坚定、宗旨观念缺失、诚实诚信品德

缺失、唯金钱论、拜金主义、制度建设滞后、自身评价定位不正确等问题。基层德治同样具有十分丰富的内涵，坚持“以德治国”，完善基层德治，就是要从严治党、从严治政，加强行政伦理建设，规范道德标准，提升公民道德；要树立公民正确的价值观，培养公民的高尚信仰，从而确立公民正确的价值取向。

乡镇基层法律服务是整个法治系统中重要的一环，法治观念的普及和法治社会的建立都离不开法律服务工作者的孜孜实践。在我国，乡镇基层法律服务覆盖了最广大的基层民众，是最接地气的司法行政实践园地。为了取得良好的社会治理效果，一定要重视德治在法律服务领域的重要作用。只有打造一支有道德、有情操的法律服务队伍，才能真正实现中国的法治梦。

第三节　德治融入监狱管理的时代价值与路径

监狱是人类社会发展到一定历史阶段的产物，它是随着阶级的出现、国家的产生而产生，是国家制度和暴力机器的重要组成。现代监狱作为司法场所，有广义和狭义之分。广义的监狱指关押一切人犯的场所，如监狱、看守所、拘留所等，属于人身控制性羁押场所。狭义的监狱指关押依照刑法被判处死刑缓期二年执行、无期徒刑、有期徒刑的罪犯，属于刑罚执行国家强制机器。依据我国《监狱法》的规定：国务院司法行政机关是我国监狱主管机关；监狱的人民警察专司其依法管理监狱、执行刑罚、对罪犯进行教育改造的职责；我国监狱工作坚持对罪犯实行惩罚和改造相结合、教育和劳动相结合的原则，从而将罪犯改造成为守法公民，回归社会后成为合法公民。

一、我国监狱制度久存德治传统

以德治狱古有典范。我国监狱制度至今已几千年历史，最早提出创建监狱的人是皋陶（gāo yáo）。皋陶与尧、舜、禹同为我国“上古四圣”，被史学界和司法界公认为“司法鼻祖”，又曾是虞舜时刑狱之官。他“造狱”“治狱”“作刑”，善察人心，决狱明白。汉代的萧何，曾帮助刘邦建立了汉初的法制，他制定的重要法典——《九章律》，被称作“定律之祖”。萧何的狱神形象是青面圣者。明代的亚薵，人称

"亚爷"，他在明清之际非常有名。清人钮琇《觚賸续编》记述了"亚爷"成为狱神的经过。"亚爷"是明万历时增城县的狱卒。相传将近除夕的一天，狱中的五十多名重囚，号哭不止。"亚爷"问其故，众人说："快过年了，人家都能合家欢聚，我等也有妻儿老小却不能相见。因此悲痛号哭。""亚爷"听后，沉思良久说："你等的孝爱之心我来了却，今晚我放你们回家与亲人团聚，咱们约好，正月初二齐来赴狱。"众犯听了皆呆愣，惊讶不语。他接着说："我释放你们按律应死。你们都不回来，我是死；你们少回来一人，我也是死；你们若都回来，我寿尽同样是死。一样的死，何不行些善事死呢?"众囚听后感激万分，各自回家不提。到了正月初二，他们如约回牢，一个不少。"亚爷"拍手大笑而死。此事传开，全国上下均感其德，奉为狱神。皋陶的司法活动、萧何的狱神形象、"亚爷"除夕放囚探家等，无不体现着我国传统法律制度和监狱司法文化包含的"法治""德治"思想对中国古代法律文化产生着重要的社会影响，与今天的"依法治国"和"以德治国"有着深刻的历史渊源。

二、我国现行监狱制度要求德治法治并重

一是以德法同治为原则。《监狱法》第三条规定："监狱对罪犯实行惩罚和改造相结合、教育和劳动相结合的原则，将罪犯改造成为守法公民。"

二是以劳动与教育为内涵。《监狱法》第四条规定："监狱对罪犯应当依法监管，根据改造罪犯的需要，组织罪犯从事生产劳动，对罪犯进行思想教育、文化教育、技术教育。"第六十一条规定："教育改造罪犯，实行因人施教、分类教育、以理服人的原则，采取集体教育与个别教育相结合、狱内教育与社会教育相结合的方法。"第六十二条规定："监狱应当对罪犯进行法制、道德、形势、政策、前途等内容的思想教育。"第七十五条规定："对未成年犯执行刑罚应当以教育改造为主。未成年犯的劳动，应当符合未成年人的特点，以学习文化和生产技能为主。监狱应当配合国家、社会、学校等教育机构，为未成年犯接受义务教育提供必要的条件。"

三是以人权保护为理念。《监狱法》第二十五条规定："对于被判处无期徒刑、有期徒刑在监内服刑的罪犯，符合刑事诉讼法规定的监

外执行条件的，可以暂予监外执行。”第三十九条规定：“监狱对成年男犯、女犯和未成年犯实行分开关押和管理，对未成年犯和女犯的改造，应当照顾其生理、心理特点。”第三十七条规定：“对刑满释放人员，当地人民政府帮助其安置生活。刑满释放人员丧失劳动能力又无法定赡养人、扶养人和基本生活来源的，由当地人民政府予以救济。”第三十八条规定：“刑满释放人员依法享有与其他公民平等的权利。”

四是以立功受奖为鼓励。《监狱法》第二十九条规定：“被判处无期徒刑、有期徒刑的罪犯，在服刑期间确有悔改或者立功表现的，根据监狱考核的结果，可以减刑。有下列重大立功表现之一的，应当减刑：（1）阻止他人重大犯罪活动的；（2）检举监狱内外重大犯罪活动，经查证属实的；（3）有发明创造或者重大技术革新的；（4）在日常生产、生活中舍己救人的；（5）在抗御自然灾害或者排除重大事故中，有突出表现的；（6）对国家和社会有其他重大贡献的。”第五十七条规定：“罪犯有下列情形之一的，监狱可以给予表扬、物质奖励或者记功：（1）遵守监规纪律，努力学习，积极劳动，有认罪服法表现的；（2）阻止违法犯罪活动的；（3）超额完成生产任务的；（4）节约原材料或者爱护公物，有成绩的；（5）进行技术革新或者传授生产技术，有一定成效的；（6）在防止或者消除灾害事故中作出一定贡献的；（7）对国家和社会有其他贡献的。”

三、开展优秀传统文化德治教育利于罪犯改造

一是开发德治精品课程施教，春风化雨，润物无声。比如湖南常德监狱采用传统文化《弟子规》制作大量的PPT视频对服刑罪犯进行解悟教育。2011年10月22日，刘德兴干警自费给三百多名罪犯每人准备了一条毛巾，取名为“孝巾”，结合整整一天的《弟子规》课程教育，说让罪犯们带着“孝巾”回家给父母亲人洗脚，常怀感恩之心，该次三百多名罪犯的课场上竟然没有一人开小差，罪犯个个睁大眼睛，聚精会神聆听这场别开生面的讲课，很多罪犯听着听着，情不自禁流下泪水。下午互动学习时，罪犯们纷纷走上讲台痛哭流涕，跪地忏悔，有的表态自己出狱后要报答社会，有的把自己新的犯罪预谋向大家公开曝光，让现场罪犯和警察为之震撼。课程结束后，罪犯依依不舍，排着长队向刘德兴干警鞠躬和要求签名。还有，监狱教育开发了《百

善孝为先》《罪犯课堂化教学实战艺术》《罪犯个别教育实战技巧》《三字经》《二十四孝图》等多门精品课程施教于罪犯，推行“五、四、三”教育活动，打造五个“一”工程（种一盆好花，读一本好书，唱一首好歌，习一门好艺，学一个好样），开展四情教育（亲情、爱情、友情、恩情），强化三种责任（争做一个好儿子、好丈夫、好父亲活动），以此贯彻“以理服人、以情感人、以德育人、以文化人”等德行教育，让服刑人员朝着正确的人生观、价值观、世界观积极改造。

二是情怀关爱，以德动人，融化犯罪改造的抵触心理。

三是“五心”齐驱，教化和改造犯罪“刺头”。采用爱心、诚心、恒心、信心、耐心打动和感化思想上极为顽固，行为上极度偏执的罪犯，特别是那些寻衅滋事的罪犯不服管教，抗拒改造，对于警和政府十分仇视，属于典型的改造“刺头”。

四是实施“寓德于心、快乐改造”，培养和树立犯罪改造的信心。比如罪犯王某，大专文化程度。1996 年因犯抢劫罪被辽宁省普兰店市人民法院判处有期徒刑六年，1997 年服刑时脱逃。2006 年因涉嫌故意杀人罪被公安部门通缉，于 2012 年 1 月 11 日逮捕归案。2012 年 9 月 21 日被湖南某中级人民法院判处死刑缓期两年执行，剥夺政治权利终身，并处罚金两千元、民事赔偿三万元。该犯入狱后，抗拒改造，扰乱监管秩序，因患有艾滋病，并到中晚期，有发病症状，自暴自弃，不配合医院治疗，有脱逃前科，被监狱设为危险犯。监区分析认为该犯存在的问题非常严重，该犯身处痛苦、内疚、疾病、死亡“四重悲剧”之中。监区针对这四方面问题特制订了详细的以德为主的矫治方案：（1）针对该犯的病情予以高度重视和加强治疗，在肉体上减轻、消除痛苦，从而达到减轻思想上的压力。（2）在心理和情感上进行疏导，解开其对父母的内疚的最大心结，让他找到了活下去的理由和精神支柱。（3）消除思想包袱、转变人生观，利用该犯爱好文学，喜欢看书、写作特点，监区为其提供便利条件和环境，专门为其提供了一些积极向上的哲学类型的文学作品，并让其发挥特长，找到生活乐趣和存在的意义，从而达到解放思想，树立积极向上的生活态度，促成该犯在读书和学习中找到了自己人生价值的同时，也深刻地认识自己所犯罪行的严重性，深挖思想犯罪根源，在罪过的忏悔中改过自新。经过民警一年多的德治教育与法治引导，教育矫治，使该犯将人生的苦难转化为成就，从罪过中提炼改过自新的机会，在疾病中看到自我转变的挑战，从短暂的生命中获取责任的行为和动力，最终树立了重新做人的信心，该犯不仅自己端正了改造态度，还用自己改造的心路历程积极地帮助和影响其他消极、绝望的患病服刑人员。

第四节　德治融入人民调解的法治内涵和途径

调解，是指当人们（或者群体）在社会中相互之间因为某些原因发生了纠纷时，由其他人（或者组织）的中性主持或者参与，共同根据纠纷情况，结合一定的条件和社会习惯、法律规则，采取摆事实讲道理以及关系疏导、教育感化等做法对纠纷当事人进行劝解与说和，促成纠纷各方互谅互让，协商一致、自愿解决矛盾纠纷的社会活动。调解作为一种解决纠纷的手段，早在原始社会已出现。在中国传统社会中，人们对一般的民事纠纷采取的解决途径更多的是调解而非诉讼。其原因固然与中国古代以宗法家族为基础的社会结构有着重要的关系，然而几千年来调解的发展和推崇已经内化为中国民众的广谱性纠纷解决模式，被确立为国家制度而产生很好的作用力。我国现行《宪法》《民事诉讼法》《行政诉讼法》《村居民组织法》《劳动争议调解仲裁法》和《人民调解委员会组织条例》以及其他法律法规的颁布实施，特别是2010年8月28日颁布、2011年1月1日实施的《中华人民共和国人民调解法》，标志着我国调解法律制度全面形成，丰富和完善了我国社会主义法律体系。目前，我国有人民调解委员会组织八十来万个，选举和聘任的人民调解员五百来万人，社会一般矛盾纠纷案件的调解每年高达千万件，调解成功率保持在96%以上，每年有效防止了因矛盾纠纷引起的恶性刑事案件、群众性械斗和群体性上访案件达数十万起。社会越进步发达，解决社会矛盾纠纷的途径和方法就越多越好。调解是其中一种富有历史基础，饱含社会良知，易于人们接受的解决社会矛盾纠纷的好做法，被世界称为东方经验。党的十八届四中全会作出的依法治国决定和党的十九大报告都强调推进以人民调解为主线的“三调联动”工作。2018年3月全国“两会”结束后不久，以习近平同志为核心的党中央在进一步规划全面深化改革的举措中专门作出了“加强人民调解队伍建设”的规定，要求为适应我国新时代发展更加推进人民调解工作。

一、德治融入调解具有我国历史传统的法文化属性

（一）调解的传统文化内核：儒道互补性

春秋战国时期，由宗法分封所建立起来的社会结构土崩瓦解，以土地私有、地域国家、君主专制和官僚制度为特征的社会体系逐渐形成。以儒、法、道、墨为主的德法文化为塑造中华民族文化起了各自的历史作用。儒家以血缘、亲亲尊尊为基础，强调社会“和谐”。道家主张无为而治，“为无为，则无不治”。墨家主张“兼相爱，交相利”和“爱无差等”，反对人与人相争。而儒学取得独尊的地位，并成为中华民族传统文化的主流。在中国传统思想文化中，主要是儒家思想处于支配地位，庄子思想也参与了中华民族文化和心理结构的塑造，所以有“儒道互补”的说法。在研究中国调解问题时离不开中国传统文化的功绩。

（二）调解生成的古代思想基础：孔子“仁学”

仁学由血缘基础、心理原则、人道主义和个体人格四要素组成，而由此衍化出来的“中庸”之道、重德轻刑、重教化思想和全社会上下左右、尊卑长幼之间的秩序、和睦、互助和协调的人道关系，以及重视教化反对“不教而杀”的政治法律思想，更为后世“调解”提供了直接的依据和原则。正是由于孔子的儒家思想，使得调解不仅作为一种解决纠纷的方式而存在，而且被社会赋予了正面的、主流的价值。面对各种解决纠纷的可能方式（尤其是诉讼），调解不但是全社会公认的最佳手段，而且成为一种衡量当事人是非善恶的标准。即使在当今以“个人权利”为本的现代社会，调解依然保持着强大的生命力。

（三）调解的内涵补给：“无为”与“和为贵”

道家以柔克刚，主张统治者“处无为之事，行不言之教”“我无为而民自化”，并反对人定法，反对“人为物役”等。在解决纠纷上，要求当事人面对纠纷时，不得积极争取利益，必须退让、克制，从而实现社会和谐。老子认为，事物都是互相对立并且互相依赖的，会互相转化，“退”实质上是“进”，“让”是“取”，“失”是“得”。面对是非、对错、同异、差别、梦和醒等问题任何人永远搞不清的时候，庄子提出了随声附和、保全自己、调和是非的解决办法。还有，调和

矛盾与折中矛盾是古代中国人最基本的生活理念，“和”在中国古代观念世界里有着格外的重要性。“和”者，并非没有矛盾，但是强调对立面之间的渗透与协调，而不是对立面的排斥与冲突；它排斥非理性的迷狂或超世间的信念，要求情理结合、情感中潜藏着智慧以得到现实人生的和谐和满足。因此，“和”的观念极大地强调对立面的均衡统一，而把均衡的打破以及矛盾的激化视为应予竭力避免的灾难。这些都对古代调解有关当事者的心理和态度的内涵把握，有着深刻影响。

二、德治融入人民调解工作的理念与途径

（一）以人为本

习近平新时代中国特色社会主义法治思想集中体现着我们党的一切工作应当以人民为主体是突出的基本原则之一，人民调解工作的本质也应当是以人为本。同时，人民调解工作的对象是有着矛盾的当事人，是以做人的工作为核心的，当然是以人为本。在坚持以人为本的基础上，应当做到尊重当事人的意愿和自主。

（二）以法为鉴

法治的司法原则之一是以事实为依据，以法律为准绳。而人民调解注重当事人处分和确认为主的原则，即在尊重当事人意志和尊重事实、尊重社会公共道德和民间良俗的基础上，以参考和不违背法律和国家政策与当事人双方或者多方进行商量和协调，最后由当事人自主决定、达成共识、形成协议、自愿履行或者以共同意愿获取法院对协议的确认，约束性、强制性履行其协议中的权利义务内容。

（三）以理为辩

鼓不敲不响，道理不摆不清，是非不辨不明。在人民调解工作过程中，需要人民调解工作者有理由、有底气、有方法、有水平、有能力、有威信地结合宣传法治精神、弘扬社会美德，启发和教育当事人，而且以举一反三、深入浅出的效果引导和说服当事人，促成当事人明事识理、辨别是非、消除隔阂、统一认识。

（四）以情为融

调解主持者应当以热忱的工作态度、优质的服务方式和高强的工作能力，特别是讲求以情动人、以行感人、以颜悦人，与当事人交朋友，听当事人吐真情说实话，想当事人之所想，但又强调依法以德为

评判是非准则，认真履行调解工作职责。

第五节　德治融入社区矫正的认识与要求

一、对社区矫正服刑人员开展德治教育的必要性

社区矫正制度是宽严相济刑事政策的具体体现，是德治和法治在国家治理中的生动实践，对社区服刑人员进行教育感化和有效帮扶，促使其弃恶扬善，早日回归社会，融入社会，是社区矫正的根本目的所在。因此，在社区服刑人员中开展德治教育有着十分重要的意义。

第一，德治教育是促使社区服刑人员转变思想，认罪服法，主动配合接受矫正的一个重要方式。思想问题是一切违法犯罪的根源，社区服刑人员之所以违法犯罪，究其原因，主要是受错误的人生观、价值观、道德观的影响。这种错误思想，如果不通过德治教育加以纠正，服刑过程中，将一直对社区服刑人员产生不良影响，使社区服刑人员认罪悔罪意识薄弱，对自己的犯罪根源缺乏正确的认识，从而不接受甚至对抗社区矫正工作人员的监管教育。社区矫正工作人员需要通过德治教育的方式，教育引导社区服刑人员转变错误认识，重新树立正确的道德观、价值观、是非观、善恶观，实现将罪犯改造成合格社会公民的最终目标。

第二，德治教育是社区矫正教育改造罪犯的一个重要手段。由于社区矫正是一种非监禁刑罚执行方式，社区服刑人员在矫正期间仍然享有一定范围的人身自由，与监禁矫正相比，社区矫正的惩罚性不足，无法通过执行刑罚让服刑人员感受到失去自由的痛苦，对其产生法治威慑也较小，这样就容易通过社区矫正的方式，使被矫正人员能够自觉接受思想改造，珍惜监外执行的柔性改造机会，有较强的约束自我不再重新违法犯罪的自控能力。在社区矫正实际工作中，帮教人员主要通过德治教育的方式来启发社区服刑人员对违法犯罪错误行为的重新认识，通过被帮教对象增强法纪意识，消除背离社会公德违反国家法律的错误行为，从思想根源上消除犯罪意识，使社区服刑人员真正做到洗心革面、弃恶从善，不再重蹈覆辙，从而达到“治本安全”的目标。

第三，德治教育是社区矫正保障社会安全稳定的现实需要。社区服刑人员在开放的社会环境中服刑，虽然社区矫正机构可以通过日常报到、走访、电子定位等方式对其进行有效监管，但毕竟不同于监狱服刑，无法和监狱一样对服刑人员进行24小时“全天候”“无死角”的监管，难以有效预防重新违法犯罪。因此，在矫正期间，社区矫正机构需要通过对社区服刑人员进行德治教育，使他们树立正确的道德观、法治观，通过正确的德治法治思想来指导其日常行为，形成较强的自律意识，自觉遵守法律法规，自我约束思想改造，从而减少重新违法犯罪，维护社会的安全稳定。

二、对社区服刑人员开展德治教育的具体内容和要求

（一）拓展社会公德教育

社会公德是人们在社会交往和公共生活中应该遵守的行为准则，是维护社会成员之间最基本的社会关系秩序、保证社会和谐稳定的最起码的道德要求。社会公德有广义和狭义的理解。广义的社会公德是指反映阶级、民族或社会共同利益的道德。狭义的社会公德是特指人类在长期社会生活实践中逐渐积累起来的、为社会公共生活所必需的、最基本的公共生活准则。社会公德包括了热爱祖国、遵纪守法、尊重他人、明礼诚信、团结友善、文明礼貌等多方面的内容。

（二）丰富家庭美德教育

家庭美德是每个公民在家庭生活中应该遵循的基本行为准则。它涵盖了夫妻、长幼、邻里之间的关系，是调节家庭成员之间，即调节夫妻、父母同子女、兄弟姐妹、长辈与晚辈、邻里之间，调节家庭与国家、社会、集体之间的行为准则。如仁爱孝悌、尊老爱幼、男女平等、夫妻和睦、勤俭持家、邻里团结等。

（三）深化个人品德教育

个人品德是一定社会的道德原则和规范在个人思想和行为中的体现，是一个人在其道德行为整体中所表现出来的比较稳定的、一贯的道德特点和倾向。个人品德既是社会道德原则和规范的内化，也是个体作为主体对社会道德的认识、选择以及实践的结果。个人品德教育具体包括勤俭自强、正直善良、谦虚谨慎、乐观向上、知善向善等。

（四）强化职业道德教育

职业道德是同人们的职业活动紧密联系的，符合职业特点所要求

的道德准则、道德情操与道德品质的总和，它既是对本职人员在职业活动中的行为标准和要求，同时又是职业对社会所负的道德责任与义务。具体包括爱岗敬业、遵规守纪、忠于职守、自洁自律、廉洁奉公、团结协作等内容。

三、明确社区服刑人员德治教育的服务参与主体及其工作要求

对社区服刑人员进行德治教育是一项需要社会各界共同参与的系统工程，需要形成全社会齐抓共管的工作合力。

（一）政府部门为主导

司法行政机关作为社区矫正工作的具体执行部门，是社区服刑人员德治教育的组织机构和主导力量，承担德治教育的主要责任。县级社区矫正机构要通过每月组织集中教育学习，加强对社区服刑人员的思想道德教育。在履行好自身法定职责的同时，各级社区矫正机构还要通过科学制定政策，引导和吸收社会各方面的力量共同参与这项工作；同时要积极争取财政、人社、编制、民政等政府部门的支持配合，从人、财、物方面，强化对社区服刑人员德治教育的工作保障，要积极邀请其他相关政府部门共同参与社区服刑人员德治教育。

（二）专业社会组织为骨干

专业社会组织是社区矫正的一支重要工作力量。专业社会组织主要是在社区矫正机构的指导下，承担社区服刑人员的教育矫正、心理矫治、日常走访等非刑罚执行类的工作。在社区服刑人员德治教育工作中，社会组织要充分利用自身的专业优势、专业特长，采取科学的方式对社区服刑人员进行教育矫正，发挥德治教育攻心治本的作用，帮助社区服刑人员树立正确的思想道德观念。

（三）基层群众自治组织为基本

乡镇（街道）的村（居民）委员会是最贴近社区服刑人员日常生活的基层群众自治组织。村（居民）委员会的干部也是社区服刑人员矫正小组的组成成员。矫正小组承担着协助司法所对社区服刑人员进行监管、教育的任务。在德治教育工作中，村（社区）干部要充分利用贴近社区服刑人员生活，经常与社区服刑人员见面的优势，通过潜移默化的教育，引导社区服刑人员弃恶从善，培养正确的道德观念，养成良好的行为习惯。

（四）群团组织、志愿者队伍为支持

群团组织和志愿者队伍，是社区矫正工作的一支重要辅助力量。在社区服刑人员德治教育工作中，群团组织要充分发挥社会覆盖面广，群众基础好的优势，动员、组织社会各界人士共同参与工作，为社区服刑人员教育改造，营造良好的社会氛围。

（五）社区服刑人员家庭为基础

家庭是社会的细胞，是最基础、最普通的社会生活组织，家庭德治教育对社区服刑人员，尤其是未成年社区服刑人员的影响是持久的、深刻的，也是任何教育无法替代的。社区服刑人员德治教育，家庭成员是不可或缺的重要参与者。家庭成员要为社区服刑人员营造宽松、包容、有爱的家庭氛围，鼓励社区服刑人员积极改造，通过潜移默化、言传身教、耳濡目染的渗透式教育，引导社区服刑人员自觉矫正犯罪恶习，培养向好向善的道德品质。

四、社会力量参与社区服刑人员德治教育的途径

社会力量参与社区服刑人员德治教育的方式主要有三种途径：

一是政府购买社会服务。政府购买社会服务是指将原来由政府直接提供的，为社会公共服务的事项交给有资质的社会组织或市场机构来完成，并根据社会组织或市场机构提供服务的数量和质量，按照一定的标准进行评估后支付服务费用的政府提供公共服务方式。对社区服刑人员进行德治教育可以由县级社区矫正机构通过购买服务的形式委托专业社会组织来进行。通过政府购买服务的形式，引入社会力量参与社区服刑人员德治教育，一方面可以缓解当前社区矫正工作机构力量不足的困难；另一方面，也可以充分发挥专业社会组织的特长和优势，有效提升社区服刑人员德治教育工作效果。

二是建立社区服刑人员矫正小组。矫正小组是协助、配合司法所监管教育社区服刑人员的一个重要组织。县级司法行政机关在社区服刑人员入矫时，会为每名社区服刑人员建立矫正小组。矫正小组一般由司法所工作人员、社区服刑人员家属、村（居民）委员会干部共同组成。做好社区服刑人员德治教育必须充分发挥矫正小组的作用，通过矫正小组成员在日常生活中的言传身教，潜移默化地对社区服刑人员产生影响，帮助培养良好道德品质。

三是志愿者服务活动。由社区矫正机构联合群团组织、志愿者组织共同开展志愿者服务活动，不仅可以更广泛地吸引社会各界参与社区服刑人员德治教育，而且能够扩大社区矫正工作的社会影响，推动营造全社会共同关注，齐抓共管的良好社会氛围。

第十一章
德治融入法律监督的考量与路径

依法治国是我们党领导人民治理国家的基本方式。但是，“徒法不足以自行”，法律要靠人来实践，法律的有效实施有赖于道德的支撑和滋养。改革开放以来，我们党全面总结治国理政的成功经验和深刻教训，把依法治国确立为党领导人民治理国家的基本方略，把依法执政确立为党治国理政的基本方式，在坚定走中国特色社会主义法治道路的前提下，坚持法治和德治相互补充、相互促进，以法安天下，以德润人心。检察机关是深化依法治国实践的重要力量，在全面依法治国进程中发挥着不可替代的特殊作用。检察机关要把依法治国基本方略落实好，把宪法法律赋予的法律监督的职责使命履行好，必须要发挥道德的力量，与德治相互补充、相互促进、相得益彰，实行良法善治，凸显新时代中国法治的科学内涵和内在价值。

第一节　德治融入法律监督是习近平新时代中国特色社会主义法治思想的新要求

2016年12月，习近平同志在十八届中央政治局第三十七次集体学习时指出，中国特色社会主义法治道路的一个鲜明特点，就是坚持依法治国和以德治国相结合，强调法治和德治两手抓、两手都要硬。在参加十三届全国人大一次会议重庆代表团审议时，习近平同志就法治与德治作了深刻阐述，强调“要既讲法治又讲德治”“把法律和道德的力量、法治和德治的功能紧密结合起来”。这一重要论述，是对党的十九大报告提出的“坚持依法治国和以德治国相结合”的深化，为新时代我们党更好地治理国家提供了根本遵循。

一、习近平新时代中国特色社会主义法治思想确立了鲜明道德导向

习近平总书记在领导我国政法工作谋新篇、开新局的实践中，以马克思主义政治家、理论家、战略家的深邃的洞察力、精准的判断力、超前的谋划力，科学回答了事关政法工作全局和长远发展的重大理论和实践问题，提出了一系列新理念新思想新战略，形成了习近平新时代中国特色社会主义法治理论。概括起来，其主要内容至少包括以下十五个方面的内容：坚持党对政法工作的绝对领导，坚持以人民为中心的发展思想，坚持充分发挥职能作用，坚持辩证唯物主义世界观方法论，坚持把政法工作放到党和国家工作大局中谋划，坚持总体国家安全观，坚决维护国家主权、安全、发展利益，坚持把维护国家政治安全放在第一位，坚决捍卫党的执政地位和中国特色社会主义制度，坚持预测预警预防，坚持走中国特色社会主义社会治理之路，坚持把解决影响人民群众安全感的突出问题作为着力点，坚持走中国特色社会主义法治道路，坚持全面深化司法体制改革，坚持把智能化建设作为重要支撑，坚持把抓基层、打基础作为固本之举，坚持正规化、专业化、职业化方向。

党的十九大提出要以良法促进发展、保障善治。中国特色社会主义进入新时代，社会主要矛盾发生历史性变化。我国在保持经济平稳

健康发展、社会大局持续稳定的同时，也处于经济发展转型期、深化改革攻坚期、社会矛盾叠加期，政法工作面临的风险挑战更加复杂多样。在矛盾多种、利益多样、价值多元的条件下，习近平新时代中国特色社会主义法治思想充分吸纳德治内容，将以社会主义核心价值观为主的道德要求融合于法律要求，将价值层面的软性约束融合于法治层面的硬性约束，通过道德的引导和促进，使新时代政法工作始终坚持有利于人民、有利于社会发展的正确方向。

习近平新时代中国特色社会主义法治理论树立了为民执法的道德导向。政法工作的最终目的，必须和社会认同的基本道德价值相吻合，必须满足当下社会生活的最基本要求以及人们希望能够达到的最高境界。政法工作必须坚持以人民为中心的根本立场就是基于这一道德要求提出的。习总书记指出，要坚持以人民为中心的发展思想，保护好人民群众人身权、财产权、人格权，增强人民群众获得感、幸福感、安全感。要从让人民群众满意的事情做起，从人民群众不满意的问题改起，为人民安居乐业提供有力法律保障。习总书记还指出，国泰民安是人民群众最基本、最普遍的愿望，要加快建设立体化、信息化社会治安防控体系，加快构建全方位、立体化的公共安全网，公共安全工作精细化、信息化、法治化；开展一轮新的扫黑除恶专项斗争，依法打击和惩治黄赌毒黑拐骗等违法犯罪活动。

习近平新时代中国特色社会主义法治理论强调要在执法司法过程中增强道德底蕴，通过法治方式，在全社会形成弘扬真善美、打击假恶丑的价值取向。习总书记指出，要严格规范公正文明执法，提高执法公信力；坚持公正司法，让人民群众在每一个司法案件中感受到公平正义，绝不让不公正的审判伤害人民群众感情、损害人民群众权益。我们既要依法严惩犯罪分子，起到震慑效果，又要善于运用社会主流思想价值和道德文化滋养人心、滋润社会。要彰显德治的优势，推动将社会主义核心价值观内化为道德情感，外化为自觉行动，形成与邻为善、以邻为伴、守望相助的良好氛围。

习近平新时代中国特色社会主义法治理论要求提高政法队伍道德素质。法理情相融合是现代法治的最高境界，也是人民群众对公平正义的最大期盼。埃尔曼提出，“一项制度的功能如何须取决于操作者的素质”。任何法律都给执法者留下自由裁量空间，这种空间的把握和适用，很大程度上取决于执法者的道德素质。因此，做好新时代检察工作，既要有依法办事的基本素养，又要有法理情相融的高超本领。准确把握法律问题背后蕴藏的深层次因素，深刻洞悉人民群众对公平正义的朴素认知，通盘考虑规则和程序要求、情理和人心诉求，在理法两得、情法兼到中实现法律效果和社会效果相统一、法律正义和社会正义相兼顾。基于这个出发点，习总书记指出，做好党的政法工作，必须加强队伍建设；要把思想政治建设摆在第一位，加强正规化、专业化、职业化建设，建设一支信念坚定、执法为民、敢于担当、清正廉洁的政法队伍。

二、德治融入法律监督补齐监督短板

党的十八大以来，全国检察机关以习近平新时代中国特色社会主义思想为指导，紧紧围绕统筹推进“五位一体”总体布局和协调推进“四个全面”战略布局，忠实履行宪法法律赋予的法律监督职责，司法为民、公正司法扎实推进，司法质量、效率和公信力明显提升，人民检察事业取得长足发展。

2013 年至 2017 年，全国检察机关共批准逮捕各类刑事犯罪嫌疑人 453 万余人，提起公诉 717 万余人，维护国家政治安全和社会稳定作用更加彰显。全国检察机关学习贯彻党中央各项重大决策部署，先后围绕全面深化改革、全面依法治国、经济发展新常态、“一带一路”建设、非公经济发展、科技创新、健康中国建设、产权司法保护、维护金融安全、保护企业家合法权益等，连续颁布 11 个政策指导和服务意见；认真落实党中央关于反腐败斗争的决策部署，坚定不移“打虎”“拍蝇”“猎狐”，共立案侦查职务犯罪 254419 人，其中县处级国家工作人员 15234 人，厅局级以上国家工作人员 2508 人；强化对刑事、民事、行政诉讼的法律监督，监督纠正“张氏叔侄强奸杀人案”等 17 起涉及命案、原判十年以上的重大冤假错案，坚决纠正违法减刑、假释、暂予监外执行，对政法各机关羁押三年以上仍未办结的案件集中清理，监督纠正判处实刑罪犯未执行刑罚的突出问题，对认为确有错误的民事行政生效裁判、调解书提出抗诉两万余件、再审检察建议 2.4 万件，对民事执行活动提出检察建议 12.4 万件。

制定实施深化检察改革五年规划，党中央部署由最高人民检察院承担的29项改革任务全部完成或结项。全国检察机关遴选出检察官8.4万名，落实检察官办案责任制，建立检察官办案组和独任检察官两种办案组织，制定检察官权力清单，1854个检察院开展内设机构改革。检察机关提起公益诉讼制度改革取得重大进展，正式确立检察机关提起公益诉讼制度。此外，以审判为中心的刑事诉讼制度改革、刑事案件速裁程序和认罪认罚从宽制度试点、跨行政区划检察院改革试点、人民监督员制度改革等取得实效。

落实全面从严治党要求，坚持从严教育、从严监督、从严管理，检察队伍政治业务素质明显提升。开展党的群众路线教育实践活动、“三严三实”专题教育，推进“两学一做”学习教育常态化、制度化，修订完善以忠诚、为民、担当、公正、廉洁为主要内容的检察官职业道德准则，制定实施检察官岗位素能基本标准，涌现出一批新时代优秀共产党员和模范检察官。持续推进巡视整改，从2014年起连续四年开展规范司法行为专项整治，着力解决自身滥用强制措施、刑讯逼供、违法处置涉案财物、阻碍律师依法执业等“顽疾”，制定贯彻落实中央八项规定精神的实施办法，修订检察人员纪律处分条例，实施更加严格的禁酒令，查处违纪违法检察人员2089人。

对照习近平新时代中国特色社会主义思想的法治论述，检察工作在践行依法治国与以德治国相结合上还存在难题与短板：一是检察职能充分发挥面临的难度和压力日益增大。社会主要矛盾变化给检察工作带来的机遇挑战，对新时代人民群众在民主、法治、公平、正义、安全、环境等方面日益增长的需要认识有待进一步提升、措施需要进一步完善，服务经济社会发展、回应人民期待的及时性、有效性有待进一步增强。二是坚守公平正义底线还有差距。检察工作发展不平衡，法律监督职能发挥还不充分，一些地方民事、行政、刑事执行检察工作仍较薄弱，对健全检察监督体系、提高检察监督能力深入研究不够，破解法律监督难题的方法不多，国家监察体制改革和公益诉讼立法使检察职能发生新的变化，需要进一步调整和适应。三是检察队伍道德素养存在差距。司法责任制改革需要进一步深化，综合配套改革措施不够完善，思想政治工作存在薄弱环节。纪律作风问题屡禁不绝，会风文风问题有所反弹，形式主义、官僚主义出现一些新动向、新表现，有的领导干部精神懈怠，缺乏开拓创新精神和破解难题的勇气；享乐主义、奢靡之风禁而不绝，个别干警在高压反腐态势下仍发生借出差之机公款旅游、公车私用、违规操办婚礼等违纪行为。全面从严治党主体责任传导不到位，司法不规范问题还时有发生，极少数领导干部和检察人员以权谋私、以案谋钱、贪赃枉法，严重影响司法公信力。

针对上述问题，检察机关必须坚持依法治国与以德治国两手抓，两手都要硬，从破解法律监督难题入手，坚守公平正义底线，坚持严格公正司法，确保办案过程符合程序公正、办案结果符合实体公正，坚决防范和纠正冤假错案，用司法公正引领社会公正。运用法治手段解决道德领域突出问题，促进社会诚信体系建设，弘扬真善美，打击失德败德行为。加强弱势群体合法权益司法保护，推动形成良好社会关系和社会氛围。积极推进案件繁简分流，在更高层次上实现公正和效率的平衡。通过以案释法，培育和增强人民群众的法治意识和法治观念，引导人民群众信仰法律，尊重法律和司法权威。

三、德治融入法律监督增进监督整体质效

进入新时代，检察工作面临的形势发生了巨大变化：社会主要矛盾的变化对检察工作提出新的更高要求，司法改革的深入推进对检察机关的法律监督能力提出更高标准，检察职能的调整变化，既给检察工作带来新的挑战，也带来新的机遇。面对变化了的世情、国情、党情、检情，中国特色社会主义检察制度、检察职能、检察工作面临创新发展的重大课题。在这一特殊的历史大舞台下，必须发挥道德和法律功能的互补作用，运用德治的力量推动法律监督整体质效的提高。

德治融入法律监督有助于维护社会主义法治的统一。宪法法律赋予检察机关的职责适应，就是通过强化法律监督保障宪法和法律实施，维护社会主义法治的统一、尊严、权威。随着经济社会的快速发展，各级各类主体之间的矛盾和利益纠纷逐渐增多，违法乱纪的现象层出不穷，法律的触角开始随着经济发展而延伸。国家加快了对各种法律法规的颁布和修订，让社会生活各方面都能做到有法可依。但同时我们应该看到，在法律的实际运作中，良法善治仍然是需要不断努力才能实现的目标，执法不严、司法不公的问题不仅影响社会主义优良道德的形成，而且制约社会主义法治国家的建设。无数的事实证明，再好的法律也需要人去实现，如果人的道德品行不好，心存不善，就会

导致执法不严、司法不公、守法不诚。同时，社会上对完善立法的关注度超出了对于法治精神基础的道德的关注度，诸如食品安全、社会救助、子女不孝等现象不仅需要道德规范的约束，也需要通过法治加以规范和制约。缺乏法律制约难以惩恶扬善，缺乏道德教化则难以公正执法。

德治融入法律监督有助于维护公平正义。司法公正对社会公正具有重要引领作用，司法不公对社会公正具有致命破坏作用。公正是司法的灵魂、生命和永恒主题，是保障公民权利、维护社会正义的最后一道屏障和安全网，也是建设法治国家的必备条件。强化法律监督，必须坚决维护公平正义。这就要求检察机关在开展法律监督过程中，既要以事实为根据，以法律为准绳，严格依法办事，坚持法律面前人人平等，秉公执法，公正司法，不徇私情，刚直不阿，把法律化的社会主义道德要求落实到法律实践中；又要统筹法律、伦理和人情的关系，关注普遍法律规则和复杂事实背后的道德伦理因素，使法律实施的结果尽可能与社会主义道德的要求评价相一致，至少不与社会主义道德的价值相冲突。与此同时，还要关注社会底层，注重保障民生，加强弱势群体合法权益司法保护；加强民生检察工作，推动健康法治建设，深化打击涉医犯罪专项工作，健全食品药品安全犯罪专项立案监督常态化机制；加强特殊群体合法权益司法保护，突出惩治侵害农村留守儿童权益犯罪、虐待幼儿犯罪以及针对老年人、残疾人实施的犯罪，通过加大涉民生案件办理力度，推动良好社会关系和社会氛围的形成。

德治融入法律监督有助于提高检察队伍整体素质。强化道德对法律监督的支撑作用，需要提升检察队伍的道德水平。可以想象，如果检察队伍缺少仁义礼智信的道德修为，就难以养成克己奉公、两袖清风的高尚人格。如果检察队伍缺乏公正之心，就难以做到严格执法，结果可能徇私枉法、知法犯法。因此，只有严以修身、正心明道、防微杜渐，切实把人民赋予的权力用来造福人民，始终保持人民公仆的本色，法律监督才能得到群众的信服，才能为增进法律监督整体质效提供坚实道德基础。要全面深化司法体制改革，加快建立健全公正高效权威的社会主义司法制度，确保检察机关依法独立公正行使检察权，提供优质高效的司法服务和保障，努力让人民群众在每一个司法案件中都感受到公平正义。要紧紧围绕增强“八种本领”、建设“五个过硬”高素质队伍的基本要求，深入推进检察队伍思想政治、业务能力、纪律作风建设，不断自我净化、自我完善、自我革新、自我提高，努力锻造一支讲政治、有理想，爱人民、敢担当，善作为、有本领，知敬畏、守纪律的过硬检察队伍。

四、德治融入法律监督提升检察公共关系

良法善治的基础是大众对法律的尊崇和信奉。法治社会的铸成归根结底是全体成员参与和推动的结果。习总书记指出：“要通过不懈努力，在全社会牢固树立宪法和法律的权威，让广大人民群众充分相信法律、自觉运用法律，使广大人民群众认识到宪法不仅是全体公民必须遵循的行为规范，而且是保障公民权利的法律武器。”全民信法是法治的基础。尤为重要的是，全民参与法治建设本身即是提高全体国民“德性”的最佳历练过程，如培育中允谦和的人文精神，养成开放包容的大爱情怀，坚守公平正义的价值追求。

提高全民法治意识和道德自觉，必须深入开展法治宣传和道德建设工程。检察机关作为法律监督机关，负有履行好“谁执法谁普法”责任，开展法治教育，向全社会宣扬法治精神。在做好检察工作的同时，必须树立更加开放的理念，更加注重加强与人民群众的沟通联系，主动宣传检察工作，积极回应社会关切，既增进社会各界对检察工作的理解、信任和支持，也向社会传递法治信仰和法治观念，使全体人民都成为社会主义法治的忠实崇尚者、自觉遵守者、坚定捍卫者，使尊法、信法、守法、用法、护法成为全体人民的共同追求。

要建设更高层次的阳光司法，必须借助德治的力量。紧密结合检察工作实际，进一步创新检务公开方式，通过公开提高全民法治意识，培育法治信仰。开展上下统一的检察开放日活动，形成规模效应。深化案件信息公开，探索公开新的法律文书类型，应用微信平台推动检务公开从单向宣告向双向互动转变。大力推进检察服务中心建设，研究制定统一、亲民、辨识度高、富有检察特色的检察服务中心标志。推进 12309 平台功能转型升级，形成融检察服务、检务公开、检察宣传、监督评议等于一体的智能化检察服务公共平台。

要放声讲好检察故事，尤其是要讲好德治融入法律监督的真实故

事。遵循检察工作和新闻传播规律，推动正面宣传和舆论引导、检察资源和社会力量、形象建设和业务工作联动融合，传播检察好声音。加强检察纸媒等主阵地建设，推进传统媒体改革创新，善用微博微信等新媒体，促进媒体融合发展。完善新闻发布制度，提高新闻发言人素能，加大发布频率。加强和规范涉检舆情应对处置工作，落实重大敏感案事件舆情应对“三同步”机制。对舆情问题做到第一时间反应、第一时间核实、第一时间反馈。通过检察宣传“润物细无声”的滋养引导，大力宣传宪法法律至上、法律面前人人平等、权由法定、权依法使等基本法治理念，提高全体社会成员的法治精神和道德自觉，把自觉守法、遇事找法、解决问题靠法的理念内化于心，外化于行，体现到法律监督的方方面面、点点滴滴。

要加强人大代表、政协委员联系工作。广泛动员社会力量，鼓励引导道德模范、社会贤达等参与基层社会治理。特别是人大代表、政协委员，代表着社会精英群体，与广大人民群众联系紧密。因此，要持续拓展检察机关联系人大代表、政协委员工作的覆盖面、针对性和参与度，开展邀请人大代表、政协委员观摩庭审、参与评议庭审、检务督察、业务竞赛评审等活动，组织人大代表、政协委员广泛参与各类检务视察活动，发挥人大代表、政协委员在群众中良好的说服教育、舆论引导优势，促进社会大众树立正确是非观念，形成良好的道德风尚。

第二节　培塑检察官道德素养是德治融入法律监督的本源途径

习近平总书记明确指出，要坚持法治反对人治，既讲法治又讲德治，领导干部要讲政德，形成“头雁效应”；讲政德，就要明大德、守公德、严私德。德治作为涵养政德的“营养源”，其重要性不言而喻。加强检察官道德建设，是发挥德治力量融入法律监督工作的本源途径，是保证检察权正确行使的基础。培塑检察官正确司法理念，政治信仰、法治思维、法治方法必不可少，但良好的道德修养和道德品质更为关键，既汲取中华优秀法治文化精髓，又融入现代先进检察文化的灵魂。

一、在法律监督过程彰显德治是中华优秀法治文化之传承

纵观整个中华民族数千年的治国历史，可以说中国历史就是一部法治与德治相统一的历史，当然总体上是“德主刑辅”的统一观。

德主刑辅思想是中国传统法治文化的一个重要命题，也是数千年来中国封建王朝的正统法律思想。所谓的德主刑辅可以用“德礼为政教之本，刑罚为政教之用”进行概括。意即在治理国家的过程中，应当以德礼教化为主，以法律惩治为辅。儒家开辟了德治作为治国之道的先河，德主刑辅思想是儒家学说的重要观点，其形成也经历了一个漫长的历史过程。

早在西周时期，周公从商朝灭亡的经验教训中认识到仅靠刑罚已不足以平息民众的反抗，在此基础之上，提出了明德慎罚，在《酒诰》中又提出了“勿庸杀之，姑惟教之”，从而在我国历史上第一次出现了重视教化、德刑并用的法律思想。

在春秋战国时期，我国古代德治思想第一人——孔子，从仁爱思想出发，全方位系统化阐述了德治（孔子称之为“礼治”），进一步发展了明德慎罚思想。主张统治阶级“为政以德”，即所谓的“为政以德，譬如北辰。居其所而众星拱之”。提倡废除严苛酷刑，用礼数来教化臣民的思想，用“礼”来规范臣民的行为，同时要求统治者先正自身再正其民，让君民都成为“君子”，使社会管理有序进行。孔子认为，“仁”是德治思想的根本，“仁”主要表现为“礼”，德治就是在“仁者爱人”的精神基础上通过外在表现的“礼”来统治子民治理国家，强调与刑罚相比，德化、礼教是为政的根本。但孔子并不反对在必要的时候刑罚所起到的重要作用，据《左传》记载：“郑国多盗”，郑国的统治者出兵镇压，“尽杀之”。孔子听说后大为赞叹，说：“善哉！政宽则民慢，慢则纠之以猛；猛则民残，残则施之以宽。宽以济猛，猛以济宽，政是以和。”

客观地讲，在德主刑辅观念的影响下，无论是统治阶级，还是思想家，无不重视法治与德治相互结合的功效，主张采用法治与德治兼施并用的方法来维护社会的稳定。一方面，他们几乎都强调要在执法活动中贯穿德治思想，在实施法律的同时，用统治阶级的道德观去教育和感化政府官员和人民，从而使他们服从和遵守国家的法律。不搞

德政，人民心中缺乏信仰，心灵缺乏平衡行为的道德坐标，心乱必将行乱。另一方面，他们也认识到治国非运用法律手段不可，不搞法律规范和惩罚，社会恶势力无法得到制止，社会就会混乱。所以历代统治阶级在加强道德教化的同时也在构建法制建设，从而使国家和人民在软硬相济的两只手腕中实现心与行的一致和平衡，维持了世界历史上少有的超稳定的中华治理。

而这种观念，也明显地影响到了社会主义法治文化建设。汲取中华传统法治文化之精华，弘扬家国相通的大局观、仁义诚信的价值观、天人合一的和谐观、礼法结合的秩序观、情理法融合的正义观。为了更好地规范公民道德行为，党中央、国务院出台了全国道德模范评选、关注弱势群体等一系列的政策和措施，体现了党中央对道德教化工作的高度重视。当然，我们当下的道德教化对传统的道德教化进行了取其精华、弃其糟粕的批判性继承，从而上升为人文关怀。对于司法领域的人文关怀，谢晖教授在《司法技巧与人文关怀》一文中论述道：在坚持全面依法治国基本方略的同时，注重与以德治国有机结合，二者不存在谁为主谁为辅的问题，而是呈并驾齐驱之势。依法治国要求严格按照法律办事，以德治国要求法律进行人文关怀，两者结合起来就是要实现在法律规定范围内进行人文关怀的形态，也即在法律之下播撒温情和关注人文，而不是要去超越法律播撒温情和关注人文。

具体到检察机关而言，不论对法律模糊的释明技术，还是法律冲突的消解技术，抑或是对法律漏洞的填充技术，在执法办案过程中对当事人进行人文关怀必须严格按照法律规定开展。在执行宽严相济的刑事政策过程中，在不违反法律规定的前提下，充分考虑犯罪嫌疑人家庭背景、社会地位、受教育状况等方方面面的因素，帮助、教育、感化犯罪嫌疑人，以实现依法治国和以德治国的有机结合。

二、检察官道德建设是维护社会公平正义的使命所归

检察机关肩负着维护宪法尊严和法治统一的神圣使命。当今国际国内意识形态领域的斗争复杂尖锐，西方的法治观念、法律思想和法律制度不断向我国渗透。要建设适合我国国情的中国特色检察制度，就必须通过加强检察官道德建设，把依法治国、执法为民、公平正义、服务大局、党的领导这些理念融入检察道德建设的全过程，用中国特

色社会主义共同理想凝聚力量，用民族精神和时代精神鼓舞斗志，用社会主义荣辱观引领风尚，强化检察官“立检为公、执法为民”的宗旨观念和“忠诚、公正、清廉、文明”职业道德观念，把“强化法律监督，维护公平正义”转化为检察官的自觉追求。

检察道德建设是推进我国法治建设进程必不可少的一部分。实践证明，依照法律规则来治理社会，我们的社会才能有章可循，有法可依，才能减少矛盾，也才能使已经产生的矛盾和问题得到及时有效解决。这就要求，我们要加强法治宣传教育，传播法律知识，弘扬法治精神，增强全社会的法律意识，形成法律面前人人平等、人人自觉守法用法的社会氛围。检察机关是国家的法律监督机关，检察官是国家法律的“守护神”，执法活动贴近人民群众，关系各个阶层，与社会发展和稳定大局息息相关，检察道德建设的教育引导功能、指导约束功能、激励协调功能、亲和凝聚等功能等，不仅对于提升检察机关自身的形象与和谐发展具有重要意义，而且通过检察队伍端正执法思想、转变执法作风、规范执法行为，对全社会产生巨大影响。公民是否信赖法律、遵守法律、服从法律，与检察官的形象相关；国家的法秩序状态如何，与检察官能否公正执法相连。检察队伍公正执法的形象一方面影响公民法治理念的形成，另一方面影响国家的法秩序状态。因此，加强检察官道德建设，建设公正执法、文明执法、业务精通、修养高尚的检察官队伍，既是构建社会主义和谐社会的客观需要，也是推进社会主义法治建设的必然要求。

检察官道德建设是提高检察官法律监督能力的重要保证。检察官的法律监督能力是综合素质体现，是一个由物质变精神，精神变物质相互转化的过程。按照辩证唯物论的观点，道德具有能动性和创造性，为检察实践提供支持，它们之间的影响是一个螺旋式不断上升的互动过程。道德建设是一种软实力，通过教育塑造检察官忠于党、忠于国家、忠于法律、忠于人民、爱岗敬业、刚正不阿的精神；通过培训提高检察官的法律知识、办案技能、执法水平；通过理论创新和机制改革解决制约检察执法中的体制机制问题，使其在政治上坚定、思想上敏锐、纪律上严明、作风上优良，业务上精通、办法上创新、工作上高效、效果上优质；通过努力加强检察道德建设，就能不断地促进依法办案、文明办案、讲究效率、追求质量、公正执法的法律效果和社会效果。

三、弘扬以“忠诚、公正、清廉、文明”为核心的检察职业道德

检察官作为法律监督活动的主体，代表国家行使法律监督权，肩负着代表正义的职责，他们的价值倾向、行为方式等对法律监督任务的完成至关重要。“打铁还需自身硬”，建立和完善公正高效权威的法律监督制度，应以职业化的高素质检察官队伍为基础，强化以“忠诚、公正、清廉、文明”为核心的检察职业道德建设。

一是要培育检察官崇尚忠诚的职业信仰。忠诚既是检察官职业道德的第一项基本要求，也是一种决定职业责任感、敬业精神和职业成就的人格素质和政治品格。检察官只有崇尚忠诚职业信仰，自觉践行对国家的忠诚、对人民的热爱、对法律的尊崇、对职业的坚守，才能正确履行法律监督职责，切实维护社会公平正义。检察官忠诚之所在，就是要求检察官要坚定马克思主义信仰不动摇，不断用党的科学理论武装头脑，坚持党的绝对领导，自觉贯彻执行党的路线方针政策，坚定正确的政治方向；牢固树立社会主义法治理念，进一步增强责任意识、大局意识、服务意识、宗旨意识，自觉维护法律的统一正确实施，维护国家安全、荣誉和利益，维护社会稳定和民族团结，不断提高执法公信力，以实际行动夯实“忠诚”这个道德基石。

二是要培育检察官保持清廉的职业本色。清廉是公职人员的基本品德和高尚人格，也是检察官的职业本色。作为检察官，承担着法律监督职责，肩负着反腐败斗争的重任，自身正，自身硬，自身净尤为重要和紧迫。清正廉洁是检察官职业道德的“一条铁的纪律”。它要求我们每个检察人员要牢固树立正确的世界观、人生观、价值观、权力观，进一步增强廉洁自律意识，树立唯法是从、唯纪是遵的职业观念，正确处理情与法的关系、权与法的关系、利与法的关系，常修为政之德，常思贪欲之害，常怀律己之心，切实把检察官廉洁从检的行为规范作为自己的自觉行动，树立检察官“一身正气，两袖清风”的良好形象。

三是要培育检察官秉承公正的职业操守。检察官担负着法律监督职责，是否公正执法，直接关系到宪法和法律能否得以正确实施，关系到能否让办理的每一起案件都经得起历史和人民的检验。公正是检察官职业道德的“一把尺子”。一次不公正的办案不仅会给一个无辜人

带来致命的伤痛，而且也会给执法者及至整个队伍的职业形象造成损害。一个冤案错案的发生，无疑是对我们每个执法者职业信念、职业道德、职业作风、职业操守的考量。公正执法，是维护社会公平正义的需要，是实现依法治国基本方略的需要，也是检察官毋庸置疑的天职。秉承公正职业操守，就是要求全体检察人员要进一步强化“公正”理念，牢固树立忠于职守、崇尚法治、秉公执法、维护公平正义的理念，强化证据意识、程序意识、人权保护意识，坚持以事实为根据，以法律为准绳，坚持程序公正与实体公正并重，坚持法律面前人人平等，依法履行检察职责，严格遵循法定程序，自觉做到实体公正、程序公正、形象公正，切实履行好社会公平正义守护者的责任。

四是要培育检察官树立文明的职业形象。文明是时代进步的体现。在进入高度文明时代的今天，随着社会主义民主法制建设的加快推进，文明执法是社会的召唤、民众的期盼。只有文明执法，才能取信于民，才能依法治国。文明执法是检察官职业道德的“一面镜子”。检察官在具体执法过程中的一言一行，不仅反映着检察官个人的敬业精神、专业素质和道德修养，而且关系到人民群众对检察队伍整体形象的主观认知，直接影响着社会公众对法治的敬仰、对公平正义的信心、对检察机关执法公信力的评价。文明办案的实质是依法办案。弘扬人文精神，体现人文关怀，做到执法理念文明，执法行为文明，执法作风文明，执法语言文明，是文明执法的核心内容。文明执法就是要求检察人员在具体的执法过程中，要进一步树立理性、平和、文明、规范的执法理念，摒弃就案办案、就事论事的陈旧观念；进一步增强责任意识和公仆意识，摒除特权思想、等级意识、霸道作风，决不能对群众“冷、硬、横、推”，决不要特权、逞威风、蛮横无理；注重执法方式的人性化，坚决纠正简单执法甚至粗暴执法的问题，用群众信服的方式执法办案，切实做到以法服人，以理服人，以情待人；不仅在执行公务、参加政务活动中要严格遵守检察礼仪规范，而且在职务外活动中也要谨慎用语，约束言行，避免公众对检察官公正执法和清正廉洁产生“合理怀疑”，树立检察官良好的执法形象，提升执法公信力。

四、加强检察文化建设培塑检察官道德素养

检察文化是检察机关和检察人员在履行法律监督职责中形成的价

值观念、思维模式、行为准则以及与之相关的物质表现的总和。从广义上讲是指检察官在行使宪法和法律赋予的职权的过程中形成的价值观念、思维模式、道德准则、精神风范等一系列抽象的精神成果。简单地说，检察文化是检察机关在检察实践中创造的制度文化、精神文化等总和。

检察文化是凝练检察宗旨的载体，也是塑造检察人员信念和行为准则的熔炉，是在长期的检察活动实践中，由组织管理者倡导，并为广大检察干警逐渐接受和认同形成的以公正司法为核心的精神文化和行为规范以及与其相适应的文化表现形式。从检察文化的内容和结构看，它是内化于干警心灵，固化于检察制度，外化于履职行为的精神文化、制度文化、物质文化和行为文化的总和，通过道德的法律、纪律转化，使道德的自律作用和法治的他律作用有机贯通，凝结成符合德治要求的行为导向，使检察官端正司法思想，增强对法律的道德认同，从道德高度拨开迷雾、排除干扰，把公正司法转化为自我的、内在的追求。

要正确处理法律与道德的关系，把德治融入法律监督，要坚持传承与创新有机统一，把检察文化建设贯穿到检察工作的各个环节，建立将践行德治纳入考核范围的绩效考评机制。坚持公正司法、加强检察监督，更好守护公平正义、弘扬美德善行。在刑事和解、检调对接和多元化纠纷解决机制的实践中，充分发挥道德在化解纠纷中的积极作用，弘扬中华民族的传统美德。在推进公益诉讼制度的改革实践中，充分运用法治手段解决道德领域的突出问题，将污染环境、侵害众多消费者合法权益等损害社会公共利益的行为，统统纳入公益诉讼制度来解决。在诉讼监督过程中，既要严格以明确的法律规范为遵循、为依据，又要深入领会和准确把握法律规范所体现的价值导向和思想内涵，充分考虑司法行为的社会效果，使司法活动既遵从法律标准又符合道德标准。要把维护公共道德作为司法办案的重要价值追求，使执法办案过程成为惩恶扬善的过程。

第三节　贯彻宽严相济刑事政策是将德治融入法律监督之常效途径

宽严相济刑事政策是我国的基本刑事政策，贯穿于刑事立法、刑事司法和刑罚执行的全过程，它既汲取了我国传统法律文化思想的精髓，同时也是惩办与宽大相结合政策在新时期的继承、发展和完善，是司法机关惩罚犯罪、预防犯罪、保护人民、保障人权、正确实施国家法律的指南，对于最大限度地化解社会矛盾、维护社会和谐稳定，具有特别重要的意义。

一、准确打击刑事犯罪属于宪法规定法律监督题中应有之义

刑事犯罪是社会消极因素的综合反映，随着社会环境的发展变化，不安定因素和防范控制能力此消彼长，其规律特点和发展形势也不断发展变化。准确打击刑事犯罪是检察机关履行法律监督职能过程中追求的重要工作效果。

我国《宪法》第一百三十四条规定："中华人民共和国人民检察院是国家的法律监督机关。"根据我国宪法和有关法律规定以及目前的检察实践不难看出，检察机关的监督是一种专门监督，即对有关国家机关执法、司法活动的合法性以及国家工作人员利用职务的犯罪和其他犯罪行为所进行的监督。人民检察院的法律监督职能与诉讼活动有着密切的联系，或者是在诉讼过程中进行，或者最终通过诉讼得以完成。

检察机关的监督可以分为三类：刑事诉讼监督、民事诉讼监督和行政诉讼监督。刑事诉讼监督是目前我国检察机关进行监督的主要工作。民事诉讼监督是指人民检察院对民事审判活动所进行的监督，人民检察院发现人民法院已经发生法律效力的判决、裁定认定事实的主要证据不足或适用法律确有错误，或者法院违反法定程序，可能影响案件正确判决、裁定的，以及审判人员在审理案件时有贪污受贿、徇私舞弊、枉法裁判行为的，应当依照法定程序提出抗诉。行政诉讼监督是指人民检察院对行政诉讼所进行的法律监督，人民检察院发现人民法院已经发生法律效力的判决、裁定违反法律、法规规定的，有权按照审判监督程序提出抗诉。

法律监督以强制性为特征，以对不道德行为的惩罚为禁恶手段，从而有效地发挥道德自律与法律他律的互补功能，有利于社会道德的推行与弘扬。以法律来监督道德行为，对于各种非道德行为无疑会起到震慑作用。法律对非道德行为的惩罚无疑也是对道德行为的褒扬。在社会利益面前，人们的道德防线很容易被利益诱惑所攻破。法律监

督可以给人们以确定的价值指引，有助于迅速扭转社会行为的失范状态。法律这一强制性、明确性手段是道德自律无法实现的，也是其他监督手段无法相比的。因而法律监督以独特的功能保证了道德活动的有效进行。

检察机关实施监督权，是对侦查机关、审判机关、刑罚执行机关的刑事执法权、司法权、刑罚执行权的一种制约，对于打击犯罪，保护国家和人民利益，防止罪犯逃避惩罚，促进罪犯改造成为新人，维护我国法律的统一正确实施必将起到有力的保障作用。以刑事立案监督为例，《刑事诉讼法》第一百一十三条规定："人民检察院认为公安机关对应当立案侦查的案件而不立案侦查的，或者被害人认为公安机关对应当立案侦查的案件而不立案侦查，向人民检察院提出的，人民检察院应当要求公安机关说明不立案的理由。人民检察院认为公安机关不立案理由不能成立的，应当通知公安机关立案，公安机关接到通知后应当立案。"这一规定是检察机关履行法律监督职能在法律上的具体体现，是防止和纠正公安机关有案不立、有罪不究、以罚代刑、以劳代刑等现象的重要法律依据。检察机关对侦察机关的立案、侦查活动监督，从事后的"静态"监督至事中、事前的"动态"监督，变被动监督为主动监督，提高检察监督质效，确保案件质量，实现精准打击犯罪的法律效果。

二、强调德治导向必然要求严厉打击各类恶性犯罪

守法是法治的一大内容，也是法律功效的最大体现，它能节约最大的执法司法成本。守法是公民最起码的道德要求，如果把法律当作最低限度的道德的话，守法就是遵守了最低限度的道德。

犯罪是一种恶的行为，是以道德标准对犯罪所作的评判。在我国最早期的文献中，"罪"和"德"是作为一对相对立的概念出现的。《尚书·皋陶谟》说："天命有德，五服五章哉；天讨有罪，五刑五用哉。""有罪"也就是失德、悖德，也就是恶。我们可以看出，"人为善，法度赏之；恶，法度罚之"一直是我国传统法观念基本内容中的一项。在"德主刑辅"思想中，辅"德"之"刑"就是用以惩恶。从隋唐开始，法律中明文规定"十恶"。《唐律疏议》称："五刑之中，十恶尤切，亏损名教，毁裂冠冕，特标篇首，以为明诫。其数甚恶者，

事类有十，故称十恶。”所以我国对于“犯罪”的传统认识中，是一直蕴含着以之为“恶”的道德评价的。

在当前德治与法治相结合的背景下，恶性犯罪不仅是违反了法律法规，同时也是违背了社会的道德标准。广义的恶性犯罪是以常态的犯罪格局规律性地存在于社会犯罪现象中，涵盖了各行为形态和组织形态。在现象上表现为对人身侵害的暴力性手段和后果，是刑法启动的基本目标。在当前，恶性犯罪的态势呈上升和蔓延趋势，特别是一些游散性的和团伙性的恶性犯罪，对社会所造成的恐怖成为与组织高度化的恐怖主义、黑社会的犯罪同样令人发指，给社会造成了极其恶劣的影响，直接冲击社会秩序的安定，已引起全社会的关注。恶性犯罪通常在手段上表现为“直接、血腥、残忍”；在后果上多为穷凶极恶、滥杀无辜。

黑恶势力在不同时代、不同时期具有不同的特点。当前，人民群众对社会稳定、人身安全、公共秩序、个人权利的诉求日益明显，黑恶势力作为平安社会的毒瘤，在现实生活中不断侵害公民的合法权益，直接影响社会稳定秩序。同时，涉黑“保护伞”的出现助长了黑恶风气，更在某种程度上影响了党和政府的形象。在全面从严治党、加强基层治理、推进依法治国的时代背景下，党中央作出重大决策，在全国开展扫黑除恶专项斗争，这体现了党和政府向黑恶势力“开刀”的勇气和决心。同时，在实际运行中也利于在社会上形成高压态势，有效震慑黑恶势力违法犯罪行为，营造和谐安定有序的生活环境，充分保障人民群众的合法权益。

道德规范具有判断善恶、美丑的标准，使人们在善恶的标杆下规范自己的行为，形成正确的道德观念，遵守法律法规、公序良俗。德治首先要求遵守公共道德，公共道德之所以具有优先性是因为违反公共道德会损害多数人的利益。但德治的主动性和缓慢性，制约了其对社会公众的行为规范效果。德治不同于法治，法治被动地使人履行义务，而德治主要取决于个人的道德修养。因而行道德之事是一个人自愿的，德治具有主动性的特点，一个人、一个团体、一个民族乃至一个国家道德意识的形成都是漫长的过程。德性的形成不是一个人思想的突然转变，而是在长期教化、感悟中逐渐形成的，一个国家国民性和普适性道德的形成是长期教化的产物，它不像法律一样一旦颁布实施就必然成为每个人主动或被动地去遵守、执行、适用的行为规范。

“道德是法治的灵魂和基础，德治是推进法治的有效力量”。法治是禁令性的规范，德治是惩恶扬善的规劝。法治划定了人们不能逾越的行为底线，是最基本的要求。法治只具备惩恶的功能，扬善必须依靠德治完成。德治和法治存在共同的目标，即扶助正道，除去邪恶。坚持德治导向，落实到检察实践中，必然要求检察机关在履行法定职责过程中，严厉打击各类恶性犯罪，积极参与对群众反映强烈失德行为的整治，对构成犯罪的严重失德行为，依法批捕、起诉，让败德违法犯罪者受到惩治、付出代价，发挥对整个社会的警示教育作用。

三、建立认罪认罚从宽制度有助于细化实化德治要求

认罪认罚从宽是指犯罪嫌疑人、被告人自愿如实供述自己的犯罪，对于指控犯罪事实没有异议，同意检察机关的量刑意见并签署具结书的案件，可以依法从宽处理。这项制度是建立在侦控机关指控犯罪嫌疑人、被告人有罪的基础上的一种制度延伸，它适用于任何案件性质、诉讼程序类型，广泛存在于刑事诉讼过程中，并不是脱离于刑事实体法、程序法规范而独立存在的一项诉讼制度。

党的十八届四中全会通过的《中共中央关于全面推进依法治国若干重大问题的决定》明确提出要“完善刑事诉讼中认罪认罚从宽制度”。其后，最高人民法院发布的《人民法院第四个五年改革纲要(2014－2018)》第十三项提出要“完善刑事诉讼中认罪认罚从宽制度。明确被告人自愿认罪、自愿接受处罚、积极退赃退赔案件的诉讼程序、处罚标准和处理方式，构建被告人认罪案件和不认罪案件的分流机制，优化配置司法资源”。2016 年 8 月最高人民法院、最高人民检察院、公安部、国家安全部、司法部发布的《关于推进以审判为中心的刑事诉讼制度改革的意见》第二十一条指出：“推进案件繁简分流，优化司法资源配置。完善刑事案件速裁程序和认罪认罚从宽制度，对案件事实清楚、证据充分的轻微刑事案件，或者犯罪嫌疑人、被告人自愿认罪认罚的，可以适用速裁程序、简易程序或者普通程序简化审理。”

作为指导我国刑事司法实践的基础理念，宽严相济的刑事政策强调“根据犯罪的具体情况，实行区别对待，做到该宽则宽，当严则严，宽严相济，罚当其罪”，“要正确把握宽与严的关系，切实做到宽严并

用”。在我国，理解从宽处理，最为直接的是将其作为宽严相济的刑事司法政策的应有内涵。因此，完善认罪认罚制度成为当前推进我国刑事诉讼制度改革的有力举措之一。推动认罪认罚制度的深化发展，正是突出彰显了宽严相济刑事政策的核心价值。

认罪认罚制度与宽严相济的刑事政策紧密相连，但后者以原则化的政策形式存在，唯有将后者的政策内涵具化为法律制度并贯彻适用，方能凸显刑事政策的实践效果。同时，认罪认罚制度进一步改变以往从重从严打击犯罪的传统诉讼观，提倡刑事司法的人文情怀与理性关怀。可以说，认罪认罚制度是充分体现德治精神的制度样本。

司法宽容作为人类社会进步的直接体现，是法治社会司法伦理的基本要求。随着人类文明的发展，法治国家早已逐渐摒弃残酷复仇的司法理念，转而彰显司法的公正与人道。世界范围内死刑这一刑罚受到严格的程序限制甚至是明确被废除即为典例。在刑事司法中，德治所提倡的宽容精神已逐步深入我国各种具体制度的内涵之中。

认罪认罚从宽制度滥觞于“坦白从宽、抗拒从严”和“宽严相济”的刑事政策，是新的历史条件下对其中宽缓一面的发展，旨在解决在法律规范层面如何更好地让其落地的问题。认罪认罚制度通过调动犯罪嫌疑人、被告人主动认罪认罚的积极性，使其获得宽大处理的司法判决后果，既能够体现对犯罪嫌疑人、被告人权益的充分尊重，也利于彰显刑事追诉的人文关怀。

四、三个效果并重的刑事办案“产品观”蕴含德治内核

在最高人民检察院召开的全体党员干部大会上，张军检察长指出，要深入思考如何从人民群众对民主、法治、公平、正义、安全、环境等方面的需求上来谋检察工作的发展，从供给侧为人民群众提供更优质的法治产品、检察产品。

马克思、恩格斯在《德意志意识形态》一书中指出，一切划时代体系的真正内容都是产生这些体系的时代的需要。任何科学理论体系都是因应时代需要而产生的，都要回答时代提出的重大课题，都要服务、服从于时代。当下，物质文化生活基本需要得到满足后，人民群众在民主、法治、公平、正义、安全、环境等方面提出了内容更丰富、水准层次更高的新需求。新时代新需求必然催生新的检察理论和研究

成果，以适应这个历史节点的需要，适应人民群众对更加美好生活的期待。张军检察长所倡导的产品观，是树立“人民群众至上”的检察产品观，不是检察机关能提供什么，而是由人民群众需要什么来决定检察机关应当提供什么。检察机关要把保障和改善民生、增进民生福祉的要求落到实处，始终把人民放在心中最高位置，更精准、更及时对接人民群众期盼和需求。

坚持以人为本，揭示和弘扬了人的主体性的意义是法的价值中最根本的目的和追求的精神。在法的范畴内坚持以人为本，就是要坚持人是法律价值的承载者和终极目的，以人为核心开展法治建设的各项工作。纵观人类法制的发展历史，法律制度的创设和维护，取决于一定社会经济基础之上的社会的人作为主体的客观需要和满足的程度，就现代中国的情况而言也是如此。从建构合理的法律体系到遵法、守法和执法的各个环节，如果背离了这样一个基本原则，脱离广大人民群众的需求，或置人的个体全面发展而不顾，其结果必然是走向法治的对立面，必将导致社会的混乱和无序。

满足人民群众的需求，给他们提供更优质的法治产品、检察产品，核心就是办案。就是以办案为中心，通过提升办案的质量和效果，满足人民群众美好生活需要，实现司法成果的获得感，从而使政治效果、社会效果和法律效果的最大化和有机统一。这里的关键，就是办案质量和效果。如何提升，靠的就是检察官的素质，包括政治素质、业务素质、职业道德素质，这与德治的要求不谋而合。

德治包括道德水准和政治品行，民主法治在任何时代、任何国度都必须以政府官员、人民大众的相当的道德水准和政治品行为前提。德治不仅是法治的补充与辅助，更是法治文明的核心与基础。缺乏德治素质，法治的文明就无从实现。道德价值取向决定了法治价值取向，左右了法治过程。

司法体制改革的重中之重，就是突出检察官在司法办案中的主体地位，明确检察官责任，完善检察办案组织，探索推进检察官权责利相统一。习近平总书记在中央政治局集体学习时强调指出，推进司法体制改革，要紧紧牵住司法责任制这个“牛鼻子”，保证做到“以至公无私之心，行正大光明之事”。

检察机关为人民群众提供的产品，不仅仅包括看得见的批捕决定书、起诉书、抗诉书、检察建议书等，听得到的起诉意见、支持抗诉意见等，还包括释法说理、新闻宣传，法治进校园、进社区、进企业、进农村。归根结底，要在维护社会公平正义的基础上，潜移默化地助推提升全社会法治水平和公民法治素养。让全面依法治国深深沁入文化基因和民族血液。正如张军检察长强调的，“检察人员不仅要做公正司法的‘工匠’，更要努力去做推进社会主义法治的‘大师’。”

第四节　德治融入法律监督是推动法律统一正确实施的核心途径

法律监督作为法律实施的重要组成部分和必要保障，是建设法治中国过程中极其重要的一环。我国宪法将检察机关确立为国家法律监督机关，赋予其法律监督职责，是中国政治制度和司法制度的一大特色。多年来，检察机关在加强法律监督、确保法律实施方面发挥了举足轻重的作用，是我国民主法治建设不可或缺的重大推动力量，各级检察机关通过切实履行法律监督职责，加大对执法、司法环节的监督力度，促进严格执法、公正司法，从而保障国家法律统一正确实施，真正让人民群众在每一起司法案件中感受到公平正义。在检察机关进行法律监督的过程中，德治思想亦贯穿始终，要求在监督的各个环节中，检察机关需秉承客观公正立场，守住防止冤假错案的底线，将对公民的人权保障作为监督工作的重点，维护社会的道义、良知和公平，这也是检察机关保障法律统一正确实施的重大职能与历史使命。

一、刑事诉讼活动法律监督全过程皆应契合德治要求

检察机关的法律监督权贯穿刑事诉讼活动的全过程，具体体现为立案监督、侦查活动监督、审判监督、执行监督等方面，就监督的具体原则和内容上来说，必须符合德治的基本要求。在刑事立案监督上，检察机关要监督纠正公安机关存在的“有案不立、有罪不究”“违规立案、越权管辖”等问题，同时对行政执法机关发现涉嫌刑事犯罪案件应当移送而未移送的、以罚代刑等问题予以监督。在侦查活动监督上，检察机关需监督公安机关是否依法严格适用办案期限、强制措施，是否存在违法取证、刑讯逼供等违法侦查活动，是否存在非法介入、插

手经济纠纷等情形。以检察机关审查认定逮捕的必要性条件即社会危险性的标准为例，其中就蕴含对德治思想的贯彻。由于受传统的“重打击、轻保护”观念的影响，以及考虑到采取取保候审、监视居住等非羁押性措施成本高、风险大等现实原因，在审查逮捕工作中某些检察人员仍然存在“构罪即捕”的单一思维定式。同时，由于刑事诉讼法对社会危险性采取了较为模糊的措辞，使得司法实践中各地缺乏可操作性，给予检察人员主观解读社会危险性的空间。检察机关要解决上述问题，顺利正当开展法律监督，就必须转变“构罪即捕”的简单理念，树立起“尊重和保障人权”的执法理念，以客观存在的证据材料为基础，运用社会普遍的心理认同和道德感知判定和解释社会危险性，充分保障嫌疑人人权，彰显法律监督的权威和公正。

对审判活动的监督主要体现于检察机关监督法院刑事审判活动是否合法以及所作出的裁判是否正确，综合运用抗诉、检察建议等多种监督手段，加强对裁判不公、虚假诉讼、民事调解损害国家利益和社会公共利益、诉讼程序中审判人员违法、违法执行的监督。刑事审判监督不仅制约和监督刑事审判权，防止裁判活动程序违法以及法官自由裁量权的滥用，同时是保护人权、维护司法公正的最为直观有效的措施。在这一过程中，检察机关需要对审判行为和结果进行合法性和合理性的双重评价，即进行法律和道德的评价。尤其是关注审判人员在行使自由裁量权时，是否做到适当、合理、公正，过程和结果是否符合社会普遍认可的价值观和道德观。

在刑事执行监督上，检察机关应持续规范刑罚执行、财产刑执行、强制措施执行监督，开展维护刑事被执行人合法权益专项检察活动，重点监督纵容协助服刑人员从事违法犯罪活动、侵犯被监管人合法权益、刑罚变更执行背后的司法腐败等问题。刑事执行监督作为彰显司法权威、维护社会稳定、实现社会救济的最后屏障，需要检察机关保持公正、德性的态度，通过法律监督手段使刑事执行在合法、合理的范围内进行，防止刑事执行机关权力的过度自由发展与滥用。

此外，由于我国刑事司法领域仍存在着司法违法和腐败等问题，不仅影响刑事司法的质量，不利于社会公平正义实现，更严重的是破坏了刑事司法的法律权威，将丧失社会和民众对法律的信任，无法充分满足民众对刑事司法公平正义的心理需求。所以检察机关及时介入进行监督，能够在很大程度上消除公众的怀疑和抵触情绪，使其树立起对法律心悦诚服的认同感和归属感，由此构成了公民守法的道德基础。只有公民普遍认可执法和司法行为，才有可能自觉主动守法，维护法律的尊严，稳定和谐有序的社会秩序才能进一步得到巩固，这也体现了我国依法治国和以德治国的有机统一。

二、增进民事检察工作质效亦需贯穿德治理念

民事检察工作包括检察机关对法院一审、二审和再审诉讼活动的监督，也包括从案件的受理、立案、审理、调解、判决、执行全程进行监督，以及依法提起民事公益诉讼。在此过程中，不论是检察机关受理公民、法人和其他组织不服法院生效的民事判决、裁定的申诉，还是对法院审判、执行人员在诉讼活动中滥用职权的违法行为进行调查，都离不开对道德思维的维护与判断。从另一层面来说，民事诉讼活动中所需要捍卫的民事活动等价有偿、诚实守信、平等自愿等原则，本身就与人们所公认的道德准则含义基本相同，是道德观在民法中的典型体现。因此，检察机关在监督民事诉讼活动时同样需要秉持德治思维加以判定。

民事诉讼活动的基本功能在于“定纷止争”，蕴含两重含义：“定纷”要求在查明案件事实的基础上，通过适用法律规范准确界定当事人间权利义务关系的法律状态；“止争”旨在尊重案件事实的基础上，通过诉讼过程化解引起当事人法律纷争的矛盾。检察机关在开展民事诉讼活动监督时，一方面要准确理解法律规范内涵、明晰案件事实证据，从而对司法裁判的程序、实体公正性作出判断，这一过程并不单纯是法技术领域上的问题，也需要检察人员从民法的道德精神出发思考双方行为的合理性，平等主体的法律人格、权利是否得到尊重和公平对待。正是通过道德“善”“恶”天平的衡判，才能使检察人员正确看待法律的诉讼活动，公正行使民事诉讼监督权，通过监督手段捍卫在民事法律中的德治基本精神，彰显人人平等的社会和谐价值观。另一方面，通过检察机关的监督活动，努力追求司法裁判“息诉”效果与社会示范效果的统一。如果检察官、法官仅奉法律为圭臬而忽视在法律活动中道德的基本要求，就有可能使复杂、生动的诉讼过程演变为机械、重复的逻辑推演，无法实现诉讼的应有效果。当事人和社会

大众也会因诉讼结果与其道德观不相符合，认为裁判不公，从而激化更大程度、更深层次矛盾，诉讼活动“止争”目的就更无从谈起。

提升民事检察工作质效，通过检察机关强有力的监督举措使民事诉讼活动“定纷止争”、化解矛盾、促进社会稳定和谐的作用发挥到最大，必须强调以德治理念一以贯之。首先，检察机关应以德治观念约束自身行为，正当履行民事检察监督权能。所有民事诉讼法律关系主体都应遵循诚实信用、平等公正等民法基本原则，民事检察监督程序属于民事诉讼法的重要组成部分，检察机关在履行监督职责时理应受此原则调整，这不仅是立法者的应有之意，更是其自身司法角色的需求。通过倡导诚信平等的检察理念、营造诚实守信的司法环境，提高检察人员法律职业道德水准，促使检察机关正确有效行使监督权，维护司法权威和当事人的合法权益。其次，检察机关应以德治观念开展民事诉讼检察监督活动。通过将民法基本道德原则内化于心、外化于行的方式，实现其在民事检察监督中所应具有的功能和价值，对审判机关发生滥用自由裁量权、适用法律错误、量刑不当等行为予以监督纠正，恢复正确的民事法律关系，捍卫民事主体的合法权益。

检察机关应以德治观念修复社会关系、达到消弭纠纷矛盾的效果。坚持把化解矛盾纠纷贯穿司法办案全过程，努力做到抗诉与息诉并举、维护司法权威与促进诉讼和谐并重，使司法办案的过程成为定纷止争、化解矛盾的过程。以民事检察监督的方式，使所有民事主体的权利得以平等保障，培塑社会公众尊重他人民事权利的法律和道德观念，促进现代社会的和谐文明。

三、树立双赢多赢共赢的“监督观”亟须德治引领

最高人民检察院张军检察长指出：“强化新时代法律监督，维护法律权威，需要监督者和被监督者合力，建立监督与被监督的良性关系，实现监督者与被监督者双赢、多赢、共赢。监督者和被监督者目标是一致的，有着共同价值追求，没有你赢我输、你高我低。”双赢多赢共赢的“监督观”其本质上是追求双方、多方之间理性平和相处、共促发展的状态，需要双方、多方以德治的思维看待和推动监督工作。

法律监督不是为单纯机械地履行监督职责，更不是为显现你错我对，其实质是要通过法律监督，帮助被监督者解决问题、补齐短板，

共同维护社会公平正义和公共利益，共同推动法律贯彻执行到位，共同推进全面依法治国。检察机关开展法律监督工作，必须认识到监督者与被监督者的目标、价值是相同的，只有实现双赢多赢共赢，才能更好维护宪法法律的统一正确实施，才能更好落实“以人民为中心”的发展思想。

赢则共赢，败则同败。树立双赢多赢共赢法律监督理念，首先要建立监督者与被监督者的良性、积极互动关系。总的来说，许多被监督者对检察机关开展监督或多或少存在抵触情绪和先入为主的观念，认为检察监督就是给他们“找碴儿”“刁难”，反映出的实际上是被监督者看待事物缺乏理性的思考及平和心理素质。这种不良的情感情绪、认识倾向、利益诉求，同时又直接影响其社会思维方式、生活方式等，将给法律实施、社会稳定、国家发展带来负面影响。要培养被监督者树立理性平和心态与正确的价值观，首先需要转变其错误的思想观念，培育辩证思维，需要他们从全面的、发展的、联系的观点去分析问题、认识事物。从检察机关监督其执法活动的本质出发，将其作为改善自身管理方式，促进执法文明规范化的重要途径，从而冷静地认识到检察监督的重要性，避免情绪化的思维方式和简单粗暴的执法行为。

检察机关也应主动作为，充分运用德治的智慧，使相关部门能够理解、接受法律监督，形成法治建设合力。第一，检察机关要摆正自身位置，坚决摒弃“监督就是高人一等”的错误观念，不以监督者自居，更不能居高临下。应从法律监督的目的、价值出发，积极与被监督沟通，树立共同发展、共同进步的监督观念。正确把握和研判检察权介入的必要性，以及时机、方式和程度，善于因案制宜选择检察建议、督促履职、同类问题通报等不同监督形式，尊重和支持行政机关自行纠正的权利。第二，德治的观念要求双方必须换位思考、互相扶持合作。检察机关应坚持问题导向和结果导向相统一，通过共同协商把工作做好，推动问题整改解决，争取最佳的监督效果。在提出监督意见后，避免当“甩手掌柜”，要主动跟踪了解监督意见落实情况，帮助有关部门纠正问题、解决难题，使被监督者真正感受到检察机关的监督对其改进工作方式、促进工作规范化的积极效益，才能激发他们主动接受监督、用心解决问题的热情。第三，德治的思维要求检察机关用更开阔的胸襟、更高远的思维去开展监督工作。树立双赢多赢共赢法律监督理念，不只是对某一个监督领域、某一个监督环节的要求，而是贯穿法律监督全部领域全部环节的总体要求。各项法律监督工作都要努力寻找双赢多赢共赢的基点，用创新、协调、绿色、开放、共享的新发展理念引领创新工作。例如在刑事执行监督工作中，组织开展办理服刑人员刑事申诉专项审查活动，对监狱方来说，有利于帮助其发现存在问题及时纠正，解决监狱管理隐患；对罪犯来说，有助于维护其合法权益，解开心结安心改造，达到多赢共赢的效果。

四、重大监督事项案件化办理凸显德治要求

重大监督事项案件化办理是指人民检察院在刑事、民事、行政诉讼、公益诉讼和执行监督等法律监督和司法办案过程中，对重大监督事项以案件化方式规范办理的工作模式。在这一过程中，检察机关将遵循依法监督原则、客观公正原则、证据裁判原则、程序正当原则，依照受理、立案、调查核实、实施监督、跟踪反馈、复议复核、结案归档等流程办理。实行重大监督事项案件化办理的机制创新，是新时代检察工作凸显德治要求的具体反映，着力解决了检察机关监督能力不强、监督刚性不足、监督工作不规范、监督效果不实等问题，通过办案把法律监督真正落到实处，使人权保障不成为一句空话，使社会道德秩序得以进一步巩固。

“案件化”办理的重大监督事项主要包括：涉及民生民利，有可能引发上访或已经引发上访的事项；严重影响公民人身权利和财产权利的事项；经新闻媒体报道引起网络舆情的事项等。一言以蔽之，均是涉及群众切实利益、社会反响强烈的重大监督事项。对此类型事件若检察机关仍采取普通的监督方式进行机械办理，难以取得社会效果与法律效果的统一，稍有不慎或将激起更大的影响与矛盾。正是出于兼顾过程性监督和结果性监督、兼顾办案质量和办案效果的考量，检察机关实行重大监督事项案件化办理的新工作模式，旨在破解以往监督工作的效果难题，提升监督质效，促进社会健康发展。

重大监督事项案件化办理的一大要点是设立诉讼监督调查与侦查专门办案组织，在该专门办案组织设立后，一般监督案件由独任制检察官或检察官办案组依托案件审查直接予以办理，需要进行亲历性审查、调查核实、自行补充侦查的由诉讼监督调查与侦查专门办案组织

统一调查、侦查后，再交由相关业务部门进行后续审查。同时，设立检察监督指导中心作为日常指挥协调检察监督工作的办事机构。在横向一体上，打破部门区隔，由检察监督指导中心统一管理重大监督事项案件线索、统一审批提交诉讼监督调查与侦查专门办案组织办理的案件、统筹调配全院各部门办案力量、统筹使用各类监督手段。在纵向一体上，充分发挥检察机关上下级之间领导与被领导的层级优势，建立并落实“检察一体化”办案模式，对于基层院反映办理案件困难的，由上级院检察监督指导中心充分发挥“前沿指挥部”作用，集中线索、信息、人员资源等优势，灵活运用自办、提办、参办等方式。在该项机制创新中，通过在监督案件中强调落实调查核实权、自行补充侦查权等，增强了检察机关的监督刚性，改变过去监督效果差、刚性不足的问题，确保了监督工作开展的权威性。此外，通过明确监督事项、规范监督流程、设立专门办案组织等形式，提高了法律监督工作的效率。就法律监督行为而言，必须是高效且富有质量的监督才能及时制止和纠正相关违法行为，保障相对人的合法权利，恢复社会秩序，保障社会和谐发展，这也是德治所需要达到的目的。

第五节 维护社会公共利益是将德治融入法律监督之衍生途径

在第二十二届国际检察官联合会年会暨会员代表大会，习近平主席发来贺信并指出：“检察官作为公共利益的代表，肩负着重要责任。”这里的“公共利益”与“个人利益”相对应，指属于社会全体成员或大多数成员的利益，包括国家利益和社会公共利益，一言以蔽之，即最广大人民群众的利益，是为“善”“义”的利益，而破坏公共利益的行为则为“恶”的行为，是社会道德观所不允许的。维护国家利益和社会公共利益作为检察机关的重大责任和核心使命，一方面，检察机关应通过刑事公诉等传统方式充分发挥惩罚犯罪、保护人民的作用，实现其对法益，尤其是公益的保护作用；另一方面，检察机关还必须从公共利益出发，强化各项检察监督职责。公共利益原则作为法律秩序的重要精神，当然适用于检察机关的司法办案、法律监督全过程，而检察机关对公共利益的维护从另一个侧面也反映了国家法律监督机关的德治思维，对社会道德和价值观的捍卫。

一、民事行政公益诉讼制度拓展有赖于德治要求之衡判

2017 年，十二届全国人大常委会第二十八次会议表决通过了关于修改民事诉讼法和行政诉讼法的决定，这标志着我国以立法形式正式确立了检察机关提起公益诉讼制度。根据法律规定，人民检察院在履行职责中发现破坏生态环境和资源保护、食品药品安全领域侵害众多消费者合法权益等损害社会公共利益的行为，可以提起民事公益诉讼；人民检察院在履行职责中发现生态环境和资源保护、食品药品安全、国有财产保护、国有土地使用权出让等领域负有监督管理职责的行政机关违法行使职权或者不作为，致使国家利益或者社会公共利益受到侵害的，应当向行政机关提出检察建议，督促其依法履行职责，行政机关不依法履行职责的，人民检察院依法向人民法院提起诉讼。

就民事行政公益诉讼制度的确立本身来说，无疑彰显了检察机关贯彻德治的相关要求与理念。以环境公益诉讼为例，由于环境资源的非排他性和使用与消费的共同性，所有公民都可以平等地使用和消费。而当环境被破坏后，检察机关作为法定主体，通过提起公益诉讼的方式，对被破坏的环境加以修复和补偿，是捍卫公民环境权的一种有效手段，体现了“向善”的德治要求。道德调整的范围不仅包括人与人、人与社会之间，还包括人与自然之间的关系。我们对自然必须施以足够的尊重和道德关怀，保护子孙后代共同生活的家园环境本身也是作为人类所应具备的基本道德素养。因此，开展环境公益诉讼在社会道德上是具有广泛认同的，是社会公民对相应道德规范、道德观念的认可、接受与实践。此外，从公益诉讼制度的建立过程来看，同样体现了德治对社会法律制度的重大影响。道德是用善恶标准去评判行为，依靠社会舆论、传统习俗和民众内心信念维系和调整人与人、人与社会、人与自然之间的关系原则。随着历史的发展，对公共利益破坏的严重性逐渐使其开始进入道德的关注视角，并且被越来越广泛的社会大众所关心，形成了破坏环境是“恶行”的共同价值观念，从而开始有部分社会主体积极投身于保护环境公益的工作中。正是全民的道德认同、共同参与，推动检察机关提起民事行政公益诉讼制度的确立，因此可以说德治理念包容了公益诉讼中的公益理念，使保护公益的工

作得以更大程度施行。

从民事行政公益诉讼制度的拓展和未来方向来看，依然需要从德治角度出发加以衡量。在现有公益诉讼的相关法律法规中，仅列举部分损害社会公益的行为，而对于其他可能损害公共利益的行为未有明确阐述。一方面，在检察机关履行提起公益诉讼职责时，需要以德治标准辅助判断“损害社会公共利益”行为的内涵和表现形式。从社会公众的共同心理认知和价值观出发，判定某种行为是否对固有“善”的价值形成破坏，需要通过运用检察监督的力量加以修复。另一方面，通过德治思维不断完善和拓展民事行政公益诉讼的内容。社会生活瞬息万变，法律的滞后性使新出现的各种社会公益可能无法及时得到保障，历史上的经验和教训揭示我们单纯靠制度（或法治）治理国家是远远不够的，还需要德治的适当介入，通过德治完善制度设计或制度建设的不足。立法机关、司法机关需要以德治的眼光思考公共利益保护问题，今后对于其他违背人类社会基本道德观和价值的行为，或将纳入公益诉讼制度范围内加以调整。

二、兼具捕诉监防护的未成年检察制度更加考验德治要求

捕诉监防一体化，是指未成年人刑事检察办公室的检察官对办理的未成年人刑事案件，须负责该案的审查批捕、审查起诉、出庭公诉、诉讼监督、刑罚执行监督、犯罪预防、教育挽救等一系列工作，实现专人审查、全程办理，为涉罪未成年人提供全面高效、协调一致的检察保护。从该机制的实际效果和传播速度来看，是对未成年人检察制度一次非常成功的探索与创新，也适应了德治的具体要求。

首先，捕诉监防护机制迎合了治理未成年人犯罪形势的需要和我国基本法律原则。对未成年人违法犯罪的治理工作必须以德治、人本理念作为基本要求，从如何提高改造教育效果、维护未成年人合法权益入手思考和创新相关法律机制。以往简单化一、机械的教育改造方式已经不能适应当前办理未成年人犯罪案件的需要，对未成年人犯一味强调刑罚的惩罚和威慑功能，未必能达到良好的改造效果，相反还易给未成年人不成熟的身心留下难以磨灭的伤痕和心理障碍，往往会出现再犯率高、影响其正常社会生活等问题。因此，对犯罪未成年人实行“教育、感化、挽救”的方针，坚持“教育为主，惩罚为辅”是

我国法律中确定的基本准则，也与国外未成年人立法所追寻的教育保护原则相一致。我们必须根据未成年人心智发展情况和需求，建立一套由专业办案组织实施的适合未成年犯的检察制度，使违法犯罪行为对未成年人身心发展可能造成的负面影响降到最低，遏制其再犯罪，促进其尽快重回社会。

其次，捕诉监防护机制满足了未成年人身心发展的特点和教育改造的需要。通过立足未成年人的身心特点，有针对性地施以办案措施，既体现了对未成年人的人文关怀，更反映出德治思想在未成年人检察工作的重要指导作用。未成年人的智力、社会经验与成年人相比有较大程度的差距，无法正确辨别是非，性格极易受外界影响。但从另一个角度来看，未成年人的可塑性强、易于接受改造，所以只要我们的挽救、教育方法得当，未成年人比成年人更容易被矫治，仍可以走上正轨、回归社会。捕诉监防护一体的办案模式，一方面可以对未成年人案件的立案、侦查、审判和刑罚执行活动进行全程监督，及时发现和纠正侵害未成年人合法权益的行为；另一方面，通过依托学校和社区矫正，以在校学生作为重点，拓宽渠道，强化措施，防控未成年人违法犯罪，促进其健康成长。

第三，捕诉监防护机制能够有效整合办理未成年人犯罪案件的检察资源，提升未成年犯的教育帮扶效果。作为专门在检察机关中办理未成年案件的未检部门，承担了未成年犯罪案件在检察环节的批捕、起诉、刑事执行监督、犯罪预防等相关工作。承办检察官了解具体案情和该未成年犯的成长经历、家庭环境和心理特性，掌握了翔实、充分的第一手资料，同时通过对案件的审查，与涉罪未成年人建立了密切的联系，未成年犯对检察人员容易产生较高的心理认同感，有利于检察官针对个案有侧重地开展针对性强的矫治方案，淡化对未成年人刑罚执行的惩治色彩而更加注重对未成年人保护教育的目的。在这一过程中，检察人员对未成年犯进行感化、教育、帮扶也展现了其较高的道德素养和关怀理念，他们都怀着赤诚的爱心，像父母对待孩子，老师对待学生，医生对待病患那样挽救失足未成年人，使他们走向新生。检察机关结合未成年人的特点开展喜闻乐见的教育方式，帮助他们增强学法、知法、守法和防范违法犯罪行为的意识，通过实施帮教制度引导其辨别是非，增强社会责任感，树立正确的人生观、世界观、价值观，预防其再次犯罪。可以说，我国以区别对待的刑事程序和刑事政策在一定程度上运用了德治的思想对未成年人予以宽容、教育和保护，给予他们改过自新的机会和途径。

三、恢复性司法是德治在生态资源检察领域的生动实践

恢复性司法是指将受害人和加害人置于公平位置上，通过一种非对抗方式解决受害人与加害人之间的冲突，推动加害人主动承担法律责任，对其行为所造成的危害结果进行赔偿。此种模式最大程度地满足被害人受到侵害而产生的经济上、情感上和社会方面需求，最大可能地修补受损的社会关系。

恢复性司法的价值理念与制度设计和德治思想不谋而合，在生态资源检察领域反映尤为典型。一般来说，生态资源的破坏者实施破坏环境的行为并非一开始蓄意而为，其直接动机是出于对经济利益的追求，由于其不负责任、自私的逐利思想，导致其最终危害生态资源环境的行为。人类社会发展的历史表明，生态资源危机的出现并非人类对自然、科学的一无所知，主要源于其道德上的沦丧，生态危机的实质正是人性危机，最终导致的人类对自然生态环境的“恶”行为和“恶”结果。因此，开展生态资源检察工作，正是顺应了加强生态道德建设，唤起人们对道德良知、对生命的敬畏以及对生态道德义务的自觉担当，符合德治的基本要求。而从自然正义观念和对人类的责任担当出发，为适应可持续发展的要求，加害者必须承担起对破坏生态资源环境进行及时恢复的法律责任与道义责任。出于这样的价值取向和逻辑起点，我国部分地方在生态资源检察环境领域对恢复性司法进行了理论探索和实践尝试，已经取得良好的社会效果、生态效果和法律效果，能够实现惩罚犯罪与保护生态环境双赢局面。

首先，有利于预防生态环境犯罪。人类本性就是“趋利避害”，当犯罪者认为犯罪成本低廉、犯罪效益高于犯罪成本时，其往往会选择实施犯罪行为。但当恢复性司法应用于生态环境保护后，使犯罪后生态环境的治理成本增高，犯罪者需要仔细考虑犯罪成本时，就会倾向于保护环境，而不是破坏环境。检察机关在严厉打击犯罪的同时，令犯罪者对已造成破坏的自然环境作出补偿，对其内心产生的震慑效果更佳，促使其树立正确的良知观和社会道德，也能够有效降低再犯

罪率。

其次，有利于生态资源环境的恢复。生态系统有其内在的生态规律，受损的环境要素若得不到及时有效的修复，久而久之会导致整个生态系统运行不畅。令犯罪者承担破坏环境刑事责任的作用不应仅仅局限于惩治和预防环境犯罪，更重要的目标在于最大限度地发挥补救或恢复环境、消除环境犯罪持续性危害的功能。对于生态犯罪在适用刑罚措施的同时，再辅之或独立适用以对生态环境具有恢复、补救功能的非刑罚措施，将更有利于生态犯罪立法目的实现。

第三，有利于化解社会矛盾。当前在环境犯罪案件的办理过程中存在许多困难，在社会关系中主要表现为犯罪者缺乏赔偿能力、受害者的利益无法得到及时恢复，从而加剧双方矛盾。恢复性司法的理念从化解矛盾的角度出发，为当事双方提供平等沟通的桥梁，权衡各方利益，将司法结果建立在犯罪者、受害者都可接受并有利于环境恢复的基础之上，实现了法律效果与社会效果的统一。

因此，检察机关可以在生态资源检察领域积极探索恢复性司法工作，推行“补植复绿、恢复生态”的新举措，服务生态文明建设。这一模式不仅能够克服传统刑法体系存在的局限性，满足人们保障人权，实现社会关系融洽恢复的目的，更重要的是实现人与人、人与自然之间的利益平衡与和谐关系，创造利于子孙千秋后代生存发展的条件，使全人类树立起自觉保护生态资源环境的道德观。

四、德治还需贯穿扶贫医疗食品等民生领域法律监督

民生是国民的生计，是群众安家立业的基本。当前我国正处于发展的重要战略机遇期。社会中积累了不少矛盾和问题，民生问题是该时期面临的重要问题之一，食品药品安全、教育医疗领域犯罪、扶贫领域职务犯罪等问题不仅事关全体人民的切身利益，而且也影响整个国家改革发展的大局。之所以民生领域的违法犯罪被社会大众所深恶痛绝，本质原因在于其触犯了公众对此类行为的内心认可的道德底线，被公认为是“恶行”。因此，检察机关针对涉民生领域的犯罪采取高压打击态势，正是顺应了德治的要求，保障我国公民的基本人权，激发群众的幸福感和获得感的重要途径。检察机关关注民生问题体现了服务大局、执法为民的本质要求，在开展法律监督工作时必须时刻把服

务保障民生作为一大着力点和落脚点，这既是检察机关宪法定位的要求，也展现了其以德治思维和方式执法办案、保障社会公平正义的基本价值取向。

具体而言，法律监督工作之于民生，不仅仅是为群众提供具体的司法保障，更重要的是通过履行检察职能，创设一种有利于民生发展、社会和谐稳定的环境。在依法履行法律监督职责的过程中，检察机关需要注意防止不了解民生、不关注民生，片面开展工作的业务倾向；要注意和防止脱离检察职能为搞服务而搞服务的机械做法。必须紧紧围绕人民群众的新期待、新要求，把握工作重点，促进民生问题解决，提升化解矛盾纠纷的能力和成果，形成检察机关关注民生、保障民生的强大声势，让人民群众从检察机关办理的每一个案件、接待的每一个诉求、化解的每一个纠纷中都能感受到其服务群众，促进社会和谐的公信力。

在开展执法工作时，检察官必须秉承一种平和理性的法律监督意识，以公平、客观、审慎、谦抑的精神为要义，以社会价值观和道德观为导向，立足中立客观的地位对违法犯罪行为进行评判，树立法律监督权威。而在执法理念上所展现出的人本思想也是德治要求的重要组成部分，检察机关权力来源于人民属于人民，因此必须以执法为民的理念开展涉及民生领域的各项检察工作。在价值追求上，以民本意识贯穿始终，解决人民群众最关心、最直接、最现实的利益问题，真正体现司法为民、司法爱民。

检察机关要用群众认同的态度听民声，用群众认可的方式查民情，从社情民意中了解群众的期盼和诉求，延伸检察监督触角，保证群众申诉渠道畅通；要用群众接受的语言化解民惑，用群众信服的方式解决纠纷，运用德治的智慧充分保障群众利益，做好释法说理、息诉罢访工作。通过综合运用抗诉、检察建议等监督手段促进解决整改问题，满足群众对司法公正和社会正义的强烈需求，赢得人民群众的信赖和支持。此外，检察机关应在宣传和普法过程中用好道德手段，从道德角度对民生领域违法犯罪行为进行解读，进一步强化和巩固群众内心的正确道德观念，从而有效减少此类犯罪行为的发生，在全社会形成“向善”的风气和氛围。

第十二章
德治融入司法审判的考量与路径

司法审判工作作为法治建设的重要环节，担负着执法办案、定分止争、惩恶扬善、维护正义的重要职责，承载着“自由、平等、公正、法治”等价值追求，是培养和弘扬社会主义核心价值观的重要途径。同时，社会主义核心价值观蕴含的思想观念、人文精神、道德规范，为司法审判工作提供了精神内涵、道德指引，可有效弥补法律滞后性，纠正机械执法等问题。因此，在尊重审判自身规律、坚持依法办案的基础上，充分发挥道德、法律两种规范方式的各自优势，使法治与德治在审判领域互为支撑、有机结合、刚柔互补，是非常值得探讨和思考的重要课题。

鉴于司法审判中道德与法律的复杂交织关系，“法律是司法审判最重要的渊源”毋庸置疑，限于篇幅对此不作探讨，课题组仅对德治融入审判的必要性进行分析，并从自由裁判权适用、法官职业道德建设、多元化纠纷解决机制等方面对德治融入审判的路径进行探讨。

第一节　德治融入审判是人民法院重要职责

法律是治国之重器，法治是国家治理体系和治理能力的重要依托。人民法院居于依法治国战略布局要津，肩负着实现国家治理、私权救济、公权制约、终局解纷、弘扬公德等一系列重要职责和使命。这些职责的有效发挥，有赖于法律约束，也离不开道德支撑。将社会主义核心价值观融入司法审判，是人民法院适应新时代发展要求，发挥审判职能，参与社会治理，助理提升国家治理体系和治理能力现代化的必然要求。

一、德治融入审判体现了国家治理理念升级

党的十九大报告指出，中国特色社会主义进入了新时代，这是我国发展新的历史方位，并形成了习近平新时代中国特色社会主义思想，指出社会主要矛盾已经发生转化，将实现中华民族伟大复兴的中国梦作为党和国家的奋斗目标。党的十九大对国家发展战略和各项事业予以全面升级、全盘布局、重大部署，对新时代法治建设、全面推进依法治国及国家治理体系和治理能力现代化等提出新要求。

新发展理念对审判工作提出更高要求。十九大报告把推进“四个伟大”提升到新的更高境界，并将卓越的道德规范作为普遍工作标准予以要求，如在经济建设中提出“必须坚定不移贯彻创新、协调、绿色、开放、共享的发展理念”，在其他方面多次使用“美好生活”“人民幸福”“和谐美丽”“人与自然和谐共生”等词语，把人民对美好生活的向往作为奋斗目标。上述工作部署影响深远，给国家建设各个行业带来深刻变化，国家治理领域进一步拓展，对包括审判在内的各项工作提出新的挑战和更高要求。法律的滞后性使得人民法院审理此类案件时欠缺依据，若简单“就案办案”难以满足人民群众对司法公正的期待。人民法院只有坚持德治与法治的互补融合，肩负起新时代职责和使命，深入贯彻新发展理念，才能为新时期经济社会持续健康发展提供有力司法保障。

价值观为转型期司法审判提供精神内涵。我国处于社会转型期，新类型案件不断涌现、司法需求多样、价值观念多元，如果法官仅关

注法律规定，不关注社会价值观念和道德规范，易出现案件法律效果和社会效果脱节的情况，损害司法权威。社会主义核心价值观是新时代中国特色社会主义的国家价值目标、社会价值取向、公民价值准则的根本体现，也是中华民族形成共识、凝聚力量、腾飞复兴的精神指引和动力源泉。法官应充分吸收社会主义核心价值观的精神内涵，深刻理解社会发展所处方位，对社会上各种利益、价值观念有深刻思考，并作出准确判断，通过司法判决，发挥引领社会价值、稳定社会秩序、平衡利益关系的作用。

司法体制改革需要价值观指引。目前我国司法体制改革还在进行时，处于纵深推进和系统集成阶段，审判体系和审判能力现代化还未完全实现，司法独立性有待提升、司法人员素质需要提升、绩效考核及激励机制尚需完善，距离治理能力现代化、建立公正高效权威的社会主义司法制度的要求还有差距。越是重大部署越是需要统一的主流价值观的指引。司法体制改革的纵深推进，要始终坚持正确理论和价值观的引领，如始终坚持党的领导，坚持司法的人民性，立足中国国情，尊重司法规律，最大限度汇聚司法经验和智慧，充分发挥司法制度整体合力等。

德治融入审判打造良好营商环境。从国际视角看，世界上一些国家和地区同样在倡导将本国或本地区核心价值观融入司法审判，比如伦敦、新加坡、迪拜等。他们通过价值观引领、较高道德水准的判决，建立了符合国际惯例、公平公正透明的市场法治环境，打造了良好国际司法形象，吸引世界上其他商事主体大量裁判，充分体现了各国审判工作对价值观的高度重视和价值指引需求。

因此，人民法院应提高历史站位，准确把握新时代中国特色社会主义思想和社会主义核心价值观深刻内涵，以社会主义核心价值观协调引导整合多样化价值观、合理调整各方利益关系，形成社会的基本共识和高度认同，增进对共同事业的信念，为国家重大发展战略、全面深化司法改革等统领方向、保驾护航、凝聚力量。

二、德治融入审判促进社会纠纷最大化解

“徒善不足以为政，徒法不足以自行”，法治是现代社会治理首选，已成为共识。但是，单纯的法治并不能代表幸福、和谐社会，法治必

须实现人的全面发展，必须是在良法体系下的善治，“既重视法律的政治性，又重视法律的公理性”，“让法律止于至善，让社会臻于至善”。善治的提出，是对法治发展的超越，是对法治的道德期望，对人性的普遍关怀，也是对人发挥主观能动力量的重视。法治与德治相结合的多元化解，对于实质性解决争议尤为重要。

审判化解社会纠纷的作用是有限的。我国处于经济社会转型期，国内经济社会发展中存在的不平衡、不协调、不可持续的问题依然突出，人民法院为经济社会发展服务的任务更加繁重，如食品安全、环境污染、诚信缺失等问题，都是复杂的、综合性的社会问题，需要通过社会共治才能解决；人民法院受理案件数量持续增长，新型疑难复杂案件层出不穷，审判工作难度加大；我国地域广阔、社会多元、情况复杂、社会矛盾多样，司法参与社会治理存在滞后性、调整范围有限性、预防功能不足等缺陷，有的矛盾不是法院依法审判就能解决的。以行政争议化解为例，争议中反映的官民矛盾复杂多样，如土地房屋拆迁案件、城市环境整治引发案件，判决有时并非最佳方式，必须辅之以大量协调化解、说服教育工作，才能取得更好结果。

“德法交融”是推进社会矛盾化解的必然要求。法律和道德作为两种不同的行为规范，二者的调整对象、调整范围、表现形式、调整机制、评价标准各有侧重，它们相生共融，相互倚仗，具有天然互补性。一是法律调整范围较窄。法律主要调整人的部分行为关系，道德不仅调整人的行为关系，还干预人的灵魂和内心动机，大量生活领域还主要依靠道德规则调整。二是法律调整的层次较低。法律是最低限度的道德，道德是更高层次的法则，类似于伦理的底线和天线，不违法但不符合道德的行为仍然需要得到规范。三是法律调整具有刚性特点。法律是以国家强制力为后盾实现惩恶扬善作用的强力规范，道德是通过批评、建议、劝告、希望、鼓励等方式扬善抑恶实现价值引导的自律规范，更具人性关怀；法律是来自于外部的约束力，只调整人们事后行为，而道德支配人的思想意识，能形成内在约束；法律具有稳定性，道德随着社会发展自然演进，灵活性较强，可以对法律滞后和缺位的领域进行调整。

我国自古具有“德法并行”的历史传统。“德法并行”的礼法体系是中华法系的鲜明特质，是中国历代社会治理的有效经验，这种治理方式已融入中华民族民间治理文化基因中，如“明德慎罚”“隆礼重法”“大德而小刑”“德主刑辅”“礼法并用”等。中华发展史上出现的几个太平盛世，都是德法并用、德法结合得比较好的时期。新中国成立后，我们不断在探索构建太平盛世的蓝图和路径。中国特色社会主义法律体系，一定是有民族性的，不应是冰冷的程序，而应是有道德光辉、有温度的。中国传统讲“善法良立、正人正己”，而且要时刻牢记惩恶扬善的道德价值，同时法融于情，才能达到较理想的社会效果。在课题组的调研中，不少立法、执法、司法实务界专家们认为，不要小视民间治理方式对中国法治建设的影响，这些方式是更接近基层并容易产生实效的治理体系，可能更适合中国国情，更适合治理社会。因此，充分发挥市民公约、乡规民约、行业规章、团体章程等社会团体和组织的自律性规范作用，同时辅之以社会调解、协商手段，尽量将纠纷化解在基层组织、萌芽状态。

社会共治成为新的纠纷解决方式。在当前各国社会治理实践中，国家治理和社会管理理念发生了深刻变化，主要体现为从传统上单纯的统治（governance）理念转向治理（government）理念，从单纯依赖政府的管理转向多种社会治理方式的结合。[①] 国富民强、社会长治久安需要各种社会治理方式和治理机制的有效衔接与配合。社会纠纷化解是个庞大的系统工程，人民法院参与社会治理，必须坚持德法并用，把德道规范融入法治，用道德来弥补法治的滞后性；用法治来规范道德，让道德得到法治的支撑，注重“法理情”融合最大限度化解纠纷、促进社会和谐稳定。

三、德法融合促进程序正义与实体正义统一

公平正义是司法不断追求的工作目标。司法公正是司法活动的生命和灵魂，是审判机构一切工作的出发点和落脚点。审判工作应努力追求程序正义与实体正义的完美结合。

程序公正具有重要的独立价值。一般说来，司法公正包括程序公正、实体公正和形象公正三个方面，程序公正是诉讼过程、程序规则的公正，是当事人看得见、感受得到的公正；实体公正是诉讼结果公

① 俞可平：《全球治理引论》，载《马克思主义与现实》2002 年第 1 期。

正，确保当事人实体权利义务公正的实现。二者具有内在一致性，终极目的都在于公正解决纠纷，审判工作应努力追求程序正义与实体正义的完美结合。按照诉讼法理论，法官只能借助程序性的证据规则等再现案件事实，与客观事实未必完全一致，实体公正具有不确定性，因此，程序公正具有特别重要的独立价值。程序正义是法治正当性的核心基础之一，具有保障实体公正实现的作用，为实体公正不确定性提供正当性基础，使司法活动更具有权威性和尊严性。因此，审判工作要特别重视程序公正，努力追求程序公正和实体公正的有机统一，求“真”的同时求“善”。

案件实体公正具有相对性。法律具有滞后性、局限性，原因在于法律是立法者理性的产物，立法时以制定符合人们普遍道德标准的“良法”为目标。然而人的理性是有限的，社会实践处于快速且无法预测的变化中，法律事实与客观事实并不总是完全一致，简单机械适用法律办案时有时不能回应人们对司法公正的期待。特别在法律空白、与道德冲突时，每个案件具体情况差别、不同价值观念的判断，有时实体公正具有不确定性，不能完美实现。

道德是衡量审判实体公正的标尺。道德是人们内心的法律，受中国司法传统重视实体公正影响，我国群众仍认为符合道德层面的正当合理性、体现了公平正义价值、维护了人的尊严的判决才是公正的判决。从此方面讲，社会主义核心价值观实际上起到了检验案件实体公正的作用。司法实践中，判决结果与社会普遍道德观念存在冲突的案件，往往是群众关注的热点案件、敏感案件。如南京彭某案和山东于某刺杀辱母者案，虽然一审法院认定事实、适用法律等没有明显问题，因审判结果与道德观念分歧引发关注，在新媒体时代被广泛传播后，群众质疑司法权威和司法公正，最后形成了舆情事件。

因此，在实证法滞后、案件面临道德法律冲突时，法官要高度重视、认真分析、仔细权衡法理情的冲突，用道德规范弥补法律的局限性，充分考虑案件结果是否具有道德伦理、价值观念上的正当合理性，并公示心证过程，努力促进案件程序公正与实体公正的统一。

四、司法审判是社会道德建设的重要保障

中华民族素称“礼仪之邦”，我国历史上的“以礼治国”，体现了

治国中的德法兼施。进入新时代，面对经济全球化、科学技术快速发展、城市化进程不断推进、政治文化价值观全面转型等所带来的现实困惑和价值危机，凝聚起全民族推动社会发展的精神归因和道德力量，对于我国民族复兴和现代化前途命运具有非常重要的作用。[①] 因此，人民法院在审判中应以社会主义核心价值观为导向，将法治过程中提炼凝结出的道德准则向社会公众传播，引导人民树立正确的道德观念和法治观念。

司法公正引领社会公正。社会道德风气取决于社会法治环境，法治公正是社会公正的基石，有法不依、执法不严、司法腐败、司法不公等不良法治环境将不能有效实现弘扬善、惩治恶的目的，给社会道德风气造成不良影响。法官作为社会公平正义的维护者，理应承担起培育社会主义核心价值观的职责，通过公正审判弘扬美德义行，让败德违法者受到惩治、付出代价，使法治为社会主义核心价值观提供制度支撑，如法官对不实陈述或提供虚假证据的当事人，有依法批评教育或罚款处罚的权力和职责。审判机关应对虚假诉讼、恶意诉讼、重复诉讼当事人建立责任追究机制及惩罚机制，努力构建诚信司法评价体系，在司法中彰显诚信价值，使每一个公民亲身感受到司法诚信，在现实生活中自觉诚实守信，使司法诚信真正成为引领社会诚信建设、道德建设的最佳示范。

司法审判培育社会公德。审判与道德具有共同的价值追求，在国家层面要构建和谐，社会层面要实现公正，个人层面要倡导诚信等。具体案件的审判不仅是严格规范适用法律的过程，更涉及不同价值观念衡量、判断和倡导，因此司法审判在培育社会公德方面担负着重要使命和特殊优势。在现实社会中，公序良俗是被广大人民群众熟知和认可的道德标准，如果审判结果维护了社会公序良俗，会得到人民群众拥护和支持，反之亦然。如在“医生电梯劝阻吸烟案”“京城骑行圈第一案”两案中，面对社会的高度关注，多数人都以为“法院肯定要判赔一点”，可主审法官认为法官不单是定分止争的断案者，还应是社会道德风尚的正确引领者。两案法官分别综合考量法、理、情后认为，劝烟医生的行为理性平和、无不当，同行的骑友尽到了相应义务，不

① 徐伟新等：《社会主义核心价值观研究》，中共中央党校出版社2016年版，第4页。

能为了息事宁人对他们苛责更多责任，最终判决劝烟医生、同行骑友及组织者无责任的判决，并在判决书中对劝阻电梯内吸烟行为予以鼓励，认为符合公序良俗，对自发式户外运动所展现的信任、友善、互助精神予以阐释，倡导发扬诚信友爱、危难相助的中华传统美德。两案判决受到旁听群众和网友的高度评价。

司法审判治理道德突出问题。比如在家事案件中，对于突出尽了孝道的当事人，法官可以《继承法》第十三条为依据，在遗产继承时，作出多分遗产的判决；在离婚案件中，对于因“出轨”致使夫妻感情破裂的当事人，可以判决其承担相应的过错损害责任；对于案件中突出的诚信缺失、见利忘义、制假售假的违法行为，法官可以通过案件审理让失德违法者受到惩治，使人不敢失信。除此之外，人民法院还可通过网络直播案件审判等，曝光失德当事人的行为，降低其社会评价。以狼牙山五壮士名誉权、荣誉权纠纷案为例，近年来随着社会价值多元化，社会上通过各种形式诋毁、侮辱、诽谤、丑化革命英雄人物，贬损其名誉，削弱其精神价值的现象时有发生，然而在当时我国尚无保护英烈名誉、荣誉的明确法律规定。法院通过判决，第一次将狼牙山五壮士所表现出的英勇抗敌、舍生取义精神认定为社会主义核心价值观，属于社会公共利益的一部分，为今后涉英烈权益保护案件的认定处理树立了标杆，也为2018年3月两会通过的《民法总则》第一百八十五条即英烈名誉荣誉保护条款的制定，在司法实践方面提供了立法基础。

因此，人民法院应坚持依法治国和以德治国相结合，重视发挥道德的教化作用，弘扬中华民族传统美德，提高全社会文明程度，为全面依法治国创造良好人文环境；要在司法审判中注重道德导向，弘扬真善美、打击假恶丑，为社会良好道德环境提供法律保障，努力使德治与司法相衔接、相协调、相促进，在全社会营造尊法守法、崇德向善的良好环境。

第二节　自由裁量权是德治融入审判重要空间

司法是包含公正与善良的艺术。我国作为具有成文法传统的社会主义法治国家，立法已将多数道德规范（如诚实信用原则）法律化，人民法院依法裁判本身就体现了道德的要求，法治也已成为人民的共同追求，是社会的“最大公约数”，因此成文法是审判最主要的法律渊源，法治是审判工作的中心和重点。[①] 而且，通过人民陪审员等制度，已实现了普通人社会道德观念与审判的融合。美国法学家庞德认为“在司法程序中，道德只有补充法律的功能”，道德与法律在司法中的连接点主要有司法造法、法律解释、适用法律及司法自由裁量权。与西方不同，我国法官无司法造法权力，除最高人民法院外，法官无权解释法律，只能严格适用法律，因此道德作为人民法院判决案件的补充渊源，应适用于法律没有明文规定、法律规定之间有冲突或适用法律不符合个案正义等法律作用有限的地方，这既是德治融入案件审判的空间，也是法官行使司法自由裁量权的空间。

一、司法自由裁量权为良法善治服务

司法自由裁量权制度普遍存在。自由裁量权是审判权的重要内容，是法官在司法过程中基于其职业所固有的权力。[②] 它源于法律的不周延和人类思维的不统一，可弥补人类理性的有限性、立法者固有的历史局限性、成文法滞后性、法律条文一般概括性、复杂立法体系间的不严密性、社会生活的复杂多变及人类思维多样性等法治局限性的功能，在各国司法历史上普遍存在，事实上每一个案件中或多或少都存在法官自由裁量的事项。如果说法律为调整人的行为或社会关系划定了标准或准则，那自由裁量权则是法律幅度的具体刻度，或者必要时是填补漏洞、衡平案件的工具。

司法自由裁量权缺乏稳定性和一致性。目前中国面临前所未有的理念冲撞和现实挑战，法院、法官承载的社会责任远超过宪法定位，既要解决专业难题，又要化解纠纷，既要实现正义、教化人民，又要追究罪错、关注民生，加上广袤土地、多元文化、复杂心理形成的巨大差异，因司法不统一而产生的各类质疑一直纠缠着司法。除少数因滥权枉法之外，多数质疑因自由裁量范围的忽左忽右或左右为难[③]引

① 严存生：《西方法律思想史》第二版，法律出版社2010年版，第321页。

② 参见最高人民法院民二庭：宋晓明、雷继平、林海权等，《自由裁量权的行使及其规制》。

③ 参见陈旗：武汉大学博士学位论文《法治视野下的法官自由裁量权研究》。

起。仔细分析热点舆情案件，如邓某案、药某案、李某案、许某案、彭某案等，往往都看到了情理法冲突及“裁量权”运用不当的情况。以许某案为例，许某利用 ATM 机故障，用仅余 170 多元的银行卡取走了 17.5 万元，被广州市中级人民法院一审以盗窃罪判处其无期徒刑。宣判后引起广泛关注，普遍认为量刑过重。严格来说，该案法官关于盗窃罪及盗窃金融机构的法律认定并无问题，问题是法律规定盗窃金融机构、数额特别巨大的行为依法应判处无期徒刑或死刑，造成法定刑与被告人主管过错间存在巨大差距。针对案件的特殊性，法官未按刑法总则相关规定层报至最高人民法院审核可否在法定刑以下量刑，而是机械适用法律判以重刑，使得判决违背了刑法罪责刑相适应原则，也损害了社会对公平正义的感受。后经二审发回重审，广州中院考虑许某主观恶性及社会危害程度等，改判为五年，并经最高人民法院核准，才尘埃落定。

自由裁量权是规制与自由的动态平衡器。在我国，因对法律软弱传统的反思，人们对自由裁量权持警惕态度，以严格规则防范人性的侵害。有观点认为司法自由裁量权是一种擅断权和任意裁判权，可能导致司法腐败、枉法裁判、同案异判等危害，也有观点认为自由裁量权解决了法律不能解决的很多问题。对此，应客观看待自由裁量权的益处和危害，一方面赋予法官自由裁量权及时对新情况新问题予以裁决，保持法律调整的包容性和可适用性；另一方面，及时将裁判规则上升为法律条文，尽量限制法官自由裁量的空间。从历史上看，自由裁量权制度也经历了严格限制、绝对自由回归到二者相对平衡的状态。因此，司法自由裁量权承载德治和法治的共同价值追求，是德法共治的重要空间。

自由裁量权为良法善治服务。法治中国需要良法善治，要求法官恪守法律文本，实现具有稳定性、秩序性的规则之治，同时赋予法官裁量需要一定的自由度去实现善治的价值追求，以实现个案正义和实质正义、法律效果和社会效果的统一，使法律调整变得灵活具有弹性和张力，具有更大包容性和可适用性等。目前，我国法律比以往更加关注人文、弱势群体利益，努力走向“善待个人、善待社会、善待自然”，以期待实现法的“公理性”。[①] 从良法走向善治，有赖于法官在个案审理中对法律条文的适当解读，赋予法律保持良善的持续可能，或凭借智慧补足法律的缺失，司法自由裁量权的这种矫正、纠偏、资源再分配功能，完善了法律在社会治理中的作用，也使良法法治的实现拥有了更加坚实可靠的基础。[②] 从价值目标看，自由裁量权承载着对公平正义的不懈追求、对一般公正的无限接近及在此过程中个别公正的实现，是实现良法善治的重要手段。从个案裁决看，我们希望法官能在微观裁量上实现德治与法治的有效沟通，既遵循法治发展的基本方向，又尊重社会历史的传承脉络[③]，将自由、正义、人权、人情等价值理念融合发展。

二、德治融入司法自由裁量权的把握

道德在司法自由裁量权的适用范围。自由裁量权范围广泛、种类较多，其中道德可作用的空间主要有法律缺失、法律冲突、价值权衡、利益冲突、个案正义等几类。从案件看，涉及身份色彩较浓的婚姻家庭继承关系案件以及涉及人身关系的邻里关系、侵权责任关系案件，道德发挥作用较为集中。如在离婚案件中，虽然法律未规定出轨行为对离婚财产处理的影响，只规定了长期与他人同居行为在离婚财产分割问题，但实际审判中，有出轨行为对离婚财产分割还是会产生较大影响。还有继承案件中，法律对剥夺继承权的行为有明确规定，对存在打骂、不孝等行为，虽然法律无明文规定，但在案件审理中仍然要考虑这些因素。此外，一些不道德交易行为，如恶意串通、显失公平订立合同的，对于相关责任划分及证据认定，社会道德因素对法官自由裁量权有相当影响。

作为补偿法律渊源的道德规范范围。公序良俗是民事审判法官自由裁量的重要依据之一。民法总则规定，“处理民事纠纷，应当依照法律；法律没有规定的，可以适用习惯，但是不得违背公序良俗。”上述关于不得违背公序良俗之习惯的规定，为道德留出了空间。除了已经法律化的公平原则、平等原则、诚实信用原则、夫妻忠实义务等道德

---

① 参见陈旗：武汉大学博士论文《法治视野下的法官自由裁量权研究》。

② 参见陈旗：武汉大学博士论文《法治视野下的法官自由裁量权研究》。

③ 参见陈旗：武汉大学博士论文《法治视野下的法官自由裁量权研究》。

规范外，还有中华优秀传统文化蕴含的思想观念、人文精神、道德规范，如讲仁爱、重民本、守诚信、崇正义、尚和合、求大同等道德文化精华，可通过自由裁量权适时融入案件审判中，积极培育规则意识和契约精神，引导公众自觉履行法定义务、契约义务、道德义务。

司法自由裁量权效果取决于法官。自由裁量权的适用是一项复杂的工作，需要法官将法律、道德等看似不成体系的各类规范、价值观念糅合进一个论证体系中，做出唯一可靠的论证结论。一是法官要有卓越的司法能力和司法智慧，如整体把握法律体系构造，对法律原则、法律规则及法律精神内涵很好地统筹兼顾，融会贯通。二是法官要有超乎常人的道德和良知，应当是底蕴深厚、通达事理的道德典范，对社情民意、道德观念、多元价值等有深刻理解和把握，作出的裁判才能令人信服。三是法官要出于“公心”，行使司法自由裁量权的目的，是实现裁决公正。自由裁量权不是随意裁量，尽管存在多种可供选择的裁判方式，但每个个案都有一个最佳裁判结果，就是法律规范和价值判断的最佳平衡点，法官的任务是找到这个最佳方式。否则，自由裁量权可能变成专横和恣意的权力。在审理案件时，只要做到没有私心，不偏袒任何一方当事人，十之八九会实现公正；如果存有私心，偏袒一方当事人，就很难做到公正。[①]

三、德治在司法自由裁量权中的运用

法官“创制规则”，填补法律漏洞。鲜活的社会生活总是走在法律前面，导致没有明确法律依据的新类型案件出现，需要法官去创制规则。社会道德规范是法官创造规则的重要渊源。如北京市海淀区人民法院审理的快播案中，对于提供技术服务的快播公司是否要对传播淫秽视频承担责任，快播公司提出技术中立、技术无罪的抗辩理由，在网络舆论中一度得到大量点赞。法院在裁判中，通过深入细致分析，明确了技术本身不存在有罪无罪的问题，但运用科技的主体应当遵守法律，明知技术被用于违法事项，有义务去监管却不履行监管义务要承担相应法律责任，这项规则的创制，明确了技术中立论不能成为逃避刑事法律责任的借口，促进了互联网管理秩序走向完善。

---

① 江必新：《论司法自由裁量权》，载《法律适用》2006 年第 11 期。

准确价值判断，发挥价值引领作用。随着社会利益的多元化，不同道德观念间常常发生冲突碰撞，并具体化为矛盾纠纷和诉讼案件。法院在处理这类案件时，要在不同价值中作出判断，只有正确选择了最应该保护的价值，才能对案件作出正确判决。例如，在北京法院处理的狼牙山五壮士案等一系列涉及诋毁英雄人物的案件中，行为人以历史研究、言论自由等作为抗辩理由，这就涉及价值判断的问题。在这些案件处理中，法院认识到，革命英雄人物及其英勇事迹所体现出来的崇高精神已深入人心，构成了我国人民共同的历史记忆和民族情感，革命英雄人物及其英勇事迹事关我们民族的凝聚力，成为社会主义道德形成的养分，事关党的执政根基。如果允许对英雄人物肆意诋毁、抹黑，就会损害我们民族的凝聚力，破坏国家的长治久安，损坏社会主义核心价值观。言论自由也是司法需要保护的价值，但如果言论自由损害了英雄人物所代表的价值，就应当优先保护英雄人物所代表的价值。在这类案件中，法院在维护什么、反对什么上旗帜鲜明，是将社会主义核心价值观融入审判的典型案例。

慎重衡平利益，保护弱势群体利益。如上海法院审结全国首例代孕引发的监护权纠纷案，[①] 关系到代孕目的实现、各方当事人利益、代孕所生子女权益保护等，更涉及公众基于传统伦理观念、文化背景等的接受程度，最终从双方的监护能力、孩子对生活环境及情感的需求、家庭结构完整性对孩子的影响等各方面考虑，以“儿童利益最大化”原则，明确了监护权归属。该案因妥善处理了道德与法律的分歧问题，取得很好的法律效果和社会效果，作为“加强对新情况新问题的司法应对”的典型案例，被写进2017年最高人民法院工作报告。

体现人文关怀，彰显司法温度。法律是固定或宣告人权的文件，是以国家名义作出的承诺，而要个人权利尊严的遵守与维护、对社会整体文明发展的推动，尚需要法官将理性法律作出更加具有道德性的感性解读，使貌似冰冷严苛的法律统治包含人文精神。以无锡的冷冻

---

① 婚后未能孕育的夫妇两人，想方找来卵子“代孕”生了一对龙凤胎，丈夫高某为孩子生父，妻子李某与孩子无血缘关系。一双儿女三岁时，孩子父亲患病离世，为此，在孩子祖父母和李某之间爆发了一场争夺孩子监护权的诉讼“大战”。

2016年，上海市第一中级人民法院对此案终审宣判，判决驳回祖父母要求担任孩子监护人并进行抚养的诉讼请求，由抚养孩子的“母亲”李某取得监护权。

胚胎案为例，胚胎的法律性质是属于人还是物，胚胎是否能够继承，在法律上没有明确规定，有很大争议。在这种情况下，二审判决更多依据伦理道德进行判决，法院最终的判词说明具有很强的道德色彩。“胚胎，作为双方家族血脉的唯一载体，承载着哀思寄托、精神慰藉、情感抚慰等人格利益。涉案胚胎由双方父母监管和处置，既合乎人伦，亦可适度减轻其丧子失女之痛楚。”这是道德规范在判决书中的集中体现。这个判决融合法理，体现人文关怀，社会效果非常好，入选当年十大典型案件。

避免判决结果与社会普遍认知直接抵触。虽然法律在总体上与社会道德观念是一致的，但在特殊情况下，也会存在反差，甚至是对立。例如在死刑适用上，刑事司法政策是严格控制死刑适用，但杀人偿命这种朴素的正义观还比较普遍，法院在适用死刑时，不能因为被害人家属闹访和社会公愤就放宽死刑适用标准，还是要坚持法定的死刑适用标准，通过法院判决、说理，引导社会摒弃同态复仇观念，树立尊重生命、宽和仁慈的道德观念。还有些案件，普遍正义与个案正义存在不一致问题，如果法官不考虑社会普遍的道德观念，简单机械适用法律，可能引起社会普遍抵触，损害司法形象和公信力。例如山东聊城于某杀人案、天津老太持枪案，这两起案件的一审判决结果都与群众的观念形成对立。这两起案件也说明，在审判工作中将德治融入法治不是一句空话，法院在依法依程序办案的过程中，必须时时注意对照人民群众的呼声和道德规范的要求，避免与社会普遍道德观念形成对立。

四、德治融入司法自由裁量权的约束

法官依法正当行使自由裁量权的结果应该受到尊重，但这种“自由”是一种相对的自由，必须受一定的规范约束。

德治融入司法裁量权受制度目的约束，探寻最佳裁量。行使司法自由裁量权的目的是为了实现普遍正义和个别正义的统一，形式公正和实质公正的统一，法律效果和社会效果的统一。只有带着这样的目的和态度，才能真正做到正确行使自由裁量权。[①] 法官要认识到自由裁

---

① 江必新:《论司法自由裁量权》，载《法律适用》2006年第11期。

量权绝不是一种任意、专横或随心所欲的权力，目的是为了使法官针对个案和特殊情形作出唯一正确、恰当，能够体现个案公平的结论或行为①。法官要正确认识行使自由裁量权的目的，对于出现自由裁量情形的，应积极行使，不得懈怠；行使自由裁量权要受上述目的约束，要把握好限度，探求最佳裁判方式，努力追求普遍正义与个别正义，案件正义与社会引导之间的统一。

德治融入司法裁量权受合法性原则约束。司法自由裁量权是在法律框架下的自由裁量权，受法律原则、法律规范、法律精神约束，是一种有限裁量。行使自由裁量权不得违反法律明确、具体的规定，如法律规定从几种法定情形中选择其一或在法定范围、幅度内裁量的，法官应严格依照法律规定行使。此外，为规范自由裁量权的行使，最高人民法院曾专门出台了《关于在审判执行工作中切实规范自由裁量权行使保障法律统一适用的指导意见》，对自由裁量权行使的原则、方法、防止滥用予以指导。法官将道德因素作为自由裁量的依据，应遵守该指导意见关于自由裁量权行使规则的指导。

德治融入自由裁量权行使应受合理性约束。《中华法学大辞典》载明，法官自由裁量权是指法官根据正义、公平、正确和合理的原则，对案件酌情作出决定的权利。合理性不是一个专业概念，表现为社会普通民众的接受水平，它是从法律之外的那些视角对裁判的审视。将道德因素作为自由裁量权的依据，就是从维护社会公平正义的价值观出发，充分兼顾公共政策、社会主流价值观念、社会发展的阶段性、社会公众的认同度等各种因素，既不超越法律价值，又不造成权益失衡，努力导向裁判的确定性、可预测性和一致性，确保裁判结果符合社会发展方向和普通群众接受程度。

德治融入自由裁量权应尊重司法先例。法律的统一适用是成熟而理性的现代法治社会公认的基本原则，② 裁判不一在很大程度上导向了裁判不公。尽管我国不是判例法国家，为维护适用法律的稳定性，行使自由裁量权要尊重司法先例，如果改变要有正当理由。在规范法官

① 江必新：《论司法自由裁量权》，载《法律适用》2006 年第 11 期。

② 郭哲、张双英：《案例指导制度：法律统一适用的中国话语——以“同案不同判”契入》，载《西南民族大学学报》2008 年第 12 期.

自由裁量权的努力和探索，案例指导制度被寄予厚望。[①] 最高人民法院的指导案例制度，通过适时发布指导案例来统一裁判尺度，并努力通过制度来指引法官形成敬畏法律、谨慎裁量、尊重先例、理性判断、严密推理的判决思维习惯，对于规范法官自由裁量是有益探索。

德治融入自由裁量权应受公示制度制约。如果自由裁量权没有监督，就是一种绝对权力，肯定会导致腐败。我国裁判文书基本实现全面上网，既回应了宪法上审判公开原则，也是控制法官擅断的监督需要。其中，最重要的是"理由公示"，即法官在文书中陈述得出结果的理由、经过、细节要素，证明所有形式推理、实质推理都建立在客观公正基础上，经得起法律和良知的检验。[②] 为避免自由裁量权的滥用，理由公示是监督自由裁量权的很好方式。因此，法官在行使自由裁量权时，要主动预见可能遭受的质疑，尽量谨慎从事、小心求证、稳重克制裁量，探求最能实现社会公平正义、最具现实合理性的裁量，详细论证说理及过程予以公示，使裁判过程透明化，避免被轻易贴上"同案不同判"的标签。

第三节 法官道德建设是德治融入审判基础环节

法官是社会主义法治理念的践行者，也是社会主义核心价值观的践行者，法官本身良好的道德水准是司法公正的基础，也是德治融入审判的基本保障。甚至有人说，法律人既是德治布道者，也是法治的实践者，是德治和法治发生光合作用那一缕阳光，是德治与法治融合的催化剂。如果法律人能够科学立法、严格执法、公正司法、率先守法，并且创造性弥合法治和德治偶发的摩擦，德治和法治更能畅通，那么法律人身上就能闪耀道德的光辉，德治和法治便能水乳交融。因此，法律人职业道德建设是德治融入法治的基础环节。

一、法官道德建设是德治融入审判的关键

（一）典型案例及问题反思

司法实践中，有些典型案例反映出个别法官对道德规范、社情民

① 陈旗：武汉大学博士学位论文《法治视野下的法官自由裁量权研究》，第 75 页。

② 陈旗：武汉大学博士学位论文《法治视野下的法官自由裁量权研究》，第 77 页。

意、法律条文蕴含的精神内涵掌握不透，导致一些案件判决结果偏离了社会普遍认知，损害了司法形象和司法权威。

于某涉嫌故意伤害案一审判决，割裂了法律与道德的联系。于某母亲因拖欠债务受到多名催债人侮辱、殴打。警察接警后到室外听取知情人员反映情况，于某看到警察要走，情绪崩溃，持一把水果刀乱捅，致使一人死亡，两人重伤，一人轻伤。一审法院以故意伤害罪判处于某无期徒刑。一审判决被报道后引起巨大争议，其中除了于某行为是否构成正当防卫、警方是否存在失职渎职等法律问题，更引起对案件判决是否符合伦理人情的质疑。后山东省高级人民法院二审认定于某属防卫过当，构成故意伤害罪，判处其五年有期徒刑。

彭某被诉人身损害赔偿纠纷案，忽视了司法对社会公共道德的引导。老人徐某在南京一公交站台被撞伤，她指认撞人者是将其扶起的彭某，彭某予以否认。因一审判决说理表述不当、公安丢失询问笔录、当事人二审和解协议签有保密条款等原因，出现了“彭宇做好事被诬陷”这样严重偏离事实真相的报道。法官仅关注了案件裁判本身，忽视了社会公共道德的有效引导和舆论应对，造成该案被误读和过度放大，引发负面社会效应。尽管数年后，彭某也表示，他确实与徐某发生了碰撞，但案件真相未能及时让公众知晓，使得该案逐渐演化为社会“道德滑坡”的“反面案例”。

许某涉嫌盗窃案一审判决，未充分把握立法原意和法律精神。许某利用 ATM 机故障，用自己仅有 170 多元余额的银行卡，取走了 17.5 万元巨款，一审法院认定其行为为盗窃金融机构，以盗窃罪判处其无期徒刑。宣判后引起社会广泛争论，公众质疑量刑过重。一审法院简单僵化适用刑法分则条文裁判案件，确立量刑幅度，对刑法“罪责刑相适应原则”以及“特殊案件报请最高人民法院核准后可法定刑以下量刑”的规定理解不够透彻，导致判决结果违背了社会普遍认知。后经二审发回重审后，广州中院考虑许某主观恶性及社会危害程度等，经最高人民法院核准后，在法定刑以下量刑，改判为五年，从而尘埃落定。

法律在总体上与社会道德观念是一致的，但在特殊情况下，也会存在反差。如果仔细分析上述热点舆情案件会发现，所谓“重大案件”，往往因法官简单机械适用法律条文，忽视了法律规范承载的价值追求、精神内涵、基本原则，造成了判决结果与群众普遍认知直接抵触、普遍正义与个案正义不一致问题，损害了司法形象和司法权威。这其中的原因既有长期案多人少造成的法官精力严重不足等客观原因，也有法官评价机制、信访机制使得法官更倾向于“保守”或“稳妥”地适用法律条文等体制机制原因，但也反映出长期以来对法官德治方面的培育未引起足够重视，特别是年轻法官人生阅历较少，对道德伦理、中国传统文化、社情民意等理解和把握不够，对道德规范与法律融合的技能方法掌握不足。

（二）原因分析

道德和法律的关系复杂交织。自古以来，道德与法律在审判领域的关系异常复杂，很难清晰区分二者的适用范围，难以实现界限清晰、有机结合、刚柔互补的良性运行关系。处理好两者的关系，需要深刻把握道德规范精神内涵、条文背后的立法原意以及二者适用的先后顺序关系，准确予以论证说理、价值判断，并熟练掌握法律适用方法，这都是难度很高的事情。

人民群众对实质正义的期待。审判工作要根植于中国国情，符合中国法律文化传统和人民群众的实际需要。我国人民群众受数千年法律传统影响对案件实体正义有着现实期待，习总书记提出“努力让人民群众在每一个司法案件中感受到公平正义”，这是人民法院的工作目标，也对案件审理公平正义提出了较高要求。有的法官未充分评估裁判结果是否具有道德伦理、价值观念上的正当合理性，未积极追求程序公正与实体公正的平衡统一，造成形式正义与实体正义出现反差，损害司法公信力。

个别法官忽视了道德补充渊源作用。基于对中国封建人治传统的反思，司法审判领域始终对道德规范的作用及法官自由裁量持怀疑警惕态度，以严格的规则之治防止人性、人治可能造成的侵害。长期司法实践中，一些法官由于案多人少、法官对案件承担化解责任等现实因素，加上长期受实证法学理念影响，忽视了社会主义核心价值观等道德因素的补充法律渊源作用。因此，裁判案件的渊源应是多元的，法律是其中最主要的渊源，道德规范是重要的补充渊源，在弥补法律局限性上可以发挥积极作用。

缺乏德治融入审判专门技能训练。司法审判是一项异常复杂的工作，需要法官将法律、道德等看似不成体系的各类规范、价值观念糅合进一个论证体系中，做出唯一可靠的论证结论，实现普遍正义与个别正义、形式正义与实体正义、法律效果与社会效果的有机统一，增进人民群众对公平正义的普遍认同，促进社会道德建设。而如何在一般公正的无限接近中实现个别公正、在尊重法律的基础上以智慧弥补法律缺失，这既是价值判断问题，也是司法适用技能问题。目前，此方面尚无体系化的培训和培养。

二、完善新时代的法官职业道德体系

习近平总书记在同北京大学师生座谈时指出，“道德之于个人、之于社会，都具有基础性意义，做人做事第一位的是崇德修身。”法官作为国家法律的执行者，社会正义的化身，能否在解决争讼的司法过程中做到不偏不倚，秉公而断，实现司法公正，很大程度上取决于法官自身的职业素养和道德素质。[①] 因此，把法官职业道德建设作为德治融入审判的基础性环节，锻造法官的品行修养、为政之德，才能使法治与德治互为支撑，努力实现法安天下、德润人心的目标。

加强对法官党性教育。法治与德治结合的本质要求是坚持党的领导，这是中华民族优秀文化传统和党的先进性结合的必然结果。人民法院作为国家审判机关，人民法官作为国家审判人员，是党的路线方针政策的践行者，在政治上要牢牢坚持党对法院工作的绝对领导，要牢牢坚持马克思主义在意识形态领域的指导地位不动摇，切实增强“四个意识”，牢固树立“四个自信”，切实做到维护核心，绝对忠诚，听党指挥，勇于担当，坚持用中国特色社会主义理论体系占领法院系统思想阵地。法官要不断提高自己的党性修养，自觉服务党和国家大局，认真学习领会包括社会主义核心价值观在内的良好道德观念的精神内涵，切实履行好维护社会大局稳定、促进社会公平正义、保障人民安居乐业的重要职责，努力让人民群众有更多获得感。

加强法官道德品行锤炼。离权力越近的地方越需要道德，离法律越近的地方越需要良知。一个法官如果缺乏道德和良知，将会使公正底线一溃千里，让最基本的社会公平荡然无存。因此，法官的良知和

① 郑茹：《论法官职业道德建设》，中国法院网盘锦频道 https：//www.chinacourt.org/article/detail/2013/09/id/1102863.shtml。

良心问题应当是法院队伍建设很重要的问题。法官应加强道德修养，规范遵守职业道德，勤勉敬业，努力成为德法融合表率，在法庭内外的言行体现出公正，以德修身、以德立威、以德服众，带头践行社会主义核心价值观，以实际行动带动人民群众崇善守法。课题组在调研中发现，北京市高级人民法院将新时期的北京法院精神确定为“明德尚法、忠诚为民、秉廉守正、首善博学”，将“明德”放在第一位，这16字法院精神充分展现了北京法院“以德为先”的品格特征和价值取向。

提升文化修养人文感知。法官是公平正义的担当者，要有崇尚法治、恪守良知、理性公允的职业品格，也要有丰富的社会经验、对社会现实的深刻理解以及正直善良、惩恶扬善的良知和情怀。因此，法官应树立良好学风，加强自身文化素养，培育高尚道德情操，提升思想认识水平和分析判断能力，最大限度维护司法公正。如北京市门头沟区人民法院在课题组的调研中，介绍该院注重从中国传统文化中汲取养分，制定了“六三三一”的法院文化建设规划，即依托门法公约、思·享·汇座谈、知行微信群、《清风·明月·书香》电子期刊、法官之家、文化建设联席会议六个平台，围绕中华法系优秀传统法律文化、中华优秀传统文化、社会主义核心价值观三个体系，实现通过环境营造使干警接受认同、通过氛围渲染鼓励干警自觉参与、通过有力引导激发干警主动学习和践行三个递进，顺应变动不居的时代发展，提升法官认知、思考和判断水平，夯实独立公正处理新类型案件的决疑能力，达到利用职业平台提升法官人文素养、促进社会发展的目标。

筑牢法官拒腐防变能力。英国哲学家培根有句名言，“一次不公正的审判，其恶果甚至超过十次犯罪。因为犯罪虽是无视法律——好比污染了水流，而不公正的审判则毁坏法律——好比污染了水源。”如果司法这道防线缺乏公信力，社会公正就会受到普遍质疑，社会和谐稳定就难以保障。[①] 2018年最高人民法院在全国人民代表大会所作工作报告中提出：“坚持反腐败无禁区，以零容忍态度坚决惩治司法腐败，营造风清气正的司法环境。”不论何时，法官应保持清醒头脑，坚守神圣的审判职责，严格遵循各项廉政纪律和法官职业道德，避免公众对司

---

① 习近平：《关于〈中共中央关于全面推进依法治国若干重大问题的决定〉的说明》。

法公正产生合理怀疑，做到清正廉洁，坚决不碰触廉政底线，促进社会对司法的尊重和信任。司法实践中，各级法院高度重视廉政建设，有的法院以核心价值观为衡量法官的道德标尺，严格执行党风廉政建设责任，采取了家访、一对一约谈等有针对性的道德考察和廉政风险防控措施，强化了干警道德自律意识。

三、法官裁判中德治融入审判方法的把握

将德治融入法治不仅是信仰问题，更多是技能操作问题，即掌握德治融入法治的操作方法，把握法律适用与价值判断的平衡关系问题。

审判是法律适用与价值判断的平衡。法律适用只能解决形式上的合法性、正当性问题，但在适用过程中还存在法律概念的解释、事实要件的评价、法律条文漏洞补充以及非确定性问题等，比如“合理期间”“正当理由”等具有自由裁量因素的概念。而价值判断的方法，不同法官会融入不同的价值判断，给解释结果带来不确定性。因此，法律适用或者说形式理性方法与价值判断或实质理性方法，都存在着一定缺陷，单靠一种方法都不能很好地完成司法任务。司法审判就是在法治与德治平衡、法律职业与价值判断平衡中前进。

娴熟的法律适用技术是前提。郑永流先生在其翻译的德国法学家卡尔·恩吉施的《法律思维导论》艺术后记中说，“法学是一门充满实践理性的学科，魅力主要不在坐而论道，构建价值，因为其他学科也共担这样的使命。而在于如何通过规范把价值作用于事实，作出外有约束力、内有说服力的判断的技艺。无技艺，自由的价值、诚信的价值总是养在深闺，纵有千种风情，与何人说？与事实总是银汉相隔”[①]而掌握必须的法律适用操作方法，是每名法官的天职。[②] 如在一个虚假诉讼案例中，律师在当事人仅委托保险赔偿、未委托诉讼的情况下，伪造了起诉状及受害者的城镇工作证明到法院起诉，骗得法院按城镇居民作出高额赔偿。最后律师给了当事人 1 万元，自己隐瞒保险公司赔偿了 13 万的事实，从中贪了 12 万元。法院依法惩治此类虚假诉讼，可有效彰显司法公平正义、诚实守信等价值取向，但辨别此类案件需要

---

① ［德］卡尔·恩吉施：《法律思维导论》，郑永流译，法律出版社 2004 年版，第 284～285 页。

② 邹碧华：《要件审判九步法》，法律出版社 2010 年版，第 176 页。

掌握法律调查核实手段，如庭审抗辩异常、关系异常、证据异常、调解异常等，这是一个经验判断和法律技术运用问题。因此，法官有权利并有义务接受教育培训，熟练掌握法律知识，精研法理，提高驾驭庭审、判断证据、发现事实、制作裁判文书等各项司法技能，掌握一整套基础性的法律适用方法，以期有能力、有方法实现案件的最佳裁判结果。

法律适用在时间上先于价值判断。法官正确适用法律原则，是成功审理案件的前提和基本功。逻辑方法发挥着巨大作用，确保法官能完成大量司法任务。为什么可以这样说？其一，并非所有案件都会出现疑难法律问题，法律并非一直处于需要解释的状态；其二，并非所有案件都会出现小前提问题；其三，大多数日常案件中，逻辑方法发挥着巨大作用，其中的价值判断因素事实上已经成为常识，无须过多纠缠即可进入逻辑领域，事实上，即使那些疑难复杂需要动用价值判断的案件，逻辑方法在其中也扮演着重要角色。[①] 因此，法官裁判案件时应优先采用法律适用或形式理性的方法做出综合分析和初步裁判结果。

价值判断对案件判决起决定作用。邹碧华在《要件审判九步法》的最后指出，“无论什么方法，都离不开价值观的决定作用”。形式理性的方法有其局限性和作用范围，一个案件要审得公正、漂亮，最重要的是我们想要把这个案件审好、审漂亮。换句话说，价值观是起决定性作用的。[②] “法官在选择解决问题的合理方式的时候，不能单纯走技术途径，要在生活体验、人生阅历、日常生活基础上，运用形式理性去追求法律真实，并站在人文立场上进行价值选择，这就是一条人文路径。……在事实与规范之间，法官拥有足够的思想空间。”[③] 换句话说，法官在运用法律适用的方法做出初步判断后，还要调动大量价值观念、情感意识等精神要素，将立法原意和法律精神有针对性地个别化，最终检验或凝结为个案的公正审判。

法律裁判方法必须辅之以法官释明。无论哪种裁判方法，都涉及一个世界各国共同面临的问题，就是诉讼专业化发展与社会公众法律

---

① 邹碧华：《要件审判九步法》，法律出版社 2010 年版，第 176 页。

② 邹碧华：《要件审判九步法》，法律出版社 2010 年版，第 176 页。

③ 丁国强：《法律、法官的人文视界》，载 http：//blog. sina. com. cn/s/blog_ 492a99860100b9v2. html，2018 年 6 月 15 日。

知识间的鸿沟在日益扩大。由于社会公众对诉讼程序、证据规则、法律适用方法尚不熟悉，不能有效配合法院查明事实，用好释明权对于实施证据规则、公正处理结果和提高办案效率，都有积极作用。在德治融入审判领域，涉及复杂的价值判断问题，更需要法官公示自己的心证推理过程和法律观点，既让当事人信服，也是对法官裁判权的监督和约束。

四、德治融入法官工作各流程环节

坚持融德于行，将德治融入法官审判执行工作各流程环节，强化道德融入，形成鲜明的道德引导作用。

立案诉服树立德法并重理念。法官在立案、诉服等各个司法流程环节中，应转变工作作风，树立德法并重的基本理念，以礼相待、以理服人，用文明友善、专业规范的工作态度获得当事人的信服。人民法院应完善诉讼服务体系、完善预约立案、远程立案、网上立案等便民利民措施，方便群众诉讼，加强人文关怀。同时，积极推行、积极推进繁简分流，依法适用简易程序、小额诉讼程序、刑事案件速裁程序，在更高层次上实现公平与效率、权利与秩序的平衡。

审判工作注重情理法有机统一。法官在审判工作中应兼顾法律标准和道德标准，努力实现政治效果、法律效果和社会效果的有机统一。依法打击危害食品药品安全、污染生态环境、非法集资等严重失德的违法犯罪行为，切实维护公共利益，并警示教育社会。妥善审理各类民商事案件，准确把握诚实信用、公序良俗、意思自治原则，积极培育规则意识和契约精神，引导公众自觉履行法定义务、契约义务、道德义务。加强裁判文书说理，适当增加情理内容，在刚性法理之中融入道德引导，对当前一些道德败坏现象予以批评。[①]

判后延伸引导社会公共道德。倡导法官判后寄语，尤其在疑难复杂的婚姻家庭类、人身侵权类、群体性案件中，把依法裁判与以德育人结合起来。制作司法建议书，向有关单位和管理部门提出改进和完善工作的建议，引导诚信经营，坚持绿色发展理念，自觉承担社会责任。加强法治宣传、巡回审判、就地办案，设置巡回审判点、旅游假

---

① 参见吴勇辉：《将德治融入司法实践是人民法院的重要使命》。

日法庭、基金业法庭等，坚持用司法公正引领社会公正。

执行工作推进社会诚信建设。执行法官应强化对失信行为的综合治理。如北京法院运用刚柔并济的执行策略，一方面通过采取法制教育、道德感召、思想疏导等方法，提高了被执行人履行义务自觉性，促使部分案件得以执结；另一方面，对于部分逃避执行的失信被执行人，坚决依法采取各种强制手段，产生强大震慑力。部分法院依法对失信被执行人采取限制融资信贷、限制招投标、限制出入境、限制高消费等措施，形成“一处失信、处处受限”的信用惩戒格局。同时，要通过曝光一批典型案例，宣传普及诚信理念、规则意识和契约精神，在全社会营造崇德尚法的浓厚氛围，促进社会诚信体系建设，从源头化解“执行难”。[①]

第四节　多元化纠纷解决机制是德法共治重要举措

多元化纠纷解决机制改革是党的十八届四中全会确定的一项改革任务。中央将多元化纠纷解决机制建设作为人民法院司法改革、推动国家治理体系和治理能力现代化的重要内容，并在十八届四中全会《中共中央关于全面推进依法治国若干重大问题的决定》中将其正式确认为国家的发展目标。这一机制不仅是司法供给侧改革的重要领域，也是德治融入法治建设、社会治理的重要实现方式。人民法院应进一步发挥多元化纠纷解决机制在预防纠纷、形成规则、维护公共道德、提供凝聚力的作用，积极培育全民道德素养和法治观念，使和平对话、互利双赢成为解决纠纷的主流。

一、多元解纷是促进良法善治重要途径

多元化纠纷解决机制有效解决诉讼一元制弊端。长期以来，审判工作被视为终结纠纷的唯一途径，面对纷繁复杂的社会纠纷和人们对司法的多元期待，诉讼所具有的成本高、效率低、结果僵化等弊端日益凸显，导致诉讼难、执行难、案结事了难、信访上访等现象日趋严重，司法公信力受到直接影响。与此同时，其他纠纷解决机制日趋式

---

① 参见禹明逸：《关于执行工作中如何将德治融入法治建设的几点认识》。

微，人民调解、行政调解、社会团体和组织化解等功能弱化，形成了诉讼高耸、非诉讼矮化的法院一元化纠纷解决现状。司法不再是化解社会纠纷的最后一道防线，而成为第一道或唯一一道防线，这势必制约和影响诉讼机制功能的充分发挥，最终造成双输而非双赢的尴尬局面。[①]

多元化纠纷解决机制是司法供给侧改革的重点内容。针对法院案多人少的矛盾、人民群众日益增长的司法需求等现实情况，为避免审判解决纠纷的零和结果或僵化性，促进社会团体组织的发展成长和纠纷的类型化解决，中央从司法供给侧改革的定位，提出了多元化纠纷解决机制。该制度试图将司法制度从无力负担、无法接近、背离现实与过度制度化的被动状态拯救出来，对诉讼进行分流减量，[②] 引导司法改革从狭义走向广义，拓展了司法改革的覆盖范围，从局限于诉讼和法院领域的司法改革延伸至整个社会纠纷解决领域，力争形成诉讼机制与非诉讼纠纷解决机制同频共振、协调配合的纠纷解决机制。

多元化纠纷解决机制有成效但发展不均衡、不协调。各级人民法院围绕中央和最高法院部署，积极推进多元化纠纷解决机制建设，在党委的统一领导下，协调政府部门、司法机关、基层组织等各方力量，采取多元调解、速裁、专业调解等多元调解方式分流化解了大量纠纷，取得了一定成效。以北京市法院系统为例，2017 年 1 至 11 月，调解成功和速裁结案 145852 件，是上一年全年的 6.9 倍。其中，多元调解成功案件量 63812 件，是上一年的 3.4 倍。[③] 但纵观整体落实情况，2017 年北京法院新收案件量已逾 76.9 万件，多元化解的案件占比还不高。我国多元化纠纷解决机制还处于初期阶段，各地发展情况不均衡，未形成统一协调的机制体制。实践中较突出的问题有：思想认识不统一，如一些法院缺乏专职人员参与多元调解工作；相关部门认为化解纠纷是党委、政府或法院的工作，签了协议但未真正开展工作；部门间未

---

① 汤维建：《多元化纠纷解决机制改革的时代意义及其要点》，载《人民法院报》2016 年 6 月 30 日。

② 范愉：《当代世界多元化纠纷解决机制的发展与启示》，载《中国应用法学》2017 年第 3 期。

③ 2017 年 12 月 26 日，北京市高级人民法院“深化多元化纠纷解决机制改革工作”新闻发布会。

形成长效机制，协调成本较高；非诉纠纷解决组织存在案源及经费不足等现实情况。

多元纠纷解决机制是实现善治的重要组成部分。人民法院借助社会力量参与调解，既可能借助非法律职业人士完成部分司法职能，也可能通过他们在调解中吸收民间习惯、常识思维和道德情理，由此改善司法程序①，并实现预防纠纷发生、维护公共道德、提高共同体凝聚力等目的。从国际上其他国家非诉讼纠纷解决程序（ADR）发展趋势看，非诉讼纠纷解决程序普遍经历了地位不断提高、范围和功能不断扩大、日益法治化规范化的共同趋势，其所具有的积极价值被不断发掘出来，已从最初的诉讼替代物发展成为纠纷解决的优先选择或主渠道。② 我国多元化纠纷解决机制与其他国家和地区的ADR的内涵、制度并不完全相同，但所强调兼顾诉讼与非诉讼机制的协调发展，与ADR的理念和目标是一致的，契合了当代社会解决复杂纠纷的现实需要，也符合法治发展、社会治理的规律。鉴于多元纠纷解决机制是个系统工程，尚需自我完善和成长，人民法院既要引导全社会形成多元化解观念，又要在党委领导和政府支持下，完善体制机制，并建立保障、考核等配套保障措施，凝聚一支可靠稳定的专业队伍，形成强大的内生动力，才能实现可持续性发展。③ 人民法院还要强化对各级民间调解组织化解纠纷的业务指导，使诉调对接，强化调解功能成为现实的可能。

二、道德在多元化纠纷解决中的运用

多元化解纠纷过程中，吸纳了不同社会力量参与调解，道德规范可以凭借其灵活性强、自我约束性强、事前事后均可调整、注重思想疏导和人性关怀等优势，发挥相较于审判领域更多的调整和社会治理作用。据北京市高级人民法院公布的多元调解典型案例，诚信交易、

---

① 范愉：《当代世界多元化纠纷解决机制的发展与启示》，载《中国应用法学》2017年第3期。

② 范愉：《当代世界多元化纠纷解决机制的发展与启示》，载《中国应用法学》2017年第3期。

③ 卞文林、梅贤明：《多元化纠纷解决机制如何成长完善》，载《人民法院报》2017年11月7日。

合作共赢、维护信誉、包容礼让、乡邻和睦、家庭亲情、兼顾各方等道德因素在多起纠纷化解中被援引，使得当事人冰释前嫌、握手言和，受到群众尊重和认可。

道德伦理规范多适用于家庭邻里纠纷案件。人民调解组织主要运用道德情理、家庭伦理、乡规民约等规范，适用于婚姻家庭、邻里关系、追索劳动报酬、人身损害赔偿等多发性和群体性纠纷；如在一起劳务纠纷案中，依约完成装修工程的甲将拒不支付费用的乙告上法庭。立案法官了解到甲家庭困难，指导甲通过诉前调解“快速通道”化解纠纷，并立即将案件移转至驻院人民调解员。人民调解员在查清双方对案件事实无争议，因工程发包方未与乙结算工程款，故乙未支付后，明确告知乙未支付劳务费系违约行为，发包方未支付工程款不是乙不向甲支付劳务费的合法理由。调解员进一步从双方系同村村民入手，引导乙顾及乡亲关系及自己声誉，设身处地考虑甲家现实困难，尽快支付劳务费；同时建议甲给予乙筹措钱款的合理宽限期。最终，该起劳务纠纷在24小时内成功化解。[①] 劳务费如通过审判程序解决，从送达、开庭到审判，动辄需要几个月的时间，而诉前调解“快速通道”满足了当事人高效、便捷、灵活的需求，结果也获得了双方当事人认可。

行业规范多适用于特定专业领域纠纷案件。主要由各类行业协会、行业调解组织运用行业规范、职业道德、技术标准、行业习惯等规范，对知识产权、证券、医疗、保险、美容、房地产、工程承包、国际贸易等专业领域纠纷进行化解。如甲保险公司起诉乙公司索要保险费，但所主张的权利已过诉讼时效。行业调解组织调解员接受法院委托后了解到，乙公司拒绝调解和给付保险费，原因是甲公司未事先沟通而直接起诉。且乙公司正在重组过程中，找到案件所涉材料需要较长时间。调解员以维护企业信誉为突破口联系乙公司开展调解工作，最终促成双方友好达成了谅解。

政策规章等多适用于行政管理类纠纷。主要由各级政府组织运用规章、政策等，化解消费者权益保护纠纷、劳动争议、涉农土地、物业管理等与行政管理较为密切纠纷。如一起物业纠纷中，部分小区业主因对物业服务不满意而拖欠物业费，被物业公司起诉。因当地基层

---

① 参见北京市高级人民法院：《北京法院多元调解十大典型案例》。

组织熟悉当地物业服务情况，被委托参与调解工作。调解员向业主介绍了物业费的主要用途、如何评价物业服务质量等情况，以及前期物业公司撤离后，现在的物业公司为业主正常生活做出了积极努力，应获得业主支持和理解。经过及时沟通，该案数十名业主和物业达成了和解协议。

商事交易惯例等多适用于商事交易纠纷。主要是各类商事调解仲裁组织运用国际公约、商业惯例、市场规则、交易习惯等，解决国际贸易争议、银行证券、地产建筑、互联网、知识产权、电子商务等商事纠纷，有助于打造繁荣稳定可预期的法治营商环境。如某钢铁公司与冶金公司签订钢材买卖合同，后冶金公司未能付款，钢铁公司陷入经营困难，将冶金公司告上法庭。立案庭法官了解案情后启动“立保调对接、立审执对接”机制，立案同时委托调解组织开展调解。最终，这起上亿元的案件仅十几天就成功化解，双方继续开展商业合作，法官与多元化纠纷解决机构一起，共同协力将矛盾纠纷化解在萌芽状态。

三、法院应引领多方形成化解合力

积极培育理性协商的多元解纷文化。一项制度或习惯的形成，需要意识培养和时间积淀。当前我国法律界（尤其是法学界和律师界）主流对于非诉讼纠纷解决机制的理念和正当性仍持怀疑否定态度，对于协商调解等纠纷解决理念、技能更是知之甚浅，而诉讼至上、法律万能等传统法律意识形态却根深蒂固，社会公众的观念和媒体舆论也尚未形成崇尚协商理性解决纠纷的主流文化，这种情况也影响了现实的纠纷解决行为和实践。[①] 党的十九大报告指出：“加强社会心理服务体系建设，培育自尊自信、理性平和、积极向上的社会心态。”当前，大力推行多元化纠纷解决机制，需要高度重视并积极培育法治理念和解纷文化的转变——从崇尚国家中心、诉讼万能、对抗性与刚性、零和思维及法律职业人的垄断向尊重多元文化、追求善治、鼓励社会参与、以平等协商对话获得双赢等价值转化。[②] 最高人民法院院长周强指

① 范愉：《当代世界多元化纠纷解决机制的发展与启示》，载《中国应用法学》2017年第3期。

② 范愉：《当代世界多元化纠纷解决机制的发展与启示》，载《中国应用法学》2017年第3期。

出，要在实现定纷止争、案结事了的基础上，更加注重促进各方当事人破解困境、实现合作、创造价值，努力实现互利双赢效果。因此，应将中国传统和谐理念进行宣传并融入多元纠纷解决中，从青少年教育、社会观念、舆论引导、法律职业教育及伦理、当事人行为等方面入手，[①] 在全社会倡导理性平和、协商性的解纷文化，鼓励、引导通过非诉讼途径解决纠纷。此外，定期对非诉解纷组织的工作成果予以公示，增强公众对非诉解决纠纷的认可度[②]，使得在法律框架下的理性协商、自律、宽容、和谐、责任、诚信等基本理念逐步成为一种新型的纠纷解决主流文化，才能迎来多元化纠纷解决机制更好地发展。

党中央要求法院引领多元化纠纷解决工作。自2004年最高人民法院首次提出建立多元化纠纷解决机制，到2009年最高人民法院出台《关于建立健全诉讼与非诉讼相衔接的矛盾纠纷解决机制的若干意见》；再到十八届四中全会从中央层面部署“完善多元化纠纷解决机制”的改革任务；2015年12月中央发布《关于完善矛盾纠纷多元化解机制的意见》，到2016年最高人民法院发布《关于人民法院进一步深化多元化纠纷解决机制改革的意见》和《关于人民法院特邀调解的规定》。多元化纠纷解决机制改革经历了从探索试点到示范推广、从基层实践到理论升华、从改革政策到制度构建的历程，基本形成了调解、仲裁、诉讼相互衔接、相互协调的多元化纠纷解决体系，在实践中也发挥了巨大的社会治理功能。[③] 其中，2016年最高人民法院《关于人民法院进一步深化多元化纠纷解决机制改革的意见》明确规定：“充分发挥司法在多元化纠纷解决机制建设中的引领、推动和保障作用，为促进经济社会持续健康发展、全面建成小康社会提供有力的司法保障。”人民法院应积极承担起引领、推动和保障作用，加强与行政机关、仲裁机构及各调解组织对接，建立一站式纠纷解决平台，完善诉调对接等机制，创新在线调解等调解方式，加强对调解组织支持、鼓励和指导，扩大

---

① 范愉：《当代世界多元化纠纷解决机制的发展与启示》，载《中国应用法学》2017年第3期。

② 何艳：《法院在多元化纠纷解决机制中的困境与突破》，载 http：//mdjsfh. hljcourt. gov. cn/public/detail. php? id = 992。

③ 龙飞：《内地多元化纠纷解决机制改革的成就及商事调解的发展趋势》，载 http：//news. sina. com. cn/sf/news/fzrd/2018 – 05 – 24/doc – ihaysvix7483417. shtml。

多元调解的案件范围和规模，满足人民群众多元解纷需求。

打造全社会共建共治共享社会治理格局。党的十九大报告指出："打造共建共治共享的社会治理格局。加强社会治理制度建设，完善党委领导、政府负责、社会协同、公众参与、法治保障的社会治理体制，提高社会治理社会化、法治化、智能化、专业化水平。"我国的社会治理理念从"社会管理"到"社会治理"的转变，预示着管理主体开始多元化、丰富化。党委领导、政府主导、社会协同、公众参与；共治意味着调动综合治理多种手段，由单一事后管理转变为预防性、柔性的全方位治理；共享意味着全民共享团结安宁的治理目标。各方力量广泛参与，政府要积极履行职责，不缺位不越位，社会力量要积极提高参与治理的意愿和能力，人民群众要主动参与和积极配合，实现政府治理和社会调节、居民自治良性互动。人民法院在此过程中，积极引领、保障、推动政府、社会和人民群众积极参与社会治理，最大限度发挥全社会合力。

多元化纠纷解决应依法开展。依法调解是调解应当坚持的基本原则。多元调解，就是要通过分析事理、运用情理和讲明法理的方式，促进当事人和解，化解矛盾纠纷。调解中必须把法律规定想在前面，把合法性与当事人的自愿性有机结合，确保调解工作不违反法律的强制性规定。[①] 如在一起借贷案件中，双方约定的借款利率超过了法院依法应予支持的年利率。调解员在调解中阐明，调解虽然要尊重双方当事人的意见，但更要符合法律、法规的强制性规定。为使调解协议规范严谨，根据双方的调解意见，调解员与指导法官共同提出调解方案供双方参考，最终双方达成了符合法律规定的调解协议。多元解决纠纷不能违反法律原则、法律强制性规定，指导当事人应以法律规定为前提达成调解协议，可有效确保调解协议的合法性。

最后，法律职业极其需要人文关怀精神和高超的道德情操。法治建设与德治建设道路漫长，社会各界要在党的统一领导下，各尽其职、善尽其职。人民法院亦应立足本职，以应有的社会责任感和历史使命感，履行好宪法法律赋予的神圣职责，积极弘扬社会主义核心价值观，以司法公正引领社会公正。

---

① 参见北京市高级人民法院：《北京法院多元调解十大典型案例》。

第十三章
德治融入全民守法的考量和路径

良法善治离不开全体民众对法律的敬畏和尊崇，只有执法司法部门的作为，是远远不够的，只有发动人民群众都来学法守法，养成良好的法治生活习惯，我们国家的法治建设才会深入人心，蒸蒸日上，法治中国才能够真正形成。

党的十八大报告郑重提出“全民守法”的概念，并将其与“科学立法”“严格执法”和“公正司法”相提并论，作为全面落实依法治国基本方略的要求进行突出强调，表明了我们党推进依法治国基本方略的坚强决心。全民守法，具有广泛的社会性和群众基础，是社会主义法治建设的重大课题，对于构建社会主义和谐社会、实现国家长治久安具有重大战略意义。

全民守法要求针对客观存在的道德滑坡、法律模糊、不犯法不学法、需要法保护才找法的现实情况，要求执法司法机关和国家主流媒体，结合办案实际，遵照谁主管谁普法的要求，善于以案释法，用身边的法治事件教育身边的人，有针对性地启迪民众、教育民众，使他们从现实教育中得到警醒，从对法律的知之甚少，不愿主动学习，到通过以案说法深受震撼，改变过去认为法条枯燥无味，学不会也记不住的抵触情绪，到正视案件事实，边思辨边学习边对照，使法律规定成为“看得见，摸得着，记得牢”的法治武器，从而自觉地尊法、学法、守法，积极地融入依法治国的大格局大战略中。全民守法要求我们必须处理好法律与道德的关系，实现守法与有德的统一。实践告诉我们，全民守法的关键在于领导干部这个“关键少数”的表率作用，领导干部不得有超越法律的特权。全民守法还要求我们必须提高法治意识和德治意识，从自身做起，依法维权，编织好纵向到底横向到边的守法网络。全民守法任重道远。

第一节　全民守法的重要法治意义

一、全民守法彰显党推进依法治国基本方略的坚强决心

长时期以来，人们曾为谁来守法争论不休。尤其是关于法是为谁制定的，法到底是治谁的，一直有着很大的争论。最典型的有两种说法，一种是，法是用来专治老百姓的；另一种是，法是用来治官的，不是治民的。其实这两种说法从法理上讲，都不成立。人们出于对法律的一知半解，说法是专治老百姓的或是治当官的，都是一种情感表达，不是一种理性的、学理的、学术的观点。法律是一种普遍性规则，这种普遍性规则是不分当官与百姓的。当“全民守法”的概念出现后，这个问题立即迎刃而解。

党的十八大报告首次明确提出“全民守法”的概念，并将“全民守法”与“科学立法”“严格执法”和“公正司法”相并列，作为推进法治中国建设最重要的四项保障措施之一。党的十八届四中全会审议通过的《中共中央关于全面推进依法治国若干重大问题的决定》，进一步明确把全民守法提升到与科学立法、严格执法、公正司法同等重要地位。

法治中国是由科学立法、严格执法、公正司法和全民守法四部分构成的。将全民守法与科学立法、严格执法、公正司法一并作为全面落实依法治国基本方略的要求进行突出强调，表明我们党对社会主义法治建设规律认识的不断深化，体现了我们党推进依法治国基本方略

的坚强决心。

全民守法，是指不论什么主体，不单指全体中华人民共和国公民，即除了自然人，还包括法律拟制人，如政党尤其是执政党，国家公权力机关等，都要守法。也就是说任何组织或者个人都必须在宪法和法律范围内活动，都要依照宪法和法律行使权利或权力、履行义务或职责。

全民守法，要求所有的人都必须在法律制度内，明确相互关系，相互制约，依法行事，尤其要依法立法，依法行政，依法司法，依法监督；而不是说立法、执法、司法的人可以置身法律制度之外，甚至凌驾于法律制度之上治理别人。

我国现行宪法在序言中明确规定：全国各族人民、一切国家机关和武装力量、各政党和各社会团体、各企业事业组织，都必须以宪法为根本的活动准则，并且负有维护宪法尊严、保证宪法实施的职责。《宪法》第五条第四款规定：一切国家机关和武装力量、各政党和各社会团体、各企业事业组织都必须遵守宪法和法律。

可见，遵守宪法和法律，是一切国家机关、社会组织和公民个人的神圣法律义务。

全民守法，具有广泛的社会性和群众基础，是社会主义法治建设的重大课题，对于构建社会主义和谐社会、实现国家长治久安具有重大战略意义。

全民守法，也是习近平总书记牵挂于心的一件大事，他多次在不同场合反复倡导全民守法意识。

全民守法，要求社会生活的每一个参与者、社会关系的所有领域都能够遵从宪法和法律的权威，形成良好的遵守和服从规则的守法意识；要弘扬“法律面前人人平等”的法治精神，反对各种破坏法治的特权现象，有效解决有法不依的法治难题，从整体上提升全民守法意识和水准，为建设法治中国和法治社会提供全民守法的有力保障。

全民守法，是法律实施的重要方面。每一个公民都是一个守法主体。从法律实施的角度来看，全民守法和立法、执法、司法一样承担着非常重要的任务。

全民守法，是政府和公众在良性互动中，实现国家“善政”和社会“善治”的前提。

只有将全民守法作为推进法治社会建设的工作抓手，通过全民守法形成良好的宪法和法律实施的社会氛围，形成较高的社会诚信体系，才能让市场要素充分展现自身的活力，让市场对资源配置起到决定性作用，才能有效地调动执政党、国家机关、社会组织和公民个人各个方面的主动性、积极性，以饱满的政治热情和审慎的守法意识投入到社会主义现代化建设中，最大限度地发挥社会主体的创造力，最终实现中华民族伟大复兴的中国梦。

二、从实例看全民守法的现实价值

当前社会上信权不信法、信钱不信法、信访不信法的现象依然存在，全民敬畏法治的气氛尚未完全形成。一些地方司法公信力匮乏、"权、钱、名"带头违法；传统的"人情社会"对"法治社会"进行挤压，很多人信仰人际关系而非法律，所有这些都对全民守法意识的形成，对法治社会建设构成了极大的破坏。如果一个社会大多数人对法律没有信任感，认为靠法律解决不了问题，还是要靠上访、信访，要靠找门路、托关系，甚至要采取聚众闹事等极端行为，是不可能尊法守法的，如此下去何以建成法治中国？对这些错误思潮必须予以彻底批判，坚决及时纠正。

守法，必须尊法学法，敬畏法律。全民守法，自然要求全民尊法学法，敬畏法律。在当代中国，因为不懂法而误入歧途，因为不知法而触犯法律，因为违法犯罪铸成大错的事例比比皆是。

我们从一起案例来看全民学法的必要性。长期以来，在中国的违法犯罪人员中，知法犯法者有之，执法犯法者有之，但有相当一部分人是属于违法不知法，犯罪不知罪的人群。这个案例可让我们窥一斑而知全豹。

某地一房产公司法人代表、总经理朱某和副总经理汪某、李某合股开发经营房地产，朱某因另开宾馆资金紧缺，向汪某、李某借资1500万元，借条上说好两年还清，可三年过去了，还分文未还。汪、李多次向朱某追债未果，十分气愤。于是，汪、李商量将三人合股开发经营的十套商品房出卖，并将卖得的1500万元房款打入了汪某的私人账户。一年后，朱某发现了，向当地公安局控告汪、李两人挪用公司资金，公安局立案调查后，将汪、李两人刑事拘留。汪、李两人不服，责问公安局：我们将收到的1500万元房款折抵朱某的借款，何罪之有？办案人员将《刑法》相关条款向两人宣讲后，他们无语，后悔自己开公司至今，从没有学过《刑法》《合同法》等法律法规，只埋头赚钱，琢磨怎样把朱某的借款追回来。

此案中，朱、汪、李三人都有过错。朱某借钱不还甘当“老赖”，同样是违法行为。汪、李两人如果去法院起诉他，朱某必须承担法律责任。汪、李两人私自做主，未经合股人同意出售房产并将全部所得占为己有，当然是违法行为，必须承担相应的法律责任。

类似这个案例的情形，违法不知法，犯罪不知罪的人员在全国还有不少，比如为朋友贷款担保、借钱给朋友不要求打借条、代为他人保管和收发内藏毒品的行李箱和包裹、藏匿犯罪的亲戚朋友等等都是这类情形，不学法不守法，看似做好事的行为，其实是违法犯罪，不知不觉把自己逼到绝境，有的甚至把自己稀里糊涂送进牢房。可见全民学法守法多么重要！

全民学法应该学什么？怎样学呢？据权威部门统计，我国现行有效法律263件，行政法规700多件，地方性法规8000多件，也就是说法律法规已达9000多件。对于一个人来说，什么法都学，时间和精力是有限的。但是，有五个方面的法律法规必须熟知。一是一些基本常用的法律法规务必学，如《宪法》《刑法》《民法》《物权法》《婚姻法》《治安处罚法》等；二是干什么学什么，如在铁路工作的必须学《铁路法》，在林业系统工作的，必须学《森林法》，经商办企业的必须学习《税务法》《企业法》；三是缺什么学什么，比如自己觉得哪方面的法律法规知识薄弱，就应该自觉地加强这方面的学习；四是对国家和地方出台的新法规，必须及时进行学习，以求与时俱进，不致成为新法的法盲；五是每到一地，对当地的一些乡规民约和道德规范必须认真了解和学习，以免触犯道德底线，违犯乡规民约，引发刑事案件或者民事纠纷。

学法，是增强法治意识的重要途径。除了读法律书籍，还可通过参加各种法治文化活动来增强法治理念，吸收法治营养。各级政府要积极组织和引导民众参加一些喜闻乐见的法治文化活动，提供民众接受法治教育和熏陶的场所，营造浓厚的法治文化氛围，使民众在寓教于乐中增长守法意识，提高法律认知水平。

第二节　全民守法必须处理好法律与道德的关系

从人类社会发展的历史看，为维护正常社会秩序，保证社会正常运行，逐步形成了约束社会成员行为的多种规范。既有非强制性的行为规范，这就是主要通过社会舆论调节的伦理道德；又有强制性的行为规范，这就是需要国家机器调节的法律法规。

习近平总书记在党的十八届四中全会第二次全体会议上指出："道德是法律的基础，只有那些合乎道德、具有深厚道德基础的法律才能为更多人所自觉遵行。"党的十八届四中全会要求，大力弘扬社会主义核心价值观，弘扬中华传统美德，培育社会公德、职业道德、家庭美德、个人品德，既重视发挥法律的规范作用，又重视发挥道德的教化作用，以法治体现道德理念、强化法律对道德建设的促进作用，以道德滋养法治精神、强化道德对法治文化的支撑作用。这无疑为全民守法处理好法律与道德的关系提供了根本遵循。

一、全民守法必然要求守法与有德的统一

"律者，所以范天下之不一而归于一"。"道德"，"尊道而贵德"也，指人们遵循事物内在规律（道）而得（德）之。法律和道德从各自不同的角度规范着人类行为、调节着人际关系、维护着社会秩序。法律以规范性、可预期性和他律性规范社会成员的行为、道德以教化性、劝导性、自律性规范社会成员的心灵。

"立善法于天下，则天下治；立善法于一国，则一国治。"法治本身就蕴含着国家治理和社会秩序的道德准则，它要求以良法奠基善治。良法能更好体现国家的价值目标、社会的价值取向、公民的价值准则，能充分体现权利公平、机会公平、规则公平，能实现保护产权、维护契约、统一市场、平等交换、公平竞争、有效监管，促进社会诚信。

道德的实施，主要是依靠人们自觉遵守，靠舆论督促规制，靠内心信念约束。法律的实施，则在需要人们自觉遵守的同时，具有国家强制力。这是法治解决道德领域突出问题的独特功能，从而引导人们自觉履行法定义务、社会责任、家庭责任。如 2013 年修订的《老年人权益保障法》规定"常回家看看"条款，设定了家庭成员"经常看望

或者问候老年人”的义务，设定用人单位“保障赡养人探亲休假”义务，就是针对现实社会中的道德现象所作出的典型的法治回应，是发挥法律的指引、评价、教育、预测和强制作用的生动体现。

习近平总书记指出：“治理国家、治理社会必须一手抓法治、一手抓德治，既重视发挥法律的规范作用，又重视发挥道德的教化作用，实现法律和道德相辅相成、法治和德治相得益彰。”他说：“法律和道德都具有规范社会行为、维护社会秩序的作用。”他强调：“我们要坚持把依法治国和以德治国结合起来，高度重视道德对公民行为的规范作用，引导公民既依法维护合法权益，又自觉履行法定义务，做到享有权利和履行义务相一致。”

习总书记对法律和道德的辩证关系的深刻阐述，为实现全民守法指明了方向。党的十八届四中全会通过的《中共中央关于全面推进依法治国若干重大问题的决定》明确提出，坚持依法治国和以德治国相结合，并把其作为实现全面推进依法治国总目标必须坚持的重要原则。因此，我们在贯彻落实全民守法的国家战略时，务必坚持守法与有德相辅相成，法治和德治两手都要抓、两手都要硬。

守法的理想境界，是恪守社会公德、职业道德和家庭美德。守法的最低限度则是要做到法律底线不逾越、道德红线不触碰，法律义务不丢弃、道德责任不逃避。做到守法与有德的统一，是全民守法的必然要求。

我国正处于社会转型期，道德面临着严峻挑战，面对公德的缺失、诚信的失守、伦理的困境，全民守法需要法律和道德共同发挥作用，以法治体现道德理念、以道德滋养法治精神，实现法律和道德相辅相成、法治和德治相得益彰。我们置身其中的社会主义市场经济，本质上是法治经济；法治经济的内核是契约精神。要强化全社会的契约精神，必须健全民事基本法律制度。“人无信不立”。健全公民和组织守法信用记录，完善守法诚信褒奖机制和违法失信行为惩戒机制，是形成守法光荣、违法可耻的社会氛围，使尊法守法成为全体人民的共同追求和自觉行动的重要途径。全民守法是依法治国的基础，只有大力推进全民守法，才能增强整个社会的法治观念和法治意识，才能形成自觉、主动守法的良好道德风尚，才能让公民的法治素养得到真正的提升。

二、守法本身就是一种道德规范

中共中央颁布《公民道德建设实施纲要》，明确把“守法”规定为我国公民的基本道德规范之一。这既体现了道德和法律的内在统一，是依法治国与以德治国结合的具体体现，也是中国特色社会主义国家中公民道德建设的必然要求。

守法作为一种道德规范，是由法律与道德的关系决定的。道德和法律相互联系、相互交叉和相互促进。法律既能体现某些道德精神，又直接赋予某些道德以法律效力。法律和道德在调整范围、义务内容、价值目标上都具有相容性。集中表现为三点：

一是法律强调他律，道德强调自律，是一种“内在的法”，两者都是规范人们行为和调整社会关系的准则，在功能上都表现为奖励与惩戒。任何一个社会的稳定，都既要靠法律惩治，也要靠道德教育。从历史上看，“道德教化”和“法律制裁”历来都是治国理政的两种不可缺少的手段。

二是道德和法律在内容上互相吸收，思想上互相贯通。在某些特定的场合，道德的一些内容会被吸收成为法律的基本条款，法律调整的内容也要借助道德来完成。

三是法治的实施需要道德的支持，道德的实行需要法律为其提供保障。道德和法律在职能上互相补充，实践上互相促进。

《纲要》把“守法”作为公民的道德规范提出，说明守法不只是法律意义上的要求，同时也是道德意义上的追求，这对于公民真正做到守法有着重要的促进作用。

守法作为公民的道德规范，是社会主义市场经济的内在要求。当前我国社会上大量存在假冒伪劣、偷税漏税、坑蒙拐骗、信用欺诈等现象，既违反法律，更违背了道德规范。

守法作为道德规范，要求公民必须做到：自觉履行宪法和法律规定的各项义务，积极承担自己应尽的社会责任，把个人权利与个人义务结合起来。守法是从道德上鼓励每一个公民自觉履行宪法和法律规定的各项义务，勇于承担应尽的社会责任。

守法作为一种道德规范的提倡和在全体公民中的有效实践，对于强化公民的法律意识，提高公民的道德素质乃至全社会的道德水平，抵制一切不法行为和违德行为，对于维护社会主义市场经济秩序，保证我国经济健康发展和社会全面进步，具有重大的现实意义。

守法作为道德规范，其实就是法律主体把守法转化为一种道德义务，以道德义务对待法律义务。一个国家民族要真正地发展，需要对民族精神加以提升，在全民族形成法律至上、公平、正义至上的伦理道德思想。法律是依靠外力强制实现其目标，但法律不能以人们内心道德谴责规范公众行为，这是法律的局限所在。

对广大公民而言，更高层次的守法道德应是要求其不是将法律视为外在的强制，而是视为实现个人和社会价值理想的必要形式；不是将守法道德视作外在的他律，而是内在的自律，即把守法内化为一种道德义务。这不仅表明了公民守法道德层次的提升，而且直接关涉法律的实现程度。因为，“一项要求服从法律的法律将是没有意义的。它必须以它竭力创设的那种东西的存在为先决条件，这种东西就是服从法律的一般义务。这种义务必须、也有必要是道德性的。”①

公民对法律义务的履行，关系到法律价值的实现。法律价值，作为立法者对理想社会的向往和追求，作为人类在认识与改造主客观世界的过程中对自身生活目的和价值理想的情愫记载，其实现必须以公民对法律义务的自觉信守为前提。如果没有公民对法律义务的自觉遵守，法律价值就永远只能是立法者无法实现的美好设想。一种社会的法律体系要得到有效实施，必须以人们头脑中的自觉遵守法律的道德义务感为前提。

依法治国所要求的最高目标是，在公众守法环节，实现全社会成员普遍自觉遵守和信仰法律。守法的终极目标是社会成员将守法内化为一种道德义务，通过人们内心的道德感来实现和履行法律义务。因此，全民守法就是将法律所体现和追求的公平、正义、诚信、善良、美好等道德原则和内容，通过内化为道德精神和品质，使守法最终成为人们的道德追求和信仰之一。

第三节　全民守法中的道德缺失与构建

法律是现代国家规范行为的主要手段，但它不能单独地实现良好

---

① 米尔恩：《人的权利与人的多样性》，中国大百科全书出版社1995年版，第35页。

效果，必须通过吸收和反映一定的道德内容，借助道德的基础作用。只有加强道德建设，促进全民守法，才能推动国家的法治进程。

随着依法治国基本方略的确定，法律法规在社会发展中对政治、经济、社会以及文化等各个方面不断进行规范和调整，保证了社会主义现代化建设有序开展。但在社会现实中，假冒伪劣、司法腐败、权力寻租等违法违纪行为仍在不断发生，有法不依、执法不严、违法不究等现象依然存在。产生这种现象固然有法治不健全等多种原因，但其中一个更容易让人忽略的因素便是道德在全民守法中的缺失。

在全民守法中，社会个体的道德是其遵法、守法的重要保障。社会个体的道德是其认同国家法律法规的基础，只有法律与道德价值取向一致，个体才有认同和接受法律的可能，继而才能够做到守法和遵法，这也是法律能够长期维护社会稳定的保证。

从历史来说，道德规范的逻辑先于法律规范而存在，在后来的发展中，法律规范是在道德规范的基础上而建立的，因此法律的标准很大程度是来自道德的良善标准，而法律制定以及运行很大程度上也是为了追求和维护道德的公平与良善。因此，道德与法律是相互补充的，道德又是法律运行的基础。在西方法律思想史上，诸多思想家认为法律不过是通向道德正义的手段和途径。

道德在全民守法中起着基础性作用，一旦失去其支撑，法律法规虽健全却不能实现其良好的运行效果。因此，在依法治国的同时，必须高度重视全民守法中道德的构建。

一、全民守法中道德缺失的表现

目前我国的法律体系日益完善，但遵纪守法情况却不容乐观，尽管多数社会个体都能做到守法，但部分社会个体的违法行为发生频率也是令人十分担忧的，这些个体违法行为的频发与其道德缺失密切相关。我国进入中国特色社会主义建设的新时代，突出的特点是面临社会转型期，各种社会矛盾凸显，多元化开放的社会使得人们面临各种思潮的侵袭，特别是在经济发展国富民强的时代背景下，拜金主义抬头，一些人为了经济利益，不择手段假冒伪劣搅乱市场，完全无视道德与法律的约束与监督。

例如食品安全问题，不法商家为了降低成本，最大程度获得利益，以次充好，制假售假，不顾消费者的健康与安危。又例如不断发生的矿难、拖欠农民工工资、黑砖窑事件等，这些雇主为了节约劳动力成本，克扣劳动者工资，欠缺劳动保障措施以及非法雇用童工等，令人触目惊心，而雇主的冷漠与残酷正是其道德缺失的表现。法律可以对其进行制裁但却无力阻止这些事件故伎重演。还有诸如：言行不一，不讲诚信；恶意拖欠债款，哄抬物价；欺诈偷盗，贪污腐败；不顾集体利益，一味追求极端个人利益；侵犯他人利益甚至是生命安全；不注意保护自然环境，滥砍滥伐，乱挖滥采，滥捕珍稀动物，到处乱排废水、废气；在公共场所不讲秩序，大声喧哗、高声谩骂、乱扔杂物、随地吸烟吐痰等。

这些全民守法中道德缺失的众多表现，无不令人警醒和深思。

二、加强全民守法中的道德构建

在全民守法中，加强道德构建，关键在于培养和提高人们的守法道德素质。具体而言，可从以下五方面采取措施。

第一，提高违法成本，培养经营者守法道德。现实社会中，一些经营者因违法行为获利颇丰；国家对违法行为的惩罚过轻，导致违法者利大于弊，他们必然会继续上演追逐丰厚利润的失德违法把戏。因此，加大对违法者的惩罚，提高其违法成本，是促使失德违法者改邪归正，提高守法意识的重要途径。

第二，提高劳动收入比重，培养劳动者的守法道德。我国实行按劳分配制度，体现了分配平等的原则，但从目前劳动分配情况来看，我国劳动者从劳动上获取的收入总额在国民经济生产总值中所占比例不高，这导致社会个体尽管投入大量劳力却不能获得等价物质回报，削弱了劳动的合法性与正当性，也削弱了通过劳动获得合法财富的劳动光荣的道德主导，增加了人们投机取巧的心理思维，其结果就可能带来新的违法失德行为产生。

第三，注重社会保障制度的建设，培养弱势群体的守法道德。弱势群体的最大需求是获得生存的权利，当其基本生活得不到保证，则很有可能产生生存与道德的矛盾，从而采用非法律抗拒手段维护自我的生存。尽管法律的强制性对其有一定的威慑作用，但要从根本上解决这一问题，需要社会建设全面的、高水平的社会保障体系，保障其基本生存权，缓解其与社会的矛盾。这对防止弱势群体道德滑坡具有重要作用。

第四，建立和完善社会信用体系，培养全民的守法道德。党的十六届三中全会明确提出：建立健全社会信用体系，形成以道德为支撑、产权为基础、法律为保障的社会信用制度，是建设现代市场体系的必要条件，也是规范市场经济秩序的治本之策。信用体系建设中包含着全民守法道德的要求。

第五，进一步完善全民守法道德的培育机制。良好的全民守法道德意识的形成离不开法律制度的制约与保障，通过法的强制力促进全民守法道德意识形成与推进。当人们对全民守法道德教育还不理解，遵守全民守法道德还不自觉时，就有必要通过行政法规、经济手段和法律规范，形成完备的约束机制来促进、来引导。

三、公民面对恶法是否可选择不守法

在解剖研究全民守法的道德缺失和构建中，有一个问题无法回避，这就是公民为什么守法？公民有没有服从恶法的道德义务？这也是长久以来，在西方法哲学界一直引人深思的问题：当法律违背公民良知或社会正义的时候，公民是否存在服从法律的道德义务？或者说，公民不服从恶法有无正当性？

（一）公民的守法理由

古希腊有两个故事，对公民的守法理由给出了截然相反的结论。公元前399年，古希腊哲学家苏格拉底被人诬陷为渎神、腐化和误导青年，因而被雅典众多法官判为死罪无赦。临刑前，他的朋友克力同借探望之机告诉他可以很容易地从监狱中逃走，并认为遵守这样不公正的审判是迂腐的。但苏格拉底最终还是服从了这个不公正的判决。他是基于两个理由而选择服从的：第一，如果人人都以判决不公为由而拒绝服从判决，那么国家岂能有个方圆？法律判决的公正性固然重要，但是维护社会秩序同样重要。第二，如果一个人自愿生活在一个国家，并且享受这个国家的法律给予的权利，这不等于是与国家之间有了一个契约吗？在这种情况下，不服从法律就是毁约，是十分不道德的。14年之后，雅典人发现他们对苏格拉底的审判是错误的。于是原来诬陷苏格拉底的人或被判处死刑，或被驱逐出境。

同样是在古希腊，悲剧作家索福克勒在《安提戈涅》中讲述到，色班人安提戈涅的兄弟波利尼克斯作为一个背叛祖国的人在一场战争中战死，色班国王克瑞翁宣布：谁也不得哀悼波利尼克斯，不得埋葬他的尸体，任凭乌鸦和野兽啄食他的身躯。但按照安提戈涅的宗教信仰，神的法令要求他不能让自己的兄弟暴尸野外，他有责任以一定的仪式安葬自己的兄弟。国王克瑞翁的法令违背了更高一级的法令，即神的法令，自己应该为维护神的法令而抗拒国王的法令。最后，他毅然违反了克瑞翁的命令，按照当时的仪式安葬了波利尼克斯。

苏格拉底和安提戈涅的故事，生动地展示了由两种相互冲突的忠诚的道德所形成的两难困境。一方是以合法形式出现的判决或国王法令，另一方则是自己心目中的正义或更高一级的神的法令，二者相互冲突，自己究竟应该何去何从？这也就提出了一个长久以来在西方法哲学界一直引人深思的问题：当法律违背公民良知或社会正义的时候，公民是否存在服从法律的道德义务？由此，进一步提出并探讨了公民服从法律的理由是什么、公民不服从法律有无正当性等问题。显然，公民的守法理由问题，是西方法哲学界的一个重要理论命题。

围绕公民的守法理由问题，不同的法哲学流派分别提出了不同的学说，较有代表性的学说主要有社会契约论、功利主义论、暴力威慑论和法律正当论四种。其中，最具代表性的是社会契约论。

按照社会契约论的逻辑，公民之所以具有遵守法律的道德义务，是因为他们都是社会契约的当事人，作为这个契约的当事人，应该遵守契约的内容，遵从自己同意的政府和法律。

卢梭指出，社会契约所解决的根本问题是：“要寻找出一种结合的形式，使它能以全部共同的力量来卫护和保障每个结合者的人身和财富，并且由于这一结合而使每一个与全体相联合的个人又只不过是在服从自己本人，并且仍然像以往一样地自由。”对于建立在合意基础上的政府和法律，参加契约的人就应当服从。

社会契约论为公民的守法理由，提供了一种具有相当说服力的解释。它将公民的守法理由归于自己的同意和承诺，为法律的统治提供了道德上的合法基础。同时，社会契约论还隐含了公民守法的限度，即公民只有义务遵守在自己所授权限之内制定的法律。如果政府在公民共同赋予的权限内活动，公民就有服从政府及其所制定的法律的义务；否则，公民就有权拒绝服从。显然，这是一种民主的理论。

但社会契约论毕竟只是一种先验的理论假设，因为没有历史的经验性材料证明人类在开始时确实是以契约的形式建立了社会和国家。

除此之外，西方法哲学界还有习惯论、社会压力论、公平对等论、感激论等诸多学说。应该说，每一种学说都具有一定的解释力，都包含着“真理的颗粒”，但同时都带有一定的局限性。公民的守法理由是多样的、多元的，其中的任何一种学说都不足以解释所有公民的所有守法行为。

（二）守法精神是公民守法的前提

由于公民守法理由的多样性，涉及习惯的、道德的、利益的、暴力的等诸多因素，对于不同公民的守法行为或同一公民的不同守法行为而言，其中某一种或某几种因素或许起到了较为重要的作用。

日本法学家川岛武宜认为，制定得良好的法律并不必然会导致人们对它的服从，近代化的法律要得到遵守，就必须要求公民具有相应的守法精神。在他看来，近代法的实施必须以公民的守法精神为前提。这种精神是法意识在其内心所形成的视遵守法律为道德自觉的主观理念。

也就是说，在多样性的守法理由背后，公民的守法精神作为一种恒常的因素和根本的力量，构成了法律得以有效实施的基础，构成了公民守法的前提。

公民的守法精神，是公民人格因素的一个部分，但并不意味着它天生就有。相反地，它是通过灌输而生成的。守法精神得以生成的条件有两个：一是公民主体性意识的具备，二是法律的良法品格。

现代法律的实施已经不可能依赖国家的强制，而必须以公民对法律的自觉和积极遵守为前提。反映社会价值的法律，内化为社会公众的自身意识，便获得了受到普遍遵守的合法基础。公民的主体性意识是生成公民守法精神的主观要件，法律自身的良法品格则是生成公民守法精神的客观要件。

亚里士多德认为，良法的标准可以总结为三点：一是为了公共利益而不是为了某一阶级或个人的利益；二是应该体现人们所珍爱的道德价值（对古希腊而言就是自由），三是必须能够维护合理的城邦制度于久远。亚里士多德将良法的概念与道德价值紧密地联系在一起，为后世的良法理论确立了基本论调。

西欧中世纪著名哲学家、神学家阿奎那旗帜鲜明地否定恶法的效力，主张“恶法非法”。他说：“暴戾的法律既然不以健全的论断为依据，严格地和真正地说来就根本不是法律，而宁可说是法律的一种滥用。”

综合西方学者对良法理论的研究成果，我们可以看到，法律只有具备了以下三方面特征，才可能成为促使公民守法精神生成的良法。

第一，良法在价值上必须符合正义的要求。正义是法律所追求的伦理价值，它要求社会公平地分配权利和义务。

第二，良法在内容上必须反映客观规律。法律应该反映人与人、人与社会以及人与自然之间发生关系的规律，包括国家政治权力的运行规律，法律运行的规律即立法、执法、司法、守法和法律监督本身的规定性，人的生理、心理成长与发育的自然和社会规律，市场经济规律，自然合理开发和环境保护的规律等。

第三，良法在形式上要求立法过程的民主化、法律表达的规范化和法律体系的科学化。立法过程注重公民广泛参与，使公民意志在法律中得以表达，这是公民自觉守法的基础。法律表达的规范化要求准确运用法律语言，最大限度地减少歧义产生。法律体系的科学化要求一国的法律体系应根据本国社会实际需要在部门门类上完整；每一部门法的各个法律文件协调统一，避免相互之间出现矛盾。

（三）公民面对恶法是否可以选择不服从

美国政治评论家亨利·大卫·梭罗因抗议美国对墨西哥的侵略战争、美国南方各州的蓄奴制度和印第安人所遭受的悲惨待遇，公然拒绝向美国政府纳税。他主张人的良心高于政府和法律，个人有权不服从违背其良心的法律和命令。

在西方学者关于公民不服从的论述中，将公民基于自己良知而违反法律的情形，归入公民不服从的范围。从亚里士多德给出的法治要件中可以得知，恶法自古希腊就被宣布为法治的对立面，同时也隐喻着不遵守恶法的正当性。在一个民主法治国家，法律本身为克服不正义的现象提供了多种合法的纠正方式，如言论出版自由、集会游行自由、请愿以及司法救济等，这为公民表达不满和抗议建立了合法的平台。站在维护法律权威的角度，似乎已经没有理由认为公民以违法的手段表示对法律和政府的不满是正当的。但是，在一定的情况下，公民不服从是必要的，国家对其不能像对待一般的违法行为一样予以法定的制裁。

有学者认为，公民不服从不能正当化的一个主要原因，就是它会鼓励人们拒绝遵守其他的法律。对此，英国法学家拉兹给予了反驳。他认为，一个人的违法行为没有受到惩罚，并不必然会鼓励他人违法；同样，一个人的守法行为也不必然会成为他人行为的模范。

主张公民不服从具有正当性，并不意味着只要法律或政府政策与社会正义或公民良知相冲突，公民就可以做出不服从的行为。美国政治哲学家、伦理学家罗尔斯认为，公民不服从只有具备以下三个条件，才具有正当性。第一，公民所抗议的法律本身是实质性的、明显的不正义。第二，不服从行为必须被证明是为达到目的所必需的手段。即通常由民主制度所提供的合法救济手段如陈情、示威、起诉等已被诚意地使用过并被证明无效时，才能选择公民不服从。第三，行为者必须能确保不服从所导致的后果不会严重危害整个社会的法律秩序。

对公民不服从的正当性分析，有利于限制公民不服从的滥用，引导公民理性地对待一项坏的法律。因为公民不服从会产生一定的负作用是必然的。

美国著名思想家、政治活动家潘恩说："对于一项坏的法律，我一贯主张（也是我身体力行的）遵守，同时使用一切论据证明其错误，力求把它废除，这样做比强行违反这条法律来得好；因为违反坏的法律此风一开，也许会削弱法律的力量，并导致对那些好的法律的肆意违犯。"课题组认为，潘恩的观点具有较大的合理性和合法性，是我们构建法治中国必须充分肯定的思维方式，即在公民个人认为是坏法时，不能够作为自己不服从的理由，更不能够去号召和鼓励他人不服从，而应当先遵守法律，同时对其不公正性运用证据规则加以论证，引起立法部门的高度重视，通过启动立法修改程序来判明是非。在该法律没有被立法机关宣布废除时，不得违抗和不服从。这个逻辑思维秩序不容颠倒，否则就是违法！

可见，西方政治学界和法学界关于"公民不服从"理论的探讨，给出了公民守法的底线。

（四）守法即正义

"守法即正义"，这个古老而神圣的法治命题的意义在于，既定的法律必须得到绝对服从，守法排斥一切理由和借口，任何违法行为都是非正义的。

我国宪法和法律保护公民的各项合法权利，同时也规定了公民应尽的义务，其中守法就是公民最重要的义务。而不尽义务是不道德的。

在现实社会生活中，一些民众一方面迫切要求法律维护自己的权利，另一方面又不愿意遵守法律，不肯承担应尽的法律义务；一方面对自己的合法权利寸土必争、寸步不让，另一方面又动辄以非理性的方式表达诉求，以非法治的方式维护权益。这种思维上的悖论和行为上的矛盾，是实现全民守法亟须破解的难题。

作为公民恪守法律义务的守法道德，最为基本的要求是，不管其对法律的理性认同程度如何，不管其在感情上是否接受法律，也不论他们具有怎样的社会身份，居于何种社会地位，行为已达到什么样的水平，面对法律，只可能有一种行为取向——守法。

全民守法，必须落实到立法、执法、司法等环节依法运行。在立法环节，必须使广大公民通过直接或间接参与立法，确信尊重法律、遵守法治、维护司法权威就是尊重自己的意志、维护自己的利益、保障自己的幸福。

在执法环节，广大公民必须在信任法律和法治的基础上，积极支持国家行政机关依法行政，主动配合行政执法机关认真履行职责和依法从事公共安全、国防安全、社会秩序、工商管理、交通安全、税收执法、食品安全、网络安全、生产安全、金融秩序、环境资源保护等执法活动。

在司法环节，广大公民遇到矛盾纠纷等问题时，能够依靠法律，优先选择司法途径作为寻求救济的最佳渠道。只有通过司法救济途径真正有效地解决了社会纠纷和社会矛盾，公民才会真正认可这种纠纷解决途径。努力让人民群众在每一个司法案件中都感受到公平正义，让公民的每一个合法权利都获得司法的保障和维护。

全民守法，还要求公民不仅要自觉学法守法，而且要勇于拿起法律武器，同违法活动和犯罪分子作斗争，同损害国家利益、社会秩序的违法行为作斗争。

第四节　全民守法的关键在身居高位的领导干部

一、全民守法必须抓住领导干部这个“关键少数”

在占世界人口近五分之一的中国，如何才能做到人人尊法守法，这是世界法治史上独一无二的课题。中国自古就有“身正为范”的传统。孔子在《论语·子路》中说：“其身正，不令而行；其身不正，虽令不从”。意思就是：当管理者自身端正，作出表率时，不用下命令，被管理者也会跟着行动起来；相反，如果管理者自身不端正，纵然三令五申，被管理者也不会服从。可见表率的作用多么重要。在全面推进依法治国的今天，法律能不能得到遵守，法治能不能切实推进，广大人民群众首先把目光投向各级领导干部。

2015 年 2 月 2 日，省部级主要领导干部学习贯彻十八届四中全会精神全面推进依法治国专题研讨班开班式在京举办。习近平总书记指出：各级领导干部在推进依法治国方面肩负着重要责任，全面依法治国必须抓住领导干部这个“关键少数”。

习总书记要求，各级领导干部要带头依法办事，带头遵守法律，始终对宪法法律怀有敬畏之心，牢固确立法律红线不能触碰、法律底线不能逾越的观念，不要去行使依法不该由自己行使的权力，更不能以言代法、以权压法、徇私枉法。

这次专题研讨中，习总书记还强调要将“尊法”提到首要位置。只有先尊崇法律，才能认真去学习法律、遵守法律、运用法律，自觉提升运用法律思维和法治方式来推动改革、促进发展、化解矛盾、维护稳定的能力。领导干部尤其如此，要始终保持对宪法法律和党纪党规的敬畏之心。同时，习总书记明确提出，“要把能不能遵守法律、依法办事作为考察干部重要内容”。

从现实生活考察来看，全民守法中，领导干部对法治的态度影响和决定着社会大众对法治的态度。领导干部只有身先士卒，以身作则、以上率下，带头学法、模范守法、依法办事，才能带动社会尊法守法，才能让全民守法成为社会常态。

以习近平同志为核心的党中央在尊法学法、立规矩守规矩方面率先垂范。党的十八大以来，中共中央政治局多次集体学习聚焦法治主题，习近平总书记和其他中央领导同志带头参加法治学习，率先严格执行八项规定，给广大领导干部起到了重要的表率作用。党中央的行动是最好的榜样，是最强的动员令，有力地推动了各级领导干部尊法学法守法用法。

2016 年 3 月，中组部、中宣部、司法部、人社部联合印发《关于完善国家工作人员学法用法制度的意见》，对国家工作人员学法用法作出具体规定，特别提出，要把能不能遵守法律、依法办事作为考察干部的重要依据。

2014 年 11 月，《行政诉讼法》进行重大修改，正式确立行政机关负责人出庭应诉制度。这使老百姓打“民告官”的官司，都可在法庭上直面政府机关负责人，一直以来行政诉讼“告官不见官”的尴尬局面渐成过去。这极大地彰显了政府的法治决心，向公民传递出一个重要信息——政府同样接受司法的公正裁判，同样严格执行法律规定，为人民群众守法树立了榜样。

“法之不行，自上犯之。”领导干部在遵守法律面前不仅没有例外，而且标准更高，要求更严。要实现全民守法，强化领导干部这个“关键少数”的示范引领作用不可或缺。抓住了这个“关键少数”，就抓住了推进全民守法的“牛鼻子”，必将为加快社会主义法治国家建设注入强大牵引力。

二、全民守法要求领导干部不得有超越法律的特权

习近平总书记在党的十八大报告中指出：要“提高领导干部运用法治思维和法治方式深化改革、推动发展、化解矛盾、维护稳定的能力”。

各级领导干部作为执掌党的执政权和国家立法权、行政权、司法权等公权力的特殊群体，作为运用法治方式治国理政的执政主体，除了必须具有较高的理论思维、战略思维、辩证思维水平和能力，还必须具有较高的法治思维水平和能力。法治思维，其实质就是各级领导干部想问题、作决策、办事情，必须时刻牢记人民授权和职权法定，严格遵循法律规则和法定程序，切实保护人民权利和尊重保障人权，始终坚持法律面前人人平等，自觉接受监督和承担法律责任。

全民守法要求领导干部务必自觉在宪法和法律范围内活动，绝不以言代法、以权压法、徇私枉法，努力做到越是工作重要、越是事情紧急、越是矛盾突出，越要自觉坚持依法执政、依法行政和依法办事，不得有超越法律的特权。现实生活中，领导干部批条子，打电话干预司法的现象仍未绝迹，说明全民守法绝不可能一蹴而就，任重道远。

全民守法要求各级领导干部一定要深刻认识改革发展稳定新形势，深刻认识法治和德治是改革发展稳定的强大推动力，是一个地方的重要软实力和核心竞争力，坚决纠正把法治与改革发展稳定对立起来，认为依法办事束缚手脚、妨碍改革、阻碍发展、影响维稳的不正确观念和做法，真正做到以法治凝聚改革共识、规范发展行为、促进矛盾化解、保障社会和谐、努力使改革发展稳定进程与法治建设进程相协调、相统一。

全民守法要求各级领导干部真正把思想认识从重经济建设、轻法治建设的观念中转变过来，把法治建设从重立法重形式重宣传、轻执法轻落实轻效果的倾向中转变过来，把法治工作从重治民重处罚重管理、轻治官轻教育轻服务的方式中转变过来，在重视程度、领导力度和推进速度上都进一步增强使命感、紧迫感和责任感。

全民守法要求党政主要领导要切实担负起推进依法执政、依法行政第一责任人的责任，统一领导本地区、本部门的法治和德治建设工作，把法治建设、德治建设的任务与改革发展稳定的任务一起规划、一起部署、一起落实、一起考核，深入研究解决法治建设面临的重大和突出问题，及时消除影响和制约法治发展的体制机制障碍，重视提拔使用依法执政、依法行政意识和能力强且实绩突出的优秀干部。

全民守法要求党政主要领导要加强法治和德治建设的考核工作，把推进法治建设、德治建设作为衡量各级领导干部和广大公务员工作实绩的重要依据，纳入政绩考核指标体系，使法治建设、德治建设真正成为一种硬标准、硬要求、硬约束。

全民守法要求党政主要领导要勇于实践、敢于开拓，既要积极借鉴、吸收世界各国的优秀法治文明成果，更要立足我国国情总结自己的法治经验、适应自己的法治需求、彰显自己的法治特色、创新自己的法治举措，决不搞“全盘西化”、决不搞“全面移植”、决不搞“照抄照搬”，坚定不移地走中国特色社会主义法治道路。

只要领导干部在尊法学法守法用法中以身作则，充分发挥带头关键作用，全民守法的战略目标就一定能得到真正落实。

第五节　全民守法的路径探索

一、全民守法必须提高法治意识和德治意识

我国已经迈进中等收入国家行列，这一阶段的重要特征就是社会进入矛盾多发期，甚至社会矛盾有可能相对激化。法治实践中出现的个别地方治安恶化、上访增加、群体性事件上升等都是这一特点的体现。而伴随着城镇化进程，失地农民增加、城镇居民就业压力加大等都有可能引发一些社会问题。面对这个严峻现实，就更加迫切需要提高全民的法治意识和德治意识，需要全民自觉维护法律权威。

法治意识和德治意识是人们对法律和道德发自内心的认可、崇尚、遵守和服从，法律的权威源自人民的内心拥护和真诚信仰。习近平总书记说："法律要发挥作用，需要全社会信仰法律。"[①] 我国是个人情社会，人们的社会联系广泛，上下级、亲戚朋友、老战友、老同事、老同学关系比较融洽，逢事喜欢讲个熟门熟道，但如果人情介入了法律领域，就会带来问题，甚至带来严重问题。法律的生命在于实施，而法律的实施不仅仅是对法律规范的遵守，在更深层次上乃是对法律所承载的价值理念的认可和向往。只有内心对法律信仰、对法律心悦诚服，才能真正敬畏法律、尊重法律，用法律来指导自己的行为。美国学者伯尔曼说："法律必须被信仰，否则它将形同虚设。"在我国，过去人们更多的是把法律当做一种工具，在某些领导干部的观念和行为中，法律仅仅是一种手段而已，要求别人遵守执行，而自己可以在法律之外，如此这般怎能张扬法律的公正性？法律不能够得到充分尊重和认真执行，对于国家和民族就是一种灾难。和尚打伞无法无天的行为早已被人民深恶痛绝。

全民守法要求法律不应该只是工具，更应当是一种价值，因为法律体现了公平性、权威性和确定性。人民信仰法律，是因为正义能够

---

① 《习近平关于全面依法治国论述摘编》，中央文献出版社2015年版，第2页。

被伸张，善良能够被弘扬，百姓的生活能够在法律的保障下更加幸福安康。

（一）公民意识的培养是养成守法道德的重要途径

全民守法要求社会成员自觉守法，并养成相应的守法道德，需要通过确立社会成员的公民意识来实现。中共中央发布的《公民道德建设实施纲要》中，对道德行为的主体就明确冠之以“公民”。广大公民只有意识到自身是一个享有法定权利和必须履行法定义务的统一体，在享有法定权利的同时必须履行一定的义务，否则将无权享有一定的权利时，才可能具有真正意义上的守法行为。

全民守法要求转变法治教育导向，变单纯的守法教育为公民意识的培养，特别是普法教育、宣传媒介等更应把引导和强化公民对国家制度、法律制度的合理性、合法性认同，作为重中之重。因为人是具有自由理性和主体精神的高级动物，“他们即使在为生命而斗争的时候，也是在他们知道为什么的时候才斗争得最卖力气。”①

全民守法要求结合政治经济体制改革，大力培育市民社会。市民社会不仅是法治国家的基础，也是公民意识得以存在的土壤。

“徒法不足以自行”，法律的价值在于实现，而法的实现需要一定的条件。公民守法道德的确立，公民意识的培养，需要规范机制和激励机制两个方面来保障。

目前全民守法主要呈现三种境界。一是消极守法，即出于对国家法律权威的畏惧，对法律强制力的害怕而守法。这是守法的初级形态，也是时下社会上存在较多的一种守法心态。二是积极守法，即出于对法律的认同和信任，对法律责任和法律后果的确信而守法。积极守法者不仅守法，还用法、护法；依法维护自己的合法权益，与违法者作斗争，积极维护法律的权威。三是自觉守法，即出于对法的信仰，对法治精神和法律价值的追求而守法。这是对守法的高度自觉和理性认同，是全民守法的最高层次和最高境界。

面对立法者所创制的法律体系，在现实生活中，既有置自身行为的法律后果于不顾，敢于践踏法律、以身试法的人，也有慑于法律的威严而不敢面对的消极守法之人，当然也不乏由于对法律的认同而将

---

① 悉尼·胡克：《理性、社会神话与民主》，上海人民出版社 1965 年版，第 3 页。

守法作为自身的价值追求和应尽义务的人。这种公民不同的守法境界要求我们设定不同的守法道德保障机制。对于那些行为后果可能违法甚至走向犯罪的公民来说，保障机制主要应发挥对其行为的规范、纠偏功能，明确规定其行为限度，向他们昭示遵守刚性的“不得为非”的法律规范之必要性；对于那些消极守法的人，一方面应强化其守法行为；另一方面则应提升其守法德性的档次，使其变消极守法为积极守法。而对于那些处于较高守法德性层次的公民而言，保障机制主要体现为强化其守法德性，并激励其向更高的守法境界迈进。因为这部分主体的守法行为是其内在自觉性的体现，设定一定的激励机制远比展示刚性的“不得为非”的规范机制更为有效。这种激励机制除了主体的自我激励，客观的外在的社会激励十分重要。这种激励可以是精神激励，也可以是物质激励。比如，为他们设立相应的基金和奖励制度，通过社会传播媒介的传播赞颂，使他们的社会形象大放光彩，使其感受到积极守法者的光荣。

全民守法离不开具有较高法治意识和德治意识的公民。公民个人的守法意识和德治意识与全民守法水平两者相辅相成、相互促进，从个体到整体、从部分到全部，为法治社会的建设提供高素质的人员保障和法治环境。增强公民个人法治意识和德治意识，促进全民守法，是一个系统工程，需要顶层设计与社会创新并重、立法执法司法改革与法治德治信仰培育同步，虽任重道远，但只要努力不懈，多管齐下，我国必将成为法治和德治建设“双轮”齐动，物质文明和精神文明齐头并进的有中国特色的社会主义法治强国。

（二）增强法治意识和德治意识要靠从小养成良好守法习惯

现实生活中，遵守法律对大多数人来说，是和他们内在的道德理念相一致的，比如不从事坑蒙拐骗、毁损公物等不法行为，本身就是人的基本道德准则。将遵循法律内化为自身的道德准则，必将使法律的根基日益牢固。

良好的守法习惯需要从小养成，它不仅是法治教育的内容，也是德行培养的重要组成部分。在我国现行的教育体系中，公民从义务教育阶段起便一直接受思想品德课程的德育熏陶，但法治意识的培养与锻炼却在课程中体现不足。大部分公民在接受高等教育时，也仅是对宪法等法律体系的主干部分有一些宽泛的认知和理解，对司法行为与程序法的规定则了解甚少。在青少年养成习惯最为重要的基础教育也即义务教育阶段，应试教育比重过大；作为青少年守法意识养成的首任导师，家长们普遍对孩子道德素养与守法精神的培养缺乏足够重视。即便后来在接受高等教育的过程中更为广泛地接触了法律知识，其行为习惯已在青少年时期养成，很难加以改变。

法律和道德同属社会意识的具体表现形式。道德不能脱离法律而独立作为管理社会行为调整社会关系的唯一工具，法律没有道德作为基础也难以实行公平正义。所以只有把道德理念融入法律意识，使之自然结合为一个有机整体，并根植于公民的思想观念之中，才能形成更深层次的法治信仰。

当前许多学校的法治教育，仅仅是致力于灌输给学生一个纯粹的法律意识，而没有从德行角度去培养学生的法治观念和法律素质。学生完成法律知识的学习也仅为通过考试而并非在道德或素质层面上得到提升，这样就没有真正实现普法的目的。只有致力于改善公民思想意识形成过程所处的法治教育环境，全面加强德育的辅助作用，从小抓起，形成从家庭到校园，从校园到社会的完整法治教育链，才能在行为习惯形成的关键期打牢法治意识和德治意识的基础，养成终身受益的守法习惯。

（三）增强法治意识和德治意识要求打破传统人情社会的潜规则

我国熟人社会的人情观念较为顽固，这对实现法治社会及养成公民的良好守法习惯是一个无形的阻碍。传统的中国社会是一个圈子社会，人际关系在圈子社会的纠纷化解中发挥重要的作用，到新中国成立后的计划经济时期，单位成为矛盾化解的主要机制，社会矛盾主要采取沟通与调解等非诉讼机制进行解决，仍然没有脱离圈子社会。随着改革开放后的历史发展与社会主义市场经济兴起，开放的市场代替了封闭的单位，圈子社会开始瓦解，逐步向陌生人社会转移，陌生人社会需要通过制定规则来化解矛盾与规范社会行为。这个通用的规则便是法律。就我国社会而言，公民对“法治社会”与“人情社会”孰轻孰重的判定，很大意义上直接决定着我国法治社会的建设进程。如果人情社会的观念根深蒂固，那么法所追求的公开公平公正都难以彻底实现，法的执行力必将会打折扣。坚持法治思维，要从大处着眼，小处着手，研判其背后主导的动力是“合法”还是“人情”，是否符合法的精神和原意，是否有利于树立法治权威。我们应该承认从人情社会到法治社会的过渡不可能一蹴而就，但这是一个必须面对的变革。

当下我们应通过法治教育使人情服从于法治，尽力消除特权，让所有人共同遵守法律，社会的公平正义才可能实现，法律的公信力才可能稳固，公民的守法意识与守法习惯才可能形成。

一个健康的法治体系落实包含了两个重要的因素，即良法善治与公民普遍服从。公民的守法意识，很大程度上来自于法的执行。如果制定的法不被执行，立法便失去了意义，公民对法的遵守也就失去了灵魂。

要让公民从观念上接受法律乃至信奉法律，根本上需要公民在认知上确立法律是维护社会公平正义及个人权益的武器。大到司法机关的司法运作，小到社会责任的道德承担，都应强化法得到严格实施，用法律的理性战胜人的私欲，成为守法人。

二、全民守法要求首先从自身做起

全民守法的一条极其重要的路径，就是公众都从自身做起，从点滴做起，从今天做起，切实履行遵德守法的法定义务，真正把守法作为一种生活习惯和生活态度。凡是法律禁止的，都不去做；凡是法律提倡的，积极对待；凡是法律保护的，依法去做。养成相信法律、遵从法律、爱护法律的良好的守法意识，将守法道德义务落实到每一个公民个人日常的一言一行中，逐步形成稳定有效的守法文化。

履行全民守法的法定义务是公民应尽职责。履行法定义务，就是不需要任何强制力量，不需要任何人驱使，完全出于自觉和内心的动力。必须克服“法不责众、法不责微”，一两次小事不履行法定义务不要紧的侥幸心理；摒弃“别人不履行义务，我也不履行义务”的“随众”心理，做到别人不履行法定义务，我一个人也必须履行义务，从自我做起，不等不靠不观望，争做遵德守法的好公民。

对不履行法定义务者必须教育和惩罚。公民履行法定义务，遵守各种公共活动的道德规范，必须以正式的制度和法律的形式固定下来，尤其要让道德规范的底线昭示公众。因为有时法规只对守法的人有约束力，道德只对遵守道德的人有作用。如果一些人的行为不履行法定义务，突破了道德规范的底线，严重伤害他人的利益，给个人、集体或国家造成了损害，这就需要法律和制度来惩罚和约束。

还可以通过建立公民守法信用档案体系，对自觉守法的公民赋予法律上更大的便利，对漠视宪法和法律权威、屡次三番违法者建立不良行为监控机制，通过社区、学校、医院、银行、航空公司、交通部门、社保部门、保险机构等建立相互协调、信息共享的个人诚信记录体系，从而健全守法义务与守法责任相统一的公民守法体系。

三、全民守法要求依法维权

依法维权是公民学法知法用法的天经地义的事。依法维权，就是遵从宪法和法律的规定，维护单位或个人的合法权益或权利。如果某个单位和个人的合法权益受到侵犯之后得不到维护，久而久之公民就会失去对法律的尊崇和信任，法律的权威和公平正义也将丧失殆尽。作为法治国家、法治政府、法治机关，依法维护公民权益，显得十分重要，这是引导全民守法的重要基础。

在现实生活中，绝大多数的公民都遵从法律依法维权。然而，也有一些公民一旦自己的权益受到侵害，首先想到的却是找关系，走后门，寻私情来处理。信权不信法者有之，找领导批条子，打招呼；信钱不信法者有之，用钱开路，花钱摆平；信访不信法者有之，召集亲朋好友集体上访，甚至缠访、闹访；信闹不信法者有之，到当事人家里和单位去闹事，到党政机关或政法机关去闹事，企图通过闹事，给对方或有关部门施压来解决问题。更有甚者，甚至挥舞拳头来解决问题，使用棍棒凶器相威胁，把本来有理的事情变成无理取闹，甚至走向违法犯罪的深渊。这样的不正当维权，不仅不可取，而且也无效，甚至越维权越“危险”。这种不正当的维权渠道，同样也给执法机关带来不少的麻烦。因为很容易错过司法办案的有利时机，时过境迁之后，可能会产生证据缺失、事实难查、鉴定难做、时效延长等诉讼难题，给司法机关匡扶公平正义增加难度，浪费宝贵的法治资源。

产生各种不正当维权怪象的原因有很多，主要有：一是法律的尊崇力、公信力还有待强化，没有广泛深入地内化入心；二是一些公民的法治意识和道德意识仍然淡薄，学法、知法、懂法、用法的自觉性不强，缺乏法治信仰和法治精神；三是急于求成，一旦合法权益受到侵犯，担心走法律渠道程序多，时效慢等。

要解决不正当维权方式，治本之策还在于全社会牢固树立宪法和法律的权威。只有遵从宪法和法律，维护最广大人民的根本利益，保障人民群众对美好生活的向往和追求；政府机关和司法机关依法公正对待人民群众的每一个诉求，努力让人民群众在每一个案件中都能感受到公平正义，人民群众才会自觉成为守法人，从而形成全民守法的佳境。

四、全民守法要求编织纵向到底横向到边的守法网络

网络是信息传输、接收、共享的虚拟平台，通过它把各个点、面、线的信息联系到一起，以实现资源共享。我国的行政管理，就是一张巨大的行政管理网，也是一张全民守法的网。党中央是这张全民守法网的总纲，省、市、自治区、县、市、区、乡镇、街道办、居委会、村委会都是这张网上的节点，法院、检察、公安、司法、安全等系统是这张网上的连线，全民守法纵向到底横向到边的守法网络因之得以形成。

要编织好全民守法的网络，必须解决好下列三个问题。

首先，要营造好纵向到底的全民守法的“连线”。近年来，纵向到底的守法“连线”行动，最典型的是全国法院系统打击“老赖”的“决战执行难”全媒体直播行动。欠债还钱，本是天经地义的价值判断。但一段时间以来，一些不诚信不守法的债务人却以各种理由进行推脱，甚至通过“人间蒸发”、案外人妨碍执行等方式拒绝履行法律义务，成为妨碍公平正义、损害人民权益的顽瘴痼疾，给全民守法带来极坏的影响。为此，全国各级法院与各部门协同配合，形成了打击“老赖”的强制执法的网络，重拳出击，对全国的“老赖”造成过街老鼠人人喊打的社会氛围，不仅使不守法的“老赖”无处躲藏，也增强了全民对法治的认同和敬畏。全国公安系统这条“连线”，针对电信和互联网诈骗活动，上下联动，形成天罗地网，进行严厉打击。强大的执法司法行动，给了人民对法治的信心，极大地促进了全民守法的实施。

其次，要营造好横向到边的全民守法的“网节”。这样既有纵向到底的“连线”，又有横向到边的“网节”，点线面结合，使全民守法的网络覆盖全国。全民守法的“网节”有很多“层节”，重点要抓好两个

层节的工作。第一层是“顶层”，即中央和国家机关的各部、委、办，这一层对培养全民的法治意识、守法意识至关重要，因为他们既是全民守法的引领者，也是设计者、践行者。像司法部紧紧抓住守法必须懂法，懂法必须学法，学法必须普法这个“逻辑链”，扭住“谁执法谁普法”这个“牛鼻子”，牵头成立了落实普法责任制部际联席会议，建立普法责任清单制度，每五年出台一个全国普法规划，这对全民遵德守法起到了很好的高层设计和引领作用。第二层是全民守法的最底层，即城市各居民委员会和农村各村民委员会。俗话说，上面千条线，下面一根针。“顶层”设计和下达的所有普法、学法、懂法、守法、执法等任务和责任，都要靠居民委员会和村民委员会来落实，最后都要穿到这枚“针眼”里去。在打造遵德守法的“网节”方面，江西省广昌县就创造和积累了一些成功的经验。该县 129 个村都成立了遵德守法理事会，形成了纵横交错的遵德守法县域网，制订了村规民约和遵德守法评选标准。围绕着社会主义核心价值观、社会公德、家庭美德、个人品德、学法守法等方面，村遵德守法理事会成员、村小组长、老党员、老干部等按季度开展评议，对遵德守法、家庭和睦、孝老敬亲、勤劳致富、诚实守信等先进模范，通过晒“红榜”、颁发光荣证等进行宣传弘扬，树立法治意识、守法意识和崇德向善的社会正气；对于不遵德守法、不孝敬老人、铺张浪费、破坏公众财物等不文明行为，则贴出“黑榜”公开曝光警示，对促进全县人民遵德守法发挥了导向作用。

再次，要充分运用好互联网这张无形的网络为增强全民的守法意识服务。习近平总书记在全国网络安全和信息化工作会议上强调，必须敏锐抓住信息化发展的历史机遇，自主创新推进网络强国建设。在当下互联网走进千家万户，深入亿万人民生活的信息时代，任何工作都离不开这张神奇的“网”，全民守法也必须利用好这张网开展规划、宣传、教育、褒奖、针砭等项工作。

全民守法通过有形的网络和无形的网络互相配合，线上线下互动，必将使法治意识和德治意识提升到一个崭新的境界，为法治中国建设提供最坚强支撑。

第十四章
道德品质的培养与表现

本章是专为德治融入法治导论这个课题的研究而设立的专门从人的道德形成、发展、变化而切入的一个研究点。通过系统研究一个人道德品质形成的场域因素、环境因素、家庭因素、教育因素对个人道德品质产生的客观作用，以利于我们了解道德的发展走向及其规律，从而使我们找准强化德育发展路径，创造道德品质良好的成长环境，提高全民的道德操守。

以德治国，当然是先要有“德”，其中既包括社会之德，也包括个人之德，而无论是社会之德还是个人之德，都是需要通过各种渠道来培养的。本节将重点讨论影响道德品质养成的各种因素和复杂的培养过程，并针对法治如何介入道德品质培养等问题阐释相应的理论观点。

第一节　影响道德品质的诸多因素

作为在道德行为中所表现出来的稳定的特点和倾向，同时也作为社会的道德原则和规范在个人思想和行为中的体现，道德品质受到各种因素的影响。道德品质由道德认识、道德情感、道德信念、道德意志和道德行为等因素构成，所以多种社会因素分别从不同方面对道德品质的培养和表现发生作用。以下是最常见的几种影响因素。

一、个性的影响

个性也称性格或人格，是指一个人独特的、稳定的和本质的心理倾向与心理特征的总和。著名心理专家郝滨先生认为："个性可界定为个体思想、情绪、价值观、信念、感知、行为与态度之总称，它确定了我们如何审视自己以及周围的环境。它是不断进化和改变的，是人从降生开始，生活中所经历的一切总和。"简单地说，个性就是个体独有的并与其他个体区别开来的整体特性，即具有一定倾向性的、稳定的、本质的心理特征的总和，是一个人在人的共性中所凸显出的那一部分。它通常是天生的，而不是后天学习而来。

人的能力、气质和性格等个性特征并不孤立存在，而是在需要、动机、兴趣、信念和世界观等个性倾向的制约下构成的整体。苏联心理学家彼得罗夫斯基认为："在心理学中，个性就是指个体在对象活动和交往活动中获得的，并表明在个体中表现社会关系水平和性质的系统的社会品质。"个性结构是多层次、多侧面的，由各种复杂的心理特征的结合构成的整体，其中有完成某种活动的潜在可能性即能力，有心理活动的动力特征即气质，有完成活动任务的态度和行为方式的特征即性格，有活动倾向方面的特征如动机、兴趣、理想、信念等。这些特征并非孤立存在，而是一个有机结合的整体，能够对人的行为进行全方位的调节和控制。

个性贯穿着人的一生，影响着人的一生，当然也影响着一个人的道德品质的形成。正是人的个性倾向性中所包含的需要、动机和理想、信念、世界观指引着人生的方向、人生的目标和人生的道路；也正是人的个性特征中所包含的气质、性格、兴趣和能力影响着和决定着人生的风貌、人生的事业和人生的命运，更包括人的道德品质。

具体说来，个性是通过以下三个子系统来影响人的道德品质的。

一是个性倾向性。所谓个性倾向性是指人对社会环境的态度和行为的积极特征，包括需要、动机、兴趣、理想、信念、世界观等。个性决定着人对现实的态度，决定着人对认识活动的对象的趋向和选择。

个性倾向性是个性系统的动力结构。它较少受生理、遗传等先天因素的影响，主要是在后天的培养和社会化过程中形成的，包括对善恶是非的认识。个性倾向性中的各个成分并非孤立存在的，而是互相联系、互相影响和互相制约的。其中，需要又是个性倾向性乃至整个个性积极性的源泉，动机、兴趣和信念等都是需要的表现形式。而世界观居于最高地位，指引和制约着人的思想倾向和整个心理面貌，是人的言行的总动力。由此可见，个性倾向性是以人的需要为基础、以世界观为指导的动力系统。

二是个性心理特征。所谓个性心理特征是指人的多种心理特点的结合，包括人的能力、气质、性格等。个性心理特征是人的道德品质形成过程中发挥作用最全面的因素。尽管不能起决定作用，但个性心理特征对道德品质形成的影响点和面是最多、最广的。

三是自我意识。所谓自我意识是指自己对所有属于自身状况的意识，包括自我认识、自我体验、自我监控等方面，如自尊心、自信心等。自我意识是个性系统的自动调节结构，而心理过程是个性产生的基础。对于道德品质培养来说，自我意识更大程度上发挥着反省、校正的功能。

个性具有积极性、能动性，并统帅全部心理活动去塑造人的道德品质，影响着个人去改造客观世界和主观世界。从个性的发展性与个性的社会性来看，个性的形成一方面有赖于个人的心理发展水平，另一方面有赖于个人所处的一定的社会关系。所以，道德品质在一定程度也与个性的形成与完善之间发挥相互的作用。

二、家庭的影响

父母是孩子的第一任老师，家庭是人生的第一课堂。一些素质低下、道德败坏、品行恶劣的人都在不同程度上折射其家庭在个人身上留下的影子，而那些品德高尚的人也经常体现在严格的家教、和谐的家庭关系、健康的家庭环境氛围上。可见，家庭环境在现实生活中影响着公民素质和道德品质的提升，也影响着社会的安定和谐，影响着富强、文明国家的建设。

荀子说：“蓬生麻中，不扶自直，白沙在涅，与之俱黑。”古人对家庭环境对人的道德品质的影响的深刻认识在今天依然得到广泛认同。

家庭中教育的观点、方式，家庭成员的作风、习惯、品德修养，家长的心理品质、心理发展水平和个性、性格特征，都无不深深地影响家庭其他成员特别是孩子的心灵，特别是共同生活的长辈对后代亲属的道德品质具有难以抗拒的遗传性。

家庭教育观念和家庭环境对孩子及其他家庭成员会产生方向性的影响。家庭是社会的细胞。在社会转型过程中，市场经济占据了主导地位，许多家长在社会竞争和生活压力下，更加重视培养和发展孩子的智力。即使一些家长意识到了德育的重要性，但他们还是把智育放在第一位，认为孩子学习的知识越多越好。一些家长一味追逐孩子的成绩，忽视了道德方面的教育，这也正是家庭教育最失败的一面。

家庭的德育环境包括家庭中的人际环境、礼制环境和风俗环境等。现代教育一般认为家庭德育环境指家庭经济状态及社会地位、家庭结构与组成、家庭成员关系、家庭教育观念及方法、父母的道德品质、家庭文化环境、家庭成员心理素质等影响和制约青少年道德品质形成和发展的家庭内外部因素的总和。因家庭经济状况及社会地位、家庭结构与组成等因素相对稳定且难以短期人为调节，故可称为客观因素。家庭教育观念及方法、家庭人际关系、文化环境等因素均可由家长主观调整控制，故可称为主观因素。这两类因素都对家庭成员道德品质的形成发生基础性的影响。家庭环境可以理解为一个家庭的风气，包括为人处世的态度和行为准则，简单讲就是一个家庭或家族的传统风尚。是注重诚信做人、尊老爱幼、格物致知，还是谨言慎行、勤奋好学、尊师重道……它影响着家庭成员的精神风貌、道德品质、审美格调和整体气质。良好的家庭环境在人们的成长过程中起着关键的作用，是人们终生的财富。青少年在良好的家风熏陶下会通过耳濡目染接受影响，按照良好家风的内容来塑造自己的行为，形成良好的人生习惯和道德品质。所以，我们要高度重视、积极营造良好的家庭教育观念和家庭环境，采取正确的家庭教育方法，引导家庭成员形成良好的道德品质。

三、学校的影响

学校是教育者有计划、有组织地对受教育者进行系统教育的组织机构，由专职人员和专门机构承担的有目的、有系统、有组织、有计划的以影响受教育者的身心发展为直接目标并最终使受教育者的身心发展达到预定目的的社会活动。学校是“传道授业解惑”的场所，更是学生道德品质培养的重要基地。学校的办学方针、教材选择、师资配备、教育方法等都是影响学生道德品质的重要因素。

（一）学校应当树立正确的道德教育观念

学校是对未成年人进行思想道德教育的主要渠道，要改变片面强调文化素质，忽视思想道德教育或重智力轻德育的错误思想。我国著名的教育家孙维刚老师成功的做法是高度重视德育为首的建班方针。让学生明确人生方向，产生学习动力，增强克服困难的勇气和力量，培养锐意进取、坚忍不拔、无私奉献的良好风尚，保障良好的学习秩序，营造一个安静的环境、一个理性的气氛，循序渐进地促进学生明事理、懂是非等良好美德的形成。

另外，学校在教育的过程中还应把握好奖罚分明的原则。对于好的正确的道德行为和道德认识要及时表扬和鼓励，从具体形象上给学生增加感性认识，提高学生辨别是非的能力，形成正确的是非观念。

（二）在课堂上将道德品质教育融入学科教学中

学校的品德教育不只是德育课教师的责任，而各科的任课教师都应当承担相应的德育任务。班主任作为一个班级的核心人员，在德育工作中起着特殊的作用。班主任个人的作风及对学生的情感态度都会影响学生的道德品质发展。同时，要充分发挥其他老师的作用，与班主任通力合作，共同教育学生，形成强而有力的力量影响学生、感化学生。各科任教老师可以充分利用自身的人格魅力，结合学科的特点，将德育渗透于各科教学中，使学生在无意中受到熏陶，从而养成良好的情操。

（三）抓好家庭教育与学校教育的协调

学校德育作为严格的系统工程，它受到学校、家庭及社会各种因素的影响。青少年学生产生不良行为的一个重要原因就是意志力薄弱。如学生犯错误，总是由于某些不良的外部诱因转化为心理因素引起的。因此，在道德品质的矫正初期，首先就是要加强家庭和学校的管理，切断不良诱因（如不良场所、不良伙伴等）的影响，为学生思想道德的建设提供一个良好的外部环境。学校应联合家庭教育力量，注重家庭教育与学校教育的协调，发挥家庭教育在学校德育工作中的重要作用。学校与家庭多联系、多沟通，及时发现问题，合适地解决问题，共同商讨教育办法，使学校和家庭及时了解学生的思想动态。家长和老师要狠抓苗头，对症下药，防微杜渐，使不良品德消失在萌芽之中。

（四）有针对性地开展形式多样的德育实践活动

处于不同时代的人，有着不同的时代特征。当今的学生中存在自私自大心理，这使得他们做出某些不合道德规范的行为。他们希望人人为我，却不想我为人人；希望得到别人的关心和帮助，却不懂得为别人奉献和付出；希望得到别人的理解，却不懂得体谅他人；希望获得别人的爱，却不懂得尊重他人。针对这种情况，学校在德育内容上，不能空洞化，不能脱离实际；在作风上，不能停留于压服和专制，而应结合实际开展形式多样的德育实践活动。例如，针对学生法治观念薄弱的现象，开展法治知识竞赛活动；针对学生目前生理、心理的不成熟性，开展青春期教育活动等。

四、群体的影响

古语云：物以类聚，人以群分。北朝文学家颜之推指出："与善人居，如入芝兰之室，久而自芳也；与恶人居，如入鲍鱼之肆，久而自臭也。"可见，在家庭和学校之外，人们的交友环境和所处群体对于道德品质的形成具有重大的影响。

从广义上理解，群体就是无论何种民族、职业或性别，以何种原因走到一起，都被认为是指大量聚集在一起的个人。群体中的个人在某些条件下，一些共有的特征就会凸显出来，这些特征与组成群体的个人的独有特征完全不同，他们各自的特性会消失。这是因为，人们聚集在一起的时候，思想和感情会因为共同的目标而聚焦在同一个方向，从而变成一种集体性心理。尽管这种集体性心理并不持久，但可以真实地反映出一些十分确切的特点。

根据心理学家的解释，群体通常具有几大负面的属性。一是群体具有的冲动、易变和急躁等特征，二是群体容易受到暗示和轻信，三是群体情绪具有的夸张与单纯的特点，四是群体感情的偏执、专横和保守，五是群体的道德性。

与此同时，群体也有一些具有积极意义的特征。第一，群体观念需要极长的时间才能在群众的头脑里扎根。同样，铲除一种观念也需要消耗很长时间。第二，群体所具有的理性也是存在的，尽管群体在批判精神和推理能力方面会比个人有很大的减弱。第三，群体具有很强的想象力，但这通常只限于形象思维。

不论是哪种属性，这些属性对于群体中的个人道德品质形成有着极大的影响。个人在群体之中，会因为个人的品性而体现出其道德水准的高低，但外界对群体的影响会以同样的力量影响到群体中的个人，而且会更加感性，更加不稳定，更加易变。在群体中，个人便不能再自如地运用智力和推理，而更多的是“随大流”“人云亦云”。所以，在道德品质培养过程中，我们一定要高度重视个人所处的群体特征，了解群体心理的一些规律，特别是要具体掌握特定人员所处群体的情况，有针对性地破解群体为个人道德品质水平的提升所设置的障碍，发挥群体对道德品质培养的积极作用。

第二节　培养道德品质的复杂过程

道德品质是一个综合的范畴，从知、情、意、行的角度概括其构成，可分为道德认知、道德情感、道德意志、道德行为等组成部分。这些要素既相互独立又相互联系，构成一个完整有序的结构体系。因此，道德品质的培养是个循序渐进且复杂的过程，只有科学分析道德培养的方式、条件，梳理道德品质的成熟过程，才能有助于将社会主义核心价值观融入人的成长过程，培养社会主义道德观。

一、关于道德成熟的理论

科尔伯格是美国当代发展心理学家，他致力于儿童道德判断力发展的研究，提出了“道德发展阶段”理论（Kohlberg’s Theory of Moral Development）。该理论以不同年龄儿童道德判断的思维结构，来划分儿童道德观念发展的阶段，强调儿童的道德发展与其年龄及认知结构的变化有很大关系。

科尔伯格认为，进行道德教育时，应随时了解人的道德所达到的发展阶段，根据道德发展阶段的特点，循循善诱地促进他们的发展。他的研究表明，道德发展必须依次经过各个阶段，但不是所有人都能达到最高阶段的。尽管不能跨越各个发展阶段，但总是喜欢超越自己已有的水平，达到较高阶段的道德判断水平。因此，要为人的道德培养提供下一个阶段的模式，以利于人的道德水平的发展。科尔伯格认为，人的道德判断可分为三种水平，每种水平各有两个阶段，共六个阶段。

（一）前习俗水平

这一水平上的儿童已具备关于是非善恶的社会准则和道德要求，但他们是从行动的结果及与自身的利害关系来判断是非的。这一水平有两个阶段：阶段一，惩罚与服从的定向阶段。这个阶段的儿童认为凡是权威人物选中的就是好的，遭到他们批评的就是坏的。他们道德判断的理由是根据是否受到惩罚或服从权力。他们凭借自己的水平作出避免惩罚和无条件服从权威的决定，而不考虑惩罚或权威背后的道德准则。阶段二，工具性的相对主义的定向阶段。这一阶段儿童首先考虑的是，准则是否符合自己的需要，有时也包括别人的需要，并初步考虑到人与人的关系，但人际关系常被看成是交易的关系。对自己有利的就好，不利的就不好。好坏以自己的利益为准。

（二）习俗水平

这一水平上的儿童有了满足社会的愿望，比较关心别人的需要。这一水平的两个阶段是：阶段三，人际关系的定向阶段或好孩子定向。这个阶段的儿童认为一个人的行为正确与否，主要看他是否为别人所喜爱，是否对别人有帮助或受别人称赞。阶段四，维护权威或秩序的道德定向阶段。这一阶段的儿童意识到了普遍的社会秩序，强调服从法律，使社会秩序得以维持。儿童遵守不变的法则和尊重权威，并要求别人也遵守。

（三）后习俗水平

这一水平上的人们力求对正当而合适的道德价值和道德原则作出自己的解释，而不理会权威人士如何支持这些原则，履行自己选择的道德准则。这个水平的两个阶段是：阶段五，社会契约的定向阶段。在前一阶段，个人持严格维持法律与秩序的态度，刻板地遵守法律与社会秩序。而在本阶段，个人看待法律较为灵活，认识到法律、社会习俗仅是一种社会契约，是可以改变的，而不是固定不变的。因此，从德治法治的建设来看，此阶段加强价值的教育意义重大。一般说来，这一阶段是不违反大多数人的意愿和幸福的，但并不同意用单一的规则来衡量一个人的行为。道德判断灵活了，能从法律上、道义上较辩证地看待各种行为的是非善恶。阶段六，普遍的道德原则的定向阶段。这个阶段个人有某种抽象的、超越某些刻板的法律条文的、较确定的概念。在判断道德行为时，不仅考虑到适合法律的道德准则，同时也考虑到未成文的有普遍意义的道德准则。道德判断已超越了某些规章制度，更多地考虑道德的本质，而非具体的准则。而此阶段的道德培育又与其他阶段存在不同的特征和要求，更加强调道德的自我修养，此时外部教育效果不会太明显。

二、道德教育的阶段性培养重点

在划分道德成熟阶段的基础上，针对各个不同的阶段加以教育培养：

（一）道德教育任务

道德教育的首要任务是提高道德判断能力，培养他们明辨是非的能力。把认知发展观点运用到道德教育中去是科尔伯格道德发展理论的突出之点。他把道德发展看作是认知发展的一部分，道德成熟过程就是道德认识的发展过程。道德成熟的标志在于他能否作出正确的道德判断并形成他自己的道德原则的能力。而不是只具备服从他周围成人的道德判断的能力。在他看来，道德的成熟首先是道德判断，然后是与道德判断一致的道德行为上的成熟。道德成熟水平最明显地表露在他的道德判断中。因此，科尔伯格认为一个人的道德判断水平与他的道德行为基本上是一致的。道德教育应以提高道德判断能力为重。

（二）道德行为训练

道德品质是由道德行为来体现的，因此要培养德、智、体全面发展的人才，就必须进行道德行为的训练和培养，以养成良好的道德行为习惯。良好道德行为的养成，一是要让人了解最基本的行为要求。如通过学生守则、单位规则和行为规范的讲解、学习、练习等各种教育活动，通过外部的舆论导向，使参入人员掌握道德行为的技能和方式，这一过程我们可以称之为道德行为的强化阶段，即通过一定的外部因素介入使人知道自己在特定的环境、范围内该做什么，不该做什么，能做什么，不能做什么。二是依靠人的自我评价，分清什么是符合道德的行为，什么是不符合道德的行为，培养人用良好的道德动机和愿望去指导道德行为，我们可以把这一过程理解为道德行为的内化阶段。在具备这种能力之后，即使在没有外界的强制、约束下，也会自觉地按照符合社会行为准则的标准去指导自己的行动，评价他人的行为。

（三）道德意志磨炼

道德意志是培养道德品质的关键环节。坚定的道德意志可以保障道德行为的持久性、经常性。但道德意志的培养并不是一件简单的工作，它需要日积月累，不断得到来自于自己和他人的肯定与强化。通过强化榜样作用的力量和经常组织人参加道德行为的实践去实现。通过对英雄人物事迹的了解，鼓励人去追求、向往。还可以组织参加义务劳动、社会实践、主题研讨等形式，在实践中培养道德意志。

（四）学校、家庭和社会的道德教育

学校、家庭和社会要创造良好的条件，广泛开展各种道德教育活动，提供略微超出发展水平的社会道德问题让大家讨论，以激发大家去实现更高阶段的道德水平，使他们的思维模式向更高水平发展。教师在对学生进行行之有效的学校教育的同时，还应该关注社会的各种思潮，准确把握舆论导向，将自己的教育内容、方式和方法主动与社会发展的需求相适应，与学生家长建立起经常的、面对面的沟通链条。通过各方面的努力，让学生成为一个有着强烈民族自尊心、自豪感，具有竞争、开拓、创新观念的现代人，具有高尚道德品质的文明人。

（五）培养在实践中自我修养的能力

这是道德品质培养的高级阶段。道德品质的形成和完善，必须以社会实践为途径，坚持在实践中提高自我修养。第一，培养认真自觉的修养。“吾日三省吾身”是中国古代思想家曾子所提倡的。其意思是自我反省、自我检查、自我诉讼。第二，要引导他人存“慎独”之心。慎独，出自《礼记·中庸》，“莫见乎隐，莫显乎微，故君子慎其独也”。意思是说隐蔽之处，别人不易发现之时，微小之事更能显现出人的灵魂，高尚的人在无人知晓时更能做到谨慎、遵守道德。发现其在无人监督的情况下做出一些不道德、有失人格的事情时，要善意提示这种行为的危害性，使其自然终止，下不为例。例如，汽车上逃票、图书馆偷书等。教育者应该用巧妙的语言，暗示违德之人，这种做法表面上是占了便宜，其实是个人道德修养上的大漏洞，是走向堕落的开始。第三，要积小善成大德。“千里之行，始于足下”，一个人真正完善的德行不是一朝一夕能够形成的，大事总是通过小事的积累来实现的，“大善”也是用那些“小善”来体现的。要有“一屋不扫，何以扫天下”“不积跬步无以至千里”的精神，凡事从小做起，“勿以善小而不为，勿以恶小而为之”。

第三节　道德品质培养过程中的法治干预

一、法治的倡导引领作用

无论是完善和发展中国特色社会主义制度、推进国家治理体系和治理能力现代化，还是加强党的执政能力建设、巩固党的执政地位；无论是推动经济社会持续健康发展，还是维护社会公平正义、确保党和国家长治久安，都需要更好地发挥法治的引领和规范作用。

（一）指引发展方向

宪法是国家的根本大法，规定了国家的国体、政体和经济、政治、文化、社会、生态文明等领域的基本制度及活动准则，规定了党和国家发展的根本任务和奋斗目标，是治国安邦的总章程，具有最高的法律地位、法律权威、法律效力，具有根本性、全局性、稳定性、长期性。宪法反映了全体人民的共同意志和根本利益，反映了社会发展的根本要求，是一个历史时期党和国家中心工作、基本原则、基本方针、基本政策在法制上的体现。因此，法治的作用首先体现在保持国家制度稳定，引领和确保国家始终沿着正确方向前进。

（二）确立行为规则

治理国家、治理社会，必须立规矩、讲规矩、守规矩。没有规矩，不成方圆。法律就是国家最大的规矩，规定了每个公民、法人、政党、社团必须遵守的基本行为规范，赋予国家管理的权力并明确其边界。法治最基本的功能，就是明确告知人们，国家希望社会成员做什么，不能做什么，哪些行为是允许并受到保护的，哪些行为是禁止并将受到惩罚的，并要求所有社会成员必须遵守这些行为规则。

（三）整合社会利益

我国法律是人民意志的集中体现，是人民利益的根本保障。一方面，法律是社会关系和人的行为的调节器和平衡器，通过法定程序制定法律能够最大限度凝聚各方面利益诉求，最大限度达成共识；另一方面，社会主义法律的基本属性是平等，社会主义法律的基本功能在于平等保护每个人的合法权益，以法律为准绳协调各种利益关系、维护社会公平正义，有利于在尊重个人权益基础上构筑全社会利益共同体和命运共同体。实践证明，法治是整合社会利益的最有效机制，法律制定和实施的过程实质上就是社会利益的整合过程。

（四）化解社会矛盾

一个国家、一个社会，任何时候都会存在利益冲突和矛盾纠纷，关键在于怎么去解决。法律是定分止争的最有效手段。这是因为，法律明确规定了社会成员的行为和利益边界，是社会利益关系的最大公约数，能够被全体社会成员普遍认同和遵守。以法律为依据构建冲突解决机制，在法治轨道上解决矛盾和纠纷，可以避免或减少矛盾激化和社会冲突，确保社会正常秩序。

（五）凝聚社会力量

宝剑和天平作为法律的象征，向人们昭示了法律惩恶扬善的功能。惩恶，就是对违法行为进行惩处，防止违法行为造成更大危害，同时也警示人们不能逾越法律红线、触碰法律底线，从而维护社会公正、弘扬社会正气。扬善，就是清晰告知人们法律是保障自身权利的有力武器，只要遵守法律，就能在法律保护下实现自身利益、保障自身权益不受侵犯。充分发挥法律惩恶扬善的功能，有利于在全社会树立守法者得利、违法者吃亏、犯罪者必惩的价值导向，扶正祛邪，增强社会凝聚力、向心力。

（六）保障经济发展

引导和推动经济社会发展，既靠政策又靠法律。法律和政策本质上是一致的，两者相辅相成、互联互动，都反映了一个国家一定阶段经济社会发展的客观要求，都是人民意志的体现，都是为经济社会发展指明方向、营造环境、提供保障。但相对于政策而言，法律更具稳定性、长期性，成熟的政策可以上升为法律，使之发挥更为长远的指导作用。同时，法律和政策一样，也要与时俱进，只有适时制定新的法律，及时修改和完善现行法律，才能适应经济社会发展需要。因此，健全的法治能规范经济行为，创造公平公正、公开透明的社会环境，提供稳定的社会预期，引领和保障经济社会持续健康发展。

二、法治对道德品质的校正作用

法律是国家制定或认可的，由国家强制力保证实施的，以规定当事人权利和义务为内容的具有普遍约束力的社会规范。法治即是运用法律来进行国家治理和社会管理，通过发挥法治的明示、预防、校正功能来实现对道德品质的纠正和提升。

（一）运用法治手段提升全民族的道德品质

法治是以法律条文的形式明确告知人们，什么可以做，什么不可以做，哪些行为合法，哪些行为非法，违法者将要受到怎样的制裁等。这一作用主要是通过立法和普法工作来实现的。法治所具有的明示作用是实现知法和守法的基本前提，通过法律的明示作用和执法的效力以及对违法行为进行惩治力度的大小来实现的。法律的明示作用可以使人们知晓法律明辨是非，即在日常行为中，什么是可以做的，什么是绝对禁止的，触犯了法律应受到的法律制裁是什么，违法后能不能变通，变通的可能性有多少等。因此，应坚持以法治体现道德理念，强化法律对道德建设的促进作用，充分运用法治手段提升全民族的道德品质。

（二）运用法治手段解决道德领域突出问题

法律是底线的道德，也是道德的保障。要加强相关立法工作，明确对失德行为的惩戒措施。要依法加强对群众反映强烈的失德行为的整治。对突出的诚信缺失问题，既要抓紧建立覆盖全社会的征信系统，又要完善守法诚信褒奖机制和违法失信惩戒机制，使人不敢失信、不能失信。对见利忘义、制假售假的违法行为，要加大执法力度，让败德违法者受到惩治、付出代价，最终通过法律的强制力来校正社会行为中出现的偏离法律轨道的不法行为，使之回归到正常的法律轨道。

三、法律行为与道德行为的界限

（一）道德判断在司法活动中不能代替法律评价

法律与道德的关系主要是个立法问题，立法时应充分考虑道德因素，有关道德因素应主要在立法层面加以解决，在司法活动中不应以道德作为标准，而应以法律作为标准，道德评价不能代替法律评价，应尽量避免道德评价在执法和司法过程中的介入。

司法活动所具有的法律属性及其本质职能决定了其评价标准只能是单一的、法律性的，而不能是多元的、社会性的，那么，选取什么样的评价标准就成为一个非常重要的需要明确和解决的问题。在一个社会评价体系中，法律评价和道德评价是两种不同的评价机制，法律评价以国家制定的法律作为评价标准，这是一种评价标准和评价结果相一致、相统一的评价机制；而道德评价则是按照一种公认的社会道德观念或者法官个人所认定的社会道德观念作标准，对一个事件和一种行为作出是否有罪，是否违法以及是否受到惩罚和承担法律责任及承担何种法律责任等。其先天性的缺陷在于：选取的评价标准是道德性的，而最后评价的结论和结果的承担却是法律性的，这样，评价标准和评价结论从根本上就存在着不一致性和不统一性，这是法治社会所不能接受的一种评价机制。

如果将道德评价运用在执法和司法过程中，它隐含着这样一个不言的却潜在的公式，即凡是违反道德的，也就是违反法律的。因此，一切以道德为判断依据，而取消了作为法定判断标准的法律标准，这对实现法治是极其有害的。由于一个社会的道德观念是分层次的、个体化的，有“高”“低”之分的，因此，很难有一个统一的道德标准来作为评价依据。于是，对于一个有“高”道德观念要求的法官来讲，有可能将法律标准拔高为道德标准，在实际判决中会出现误判无辜或加重其当事人的法责和罚责；而对于一个只具备“低”道德观念的法官来讲，则可能将法律标准降低为他所接受的“低”道德标准，在实际判决中可能会出现放纵违法犯罪者，或减轻其当事人的法责或罚责。这都是由于失去了一个客观的、基本的法律标准所产生的。

（二）法律规范不予调整的空间应由道德来规范

法治社会强调法律至上，强调法律应居于最高的调整地位，发挥最重要的调整作用，但法律并不是唯一的社会调整机制，因为法律不可能囊括一切社会现象和行为，不可能将所有的行为都纳入法律调整领域，这也就是法律的局限性和有限性。法治社会要求，凡是应该纳入法律调整的领域，就应该由法律来调整。但对于那些不属于法律调整领域的，就应该由其他社会规范去调整，发挥其他社会调整规范的作用。

就以法律和道德而言，它们之间就存在着一种互动作用，即通过法律的实现来促进道德的提高，通过道德来提高法律实现的程度。法律的充分实现，意味着法律中所确认的基本社会道德准则在全社会的广泛推行，这样就可以带动和提高那些尚不具备这些基本道德准则的人来提高自己的道德观念和意识，并进而逐渐提高全社会的道德水准。同样，一个社会的道德观念对于法律实现也具有不可忽视的重要作用。因为法律实现取决于多种因素，其中道德观念至关重要。如果全社会的道德观念同法律不相吻合，对法律的实现会产生一种抗力，即不合作。这样，法律的实现程度便会大打折扣。

法律和道德的这种互动原理，可以使我们对为什么在对法律未禁止的私权利行为不施以法律惩罚的前提下，而要保留道德惩罚的空间，会有一个更清醒的认识。因为道德惩罚不是目的，而是通过这种手段，以纠正那些违反社会公德的行为，使其行为重新回到社会基本道德观念要求的标准上来。它和法律惩罚在终极功能上可谓异曲同工，都是为了维持一个社会的正常运转。所不同的是，一个是通过强制的手段，另一个是通过道义和舆论的手段。因此，对于法未明文限制或禁止的私权利行为，不能用法律惩罚，而应保留道德惩罚的空间。

第四节　培养道德品质的家庭环境与社会氛围

马克思主义关于人的本质的理论强调，人的本质在于其社会属性，人类生活是社会生活。个人为了生存和发展，必须满足最基本的物质生产和精神生活的需求，而这些需求的实际达成则要求个体必须生活在一定规模的群体之中。我国古代著名思想家荀子曾指出："人之生也，不能无群。"（《荀子·富国》）又说："人力不若牛，走不若马，而牛马为用，何也？曰：人能群，彼不能群也。"（《荀子·王制》）荀子这里所说的"群"，是社会群体，社会群体是人类社会生活所特有的聚合形式。人从不知不识的生物人成长为掌握社会文化的社会人，获得人的社会性的本质属性，这一过程便是社会化。道德品质的培养伴随着人的社会化而生，期间，家庭环境和社会氛围起着重要的不可替代的决定作用。

一、家庭环境对培养道德品质的作用

（一）家庭是培养道德的第一场所

家庭是个体最早接触到各种道德观念和道德规范的场所，是个体产生道德意识、养成道德行为的重要社会群体。作为培育个体德性与德行的第一场所，家庭显著地表现出一个特征：个体在家庭是以家庭成员的角色而时刻处于与他人互动的家庭关系之中的，个体并非绝对独立而孤立存在，个体是在家庭成员这一特殊身份下参与道德实践，并进而沉淀形成道德品质的。在《家庭、私有制和国家的起源》中，恩格斯就曾强调过这一思想："父亲、子女、兄弟、姊妹等称呼，并不是单纯的荣誉称号，而是代表着完全确定的、异常郑重的相互义务，这些义务的总和构成这些民族的社会制度的实质部分。"①

（二）家庭通过基本认知来培养道德

任何的社会个体都出生在一定的家庭之内并成长于一定的家庭之中，也就是说，都是家庭的一分子、一成员，这一事实有力地保障了个体的社会化得以顺利进行。家庭作为典型的初级社会群体，它所特有的情感基础和亲密关系能够使未成年人在安全、温馨的环境下学习，使其体味人与人之间的社会关系，从而完成从自然人到社会人的成长。经过家庭生活的日常实践活动，个体逐渐清晰地理解"何为自己""何为他人""自己与他人的关系如何"等基本的认知概念，未成年人不仅区分了自己与家人，也同时体验到了双方关系的亲密无间。在家庭中，"孩子们学会了认识他们是谁，他们能够和应该从他们的社会中期望些什么，这个社会又对他们期望些什么。"②

（三）家庭通过日常交往来培养道德

在家庭的日常生活与交往实践中，未成年人逐渐体察与感悟到了关心、疼爱、体贴、温暖、谦让、谅解、包容、利他等优良品质和行为规范，接着便经由学习、模仿、重复、强化等心理机制，学习向亲人们反馈同样的情感和行为，通过长期、大量、经常性地践行，最终便能够养成善良、热情、爱集体、爱祖国、知恩图报、舍己为人、富

---

① 《马克思恩格斯选集（第4卷）》，人民出版社2012年版，第37页。

② ［美］戴维·波普诺：《社会学（第十版）》，李强等译，中国人民大学出版社1999年版，第15页。

有同情心等优良的思想道德品质。其实，无论多么高尚的品德，无论多么“纯粹”的个体，其道德养成的最初场所、最重要环境都是个体成长于其中的家庭。在未成年人道德养成的实践过程中，家庭位于始源性的重要地位，作用于从道德意识到道德行为的整个养成过程，并发挥着学校、社会所无法替代的功能和优势。

二、家庭教育对培养道德品质的作用

家庭教育对培养道德品质的作用体现在培养道德认识、道德情感、道德行为和道德意志四个方面，而这些都必须从孩子抓起。

（一）培养道德认识

道德认识主要是对事物的是非、行为善恶的评价。掌握是非标准，划清是非善恶界限，才能使人知道应该怎样行动，从而自觉地产生相应的道德行为。人对道德认识是从无到有，由浅入深，从简单到复杂，由零碎到系统地发展起来的。生活中的诸多现象，往往涉及是非善恶的评价问题，而孩子的道德评价能力最初是在大人的影响下形成的，开始他们常常只是重复父母和教师的看法，以后，才慢慢地学会了独立分析。因此，正确的家庭教育能帮助孩子形成正确的道德评价。

（二）培养道德情感

人的道德情感是伴随着他们的道德认识产生和发展起来的，它在人道德品质的形成过程中起着重要的作用。道德情感可以促进道德认识建之于行动，而不是把这种认识仅仅停留在口头上。子女往往以父母和周围人为榜样，把他们的行为规范内化为自己的品质，并以此来指导自己的行为。因此，一个健康的情感气氛是有利于实现对未成年人熏陶的。

（三）培养道德行为

道德品质如何，不能只听他说得怎样，更主要的是看他的行动。子女的道德面貌是以行为来反映、来表现的。培养道德行为，关键是培养人的道德行为模式，使其养成良好的道德行为习惯，从而实现其道德观念的物化。

（四）培养道德意志

意志与行为紧密相连，离开具体的行为，表现不出坚强的意志。但意志并不等于行为，它是调节行为的精神力量，使道德行为能够持之以恒，贯彻到底。子女意志坚强，就能够督促自己，排除困难坚持自己的信念和诺言。而意志薄弱的子女，一旦遇到什么困难，就会摇摆不前，半途而废，成为一个“没长性”的人。所以，培养子女具有坚强的道德意志，是家庭道德品质教育的重要内容。

三、社会氛围对培养道德品质的作用

社会环境是道德境界形成的客观因素，不同时代、不同时期的社会环境会形成不同的道德境界。人类社会历史发展表明，道德境界归根结底是一切历史条件和社会实践的产物。一般来说，社会环境是指由于共同的物质生活、精神生活而相互联系起来的人群活动范围内的情况和条件，其范畴并没有严格界线，只是相对而言有大环境和小环境之分。道德境界则是指生活于现实社会的人们在道德行为方面所表现出来的相对稳定的道德觉悟程度和情操水平。

（一）社会环境是道德境界形成的客观原因

人类历史发展的不同社会形态和不同时代、不同阶段，道德境界亦有所不同。原始社会解体后，随着私有制的出现和私有观念的产生，“自私自利”即成为私有制社会道德的基本特征。由于社会主义社会是人类社会由私有制社会向完全意义上的公有制社会——共产主义社会的过渡阶段，在这个过渡阶段，既有与私有制相对应的道德境界，又有与公有制相对应的道德境界，“公”与“私”两种道德境界并存，其中又可大致分为“先私后公”和“先公后私”两个相互融合、相互转化的层次。鉴于我国社会主义社会具有阶段性特征，因此，道德状况也必然会随着阶段性变化而发生变化。

（二）社会环境的变化影响道德境界的变化

社会环境不仅是道德境界形成的客观因素，而且其发展变化对于道德境界的变化也有着重要影响。新中国成立之初，我国社会环境发生了翻天覆地的变化，封建主义和资本主义生产资料私有制相继被消灭，社会主义公有制迅速建立。由于当时实行的是高度集中的计划经济体制和按劳分配制度，生产力发展水平不高，收入差距不大。因而，人们对物质利益和个人利益的追求并不是很强烈，又由于十分重视上层建筑和意识形态领域的斗争，以及在强调加强思想改造的同时猛烈批判私有观念和个人主义，大力提倡“大公无私”和无私奉献精神，

社会环境人为净化，致使“先公后私”道德境界成为社会主流。当我国开始实行以经济建设为中心，实行全方位改革开放，实现四十年经济飞速发展，初步实现国富民强以后，由于缺乏道德引导和道德教育，导致社会上追逐利益的私欲膨胀，社会道德境界发生极具逆转，不讲道德的现象丛生，违反社会公德的行为层出不穷。面对这种状况，国家从抓诚信道德教育入手，完善社会诚信机制，强化经济建设中的诚信道德观念的引导和管控，同时大力抓国家法治建设，使我国道德境界很快趋向健康发展。因此，社会环境的变化，特别是经济发展变化对道德境界的形成和发展具有重要的影响，而要消除经济发展可能带来的负面道德效益，就必须强调依法治国和以德治国的紧密结合，只有法治和德治相得益彰，共同参入社政管理，才能够营造出积极向上的道德境界。

第五节　道德品质的外在表现

道德品质是人的内在价值观念的凝结，而只有道德行为才是道德品质的外在表现。道德行为是人类行为的一种，但由于这种行为置于道德范畴，所以与一般的社会行为又有所不同。

一、道德行为的分类

（一）行为的特征

道德行为和道德品质是互相联系又互相区别的概念。道德行为是道德品质的外部表现，道德品质是道德行为发展积累的结果。马克思主义伦理学认为，只有人类在理性支配下有目的的活动才能称为行为。人的行为具有目的性、能动性和社会性。行为可以依据人们社会实践的形式不同而分为不同种类，如经济行为、法律行为、艺术行为、道德行为等。而马克思主义伦理学注重研究人们的道德行为和各种社会行为、个体行为的道德意义。

（二）行为的分类

马克思主义道德科学将行为分为道德行为和非道德行为两大类。

道德行为指的是行为主体在一定的道德意识支配下产生的对社会和他人有利害关系，并可以进行道德评价的行为。而非道德行为实质行为主体无道德意识支配的不涉及他人和社会利害关系，无道德意义，是不能进行道德评价的行为。前者如父母虐待子女的行为，后者如精神病人发病期间的行为。

（三）道德行为的基本特征

1. 道德行为是行为主体自知的行为。任何道德行为都必须是行为主体在自觉的道德意识支配下进行的。行为主体基于对个人与他人或社会的利益关系的认识，产生一定的动机，为了达到这样目的的行为才是道德行为。

2. 道德行为是行为主体自愿自择的行为。只要是人们基于自己的意志，经过资源选择而做出的有道德意义的行为，就是道德行为，就负有道德责任。这一点，与法律行为有区别。如在被胁迫的情况下做出的伤害他人的行为，可以不负法律责任，但是只要行为人还有其他可选择的余地，就负有道德责任。

3. 道德行为是涉及他人和社会利害关系的行为。利益是道德的基础，任何道德都是为利益服务的。尽管社会中存在着各种不同的道德，有着不同的道德原则、道德规范和道德要求，但是在对道德行为的界定上都是基于善恶。社会主义道德把是否涉及他人和社会的善恶关系作为区分道德和不道德行为和非道德行为的标准，并把对他人和社会有利的行为判断为善，把对他人和社会有害的行为判断为恶。

（四）道德行为的分类

道德行为可区分为道德的行为和不道德的行为。道德的行为是行为主体在自觉的道德动机支配下做出的有利于他人和社会的行为，也称善的行为。不道德的行为是行为主体在自觉的不道德动机支配下做出的有害于他人和社会的行为，也称恶的行为。道德的行为和不道德的行为还依各自所具有的善恶大小、高低、程度等具有价值量的区分。道德的行为价值量有比较好、好、最好的区分，不道德的行为价值量有不够好、不好、最坏的区分。

二、道德行为选择的要件

人们在进行道德行为选择时，需要具备主客观两个方面的条件。

1. 道德选择的客观条件。任何人的道德行为选择只能在一定的社会历史条件下进行，当社会环境尚未提供行为选择的客观可能性时，选择无法进行，不能无中生有。即使有了一定的客观条件，行为方案的选择也不能超出客观条件的限制，必须在现有条件决定的可能性方案中进行选择。道德规范体系构成道德主体行为选择的最常见、最大量的限制。道德规范往往内化为道德主体的义务感和良心，无时不对主体发布“该”或“不该”的道德命令。

2. 道德选择的主观条件。任何人的道德行为选择必须发挥主体的主观能力。当道德主体不具备或尚未具备行为选择能力时，选择无法进行。社会历史条件和客观环境只限制了道德行为选择的大范围，具体情况下如何选择，还有赖于选择主体的道德觉悟程度和主观能力。

3. 道德行为选择的多向性。道德行为选择是多方面的，从主体的态度看，有积极的主动选择和消极的被动选择；从过程看，有目的的选择、动机的选择、手段的选择和结果的选择；从选择的性质看，有正价值的选择和负价值的选择，即善的选择和恶的选择。但不论如何，一旦主体的选择出于自主的善恶目的，诉诸正当或不正当的手段，其结果就具有一定的善恶价值，这种选择就有了道德意义，就成为道德行为选择的活动。

三、道德行为的选择与冲突

（一）处理好道德行为选择中自由与必然的关系

首先，道德行为的选择要受到客观必然性的支配，必须承认和尊重客观必然性。客观必然性是指人们的道德观念以及由它所支配的道德行为的选择都是由一定的社会历史条件所决定的，是受客观规律和社会条件制约的。人们在社会生活中的地位不同，扮演的社会角色不同，他们所肩负的社会责任也就不同，任何人都不可能超越现实的社会生活和社会关系。因此，道德行为的选择就不可能是绝对自由的。

其次，人们在道德行为选择中有相对的意志自由，必然肯定和充分发挥人们所具有的选择道德行为的相对意志自由。意志自由，是指人们在社会生活中遇到与他人、社会的利益矛盾时，有选择有利于他人和社会的道德的行为，也有选择有损于他人和社会的恶的行为，有选择道德价值高的行为，也有选择道德价值低的行为的意志自由。生活在一定历史条件和社会环境中的人们，遇到社会生活中的具体矛盾，面临几种可供选择的方案时，总是凭自己的道德觉悟、道德良心、道德意志来确定自己的行为方案。

（二）正确处理道德行为选择中的道德冲突

1. 正确认识道德冲突。道德冲突是指个体在道德行为选择中所遇到的一种特殊的道德情境。其特点是个体面临抉择时确证了矛盾的存在，道德个体为了履行某一道德义务而行动就会导致对另一个或一些同样应该履行的道德义务的背离和摈弃。其又被称为两难选择。道德冲突是基于人们分处在各种复杂的社会关系中，总是要充当各种不同的社会角色，而每一种角色都要承担相应的道德义务。此外，社会和他人对同一角色要求和期待不一致也会引发矛盾冲突。

道德冲突主要包括：同一社会不同道德体系、准则之间的冲突，同一道德体系内不同层次、不同领域道德要求引起的冲突等。

2. 如何正确处理行为选择中的道德冲突。首先，要将道德准则中的价值分为等级和层次，择大善舍小善。在社会主义条件下，社会主义道德体系的价值高于任何剥削阶级道德体系的价值。各种价值的等级也应该为：解决对抗性社会矛盾的道德行为高于解决非对抗性社会矛盾的道德行为，履行社会义务的道德行为高于履行私人行为的道德行为，维护社会整体利益的道德行为高于维护局部利益或个人利益的道德行为。其次，去掉伪善的道德冲突。虚假的道德冲突主要是由于行为主体认识上的偏差或片面性造成的，实际上并不构成真实的冲突。因此，要防止把虚假的冲突当成真实的冲突。

第六节　提升全民道德水准的重要作用

一、提升全民道德水准是依法治国的重要支撑

依法治国，建设法治中国，要求确立法律在社会生活、国家生活的一切重要领域处于至高无上的地位。党的十八届四中全会作出了全面推进依法治国的决定，全面推进依法治国，既要高度重视以宪法为核心的中国特色社会主义法律体系建设，完善司法管理体制和司法权力运行机制，深化行政执法体制改革，充分发挥法律的规范作用，又要高度重视社会主义道德体系建设，充分发挥社会主义道德在滋养民主法治精神、弘扬法治文化方面的支撑作用，打牢建设法治国家的思

想道德基础，实现法律和道德相辅相成、法治和德治相得益彰。

道德建设是依法治国的重要支撑，十八大报告指出，要全面提高公民道德素质。十九大报告提出，加强思想道德建设。古今中外历史经验证明，治国理政必须充分发挥法律和道德的共同作用，才能实现最大的治理效应，促进社会和谐稳定。法律和道德如同一枚硬币的两面，属于一个整体、不可分割。法律以其权威性和强制性规范全体社会成员的行为，道德通过对人们内心的信念和思想活动动机的调整来保证人们对道德规范的遵守，进而影响人们的外部行为。法律是制度化的道德，道德是深藏于人们内心的法律。把法律和道德紧密结合起来共同发力、相互促进是全面推进依法治国的客观需要。

1. 道德建设是“良法”的基础和前提。“法律是治国之重器，良法是善治之前提。”所谓良法，即法律具有深厚的道德基础，充分体现社会伦理道德标准，并能通过强制性规范和引导进一步提升社会道德标准，为全社会所普遍接受。因此，只有不断加强社会道德基础建设，提升社会道德素质，才能确保法律制度不断完善，真正实现良法善治。

2. 道德建设是公正司法的重要保障。法律作为一种具有普遍约束力的特殊行为规范，不可避免地具有滞后性和僵硬性，因此在司法实践中常常会给予司法主体一定的自由裁量权。能否正确运用这种权力，往往取决于司法主体的道德素养。司法人员道德素养高，就能确保司法公正，使法律真正成为社会衡器；反之，就会使法律遭到不应有的践踏，降低法律的权威性。因此，加强思想道德建设，提高司法人员的道德素养、道德意志力和道德判断力，是规范司法行为的关键途径。

3. 道德建设为依法治国奠定坚实的社会基础。全面推进依法治国必须有良好的社会基础。一方面，法律的权威性需要全体社会公民共同维护，“法治得以存在并能有效运行的必要条件之一，就是法律制度必须为全社会所普遍接受”。只有大力加强公民道德建设，强化规则意识，才能有效增强法治的道德底蕴，为公民自觉守法提供内在动力。另一方面，法律的封闭性、局限性往往导致法律真空的出现，难以覆盖市场经济活动中所有的利益关系和矛盾，进而影响法律的权威性。只有加强道德建设，充分发挥道德和法律的互补功能，才能为公民普遍守法营造良好的氛围。

二、提高全民道德水准与“以德治国”

以德治国，就是用道德治理国家。提高全民道德水准是“以德治国”的重要内容。早在1996年，党的十四届六中全会就提出了社会主义道德建设的体系和结构，即以为人民服务为核心，集体主义为原则，“五爱”为基本要求进行社会公德、职业道德、家庭美德三个道德领域的建设，最终在全社会形成一种团结互助、平等互爱、共同前进的人际关系。

十八大报告中指出要全面提高公民道德素质。要坚持依法治国和以德治国相结合，加强社会公德、职业道德、家庭美德、个人品德教育，弘扬中华传统美德，弘扬时代新风。推进公民道德建设工程，弘扬真善美、贬斥假恶丑，引导人们自觉履行法定义务、社会责任、家庭责任，营造劳动光荣、创造伟大的社会氛围，培育知荣辱、讲正气、作奉献、促和谐的良好风尚。深入开展道德领域突出问题专项教育和治理，加强政务诚信、商务诚信、社会诚信和司法公信建设。加强和改进思想政治工作，注重人文关怀和心理疏导。

十九大报告提出，加强思想道德建设。人民有信仰，国家有力量，民族有希望。要提高人民思想觉悟、道德水准、文明素养，提高全社会文明程度。广泛开展理想信念教育，深化中国特色社会主义和中国梦宣传教育，弘扬民族精神和时代精神，加强爱国主义、集体主义、社会主义教育，引导人们树立正确的历史观、民族观、国家观、文化观。深入实施公民道德建设工程，推进社会公德、职业道德、家庭美德、个人品德建设，激励人们向上向善、孝老爱亲，忠于祖国、忠于人民。加强和改进思想政治工作，深化群众性精神文明创建活动。弘扬科学精神，普及科学知识，开展移风易俗、弘扬时代新风行动，抵制腐朽落后文化侵蚀。推进诚信建设和志愿服务制度化，强化社会责任意识、规则意识、奉献意识。

三、依法治国与以德治国的最佳结合模式

2016年12月9日，习近平总书记在主持中共中央政治局第三十七次集体学习时强调，法律是准绳，任何时候都必须遵循；道德是基石，任何时候都不可忽视。在新的历史条件下，我们要把依法治国基本方

略、依法执政基本方式落实好，把法治中国建设好，必须坚持依法治国和以德治国相结合，使法治和德治在国家治理中相互补充、相互促进、相得益彰，推进国家治理体系和治理能力现代化。

1. 把社会主义核心价值观融入法治建设的重要性。2017 年 3 月，十二届全国人大五次会议通过的《中华人民共和国民法总则》，将弘扬社会主义核心价值观写入第一条作为立法宗旨。社会主义核心价值观正在不断融入法治国家、法治政府、法治社会建设全过程，也将为全面建成小康社会、实现“两个一百年”奋斗目标提供强大价值引导力、文化凝聚力和精神推动力。

十九大报告指出，社会主义核心价值观是当代中国精神的集中体现，凝结着全体人民共同的价值追求。要以培养担当民族复兴大任的时代新人为着眼点，强化教育引导、实践养成、制度保障，发挥社会主义核心价值观对国民教育、精神文明创建、精神文化产品创作生产传播的引领作用，把社会主义核心价值观融入社会发展各方面，转化为人们的情感认同和行为习惯。坚持全民行动、干部带头，从家庭做起，从娃娃抓起。深入挖掘中华优秀传统文化蕴含的思想观念、人文精神、道德规范，结合时代要求继承创新，让中华文化展现出永久魅力和时代风采。

第一，社会主义核心价值观是法治建设的灵魂，为法治建设指明了“前进的方向”，也承载了法治建设的精神内涵；法治是核心价值观的保障，有了核心价值内涵的法治建设才能行稳致远。社会主义核心价值观有助于实现“良法善治”：设良法就是让立法反映人民意志，贯彻社会主义核心价值观；行善治则是要将“平等”“公正”“法治”等价值观融入法治各个环节。

第二，社会主义核心价值观蕴含着道德底蕴与道德指引，将核心价值观与法治相结合就是把道德要求融入依法治国的每一个环节，并使之成为法治建设的重要力量，是依法治国和以德治国相结合的重要手段之一。

2. 社会主义核心价值观融入法治建设的路径。社会主义核心价值观要融入法治建设，推动依法治国和以德治国相结合，就应坚持“问题导向”，着力补齐融合过程中面临的“短板”。具体来说要做到以下几点：

第一，要以家庭建设、社区建设为抓手，充分利用家风文化、乡贤文化弘扬“正能量”，并以立法形式加以确立，从而协调人际关系。

第二，加快基本公共服务立法，推进基本公共服务均等化，切实保障教育、文化、就业、医疗、住房、养老等方面的基本公平，守住公平底线。

第三，以统一信用制度为重点，着力加强诚信法治建设。针对信用缺失影响经济社会秩序的问题，要以公民、组织信用代码为基础，加快完善统一的信用制度，建立覆盖全国的信用记录体系。

在具体的施行过程中，既要把社会主义核心价值观体现在法治体系各个环节当中，又要以法治思维和法治方式推进和引领社会主义核心价值观建设。要做到坚持以弘扬宪法权威、加强宪法宣传作为核心价值观入法的基本前提，在实践中对法律体系进行不断完善，党和政府率先垂范，坚持依法执政、依法行政等要求。并以“立德树人，德法兼修”的标准培育法律人才，为中国特色社会主义法治体系建设提供人才支持。

第十五章

构建选人用人道德品质评价体系

德治对于干部选拔任用、人才队伍建设具有至关重要的地位和作用。坚持德才兼备、以德为先，是我们党选拔任用干部的一个首要标准，长期贯穿于选人用人的工作中。多年来，我们党按照“德才兼备、以德为先”的基本原则，在具体工作中充分运用德能勤绩廉法并重的考核方式，产生了积极效果，为党和国家选拔了一大批德才兼备的好干部。在新的形势下，由于干部队伍数量大、结构复杂，以往对干部道德品质的评价和考核方式存在不少短板，不能完全适应新的形势需要，亟须进一步健全完善。

党的十八大以来，习近平总书记多次强调选拔任用干部要“坚持德才兼备、以德为先”。在党的十九大报告中，习近平总书记特别强调要建设高素质专业化干部队伍，坚持德才兼备、以德为先，重用忠诚干净担当的干部。这些精辟论断，深刻揭示了德才之间的辩证关系，阐明了德对于干部选用的极端重要性、先导性，为适应国家强盛、民族复兴的迫切需要，积极探索构建符合新时代要求和人才发展规律、切合人才选用实际的道德品质评价体系指明了方向，提供了遵循。

有鉴于此，有必要针对德治的特点，在干部选拔任用上构建更具系统性、全面性、科学性的道德评价体系。这一体系，是包含政治品德、社会公德、职业道德、家庭美德、个人品德等要素，涵盖道德理想、道德准则、道德规范、道德价值、道德认知、道德责任、道德实践的有机统一体。通过这一体系，凭借最佳的考量方式去选人用人，标识、权衡人才的道德水准，使之呈现看得见、摸得着、可感知的“元素表”，不仅有助于选人用人的精准度、公信力，也是道德品质之于实践转化的具体体现，从更广泛意义上，乃是德治施之于人才建设的基本形式、有效途径和重要载体。

第一节　意义作用

道德品质在人才结构中居于何种地位？应该怎么看？这是选人用人的首要问题、基本问题。对此，历来存在两种观点：一是乱世唯才是举、才重于德，二是治世德才兼备、德重于才。前者作为特定历史条件下的产物，不乏一定道理，但本质上仍是在德才二者无法兼顾的情形下的无奈之举。纵观中华五千年文明史，才德失衡的前车之鉴、惨痛教训，可谓数不胜数。而追思那些鼎兴强盛的王朝，最根本原因则在于拥有大批德才兼备的非常之士及其非常之为，这已成为一条亘古不变的金科玉律。德与才如同分水岭和试金石，用得对与否，事关国家兴衰、民族存亡、时代进退、社会安危，不可不慎！

一、道德品质评价对选人用人的意义深远

道德品质评价对选人用人具有重大意义，是鉴定人才的第一因素，是选用人才的第一标准，是培育人才的第一选择。

（一）把道德品质作为鉴定人才的第一因素有利于看准人

习近平总书记指出：“道德问题是做人的首要的基本问题。”[①] 做人做事第一位的是崇德修身。众所周知，人的素质能力的构成千差万别，长短不一，极具动态性、多样性，但有一个共同点，就是不管人是何等复杂的多面体，最明显、最集中的还是表现在德才两大方面。评估

---

① 习近平在中央党校 2009 年秋季学期第二批进修班开学典礼上的讲话。

一个人，往往用德才来点评、概括。评价一个人无外乎德胜于才、才胜于德、无德无才、德才双优四种情形。对这四种情形变化，也引出比较惯常定型的看法：有德无才乃庸才，有才无德乃歪才，无德无才乃废才，德才兼备乃全才。德才不同，结果截然不同。无德，则无法立身、举威、取信，不能正己、率众、服人；无才，则难以干事、成事，甚至坏事、误大事。唯有德才兼备，才能深孚众望、担当重任。古今中外，概莫能外。所以，古语云“德为才之帅，才为德之资”“德若水之源，才若水之波”“德才兼备，以德为首”。德，始终充当着统率和灵魂的角色，剔除了德掌控的才，可能变成无法无天、极具破坏力的魔鬼。换言之，重德轻才与重才轻德都是错误的。要辩证把握德和才的关系，既要全面看德才，又要以德为先，防止舍本取末、以才蔽德。因此，只有把道德品质摆到审视、鉴别人才的第一位，才能真正看对人、看准人，而不看花眼、看走眼。重视道德品质的权重和影响，追求德才兼优，既是优良传统的积淀凝练，也是对选人用人内在规律的认识升华，必须作为选人用人历久弥新的首要因素和根本原则而恪守坚持。

（二）把道德品质作为选用人才的第一标准有利于用好人

德才的表现，并没有同一性、同步性。一方面，从感性的外化特点来看，一个人的才更易显露，德却一时难以审察、辨识，需要较长时间、各种实践甚至非常的检视、考验，才能得以甄别、确认，也就是说，只有在实际使用中，才能更清楚地知道这个人究竟好不好、行不行。另一方面，从德才转换的内在特征来看，有才的人不少，但德才皆优者却难选。领导干部在不忘初心上做得好不好，问题大多不在才而在德上，主要不是出在做事上，而是出在做人上；不是出在勤政上，而是出在廉政上。历史上，屡见一些君主奇才，由于德不配位，而招致满盘溃败的，大至政亡失国，小至丧身殒命。如隋炀帝，颇有文才，但骄奢淫逸，狂悖无德，终究成了亡国之君。现实中，也有不少所谓有才之人，也确实干成了一些事，但因为品性不端、灵魂肮脏，贪欲无度、胡作非为，最终还是坠入违法犯罪的深渊，遗臭万年。十八大以来，查处的一批诸如周永康、薄熙来、令计划之流，便是典型的反面教材。因此，要用好人、用对人，必须把道德品质作为第一标准来判断和识别。既要看平时表现，从其一言一行的细微之处来考察和把握，还要看其在重大时刻、重大事件、关键节点、复杂问题、紧急任务面前的表现，看其政治立场、思想素质、工作态度、能力水平和工作作风。既要看其在顺境中，尤其在升迁、成名时的心态表现，更要看其在逆境中，在诱惑、危险面前，能否经得住考验，站得稳脚跟，是立场坚定、态度鲜明，还是见风使舵、盲目跟从；是坚持原则、勇于斗争，还是是非不分、退缩逃避；是服从组织、顾全大局，还是敷衍推诿、讨价还价等。只有透过现象看本质，才能不为其台上的表演所迷惑，不为外在的虚饰所障目，真正洞察“疾风劲草、板荡诚臣”而用好人。

（三）把道德品质作为培育人才的第一选择有利于塑造人

要保证党和国家事业后继有人，必须加强人才的培养教育，增强全民的综合素质，特别是道德素质。十九大报告强调指出要深入实施公民道德建设工程，激励人们向上向善、孝老爱亲、忠于祖国、忠于人民。道德品质教育，是道德建设的先导工程，也是培育人才的基础工程。通过对教育者有目的、有计划、有组织地灌输、熏陶，促进道德认识、情感、意志和行为习惯的形成与塑造，既是老话题，又是新课题，时不我待、势在必行。尤其是当前道德滑坡问题丛生，社会上的一些领域和一些地方道德失范、诚信缺失，一些人是非善恶美丑界限混淆，拜金主义、享乐主义、极端个人主义滋长盛行，见利忘义、损公肥私行为时有发生，不讲信用、欺骗欺诈成为社会公害，以权谋私、腐化堕落现象严重存在，如果不从根本上、深层次予以解决，广泛深入开展全民道德素质教育，加强道德建设，抓紧“亡羊补牢”，任其蔓延恶化下去，其恶果是难以想象的。多年来，我们党始终高度重视道德建设，一直牢牢继承和弘扬传统美德，而且随着时代发展变化与时俱进提出了许多新要求、新举措，先后制定了《公民道德建设实施纲要》《关于培育和践行社会主义核心价值观的实施意见》《关于进一步把社会主义核心价值观融入法治建设的指导意见》等文件。从小抓起，学校专设德育课，突出德智体美，制订学生道德守则，强化学校常规纪律训练，自小培养遵守社会公德和文明行为习惯，陶冶谦虚、谨慎、诚实、正直、勇敢、勤劳、俭朴等优良品质。从社会基本道德风尚抓起，倡导社会主义荣辱观，践行社会主义核心价值观，出台公民道德建设实施纲要等。紧紧抓住影响人们道德观念形成和发展的重要环节，通过家庭、学校、机关、企事业单位和社会各方面，坚持不懈地在全体公民中进行道德教育。把建设有中国特色社会主义的思想观念和道德要求，不断灌注到全体党员和干部群众的头脑之中，使人们懂得什么是对的，什么是错的；什么是可以做的，什么是不应该做的；什么是必须提倡的，什么是坚决反对的，在全社会形成“爱国守法、明礼诚信、团结友善、勤俭自强、敬业奉献”的基本道德规范。促进人的全面发展和整个民族素质的不断提高，培养一代又一代有理想、有道德、有文化、有纪律的社会主义公民，全面推进新时代中国特色社会主义伟大事业。可以说，其范围之广、措施之实、力度之大，都是前所未有的。这充分表明道德教育已上升为强国长策和千年大计，且推动德的内涵和外延、内容和形式、方法和手段等都层层递进、环环创新、步步深化，开启了新时代道德建设的新境界。

历史和现实反复证明，国无德不兴，人无德不立。道德正，风气纯，事业兴；道德坏，民风败，国运衰。道德问题不仅仅是个人品格修养的小事，而且是整个干部队伍和全体公民品德素质的大事，是关系到我们党作为马克思主义执政党能否保持先进性和纯洁性的根本问题，关系到能否把我国建设成社会主义现代化国家的长远战略。因此，不管形势怎样变化，时代如何发展，都必须坚定不移把道德建设摆在选人用人的首要位置、贯彻选人用人全过程。

二、道德品质评价对选人用人的作用重大

道德品质评价对选人用人具有重大作用，具有鲜明的导向作用、强大的激励作用、关键的把关作用，要在实践中牢牢把握。

（一）牢牢把握鲜明的导向作用

“用得正人，为善者皆劝；误用恶人，不善者竞进。”意为用一贤人则群贤毕至，用一歹人则祸害纷聚。选什么人就是风向标，就有什么样的作风，什么样的党风。选人用人以德为先的导向作用，就在于它确立了一种正确目标，体现了一种有益政策，倡导了一种良好风气。道德品质评价对人才作出理性判断，划清了取舍、扬弃与誉毁的界限。既是操作向导，更是确立选人用人的一种思想观念。提供如何识人的道德理念、思维方式，解决的是思想深处在道德上的认知和认同问题，目的是树立道德意识，使道德心理归位。这实质是凭借选人用人这个

独特视角揭示道德完善的努力方向，以内蕴的无形的影响力、凝聚力和向心力，带动和影响一个单位乃至整个社会风清气正政治生态和道德风尚的形成。德之所在，义之所趋，心之所向，这种道德认知和感召，具有极大的引领功用，能突破行政命令的强迫局限，达到心灵追随的契合，能克服让人畏惧权威压服的弊端，达到那种让人主动趋从的恩服，唤醒的是内在的道德良知和道德责任，自觉使人见贤思齐，见不贤而唾弃。正如孔子所云："为政以德，譬如北辰居其所而众星拱之。"其道理浅显而深刻，意味着一种道德价值取向，标刻人才的社会价值与衡量标准所在，诠释选人用人的优势原则归属，从而引导人们思想和行为的倾向性，最终发挥道德价值观的正向确定和道德行为正确抉择的保证作用。

（二）牢牢把握强大的激励作用

道德品质评价是对德的一种公开而笃定的褒扬和鼓励，地位和作用的宣示，既明晰了人才发展的自我定位，更为人才的抱负追求提供了强大的内生动力。做什么怎么做、有何德得何益，德在前头的召唤，像旗帜、标杆，能激发人的奋斗热情和追赶干劲，充分发掘自身潜能，滋养高尚道德情感，培育道德担当责任，提高道德践行能力，积极向往和追求讲道德、尊道德、守道德的生活。而只要人人都这样做，就能形成强大的社会力量，敦促人们一起崇德向善、弃恶扬善，营造出全社会讲信修德、明德惟馨，知荣辱、扶正气、作奉献、促和谐的社会氛围。同时，它还催生一种强烈的外在压力，当道德文化成为社会主流、优德大行其道时，个人违德害德之事就难有"市场"、土壤，就会遭到普遍性的谴责和鞭挞，如同镜子和戒尺，倒逼人们时时对照检视自己、完善品行。所谓"千夫所指，不击自灭"。正能量兴盛，负能量就必然弱化。正因为此，在全社会大张旗鼓宣传道德模范一直是我们党的政治优势。事实证明，榜样的力量是巨大的，其思想行为和模范事迹代表着时代所要求的人生观、价值观和道德观，因而起到极好的示范作用，就像强磁场"吸附效应"，具有无穷的感染力、说服力、劝导力和提升力，当人们心灵碰撞产生情感共鸣时，能够获得道德启迪，把一定的道德内化为信念、行为和习惯，从而汇聚成群起效之的放大效应。从学习雷锋、王进喜到焦裕禄、孔繁森、杨善洲、廖俊波等层出不穷的英雄楷模，教育影响了一代代人，就是最生动的例证。

随着时间的推移，其激励作用不仅不会减退，而且将永远焕发出顽强的蓬勃的生命力。

（三）牢牢把握关键的把关作用

道德品质评价对于德的地位特殊性的首肯，无异于预设了一道选人用人不可逾越的“门槛”，这既是入口关，也是出口关，要不要这样办、能不能这样办，是一点都不能含糊的，否则，就可能犯原则性的错误。把好这道关，就能从源头上有效抑制选人用人上的不正之风。应该看到，这方面问题还比较突出。有的颠倒德才辩证关系，搞“唯文凭、唯年轻”；有的认为市场经济，搞唯GDP、财政收入论英雄，思想政治道德素质好差“无关紧要”；有的搞封建小圈子文化，把那些惯于吹牛拍马、投机钻营、弄虚作假的视为“开拓型”人才；有的受贪欲驱使，乐于编织关系网、裙带网，沉迷于索贿受贿、跑官要官，搞带病提拔，等等。人民群众对此反映强烈。十八大以来，党中央在“德”上提出了新的更高的要求，实行对政治上有问题的人选用时一票否决，品德廉洁上有硬伤的坚决拉下马，德才偏向迅速扭转，尤其是选人用人上的腐败问题得到压倒性态势的整治。这种突出选用忠诚干净担当的人才风气，释放出最强正能量的信号，不仅把住了人才“准入口”，而且为党的事业任用了大批政治品质优、道德品行好、廉洁自律严的党和人民放心的干才，开创了新时代中国特色社会主义事业新局面。

第二节　构建要素

德的构成要素在学术上有诸多观点，没有形成规范统一标准。一定的历史时期有一定历史时期的界定。从当今新时代的内涵与普遍性特征看，对照习近平新时代中国特色社会主义思想和党的十九大报告精神，主要是指政治品德、职业道德、社会公德、家庭美德和个人品德五个方面。无疑，道德品质评价应该聚焦于这五大要素。

一、政治品德

习近平总书记强调：“领导干部要讲政德。政德是整个社会道德建设的风向标。立政德，就要明大德、守公德、严私德。明大德，就是要铸牢理想信念、锤炼坚强党性，在大是大非面前旗帜鲜明，在风浪考验面前无所畏惧，在各种诱惑面前立场坚定，这是领导干部首先要修好的'大德'。守公德，就是要强化宗旨意识，全心全意为人民服务，恪守立党为公、执政为民理念，自觉践行人民对美好生活的向往就是我们的奋斗目标的承诺，做到心底无私天地宽。严私德，就是要严格约束自己的操守和行为。所有党员、干部都要戒贪止欲、克己奉公，切实把人民赋予的权力用来造福于人民。"① 这一论述深刻阐明了政治品德的内涵要义。政治品德属于大德的重要内容和根本要求，是人才选用道德品质评价体系中最重要的方面，指的是思想、信念和作风方面应该遵循的基本准则，旨在考核人才是否坚持辩证唯物主义和历史唯物主义，是否树立了正确的世界观、人生观、价值观，是否具有坚定的理想信念和正确的价值追求，是否坚持了正确的政治道路和政治方向。主要包含政治信仰、政治立场、政治品格、政治纪律四个方面：

（一）政治信仰

政治信仰是政治品德的灵魂和根本，是政治品德党性、阶级性的集中反映。信仰为人们提供奋斗的方向和目标、赋予人生的意义和动力，表明了人生的态度和价值取向，是人们安身立命的"主心骨"、修身立业的"定盘星"。恩格斯说过："没有信仰，就没有名副其实的品行和生命，就没有名副其实的国家。"② 从某种意义上说，没有信仰的人生，是没有意义的人生。选人用人首先看他的政治信仰，看其对马克思主义、对社会主义和共产主义的理想信念。只有牢牢稳守政治信仰这个"压舱石"，才能把住世界观、人生观、价值观这个"总开关"。也只有保持坚定的政治信仰，才能练就固本培元、扶正祛邪的真功夫，抵御腐朽堕落思想的侵蚀影响。

（二）政治立场

政治立场是政治品德最鲜明的特质。邓小平同志说过："所谓德，最主要的，就是坚持社会主义道路和党的领导。"③ 选人用人最关键的是看他的政治立场，看其是否拥护中国共产党的领导，拥护中国特色

① 参见《人民日报》2018 年 3 月 11 日。

② 参见《中国纪检监察报》2017 年 9 月 6 日。

③ 《党和国家领导制度的改革》，载《邓小平文选第二卷》。

社会主义道路，拥护党的基本理论、基本路线、基本方略，是否坚定中国特色社会主义的道路自信、理论自信、制度自信和文化自信，是否在大是大非问题上头脑清醒、旗帜鲜明、态度坚决，是否是“两面人”“骑墙派”。政治品德好不好，政治立场正不正一测则灵。

（三）政治品格

政治品格是政治上修身养性的终极境界，是政治品德在人格上的淬炼结晶。其核心要义包括四个方面：一是忠诚。古往今来，忠诚都是第一政治本色、第一政治品质，也是选人用人的第一标准。我们现在讲忠诚，就是要做到“四个忠于”，即忠于党、忠于祖国、忠于人民、忠于法律。二是为民。这是检验其群众观念、宗旨意识的试金石。为民首先要爱民，内心深处要根植以人民为中心的发展理念，时刻牢记全心全意为人民服务的宗旨，把人民的冷暖、人民的幸福放在心中，落实到具体的行动中。三是正义。正义是人类社会普遍认为的崇高的价值，也是选人用人的关键导向。选一正义之人则正气扬，选一不正之人则歪风肆。不同的社会、不同的阶级有不同的正义观。其核心都是彰显符合事实、规律、道理或某种公认标准的行为，要求人们树立公正之心、恪守公正之德、践行公正之举。四是无私。是指不存私心，提倡个人利益服从集体利益、局部利益服从整体利益、当前利益服从长远利益，反对小团体主义、本位主义和损公肥私、损人利己。无私就要求把个人的理想与奋斗融入广大人民的共同理想和奋斗之中。

（四）政治纪律

政治纪律是政治品德表现在学习、工作、生活等方面的约束禁忌，表现为自觉状态的主动归位和服从。对为官者尤其是党员领导干部来说，最核心要求是严格遵守政治纪律和政治规矩，坚决维护党中央权威和集中统一领导，坚定执行党的路线方针政策，在思想上政治上行动上同党中央保持高度一致，决不允许自行其是、各自为政，决不允许有令不行、有禁不止，决不允许上有政策、下有对策。对其他从业者来说，就是要有强烈的政治意识、政治敏锐性和政治鉴别力，善于从政治上观察、思考、处理问题，在纷繁复杂的迷雾中不迷糊、不迷失，按规矩、程序办事。每一个公民都必须恪守政治纪律这条底线，不能对党中央的决策部署说三道四，不能散布负面言论，不能违反政治纪律。

二、职业道德

职业道德，是同人们的职业活动紧密联系的，符合职业特点所要求的道德情操、道德准则与道德品质，既是对本职工作的行为标准和要求，同时又是所从事的职业对社会所负的道德责任与义务。

（一）爱岗敬业

爱岗敬业指的是忠实履职、恪尽职守的事业精神，这是职业道德的基础。《尚书》提出“功崇惟志，业广惟勤”，庄子说“虽天地之大，万物之多，而惟吾蜩翼之知”，诸葛亮说“鞠躬尽瘁、死而后已”。爱岗敬业历来受到推崇，也是德行之基。良好的职业道德，内在要求就是热爱自己的工作岗位，有强烈的事业心、责任心，热爱本职工作，干一行，爱一行，专一行，专心致志地搞好工作；对待工作兢兢业业、勤恳踏实、严肃认真、精益求精，立足本职岗位，努力在平凡的岗位上作出不平凡的业绩，切忌见异思迁、朝三暮四。

（二）办事公道

办事公道就是指我们在办事情、处理问题时，要站在公平公正的立场上，出以公心，坚持公道，注重公论，维护公正，提高公信，对任何一个当事人都做到公平合理、不偏不倚，不论对谁都是按照一个标准办事。清代康熙曾经有言：“事君者果能以公胜私，于治天下何难！若挟其私心，则天下必不能治。”当然，他这里说的“公”是朝廷的利益，我们当今讲的“公”是公共的利益、群众的利益。要敢于坚持原则，秉公办事，不徇私情，无论对象是富贵还是贫穷都要一视同仁，不能搞差别对待，切实按照有关法律法规和政策规定履职尽责。

（三）团结协作

三国孙权提出“能用众力，则无敌于天下矣；能用众智，则无畏于圣人矣”。常言道，“三个臭皮匠，赛过诸葛亮”“人心齐，泰山移”。是否具有团队精神，能不能团结共事，是衡量一个人职业道德的重要标准。良好的职业道德，要求工作树立大局观、全局观，具有良好的团队协作精神，有包容心，精诚团结，密切协作，不搞分散主义、本位主义、部门主义，不搞团团伙伙、拉帮结派、打击报复。

（四）乐于奉献

鲁迅先生曾经说过：“人是需要一点奉献精神的。”奉献精神是职业道德中的一个重要表现，要求舍己为公、舍己为人，吃苦在前，享受在后，任劳任怨，无怨无悔，尽最大努力成就事业，为社会奉献自己的智慧和力量，不能斤斤计较、患得患失，不能拈轻怕重、推诿扯皮。

（五）廉洁自律

廉洁自律是职业道德的底线要求。早在《周礼》就记载着“廉吏”的六条标准：“一曰廉善，二曰廉能，三曰廉敬，四曰廉正，五曰廉洁，六曰廉辨。”六条标准，条条有一个“廉”，被称为“断以六事，以廉为本”。《晏子春秋》指出“廉者，政之本也”。孔子将“欲而不贪”作为从政的美德之一。孟子提出“可以取，可以无取，取伤廉”。韩非子指出“所谓廉者，必死生之命也，轻恬资财也。所谓直者，义必公正，心不偏党也”。可见，自古以来，都强调为官从政，必须以廉为本。无论从事哪个职业，所处哪个行业，都应坚守廉洁自律这条底线，这是安身立命处世的“护身符”。

三、社会公德

社会公德，是指人们在社会交往和社会生活中应该遵循的行为规范和道德准则，是人类社会生活最广泛、最基本关系的反映。它对维系社会公共生活，调节人与人、人与社会、人与自然之间的关系都具有重要作用。每个社会成员都应该自觉遵守社会公德。

（一）诚实守信

要求人们待人处世要以诚待人、以信取人，言必行、行必果，说到做到，不骗不欺，表里如一。诚信对于一个国家、一个社会、一个民族乃至每个公民都至关重要。先秦时期，儒家就提出“诚”“信”概念，把诚信作为修身处世治国的基本美德。《礼记・中庸》提出“诚者，物之终始，不诚无物；是故君子诚之为贵”。《国语・晋语二》提出“夫国非忠不立，非信不固”。浩繁史册中，重诺守信而成功者比比皆是，失信败德者也屡见不鲜。商鞅“百金立木”，使原本偏远落后的秦国一跃成为超级强国；周幽王“烽火戏诸侯”，失信于天下最终国破家亡。诚信，是个人品德的基石，也是社会稳定的基础。

（二）和谐友善

友善是中华民族几千年来一直传承的传统美德，“仁者爱人”“己所不欲，勿施于人”“出入相友，守望相助”“四海之内皆兄弟”等都是其中非常精辟的阐述和提炼，可以说贯穿于人与人、人与社会、人与自然之间的相处，成为人们修身、立世之道。和谐友善强调公民之间应互相尊重、互相关心，和睦友好、和谐相处，努力形成社会主义的新型人际关系。和谐友善还包括对大自然的友善，对生态环境的友善，做到人与自然和谐共处。自觉爱护公共设施和国家财产，自觉维护公共卫生，遵守并主动维护公共秩序。

（三）助人为乐

中华民族历来崇尚“扶正扬善、扶危济困、见义勇为、助人为乐”，这是社会主义先进文化和民族精神的重要组成部分，是社会主义精神文明建设和公民道德建设的重要内容。《礼记》提出“君子贵人贱己，先人而后己”。正所谓“赠人玫瑰，手留余香”。每个人都要大力弘扬这种精神，主动参加各项社会公益活动，面对犯罪分子，疾恶如仇、大义凛然，在生死关头敢于作出英勇壮举；面对灾害事故，临危不惧、救死扶伤，在危急时刻勇于挺身而出；面对患难同胞，崇德尚善、扶危济困、乐于援手。

四、家庭美德

家庭美德，是指人们在家庭生活中调整家庭成员间关系、处理家庭问题时所应遵循的基本道德规范，也就是通常所说的家风，这是道德晴雨表，不仅与个人有关，也与党风、政风、社风、作风息息相关，相互影响，相互作用。党历来把这个问题提到很高的位置来对待。毛泽东指出“如果我们不严格要求我们的子女，他们会变质”①；周恩来制定了著名的“十条家规”，其中就有“不谋私利、不搞特殊化”②；邓小平强调“高级干部在对待家属子女违法犯罪问题上必须有坚决、明确、毫不含糊的态度，坚决支持查办部门。不管牵扯到谁，都要按照党纪、国法查处”③。胡锦涛明确要求领导干部要严格要求自己，严格要求配偶子女和身边工作人员。许多老一辈革命家，从严治家、遵纪守法，树立了很好的榜样。而与此相反的是，因为管不好家属子女

---

① 摘自：关于《触龙说赵太后》，1967 年 4 月。

② 《周总理的十条家规》，载《中国纪检监察报》2018 年 3 月 2 日。

③ 《在中央政治局常委会上的讲话》，载《邓小平文选第三卷》1986 年 1 月 17 日。

和身边工作人员导致腐败问题屡屡发生，造成的恶劣影响无法挽回，像郭伯雄、苏荣等家族式腐败大案，令人触目惊心，教训十分深刻。

（一）尊老爱幼

“老有所终，幼有所养”，是中华民族自古以来就倡导的优良家庭美德。古代有“卧冰求鲤”“亲尝汤药”“涌泉跃鲤”等二十四孝的传说，以及“孟母三迁”等关心下一代成长的佳话。尊老爱幼既是每个公民必须遵守的道德准则，也是每个公民应尽的社会责任和法律义务。赡养老年父母，是子女必须承担的法定义务，也是社会主义家庭美德的起码要求。对子女应当做到爱和严相结合，不能虐待儿童，也不能溺爱、娇惯，否则，就会走向反面。

（二）男女平等

男女平等价值观是马克思主义妇女理论及其中国化的集中体现，是中国共产党一贯坚持的价值原则，也是中国妇女在新中国成长为社会主义革命和建设生力军的重要方面军的原因。要坚决摒弃传统家族文化中存在的男女不平等的错误思想影响，在家庭生活的各个方面，让女子和男子人格独立、地位平等，享有同等的权利，负有同等的义务，使家庭中的男女享有教育、就业及财产等方面的同等权利。

（三）夫妻和睦

家庭是社会的细胞，夫妻关系是家庭中最重要的关系之一。中国自古以来就非常重视夫妻关系，将之视为“人伦之始”，作为社会各种伦理秩序建立的基石。夫妻双方应该互敬互爱，互相帮助，互相谅解，共同营造和谐和睦的家庭氛围，不能背叛家庭，不得做出损害家庭的行为，夫妻双方都要尽到照顾对方的伦理义务。

（四）勤俭持家

在我国悠久的传统美德中，“勤俭持家”堪称古今第一家风，“静以修身，俭以养德”“一粥一饭，当思来之不易；半丝半缕，恒念物力维艰”“历览前贤国与家，成由勤俭败由奢”等，无不反映了勤俭持家这个传统美德的旺盛生命力。习近平总书记对勤俭节约高度重视，作出重要批示，要求严格落实各项节约措施，坚决杜绝公款浪费现象，使厉行节约、反对浪费在全社会蔚然成风。提倡勤俭持家，就是要戒奢克俭弘扬优良传统，倡导节约光荣社会风尚，养成健康文明生活方式，强化浪费可耻导向，把厉行勤俭节约落实到实际工作和日常生活中。

五、个人品德

个人品德相对于政治品德、职业道德来说，属于私德的范畴，是一个人在其道德行为整体中所一贯表现出来的道德特点和倾向，体现了个人道德修养，是一个人道德品质的基础，也就是我们通常所说的如何“做人”的问题。法国著名思想家孟德斯鸠说过：“衡量真正的品德，是看他在知道没有人发觉的时候做些什么。”梁启超认为，培养私德是第一位的，指出“今之学者日言公德，而公德之效弗睹者，亦曰国民之私德有大缺点云尔！是故欲铸国民，必以培养个人之私德为第一义。欲从事于铸国民者，必以自培养其个人之私德为第一义”。私德不立，公德不彰，必须加强个人道德修养的培育。

（一）正直善良

为人正直善良是一个人品行端正的直接体现。管仲提出“志毋虚邪，行必正直”。宋代杨万里提出“人之为善，百善而不足”。正直要求人们内心坚守公平正义，有正义感，不搞歪门邪道，不搞投机取巧，不搞阳奉阴违，做一个心怀正义的人。善良是一种至善至美的心灵境界，是一种纯真温厚的个人修养，要求人们心怀善意，与人为善，做一个充满正能量的人。

（二）文明礼貌

孔子说“不学礼，无以立”。《左传》提出“礼，经国家，定社稷，序民人，利后嗣”。《晏子春秋》提出“凡人之所以贵于禽兽者，以有礼也”。一个人的道德品行，最直观的表现就是待人接物、言行举止。好的德行，表现为待人诚恳、宽容、热心、有礼貌、讲文明，说老实话、办老实事、做老实人，不说恶言恶语，不做损人利己的事。为人谦虚谨慎，不夸夸其谈、骄傲自满、华而不实。

（三）遵纪守法

古人云：“畏则不敢肆而德以成，无畏则从其所欲而及于祸。”据史料记载，朱元璋一次在朝堂之上问大臣：天下谁最快活？有人说功高盖世的人，有人说位居显赫的人，有人说金榜题名的人，还有人说富甲一方的人……朱元璋听后皆不以为然，这时有一名叫万纲的大臣站出来答道：畏法度者最快活。此语一出，朱元璋甚为赞赏。欧阳修说“法施于人，虽小必慎”。法律是成文的道德，道德是内心的法律。

“勿以恶小而为之，勿以善小而不为”。讲道德，首先要坚持依法办事，牢固确立法律红线不能触碰、法律底线不能逾越的观念，严格遵守宪法法律，自觉在宪法法律的范围内活动，做遵纪守法的好公民。

（四）自强自立

《周易》提出“天行健，君子以自强不息；地势坤，君子以厚德载物”。自强不息既是中华民族的优良传统，也是一个人的重要品质。要求人们始终保持积极向上的进取心态，不安于现状，依靠自己努力，奋发图强，拼搏进取，不畏困难和挫折，成就人生价值，为民族、为国家、为社会做出应有贡献。

第三节　考量方式

一、我国古代如何考核评价官德[①]

我国古代就把官德考核贯穿于官吏选拔、任免、升迁、奖惩各个环节。孔子指出，“君子之德风，小人之德草，草上之风，必偃”，认为统治者德行对民风、国风具有极大示范作用，强调为政者要通过高尚的道德品行来影响感染社会和民众。

据史籍记载，西周“三年则大比，考其德行道艺，而兴贤者能者”。即每三年对官员进行一次全面考核，以考察官德为首，兼顾政绩才能。考核方式是“六计课群吏”，“六计”以“廉善”为首，“廉善”“廉敬”“廉正”是考核官德，“廉能”“廉法”“廉辩”是考察才能，崇善重德，并兼顾政绩。

秦朝考核官德推崇“五善”。《为吏之道》载：“吏有五善，一曰中（忠）信敬上，二曰精（清）廉毋谤，三曰举事审当，四曰喜为善行，五曰龚（恭）敬多让。五者毕至，必有大赏。”主要强调官吏应忠信、清廉、审当、善行、恭敬。

汉代提出“罢黜百家，独尊儒术”，开始力推“德政”，选拔、考核官员的主要方式是征辟制和察举制，选拔标准非常注重道德品质。汉元帝时期，实行“光禄四行”选拔考核办法，即“诏丞相、御史举

① 刘海建：《古代如何考察官德》，载《群众·决策资讯》2016年第4期。

质朴、敦厚、逊让、有行者，光禄岁以此科第郎从官”。这一标准涵盖“质朴、敦厚、逊让、有行（或作节俭）”等道德行为规范，以此四行作为选拔官员的主要标准。

魏晋时期，实行“九品中正制”。考核体系中，共分九个品级，每一品都有对应“状”，即道德评语。在“九品中正制”中，有一套较完备的官德考核标准，即“中正六条”，《晋书·武帝纪》载：“令诸郡中正以六条举淹滞：一曰忠恪匪躬，二曰孝敬尽礼，三曰友于兄弟，四曰絜身劳谦，五曰信义可复，六曰学以为己。”

到了唐朝，对官员考核已形成一套制度，官德考察标准逐渐发展为“四善二十七最”，四善即“德义有闻、清慎明著、公平可称、恪勤匪懈”。“二十七最”是根据各部门职责，分为二十七类，每一类再定制符合职位要求的考核标准。如“二曰铨衡人物，擢尽才良，为选司之最；三曰扬清激浊，褒贬必当，为考校之最”；“六曰断决不滞，与夺合理，为判事之最”；“九曰推鞫得情，处断平允，为法官之最”等。

明朝制定了一套完备的官吏考课制度，考察标准有八条：一贪、二酷、三浮躁、四不及、五老、六病、七疲、八不谨。在例行定期考核制度外，又发展出“随事考察”“访察告诫”等考课方式，对官员德行、政绩进行全面评定，予以奖惩。到了清代，官德考核大体沿袭明朝做法，形成了相对成熟的考核制度。

从古代官德考核要求可以看出，古代官德思想以儒家思想为核心，为官者的道德、品行、修养受到统治集团的高度重视，体现在制度化的考核指标中。但从其阶级属性来看，都是统治阶级以治吏达到治民的工具，“人治”色彩浓厚，考核目的、考核方式、考核内容都有其历史的局限性，但其中一些运作机理和制度设计仍有其可取之处，对现代官德考核体制机制的完善具有一定的借鉴意义。

二、人才道德品质评价的短板剖析

目前，在对人才进行综合评价实践中，主要突出德、能、勤、绩、廉五个方面。其中，对人才的能力、勤奋、业绩、廉洁等方面的考评相对容易量化，也更加直观。而道德指标由于不够直接和具体，往往流于形式。如何确定科学合理的道德品质评价考量方式，提高对道德品质评价的客观性、公正性、准确性和公信力，已成为人才管理、考评和选任工作中的一个重要课题。

从现状看，存在的问题主要有：

1. 评价指标不够具体。道德品质评价尚处于起步和探索阶段，少数地方已经开始了道德评价的具体实施，建立起相应的评价体系。2012 年北京市出台《关于进一步加强我市公务员考核工作的意见》，在量化考核 100 分的分值中，“道德考核”指标占到了 20 分。但绝大多数地方和单位还没有建立起全面系统的道德品质评价指标，主要停留在干部述职述德上。

2. 评价主体尚未明确。对人才道德的评价，由谁来考？由谁来组织实施？如何才能最大化地体现群众参与？都尚未有明确统一的做法，在实践中也千差万别，权威性和公信力不够高。多数地方组织人事部门实施评价，有的地方专门成立了干部道德评价小组，并从组织、纪检、人事等部门抽调骨干组成道德评价小组办公室，等等。诸如种种，各地作了不少探索，其中不乏成效之为。

3. 评价方式系统性不够。对道德品质评价体系的分数如何设置以及如何量化，尚未形成系统的整套方法，也没有明确的规定和模式；对采取什么样的考评方式，如何进行分类考评，也处在实践探索阶段。

4. 考核结果分析评估还有一定难度。对人才道德评价如何定性还有一定难度，如何区分优秀、良好、一般、差的等次，其科学性、准确性、公信度还有待提高。德的评价结果如何实质体现到人才评先评优、提拔晋升中，还需要进一步研究把握。比如，有的地方对领导干部德的考核连续两次被评为“差”等次的，对其进行离岗整改或者暂缓提拔使用，操作性比较强。但多数地方在考德的权威性、约束性、否定性方面还存在不足。

三、完善道德评价考量方式

（一）科学制订考核指标

主要解决考核什么的问题，这是道德评价的基本前提。为此，必须把握三个关键：

1. 突出全面系统。对于政治品德、职业道德、社会公德、家庭美德和个人品德五个方面，要统筹兼顾，不能有所偏废。其中，政治品德主要考评思想、信念，着重细分政治信仰、政治立场、政治品格、政治纪律等要素指标；职业道德主要考评职业态度、职业习惯、职业操守，着重细分爱岗敬业、办事公道、团结协作、乐于奉献、廉洁自律等要素指标；社会公德主要考评社会责任感，着重细分诚实守信、和谐友善、助人为乐等要素指标；家庭美德主要考评家庭观念、行为是非，着重细分尊老爱幼、男女平等、夫妻和睦、勤俭持家、子女教育等要素指标；个人品德主要考评道德认识、道德情感和道德行为，着重细分正直善良、文明礼貌、遵纪守法、自强自立、为人师表等要素指标。这些构成人才道德评价的关键要件，应根据人才类别分别设置相应的指标及权重比例。

2. 突出考评重点。在人才道德品质综合评价中，既要突出综合性，全面考察了解人才德的总体表现，又要突出考评重点，针对不同的对象，确定不同的考评重点，设置不同的考核权重，避免“一刀切”。比如，对领导干部道德品质的考评，应把重点放在政治品德上，在权重设置上，可以超过50%以上，以突出考评重点；对某一专业领域人才的道德品质评价，应充分考量其职业道德的表现，加大权重的比例，比如“师德”“医德”，等等。

3. 突出量化实化。对道德品质评价考核指标的确定，应避免虚化、形式化，应注重可量化、具体化，并充分注重看群众的评议情况。比如在否定性评价方面，要具体看是否造成了影响和损失，是否存在权力滥用的情况，是否存在群众重大投诉举报并被核实等情况。

（二）确定考核主体

主要是解决由谁来考核、谁来实施的问题。这里主要以领导干部为主要对象来论述。

1. 党委统一领导。把党管干部、党管人才的原则贯彻到道德评价工作全过程，把领导干部道德评价列入领导干部和人才综合考核内容，专门设置道德评价指标，使道德评价成为领导干部和人才考评的一个有机组成部分。

2. 组织、人事部门牵头协调。组织、人事部门作为干部管理的主要部门，应当承担对干部道德评价的主要工作，列入组织、人事对干部的管理评价的主要内容，健全相关工作机制，规范道德评价考核工作。

3. 所属单位日常管理。干部所在单位，应承担对干部道德评价的日常考核职能，对干部的日常表现应跟踪掌握，并建立相应的干部道德评价档案。

（三）健全考量方法

主要是解决怎么考的问题。我国古代就非常重视对人才的考察识别，总结出了很多识人方法，比如《吕氏春秋·论人》的“八观六验”法：“凡论人，通则观其所礼，贵则观其所进，富则观其所养，听则观其所行，止则观其所好，习则观其所言，穷则观其所不受，贱则观其所不为。喜之以验其守，乐之以验其僻，怒之以验其节，惧之以验其特，哀之以验其人，苦之以验其志。八观六验，此贤主之所以论人也。”诸葛亮提出识人七法：“问之以是非而观其志；穷之以辞辩而观其变；咨之以计谋而观其识；告之以祸难而观其勇；醉之以酒而观其性；临之以利而观其廉；期之以事而观其信。”这些都反映了古代的官德考核智慧，尽管与当前我们提倡的政德不可同日而语，但仍然具有一定的借鉴价值。

从当前组织层面来看，必须把德作为干部考评、考核、考察的关键内容。虽然对干部的考察是一次全面的“体检”，必须统筹兼顾，但德是最关键的选项，且应该是起主导性、决定性的选项。根据当前干部日常管理的通行做法，结合道德评价自身固有的特点，可以采取以下几种方式进行道德评价考察。

1. 个人述职法。个人述职涉及德能勤绩廉法等多个方面，但德在首位，要先述德再述其他，实事求是地报告个人品德表现、党性修养、自律情况，尤其是对存在的问题和差距，更要如实反映。要注意防止两种偏向：一是虚实错位。述德中，谈认识多、谈现实表现少，以抽象代替具体，以普遍代替特殊，以共性代替个性，使德空心化、虚浮化，缺乏针对性、实效性，在“虚”中把“德”做成无实质内容的漂亮文章。二是主次不分。颠倒德才的主次位置，以大讲特讲工作成绩为由，掩饰德不配位、德的缺陷，甚至人为拔高、言过其实，搞一俊遮百丑、报喜不报忧那一套。这些都是与德背道而驰，万万不可取的。

2. 谈话问询法。这是干部考察中的一个常用的方法，主要是通过对考察对象的领导、同事、下属等对该同志比较了解和熟悉的人的直接访谈，来全面了解其德的一种方法。谈话问询对从事考评的同志有较高要求，必须提高谈话问询的质量，切实了解到真实的情况。要紧扣做人、做事、做官，立德、立言、立功等各方面，以德为主线，问明、问细、问深、问准，广泛听取对干部德的反映与评价意见，既要听正面的，也要听反面的；既要听关系好的，也要听关系不好或闹过矛盾的；既要听领导的，也要听群众的，切实做到“兼听”“广听”。

3. 正反印证法。除了从正面考核领导干部德、能、勤、绩、廉等方面的表现，形成正面测评报告外，要把重点放在“反向测评”上，也就是要对领导干部的不足进行评价。这恰恰是对干部“德”的评价的重点和难点。这就要求在综合评价中，要结合平时领导干部容易出现或党员群众反映较多的问题，从政治品行、个人言行、群众反映、履职情况、廉洁自律等方面进行反证，以获取更为全面客观的测评结果。

4. 公开测评法。要把德列入民主测评的重要内容，专门设计德的明细表，突出干部在履行岗位职责中的工作动机、工作态度、工作作风、工作成效以及团结协作精神等综合考察德。除了对领导同事的测评外，还应通过公开透明的方式，利用报刊、互联网、微信、微博等媒介，采取“调查问卷”“公开投票”“评价公示”等手段，接受群众评议、举报、投诉，最大限度地收集人民群众和媒体对被考核人的各种评价意见。考核部门要认真对待收集到的意见，对投诉举报的情况及时进行核查，对客观真实的情况及时进行确认，对歪曲事实的情况进行甄别否定，得出全面的评价结果。

5. 常态延伸法。把德作为一种常态化的尺度去衡量，贯穿于干部成长、人才发展的全过程和各环节，并建立翔实的道德档案，注重在三个延伸上着力：一是把考德延伸到八小时之外。既要注重对干部八小时之内的考察，重点掌握在本职岗位上的工作态度、敬业精神、责任意识、实际成效等，又要把八小时内外结合起来，全面观察、评估，并从其“业余生活圈”“对外社交圈”“圈中人”的身份地位、爱好、情趣、作风、交往等多点透视、扫描，防止以点替面、以偏概全。二是要把考德延伸到家属子女和身边工作人员之中。把好干部家属子女和身边工作人员这个“准入口”，在正确对待个人住房、生活待遇、不搞特殊、不要特权、不谋私利等各方面延伸考察。三是把考德延伸到社会和人民群众之中。通过全社会的监督、警示、提醒，守住法纪底线、道德红线，通过人民群众“雪亮眼睛”的注视、帮助，明辨真假善恶美丑、正邪是非对错。

6. 关键事件法。考核干部的道德品质如何，既要看平常的表现，也要看关键时候的作为，力求客观、真实、全面，由表及里、去粗取精，使考德有事实、有依据、有分量、有质量、有说服力、有认可度。比如单位发现非典疫情，是逃避，还是积极应对；邻里发生不法侵犯时是挺身而上、临危不惧，还是逃之夭夭、视而不见。这类突发事件一旦发生，人的第一反应和作为，与其个人潜意识和形成的道德观念惯性思维有必然联系。

无论采取哪种考量方式，目的都是考准考明，防止考察失真。因此，必须把“六察”贯穿始终：一是察其言。重点关注其对一些重大问题的观点看法，对大是大非的立场观点，考察其政治立场、政治态度、政治定力，考察其是非观念、荣辱意识。二是察其行。考察其道德品行，不光要看他怎么说的，主要是要看他怎么做的，看他能不能言行一致，尤其要特别警惕那些说一套、做一套，台上一套、台下一套，当面一套、背后一套的两面人。三是察其趣。要观察生活情趣是否健康，生活作风是否纯洁，精神追求是否高尚，社交圈是否干净。四是察其财。考察其个人和家庭财产来源情况，看是否合法，是否存在明显高于其合法收入的不当财产；要看其日常消费态度，是否存在奢侈浪费、挥霍无度的情况，对什么钱都敢花，什么钱都敢用的人要深查细纠。五是察其变。要用历史的眼光、发展的眼光、联系的眼光、辩证的眼光、动态的眼光去考察其品行，看其是否能做到不忘初心、敬始敬终。宋代李觏在其所著《安民策十首》提出“日观其德，月课其艺，贤非一时之贤，久居而不变，乃其贤也；能非一时之能，历试而如一，乃其能也”就是这个道理。六是察其责。对一个人进行考察并作出评价，责任重于泰山，在人才选拔中具有重要地位，必须进一步强化人才考察的责任，建立健全用人失察责任追究制度，对考察不按规定和政策操作，敷衍了事，导致考察不准，造成失误的，要严肃追究责任；对滥用职权、以权谋私，造成严重后果的，要坚决予以查处。

（四）分析评估考核结果

主要是解决道德品质评价等级设定的问题。具体如何确定等次？目前实践中多采取定性和定量相结合的方式，探索出了一些有益的做法。

在定量方式上，某县在实践中探索制订了《科级干部道德评价民意测评表》，从政治品德、社会公德、职业道德、家庭美德四个方面，将科级干部道德评价指标划分为了4个一级指标、20个二级指标、50个三级指标。每个指标都赋予了一定的分值，总分为100分。道德评价小组根据提供的情况，采用个别谈话、民主测评、问卷调查等方法，详细进行考察了解，在征询社区、信访、公安等单位（部门）和群众意见的基础上，每季度填写一次《科级干部道德评价民意测评表》。《科级干部道德评价民意测评表》实行百分制计分，将道德评价分为“好”“较好”“一般”“差”四个等次，四个等次的分值依次为1、0.8、0.5、0.3，科级干部的平时考核得分则为四个季度的平均分。科级干部道德评价的平时考核得分和年度考核得分的平均分，为该科级干部本年度的道德评价考核得分。考核得分在100至90分的科级干部，评为“好”等次；在89至70分的，评为“较好”等次；在69至60分的，评为“一般”等次；在60分以下的，评为“差”等次，很有借鉴意义。

在定性方式上，某地在实践中，对领导干部道德评价分为优良中差四个等次，并制订了相关的参考标准表格，根据四个等次分别得到相应多少，进行等次确定，很值得借鉴（如附表所示）：

附表：某地领导干部道德评价参考标准①

<table>
<tr><th>评价项目</th><th>评价内容</th><th>参考标准</th></tr>
<tr><td rowspan="2">政治品德</td><td>理论素养</td><td>（优）政治修养好，理论水平高，有较高水准的研究成果（有著作或有理论文章在刊物上公开发表）
（良）政治修养较好，理论水平较高，有研究成果（在内部刊物上发表文章或在理论研讨会上交流）
（中）政治修养和理论水平一般，能满足岗位工作的需要（问卷）
（差）政治理论水平较低，无法胜任岗位工作需要（问卷）</td></tr>
<tr><td>学习态度</td><td>（优）学习态度端正，参加区里统一组织的学习不迟到，不早退，不无故缺席学习
（良）学习态度较端正，出勤率达90%
（中）学习态度较一般，出勤率达70%
（差）学习态度不端正，出勤率不满70%</td></tr>
</table>

① 来源：百度文库。

续表

评价项目	评价内容	参考标准
政治品德	政治纪律	（优）坚决拥护党和国家的方针、政策，执行组织的决议，严守工作机密 （良）拥护党和国家的方针、政策，服从组织的决定 （中）执行组织决定有时不够坚决，有时讲话不注意场合和分寸，偶尔“跑风漏气” （差）有时不服从组织决定，经常有不当言论，或通过言论、文书、互联网等渠道泄露工作机密
	民主作风	（优）经常与下属或同事进行沟通，主动听取并采纳他人的合理意见，并开展批评与自我批评 （良）能与下属及同事进行沟通，听取他人的意见并做出回应 （中）偶尔听取他人的意见，但作决策时基本上以自我为主 （差）难以听取他人的意见或建议，作风霸道，搞“一言堂”
	群众路线	（优）经常深入基层，了解社情民意，主动建立与群众沟通的渠道，善于指导基层工作 （良）建立与群众沟通的渠道，对群众反映的问题有所思考，在力所能及的范围内加以解决 （中）基本了解社情民意，对群众反映的问题有所思考 （差）很少下基层，害怕做群众工作，工作中与基层群众有矛盾冲突时，未能深入细致地做思想工作
职业道德	责任心和事业心	（优）职位角色意识强，办事认真负责，任劳任怨，效率高，锐意进取，积极创新，不断提升职业能力与业务技能 （良）职位角色意识较强，自觉履行职责，服从安排，态度和表现良好，效率较高；工作和事业踏实，有上进心，较为注重工作能力的提升 （中）职位角色意识一般，按部就班，在督促下方能完成交付的工作，效率一般；能做好本职工作，但安于现状，进取心尚显不足 （差）职位角色意识淡薄，办事拖沓，敷衍了事，工作经常出差错，激情消退，疏于学习，创造力缺乏，难以胜任本职工作
	为人处世公正度	（优）秉公办事，原则性强，公正裁决，任人唯贤 （良）基本能照章办事，遵守公务程序，不越级越权 （中）办事公正表现一般，偶尔违反一般办事程序 （差）私心较重，任人唯亲，违反办事原则与程序，造成一定的负面影响
	大局意识	（优）工作能从全局和长远利益出发，大局为重，必要时牺牲本单位或个人的利益 （良）兼顾各方面的利益关系，不固执，能服从上级指示 （中）大局意识一般，无损害大局的行为 （差）凡事以小团体或个人利益为出发点，不顾大局，有短期行为

续表

评价项目	评价内容	参考标准
职业道德	团结协作	（优）团队意识强，有包容心，密切协作，主动配合，能互通工作信息 （良）有团队意识，在上级的安排下，能与相关部门或同事协同做好工作 （中）能与同事和睦相处，不拆台，不搬弄是非 （差）有拆台、搬弄是非、搞小团体或打击报复的嫌疑
	个人诚信	（优）诚信度较高，实事求是，忠诚老实，言行一致 （良）诚信度良好，不隐瞒，不夸大，不推诿拖沓 （中）诚信度一般，不犯大错，偶尔言行不一 （差）诚信度较差，做事推诿，表里不一，热衷形式主义
社会道德	个人品行	（优）为人正直，作风正派，富有亲和力，仪表端庄，举止得体 （良）品行良好，讲究文明礼貌，比较注重自身形象 （中）品行一般，偶尔不拘小节 （差）态度生硬，摆官架子，心胸狭窄，虚伪奉承，参与赌博、封建迷信活动
	扶贫帮困	（优）扶贫捐款（物）＋结对帮困＋无偿献血或其他献爱心的行为 （良）扶贫捐款（物）＋结对帮困 （中）上述内容只有一项 （差）无上述各项
	公益活动	（优）主动参加各项社会公益活动，不怕辛苦、不计报酬 （良）能够完成规定的公益活动，且态度较认真 （中）虽能完成规定的公益活动，但有抵触情绪 （差）推托或拒绝参加公益活动
	维护公共秩序	（优）爱护公共设施和国家财产，遵守并主动维护公共秩序，见义勇为 （良）爱护公物，讲究公共卫生，遵守公共秩序 （中）无损坏公物、违反公共秩序的行为 （差）有破坏公共秩序、严重违反交通法规等行为
	环保意识	（优）环保意识强，积极提出合理化的环保建议，或带领群众参加各项环保活动 （良）环保意识较强，平时注意节约能源，保护环境 （中）环保意识一般，无损害环保的行为 （差）环保意识淡薄，时有损害环保的行为

续表

评价项目	评价内容	参考标准
家庭美德	孝敬父母	（优）孝敬双方父母，关心他们的冷暖起居，体贴入微，态度亲切 （良）能孝敬双方父母，但有时态度不够和善 （中）基本上能承担子女应尽的义务 （差）有推卸赡养义务或虐待老人的嫌疑，有家属或他人反映或投诉
	子女培养	（优）正确引导子女的成长，注重德、智、体、美全面发展 （良）关心子女的培养，但方法不够科学 （中）对子女的成长不够关心 （差）过分溺爱子女
	夫妻关系	（优）互敬互爱，对家庭有责任感 （良）夫妻关系较好 （中）夫妻关系一般 （差）有家庭暴力、婚外情或生活不检的嫌疑，有家属或他人反映或投诉
	邻里关系	（优）社区反映优秀，邻里关系和睦，团结友好，须由社区开具书面证明 （良）社区反映总体较好，但邻里之间往来不够 （中）社区既无良好反映，也无不良反映 （差）社区反映较差，不能与邻里友善相处，有社区或居民投诉
	勤俭持家	（优）生活勤俭，消费理性，持家有方 （良）生活、消费习惯较好 （中）不盲目攀比，不浪费 （差）铺张浪费，如在婚丧喜庆中大肆操办，造成不良影响

综合上述实践做法，我们认为，在确定道德评价等次时，应采取定量和定性相结合的方式进行，根据不同考核对象，分别设置相应的考核指标和参考标准，合理划分权重，科学设置考核分数，进行量化计分排名。同时，又要对其道德行为进行定性，给出客观评价，特别是要对一些重大不良行为直接设置“一票否决”，增强考核的科学性、权威性。对考核结果，应按程序反馈给当事人，允许当事人申辩和提出复议，并按程序复核，作出最终结论。

对考核等次的确定，根据定量和定量考评结果，可以划分为“优秀”“良好”“一般”“差”四个等次。“优秀”等次是指在指标考察中达到一定分值以上的（在百分制中应达到90分以上），具备“德才兼备、以德为先”的优秀品质，群众公认度高，有口皆碑的人；“良好”等次是指相对于“优秀”等次的人，在道德表现上稍逊一筹，分值应在70至89分；“一般”等次是指道德表现明显不如“良好”等次的人，分值区间应界定在60至69分；评为“差”等次的人，主要是存在重大道德缺陷或违纪违法问题，分值在60分以下。

第四节 结果运用

道德品质评价结果的运用，是选人用人的最后一道工序，这是发挥德的实际效用的客观要求，既是理论问题，更是实践问题，是昭示德特有的主导力、约束力、影响力的关键步骤。其中，最重要的是将其作为人才任免奖惩的关键性依据，根据干部德的综合性评价结果，依据明确的等级评语，最后采取对应的取舍运用。

一、提拔重用

在干部使用上对德优者予以高看一眼、厚爱三分，不仅是事业发展的必然要求，也是对人才最大的珍惜和爱护。凡德的评定为优秀的，按照德才相适原则优先放在重要岗位提拔使用；尤其是在能力素质、工作成绩相近的情况下，要重用在德上更为优秀的。凡德的评定为达标的，即使一时还未到火候，也要“另眼相看”，认真加以跟踪培养，择情使用，形成有德之人、关爱在先的好风气。

二、评先评优

对道德品质和工作成绩突出者从团队、从群体中以一定的比例挑选出来，评为先进、优秀分子，授予荣誉称号，重在精神奖励，辅之以一定的物质奖励，以激励先进、鞭策后进，增强集体荣誉感和工作责任感，形成人人讲道德、争先进的良好文化氛围，这是最为常见的崇德誉德模式。如年度的先进工作者、优秀共产党员、道德标兵和先进基层党组织、先进班组等，都有很好的鼓舞士气、争先创优的作用。

三、宣传表彰

对践行社会主义道德事迹特别突出的，树为先进典型，在全社会大张旗鼓予以宣传表彰，运用榜样力量来教育人、影响人，既能增强道德教育的感染力和实效性，对其本人也是最大的肯定和褒扬。如在我国《公民道德建设实施纲要》颁布实施六周年暨第五个“公民道德宣传日”之际，中央文明办、全国总工会、共青团中央、全国妇联联合启动了评选表彰全国道德模范活动，至今已开展了六届，宣传褒奖了一大批道德模范，产生了强烈的社会反响，起到了良好的社会引领效应。同时，在单位内部、行业、系统中采取各种形式大力宣传道德好典型，也能起到以点带面、事半功倍的示范引领作用。

四、惩罚查处

从内部来说，凡德评定为不合格的，坚决不用。凡德评定为差的，加强教育、帮助改进，问题比较严重的，进行诫勉谈话，有必要时可以进行组织调整；涉及违法违纪的，严肃问责。从外部来说，对一些运用组织程序难以约束、处罚者，也可以采取群众监督、社会舆论谴责的方式予以惩戒，使失德者难以容身。如江西 2015 年年底上线的“法媒银”平台，在全国首创人民法院、新闻媒体、银行金融机构联合惩戒失信被执行人新模式。这一模式推进诚信建设制度化，把伦理道德的柔性规范和制度法律的刚性约束结合起来，提高了违法失信的社会成本，构建起不愿失信、不能失信、不敢失信的体制机制，曝光的“老赖”信息除案件基本信息外，还可根据需要曝光照片、身份证号码、住址等信息，有利于公众锁定“老赖”身份，并联合各部门、各行业力量，限制被执行人乘坐飞机、高铁等高消费及有关消费行为，使其在融资授信、行业准入、投资置业、担任重要职务、享受优惠政策等多方面受到限制，从而最大限度压缩失信者的生存空间。平台运行以来，有力地促进了执法办案，推动了社会诚信建设。截至 2017 年年底，“法媒银”平台曝光的 3. 8 万名失信被执行人中，有 7132 人履行了义务，标的额达 6. 51 亿元。网友通过平台查询失信名单达 812 万人次。在 2018 年 2 月 4 日，第六届中国新闻法治学术峰会上，江西“法媒银·失信被执行人曝光台”入选“2017 年中国最具影响力新闻法治事件”。中宣部、最高法、银监会联合下发通知，要求认真学习借鉴推广其经验。

党的十八大以来，党中央以前所未有的力度高压反腐，推进全面从严治党，查处了一大批党的中高级干部贪腐案件。这些腐败分子的犯罪轨迹表明，绝大多数是道德品质上出了问题，有的生活腐化，有的私欲膨胀，有的目无法纪，有的阳奉阴违。周永康、薄熙来、孙政才、令计划、苏荣等就是其中典型的代表。这些人道德品质如此卑劣，有其不思改造、日渐变质的成因，但是绝大多数还是躲过了提拔前的审查关，从而以“德才兼备”之光环，堂而皇之登上领导高位。一旦机会成熟，就充分暴露出他们品质卑劣的原形，撕下虚假的“德才兼备”光环面具，为填满个人私欲，疯狂作案，贪得无厌，道德败坏，最终身败名裂，给党和人民事业造成重大损失。可见，选拔人才、提拔干部，特别是关键少数的领导干部，选人用人前的道德品质评价工作其重要性、紧迫性是不言而喻的，这是关系到党和人民的权力交给什么人的重大问题，是关系党和人民事业是否后继有人、永远与人民同心同德的重大问题，是党和国家公职人员队伍建设非常重大的现实问题。为此，必须建立完整的、科学的选人用人道德品质评价体系，系统科学运用道德品质评价结果，以制度来阻断德行有问题的人进入关键岗位，真正把德才兼备、党和人民事业需要的干部选拔出来，保持党的干部队伍始终不忘初心、牢记使命，担当起决胜全面建成小康社会、实现中华民族伟大复兴的中国梦的历史重任。

第十六章 新时代中国特色社会主义德治教育的根本目标与实现路径

2016 年 12 月 9 日，习近平总书记在中共中央政治局第三十七次集体学习时强调：法律是准绳，任何时候都必须遵循；道德是基石，任何时候都不可忽视。在新的历史条件下，我们要把依法治国基本方略、依法执政基本方式落实好，把法治中国建设好，必须坚持依法治国和以德治国相结合，使法治和德治在国家治理中相互补充、相互促进、相得益彰，推进国家治理体系和治理能力现代化。

习总书记的重要讲话，深刻总结了我国社会主义法治建设的成功经验和深刻教训，把依法治国确定为党领导人民治理国家的基本方略，走出了一条中国特色社会主义法治道路。这条道路的一个鲜明特点，就是坚持依法治国和以德治国相结合，从而达到法安天下，德润人心之治理效果。这既是历史经验的总结，也是对治国理政规律的深刻把握。而要真正发挥好“德治”在建设新时代中国特色社会主义征程中的作用，第一要务就是集全社会之力搞好德治教育，树立良好道德风尚，促进社会主义群体文明水平的提高，提升全社会思想道德素质，并通过榜样的力量引导广大人民群众自觉践行社会主义核心价值观，争做社会主义道德的示范者、良好风尚的维护者。

本章将就新时代中国特色社会主义德治教育的根本目标与实现路径做初步研究。

第一节　新时代中国特色社会主义德治教育的根本目标

一、以德育人：新时代德治教育的题中应有之义

（一）德治教育的历史经验

德治是中国古代儒家倡导的一种治国模式，主张以道德去感化人、教育人。德治人才靠道德养成，故孔门四科，首为“德行”，然后才是“语言、政事、文学”。而汉代实行官员征聘制，征聘对象便来自各级政府的“举秀才，察孝廉”，实则就是要求德才兼备的。可见德治教育在中国治国理政中的极端重要性。

我们还注意到：隋唐以来的科举考试，一开始就以“志行修谨、清平干济”为基本科目，学子们要想通过科举实现鲤鱼跳龙门，自然要向这个方向下力气。历代即由科举考试而产生出大批善于治国理政的名臣、名相，产生出大批雄才大略的政治家、战略家，产生出众多思想家、文学家、艺术家、教育家、科学家以及诗人、学者等，他们是中华民族的脊梁。同时，我国古代这一要求德才兼备的科举制度，对东亚各国与英、法、美等国的文官制度也都产生过巨大影响。可见德治教育的意义何等深远。

（二）新时代德治教育的内涵

我国当代以德治国理念的提出，是基于依法治国的国家治理体系的健全与完善，与依法治国相辅相成。在新时代中国特色社会主义伟大事业的建设进程中，在推进法治政府建设的同时，加强道德建设和德治教育具有重要意义，正如习近平总书记指出：“要重视发挥道德的教化作用，提高全社会文明程度，为全面依法治国创造良好人文环境。”

在为实现中华民族伟大复兴“中国梦”而努力奋斗的时代背景下，我们所要立的“德”，概括来讲就是要培育和践行社会主义核心价值观，弘扬中华优秀传统文化，进行爱祖国、爱劳动、爱学习的“三爱”

教育以及人文、审美素养的培养等。我们“立德树人”的目标就是要培养学生高尚的道德情操、扎实的科学文化素质、健康的身心、良好的审美情趣；同时，突出强调要使学生具有中华文化底蕴、中国特色社会主义共同理想和国际视野，成为社会主义合格建设者和可靠接班人。“国无德不兴，人无德不立。必须加强全社会的思想道德建设，激发人们形成善良的道德意愿、道德情感，培育正确的道德判断和道德责任，提高道德实践能力尤其是自觉践行能力，引导人们向往和追求讲道德、尊道德、守道德的生活，形成向上的力量、向善的力量。”①

二、立德树人：德治教育的终极目标

（一）道德是做人的根本

何谓“立德”？《左传》载：“太上有立德，其次有立功，其次有立言，虽久不废，此之谓不朽。”可见，“立德”居于人生三不朽之首，也就是说，人生最高的境界是立德有德、实现道德理想。唐朝的孔颖达说：“立德，谓创制垂法，博施济众，圣德立于上代，惠泽被于无穷。”何谓“树人”？《管子·权修》：“一年之计，莫如树谷；十年之计，莫如树木；终身之计，莫如树人。”可见，培育人才是长久之计。“立德树人”是我国历代教育共同遵循的理念。

（二）立德是树人的前提和基础

无论是“修身齐家治国平天下”，还是人生的“三不朽”；无论是“成人比成才更重要”，还是“做事先做人”；这些都首先强调“德”。道德之于个人、之于社会，都具有基础性意义，做人做事第一位的是察德修身。树人是立德的目标和根本。树什么样的“人”，是立德的出发点和落脚点。爱因斯坦指出：“用专业知识教育人是不够的，通过专业教育，他可以成为一种有用的机器，但不能成为一个和谐发展的人。要成为一个和谐发展的人，必须获得对美和善有鲜明的辨别力。”

德治教育其实就是一种修德、立德、培德、树德的过程。“德”是什么呢？是从善如流，是改过迁善；是忠孝节义，是尊师重道；是勤劳节俭，是勤政廉政；是将心比心，是善良宽容。《周易》说厚德载物，其实厚德载物的本质就是善良宽容。甚至对人不傲慢，让一步，

① 2013年11月，习近平在山东曲阜考察孔府和孔子研究院时的讲话。

多说一声谢谢、对不起，都是“德”。

（三）“德”之重要不言而喻

孔子一生都在为培养治国人才而进行贤能教育。在“德、才”两方面，他把“德”放在第一位，并把“仁义礼智信”作为五常之德。他认为“弟子入则孝，出则弟，谨而信，泛爱众，而亲仁。行有余力，则以学文。”也就是说，你首先必须是一个有德的人，才有资格“学文”；“大学之道，在明明德，在亲民，在止于至善”，追求的就是“立德”的精神和理念。

但我们现在的教育却存在很多的弊端：早教盛行，大面积补课兴起，学生课业负担加重，各种培训班如雨后春笋般生长，各种“教学质量”评比常态化……总之，一切都是为了应试，为了分数，为了升学率，却放松了对学生道德的培育和养成，具体表现为将德治教育放在了可有可无的地位，表现为德治教育理念存在偏误、德治教育的边缘化特征日益凸显、对德治教育内容把握不透彻、德治教育创新能力不足，等等。其后果是，我们培养出来的一些学生，知识多了、分数高了，德行却低了，甚至完全成为“无德”之人。

而德之不存，学术无所依——在科学研究过程中，因学术不端造成的论文被撤稿，不仅违背科研诚信伦理，而且损害个人、机构及国家的声誉，浪费国家经费和损害公平。有统计显示，近五年来国家自然科学基金相关撤稿达273篇，分别涉嫌文本抄袭、图像造假、操控审稿等，被撤稿的机构中，诸多知名学府赫然在列。

德之不存的危害，当然不仅仅局限于此。教育学家陶行知就曾说过，道德是做人的根本。根本一点，纵然你有一些学问和本领，也无甚用处。而且，没有道德的人，学问和本领越大，其为非作恶的破坏性也越大。一个最极端的例子是马加爵，这个曾获得全国奥林匹克物理竞赛二等奖的大学生竟残忍地杀害了四位同班同学，被昆明市中级人民法院以故意杀人罪判处死刑。

因此，我们强烈建议国家教育主管部门加大德治教育内容的考核，加大对学生道德培育的分量。只有这样，学校和老师，家长和学生，才会从心里真正重视起来，学生们也才能通过长期的耳濡目染，将树立高尚道德作为自己的毕生追求。也只有这样，我们才能为社会培养出有德有才、才德兼备的社会主义建设者。

德治教育面对的主体是人，是公民，是学生，是党政干部，其准则就是以德育人，即通过对人们价值观、思想观、世界观等的正确树立而实现受教育者道德素养的提高和道德素质的提升，从而在社会生产生活中，在社会管理、国家治理中展现出和谐、轻松、愉快的人际关系和柔性的社会利益处理方式，促进社会治理达到平衡状态。

三、新时代德治教育的使命与担当

（一）要把立德树人作为教育的根本任务

党的十八大提出："教育是民族振兴和社会进步的基石。要坚持教育优先发展，全面贯彻党的教育方针，坚持教育为社会主义现代化建设服务、为人民服务，把立德树人作为教育的根本任务，培养德智体美全面发展的社会主义建设者和接班人。"这既蕴含了育人为本、德育为先的理念，也表达了要成才、先成人的发展逻辑。习近平总书记说，"办好中国特色社会主义大学，要坚持立德树人，把培育和践行社会主义核心价值观融入教书育人全过程。"① 可见，"立德树人"是我国当前人才培养的现实要求。

将"立德树人"作为教育的根本任务，有着特定的内涵和时代的意义。在人类漫长的历史发展进程中，人才始终是推动社会变革、文明进步、人民幸福、国家繁荣的重要力量。纵观当今世界综合国力的竞争，说到底就是人才的竞争。才为德之资，德为才之帅。"办好我国高校，办出世界一流大学，必须牢牢抓住全面提高人才培养能力这个核心点，并以此来带动高校其他工作。"② 高校要将"立德树人"作为立身之本、办学之基，离开"立德树人"，不能履行人才培养的任务，大学就不成其为大学，就失去存在的最根本基础。我国现已进入全面建成小康社会的决定性阶段，"两个一百年"奋斗目标的实现、中华民族伟大复兴中国梦的实现，客观上要求整个社会的思想道德水平必须提供足够的支撑。

（二）高校德治教育对于"立德树人"根本任务的实现具有重大作用

高校德治教育是法治中国建设的重要一环，必须紧紧围绕这个党和国家的总任务，充分发挥高校的积极能动性。而高校德治教育的重

---

① 2014 年，习近平在第二十三次全国高等学校党的建设工作会议上的讲话。

② 习近平在全国高校思想政治工作会议上的讲话。

要工作方向，就是沿着法治中国建设的思路去思考、去努力。纵观世界高等教育史，大学的功能随着时代的发展变化而逐步拓展，但培养具有崇高道德水准和高素质的人才这一基本功能、中心任务始终没有变。当前，高校要把德治教育工作摆在更加突出和重要的位置，始终坚持马克思主义的指导地位，夯实实现“中国梦”的思想基础。习近平总书记在全国高校思想政治工作会议上发表的重要讲话，深刻回答了高校培养什么样的人、如何培养人以及为谁培养人这个根本问题，具有很强的战略性、思想性和针对性，是指导做好新形势下高校思想政治工作的纲领性文献。我们必须要进一步增强“立德树人”的紧迫感、责任感和使命感，坚持“立德树人”的核心地位不动摇，全面提升人才培养质量，为中国特色社会主义事业培养更多德才兼备、全面发展的建设者和接班人。

第二节　德治教育目标实现的现实条件

一、中华优秀传统文化为德治教育提供了丰富营养

文化是一个民族的血脉，是一个国家人民的精神家园。源远流长的中华文化，有着5000多年的文明发展史，其中孕育的灿烂辉煌的优秀传统文化，积淀着中华民族最深沉的精神追求，代表着中华民族独特的精神标识，是中华民族生生不息、发展壮大的丰厚滋养，是中国特色社会主义植根的文化沃土，是当代中国发展的突出优势。“提高国家文化软实力，要努力展示中华文化独特魅力……要使中华民族最基本的文化基因与当代文化相适应、与现代社会相协调，以人们喜闻乐见、具有广泛参与性的方式推广开来，把跨越时空、跨域国度、富有永恒魅力、具有当代价值的文化精神弘扬起来，把继承传统优秀文化又弘扬时代精神、立足本国又面向世界的当代中国文化创新成果传播出去。”[①] 中华优秀传统文化蕴含着丰富的道德理念和规范，如天下兴亡匹夫有责的担当意识，精忠报国振兴中华的爱国情怀，崇德向善见贤思齐的社会风尚，孝悌忠信礼义廉耻的荣辱观念，体现着评判是非

① 习近平在主持十八届中央政治局第十二次集体学习时的讲话。

曲直的价值标准，潜移默化地影响着中国人的行为方式，更为德治教育提供了丰富的营养。无论是“依法治国与以德治国相融合”的社会治理理念，还是“以人为本、共建和谐社会”的社会理想，乃至“与时俱进、执政为民”的执政之道，等等，这些融德治和法治于一体的治理思想，无不来源于中国传统文化，或者说是中国传统文化中固有的内涵。同时，中国特色社会主义伟大事业建设中要充分体现“中国特色”，要在世界民族之林中展现中华魅力，我们别无选择，必须从中国传统文化中寻找灵魂，从中国传统文化中寻找属于我们民族的精神内涵。离开中国传统文化，所谓的“中国特色”也就无从谈起。

近年来，伴随着以人为本、构建和谐社会、社会主义核心价值观等理念的深入人心，国学热日益兴起。国内一些高校纷纷成立有关国学、传统文化、儒家思想等研究机构，如中国人民大学国学院、清华大学思想文化研究所、中国社会科学院儒教研究中心、安徽大学中国传统文化研究院等，出版的学术著作及研究文章不计其数，每年都要召开各种形式和规模的国内国际学术研讨会，在欧美、东亚、东南亚等国家和地区，也有相当规模的研究机构和学术队伍。与此同时，各类媒体也以其得天独厚的传播平台优势，加入中华传统文化热的浪潮中，在社会上掀起阵阵国学热……这些蕴含着中华传统历史文化的国学，重新唤起的不仅是大众对传统文化的热情，更是中华文明中义利观、荣辱观、礼义观、廉耻观的广泛传播。

2017 年年底，中共中央办公厅、国务院办公厅印发了《关于实施中华优秀传统文化传承发展工程的意见》，《意见》明确提出：要围绕立德树人的根本任务，遵循学生认知规律和教育教学规律，按照一体化、分学段、有序推进的原则，把中华优秀传统文化全方位融入思想道德教育、文化知识教育、艺术体育教育、社会实践教育各环节，贯穿于启蒙教育、基础教育、职业教育、高等教育、继续教育各领域；以幼儿、小学、中学教材为重点，构建中华文化课程和教材体系；编写中华文化幼儿读物，开展“少年传承中华传统美德”系列教育活动；修订中小学道德与法治、语文、历史等课程教材；推动高校开设中华优秀传统文化必修课，在哲学社会科学及相关学科专业和课程中增加中华优秀传统文化的内容；加强面向全体教师的中华文化教育培训，全面提升师资队伍水平——这一切，都为德治教育目标的达成，提供了坚实的思想、文化和师资队伍支撑。

二、国家治理理论成就为德治教育目标实现创造良好氛围

“党的十八大以来，在新中国成立特别是改革开放以来我国发展取得的重大成就基础上，党和国家事业发生历史性变革，我国发展站到了新的历史起点上，中国特色社会主义进入了新的发展阶段。中国特色社会主义不断取得的重大成就，意味着近代以来久经磨难的中华民族实现了从站起来、富起来到强起来的历史性飞跃，意味着社会主义在中国焕发出强大生机活力并不断开辟发展新境界，意味着中国特色社会主义拓展了发展中国家走向现代化的途径，为解决人类问题贡献了中国智慧、提供了中国方案。”① 从站起来、富起来到强起来的历史性飞跃，鲜明展示的正是中国人民创造幸福生活、一步步实现“中国梦”的生动实践。

我国的社会治理理念不断创新，为德治教育目标的实现提供了扎实的理论遵循。党的十八大以来，以习近平同志为核心的党中央在深刻把握社会运行规律和治理规律的基础上，提出了一系列新理念新思想新战略，为加强和创新社会治理提供了科学指南。“创新社会治理体制、改进社会治理方式”，完成从“社会管理”到“社会治理”的转型升级，是十八届三中全会明确提出的最具指导性的社会治理理念。习近平总书记指出，社会治理是一门科学，治理和管理一字之差，体现的是系统治理、依法治理、源头治理、综合施策。在 2016 年 12 月 9 日举行的中央政治局第三十七次集体学习上，习近平总书记更着重强调：“在新的历史条件下，我们要把依法治国基本方略、依法执政基本方式落实好，把法治中国建设好，必须坚持依法治国和以德治国相结合，使法治和德治在国家治理中相互补充、相互促进、相得益彰，推进国家治理体系和治理能力现代化。”也因此，社会治理理念不断得到创新；而社会治理理念的创新，也为德治教育目标实现提供了扎实的理论指导。

三、社会治理机制不断完善为德治教育目标实现提供制度保障

小智治事，大智治制。党的十八大以来，一系列社会治理长效机

---

① 2017 年 7 月 26 日，习近平总书记在省部级主要领导干部专题研讨班上的讲话。

制和基础性制度逐步建立健全。比如，公民身份证号码、组织机构代码、不动产登记、网络实名制等制度规定相继出台，让守信者一路畅通、失信者寸步难行的信用管理制度稳步推进，推进社会自治的行业规范、社会组织章程、村规民约、社区公约建设成效显著，重大决策社会稳定风险评估制度不断健全，社会矛盾排查预警和调处化解综合机制不断完善。我国的社会治理方法手段不断创新，现代科技与社会治理的深度融合不断推进，基础综合服务管理信息化平台纷纷建立，使预测预警预防各类风险能力大大提高，使社会治理预见性、精准性、高效性和整体性、协同性大大增强。这一切，都为德治教育目标达成提供了坚实的制度保障。

四、用道德楷模引领社会道德走向是德治教育的重要内容

道德的功能和作用的发挥必须通过德治教育，而树立道德榜样则是开展德治教育的最有效方法之一。因为，道德榜样是一定社会道德的人格化，它具有直观性和形象性，是存在于社会现实中的有血有肉、有情感追求、有喜怒哀乐的活生生的个人或群体，是承载着一定社会主流道德价值取向的行为和事迹。运用这样的道德榜样进行德治教育，具有很强的道德教育感染力、吸引力，能产生极强的社会共鸣和社会跟从。

“道德模范是社会道德建设的重要旗帜，要深入开展学习宣传道德模范活动，弘扬真善美，传播正能量，激励人民群众崇德向善、见贤思齐，鼓励全社会积善成德、明德惟馨，为实现中华民族伟大复兴中国梦凝聚起强大的精神力量和有力的道德支撑。”精神的力量是无穷的，道德的力量也是无穷的。自 2007 年以来，中央宣传部、中央文明办等单位每隔两年就开展一次全国道德模范评选活动，共分为 5 类，即：助人为乐类、诚实守信类、见义勇为类、敬业奉献类、敬老爱亲类。每类评选 10 人左右，截止到 2017 年 11 月 17 日评选的第六届道德模范，全国共评选出 5 类道德模范 336 名。每一个道德模范各不相同，有的是站在时代前沿的弄潮儿，有的是立足平凡岗位却创造出了感天动地业绩的平民英雄，有的虽然默默无闻但却穷其一生背负着一个坚强的道德信念奋力前行……每一个道德模范背后的故事，都折射着时代的光芒，更书写着时代的感动。他们用自己的行动感召着社会、用

自己的所为诠释着道德的真谛。

道德楷模用美丽的心灵和高尚的道德改变着世界，引领并教化着世道人心。当代社会，人们的个性不同、兴趣各异、追求多样，造就了彼此沟通的困境。以道德楷模为理想的参照系，审视和比照自己，时时想到他人和社会利益的存在，由此可以形成广泛真实的价值认同。

五、德治教育深入开展迎来社会主义高尚道德满园春色

车有双轮，才能远行；鸟有两翼，才能高飞。适应我国新时代中国特色社会主义事业发展需要，不仅要有高度发达的物质文明，还要有高度发达的精神文明；不仅要有法治作保障，还要有德治作支撑。从2014年10月党的十八届四中全会勾画建设法治中国蓝图开启全面依法治国征程起，我们要把依法治国基本方略、依法执政基本方式落实好，把法治中国建设好，必须坚持依法治国和以德治国相结合，使法治和德治在国家治理中相互补充、相互促进、相得益彰，推进国家治理体系和治理能力现代化。在这样的时代背景下，我国德治教育取得了令人可喜的成绩：德治教育载体不断拓宽，德治教育方式不断丰富，德治教育成果不断显现。

文明之风吹遍乡野，道德旗帜高高飘扬。道德模范以高尚的道德情操感召着亿万群众，成为公民道德建设的宝贵财富。全国妇联通过选树、表彰和宣传先进妇女典型，组织开展了“优秀成功女性进高校”“现代女性大讲堂”等活动，引导年轻女性树立正确的人生价值观和自尊、自信、自立、自强的时代精神，不断提高思想道德素质。共青团中央开展全国百名“向上向善好青年”推选活动，人民网、中国青年网、中青在线3家网络平台的公众投票总数达4200万人次，最终评选出爱岗敬业、创业创优、诚实守信、崇义友善、孝老爱亲5类共100名“全国向上向善好青年”。

全国各地各部门利用广场、公园、社会公共场所等，刊播展示道德模范公益广告，扩大道德模范宣传受众面和影响力。有的依托城市规划馆、图书馆、文化馆、博物馆等设置道德模范专题展览，打造核心价值观教育基地。如宝鸡在烈士纪念馆、民俗博物馆举办道德模范展，武汉开设吴天祥事迹陈列馆，接待社会团体、单位参观学习。有的在广场、公园、街道、社区等人流密集场所展示道德模范风采。如

河北公交车载电视和门店 LED 显示屏、西安流动宣传车、马鞍山活动展板、新乡街头公益广告等大批量刊载宣传，让广大市民强烈感受到道德的力量。有的开设网上展馆，吸引青少年热情参与。人民网、光明网等和中国文明网联盟 206 家网站统一开设“道德模范在身边”网上大看台，开展“点赞道德模范”“画说道德模范”互动活动，点赞总数累计 1.1 亿人次，相关微博话题阅读量达 718 万人次……

2017 年 11 月 17 日，全国精神文明建设表彰大会在北京举行。大会对产生的新一届全国文明城市、文明村镇、文明单位、文明校园、未成年人思想道德建设工作先进以及全国道德模范进行了表彰。习近平总书记在人民大会堂会见了全体与会代表并与其合影留念，勉励他们再接再厉，在社会主义精神文明建设中再立新功、作出表率。

2018 年 1 月 4 日，全国文明办主任会议在北京召开，研究部署了 2018 年精神文明建设工作，提出了在进入新时代中国特色社会主义建设新航程的起航点：深化文明城市创建、深化文明村镇创建、深化文明单位创建、深化文明家庭创建、深化文明校园创建、开展弘扬时代新风行动、深化道德模范学习宣传、推进诚信建设制度化、推进学雷锋志愿服务制度化、推进网络文明建设的十大目标任务。

第三节　德治教育中存在的问题与解决路径

一、德治教育目前存在的问题

党的十八大以来，我们党把立德树人作为凝魂聚气、强基固本的战略工程来抓，提出了培养担当民族复兴大任的时代新人的根本要求。党的十九大报告更明确要求：“要全面贯彻党的教育方针，落实立德树人根本任务，发展素质教育，推进教育公平，培养德智体美全面发展的社会主义建设者和接班人。”而以立德树人为终极目标的德治教育就显得尤为重要，受到社会各界特别是教育界前所未有的重视，并取得了一定成效。然而，由于受到各种因素的制约，德治教育尚有不足之处，亟待进一步完善和发展。

（一）德治教育理念存在偏误

当前德治教育存在诸多问题，首先表现为德治教育理念存在一定的偏误。

1. 重视程度不够，没有将德治教育放在足够重要的位置。党的十八大报告明确提出："依法治国"和"以德治国"相结合，加强社会公德、职业道德、家庭美德、个人道德教育，弘扬中华传统美德，弘扬时代新风。但是，在实践中，如何将"以德治国"与"依法治国"有机统一起来，却是一件十分复杂的事情。道德建设重视程度不够，相对较弱，德治教育没有被放在足够重要的位置。

2. 将德治教育混同于标签化的政治教育、应试化的知识教育。受普遍存在的政治教育标签化、知识教育应试化之模式的影响，一定程度上存在着将德治教育混同于标签化政治教育、应试化知识教育的倾向。标签化政治教育的特点就是把德治教育的内容严重窄化、弱化，只剩下单调而乏味的政治教条，一味地灌输给学生，无法顾及目标构建中的统一性、多样性等特征，基本没有现实的可行性。应试化知识教育则是把道德知识普泛化、客体化，割断其与实践的联系，走上唯知识化的道路，人们单纯地学到了道德知识，而缺乏相应的道德情感，更不能转化为自觉的道德行为。道德知识成为一种抽象的道德符号，丧失了其应有的教育功能和生活意义，导致言行不一、表里不一，德治教育日益边缘化，其地位变得岌岌可危。虽然我们一再宣告道德教育的重要性，道德教育的首要位置等，然而在实践中，这种"去道德"的趋势并未得到遏制。

（二）对德治教育内容把握不透彻

教育是国家和民族进步的基石，德治教育更是教育的基础性工作。在多元化道德观的冲击下，人们的道德选择陷入困境，使我们必须凭借德治教育目标的集中、重点培养来提高德治教育工作的效率，真正促进国民道德素质的发展。目前，人们对德治教育内容把握不够透彻，已经成为德治教育的突出问题。

1. 德治教育中社会主义核心价值观的引领作用发挥不够。社会主义核心价值观是当代中国精神的集中体现，凝结着全体人民共同的价值追求。党的十八大以来，我们党把核心价值观建设作为强基固本的战略工程来抓，充分发挥核心价值观的引领作用，强化教育引导、实践养成、制度保障，把核心价值观融入社会发展各方面，使之贯穿国民教育全过程。如何发挥社会主义核心价值观引领作用是当前和今后一段时间德治教育工作的中心任务。目前仍存在一些亟待解决的突出问题，主要表现在：一是对社会主义核心价值观三个层面的有机统一认识不到位，往往侧重于其中某一层面而忽视其他层面。对国家层面的价值标准和社会层面的价值取向的教育较为重视，而对个人层面的价值准则即道德价值观、人生价值观的教育重视不够，存在畸轻畸重现象，削弱了价值观教育效果。二是社会主义核心价值观和社会主义核心价值体系关系不明晰，社会主义核心价值体系建设难以开展，社会主义核心价值观引领工程没有取得实效。

2. 德治教育内容与实际结合不够紧密。现代教育以创新精神和实践能力为重点，德治教育既是塑造创新人才的教育，又是培养实践能力的教育，因而在开展德治教育时，应注意将教育内容与实际紧密结合，以增强教育效果。然而现实的情况却是脱离实际的倾向普遍存在。一是未能有效地联系国内外重大问题以及人们关注的热点问题组织教育内容，削弱了教育的感染力、说服力。二是未能紧密结合受教育者的生活实际和思想实际组织教育内容，出现教育与学生思想实际脱节的现象，降低了教育效果。三是以学校教育为主体、家庭教育为基础、社会教育为依托的三位一体的德治教育网络没有形成，影响德治教育实效。

3. 德治教育发挥优秀传统文化作用不够。中华优秀传统文化是在历史发展中对物质、精神等方面的整合与凝结，蕴含着高度的民族认同感，能够影响国人的言行，增强人们的爱国主义精神和集体主义意识。因此，德治教育必须从优秀传统文化中汲取营养，充分发挥优秀传统文化的育人功能。近年来，优秀传统文化在德治教育中发挥了一定作用，取得明显成效，但仍存在对优秀传统文化的现代价值认识不清的情形，缺乏结合德治教育需求对中华传统文化进行全面、科学、系统的挖掘，在赋予民族传统文化以时代精神和适宜形式等方面的研究和实践严重不足；传承与弘扬体制机制不够完善，创新能力相对较弱，活化利用水平不高等。

（三）德治教育创新能力不足

在经济文化全球化日益显著、思想文化与道德价值呈现多元化发展的今天，德治教育面临多元化道德价值观念、德育功能弱化、教育者素质不高、德治课程体系不完善等方面的挑战。当前，务必强化德治教育创新，顺应时代潮流，克服当代德治教育中的种种困境与矛盾，提高德治教育实效。

1. 德治教育的体制机制创新乏力。科学有效的体制机制是影响德治教育有效实施的重要保证，而随着社会体制改革，经济全球化、文化多元化的发展趋势不断冲击着我国的德治教育体制，“条块”分割的德治教育实施方式，使教育变得无根、无趣、效果低下，传统的德治教育越来越与社会的发展不相适应。

2. 德治教育的内容创新不足。德治教育内容是德治教育赖以开展的基本工具和有效载体，探索德智教育内容改革创新是新时代给我们提出的重大课题。当前，德治教育内容教条化、符号化、边缘化现象突出，结构性和层次性不强，教育与生活疏离，教育和实践脱节，德治教育应对新情境无力、无措。

3. 德治教育未能做到与时俱进。经济社会的巨大变化，使德治教育在认识论、价值论和方法论等方面也产生了变革。社会转型与多元文化社会的出现，弱化了社会的主流道德价值，使得社会弥漫着拜金主义、享乐主义风气，充斥着坑蒙拐骗、假冒伪劣、贪污腐化等丑恶现象的阴霾。面对新情境、新变化，我们的德治教育穷于应付，不能与时俱进、开拓创新，跟上时代发展变化的脚步。如何探索和创新适合国情的德治教育体制机制，成为摆在我们面前的突出问题。

二、德治教育存在问题的解决路径

党的十八大明确提出：“倡导富强、民主、文明、和谐，倡导自由、平等、公正、法治，倡导爱国、敬业、诚信、友善，积极培育和践行社会主义核心价值观。”中共中央办公厅印发的《关于培育和践行社会主义核心价值观的意见》要求：“坚持育人为本、德育为先，围绕立德树人的根本任务，把社会主义核心价值观纳入国民教育总体规划。”社会主义核心价值观是公民道德的重要体现，以德治国的核心在于公民的道德建设，践行社会主义核心价值观在德治教育中有着至关重要的作用。

（一）社会主义核心价值观是德治教育的永恒主题

1. 社会主义核心价值观引领德治教育。社会主义核心价值观是我们生而为中国人的独特精神支柱，是凝聚中国力量的思想道德基础。

德治教育必须紧紧围绕社会主义核心价值观这个根本开展，坚持育人为本，德育为先，充分发挥社会主义核心价值观的引领和导向作用，围绕立德树人根本任务，推动核心价值观融入思想道德教育、文化知识教育、社会实践教育各环节，贯穿启蒙教育、基础教育、职业教育、高等教育、干部教育各领域、各环节，统领德治教育向着利于社会主义事业建设发展的方向不断前进。中国特色社会主义进入了新时代，我国发展处于新的历史方位，只有把培育和践行社会主义核心价值观作为一项既具基础性内在性，又具目标性规定性的重大任务来认识、来落实，才能增强人们的道路自信、理论自信、制度自信、文化自信，确保中国特色社会主义始终沿着正确方向胜利前进，不断展现出更加强大的生命力。

2. 社会主义核心价值观给德治教育注入活力。社会主义核心价值观的凝练和提出，给德治教育带来新视角新动能。社会主义核心价值观是德治教育的重要组成部分，我们应该在思想层面进行核心价值观的培育。同时，社会主义核心价值观中和谐、文明、诚信、友善体现的是中华传统文化的精髓，民主、自由、平等、公正、法治等展示和彰显了中国当代先进文化的现代性、开放性和包容性，不但可以增强人们对传统文化的认同，也可以增强我们的文化自信和自觉，对规范我们的自我行为、培养健全人格有着重要影响。

3. 社会主义核心价值观支撑德治教育。核心价值观是我们判断事物是非的依据和标准，也是我们的行为准则。社会主义核心价值观坚持以人民为主体，实现全社会平等、公平、正义的价值观，公民道德建设的实质是建立一种被社会普遍接受，对人民有利，对社会公平公正的价值观念，再将这种价值观念内化为每个公民自身的行为标准。社会主义核心价值观既是一种以人为本的价值观念，又是被人民普遍接受的行为准则，是德治教育的内在支撑。

（二）优秀传统文化是德治教育的重要源泉

习近平总书记指出："要认真汲取中华优秀文化的思想精华和道德精髓，大力弘扬以爱国主义为核心的民族精神和以改革创新为核心的时代精神，深入挖掘和阐发中华优秀传统文化讲仁爱、重民本、守诚信、崇正义、尚和合、求大同的时代价值，使中华优秀文化成为涵养社会主义核心价值观的重要源泉。"继承和弘扬中华民族传统美德是中华民族五千年积淀下来的道德文化遗产，对几千年中国社会的历史发展和中华民族文化心理结构、传统美德的形成，都产生了不可估量的作用和影响。源远流长的中华民族传统美德不仅是中华民族的精神家园，也是中华民族文化的根，是德治教育的现实文化根基。德治教育要适应现代社会的发展需要，离不开传统道德文化精华的滋养。唯有如此，德治教育才不会成为无源之水、无本之木，才有永久的生命力。

1. 优秀传统文化是德治教育的重要精神支撑。习近平总书记指出："优秀传统文化是一个国家、一个民族传承和发展的根本，如果丢掉了，就割断了精神命脉。"五千多年文明发展中孕育的中华优秀传统文化，积淀着中华民族最深沉的精神追求，代表着中华民族独特的精神标识，是中华民族生生不息、发展壮大的丰厚滋养，是中国特色社会主义根植的文化沃土，是当代中国发展的突出优势，对延续和发展中华文明、促进人类文明进步，发挥着重要作用。"千磨万击还坚劲，任尔东西南北风"，中华民族历经磨难而不衰、饱经风霜而不败，一个重要原因就在于这个民族富有一种特殊的文化基因——中华优秀传统文化。中华优秀传统文化是中华民族的"根"与"魂"，实现中华民族伟大复兴必须以这种"根"与"魂"作精神支撑。"不忘本来才能开辟未来，善于继承才能更好创新"。中华优秀传统文化是中华民族存在发展的根基与血脉，是新时代德治教育的重要精神支撑。

2. 优秀传统文化为德治教育提供深厚的文化底蕴。中华文明源远流长，传统文化博大精深。治国理政必须具备坚实深厚的文化基础和文化底蕴，离开这种坚实而深厚的文化基础与底蕴，任何国家治理过程和效果都会显得苍白无力和缺乏底气。党的十八大以来，以习近平同志为核心的党中央提出的一系列治国理政新理念新思想新战略，无不渗透着深厚的传统文化底蕴。社会主义核心价值观蕴含着中华民族传统价值理念；创新、协调、绿色、开放、共享新发展理念蕴含着"谐和万物""天人合一""协和万邦""天下为公"等传统文化理念；"四个全面"战略布局蕴含着古人关于"小康""大同"的理想境界，"自强不息""革故鼎新"等传统发展理念，"治国者必以奉法为重"的传统崇法精神，"其身正，不令而行；其身不正，虽令不从"等传统从政理念；实现中华民族伟大复兴中国梦的奋斗目标则蕴含着"国家兴亡，匹夫有责"等传统爱国理念。以习近平同志为核心的党中央治国理政的新理念之所以如此富有深意，新思想之所以如此富有魅力，新战略之所以如此富有穿透力，与其富有深厚的民族精神基础和传统文化底蕴是不能分开的。

3. 优秀传统文化为德治教育提供丰厚的思想营养。习近平总书记指出："中华文化积淀着中华民族最深沉的精神追求，是中华民族生生不息、发展壮大的丰厚滋养。"传统文化所蕴含的许多精辟思想观念和经验方法，是中华民族赖以生存和发展的智慧结晶，也是中华儿女万众一心、攻坚克难的精神依托。古代志士仁人追求的那种"先天下之忧而忧，后天下之乐而乐"的政治抱负，"苟利国家生死以，岂因祸福避趋之"的报国情怀，"富贵不能淫，贫贱不能移，威武不能屈"的浩然正气，"鞠躬尽瘁，死而后已"的献身精神等，都是对后人具有明显"滋养"作用的"思想营养品"，是当代中国人需要传承弘扬的"精神之钙"。

4. 优秀传统文化为德治教育确立鲜明价值导向。中国古人讲格物致知、正心诚意、修身齐家治国平天下，涉及个人层面、社会层面和国家层面的价值要求。中华文明在长期发展过程中形成了自己独具特色的价值体系，如古人强调的"民惟邦本""敬德保民"；"仁者爱人""己所不欲，勿施于人"；"言必信，行必果""人而无信，不知其可也"；"老吾老以及人之老，幼吾幼以及人之幼"；"君子喻于义""君子坦荡荡"等，都是具有很强价值意义的思想理念，新时代的德治教育必须从中汲取其鲜明的价值导向。

（三）改革创新是德治教育的强劲动力

随着社会的发展与进步，新观念、新思维冲击着人们的头脑。面对信息多元化、文化多样化、科技国际化、经济全球化的影响，社会道德也面临着理想消沉、道德沦丧与困惑等考验，这些都是德治教育不得不面对的现实问题。突破德治教育困境，需要在遵循德治教育规律的基础上坚持德治教育理念与方式的创新，实现知识化、政治化德治教育与生活教育的有机整合；需要做好传统道德资源的传承，夯实核心价值观教育，建立健全社会制度伦理体系及监督执行体系，净化社会环境。

一是德治教育理念创新。道德与人们赖以生活的社会如此密切，以至于没有离开生活的道德，也没有离开道德的生活，历史流变的道德图景义无反顾地向我们证明了这个简单而永恒的道理。德治教育是基于生活的教育，道德是为了人们更加美好的生活。人的一切活动都是为了价值生活、意义生活，生活才是人的根本。德治教育回归生活，应努力做到德治教育目标立足生活、内容贴近生活、实践融入生活。要实现“政治本位”向“道德本位”的理念转变，突出以人为本的核心理念。创新德治教育理论与实践，必须深刻认识到道德教育是德治教育的根基，必须要全面实施人性化、主体性德育。

二是德治教育实践创新。要克服“条块”分割实施德治教育的弊端，把德治教育寓于教育活动和一切日常生活之中，要树立主体意识，建构多向互动的主体间对话平台机制，促进施教者与受教者、受教者之间的多向交往与沟通，要遵循道德认识—道德行为—德性逻辑，把价值引导、实践体验、感悟建构有机结合起来，以此突破教育困境，提高教育实效。

第四节　德治教育融入三大教育体系是德治融入法治的客观需求

一、把德治教育融入国民教育体系

培养什么人，如何培养人，历来是党和国家教育的根本问题。党的十八大以来，以习近平同志为核心的党中央，要求全面贯彻党的教育方针，坚持教育为社会主义现代化建设服务、为人民服务，把立德树人作为教育的根本任务，培养德智体美全面发展的社会主义建设者和接班人。

（一）从制度上确保德治教育成为国民教育体系重要内容

培养社会主义合格公民，是建设社会主义国家的基石。德治教育落实立德树人的根本任务，必须进一步明确教育重点、完善教育内容、各方共同参与，特别是针对青少年学生德治教育的实际，要进一步明确青少年学生德治教育的基本要求，制订学校德治教育工作规程，大力推进德治教育课程建设，努力在所有课程教学和有关学习活动中渗透德治教育的内容，优化教师队伍配置，整合课程活动资源，强化相应经费保障，建立健全考核督导环节，从制度建设上确保德治教育融入国民教育体系。

（二）遵循青少年成长规律特点提高德治教育实效性

青少年时期是人生成长的关键阶段，是世界观、人生观、价值观确立的重要时期。同时，青少年也存在着自控能力差、自保能力弱、可塑性强的特点。遵循青少年身心发展规律，中小学德治教育要坚持立德树人导向，创新教育教学方式，通过形式多样的教学和实践活动，促使学校德治教育同社会主义核心价值观教育、中华优秀传统文化教育、科学知识教育等相互融合，帮助和指导青少年在课堂学习和接触社会的过程中正确树立德治意识，增强德治的道德底蕴，培养内心拥护和真诚信仰社会主义道德的自觉性。

（三）营造学校教育、家庭教育、社会教育紧密结合的良好环境

青少年德治教育，需要调动各方面参与合作的积极性，要进一步密切学校与家庭、社会的联系，共同关注青少年成长的共有特点和个性差异，关怀青少年成长阶段的心理需要，关心青少年面对现实问题产生的困惑，及时予以正确辅导和引导。

二、把德治教育融入职业教育体系

职业道德是某一行业基于自身特点，在长期实践的基础上逐步形成的道德准则，是能够为全体行业成员所认同的价值取向、理想信念、心理特征和精神风貌。树立正确的价值取向、自觉遵守职业道德、养成良好的职业行为和习惯，是职业教育中德治教育的内在要求。

（一）职业观的形成离不开德治教育

职业观是根据社会的发展及自身的兴趣和需要而形成的对于职业目标、职业道德、职业评价、职业选择等方面比较稳定的基本看法和观点。职业观的形成与社会经济、政治、文化的发展息息相关，与德治教育的目的、任务、内容一脉相承。新时代社会主义职业观应积极弘扬民族精神与时代精神，使之成为社会主义核心价值观的鲜活载体。在当前中国特色社会主义进入新时代的背景下，强化以民族精神和时代精神等为主题的德治教育，使之成为社会主义职业观的重要内涵，显得尤为重要。

（二）培养高素质劳动者是德治教育的内在追求

敬业是社会主义核心价值观的基本要求，面对日趋激烈的国际竞

争，一个国家的发展能否抢占先机、赢得主动，越来越取决于国民素质，特别是广大劳动者的素质。我们应加强思想道德建设，培养高素质劳动者，深入开展中国特色社会主义理想信念教育，培育和践行社会主义核心价值观，弘扬中华优秀传统文化，树立为中华民族伟大复兴中国梦奋斗的自觉意识。实现中华民族伟大复兴是中华民族近代以来最伟大的梦想，然而宏伟目标的实现不是一蹴而就的，正如习近平总书记所言，“中华民族伟大复兴，绝不是轻轻松松、敲锣打鼓就能实现的。全党必须准备付出更为艰巨、更为艰苦的努力”。宏伟目标的实现是以众多子目标的实现为基础的，每一位劳动者就是这些子目标的实现者。社会主义职业观不仅与个人、集体的目标相关联，更重要的是为国家和民族的宏伟目标服务，完成时代赋予我们的光辉使命。当前，我国作为世界第二大经济体，在国际社会中扮演着越来越重要的角色。社会主义职业观教育不仅要把青年的理想目标与国家、民族的前途命运紧密结合起来，还要把青年学习、工作、生活中解决具体问题与对青年的中国特色社会主义理论教育结合起来，鼓励其在职业发展的道路上不断超越、勇攀高峰。

（三）德治教育为劳动者创造更多实践机会

习近平总书记在十九大报告中掷地有声地强调：“世界每时每刻都在发生变化，中国也每时每刻都在发生变化，我们必须在理论上跟上时代，不断认识规律，不断推进理论创新、实践创新、制度创新、文化创新以及其他各方面创新。”德治教育通过深入实施公民道德建设工程、推进职业道德建设，营造环境、搭建平台、畅通渠道、创新方式，不断为劳动者创造更多实践机会，使其增强使命感和责任感，立足本职、胸怀全局，把实现党和国家确立的发展目标变成自己的自觉行动。

三、把德治教育融入党政干部教育体系

（一）建立科学的党政干部德行考核机制

德行考核机制是判断党政领导干部是否具有良好政治道德、权力道德、社会道德等的最有效方式。因此，加强领导干部德治建设中必须重视考核机制的建立。要根据德治教育的具体内容和特点对现有的考核方法进行调整，在考核的范围上，实行分区分类考核，划定合适的考核范围；在考核方式方法上，采用测试与调查相结合的方式，提

高评价的全面性。

（二）加强党政干部德治教育的制度化建设

要建立德治教育考核奖惩监督机制，将德治纳入领导干部选任、升职考核指标中，突出德治的优先性与主导性，提高监督管理体制的公平性与公正性。要完善权力约束机制，建立行之有效的权力约束机制是加强领导干部道德建设、预防腐败的主要手段。将他律与自律结合起来，实现道德建设的自发性，使其发自内心地树立为人民服务的意识，自觉主动地约束自己的行为。

（三）建立持续长效的党政干部德治教育机制

领导干部德治素养的整体提升需要建立在持续长效的德治教育机制之上，在教育内容和教育形式的设计方面下功夫，在提高领导干部德治水平的同时，使他们对德治建设产生更多的认同感。在内容方面，德治教育需要紧跟党和国家的政策发展动向，以领导干部理想信念的培育为基础，深化对最新理论成果的解读，将传统美德与时代精神完美结合起来，促使领导干部坚定为人民服务的理想信念，带头保持良好的个人思想道德，并引导人民群众树立高尚的思想情操，使社会主义核心价值观在社会的示范作用更加全面地释放出来。在教育方法方面，要注重方式上的灵活性和吸引力，采取理论教育与实践相结合的方式，更多地增加实践体验的环节，从而增强教育的时效性、持久性。

第十七章
将德治融入法治宣传

法治宣传教育是以提升全民族法治素养为目的，由党委领导、政府实施、部门行业各负其责、社会各界广泛参与，向全体公民传播法律知识、弘扬法治精神的一项工作。从1986年，我们党决定在全体公民中开展普及法律知识宣传教育，此后，每五年出台一个全民普法规划，目前正在实施第七个五年全民普法规划。党的十八大以来，以习近平同志为核心的党中央对法治宣传教育工作高度重视。党的十八届四中全会强调："坚持把全民普法和守法作为依法治国的长期基础性工作，深入开展法治宣传教育，引导全民自觉守法、遇事找法、解决问题靠法。""七五"普法以来，经中央深改组审议通过，中办、国办印发了关于实行国家机关"谁执法谁普法"普法责任制的意见；国家工作人员学法用法、青少年法治教育、媒体公益普法等制度也相继出台，从顶层设计上有力推动了"七五"普法转型升级。各地各部门结合实际，开展了各具特色的普法工作。党的十九大报告在总结过去五年工作和历史性变革时指出："全社会法治观念明显增强"，这是对法治宣传教育社会效果的客观评价，也是对三十多年来尤其是党的十八大以来法治宣传教育工作的充分肯定。

法治和德治相结合，是党的十八大以来我国全面依法治国的重要特征之一，党的十九大报告将“坚持依法治国和以德治国相结合”作为坚持全面依法治国的重要任务加以强调。在新的历史条件下，必须深刻认识把德治融入法治宣传教育工作的重要性，认真总结推广“法德结合”“德法并举”的经验做法，优化法治宣传教育的机制、途径，推动法治和德治更加紧密结合，实现法治中国。

第一节　将德治融入法治宣传的重要意义

党的十九大报告明确要求：“加大全民普法力度，建设社会主义法治文化，树立宪法法律至上、法律面前人人平等的法治理念。”新时代全民普法要实现新的发展，就要把德治更好地融入法治宣传教育中，充分发挥法律的规范作用和道德的教化作用，以法治体现道德理念，以道德滋养法治精神，促进实现法律和道德相辅相成、法治和德治相得益彰，推动全民普法迈向新时代，实现新发展。

一、社会主要矛盾变化的必然要求

党的十九大坚持以人民为中心的发展思想，站在我国社会发展新的历史方位，根据我国经济社会发生深刻变化的客观实际，对我国社会主要矛盾重大变化予以揭示，作出新的表述。从社会生产方面看，“落后的社会生产”已经变化为“不平衡不充分的发展”；从社会需求方面看，“人民日益增长的物质文化需要”已经变化为“人民日益增长的美好生活需要”。我国社会主要矛盾的变化是关系全局的历史性变化，对包括全民普法在内的党和国家的各项工作提出了许多新的更高要求。新时代全民普法就要把德治有机融入法治宣传教育，推动道德和法律协同发力，大力满足人民群众日益增长的多层次、多领域、个性化、体现公平正义价值的公共法律服务的需求，大力满足人民群众日益增长的对民主、法治、公平、正义、安全、环境等方面的新要求，有力妥善处理、化解在解决我国社会主要矛盾过程中遇到的许多新情况、新问题，切实增强人民群众共享全面依法治国的获得感、幸福感、安全感。

二、深化依法治国实践的必由之路

党的十九大要求，“提高全民族法治素养和道德素质”。只有不断养成和提高全民族法治素养和道德素质，才能把法治基因融入民族血脉，才能实现法治和德治相辅相成的效果，造就具有法治素养的现代公民。提高全民族法治素养核心在于培育全社会法治信仰。新时代全民普法就是要把德治有机融入法治宣传教育，更加注重从宣传法律知识转变成同时弘扬社会主义法治精神，培育社会主义法治信仰，引导公民自觉尊法学法守法用法。尤其要牢固树立宪法法律至上的法治理念，任何组织和个人都必须尊重宪法法律权威，都必须在宪法法律范围内活动，做到在法治之下，而不是在法治之外，更不是在法治之上想问题、作决策、办事情；牢固树立法律面前人人平等的法治理念，任何组织或者个人都不得有超越宪法和法律的特权，都必须依照宪法法律平等地行使权力或权利，平等地履行职责或义务，一切违法行为都要依法受到追究。

三、培育和践行社会主义核心价值观的应有之义

社会主义核心价值观是民族精神和时代精神的高度凝练，是中国特色社会主义法治的价值内核，是坚持中国特色社会主义法治发展道路的基本遵循。推动社会主义核心价值观建设，必须以法治为保障；中国特色社会主义法治道路建设，必须把社会主义核心价值观贯穿始终。新时代全民普法就要把德治有机融入法治宣传教育，推动将社会主义核心价值观融入法治国家、法治政府、法治社会建设全过程，融入科学立法、严格执法、公正司法、全民守法各环节，推动把社会主义核心价值观的要求体现到宪法法律、行政法规、部门规章和公共政策中，以法治体现道德理念、强化法律对道德建设的促进作用，推动社会主义核心价值观更加深入人心。

四、坚定不移走中国特色社会主义法治道路的重要体现

改革开放以来，我们党深刻总结我国社会主义法治建设的成功经验和深刻教训，把依法治国确定为党领导人民治理国家的基本方略，把依法执政确定为党治国理政的基本方式，走出了一条中国特色社会

主义法治道路。这条道路的一个鲜明特点，就是坚持依法治国和以德治国相结合，强调法治和德治两手抓、两手都要硬。这既是历史经验的总结，也是对治国理政规律的深刻把握。我们知道，全世界没有完全相同的法治建设模式，不能定于一尊，不能生搬硬套。在我们这个人治传统深厚的国家，通过坚持依法治国和以德治国相结合，在短短几十年的时间里，取得了西方国家几百年才能取得的成绩，充分体现了我们党的组织力和动员力，彰显了中国特色社会主义的制度优势。新时代全民普法就要把德治有机融入法治宣传教育，发挥我们中国特色社会主义道路的独特优势，增强走中国特色社会主义法治道路的自觉性和坚定性，切实增强道路自信、理论自信、制度自信、文化自信，在全球依法治理体系改革和建设中，提供中国智慧和中国方案。

第二节　德治融入法治宣传重在实践

对照新时代的新要求，全民普法工作还存在一些问题和不足，其中包括法治理念、法治思维、法治习惯养成的法治宣传教育等方面的实效性问题，呈现亟待增强的现实需求。如何增强实效性，很重要的一点就是把德治融入法治宣传教育，既发挥法治的刚性约束作用，以法治的权威性与强制性来规范社会成员的行为，让道德有更可靠的制度支撑；又要发挥道德的教化作用，通过规劝和自律，为法治的实施提供更加牢固的社会基础，从而共同提升全民族法治素养和道德素质。各地在这方面开展了很多有益的探索，有很多可以借鉴的案例。其中，江苏省和山东省的做法，在全国有较强的代表性。我们不妨通过剖析两个经济大省将德治融入法治宣传教育的实践活动，来形象生动地认识德治融入法治宣传教育的可行性路径。

一、江苏：“法润江苏·德法同行”主题实践活动

江苏省以“法润江苏·德法同行”主题活动为引领，积极探索具有时代特征、地域特色的法德融合普法之路，以道德的柔性力量彰显法律的刚性规范，夯实法治生存发展的道德支撑，取得了阶段性成效。

（一）以道德滋养支撑法治宣传

立足于协调处理好国家推动的外来型法治与历史积淀的内发型礼

治两者间的关系，准确把握法治和德治的互补性、兼容性、一致性的辩证关系，开展工作。一是把弘扬道德情操作为法治宣传的当然内容。建设法治中国，实现国家治理能力和治理体系的现代化，不仅需要发挥法律法规等“国家硬法”的作用，也要发挥道德、习惯、风俗等“社会软法”的作用，法治宣传教育作为法治建设的基础性先导性工程，也不能执其一端、弃其一端，还需要法德并举、相辅相成。二是把弘扬道德情操作为法治宣传的当然依托。“中华优秀传统文化是我们最深厚的文化软实力，也是中国特色社会主义植根的文化沃土”，综合运用礼序家规、乡规民约等道德规范的教化作用，将法律融入人们的生活日常，强化法治宣传教育与本土社会的内在联系，更好地唤醒全社会法治自觉，根植全社会法治信仰。三是把弘扬道德情操作为法治宣传的当然目的。道德是促使人们自觉尊法学法守法用法的重要力量，是知、情、意、行的高度统一。运用道德的形式、手段、力量，不仅可以使抽象复杂枯燥的法治具体化、形象化、生活化，更可以丰富德治内涵，提升法治效果，推动法治信仰内化为全社会的道德自觉、外化为全社会的道德行为，实现法治的道德化。理念的创新深化，为深入开展“法润江苏·德法同行”主题活动注入了强大的精神动力。近年来，持续开展法润江苏“春风行动”“法治阳光”“法治惠民村村行”“美好生活·德法相伴”等“德法同行”系列活动，全面实施“法护人生”“法进家庭”“法润村居”三大行动，有效推动了法治文化与优秀传统文化、法治教育与道德教育、法治建设与精神文明创建、法治实践与社会公益服务的有机结合。

（二）以礼仪规范强化法治认同

我国历来是“礼仪之邦”，从生老病死到婚丧嫁娶都有相应的礼仪规范，把内在的法治品质与外在的礼仪形式有机统一起来，以具体外形促进规则意识的逐渐养成，可以达到事半功倍的效果。把青少年作为“德法同行”的起点和基础，抓住全省试点“四仪八礼”青少年文明素质养成教育的契机，征集评选“法治三字经”、校园法治歌曲，在开蒙、成长、青春、成人仪式中吟诵传唱，推广扬州、邳州“中华冠笄法治成人礼”标准流程，“成长与法同行，青春与德相伴”，让广大学生在人生关节点深刻感悟法律的真谛、道德的高尚。把领导干部和国家工作人员作为“德法同行”的关键和重点，广泛开展入职宣誓活动。目前，正在探索利用城乡社区道德法治讲堂为居民举办升学、就职、获奖、退休、祝寿等仪式，做到既意蕴丰富、庄重热烈，又形式新颖、健康文明，引导人们在道德感悟中强化法治观念、规范自身行为。

（三）以民间规则养育法治习惯

乡规民约是最具普及性、最有实效性，也最接地气的道德规范，是法治宣传不可忽视的重要载体。在“德法同行”活动中，组织律师、公证员、基层法律服务工作者和司法行政机关干部志愿服务，帮助8253个村（社区）发动村居民共商共议共决，将法治元素导入村规民约、市民公约，把法治要求融入道德准则，运用道德手段化解纠纷17万余件，解决垃圾分类、房屋租赁、环境保护、食品安全、养老服务等百姓关注关心的基层公共问题，让基层群众在遵从共同约定的过程中感受法治、接受法治。2017年4月，组织全省13个全国民主法治示范村（社区）发出《争创“崇德尚法”新型村（社区）倡议书》，传播“生活就是法律、法律就是生活”理念，推动基层法治、德治、自治建设共生共长，合力共建共享美好生活。为解决市场经济条件下企业经营管理人员学法用法抓手少、组织难的问题，推广如东县守法诚信企业指数，评选104家依法管理诚信经营先进企业和52名履行社会责任优秀企业家，第三方评估企业社保、税务、环保、安全等各个方面的守法情况，评估结果与银行信贷授信额度直接挂钩，以道德荣誉感和经济实惠激励全省企业积极履行法律义务。2017年，出台《江苏省企业社会责任评价基本指南》，制定实施《江苏省企业社会责任建设试点示范实施方案》，每年选择50家企业开展试点。

（四）以传统文化彰显法治追求

我国传统文化流淌在每一位中华儿女的血液之中，塑造着中华民族的独特气质，已经成为人们的共同记忆和身份标识。以传统文化为载体传播法治观念，能充分激发人们内心深处的文化基因，让法治获得更大范围的文化认同。一是深入挖掘传统文化法治资源。从首任司法部长史良等15位常州法学名家、苏州顾炎武、淮安韩信、徐州刘邦、南通张謇等地方历史人物的生平事迹、历史传说、格言警句等传统文化资源中提炼阐发法治精神，提升现代法治观念在民众中的吸引力、亲和力与感召力。二是大力运用传统文艺形式。创作推广昆曲、苏剧、锡剧、淮剧、扬剧，柳琴戏、淮海戏、泗洲戏等455部法治戏曲作品，232支专业法治文艺团队、3310支业余法治文艺演出团队，每年开展万余场次日常文化生活，把法治精神普及到大众百姓日常生活之中。三是积极依托传统民俗。打造金坛法治福孝文化、海安孝廉文化、丰县法治信义文化等112个“德法同行”示范平台，以地方传统民俗活动广泛吸引社会各界和群众参与，仁爱孝悌、修己慎独、谦和礼让、友亲睦邻、诚信重义、勤劳节俭等道德价值理念，成为法治观念的重要源泉。四是有机植入传统美德。遍布城乡的1.3万个法治文化公园、广场、长廊、体验馆融入“忠孝礼义信”等道德元素，“法润江苏网”联动百家普法网站、“两微一端”择优展播法治格言警句331条，法治故事178篇，法治微电影、戏曲331部，法治先进人物137人，法治农民画近2万幅，努力运用公民熟知的传统文化着力营造全社会立规矩、讲规矩、守规矩的人文环境。

（五）以家风培育涵养法治风尚

“家庭不只是人们身体的住处，更是人们心灵的归宿”。充分发挥家庭作为社会细胞和传统道德文化基本单元的重要作用，将法治教育贯穿融入家庭、家教、家风建设的全过程和各个方面，做到日常经常平常、落细落小落实，促进法治观念在家庭里生根，以家庭“小气候”温润社会“大气候”，是江苏“德法同行”的一贯坚持。在各级最美家庭、星级文明户、五好家庭、博爱家庭、书香家庭等各具特色的创建推选命名中，明确“爱国守法”的基本标准，使法治“好家风”成为看得见的荣誉，着力推动全省2000多万家庭成为法治建设的重要基点。以“法律进家庭、平安在万家”为目标，在全省开展了第三届“万家学法”读书竞赛活动，向全省免费发放各类普法知识读本近100万册，组织各级各类普法宣传活动2522场次，发放各类宣传资料和物品145万份，收到各类家庭撰写的法治读书征文1001篇、法治文艺节目脚本572个，吸引100多万家庭参与。征集法治家规家训家书169条（封），开展“最美家庭讲好法治家训”万场巡讲，熊为义、闫怀玲夫妻，潘恒球、顾昌明、王文彬等一大批“中国好人”“江苏好人”以“身边人讲身边事、身边人讲自己事”，把法治家训传递、熏陶到各个家庭，越来越多的家庭由法治建设的“旁观者”变成“参与者”，“法律进家庭”正成为江苏“法律六进”的新拓展、新延伸。在正面引导的同时，突出“孝”“睦”这两个法与德高度重合的领域，组织重阳节尊老敬老法律服务主题月专项行动，集中化解涉老矛盾纠纷3870件，办理涉老法律援助1600件；加大《反家暴法》实施力度，全省基层法院一年就发出“人身安全保护令”275件，占全国总数的1/3。这些举措让老人、妇女感受到法律的温暖，让失德违法者体会到法律的威慑，帮助社会公众强化了法律意识。

（六）以社会力量助推法治自觉

解决义务缺位、权利放纵，发挥社会组织亲民性、草根性、本土性优势养成公民的公共空间意识，是“德法同行”的重要落脚点。一是与省民政厅联合出台司法行政领域社会组织培育发展指导意见，探索形成以县（市、区）孵化中心为依托，以基础型、枢纽型、行业型、专业型为重点的社会组织培育发展模式，建成孵化中心82个，培育“农民专业合作社普法联盟”“法律服务社”等法治类社会组织3165个，吸纳社会资源、社会力量参与法治宣传，延伸工作触角、扩大服务网络，也激励帮助社会组织成员自我管理、自我教育、自我提高，养成规则意识。二是通过村民自主推选、小组上报、村两委考核的三级选拔机制，选拔出有德行、有声望、有才能的长者、贤人，依托村（社区）司法行政服务站成立5804个乡贤会，带头学法守法，志愿参与法治宣传、矛盾纠纷排查化解、特殊人群管理等公共事务，“新乡贤”已不仅是村民身边的道德模范，其亲缘、人缘、地缘优势更是把尊法学法守法用法的国家要求转变为基层群众的自我道德评判标准。三是普遍设立“法治道德银行”，吸引鼓励群众自愿加入，及时记录村（居）民日常学法用法、参与调解、从事公益活动等情况，年终给予物质和精神奖励，形成好人好报、善有善报的正向机制，推动群众关心参与公共事务、公共事业。四是搭建“百姓议事堂”，与不遵循契约和规则行事的村（居）民对话协商，“身边人议身边事、身边事教身边人”，以社会舆论的正确导向抑恶扬善，积小成为大成、化量变为质变，更大程度地促进群众进一步熟知、明晰权、责、利的界线，激发越来越多的法治正能量。2016年9月，突出倡导排队、不随地吐痰、不闯红灯、不乱扔乱倒垃圾、不乱停乱放车辆等公共文明行为养成，组织南京市花神庙社区等13个首批全国民主法治示范社区联合发出“美好城市　法律相伴　你我共创”倡议书，线上线下结合、省市县三级联动，全省各级各类法治类社会组织发动240万人积极响应。

二、山东：做好法德结合“四篇文章”的实践活动

山东省在德治融入法治宣传教育方面进行了有益的实践探索。山东省将德治融入法治宣传教育全过程，着力做好法德结合“四篇文章”，打造特色普法品牌。

（一）着力做好内容融合文章

始终坚持以德释法、以法明德，促进法德有机融合。坚持把法德结合融入党委政府工作大局，纳入科学发展综合考核，为工作开展提供强有力的保障。坚持把法治宣传教育纳入精神文明创建内容，深入推进“四德工程”（爱德、诚德、孝德、仁德），加强社会公德、职业道德、家庭美德、个人品德教育，组织开展星级文明户、道德模范、感动人物评选活动，不断提高公民道德素质。坚持法德同宣同讲，深化培育和践行社会主义核心价值观法治宣传教育主题实践活动，在“12·4”国家宪法日、“3·15”国际消费者权益保护日等重要节点，把社会主义核心价值观、中华传统美德等内容融入法治宣传教育，形成全社会宣讲法德知识、弘扬法德精神的浓厚氛围。坚持把道德教育融入法治创建全过程，列入法治创建重要考核指标，在全国较早开展基层民主协商试点。坚持把法德结合融入诚信山东建设，以“诚信守法企业”创建活动为抓手，打造了“好客山东”“食安山东”“厚道鲁商”等普法品牌，树立了诚信山东良好形象，为经济社会发展营造了良好的法治环境。

（二）着力做好形式创新文章

创新领导干部述法形式，推行领导班子和领导干部在述职述德述廉的同时进行述法，先后培育推广领导干部带头讲法、领导班子年度述法等经验，推动领导干部做崇德尚法的表率。创新群众学法形式，通过开设“法德大讲堂”、举办法德讲座、组织干部群众自导自演法德文艺节目等方式，将法德教育融入群众文化生活，成立普法讲师团600余个，普法志愿者队伍近1.3万支，专兼职法治文艺团体3090个，累计举办法治讲座一万余场，法治文艺演出46350场次，受众达230余万人次。创新联合普法形式，会同相关部门出台意见，建立以案释法制度，将法治宣传教育渗透到立法、司法、执法、守法全过程，使广大

干部群众通过身边事、身边人，感受公平正义，领悟法治精神，提升道德素养。

（三）着力做好阵地建设文章

深入挖掘齐鲁传统文化中的法治元素，促进法治文化与儒家文化、地域文化、民俗文化等相融合，大力实施法治文化阵地拓展、精品创作、品牌创建、活动惠民、媒体传播、理论创新“六大工程”，推动形成崇德向善、循法而为的良好社会氛围。将道德元素融入法治文化阵地建设之中，大力开展法治文化、法治宣传教育示范基地评选命名活动，全省累计建设法德文化公园 239 处，法德文化广场 566 处，法德文化长廊 5347 条，初步形成了覆盖城乡的法治文化阵地。利用各类媒体建设现代法德教育传媒阵地，建立全国首个省级普法微博群，全省开设法治栏目 979 个，建立普法网站 365 个，涌现出《天下故事》《有话好好说》等一大批普法品牌栏目。注重寓法治宣传于法律服务之中，推进法律顾问全覆盖、律师社区工作室、律师会客厅等工作，打通服务基层群众“最后一公里”。

（四）着力做好品牌引领文章

精心打造了一大批法德结合品牌，推动法德一体化建设深入开展。烟台市在法治宣传教育实践中，创新建立了以“讲、评、建”为主要做法的“法德共进”普法新模式，通过“以法立德、以德润法、法德结合、互促共进”，在全社会形成“重法厚德、法德并举”的浓厚氛围，实现了法治意识和道德修养的双提升。日照市结合实际，全面推进“法德一体”工程，重点抓好法德“四共、五建、六进”，即抓好法德共融、共建、共治、共评，促进法德一体全面结合；抓好建“法德讲堂”、建“法德主题文化阵地”、建“法德共促会”、建“法德一体”宣传品牌、建“法德一体”媒体平台，打造法德一体有效载体；抓好法德进机关、进乡村、进社区、进学校、进企业、进单位，推动法德一体全面铺开。济宁市创建了“和为贵调解室”“乡村儒学讲堂”等法德结合品牌。监狱系统广泛开展了“学儒育新”“学儒强警”活动，戒毒系统大力实施“国学·齐鲁文化入心”工程，等等。全省法德结合品牌建设呈现出百花齐放的生动局面。

三、江苏和山东两省实践摸索得出有益的启示

通过剖析江苏省和山东省把德治融入法治宣传教育的实践活动，

提取两者的公因式、合并两者的同类项，得出如下五点启示：

第一，发挥领导干部在依法治国和以德治国中的关键少数作用。坚持把领导干部带头学法、模范守法作为全面依法治国的关键，推动领导干部学法经常化、制度化，做到以德修身、以德立威、以德服众，在道德上始终以高标准要求自己，努力成为全社会的道德楷模，带头践行社会主义核心价值观。

第二，抓住青少年这个重点对象。法治教育和德治教育，都要从娃娃抓起。这不能停留在口号上，而是要推动法治和德治进学校、进课堂、进课外活动，特别是要发挥考试这个指挥棒的作用，在期末考试、升学考试等重要考试中，加入法治和德治的分值，分值不在多，只要有分值，就能够起到鲜明的导向作用。可以说，抓好了青少年法治和德治，就抓住了法治宣传教育的根本和百年大计。

第三，充分运用文化潜移默化的力量。抓具体的活动、抓制度的建设，固然有必要，但是抓文化建设具有更宽广、更深层的作用。要大力推动法治文化建设，用法治文化和德治文化的力量熏陶人、感染人。这就需要加强法治文化和德治文化阵地建设，充分利用法德讲堂等阵地开展群众性文化活动；调动广大文艺工作者的积极性，创作法治和德治文化精品；推动法治文化、德治文化与传统文化、地方行业文化、校园文化等的融合，实现共同繁荣。

第四，坚持法治宣传教育与法治、德治实践相结合。行胜于言。法治宣传教育不能停留在说教上，更要落实到行动中，需要推动开展多层次多形式的法治创建、丰富多彩的法治实践、各种各样的弘扬美德活动。通过法治宣传教育，为开展法治、德治实践营造浓厚氛围，通过法治、德治实践，为法治宣传教育提供更多更鲜活的案例和素材，增强了教育的说服力。

第五，要充分发挥全社会的力量。以落实好“谁执法谁普法”“谁服务谁普法”的普法责任制，来撬动整个社会开展普法的大格局。不仅仅是执法、司法和法律服务部门要守土有责，开展好宪法、跟职责相关的法律法规的学习宣传，引导全社会树立法治意识，使人们发自内心信仰和崇敬宪法法律，社会组织也要充分发挥作用，开展好法律和道德的宣传，弘扬中华传统美德，培育社会公德、职业道德、家庭美德、个人品德，引导广大人民群众自觉践行社会主义核心价值观，树立良好道德风尚，争做社会主义道德的示范者、良好风尚的维护者。

第三节　德治融入法治宣传的重要举措

党的十九大为新时代全民普法指明了方向，提供了基本遵循。把德治融入法治宣传教育，就要深入学习宣传贯彻习近平新时代中国特色社会主义思想，深入学习贯彻党的十九大和十九届二中、三中全会精神，全面贯彻落实党中央、国务院转发的“七五”普法规划和全国人大常委会决议，把全民普法作为全面依法治国的长期基础性工作，坚持以人民为中心的普法思想，突出学习宣传宪法，深入学习宣传中国特色社会主义法律体系，以领导干部和青少年为重点对象，加大全民普法力度，加强社会主义法治文化建设，努力开创普法依法治理工作新局面，为推动提升全民族法治素养和道德素质做出新贡献。

一、以加强社会主义法治文化建设为抓手，推动把德治融入法治宣传教育

十九大报告提出“建设社会主义法治文化”，这标志着我们党对法治的理解与追求又跃上了一个新的层面，标志着中国特色社会主义民主法治建设将走入一个新时代。法治文化是一个社会的法律制度及其实践所具有的深层文化内涵，一个国家或民族在长期积淀中形成的，对法治建设具有不可替代的精神支撑作用。社会主义法治文化是中国特色社会主义文化的重要组成部分。随着全面依法治国的深入推进，社会主义法治文化建设作为法治中国的重要组成部分，已经成为建设社会主义法治国家的重要方面。党的十八大以来，各地在推进社会主义法治文化建设进行了有益的探索，广泛开展了社会主义法治文化阵地建设、法治文化产品创造推广、法治文化活动等，对于弘扬社会主义法治精神、弘扬社会主义核心价值观，起到了重要推动作用，下一步，要重点在这些方面发力。

（一）坚持社会主义法治文化建设的正确方向

马克思主义是指导党和人民事业的理论基础，是指引法治文化建设正确方向的根本指针。坚持马克思主义为指导，不是抽象的而是具体的，不能仅仅把它当作口号，而是要坚守中华文化立场，立足当代

中国现实，结合当今时代条件，把马克思主义具体地贯穿到中华优秀传统法治文化的传承弘扬中，贯穿到对革命和建设时期法治文化的继承发展中，贯彻到对世界优秀法治文化成果的借鉴吸收中，坚持创造性转化、创新性发展。

（二）转变工作理念和方式，发挥法治文化的价值引领和精神熏陶作用

法治文化虽然看不见摸不着，但是它浸润于人们的言行举止之中，弥漫于社会的方方面面。过去，我们一般比较重视法律制度建设，相对忽略法治文化建设，这就造成了法治文化的发展变化不能适应法律制度和法治实践的发展变化，使法律制度和法治实践在一定程度上不能得到法治文化的回应和支持，甚至受到落后的文化观念和习惯的抵制和反对。在新的历史条件下，全民普法不能停留在敲锣打鼓、热热闹闹上，更需要润物无声、立心铸魂，用法治文化的力量滋养民主法治精神。

（三）大力推进社会主义法治文化建设

要将法治文化建设分解为具体项目，进行科学立项，加强可行性论证，积极推进社会主义法治文化阵地建设，把法治文化元素融入博物馆、图书馆、展览馆、文化馆、文化站、社区文化中心、社区（农村）书屋等公共文化服务设施体系；要加强社会主义法治文化产品创作，充分调动和利用各方面力量，以弘扬社会主义法治精神为目标，推进各种形式、各个门类法治文艺作品创作，努力推出一批集思想性、艺术性和观赏性为一体，群众喜闻乐见的法治文化精品；要广泛开展社会主义法治文化活动，充分利用“12·4”国家宪法日等平台，广泛开展法治文艺会演、法律知识竞赛、法律演讲、法制书画展等活动，引导、鼓励和支持社会各类组织创造性开展各类群众性法治文化活动，努力提高法治文化活动的覆盖面和影响力；要加大社会主义法治文化传播力度，充分利用各种大众媒体，广泛建立社会主义法治文化传播平台，发挥广播、电视、报刊等大众传播媒体和新媒体的优势，大力开展公益性的社会主义法治文化宣传活动，形成一批有特色、有影响的法治文化宣传品牌栏目，增强社会主义法治文化传播的权威性、影响力。比如，为贯彻落实习近平总书记在中国政法大学座谈会上重要讲话精神，大力弘扬中华法文化，司法部、全国普法办2017年组织中

国政法大学终身教授张晋藩等知名专家，录制了100期“名家谈——中华法文化”视频节目，在中国普法两微一端上播出，其专业化的视角、系统化的解读，让人们感受到了中华法文化的独特魅力。要充分用好文化传播的手段，创新对外法治宣传的平台和渠道，努力讲好中国法治故事，树立中国法治形象。加强法治文化理论研究，开展专题调研，举办高层论坛等，推动法治文化建设制度化、规范化。

二、以落实“谁执法谁普法”“谁服务谁普法”的普法责任制为依托，推动把德治融入法治宣传教育

2017年2月，中央全面深化改革领导小组第三十二次会议审议通过了《关于实行国家机关“谁执法谁普法”普法责任制的意见》；5月，中共中央办公厅、国务院办公厅正式印发了这一《意见》；9月，国务院办公厅印发了《国务院办公厅关于同意建立落实普法责任制部际联席会议制度的函》，同意由司法部牵头，成立部际联席会议制度；10月，司法部组织召开了落实普法责任制部际联席会议第一次全体会议，联席会议召集人张军部长主持会议并讲话。实行普法责任制的意见是全民普法30多年来，除五年普法规划以外，中央专门印发的第一个普法文件，普法责任制联席会议也是中央第一次批准成立的负责全民普法的协调机构，充分体现了党中央对实行谁执法谁普法的高度重视。

实行“谁执法谁普法”普法责任制，是深入贯彻习近平总书记系列重要讲话精神和党中央关于全面依法治国决策部署的重要举措，是新时代全民普法的重要顶层设计，是适应时代要求做出的“七五”普法的重大制度创新。普法责任制明确了普法的责任主体，国家机关既是国家法律的制定和执行主体，同时也肩负着普法的重要职责，强调国家机关不仅是司法执法的主体，同时也是普法的主体；转变了普法的理念和方式，将执法与普法紧密联系在一起，把普法融入执法的全过程、各环节，执法的过程就是普法的过程，使普法方式由静态普法变成动态普法，由宣传纸上的法变成宣传现实中的法，让人民群众在每一起司法案件中感受公平正义，在每一次法治实践中感受法治精神；拓展了普法的格局，每一个具有执法权的国家机关都是普法的主体，同时，没有执法权但承担管理和服务职能的部门行业也担负着普法的

职责，“谁主管谁普法”“谁服务谁普法”成为“谁执法谁普法”的实践要求和逻辑延伸，普法工作由过去的“小马拉大车”变成“群马拉大车”，从而形成齐抓共管的“大普法”格局；提升了执法的效果，倒逼执法者去提高法治素养，提高执法的公开透明度，进一步依法严格规范公正文明执法，实现执法的政治效果、法律效果和社会效果的有机统一。新时代全民普法要有新作为、实现新发展，就要牢牢抓住普法责任制这个“牛鼻子”，以问题为导向，推动国家机关“谁执法谁普法”普法责任制落到实处。

（一）推动各地区各部门制定普法责任制的实施意见

中共中央办公厅、国务院办公厅实行“谁执法谁普法”责任制意见印发以来，截至2018年1月，已有19个省（区、市）制定出台了实施意见。经普法责任制联席会议第一次全体会议讨论通过，全国普法办将对各地各部门尽快制定实施意见提出要求，明确各地各部门贯彻落实普法责任制的具体任务和措施。各地区各部门要把制定普法责任制实施意见，作为推进普法责任制落实、加大普法力度的强有力措施，尽快制定出台本地区、本部门的实施意见是今后普法的重要保障。

（二）建立普法责任清单制度

中办、国办印发的普法责任制意见明确提出：“制定本部门普法规划、年度普法计划和普法责任清单，明确普法任务和工作要求。”普法责任清单是实行“谁执法谁普法”的重要步骤和措施，普法责任清单是实行“谁执法谁普法”的必然要求和配套措施，可以为落实普法责任提供基本遵循，使各部门的普法责任一目了然，任务更加具体化、更具有可操作性。在实行普法责任清单方面，许多地方和部门已经进行了有益的探索，江苏、湖南、重庆、浙江、新疆、江西、河南等地方，以及质检总局等一些部门，都已实行了普法责任清单制度，取得的效果也非常明显。中央国家机关目前正在推动实行普法清单制度，清单内容是：明确本部门、本系统需要宣传的法律法规规章目录和重大举措，并向社会公开，主动接受监督。推动各部门根据普法清单，结合本系统年度法治建设总体部署，制订年度普法计划，实行年度工作报告制度，明确责任单位和完成时限，并认真组织落实。

（三）开展以案释法工作

以案释法是实践证明了的最生动、最有效，也是最受人民群众欢迎的普法方式之一。以案释法，顾名思义，就是利用具体的案件来解释法律，具体包括在案件受理的过程中向当事人及相关人员解释法律、案件审理时向相关人员解释法律、利用说理性执法文书释法、利用执法司法文书公开进行释法、编辑典型案例进行释法，等等。各地各部门在开展以案释法方面积累了不少好做法好经验。比如，最高人民法院开办庭审直播网，凡是能在网上直播的案件庭审都在网上直播；加强了巡回审判，使庭审走进了工厂、企业、学校、社区；推进裁判文书公开上网和统一查询。最高人民检察院制定实行检察官以案释法制度的规定，推广说理式执法，结合案情进行充分释法说理，把普法融入案件受理、调查取证、案件审理、告知听证、处罚决定和处罚执行等活动全过程。实践证明，这些做法也取得了很好的效果。如江苏省质量技术监督局自2006年起推行说理式行政处罚文书，要求全程说理执法，严格做到“说明事理、说通情理、说透法理”。根据江苏省高级人民法院统计，推行说理式执法后，全省质监系统因行政处罚引发的行政争议大幅下降，行政复议撤销、变更率更是由9.9%下降为零，大大提高了执法的公信力。此外，许多地方定期组织机关干部旁听庭审，严格落实行政负责人出庭应诉的法律规定，进行现实版的以案说法，都取得了好的社会效果。开展以案释法，通过在执法办案的过程中宣传法律，通过典型案例进行收集、整理、分析、解读，既可以为执法司法人员提供参考，也可以让群众对执法和司法形成合理预期，使人民群众真正理解何为公平正义，才能从每个案件中感受到公平正义。在说理过程中不仅要讲法治，也要将道德准则作为以案释法的重要内容，从而使案件当事人、诉讼参入人、旁听群众，既增强法治意识，也弘扬道德精神，使德治融入法治宣传教育尽善尽美。2017年12月14日，司法部、全国普法办会同最高人民法院组织落实普法责任制部际联席会议成员，在北京市第四中级人民法院旁听了一场行政案件的庭审，并在旁听后以落实“谁执法谁普法”责任制、推动领导干部尊法学法守法用法为主题现场召开座谈会。座谈会由司法部部长、全国普法办主任、落实普法责任制部际联席会议召集人张军主持，十六家成员单位的负责人和司、处级干部共一百余人参加了活动。组织参加旁听案件庭审，是一种生动直观的法治宣传教育，对于领导干部来说，也是一种很好的调研形式。领导干部参加旁听庭审能够更好地发挥示范作用，带动全国更多的执法机关、执法权力行使者尊法学法守法用法。

（四）充分发挥联席会议的作用

建立普法责任制部际联席会议制度，是推动全民普法深入开展的一项重要制度安排，也是新时代推进普法的一项新举措，目的是加强对“谁执法谁普法”普法责任制落实的组织领导、强化统筹协调和协作配合，推动国家机关在执法过程中注重并切实做好普法工作。根据国办批复，联席会议主要职责是：在党中央国务院领导下，统筹推进《意见》的贯彻落实，组织、协调、指导、督促各地区各有关部门落实“谁执法谁普法”普法责任制，督促落实普法责任清单和年度工作计划，研究解决工作中的重大问题。联席会议原则上每年召开一次全体会议，根据工作需要，可临时召开全体会议或部分成员单位会议。普法责任制联席会议制度的建立，有利于进一步加强对普法工作组织领导，形成普法的合力，扩大普法的影响。下一步，将建立健全联席会议的工作推进机制，联合全国人大常委会有关立法部门、最高人民法院等司法机关，建立把普法融入立法、司法全过程的机制，推动普法融入法治建设的各个环节；将进一步加强工作的总结交流、宣传推广典型经验，建立全国“谁执法谁普法”示范点，发挥以点带面的示范作用；建好信息化平台，落实“谁执法谁普法”，需要充分运用信息化手段，建立互联互通平台，形成共建共享机制；开发应用覆盖中央国家机关和各地的普法网络联盟和应用软件，将普法优质产品、资源和信息统一上网，为公众提供网上法律服务，实现普法工作在网上实时更新，做到可视化、可量化、可考核、可评估，使全国普法工作形成有机整体，产生集约效应。

第四节　创新法治宣传形式，增强德治融入法治宣传的实效

习近平总书记强调，法治宣传教育要“创新宣传形式，注重宣传实效”。目前，司法部、全国普法办正在以“一制四化”，即落实“谁执法谁普法”普法责任制，推动普法依法治理工作目标精准化、工作举措项目化、工作考核体系化、工作指导专业化为主线，努力增强法

治宣传教育实效。

一、推进工作目标精准化

新时代随着全社会法治意识的增强，人们的法律需求更加多样化、精细化，要求普法更加精准高效。目标精准化，就是要在普法依法治理工作中进一步做到科学、精准、高效，推动工作由“大水漫灌”向“精准滴灌”转变。实现普法依法治理精准化要着重从以下三个方面发力。

（一）以需求定主题

着眼需求，是实现普法依法治理精准化的基本前提。要科学梳理。聚焦党和国家工作大局，聚焦人民群众所思所盼来科学梳理需求，把真正符合法治宣传教育工作目标的有效需求作为谋划工作的依据，做到定位精准。要因地制宜。综合考虑不同地方的经济社会、人文历史、文化民俗、地理环境等因素，有效对接不同地域的需求，宣传形式和内容都要与地区资源禀赋相匹配，要注重借鉴典型示范地区的先进经验。要因人制宜。根据不同普法受众的年龄阶段、知识结构、思维方式、社会身份等，运用受众喜闻乐见的宣传方式，满足不同普法对象的需求，特别要把领导干部和青少年作为普法重点对象，准确把握两个重点群体的共性与个性，以重点对象带动全民普法。如 2017 年司法部委托法律出版社组织专家编写了《中小学生法治教育读本》，已经发放各学校，很受广大师生欢迎，产生了很好的法治宣传教育效果。要因时制宜。密切关注即时需求，紧密结合社会热议的公共话题、焦点新闻、热点事件、热点案件和法治事件，增强普法的生活化和时代感，用身边人说身边的事，用身边的事教育身边的人，用法治精神来解读百姓身边事、热点事，增强普法的熟悉感和亲切度。比如，司法部、全国普法办利用民法总则出台的有利时机，开办了民法总则网上系列谈，向网民发出了“征集令”，征集“关于民法总则你有什么想问的”，从中整理分析出网民最关心、最需要的民法问题，请专家针对问题进行讲解。网民踊跃参与，仅发出当天，阅读量就达 2.9 万多人次，收到问题 46 条，这样的民法总则法治宣传，就能供所求、答所问。

（二）以问题为导向

着眼问题，是实现普法依法治理精准化的关键所在。一要目标合理。立足于我国仍处于社会主义初级阶段这个基本国情，立足于法治宣传教育的长期性特征，结合自身实际确定合理的工作目标，不求大而全、小而全，要充分发挥我们集中力量办大事的制度优势，集中优势兵力打攻坚战，分阶段分领域重点突破，积小胜为大胜，积跬步至千里。二要做优产品。始终牢记司法行政机关在法治宣传教育工作中的主体责任，注重提高自身普法产品质量，从内容到形式都要注重运用好新闻学、传播学、教育学、心理学等领域的基本规律，多出佳作，多出精品，小切口、大文章，通过小而精、短而精的优秀普法产品吸引社会的精准关注。三要借船出海。当前，社会各领域都有一些社会关注度很高的主题活动、文化形式和文娱节目等，其社会影响十分广泛，受众群体相对固定，传播渠道比较成熟。我们要注意筛选，加强合作，借题发力，为其量身定制普法产品或嵌入普法基因，使普法信息借助更广泛的社会渠道精准投递。要引导供给。当前，社会上有大量普法资源，比如微信、微博、百度、知乎等互联网平台上就有海量的法律信息，一些公益团体、民间机构、社会组织和法律服务机构也自发形成了一些带有普法性质的产品。但这些普法资源和产品往往各自为战、杂乱无序，资源有待整合、质量有待提高。要推动普法产品供给侧改革，通过利益牵引、政策引导、机制保障等因势利导，有效引导和利用好这些资源，让社会力量的投入更加聚焦到设定的工作目标上来，形成精准合力。四要德法相融。运用中华传统文化、传统美德的民族文化优势，在普法全过程，始终把全民诚信培育、道德情操引领，融入普法活动，从而做到弘扬道德和坚守法治密切融合，相互推进，相得益彰。

（三）以创新求效用

坚持改革创新，是实现普法依法治理工作精准化的必由之路。要主动适应以自媒体、融媒体为代表的新闻宣传新格局和以大数据、人工智能为代表的信息技术新发展，推动法治宣传教育从人海战术向科技战术、从传统模式向互联网模式转型，充分发挥现代传媒传递快、覆盖广、渗透强的优势，提高运用“两微一端”等新媒体新技术开展普法的能力和水平，深化“互联网＋法治宣传”行动，加强普法网站和普法网络集群建设。党的十八大以来，在新媒体普法平台建设方面，司法部、全国普法办以中国普法“两微一端”为龙头，建立了全国普法新媒体矩阵，入住了“今日头条”等九个客户端，聚集了全国近六千个普法微信公众号，成为普法专业化平台建设的重要力量。“中国普法”官方微博粉丝数360多万，“中国普法”微信公众号订阅用户120多万，在政法类微信公众号排行榜中，综合影响力稳居榜首。以新媒体平台为依托，组织开展的法治动漫微电影征集展播活动已经连续进行了14届，影响越来越大。2017年组织开展的“我与宪法”优秀微视频作品征集展播活动，征集作品达1.2万件，充分体现了社会公众对宪法的高度关注和极大热情，是一场生动的法治宣传活动。要积极适应普法对象从“单位人”向“社会人”的转变，推动法治宣传教育从单向灌输向双向互动、从显性教育向潜移默化转型，充分尊重普法受众的主体地位，强化运用互动方式，促进普法受众自我普法、自我教育。比如，前一段国家民委、司法部、共青团中央共同举办了“喜迎十九大，共筑中国梦”民族法律知识网上有奖竞答活动，在为期十天的时间里，共有189万余人参加，覆盖范围、社会影响均超过以往民族工作领域相关普法竞答活动。又如，青少年法治教育，全国目前已有三万多个青少年法治教育基地，这些基地为青少年法治教育提供了很多互动环节、体验环节，比如提供模拟驾驶、地震环境、消防体验等让青少年通过切实感受来体验遵守规则的重要性，比课堂说教效果更佳。

二、推进工作举措项目化

全民普法既是一项事关全局、事关长远的战略性工作，又是一项事关具体、事关现实的实践性工作。因此，法治宣传教育既要着眼长远，又要具体务实。工作举措项目化，就是在普法依法治理各项重大举措、重要活动的推进过程中，实行项目化管理，使工作任务更清晰、责任更明确、操作更规范、过程更可控、评估更量化。推进工作举措项目化，重点要考虑以下方面。

（一）围绕党和国家工作大局开展主题活动

围绕中心服务大局，是普法依法治理工作的优势所在，也是重要经验。党的十八大以来，法治宣传教育始终坚持围绕党和国家重大部署、重要活动开展工作，组织开展迎接党的十九大召开、G20峰会、金砖峰会等主题法治宣传，有力服务了党和国家的工作大局。围绕经济社会发展目标和国家重大发展战略，组织开展服务经济发展新常态、

“一带一路”建设、“大众创业、万众创新”等主题法治宣传。围绕贯彻落实中央“八项规定”“两学一做”学习教育常态化制度化等，加强反腐倡廉法律法规和党纪党规学习宣传。2017 年，司法部、全国普法办为加强党内法规学习宣传，联合中组部、中宣部先后联合印发了《关于开展尊法学法守法用法主题法治宣传实践活动的通知》《关于加强党内法规学习宣传的通知》，在全社会部署开展集中学习活动，努力营造全社会尊法学法守法用法的浓厚氛围，教育引导广大党员尊崇党章，以党章为根本遵循，自觉遵守党内法规。2018 年 3 月，十三届全国人大一次会议表决通过宪法修正案。按照中央关于宪法学习宣传教育的精神，领导重视，行动迅速，开展了动员部署。会同全国人大常委会办公厅等部门联合召开“深入学习宣传和贯彻实施宪法座谈会”。会同中宣部、中组部、全国人大常委会办公厅、教育部印发了《关于组织开展宪法学习宣传教育活动的通知》，在全党全社会广泛开展“尊崇宪法、学习宪法、遵守宪法、维护宪法、运用宪法”宪法学习宣传教育活动。全国普法办召开了“深入组织开展宪法学习宣传教育活动”电视电话会议，对宪法学习宣传教育作出安排部署。2018 年 5 月，为加强宪法学习宣传教育，司法部、全国普法办会同中央宣传部、中央和国家机关工委、全国人大常委会办公厅、教育部，在北京联合举办了三场宪法学习宣传报告会，分别就“我国宪法修改的重点内容及其重大历史意义”“中国宪法制度的若干问题”和“习近平总书记关于宪法的重要论述和我国宪法的修改”作了报告，在京党政机关干部和首都高校师生共约 2300 人参加了报告会。中央电视台新闻联播作了报道，人民日报刊发了消息稿和报告摘编，有力发挥中央和国家机关在宪法学习宣传教育中的“头雁”作用。一些地方也围绕党和国家重大战略开展法治宣传活动，如北京、天津、河北围绕京津冀一体化建设、雄安新区建设等，建立京津冀法治宣传联盟，实行普法工作同步联动。福建省厦门市结合金砖峰会专门印发五万册法治读本，免费向社会发放等，都取得了很好的效果。加大全民普法的力度，就要继续坚持围绕党和国家大局开展法治宣传教育，努力探索全民普法服务党和国家工作大局的新路径、新举措，更加及时有效地服务协调推进“五位一体”总体布局和“四个全面”战略布局，为新时代确定的各项新目标营造良好法治环境。

（二）服务各地区各部门中心工作

工作举措项目化，对于各地各部门普法工作来说，就是要紧紧围绕本地本部门中心工作，发挥护航保驾的作用。多年来，各地区各部门在围绕本地本部门中心工作开展普法方面，积累了丰富的经验。比如，浙江省结合党委政府开展的“五水共治”，在全省启动“五水共治法治同行”主题宣传活动，组织开展法律知识竞赛，编写《“五水共治”法律法规读本》，制作法律知识宣传手册、法治宣传挂图、系列普法公益宣传片等，为“五水共治”的顺利进行营造了良好的法治环境，更是迎来了全省自然环境的美化和文明旅游的发展。江西省围绕鄱阳湖环境治理，组织开展了“一湖清水，法治护卫”主题法治宣传，为加强环境保护营造了良好的法治氛围。新疆、西藏等地围绕反暴恐、反分裂，组织开展维护国家安全和民族团结主题法治宣传，得到了群众的热情拥护，产生了良好的效果。国土资源部、环境保护部、质检总局等部门围绕土地资源保护、环境保护、保障和改善民生、食品安全等方面法律法规的学习宣传，有力推动了部门行业依法行政。围绕各地各部门中心工作开展法治宣传，是法治宣传发挥在全面依法治国中长期基础性作用的重要内容，要指导各地各部门持之以恒地坚持下去，这是法治宣传教育始终充满活力的根本保证。

（三）围绕热点问题开展专项宣传

社会热点难点问题，群众关注度高，围绕这些问题的处理过程开展普法，不仅有利于引导人们深刻理解相关法律规定，依法解决矛盾和问题，也有利于增强执法司法的公信力。什么是社会热点？社会热点就是一段时间群众关注的焦点、容易产生矛盾纠纷的难点。热点案件往往与道德理念介入案件审理有密切关联。从最高人民法院的统计数据看，2016 年全国各级法院共受理行政诉讼 33 万余件，其中涉及劳动和社会保障、征收、房屋登记、土地、林业、治安、户籍管理等领域的案件就超过了十万件，这些就是普法工作应该结合的热点，抓住这些热点普法，就能有效推动运用法治方式化解矛盾、维护稳定。从近年来中国普法微信公众号推送的普法内容看，涉及以上内容的，网友的阅读量、转发量、点赞数都大大高于其他内容。正是从这一现象出发，中国普法微信公众号把这方面的法律法规、典型案例宣传作为重点，很好地适应了群众的需求。利用热点问题开展专项普法是提高普法实效的有效途径，要找准热点、把握节点，科学设定好普法项目。一些突发的事件，也容易成为社会的热点，利用这些事件开展普法，也是提高普法效果的有效途径。比如，2017 年山东聊城发生的“于欢案”，瞬间成为社会热点，基于这种情况，各部门密切配合，及时找准热点产生的原因，把热点案事件处理的过程变成向全民普法的公开课，变成弘扬道德精神的良好载体。“于欢案”二审时网上庭审直播点击量达两千多万次，由于法治宣传及时，很快便平息了舆情，产生了良好的普法效果。相反，在这些突发事件成为热点后，如果法治宣传引导不到位，德治引领不到位，就会产生无法弥补的严重后果。2006 年发生在江苏南京的“彭宇案”，虽是一个普通的民事案件，但影响却十分深远，对于人们道德观念的冲击，已远远超出了案件本身。从此案判决看，法院判决并没有瑕疵，但由于相关情节及法律依据没有及时向公众说明，特别是道德理念没有及时引导，最后演变成了德与法的冲突，“扶不扶”至今依然是热门话题，对人们的道德观念产生了深刻的负面影响。此外，一些地方结合法律法规颁布实施纪念日等时间节点、结合电视热播影视剧的情节设定项目，进行普法，也起到借力施宣、事半功倍的效果。结合热点开展普法，是普法的重要载体，要充分利用好这一载体，及时组织执法司法人员和专家学者向社会公众进行权威的法律解读，阐释法律规定，弘扬法治精神，正确引导舆论，让对热点难点问题的依法处理成为面向社会公众的法治公开课。

三、推进工作考核体系化

科学的考核评估是提高普法依法治理工作实效的有效手段。考核体系化，就是要设定科学全面的评估标准和量化指标，制定公开公平的评估办法和运行程序，加强考核结果的运用，推动把普法依法治理考核纳入综合绩效考核、综治考核和文明创建考核内容，增强考核激励作用和刚性约束。因此，重点要抓好以下三方面工作。

（一）加强日常考核

解决普法工作“讲起来重要，忙起来次要”的现象，关键就是要抓住日常考核，使普法工作融入日常工作，将日常的普法责任层层传导，各个压实。把考核日常化，做到既定量考核，又定性考核；既考察手段，又考核效果，是推动普法工作取得实效的有效手段。目前，已经有部分省（区、市）开展了普法依法治理工作的日常考核，有的还把普法考核纳入党政绩效考核等内容。如安徽省已经把法治宣传教育工作纳入政府目标管理考核、纳入省直机关效能建设考核、纳入地方党政领导班子和领导干部经济社会发展政绩考核、纳入精神文明建设考核，并以这“四个纳入”考核机制为有效抓手，不断提升法治宣传教育工作考核力度、广度和深度，产生了良好的效果。目前，全国普法办正在研究制定普法依法治理日常考核评估体系，并将通过中国普法网建立网上考核平台，已把上海市作为试点，正在摸索规律，尽快推出全国性的考核指标，为法治宣传教育工作提供制度性约束。

（二）加强阶段性考核

在抓好日常考核的基础上，按照“七五”普法规划要求，还要抓好普法的年度考核、普法中期督查和总结验收。年度考核将通过对日常考核的汇总以及各地各部门年终报表、工作总结，对各单位年度工作进行评估，并通过网络向社会公布。中期督查和总结验收，全国普法办将通过制定印发方案、考核标准，明确重点、步骤、方法、时限等，指导各地各部门开展自查，形成自查报告；在自查基础上，全国普法办组织开展抽查，形成中期检查报告和总结验收报告，报党中央、国务院和全国人大常委会；各地各部门自查报告和全国中期督查报告、总结验收报告，通过网络向社会公布。扎实开展好中期检查和总结验收，全国人大常委会相关部门已就“七五”普法决议贯彻情况开展专项调研，推动各地在自查过程中邀请人大代表和政协委员参加督查，确保督查活动取得实效。

（三）探索开展第三方评估

第三方评估有很强的独立性，有利于克服普法考核中，普法办既当“运动员”又当“裁判员”的问题，能够显著提高评估结果的客观性、公正性与科学性。目前，不少地方已经探索开展了第三方评估。如重庆在渝北区试点开展了第三方评估，以政府购买服务的形式，选取有资质的第三方公司进行抽样评估，并将评估结果向社会公布。为了有效发挥第三方考核对普法工作的督促作用，全国普法办已委托有关单位，探索开展第三方评估研究，更多地让人民群众有序参与考核评估，增强考核评估的客观性和公信力，进一步推动普法考核的客观性、公正性和权威性。

四、推动工作指导专业化

法治宣传教育具有很强的政治性，也有很强的专业性，既是一项政治性很强的业务工作，也是一项业务性很强的政治工作。推进新时代法治宣传教育工作，需要遵循现代传播规律和法治建设规律，加强专业队伍建设，以工作指导的专业化，增强普法的实效性。一方面，要以实行“谁执法谁普法”责任制为契机，利用好法治专门职业人才队伍，使广大法官、检察官、行政执法人员、各类法律服务人员自觉承担起普法责任，成为普法的主导力量，使普法真正形成专业的人做专业的事。每一位从事执法、司法的法律工作者，都要把严守职业道德、弘扬社会公德，纳入执法和司法工作实践中，从而增强法治工作人员的社会责任感，增强将德治融入法治宣传的办案意识。另一方面，要利用好普法讲师团、普法志愿者、法治新闻工作者、社会组织普法人员队伍，加强他们法律专业知识培训，使他们成为具有法律专业知识的生力军。广大普法依法治理专职工作者也要强化自身的专业化水平，要按照政治过硬、业务精通、作风优良、纪律严明的要求，切实增强政治意识、大局意识、核心意识、看齐意识，要勤于学习、深入实践、勇于创新、甘于奉献，提高组织开展普法依法治理工作的专业能力。

后　记

《德治融入法治导论》是中国法学会法治文化研究会承担的中国法学会委托的重大法学理论课题。这个课题是中央宣传部、中央政法委根据中办国办关于开展“社会主义核心价值观融入法治建设”系列研究的要求，由中国法学会确立的一个重要法学理论研究课题。

该课题正式申报前定题为《将德治融入法治宣传研究》。第一次研讨会上，绝大多数课题组成员建议课题研究应该紧紧围绕德治与法治两者之间的关联性展开，不应局限在德治与法治宣传的关联研究，提议课题题目改为《德治融入法治导论》，以便于研究的深化和创新。课题组及时将这一建议向中国法学会领导报告，中国法学会审示并批准，同意将课题题目调整为《德治融入法治导论》。

课题组对《德治融入法治导论》课题先后组织了五次重大调研活动，直接与广大工作在立法、执法、司法、守法一线的专家学者和法治工作者开展面对面的交流沟通。课题组将调研中形成的对德治融入法治的理论认识进行了认真细化思考，在此基础上先后五次调整写作大纲，适度调整写作成员，经过一年的努力，终于完成了该课题的研究工作，完成了《德治融入法治导论》这部较具理论性、创新性的法学理论专著，对我国在法治中国建设中如何把握好德治与法治的关联性、科学性，提出了较前沿的理论阐述，具有较高的学术价值和理论研究价值。本课题组还尝试性地写出了三份专题建议作为课题副产品，分别就“强化德治融入三大教育”“制定人才德治考量标准”和“德治思维贯穿司法全过程”，提出了建设性的建议。

《德治融入法治导论》课题专著，全书50万字，共分三部分十七章。

第一章至第六章，为课题基础理论部分，围绕德治与法治的关联性，从德治融入法治是中国法治建设的本土特色、德治是社会主义核心价值观的源泉、德治在中国发展史上的卓越功绩、中国共产党从建党建军建国那天起就把崇尚德治法治作为党的生命线、十八大以来党的建党建国理论的创新与实践探索，用五章篇幅从正面阐述德治与法治的紧密相连，阐述了我们党对构建法治中国的整体思路和完整构想。第六章是专章阐述国际上对道德与法治形成的各种观点的简要分析。前六章是集中围绕德治融入法治的基础理论的形成、现状与发展的整体概括和认知。

第七章至第十三章，是德治融入法治的实践探索篇，从立法、执法、司法、守法等具体工作上分别研究，根据不同的工作内容，研究过去厘清脉络，研究现实发现问题，研究未来寻找方向，总体围绕如何将德治与法治完美融合去思考、去展望，使与法治建设密切相关的部门工作职能和工作方向朝着构建法治中国这条主线去着力、去奋斗。在这一部分，我们将给不同的机关、不同的行业、不同的职业，提供德治融入法治的切入点和实践努力的理论引导。这一部分七章的研究，侧重在依法治国与以德治国如何才能做到相辅相成，如何才能实现相得益彰的研究和分析上，结合立法者、执法者、司法者、守法者的思想认识和思想方法，来分析德治如何与法治建设密切融合，共同推进、共同发展，阐述两者之间融合的必要性和价值所在，从而增强理性认识，强化感性思考，使依法治国与以德治国紧密结合，无缝对接，共同为构建法治中国而产生共振、产生合力。

第十四章至第十七章，是专题研究篇。我们既然要研究德治如何融入法治，那么就很有必要研究道德观念的形成与发展规律，研究怎样才能使人的道德观念不断向上、向善、向好的方向发展，这便是第十四章的价值所在。第十五章、第十六章选择了强化人才的德化培养和用人的道德标准确立，使党的干部特别是极少数关键领导干部做好依法治国的表率，做好以德治国的表率。还有国家学历教育、国民职业教育、国家干部教育如何承载起道德培育、开发、引领的历史重任。三大教育要为构建法治中国，变革教书育人的方式方法，制定新型德治法治教材，承担起培养社会主义新人的历史任务，撑起中国特色社会主义法治建设后继有人的历史使命。第十七章从法治宣传角度专题研究德治融入法治的宣传、传播路径，通过宣传引导，形成法治中国建设的强大动力和社会合力。

《德治融入法治导论》出版前夕，我们惊喜地获得两大喜讯：一是荣获中国法学会部级重点法学研究优秀课题，二是入选2019年度国家出版基金项目。课题组认为，之所以能够取得这两项殊荣，是因为我们研究这个重大课题正处在党和国家积极倡导法治建设的特殊时期，这个伟大的时代为我们这部专著的问世提供了机遇，提供了政通人和、法安天下的政治背景。

党的十八大以来，短短六年多时间里，我们党做了过去想做而没有做成的事情，坚定地反腐倡廉，实现了党风、民风、社会风气的明显好转，给人民群众带来了信心、力量和希望。特别是党中央提出以德治国作为依法治国的重要补充力量，道德建设就被历史性地提到了治国安邦的重要地位。

2017年3月19日，时任中国法学会党组书记、常务副会长陈冀平将这个课题批示给中国法学会法治文化研究会承担。2018年7月26日课题完成统稿，前后用了15个月时间。在这么短的时间里完成了这么重要的科研任务，课题组成员一致认为缘于以下四个方面因素：

第一，课题研究自始至终得到中国法学会领导、中国法学会研究部负责人和法治文化研究会领导的关心和指导。中国法学会和法治文化研究会领导参加了课题小组的研讨会议，审阅了课题组调研活动的工作简报和座谈记录。2018年6月上旬，又派员参加了课题组全体成员在北京组织的集中审稿活动，为课题研究把握方向、引导前行起到了重要作用。课题组在中国法学会领导和研究部的关心和指导下，多次修改写作大纲，三次系统修改课题文稿，对十七章中的七章作了结构性的重大修改，对第十章、第十三章、第十六章调整人员作了二次写作，在保证课题质量上下了较大功夫。当全书报送中国法学会领导和部分专家审读期间，课题主持人又细心做了一次全面校正，对第十三章第五节重新做了文字调整，对其他十六章和引论做了纠正错字、别字、表述不够准确的修改达115处。全书在出版流程三审阶段，又对83处做了微调修补，充分保证了课题的质量。正是因为有中国法学会和法治文化研究会的正确领导、及时指导，课题组才能够如期完成这项重大课题的研究任务。

第二，中国法学会法治文化研究会是一支具有较强科研能力的学术团队。作为学术团体高质量地完成中国法学会党组交给的学术研究课题，既是态度问题，更是讲规矩、守纪律，服从组织指挥和安排的具体表现。

第三，课题组始终把融会贯通党的十九大精神放在研究主题之中。当时领受这个课题任务时，党的十九大还没有召开，课题组认为，在这次历史性的重要会议上，党中央的许多新思想、新理论必定要出台。于是，课题组在课题研究进度安排时做了充分考虑，留出足够时间来学习、理解和领会党的十九大会议精神。课题组特别要求每一位成员都要认真学习领会习总书记有关管党治党的重要论述，学好十八大以来历次全会的主要精神，深刻领会习总书记关于依法治国与以德治国的辩证关系、法治与德治的辩证关系等重要理论观点，以确保课题组始终把握好课题研究方向。在党的十九大召开以后不长时间，课题组就能够高效率地拿出科研成果，既体现了课题组成员的高度政治责任感，也体现了敢于担当的精神。

第四，五次专题调研会对课题研究起到了重大推进作用。课题组坚持用近两个月的周六日假日时间，深入到北京、河北、江西、江苏四省市，展开五场课题研讨会，请来立法、执法、司法、教育、组织、纪检监察、大专院校的实务工作者、专家教授和一线工作人员，为课题研究献计献策。座谈活动中碰撞出来的思想火花，尤其是那些思想精髓使课题研究理论得以升华，令课题组成员产生了强烈的研究灵感。课题组成员一致认为，完成这项科研项目，要真诚地感谢河北省人大常委会法工委的领导同志，是他们的大力支持使我们第一场调研活动，从课题组在商议函发出后一周就付诸实施，并为我们的调研工作做了周密的安排。由于第一场德治融入立法的专题研讨活动顺利举行，使我们接下来的专题研讨工作步步深入。

北京市高级人民法院为研讨会请来了刚刚当选中央候补委员的十九大法官党代表宋鱼水同志。从她朴实的发言中，课题组领会了党中央对依法治国和以德治国的新思路、新观点，使调研工作紧紧围绕党的十九大战略部署推进。时任北京市高级人民法院院长杨万明（现任最高人民法院副院长）不但出席会议，还做了启发性的生动发言，给到会同志传递了法官运用道德和法律调处纠纷的超前新思考。

江西省委常委、政法委书记尹建业非常重视这次调研。他为了参加课题研讨，推迟了外出公务行程，到会看望课题组成员并为江西的专题调研做了引导性发言，使参加研讨的同志们特别感动，获益匪浅。省委政法委常务副书记林强，认真审示课题组提供的写作大纲并提出了不少有益的修改建议，为课题组的研讨和考察提供了有力帮助。

在最高人民检察院检察日报社那一场研讨会上，我们有幸请到了中央纪律检查委员会原研究室李雪勤主任。李主任曾经参加过中央全会文件起草工作，参加过社会主义核心价值观的高层研究，他的发言使课题组成员对社会主义核心价值观产生了更加理性的认识，为《德治融入法治导论》课题研究提供了最重要的理论依据。这次研讨会上有一位检察官学者提出依法治国是一元论而不是二元论，课题组把这个观点正式写进了理论研究论述之中。

江苏省扬州市的那场研讨会是课题组与执法、司法实践零距离的亲密接触。扬州市委副书记、政法委书记孔令俊非常重视调研活动，亲自审定调研方案；时任市委政法委副书记沈兴华在刚做手术后不到两个月，就全程参加调研活动，参加座谈会并陪同课题组实地考察。在扬州市法学会的精心组织下，课题组成员在社区民警陈先岩工作室体会到民警和老百姓的鱼水关系，在春涛法律服务中心了解到探索第三方化解社会矛盾工作机制的有益尝试，在江都邵伯巡检司法治文化传承馆感受到中华传统法治文化的传承和挖掘。从鲜活的实践案例中，课题组成员深深感受到德治融入法治的现实法治意义。江苏省扬州市政法委、公安局、司法局和齐齐哈尔市司法局向课题组讲述了公安、司法行政工作将德治融入法治建设的实践活动。这场研讨会上，课题组成员近距离接触了全国政法系统享有盛名的公安民警英模和最受欢迎的司法调解员。他们的发言句句落地、件件连案，他们的朴素语言使课题组成员受到极大的震撼，从而深刻感悟到了基层政法工作人员践行德治融入法治建设中的非凡创造力和勇于探索的开拓精神。

《德治融入法治导论》具有较强的理论性。全书对习近平总书记的依法治国和以德治国相得益彰的重要论述进行了较为深刻的领会，并且针对习总书记阐述的理论思想，做了较好的理论联系实践的消化吸收。全书紧紧抓住习总书记对社会主义道德在依法治国方略下的重要作用的理论阐述，深入浅出地与国家立法、政府执法、司法机关司法、全民守法的实践相对接。从问题导向入手，找问题，分析原因，寻找对策，提出设想和建议，使各行各业的干部和群众在国家法治建设中能够找到自己的切入点和工作思路，从而使依法治国与以德治国真正实现良性结合，共同承担构建法治中国的历史重任。

《德治融入法治导论》是一部开创性的科研成果。一是有许多新观点贯穿其中。依法治国和以德治国作为治国理政的重要手段，两者各有特色，各有侧重，各有各的实际价值。党中央确立依法治国是治国基本方略，而对以德治国并未作这个高度的界定。那么，实践中如何把德治与法治相结合，如何处理两者的理论定位，是理论研究必须解决的现实问题，否则当二者发生冲突时就有可能本末倒置，这也是不少法学家担心出现的问题。课题组提出将德治融入法治，是一种倡导性建议，是依靠道德的自律性来约束这种融入活动。从这个角度来审视依法治国与以德治国的结合方式，符合两种治国理念相得益彰的要求，也符合立法执法司法实践的客观需求。

二是对中国共产党从建党初期就重视道德观念的研究有新意。中国共产党很好地将德治理念运用于建党、建军、建国等中国革命、建设与发展实践，使我们推论出“重视道德建设是中国共产党发展壮大的成功秘诀”。这个理论观点的提出，是建立在对建党初期党的文件特别是党纲党章规定的分析研究，建立在记录建军思想、建军路线、建军方向等宝贵军事史料的分析研究，建立在对共产党员、人民战士必须牢固树立为人民服务高尚道德品格等严格要求的史料研究，建立在建党、建军、建国的众多历史史料挖掘与研究的基础之上提出的，也是对研究中国共产党的发展史做了有益的尝试。

三是对党的十八大以来的党要管党、党要治党的理论创新开展了卓有成效的研究。以习近平同志为核心的党中央在不长的任期内围绕依法治国与以德治国的治国理政路径，实现了理论创新、实践创新、制度创新，以对贪污腐败零容忍、无禁区、在路上的高压态势，初步刹住了贪腐之风、奢侈之风，逐步形成了不敢腐、不能腐的机制。党风廉政建设的巨大胜利，带来了社会风气的明显好转，带来了风清气正的政治空气。十八大以来党中央在国家机关工作作风上严格实行八项规定，严查严处，动真格的，使党的主张深入基层不走样，使政府政令畅通成为常态。尤其是建立起从中央到地方的国家监察体系，使廉政建设全覆盖无死角。课题组成员对此感同身受，以高度的政治责任感对十八大以来党中央的重要举措和十九大的新理论、新论述、新要求作了较为全面的研究，对于全国政法机关、法律科研院所和广大法律工作者践行社会主义核心价值观提供了有益的启示和引导作用。

《德治融入法治导论》课题研究，课题组工作人员付出了艰辛的努力。北京、河北、江西、江苏等省市的立法、执法、司法机关，以及纪检监察机关、组织人事部门、法治教育宣传部门等实务部门工作人员和大专院校专家教授共同参入和大力支持，为课题贡献了他们的智慧和心血，是我们这项课题的重要支持力量。在此，课题组全体成员向各位支持和帮助过课题研究的单位和个人，表示最诚挚的谢意！

《德治融入法治导论》课题写作虽然尽了最大的努力，但是仍然存在诸多不足，我们期待广泛听取各方面的意见，并争取在今后的修订中进一步完善，以回报读者的关爱。

中国法学会法治文化研究会《德治融入法治导论》课题组

2019 年 3 月 15 日

附：《德治融入法治导论》课题各章节撰稿人名单

引　论	最高人民法院	王运声
第一章	最高人民法院	王运声
第二章	检察日报社	李雪慧　庄永廉 程　岩　郑　博
第三章	中国人民公安大学	陈鸿彝
第四章	中国人民公安出版社	易孟林
第五章	人民日报社	毛　磊
第六章	人民法院报社	徐光明
第七章	全国人大常委会	吴高盛　陈国刚 陈宇博
第八章	广州市越秀区人民法院	叶三方
第九章	中国人民公安大学	郭文丽
第十章	湖南省司法厅、湖南商学院	张先友（第一节） 马贤兴（第二节） 监狱管理局（第三节） 杨峥嵘（第四节） 社区矫正局（第五节）
第十一章	福建省人民检察院	黄金娜
第十二章	泰康保险集团股份有限公司	王要勤
第十三章	江西省公安厅、泰和县人民法院	叶为宝　叶斌彬 易孟林　陈鸿彝
第十四章	国家法官学院	蒋惠岭
第十五章	江西省委政法委、省法学会	刘朝阳　李镜鸿
第十六章	中国青年杂志社	刘新平　易孟林
第十七章	司法部	刘宪国　许海建

全书统稿　　王运声　易孟林